NUB-Methoden im Krankenhaus im System der GKV
unter besonderer Betrachtung des NUB-Verfahrens

Isabelle C. Hägele-Rebmann

NUB-Methoden im Krankenhaus im System der GKV unter besonderer Betrachtung des NUB-Verfahrens

§§ 137 c, 137 e SGB V, § 6 Abs. 2 KHEntgG

PL ACADEMIC RESEARCH

Bibliografische Information der Deutschen Nationalbibliothek
Die Deutsche Nationalbibliothek verzeichnet diese Publikation in der Deutschen Nationalbibliografie; detaillierte bibliografische Daten sind im Internet über http://dnb.d-nb.de abrufbar.

Zugl.: Halle-Wittenberg, Univ., Diss., 2017

Umschlagabbildung:
© upixa / fotolia.com

Gedruckt auf alterungsbeständigem, säurefreiem Papier.
Druck und Bindung: CPI books GmbH, Leck

3
ISBN 978-3-631-73738-5 (Print)
E-ISBN 978-3-631-73712-5 (E-PDF)
E-ISBN 978-3-631-73762-0 (EPUB)
E-ISBN 978-3-631-73763-7 (MOBI)
DOI 10.3726/b12303

PL Academic Research ist ein Imprint der Peter Lang GmbH.

Peter Lang – Frankfurt am Main · Bern · Bruxelles · New York · Oxford · Warszawa · Wien

Diese Publikation wurde begutachtet.

www.peterlang.com

Meiner Familie
gewidmet

„He that will not apply new remedies must accept new evils:
for time is the greatest innovator."

Francis Bacon

[Francis Bacon, 1. Viscount St. Albans, 1. Baron Verulam
22. Januar 1561 – 9. April 1626
studierte Medizin und Rechtswissenschaften am Trinity College in Cambridge
war ein englischer Philosoph, Jurist und Staatsmann.
Er gilt als Wegbereiter des Empirismus.]

Vorwort

Die vorliegende Arbeit wurde im Juli 2015 als Dissertation an der Martin-Luther-Universität Halle-Wittenberg angenommen und anschließend infolge der Disputation für den Druck leicht überarbeitet.

Mein Dank gilt meinem Doktorvater Prof. Dr. Reimund Schmidt-De Caluwe für das Interesse an dem von mir bearbeiteten Thema, die wissenschaftliche Begleitung der Arbeit und insbesondere auch für die Durchführung der regelmäßigen mehrtägigen Doktorandenseminare, die immer wieder Anlass für Reflexion waren und anregende Impulse für die weitere Bearbeitung des Themas gaben. Bedanken möchte ich mich darüber hinaus bei Prof. Dr. Wolfhard Kohte für die Erstellung des Zweitgutachtens, insbesondere für die intensive Auseinandersetzung mit der Arbeit anlässlich der Gutachtenerstellung.

Speziell in Bezug auf die Begeisterung für das Rechtsgebiet des öffentlichen Medizin- und Gesundheitsrechts, für viele anregende fachliche Gespräche sowie insbesondere für die Idee, das NUB-Verfahren im Rahmen der Doktorarbeit zu untersuchen, möchte ich mich bei Dr. Ulrike Brucklacher bedanken.

Danken möchte ich darüber hinaus den zahlreichen Gesprächspartnerinnen und Gesprächspartnern, die, aus den unterschiedlichsten Bereichen kommend, in ihrem Berufsalltag mit der Anwendung von NUB-Methoden in Kontakt kommen. Ich denke hier besonders an lebhafte Gespräche und Diskussionen mit Ärztinnen und Ärzten sowie mit Mitarbeiterinnen und Mitarbeitern der Krankenhausverwaltung aus kleineren Krankenhäusern sowie Universitätskliniken, mit Vertreterinnen und Vertretern der Medizintechnikindustrie, Vertreterinnen und Vertretern von Krankenhausgesellschaften und Krankenkassen sowie Richterinnen und Richtern am Sozialgericht. Durch ihre Gesprächsbereitschaft haben sie dazu beigetragen und ermöglicht, das Thema über eine rein juristische Perspektive hinaus möglichst weit in seinen medizinischen und wirtschaftlichen Zusammenhängen zu erschließen und zu bearbeiten.

Schließlich möchte ich mich herzlich bei meinen Freunden und meiner Familie, ganz besonders bei meinen Eltern, meinem Bruder, meinen Schwiegereltern, meinem Ehemann und meinen Kindern für das stetige Interesse an meiner Arbeit und jegliche Unterstützung, Anregungen und Motivation während des Entstehens der Arbeit und den Zeiten des Wartens bedanken. Das Leben ist ein Abenteuer, Charlie Brown!

Tübingen, im Juli 2017 Isabelle C. Hägele-Rebmann

Abkürzungsverzeichnis

a.A.	andere Ansicht
AbgV	Abgrenzungsverordnung
AMK	Arzt- und Medizinrecht Kompakt
AT	Allgemeiner Teil
AWMF	Arbeitsgemeinschaft der Wissenschaftlichen Medizinischen Fachgesellschaften e.V.
Bema	Bewertungsmaßstab
BfArM	Bundesinstitut für Arzneimittel und Medizinprodukte
BMG	Bundesministerium für Gesundheit
BMI	Body Mass Index
BSG	Bundessozialgericht
BTDrs.	Bundestagsdrucksachen
BVerfG	Bundesverfassungsgericht
BVMed	Bundesverband Medizintechnologie
Ca.	circa
d.h.	das heißt
DIMDI	Deutsches Institut für Medizinische Dokumentation und Information
DKG	Deutsche Krankenhausgesellschaft
DKI	Deutsches Krankenhausinstitut
DRG	Diagnosis Related Groups
EBM	Einheitlicher Bewertungsmaßstab
ebM	Evidenzbasierte Medizin
EMA	European Medicines Agency
Et al.	„et alii“ bzw. „et aliae“
FPV	Fallpauschalenvereinbarung (Vereinbarung zum Fallpauschalensystem für Krankenhäuser)
G-BA	Gemeinsamer Bundesausschuss
G-DRG	German Diagnosis Related Groups
GesR	GesundheitsRecht – Zeitschrift für Arztrecht, Krankenhausrecht, Apotheken- und Arzneimittelrecht
ggf.	gegebenenfalls
GKV	Gesetzliche Krankenversicherung
GKV-VSG	Gesetz zur Stärkung der Versorgung in der gesetzlichen Krankenversicherung (GKV-Versorgungsstärkungsgesetz)
GKV-VStG	Gesetz zur Verbesserung der Versorgungsstrukturen in der gesetzlichen Krankenversicherung (GKV-Versorgungsstrukturgesetz)
GO-G-BA	Geschäftsordnung des Gemeinsamen Bundesausschuss
HTA	Health Technology Assessment

ICD	Internationale statistische Klassifikation der Krankheiten und verwandte Gesundheitsprobleme; International Statistical Classification of Diseases and Related Health Problems
i.d.F.	in der Fassung
InEK	Institut für das Entgeltsystem im Krankenhaus
IQWiG	Institut für Qualität und Wirtschaftlichkeit im Gesundheitswesen
i.e.S.	im engeren Sinne
i.R.v.	im Rahmen von
i.S.v.	im Sinne von
i.V.m.	in Verbindung mit
KBV	Kassenärztliche Bundesvereinigung
KHEntgG	Krankenhausentgeltgesetz (Gesetz über die Entgelte für voll- und teilstationäre Krankenhausleistungen)
KHG	Krankenhausfinanzierungsgesetz (Gesetz zur wirtschaftlichen Sicherung der Krankenhäuser und zur Regelung der Krankenhauspflegesätze)
KV	Kassenärztliche Vereinigung
KZBV	Kassenzahnärztliche Bundesvereinigung
LSG	Landessozialgericht
MDK	Medizinischer Dienst der Krankenkassen
MDS	Medizinischer Dienst des Spitzenverbandes Bund der Krankenkassen
MedR	Medizinrecht
MPG	Gesetz über Medizinprodukte
MPJ	Medizinprodukte Journal
MPR	Medizin Produkte Recht, Zeitschrift für das gesamte Medizinprodukterecht
MVZ	Medizinisches Versorgungszentrum
m.w.N.	mit weiteren Nachweisen
NJW	Neue Juristische Wochenschrift
NUB-Entgelt	Krankenhausindividuell vereinbartes Entgelt gem. § 6 Abs. 2 Satz 1 KHEntgG für die Erbringung einer NUB-Methode
NUB-Methode	Neue Untersuchungs- und Behandlungsmethode
NZS	Neue Zeitschrift für Sozialrecht
OPS	Operationen- und Prozedurenschlüssel
PKV	Private Krankenversicherung
SG	Sozialgericht
SGB V	Sozialgesetzbuch Fünftes Buch
SGB IX	Sozialgesetzbuch Neuntes Buch
SGB X	Sozialgesetzbuch Zehntes Buch
VA	Verwaltungsakt
VerfO	Verfahrensordnung (hier immer des G-BA)
Vgl.	vergleiche
z.B.	zum Beispiel

Inhaltsverzeichnis

Einleitung

Der gesellschaftliche und rechtliche Umgang mit der Einführung von innovativen, neuen Untersuchungs- und Behandlungsmethoden (NUB-Methoden) in das reguläre Leistungsspektrum des gesetzlichen Krankenversicherungsrechts spielt eine zentrale Rolle in der Gesellschaft und speziell in unserem Gesundheitssystem: Die Gesundheit der Bevölkerung im Allgemeinen und die Gesundheit eines jeden Einzelnen von uns im Speziellen ist ein überragend wichtiges und elementares Gut. Jeder Mensch ist zu jeder Zeit dem Risiko ausgesetzt, krank zu werden.[1] Dabei ist sowohl der Zeitpunkt, als auch der Erfolg einer Behandlung im Voraus ungewiss.[2] Gerade in Zeiten des demographischen Wandels und einer im Durchschnitt immer älter werdenden Gesellschaft sowie des sich gerade im Verhältnis zu den zurück liegenden Jahrzehnten sehr schnell auf hohem Niveau weiterentwickelnden medizinischen Fortschritts, ist auch die Sorge einer Kostenexplosion[3] der Krankenversicherungskosten weit verbreitet. Andererseits ist das Erreichen eines höheren Alters auch aus ethischen Gesichtspunkten nur begehrenswert, wenn, wie Soskuty treffend formuliert, die mit steigendem Lebensalter eintretenden gesundheitlichen Veränderungen verhindert oder zumindest eingedämmt werden können[4]. Allgegenwärtig ist andererseits aktuell auch der Hilferuf der Krankenhäuser, die ihre finanzielle Stabilität und Funktionsfähigkeit durch das DRG-Fallpauschalensystem gefährdet sehen.[5]

---

1 Beck in: Beck (Hrsg.); Risiko Krankenversicherung, Risikomanagement in einem regulierten Krankenversicherungsmarkt S. 1.

2 Beck in: Beck (Hrsg.); Risiko Krankenversicherung, Risikomanagement in einem regulierten Krankenversicherungsmarkt S. 1; „Der Kassenidee liegt ein einfaches statistisches Gesetz zu Grunde: das Gesetz der großen Zahl. Schließen sich Individuen, von denen jedes Einzelne großen Risiken ausgesetzt ist, zu einer Gruppe zusammen, so reduziert sich dadurch das Risiko für jedes Individuum erheblich. Risikobehaftete Kosten wandeln sich in einer Gruppe zu einer vorhersehbaren, kalkulierbaren Größe, welche gleichmäßig auf die Gruppenmitglieder verteilt und von diesen finanziert werden kann."; Beck in: Beck (Hrsg.); Risiko Krankenversicherung, Risikomanagement in einem regulierten Krankenversicherungsmarkt S. 1.

3 Vgl. hierzu Beck; Von Rotz; Buholzer in: Beck (Hrsg.); Risiko Krankenversicherung, Risikomanagement in einem regulierten Krankenversicherungsmarkt S. 105 ff. „Die Entwicklung des Risikos im Zeitlauf – die sogenannte Kostenexplosion", insbes. S. 112 ff., 115f.

4 Soskuty, Technologiebewertung aus Sicht der Medizintechnologie: richtig und wichtig!, MedR 2006, 524.

5 Hier sei beispielhaft auf folgenden Artikel hingewiesen: Flintrop, Ein System am Scheideweg, Deutsches Ärzteblatt 2014, B 415 f.

Auch die Bundesregierung hat das Thema das Zugangs der gesetzlich Krankenversicherten zu neuen Behandlungsmethoden im Koalitionsvertrag aufgegriffen und diesbezüglich Folgendes postuliert: „Die Menschen müssen sich darauf verlassen können, nach dem neuesten medizinischen Stand und in bester Qualität behandelt zu werden."[6]

Hinsichtlich der Frage des Zugangs der Bevölkerung zu medizinischen Innovationen müssen vom demokratisch legitimierten Gesetzgeber inhaltliche (politische) Weichenstellungen getroffen werden, um die Gratwanderung zwischen der Gewährleistung des Zugangs der gesetzlich Versicherten zu medizinischen Innovationen, der Gewährleistung einer hohen Patientensicherheit, sowie der Gewährleistung der finanziellen Stabilität des öffentlichen Gesundheitssystems zu steuern.[7] Da diese Entscheidungen sowohl für die betroffenen Patienten als auch für die auf dem stark durchreglementierten öffentlichen Gesundheitsmarkt agierenden Leistungserbringer nicht selten unmittelbare Grundrechtsrelevanz haben, ist es aus rechtsstaatlicher Perspektive elementar, dass die jeweiligen Entscheidungsträger über die erforderliche verfassungsrechtliche Legitimation verfügen und der jeweilige Entscheidungsprozess den aus rechtsstaatlichen Gesichtspunkten anzulegenden Maßstäben genügt.[8]

Gerade bei der Untersuchung der rechtlichen Regelung der Einführung neuer Untersuchungs- und Behandlungsmethoden fokussiert auf den stationären Sektor treten viele interessante Aspekte zu Tage: bezogen auf das „materielle Krankenversicherungsrecht" des SGB V, beispielsweise, dass hier zentrale Entscheidungen auf „externe Dritte" (Gemeinsamer Bundesausschuss (G-BA), Institut für Qualität und Wirtschaftlichkeit im Gesundheitswesen (IQWiG)) übertragen wurden, oder aber, dass bezogen auf diesen Bereich das Normkonkretisierungskonzept des Bundessozialgerichts mehr oder weniger „leer läuft". Zudem besteht noch relative Unklarheit darüber, gibt es aktuell noch grundlegenden Klärungsbedarf, ob und mit welchen inhaltlichen Konsequenzen § 137 c SGB V und das „allgemeine Qualitätsgebot" einerseits bei der Verhandlung über NUB-Entgelte zwischen Krankenhäusern und Krankenkassen und andererseits bei der Einzelfallanwendung einer NUB-Methode im Krankenhaus von Relevanz ist. Diesbezüglich zeigt sich auch die Rechtsprechung

6 Deutschlands Zukunft gestalten, Koalitionsvertrag zwischen CDU, CSU und SPD (18. Legislaturperiode), S. 78.

7 Vgl. Estelmann/Eicher; Die Leistungspflicht der gesetzlichen Krankenkassen vor dem Hintergrund der Pluralität der ärztlichen Therapien – Die sogenannten Außenseitermethoden – SGb 1991, 247, 248: „Geht es doch um nichts weniger als die Frage, ab wann die Versichertengemeinschaft den Kranken seinem Schicksal und damit seiner individuellen Leistungs-(Un-)-Fähigkeit bzw. der Sozialhilfe überlassen darf."

8 Kingreen hat in Bezug auf das Gesundheitssystem im Jahr 2008 provokativ „befundet": „Gesundheit ohne Gesetzgeber" und zusammenfassend festgestellt: „Im Gesundheitsrecht steht das Wesentliche nicht im Gesetz!" Kingreen, Gesundheit ohne Gesetzgeber? Verfassungsrechtliche Vorgaben für Verteilungsentscheidungen im Gesundheitswesen, in: Kingreen /Laux (Hrsg.), Gesundheit und Medizin, S. 147 ff.

in Bezug auf die Gesetzesauslegung überraschend „eigenständig“[9], was seitens der Literatur stark kritisiert wird[10] und die Deutsche Krankenhausgesellschaft (DKG) dazu veranlasste, im Juni 2014 in einem auf ihrer Homepage veröffentlichten Brief[11] an Herrn Dr. Orlowski, den Leiter der hierfür zuständigen Abteilung des Bundesgesundheitsministeriums, eine Klarstellung der gesetzlichen Regelung auf Gesetzesebene zu fordern. Aber es ergeben sich auch bemerkenswerte Einblicke hinsichtlich der „Umsetzung“ der Regelungen des „materiellen Krankenversicherungsrechts“ im Krankenhausfinanzierungsrecht, hier insbesondere bei näherer Betrachtung des auf den ersten Blick scheinbar unspektakulären, vom Institut für das Entgeltsystem im Krankenhaus (InEK)[12] eigenständig durchgeführten „NUB-Verfahrens“.

Dieses „NUB-Verfahren“ (§ 6 Abs. 2 Satz 3 KHEntgG) war Anlass und Ausgangspunkt der Arbeit. Zahlreiche Gespräche, die während der Zeit des Entstehens der Arbeit mit verschiedensten Gesprächspartnern, beispielsweise mit Ärzten, Krankenhausleitungen sowohl kommunaler Krankenhäuser als auch von Universitätskliniken, Vertretern von Krankenhausgesellschaften, Vertretern der gesetzlichen Krankenkassen oder Vertretern sowohl von kleinen, auf ein Medizinprodukt spezialisierten Herstellern, als auch großen Medizintechnikherstellern geführt wurden, haben den Eindruck bekräftigt, dass dieses scheinbar unspektakuläre NUB-Verfahren insbesondere aufgrund seiner faktischen Wirkung einen erheblichen Einfluss mit Grundrechtsrelevanz auf die Einführung und Anwendung innovativer NUB-Methoden hat.[13] Für die Gesprächsbereitschaft aller Gesprächspartnerinnen und Gesprächspartner möchte ich mich an dieser Stelle bedanken, da aus den Gesprächen wichtige Anregungen für die Arbeit entstanden sind.

---

9 Vgl. insbesondere die Passage im Urteil des BSG vom 21.03.2013 – B 3 KR 2/12 R, Rn. 22 – juris (dort sind auch alle weiteren, nicht aus offiziellen Sammlungen stammenden Rechtsprechungsfundstellen zu finden).

10 Vgl. beispielhaft m.w.N. Bender; Finanzierung neuer Untersuchungs- und Behandlungsmethoden (NUB) im Krankenhaus; NZS 2012, 761; Felix; Innovationen im Krankenhaus – Wer entscheidet? MedR 2014, 283, 286 „Man kann darüber streiten, ob die gesetzliche Konzeption, so wie sie ist, sinnvoll ist; das zu entscheiden ist allerdings alleine Aufgabe des Gesetzgebers, solange die Grenze der Verfassungswidrigkeit nicht überschritten wird.“; Schwarz, Neue Untersuchungs- und Behandlungsmethoden im Krankenhaus, Das Krankenhaus 2013, 1323; Ullrich, Finanzierungslücken bei medizinischen Innovationen? Rechtliche Rahmenbedingungen der Finanzierung neuer Untersuchungs- und Behandlungsmethoden sowie innovativer Arzneimittel.

11 http://www.dkgev.de/dkg.php/cat/133/aid/12273/title/Neue_Untersuchungs-_und_Behandlungsmethoden_-_Hier%3A_Renale_Denervation, hier als Anlage 2 abzurufen; abgerufen am 17.09.2014.

12 Die Verfasserin passt sich hier dem verbreiteten Sprachgebrauch an, von „dem InEK“ i.S.v. „dem Institut für das Entgeltsystem im Krankenhaus“ zu sprechen und nicht von „der InEK“ i.S.v. „der InEK gGmbH“.

13 Siehe hierzu auch: Blum/Offermanns, Innovationshürden für neue Untersuchungs- und Behandlungsmethoden abbauen!, Das Krankenhaus 2010, 119.

Der große Einfluss des NUB-Verfahrens ist jedoch zum einen nur gerechtfertigt, wenn hierdurch nicht die vom Gesetzgeber im „materiellen Krankenversicherungsrecht“ getroffenen inhaltlichen Entscheidungen (§ 137 c SGB V) „durch die Hintertür“ des Krankenhausfinanzierungsrechts ausgehebelt werden. Zum anderen ist erforderlich, dass das NUB-Verfahren den rechtlichen Anforderungen genügt, die aus rechtsstaatlichen Gesichtspunkten an ein Verfahren, insbesondere im stark reglementierten öffentlichen Gesundheitsmarkt, zu stellen sind, dessen abschließende „Information“ marktsteuernde Wirkung mit Grundrechtsrelevanz hat.

Anliegen der Arbeit ist es, vor dem Hintergrund und ausgehend von den materiell krankenversicherungsrechtlichen Regelungen zur Einführung und Anwendung von NUB-Methoden im stationären Bereich, insbesondere der §§ 137 c, 137 e SGB V, das „NUB-Verfahren“ darzustellen[14] und auf seine Rechtmäßigkeit zu untersuchen. Aufgrund seiner engen Verknüpfung mit und seiner „Abhängigkeit von“ dem „materiellen Krankenversicherungsrecht“ erfolgt in einem ersten Teil der Arbeit eine Darstellung und Auseinandersetzung mit den für die Anwendung von NUB-Methoden im stationären Bereich entscheidenden leistungsrechtlichen und leistungserbringerrechtlichen Regelungen, um anschließend auf dieser Grundlage, nach einer Einordnung des NUB-Verfahrens innerhalb des Krankenhausfinanzierungsrechts, den Blick auf das NUB-Verfahren zu fokussieren. Der G-BA und das IQWiG und die von ihnen durchgeführten Verfahren waren, insbesondere im Vergleich zum InEK, das bisher sehr im Schatten der Betrachtung stand, schon deutlich öfter Gegenstand von Untersuchungen. Aus diesem Grund erfolgt im ersten Teil der Arbeit auch eine recht ausführliche Auseinandersetzung mit der Organisation und den Tätigkeiten dieser beiden Institutionen im Umgang mit NUB-Methoden, als Basis für die Auseinandersetzung mit vergleichbaren Fragen und Aspekten spezifisch bezogen auf das InEK.

„Der Umgang mit medizinischen Innovationen gehört zu den zentralen Herausforderungen öffentlich finanzierter Gesundheitssysteme“.[15]

---

14 Die Darstellung erfolgt exemplarisch aufgrund des letzten vollständig abgeschlossenen NUB-Verfahrens, dem NUB-Verfahren Herbst/Winter 2012/2013. Hier liegt mittlerweile auch die Auflistung vor, welche NUB-Methoden, die in diesem NUB-Verfahren-Zyklus mit NUB-Status-1 bewertet wurden, nun über bundeseinheitliche Zusatzentgelte oder mittels neu kreierter DRG-Fallpauschale sachgerecht abgebildet werden können.

15 Huster, Krankenhausrecht und SGB V – Medizinische Innovationen im stationären Sektor, GesR 2010, 337, 339.

Ziel der Untersuchung ist es, einen Beitrag zur Systematisierung der Einführung von NUB-Methoden ins System der gesetzlichen Krankenversicherung zu leisten.

Die Arbeit beleuchtet und untersucht die rechtlichen Regelungen der Einführung von NUB-Methoden im stationären Sektor aufgrund der im Juni 2015 aktuellen und gültigen Gesetzeslage. Maßgebliche Änderungen hat dieser Bereich zuletzt durch das GKV-Versorgungsstrukturgesetz[16] (GKV-VStG) erfahren, das zum 01.01.2012 in Kraft getreten ist. Aufgrund der Tatsache, dass im zweiten Halbjahr des Jahres 2015 voraussichtlich das GKV-Versorgungsstärkungsgesetz[17] (GKV-VSG) in Kraft treten wird, sollen auch die hierdurch avisierten Neuerungen nicht unbeachtet bleiben. Die maßgeblichste inhaltliche Änderung wird diesbezüglich voraussichtlich durch den neuen § 137 h SGB V erfolgen. Dieser ist jedoch gem. § 137 h Abs. 1 S. 7 SGB V erst anzuwenden, nachdem das Bundesministerium für Gesundheit gem. § 137 h Abs. 2 SGB V, nach Inkrafttreten des GKV-VSG, bis zum 31.12.2015 Einzelheiten zur Ausgestaltung des § 137 h SGB V in einer Rechtsverordnung geregelt hat und der G-BA im Anschluss, gem. § 137 h Abs. 1 S. 6 SGB V, innerhalb von drei Monaten nach Inkrafttreten der Rechtsverordnung alle Änderungen in seiner Verfahrensordnung umgesetzt hat und diese ihrerseits in Kraft getreten ist. Eine abschließende Untersuchung, Einordnung und Bewertung der Auswirkungen des GKV-VSG kann daher erst anschließend erfolgen. Dennoch soll schon jetzt an den entsprechenden zentralen Stellen der Arbeit, jeweils in Fußnoten, auf die voraussichtlichen Änderungen hingewiesen werden. Darüber hinaus erfolgt am Ende der Arbeit, im Anschluss an den sechsten Teil der Arbeit (vgl. F. „Zusammenfassung/Thesen/Beantwortung der gestellten Fragen"), aufgrund der Fassung des GKV-VSG in der vom Bundestag in zweiter und dritter Lesung am 11.06.2015[18] verabschiedeten Textfassung[19], eine zusammenfassende perspektivische Erstbewertung (vgl. G. Siebter Teil).

---

16 Gesetz zur Verbesserung der Versorgungsstrukturen in der gesetzlichen Krankenversicherung (GKV-Versorgungsstrukturgesetz – GKV-VStG) vom 22.12.2011, BGBl I Nr. 70 S. 2983.

17 Vgl. Gesetzentwurf der Bundesregierung des Gesetzes zur Stärkung der Versorgung in der gesetzlichen Krankenversicherung (GKV-VSG, BTDrs. 18/4095) i.d.F. der Beschlussempfehlung des Ausschusses für Gesundheit (BTDrs. 18/5123).

18 Vgl. Plenarprotokoll des Deutschen Bundestages (18/109) vom 11.06.2015, 18. Wahlperiode, 109. Sitzung, Tagesordnungspunkt 6.

19 Gesetzentwurf der Bundesregierung des Gesetzes zur Stärkung der Versorgung in der gesetzlichen Krankenversicherung (GKV-VSG, BTDrs. 18/4095) i.d.F. der Beschlussempfehlung des Ausschusses für Gesundheit (BTDrs. 18/5123).

1. Prolog: Alltagsszenario von vier NUB-Methoden im Krankenhaus zwischen SGB V und KHEntgG – Innovationsentschleunigung durch NUB-Verfahren?[20]

Ort: Ein Universitätsklinikum

Die Protagonisten: Vier innovative NUB-Methoden, zahlreiche hoch spezialisierte Ärzte des Universitätsklinikums, die Verwaltungsabteilung des Universitätsklinikums, das InEK (Institut für das Entgeltsystem im Krankenhaus gGmbH), Vertreter der Krankenkassen, der MDK (Medizinischer Dienst der Krankenkassen), *Patienten.*

Ärzte eines Universitätsklinikums entscheiden sich, vier NUB-Methoden, deren Nutzen aus ihrer Sicht bereits durch wissenschaftliche Studien und entsprechende einschlägige, hochrangig publizierte Papers hinreichend belegt ist, im Sinne einer fortschrittorientierten, bestmöglichen Patientenversorgung zukünftig in ihrer Klinik anzuwenden. Da es keine Richtlinie des G-BA gibt, die die Anwendung dieser NUB-Methoden auf Kosten der gesetzlichen Krankenkassen verbietet und die NUB-Methoden nach Überzeugung der Ärzte die Anforderungen des § 137 c SGB V, der die Anforderungen für die Einführung von NUB-Methoden im stationären Sektor im Rahmen einer Krankenhausbehandlung regelt, erfüllen, gehen die Ärzte davon aus, dass sie die Methoden zulasten der gesetzlichen Krankenkassen anwenden dürfen. Die Anwendung erfolgt daher nicht „ausnahmsweise als Nikolausfall"[21], sondern die NUB-Methoden sind, da sie die Anforderungen des § 137 c SGB V erfüllen, schon Teil des regulären Leistungsspektrums der gesetzlichen Krankenversicherung. Ein positiver ausdrücklicher Beschluss der G-BA ist für die „Aufnahme" einer NUB-Methode in das Leistungsspektrum der gesetzlichen Krankenkasse für den stationären Sektor, anders als bezogen auf den ambulanten Sektor (§ 135 SGB V), nicht erforderlich.

Patienten mit dem entsprechenden Krankheitsbild sollen daher von nun an darüber aufgeklärt werden, dass für die Behandlung neben der bisherigen Standardtherapie eine NUB-Methode zur Verfügung steht, die bereits den rechtlichen und qualitativen Anforderungen des gesetzlichen Krankenversicherungsrechts genügt und daher unmittelbar zugunsten der Patienten auf Kosten der gesetzlichen Krankenkassen angewendet werden kann.

Es stellt sich heraus, dass sich nur eine der vier NUB-Methoden (A) durch die bisher definierten DRG-Fallpauschalen und bundeseinheitlichen Zusatzentgelte so

20 Die Darstellung ist fiktiv, erfolgt jedoch in Bezugnahme auf konkrete reale Fälle aufgrund zahlreicher Gespräche mit im Krankenhausrecht tätigen Juristen, Ärzten, Bediensteten der Krankenhausverwaltung unterschiedlicher Krankenhäuser, Vertretern der Landeskrankenhausgesellschaft, Vertretern der Krankenkassen und des MDK sowie Medizinproduktherstellern. Viele Eindrücke, die aus Einzelgesprächen entstanden, wurden darüber hinaus durch die Schilderungen des Gutachtens des DKI, Anspruch und Realität von Budgetverhandlungen zur Umsetzung medizintechnischer Innovationen bestätigt und ergänzt.

21 Beschluss des BVerfG vom 06.12.2005 – 1 BvR 347/98 („Nikolausbeschluss").

abbilden lässt, dass eine annäherungsweise kostendeckende Anwendung der NUB-Methode möglich ist. Diese NUB-Methode (A) kann angewendet und problemlos zulasten der jeweiligen gesetzlichen Krankenkasse abgerechnet werden. Eine wirtschaftliche Erbringung ist daher möglich. Die Ärzte können die Anwendung dieser NUB-Methode (A) daher auch gegenüber der Krankenhausverwaltung rechtfertigen.

Es ist April 2013. Die Budgetverhandlungen des laufenden Jahres haben noch nicht begonnen. Was tun? Die drei weiteren NUB-Methoden (B,C,D) dürften zwar aus krankenversicherungsrechtlicher Perspektive bereits angewendet werden – und sollten es im Sinne der gesetzlich gewollten Innovationsförderung im stationären Sektor auch, wenn die Anwendung der jeweiligen NUB-Methode im Einzelfall indiziert ist. Die Anwendung der NUB-Methoden scheitert aber mangels kostendeckender Finanzierungsmöglichkeit mittels des DRG-Fallpauschalensystems auf Ebene des Krankenhausfinanzierungsrechts.

Der Gesetzgeber hat diese Finanzierungslücke gesehen und im Vergütungsrecht Regelungen zur Lückenfüllung geschaffen. Wunderbar: Die durch DRG-Fallpauschalen nicht abdeckbaren Mehrkosten werden durch zeitlich befristete krankenhausindividuelle NUB-Entgelte abgedeckt. Diese Vereinbarungen gelten üblicherweise für ein Jahr. Gut für die Krankenkassen, da das finanzielle Risiko somit überschaubar ist. Schwierig für die Krankenhäuser, da die Befristung der Vereinbarung auf ein Jahr mit sich bringt, dass nach Ablauf des Jahres, bis zu den nächsten Vereinbarungen ggf. erneut eine Finanzierungslücke besteht.

Die Ärzte informieren die Krankenhausverwaltung darüber, dass hinsichtlich dieser drei NUB-Methoden mit den Krankenkassen NUB-Entgelte vereinbart werden müssen. Seitens der Krankenhausverwaltung, die die Anwendung innovativer Methoden als Universitätsklinikum grundsätzlich sehr befürwortet, erhalten die Ärzte die Rückmeldung, dass für diese NUB-Methoden nur krankenhausindividuelle NUB-Entgelte verhandelt werden könnten und dürften, wenn das Krankenhaus vorher hinsichtlich dieser NUB-Methode das NUB-Verfahren durchlaufen hat. Es muss beim InEK eine NUB-Anfrage gestellt werden, Ziel derer es ist, in Erfahrung zu bringen, ob es nicht doch schon eine Finanzierungsmöglichkeit über bereits definierte Fallpauschalen gibt.[22] Das klingt im ersten Moment aus Sicht der Ärzte

---

22 Hinweis auf mögliche Änderung durch GKV-VSG (Gesetzentwurf der Bundesregierung des Gesetzes zur Stärkung der Versorgung in der gesetzlichen Krankenversicherung (GKV-VSG, BTDrs. 18/4095) i.d.F. der Beschlussempfehlung des Ausschusses für Gesundheit (BTDrs. 18/5123)): Parallel hierzu muss nach Inkrafttreten des GKV-VSG für NUB-Methoden, die maßgeblich auf dem Einsatz eines Medizinproduktes mit i.S.d. § 137 h Abs. 2 SGB V (neu) hoher Risikoklasse beruhen und die ein neues theoretisch-wissenschaftliches Konzept aufweisen, im Benehmen mit dem jew. betroffenen Hersteller des Medizinproduktes, das zur Anwendung kommen soll, gem. § 137 h Abs. 1 SGB V (neu) der G-BA über den „Stand der wissenschaftlichen Erkenntnisse zu dieser Methode sowie zu der Anwendung des Medizinprodukts" informiert werden. Vgl. perspektivische Erstbewertung der voraussichtlichen Änderungen der Gesetzeslage durch das GKV-VSG am Ende der Arbeit unter G.

vernünftig und praktisch, da es auch für das Krankenhaus das Einfachste wäre, wenn die Behandlungen mit den NUB-Methoden über die bestehenden DRG-Fallpauschalen abgerechnet werden könnten.

Der Haken: Das InEK entscheidet nur einmal im Jahr. Das bedeutet, dass nur über die NUB-Anfragen entschieden wird, für die bis zum 31.Oktober eines jeden Jahres eine NUB-Anfrage gestellt wurde. Ärgerlich. Dies bedeutet, dass für das laufende Budgetjahr keine NUB-Entgelte mehr vereinbart werden können, obwohl die Budgetverhandlungen noch bevor stehen.

Die Ärzte sehen aber, auch nach erneuter Rücksprache mit den Kodierfachkräften der Universitätsklinik, keine Möglichkeit, die anfallenden Behandlungskosten annähernd kostendeckend mittels der bestehenden DRG-Fallpauschalen darzustellen. Da auch das Universitätsklinikum als öffentlich-rechtliche Person unter einem enormen wirtschaftlichen Druck steht und gesetzlich zu einer wirtschaftlichen Haushaltsführung verpflichtet ist, werden die drei NUB-Methoden B,C,D mindestens bis zum Abschluss des kommenden NUB-Verfahrens im Frühjahr 2014 und den sich anschließenden Entgeltverhandlungen über die jeweiligen NUB-Entgelte zwischen der Klinikverwaltung und den Krankenkassen weniger oder gar nicht zum Einsatz kommen. Und dies, obwohl diese NUB-Methoden schon i.S.d. SGB V zum gesetzlichen Leistungsspektrum der Krankenkassen gehören und für die Patienten zahlreiche Vorteile mit sich bringen würden. Die Ärzte sind frustriert.

Einer der Ärzte hat erst kürzlich von einem anderen Haus ans Uniklinikum gewechselt. Er weiß, dass dieses Krankenhaus für die Anwendung der NUB-Methode B dieses Jahr ein NUB-Entgelt mit den Krankenkassen vereinbart hat. Das Krankenhaus hatte hinsichtlich der NUB-Methode das NUB-Verfahren durchgeführt und vom InEK die Information erhalten, dass eine sachgerechte Abbildung über das DRG-Fallpauschalensystem derzeit (noch) nicht möglich ist (NUB-Status 1). Alle Anfragen hinsichtlich dieser NUB-Methode waren vom InEK mit NUB-Status 1 bewertet worden. Verständlich, denn das InEK prüft methodenbezogen bezogen auf die jeweilige NUB-Methode, ob das bundesweit geltende DRG-Fallpauschalensystem für die jeweilige NUB-Methode schon eine sachgerechte Abbildung ermöglicht. Es geht nicht darum krankenhausspezifisch zu prüfen, ob das jeweilige Krankenhaus für die Anwendung der NUB-Methode „geeignet ist", oder ob sie vom Versorgungsauftrag des jeweiligen Krankenhauses umfasst ist. Erleichterung seitens der Ärzte. Sie informieren die Verwaltung des Universitätsklinikums. Ernüchterung. Eine Vereinbarung eines NUB-Entgeltes für dieses Jahr sei dennoch nicht möglich, da jedes Krankenhaus selber ein NUB-Verfahren für jede NUB-Methode durchführen müsse, hinsichtlich derer es die Notwendigkeit für die Vereinbarung von NUB-Entgelten sieht. Verständnislosigkeit.

Die Ärzte lassen sich nicht entmutigen und formulieren dennoch, im Hinblick auf die Vereinbarung von NUB-Entgelten im Folgejahr, auf Basis der vom InEK im Internet zur Verfügung gestellten Formulare NUB-Anfragen für die NUB-Methoden B, C, D. Kein unerheblicher Aufwand für die Ärzte und die Klinikverwaltung, zumal die Klinikverwaltung die Ärzte noch motiviert, weitere NUB-Anfragen zu stellen, um – aufgrund der Erfahrung der vergangenen Jahre – in den kommenden

Budgetverhandlungen bzw. anlässlich der kommenden NUB-Entgelt-Verhandlungen hinsichtlich der NUB-Entgelte, die aus Sicht des Universitätsklinikums wirklich zentral sind, mit den Krankenkassen eine größere „Verhandlungs- und Vergleichsmasse“ zu haben. Wie bitte?

Mit der Antwort hinsichtlich der drei gestellten NUB-Anfragen ist erst Ende Januar des Folgejahres zu rechnen. Bis dahin werden weitere 9 Monate vergehen, ohne dass die NUB-Methode kostendeckend und somit aus Sicht des Krankenhauses „wirtschaftlich“ erbracht werden kann. Und dies, obwohl im stationären Sektor die Anwendung von innovativen Methoden gefördert werden soll und für die Anwendung von NUB-Methoden, die den Anforderungen des „materiellen Krankenversicherungsrechts“ (SGB V) genügen, gerade – anders als im ambulanten Sektor – keine zentrale „Zulassungsentscheidung“ abgewartet werden müssen soll und das InEK hinsichtlich der NUB-Methode B schon bezogen auf den aktuell gültigen DRG-Fallpauschalenkatalog geprüft und bekannt gegeben hat, dass sich diese NUB-Methode aktuell noch nicht sachgerecht abbilden lässt. Alles wäre anders, wenn, wie hinsichtlich NUB-Methode A, „zufällig“ schon eine sachgerechte Abbildung durch bereits definierte Fallpauschalen möglich wäre. Merkwürdig. Was tun?

Die NUB-Methode unangewendet lassen, obwohl nach § 137 c SGB V die Voraussetzungen für ihre Anwendung zulasten der gesetzlichen Krankenkassen erfüllt sind und die Patienten folglich, da die NUB-Methode schon Teil des regulären Leistungsspektrums der gesetzlichen Krankenkasse ist, bei entsprechender medizinischer Behandlungsnotwendigkeit die NUB-Behandlung angeboten bekommen sollten? Haben die Patienten, wenn die ärztliche Indikation für die Anwendung der NUB-Methode gestellt wird, nicht sogar einen Anspruch auf ihre Anwendung, da ihr Anspruch auf Leistung (Leistungsrecht) durch das Leistungserbringerrecht, und somit im Fall der Anwendung von NUB-Methoden im Rahmen einer Krankenhausbehandlung (stationärer Sektor) mangels Erfordernis einer vorausgehenden „Zulassungsentscheidung“ des G-BA durch die jeweiligen Ärzte „konkretisiert“ wird (i.S.d. Normkonkretisierungskonzepts)?

Wie sollen die Ärzte der NUB-Methode zur leitliniengetreuen Standardtherapie verhelfen, wenn das Krankenhausfinanzierungsrecht für die Abbildung der NUB-Methode – wegen der „Wirren“ des NUB-Verfahrens – mindestens weitere 9–12 Monate keine sachgerechte Abbildung ermöglicht und eine sachgerechte Abrechnung zulasten der gesetzlichen Krankenkassen daher nicht möglich ist? Nur wenn die NUB-Methode tatsächlich angewendet wird, erfolgt eine ICD- und OPS-Verschlüsselung der „NUB-Methode“, die aufgrund der eingereichten Anwendungsdaten als Berechnungsgrundlage die Schaffung einer sachgerechten DRG-Fallpauschale durch das InEK „katalysiert“.

Also, was tun? Das Universitätsklinikum als öffentlich-rechtliche Körperschaft muss doch wirtschaftlich haushalten! Zudem besteht ein enormer finanzieller Konkurrenzkampf und Leistungsdruck zwischen den einzelnen Abteilungen des Klinikums.

Die überraschende Rückmeldung seitens der Klinikverwaltung: Wenn bis zu den Verhandlungen über die NUB-Entgelte im kommenden Jahr keine Anwendungsfälle im Universitätsklinikum der jeweiligen NUB-Methode vorzuweisen sind, werden die Krankenkassen bei den Verhandlungen die Position des Klinikums nicht ernst nehmen – sehenden Auges, dass die Kosten der Anwendung für das aktuelle Jahr nicht gedeckt sind – sonst hätte keine NUB-Anfrage gestellt werden müssen und hätte das InEK die NUB-Methode aufgrund der Anfrage eines anderen Krankenhauses nicht mit NUB-Status 1 bewertet und somit die Tür für die Vereinbarung von NUB-Entgelten geöffnet. Wie bitte? Sehr innovationsfreundlich. Die Ärzte wundern sich: Kann das vom Gesetzgeber so gedacht sein? Welches Krankenhaus kann sich dies leisten? Kann dies mit der gesetzlichen Entscheidung zur Regelung der Voraussetzungen für die Anwendung von NUB-Methoden im stationären Sektor (§ 137 c SGB V) vereinbar sein? Hiernach soll eine Anwendung der NUB-Methoden, die die Voraussetzungen des § 137 c SGB V erfüllen, unmittelbar zulasten der gesetzlichen Krankenkassen möglich sein!

Januar 2014 – Das InEK gibt die Ergebnisse des NUB-Verfahrens bekannt[23]:

Die Anfragen aller Krankenhäuser zu NUB-Methode B wurden vom InEK mit NUB-Status 2 bewertet – die Vereinbarung individueller NUB-Entgelte ist daher aus Sicht des InEK nicht zulässig. Eine Begründung hierfür erfolgt nicht. Allerdings wurde, wie einer weiteren Veröffentlichung des InEK zu entnehmen ist, mittlerweile ein bundeseinheitliches bepreistes Zusatzentgelt in das DRG-Fallpauschalensystem integriert, das die Finanzierungslücke schließen soll.

Die Anfragen aller Krankenhäuser zu NUB-Methode C wurden vom InEK mit NUB-Status 1 bewertet – die Vereinbarung individueller NUB-Entgelte ist daher aus Sicht des InEK zulässig und für eine kostendeckende Vergütung der NUB-Methode notwendig. Das Universitätsklinikum wird folglich in Verhandlungen über die Vereinbarung eines NUB-Entgeltes mit den Krankenkassen treten – ein schwieriger und oft nicht erfolgversprechender Prozess, in dem die Krankenkassen, wie die Krankenhausverwaltung den Ärzten berichtet, nicht selten mit nicht offen gelegten MDK-Gutachten die Vereinbarung von NUB-Entgelten verweigern: Diese MDK-Gutachten bewerten den Nutzen der NUB-Methode – obwohl es für die Nutzenbewertung einer konkreten NUB-Methode im Zweifel doch ein geregeltes Verfahren vor dem G-BA gibt, welches durch die Krankenkassen eingeleitet werden kann und das bei nicht hinreichend belegtem Nutzen der NUB-Methode zum Ausschluss der NUB-Methode aus dem Leistungsspektrum der gesetzlichen Krankenversicherung führen kann. Sollte im Lauf des Jahres dann doch eine Vereinbarung eines NUB-Entgeltes gelingen, so erinnert die Krankenhausverwaltung die Ärzte bereits jetzt daran, dass nicht vergessen werden darf, bis spätestens 31.10.2014 eine erneute NUB-Anfrage ans InEK zu stellen, um sich den Weg für eine Vereinbarung eines NUB-Entgeltes im Folgejahr nicht zu verbauen. Die Ärzte wundern sich, denn das InEK gibt doch

23 Zur tatsächlichen Verteilung der einzelnen NUB-Status siehe unter E.1.6.

ausdrücklich bekannt, welche NUB-Methoden, die im vorausgehenden Jahr mit NUB-Status 1 bewertet wurden, infolge der jährlichen Überarbeitung des DRG-Fallpauschalenkataloges zukünftig unmittelbar über DRG-Fallpauschalen, ggf. i.V.m. bundeseinheitlichen bepreisten Zusatzentgelten vergütet werden können?!

Die Anfragen aller Krankenhäuser zu NUB-Methode D wurden vom InEK mit NUB-Status 2 bewertet – die Vereinbarung individueller NUB-Entgelte ist daher aus Sicht des InEK nicht zulässig. Eine Begründung, warum dies so ist, und wie eine sachgerechte Abbildung – entgegen der Auffassung der zahlreichen Krankenhäuser, die hinsichtlich dieser NUB-Methode eine NUB-Anfrage gestellt hatten, – schon jetzt möglich sein soll, erfolgt nicht. Die Ärzte sind frustriert. Mangels Umsetzung auf Ebene des Krankenhausfinanzierungsrechts werden sie die NUB-Methode tatsächlich nicht regulär in dem Umfang anwenden können, wie sie es aus medizinischer Perspektive im Sinne der Patienten eigentlich tun würden. Unverständlich – sollen doch die Patienten nach dem Willen des Gesetzgebers ausdrücklich am medizinischen Fortschritt teilhaben.

2. Die zu beantwortenden rechtlichen Fragen

Welche rechtlichen Regelungen trifft das Krankenversicherungsrecht aufgrund des GKV-Versorgungsstrukturgesetzes[24] hinsichtlich der Erbringung neuer Untersuchungs- und Behandlungsmethoden im stationären Bereich im Leistungsrecht und im Leistungserbringungsrecht? Welche Rolle spielen der G-BA und das IQWiG? An welchem Qualitätsmaßstab sind die NUB-Methoden zu messen? Gilt das in § 2 Abs. 1 Satz 3 SGB V verankerte Qualitätsgebot trotz des divergierenden Wortlauts des § 137 c SGB V unmittelbar für im Krankenhaus erbrachte NUB-Methoden? Wer muss die Voraussetzungen der zu bestimmenden Qualitätsanforderungen prüfen und wer darf das Vorliegen der Voraussetzungen mit welchen Konsequenzen im konkreten Fall in Frage stellen? Ist es vom Gesetzgeber intendiert, sachgerecht und sachdienlich, dass die Überprüfung der Qualitätsanforderungen von innovativen NUB-Methoden trotz des Entscheidungsmonopols des G-BA jeweils durch die Krankenkassen i.V.m. dem MDK und durch die Sozialgerichte am Einzelfall erfolgt? Welche Prüfungsdichte steht den Prüfenden im Einzelfall zu – bzw. verfügen die Krankenhäuser über einen gesetzlichen nicht justiziablen Beurteilungsspielraum? Schafft das Krankenversicherungsrecht i.V.m. dem Krankenhausfinanzierungsrecht die erforderliche medizinrechtliche und finanzielle Sicherheit für Krankenhäuser neue Untersuchungs- und Behandlungsmethoden unter Beachtung der Pflicht wirtschaftlich zu haushalten, erbringen zu können – oder gelingt der derzeitigen Regelung nicht die nötige Balance zwischen Fallpauschalen und flexibler Innovationsfinanzierung? Stellt das Krankenhausfinanzierungsrecht die nötige Flexibilität zur Verfügung, um die im „materiellen Krankenversicherungsrecht" getroffenen

24 Vgl. perspektivische Erstbewertung der voraussichtlichen Änderungen der Gesetzeslage durch das GKV-VSG am Ende der Arbeit unter G.

Weichenstellungen umzusetzen und insbesondere ihre Vergütung zu gewährleisten? Welche rechtsstaatlichen Anforderungen sind in diesem Zusammenhang an das NUB-Verfahren zu stellen? Erfüllt das NUB-Verfahren in seiner derzeitigen Ausgestaltung durch das InEK die Anforderungen, die an ein rechtsstaatliches Verfahren zu stellen sind? Werden die von seinen Auswirkungen unmittelbar Betroffenen ausreichend beteiligt?

3. Eingrenzung des Themas und Gang der Untersuchung

Die Arbeit untersucht die systematische rechtliche Regelung der Einführung neuer Untersuchungs- und Behandlungsmethoden im Rahmen einer Krankenhausbehandlung ins System der gesetzlichen Krankenversicherung.[25] Betrachtet wird hier sowohl die rechtliche Regelung des Leistungs- und Leistungserbringerrechts sowie die Abbildung der aus krankenversicherungsrechtlicher Sicht möglichen Erbringung von NUB-Methoden im Vergütungssystem durch NUB-Entgelte. Dass es hier Schnittstellenprobleme gibt, lassen die zahlreichen aktuellen Hilferufe von großteils Universitätskliniken vermuten, die sich momentan vermehrt an die Öffentlichkeit wenden, da sie oft durch einzelne kostenintensive NUB-Behandlungsfälle, die durch das aktuelle Fallpauschalensystem nach ihrer Einschätzung nicht sachgerecht und flexibel genug abgebildet werden, existenzielle und teilweise die Grundversorgung gefährdende Probleme bekommen.

Thema der Arbeit ist folglich nicht die Untersuchung des Anspruches einzelner Patienten auf die Behandlung mit neuen „Außenseitermethoden" im Einzelfall. Hiermit hat sich Nimis ausführlich in seiner Arbeit zum Thema „Der Anspruch des Patienten auf neue Untersuchungs- und Behandlungsmethoden in der gesetzlichen Krankenversicherung" auseinander gesetzt[26]. Nur um zu untersuchen, ob die Rechtsprechung zu der Frage des „Anspruchs des Einzelnen Versicherten auf die Erstattung der Kosten für die Behandlung mit einer Außenseitermethode", insbesondere der wegweisende „Nikolausbeschluss" des BVerfG[27], die Regelungssystematik der systematischen Anwendung und Kostenerstattung von NUB-Methoden beeinflusst hat[28], wird auch dieses Thema Eingang in die vorliegende Untersuchung finden.

---

25 Es steht außer Frage, dass eine systematische Indikation – der Anwendung einer NUB-Methode – in der klinischen Situation fallbezogen individualisiert und schließlich auch personalisiert werden muss. (Raspe, Die „Evidenz"-Basis professioneller und rechtlicher Normierung medizinischen Handelns, GesR 2013, 206).

26 Nimis, Der Anspruch des Patienten auf neue Untersuchungs- und Behandlungsmethoden in der gesetzlichen Krankenversicherung (2012).

27 Beschluss des BVerfG vom 06.12.2005 – 1 BvR 347/98 („Nikolausbeschluss").

28 Vgl. LSG Sachsen-Anhalt Urteil vom 02.05.2012 – L 10 KR 31/09, „Therapie nach Prof. Dr. Tomatis"; MedR 2013, 640 ff.

Thema der Untersuchung ist nicht die Befassung mit den spezifischen Fragen, die sich im Zusammenhang mit neuen Methoden aufgrund von im „Off-label-Use“[29] oder im „Unlicensed-Use“[30] eingesetzter Arzneimittel[31] ergeben, genauso wenig wie zivilrechtliche Fragen des Arzthaftungsrechts im Zusammenhang mit der Anwendung neuer Methoden untersucht werden.

Anlässlich der neuen Rechte, die Herstellern von Medizinprodukten durch das Versorgungsstrukturgesetz im Rahmen des Bewertungsverfahrens des G-BA gem. § 92 Abs. 7d SGB V und hier insbesondere auch durch den neu eingeführten § 137 e SGB V eingeräumt wurden und der Frage, inwiefern den Medizinproduktherstellern auch im Rahmen des NUB-Verfahrens i.S. eines rechtsstaatlichen Gesichtspunkten – gerade auch unter vergleichender Betrachtung der diesbezüglichen Rechtsprechung zum Hilfsmittelrecht – genügenden Verfahrens weitergehende Rechte eingeräumt werden müssten, beleuchtet die Arbeit die Thematik der systematischen Einführung von NUB-Methoden ins gesetzliche Krankenversicherungsrecht besonders aus dem Aspekt neuer Methoden, deren zentrales, katalysierendes Element ein innovatives Medizinprodukt ist,[32] die aufgrund von neuen innovativen Medizinprodukten „möglich werden“. Thema der Arbeit ist die Betrachtung der systematischen Einführung auf Medizinprodukten beruhenden NUB-Methoden im gesetzlichen Krankenversicherungsrecht und dem eng damit verknüpften Erstattungsrecht, gerade auch wegen der aus mehreren Gesichtspunkten fraglichen Rechtmäßigkeit des NUB-Verfahrens.

---

29 „Off-label-Use“ ist die Verwendung eines auf dem deutschen Arzneimittelmarkt durch das BfArM oder die EMA zugelassenen Arzneimittels außerhalb des inhaltlichen Zulassungsbereichs.

30 „Unlicensed-Use“ ist die Verwendung eines Arzneimittels, das über keine arzneimittelrechtliche Zulassung für Deutschland oder die EU verfügt.

31 Siehe hierzu: Brucklacher, Brockmeyer, Riedel, Off-label-Use und G-BA, Rechtliche Rahmenbedingungen für Off-label-Use, Der Hautarzt 2013, 736.

32 Für auf Arzneimitteln basierenden Pharmakotherapien gelten aufgrund des umfangreichen arzneimittelrechtlichen Zulassungsverfahrens die allgemein für NUB-Methoden geltenden Regelungen nicht uneingeschränkt. So gilt z.B. der Erlaubnisvorbehalt des § 135 Abs. 1 Satz 1 SGB V für Pharmakotherapien nur dann, wenn sie keiner Zulassung nach dem Arzneimittelgesetz bedürfen. Vgl. Schmidt-De Caluwe in Becker/Kingreen (Hrsg.), SGB V, § 135 Rn. 5; Roters in Kasseler Kommentar zum Sozialversicherungsrecht (EL 78.), § 135 Rn. 13; Flint in: Hauck/Noftz (Hrsg.), SGB V K § 135 Rn. 46; a.A. Vießmann in Spickhoff (Hrsg.) Medizinrecht, SGB V, § 135 Rn. 10; interessant hierzu auch die Ausführungen von Huster/Gottwald; Gutachten zum Thema „Kostenübernahme genetischer Untersuchungen zur genetischen Diagnostik von Krankheiten und zur Therapieplanung (sog. Companion Diagnostics) durch die GKV“ im Auftrag des Deutschen Ethikrates, die hinsichtlich Aspekten einer NUB-Methode aus dem Spektrum der „personalisierten Medizin“ zumindest soweit eine Nutzenüberprüfung durch die Krankenkassen anlässlich der NUB-Verhandlungen über NUB-Entgelte gem. § 6 Abs. 2 KHEntgG verneinen, als die arzneimittelrechtliche Zulassung reicht.

Das Medizinprodukterecht an sich ist über die Auseinandersetzung mit dem Begriff des „Medizinprodukts“ und einer Grobskizze der regulatorischen Rahmenbedingungen, um nachvollziehen zu können, welche Regelungen beachtet werden müssen, um ein Medizinprodukt im Rahmen einer stationären Behandlung einzusetzen, nicht Gegenstand der vorliegenden Arbeit. Wenngleich, wie die Skandale der letzten Monate und die aktuellen Rechtsvereinheitlichungsbemühungen auf europarechtlicher Ebene zeigen, dies auch ein sehr interessantes wichtiges Thema ist.

Durch die exemplarische, fokussierte Betrachtung auf Medizinprodukte und die Einbindung ihrer Hersteller wird deutlich, dass sich die Arbeit nicht mit den spezifischen Problemen von neuen Methoden[33] aus dem Bereich der im SGB V in §§ 2 Abs. 1 Satz 2, 34 Abs. 3 Satz 2 SGB V ausdrücklich angesprochenen Behandlungsmethoden, Arznei- und Heilmitteln der „besonderen Therapierichtungen“[34] wie insbesondere der Homöopathie sowie phythotherapeutischen und anthroposophischen Behandlungsansätzen beschäftigt.

Nach einer themenbezogenen Darstellung und Auseinandersetzung mit den für die Arbeit zentralen Begriffen (Krankenhaus, NUB-Methode und Medizinprodukte) stellt die Arbeit dar, welche grundlegenden Weichenstellungen des Krankenversicherungsrechts im Zusammenhang mit im Rahmen einer stationären Krankenbehandlung angewendeten neuen Methoden eine Rolle spielen und welche spezifischen Probleme sich ggf. hierbei für die Anwendung und Verbreitung

---

33 Auch bezeichnet als „unorthodoxe Methoden, nicht kassenübliche Therapie, von der Schulmedizin noch nicht allgemein anerkannte Behandlungsmethoden, neue(re) Heilmethoden, wissenschaftlich nicht voll abgesicherte Krankenpflegeleistungen, nicht schulmedizinische Methoden, Außenseitermethoden“ – Auflistung aus Kirsten; Unorthodoxe Krankenbehandlung, Sachleistungsprinzip und Beschaffungswege; SGb 1991, 257 m.w.N.

34 Hierzu bspw. Plagemann in jurisPK-SGB V § 2 Rn. 38 ff. m.w.N.; Zuck, Der Standort der besonderen Therapierichtungen im deutschen Gesundheitswesen; NJW 1991, 2933; eine anschauliche Übersicht hierzu bei Dettmeyer; Medizin & Recht, Rechtliche Sicherheit für den Arzt S. 143 ff; hinzuweisen sei in diesem Zusammenhang auf folgende, bei Dettmeyer (S. 152) zitierte, auf einer Empfehlung der Deutschen Krebsgesellschaft basierende Fragen, die ein Patient seinem Arzt vor Beginn einer „alternativen“ Krebstherapie stellen sollte: 1. Wie lange wird diese Methode schon praktiziert? (Wenn sie auch nach Jahren noch nicht offiziell anerkannt ist, ist sie wahrscheinlich unwirksam) 2. Ist die Methode eigenartig, unverständlich, geheimnisvoll, an bestimmte Personen oder Orte gebunden? (Je geheimnisvoller, desto unwahrscheinlicher ist die Wirksamkeit der Methode) 3. Hat die Behandlung überwiegend „Erfolg“, oder sind auch Misserfolge bekannt? (Falls nur Erfolge versprochen werden, ist Misstrauen am Platz) 4. Hat die Behandlung auch Nebenwirkungen? (Ohne Nebenwirkungen ist meistens auch keine Wirkung zu erwarten) 5. Werden strenge Diäteinschränkungen verlangt? (Gesunde Ernährung in Ehren, aber unbegründete und einschneidende Verbote sind abzulehnen) 6. Bekämpfen die Vertreter einer bestimmten Therapiemethode die Schulmedizin? (Angriffe und Verleumdungen ersetzen keine Beweise).

innovativer, neuer Methoden ergeben. Anschließend betrachtet die Untersuchung die Regelungsstruktur, die definiert, welche leistungsrechtlichen Vorschriften für die Anwendung von NUB-Methoden im Rahmen einer Krankenhausbehandlung eine zentrale Rolle spielen, welche Regelungen die Leistungserbringer zu beachten haben und in welchem Verhältnis diese beiden Regelungskreise zueinander stehen. Aufgrund der großen rechtlichen und tatsächlichen Bedeutung des G-BA und des IQWiG im Zusammenhang mit der Einführung von NUB-Methoden ins gesetzliche Krankenversicherungsrecht und den teilweise parallelen Problemen, wie sie sich auch bei dem vom InEK durchgeführten NUB-Verfahren stellen, erfolgt an dieser Stelle eine recht ausführliche Darstellung und Auseinandersetzung mit diesen beiden den öffentlichen Gesundheitsmarkt stark prägenden Akteuren.

Nachdem hierdurch der rechtliche Rahmen neuer Methoden im gesetzlichen Krankenversicherungsrecht abgesteckt ist, werden die zwei für den stationären Sektor zentralen Spezialvorschriften (§§ 137 c, 137 e SGB V) dargestellt und untersucht, insbesondere unter Betrachtung der Rechtsprechungsentwicklung und der Rezeption der Regelungen in der Wissenschaft.

Da die Regelungen von neuen Methoden im Krankenversicherungsrecht nach dem SGB V nur „die eine Seite der Medaille" darstellen, untersucht die Arbeit anschließend, ob das Vergütungsrecht die notwendigen Regelungen bereitstellt, um auf die Erbringung von neuen Methoden flexibel genug zu reagieren und für die Krankenhäuser ihre sachgerechte Vergütung zu gewährleisten. Ein besonderes Augenmerk gilt hier der „Innovationsklausel"[35], den NUB-Entgelten und insbesondere dem NUB-Verfahren.

Denn nur, wenn es dem Gesetzgeber gelingt auf der Vergütungsebene praktikable, kostendeckende Regelungen zu treffen, die den Krankenhäusern die nötige finanzielle Sicherheit geben, um sich auf neue Methoden einzulassen, können innovative Methoden im öffentlichen Gesundheitsmarkt den Stellenwert bekommen, den sie in einem fortschrittsorientierten Land wie der Bundesrepublik Deutschland aufgrund der krankenversicherungsrechtlichen Regelungen des SGB V nach dem Wille des Gesetzgebers im stationären Sektor haben sollen.

Aufgrund der aus der Untersuchung resultierenden Ergebnisse werden insbesondere in dem Kapitel, das sich mit der Untersuchung des NUB-Verfahrens befasst, Änderungsvorschläge präsentiert, die gerade auch dem Gesetzgeber Anregungen bei der Überarbeitung dieser Thematik liefern sollen.

35 Willhöft, Rechtsanspruch der Krankenhausträger auf Vereinbarung eines krankenhausindividuellen (Zusatz-) Entgeltes für Medizintechnologie mit „Status 1", Das Krankenhaus 2013, 934.

A. LEISTUNGSEBENE – NUB-Methoden im System der GKV – Überblick

1. Gesetzgebungskompetenz

Die gesetzlichen Regelungen des Krankenversicherungsrechts finden sich im Fünften Buch des Sozialgesetzbuchs (SGB V). Europarechtliche Regelungen spielen auf der Ebene des gesetzlichen Krankenversicherungsrechts – mit Ausnahme des Medizinprodukterechts – (bisher) keine unmittelbare Rolle, da nach der bisherigen „europarechtlicher Architektur“ das Krankenversicherungswesen noch ganz in nationaler Regelungskompetenz steht.

Für den Erlass des SGB V leitet der Bundesgesetzgeber seine Gesetzgebungskompetenz aus Art. 72 i.V.m. Art. 74 Nr. 12 GG her. Hiernach verleiht das Grundgesetz dem Bundesgesetzgeber im Rahmen der konkurrierenden Gesetzgebung die Gesetzgebungskompetenz zur Regelung der „Sozialversicherung“. Dieser Begriff ist als weit gefasster verfassungsrechtlicher Gattungsbegriff zu verstehen, welcher alles umfasst, was sich der Sache nach als Sozialversicherung darstellt.[36] Hinsichtlich des Krankenversicherungsrechts ermöglicht er dem Bund sowohl die Rechtsbeziehungen zwischen den Krankenhäusern als Leistungserbringern und den Krankenkassen als auch die Voraussetzungen und Rahmenbedingungen für die Inanspruchnahme von Krankenhausleistungen durch die gesetzlich Versicherten gesetzlich zu regeln.[37]

2. Begriffe

2.1 Krankenhaus

Die Arbeit untersucht die Einführung und Erbringung neuer Untersuchungs- und Behandlungsmethoden im Rahmen einer stationären Krankenbehandlung zulasten der gesetzlichen Krankenkassen. Dies bringt mit sich, dass im Fokus der Arbeit nur solche Einrichtungen stehen, die im Sinne des gesetzlichen Krankenversicherungsrechts „Krankenhäuser“ sind und die gesetzlich versicherte Patienten behandeln und die erbrachten Leistungen der jeweils zuständigen gesetzlichen Krankenkassen in Rechnung stellen dürfen.

Die für diese Eingrenzung einschlägigen Normen finden sich insbesondere in den §§ 107 Abs. 1, 108, 109 SGB V. Hiernach sind Krankenhäuser Einrichtungen, die der Krankenbehandlung oder Geburtshilfe dienen, fachlich-medizinisch unter

36 Sodan in: Wenzel (Hrsg.), Handbuch des Fachanwalts Medizinrecht, Seite 3 Rn. 3.

37 Janda, Medizinrecht S. 216, vgl. auch Ratzel, Rudolf, Handbuch Medizinrecht, § 4 Das Gesundheitswesen in der Verfassung der Bundesrepublik Deutschland, Rn. 1.

ständiger ärztlicher Leitung stehen, über ausreichende ihrem Versorgungsauftrag entsprechende diagnostische und therapeutische Möglichkeiten verfügen und nach wissenschaftlich anerkannten Methoden arbeiten.[38] Um Widersprüche zwischen dem „materiellen Krankenversicherungsrecht" und dem Krankenhausfinanzierungsrecht zu vermeiden, baut die gesetzliche Definition in § 107 SGB V auf der Definition des Begriffs des Krankenhauses des Krankenhausfinanzierungsrechts, in § 2 Nr. 1 KHG, auf und ergänzt diesen lediglich um bestimmte organisatorische Anforderungen[39].

Die ärztliche Behandlung ist das die Krankenhausbehandlung kennzeichnende Merkmal.[40] Der gesetzlichen Definition zufolge fallen stationäre Einrichtungen, die ausschließlich Außenseitermethoden anwenden, mangels Arbeit anhand „wissenschaftlich anerkannten Methoden", schon nicht unter den sozialversicherungsrechtlichen Krankenhausbegriff.[41] Ihnen fehlt es an der erforderlichen krankenversicherungsrechtlichen Leistungsfähigkeit[42].

Neben den fachlichen Kriterien, sind weitere Voraussetzungen für die Qualifikation als „Krankenhaus" i.S.d. § 107 Abs. 1 SGB V, dass die Einrichtung mit Hilfe von jederzeit verfügbarem ärztlichem, Pflege-, Funktions-, und medizinisch-technischem Personal darauf eingerichtet ist, vorwiegend durch ärztliche und pflegerische Hilfeleistung Krankheiten der Patienten zu erkennen, zu heilen, ihre Verschlimmerung zu verhüten, Krankheitsbeschwerden zu lindern oder Geburtshilfe zu leisten. Als Abgrenzung zu ambulanten Versorgungszentren müssen Krankenhäuser darüber hinaus noch über die erforderliche Infrastruktur verfügen, um die behandelten Patienten unterzubringen und zu verpflegen.

Einrichtungen, die diese Kriterien erfüllen, sind „Krankenhäuser" i.S.d. SGB V, unabhängig davon, unter welcher Trägerschaft sie stehen, ob es sich also um eine Privatklinik handelt, oder nicht und wie sie organisiert sind.[43]

Ob und wenn ja in welchem Umfang ein „Krankenhaus" gesetzlich versicherte Patienten zulasten der gesetzlichen Krankenkassen, insbesondere auch mit NUB-Methoden, behandeln darf, ist eine Frage, die über die reine Definition des Begriffs

---

38 Zur Auseinandersetzung mit den einzelnen Kriterien siehe beispielsweise: Wahl in juris-PK – SGB V, § 107 SGB V, Rn. 12 ff.

39 Hess in: Kasseler Kommentar zum Sozialversicherungsrecht (77. EGL 2013), SGB V, § 107 Rn. 2 m.w.N. zu den entsprechenden Gesetzesmaterialien (BTDrs. 11/2237 S. 196); Schrinner in: Dettling/Gerlach (Hrsg.), Krankenhausrecht, Kommentar, SGB V § 107 Rn. 2.

40 Knittel, in Krauskopf, Soziale Krankenversicherung, Pflegeversicherung, Kommentar zum SGB V, (81. EL 2013) § 107 Rn. 4.

41 So auch: Knittel, in Krauskopf, Soziale Krankenversicherung, Pflegeversicherung, Kommentar zum SGB V, (81. EL 2013) § 107 Rn. 4.

42 Schrinner in: Dettling/Gerlach (Hrsg.), Krankenhausrecht, Kommentar, SGB V § 107 Rn. 11.

43 Vgl. hierzu auch Wahl in juris-PK – SGB V, § 107 SGB V, Rn. 14.

des „Krankenhauses" hinaus geht. Sie wird an einer späteren Stelle der Arbeit beleuchtet werden.[44]

2.2 „Neue Untersuchungs- und Behandlungsmethoden" (NUB-Methoden)

Der Gesetzgeber hat (bisher) davon abgesehen den Begriff der „neuen Untersuchungs- und Behandlungsmethoden" (NUB-Methoden) legal zu definieren, auch wenn der Begriff ausdrücklich an mehreren Stellen im Gesetz verwendet wird.

Der Begriff findet sich beispielsweise in § 135 Abs. 1 Satz 1 SGB V, der für die vertragsärztliche und vertragszahnärztliche Versorgung regelt, unter welchen Voraussetzungen „neue Untersuchungs- und Behandlungsmethoden" zulasten der Krankenkassen angewendet werden dürfen. Und auch § 6 Abs. 2 Satz 1 KHEntgG trifft eine Spezialregelung für die Vereinbarung von krankenhausindividuellen Entgelten für die Vergütung „neuer Untersuchungs- und Behandlungsmethoden", die mit den schon bundeseinheitlich definierten Fallpauschalen und Zusatzentgelten noch nicht sachgerecht vergütet werden können.

Aufgrund der systemimmanenten Trägheit des bundeseinheitlichen DRG-Fallpauschalensystems, durch welches seit 2004 Krankenhäuser ihre erbrachten Leistungen gegenüber den gesetzlichen Krankenkassen abrechnen, stellen die auf § 6 Abs. 2 Satz 1 KHEntgG basierenden eigentlich systemfremden „krankenhausindividuellen Entgelte" für Krankenhäuser eine zentrale Vergütungsquelle dar, um NUB-Methoden kostendeckend erbringen zu können. Sie dürfen aber, wie der Wortlaut der Norm klarstellt, nur für „neue" Methoden vereinbart werden. Es ist daher, schon alleine um den Anwendungsbereich dieser für die gegenständliche Untersuchung zentralen Norm zu definieren, erforderlich, sich mit dem Begriff der „NUB-Methoden" auseinander zu setzen.

2.2.1 „Neu"

Das Adjektivattribut „neu" umfasst sowohl eine zeitliche, als auch eine inhaltliche Dimension. Im Bezug auf die vorliegende Untersuchung kommt es nicht auf die „Neuheit" einer Methode im einzelnen Krankenhaus an, sondern aufgrund der systematischen Betrachtung ist die „Neuheit" der Methode im Gesundheitssystem insgesamt entscheidend[45]. Auch die „neueste" Methode verliert irgendwann durch Zeitablauf ihren Charakter als „neue" Methode. Eine „veraltete" Methode wird nicht mehr als „neu" wahrgenommen – wie schnell dieser Zeitpunkt erreicht ist, hängt stark von der Schnelllebigkeit des entsprechenden Bereichs bzw. der entsprechenden Branche ab. Dieser zeitliche Aspekt des Kriteriums der Neuheit ist gerade auch in Bezug auf das NUB-Verfahren gem. § 6 Abs. 2 Satz 3 KHEntgG nicht unrelevant,

---

44 Siehe hierzu A.5.2.

45 Siehe auch Bender, Finanzierung neuer Untersuchungs- und Behandlungsmethoden (NUB) im Krankenhaus; NZS 2012, 761, 762.

da das InEK ggf. eine Methode nach mehrjähriger „Teilnahem" am NUB-Verfahren und wiederholter Eingruppierung in NUB-Status-2 aus der Motivation, dass die Methode „nun nicht mehr neu" sei, den NUB-Status-2 verleiht[46].

Inhaltlich begreifen wir etwas, was sich allgemein durchgesetzt hat und somit „zu Genüge bekannt" ist, den „Standard" darstellt, nicht mehr als „neu". Rein begrifflich ist es daher schwer nachvollziehbar zu verlangen, dass eine „neue" Methode nur zulasten der gesetzlichen Krankenkasse erbracht werden darf, wenn sie „dem allgemein anerkannten Stand der medizinischen Erkenntnisse entspricht"[47]. Zumal der Gesetzestext in zwei für die Auseinandersetzung mit dieser Thematik zentralen Normen, nämlich § 2 Abs. 1 Satz 3 SGB V und § 137 c Abs. 1 Satz 1 SGB V eindeutig zwischen „allgemein anerkanntem Stand" und „neuen fortschrittlichen Methoden" differenziert. Denn in § 2 Abs. 1 Satz 3 SGB V heißt es „Qualität und Wirksamkeit der Leistungen haben dem allgemeinen Stand der medizinischen Erkenntnisse zu entsprechen und den medizinischen Fortschritt zu berücksichtigen". Und nach § 137 c Abs. 1 Satz 1 SGB V überprüft der Gemeinsame Bundesausschuss neue Untersuchungs- und Behandlungsmethoden daraufhin, ob sie „unter Berücksichtigung des allgemein anerkannten Standes der medizinischen Erkenntnisse erforderlich sind".

Die inhaltliche Auseinandersetzung mit dieser speziellen Problematik, zu der das BSG im Jahr 2012 eine Revision angenommen hat[48] und deren Klärung, wie die Untersuchung zeigen wird, entscheidende Auswirkung auf die Attraktivität der Erbringung neuer Methoden im Krankenhaus und somit auf die Verbreitung von innovativen Methoden im stationären Bereich hat, kann nicht hier auf der begrifflichen Ebene erfolgen, sondern erfordert die vorausgehende eingehende Beschäftigung mit dem krankenversicherungsrechtlichen und vergütungsrechtlichen Regelungen bezüglich der Erbringung neuer Methoden. Sie erfolgt daher an späterer Stelle der Arbeit[49].

Rein begrifflich ist festzuhalten, dass der Begriff der „neuen Methode" an sich wertneutral ist und keine inhaltliche Wertung oder Prägung in sich trägt. Jede Methode, die nach heutiger Einschätzung „dem allgemein anerkannten Stand der medizinischen Erkenntnisse entspricht" oder die heute als Standardtherapie gilt, war irgendwann einmal „neu". Andererseits ist auch eine Methode, die allgemein als Außenseitermethode betrachtet wird und der es nicht gelungen ist oder gelingt, sich als Standardtherapie durchzusetzen, irgendwann „neu" gewesen und ist/war somit eine „neue Methode". So verliert rein begrifflich auch eine Methode, die der G-BA durch eine Richtlinie gem. §§ 135, 137 c SGB V vom Leistungsspektrum der gesetzlichen Krankenversicherung ausgeschlossen hat, nicht automatisch durch

46 Mangels vom InEK erteilter Begründung für die jeweils getroffenen Entscheidung ist nicht transparent und nachvollziehbar, warum für welche Methode welcher NUB-Status vergeben wurde.

47 Ausführliche Auseinandersetzung mit dieser Thematik unter B.5.6.

48 Urteil des BSG vom 21.03.2013 – B 3 KR 2/12 R.

49 Vgl. B.5., hier speziell B.5.6.

den Beschluss ihre Eigenschaft als „neue Methode“ und kann auch eine Methode, deren Anwendung zivilrechtlich als Behandlungsfahler gem. § 823 BGB eingestuft würde, eine „neue Methode“ darstellen.

Diese unhomogene Menge von “neuen Methoden“ lässt ahnen, welches positive EntwicklungsPotenzial, jedoch auch UnsicherheitsPotenzial bis hin zum lebensbedrohlichen GefährdungsPotenzial im Begriff der „neuen Methoden“ steckt. Aufgabe und Herausforderung des gesetzlichen Krankenversicherungsrechtes ist es, Regelungen zu schaffen, die festlegen, welche neuen Methoden ab wann von wem angewendet werden dürfen, um so, insbesondere im Sinne einer hohen Patientensicherheit und unter Berücksichtigung der finanziellen Stabilität des gesetzlichen Krankenversicherungssystems, den Kreis der „neuen Methoden“, die zulasten der gesetzlichen Krankenkassen erbracht werden dürfen, einzugrenzen. Diese Regelungen müssen einerseits genügend Raum für Entwicklung und Fortschritt lassen, andererseits aber die Patienten vor der Behandlung mit unnützen oder schädlichen „neuen“ Methoden schützen. Zudem müssen sie dafür sorgen, dass das solidarisch finanzierte gesetzliche Gesundheitssystem aus gesamtwirtschaftlichen Gesichtspunkten durch die Finanzierung von in ihrer Wirksamkeit zweifelhaften „neuen“ Methoden nicht „aus den Fugen“ gerät. Wobei schon an dieser Stelle anzumerken ist, dass „neue Methoden“ – insbesondere auch bei einer langfristigen Gesamtbetrachtung – nicht zwingend immer Kostensteigerungen mit sich bringen.

Aus spezifisch krankenversicherungsrechtlicher Betrachtung sind folgende Auseinandersetzungen mit dem Begriff der „NUB-Methoden“ zu finden:

2.2.2 „Neue“ Untersuchungs- und Behandlungsmethode im Sinne des Krankenversicherungsrechts – Definition des BSG

Das BSG hat den Begriff der „NUB-Methode“ in ständiger Rechtsprechung folgendermaßen definiert: NUB-Methoden sind hiernach Methoden, denen ein eigenes theoretisch-wissenschaftliches Konzept zu Grunde liegt, das sie von anderen Therapieverfahren unterscheidet und das ihre systematische Anwendung in der Behandlung bestimmter Krankheiten rechtfertigen soll[50]. Es geht daher nicht um den „einzelnen Behandlungsschritt“, sondern um den „Therapieansatz als solchen“.[51] Insofern ist auch die vom BSG in einem Urteil vom 22.07.2004[52] verwendete Definition (Hier hatte das BSG bezugnehmend auf Francke[53] den Begriff „Untersuchungs- und Behandlungsmethoden“ als „alle professionellen heilkundlichen – medizinischen – Verrichtungen, die zur Erreichung der Behandlungsziele nach

50 Urteil vom 16.12.2008 – B 1 KR 11/08 R, („Liposuktion“), Rn. 14 m.w.N.; BSG Urteil vom 26.09.2006 – B 1 KR 3/06 („neuropsychologischen Therapie“), Rn. 16; BSG Urteil vom 28.03.2000 – B 1 KR 11/98 R; vgl. auch BSG Urteil vom 16.09.1997 – B 1 RK 28/95.

51 Vgl. Vießmann, Die demokratische Legitimation des Gemeinsamen Bundesausschusses zu Entscheidungen nach § 135 Abs. 1 Satz 1 SGB V, S. 31.

52 BSG Urteil vom 22.07.2004 B 3 KR 21703 R, Rn. 26.

53 Francke in Wannagat, SGB V, Stand: Februar 2000, § 137c Rn. 7.

§ 27 Abs. 1 Satz 1 SGB V vorgenommen werden“ umschrieben) etwas missverständlich, als der Begriff der „Behandlungsmethode“ gerade im Zusammenhang mit der systematischen Einführung neuer Methoden ins System der gesetzlichen Krankenversicherung abzugrenzen ist vom Begriff der einzelnen individualisierten “Leistung“, z.B. dem individuellen Heilversuch, der sich auf die jeweils einzelne ärztlich verordnete oder erbrachte auf den jeweiligen Patienten individualisierte Maßnahme oder Verrichtung bezieht[54].

Während der Begriff der „Untersuchungsmethoden“ mehr auf Verfahren der Diagnostik abzielt, beschreibt der Begriff der „Behandlungsmethoden“ das therapeutische Vorgehen als Ganzes, ist also der umfassendere, übergreifendere Begriff, der alle nach dem jeweiligen methodischen Ansatz zur Erreichung des Behandlungsziels erforderlichen Einzelschritte mit einschließt[55]. Vom Begriff der „Behandlungsmethode“ wird daher auch der Einsatz von Arzneimitteln oder Medizinprodukten[56] umfasst.[57]

2.2.3 „Individuelle Medizin“/“Personalisierte Medizin“ als „Behandlungsmethode“?

In diesem Zusammenhang stellt sich die Frage, ob und inwiefern der sich neu entwickelnde innovative Bereich der „individuellen Medizin“[58]/ „personalisierten Medizin“[59] eine NUB-Methode sein kann, oder ob hier aufgrund des hohen Grades an Individualisierung gar nicht mehr von „Methoden“ gesprochen werden kann, sondern es sich ausschließlich um jeweils individuelle Leistungen handelt mit der Folge, dass sie sich einer systematischen Beurteilung entziehen würden.

Die „individuelle Medizin“ unterscheidet sich jedoch von der Behandlung von singulären Krankheitsfällen bzw. Seltenheitsfällen, bei denen eine systematische Erforschung praktisch ausgeschlossen ist[60], oder von einem singulären Heilversuch

---

54 Hierzu auch Ihle in: jurisPK-SGB V § 135 SGB V Rn. 18: hier insbesondere mit dem Hinweis, dass es ärztliche Leistungen gibt, [da es keine neuen Methoden sind] die vom Bewertungsausschuss im Rahmen seiner Entscheidungsfreiheit als im Rahmen der vertragsärztlichen Versorgung abrechenbare Leistungen neu in den EBM aufgenommen werden können, ohne dass es vorab einer Entscheidung des G-BA bedarf; Roters in Kasseler Kommentar zum Sozialversicherungsrecht (77.EL), § 135 Rn. 5 f.; Schmidt-De Caluwe in Becker/Kingreen (Hrsg.) SGB V, § 135 Rn. 3

55 Schmidt-De Caluwe in: Becker/Kingreen (Hrsg.), SGB V, § 135 Rn. 3.

56 Schmidt-De Caluwe in: Becker/Kingreen (Hrsg.), SGB V, § 135 Rn. 5.

57 Ihle in: jurisPK-SGB V § 135 SGB V Rn. 18.

58 Vergleiche hierzu: http://www.isi.fraunhofer.de/isi-de/t/projekte/medpharm-sb-zukunftsreport_indiv_med.php; abgerufen am 01.11.2013.

59 Vgl. Huster/Gottwald, Gutachten zum Thema „Kostenübernahme genetischer Untersuchungen zur genetischen Diagnostik von Krankheiten und zur Therapieplanung (sog. Companion Diagnostics) durch die GKV“ im Auftrag des Deutschen Ethikrates.

60 Vgl. Roters in Kasseler Kommentar (EL 78) § 135 Rn. 10.

aufgrund eines individuellen Heilansatzes, darin, dass sie regelmäßig darauf abzielt und „geeignet" ist, bei einer großen Anzahl an Versicherten, zwar im Einzelfall individualisiert, aber dennoch systematisch angewendet zu werden.

Auch wenn sie hohe individualisierte Anteile hat, da sie beispielsweise auf körpereigenem Material der Versicherten aufbaut oder nur bei den Versicherten angewendet wird, die sich aufgrund eines Gentests als geeignet erweisen, werden die einzelnen Behandlungskonzepte der „individuellen Medizin" dennoch systematisch angewendet und basieren trotz der Individualisierung dennoch regelmäßig jeweils auf einem übergreifenden „theoretisch-wissenschaftlichen Konzept", das hinsichtlich der grundsätzlichen Herangehensweise strukturell in jedem Behandlungsfall gleich ist. Auch bei Behandlungsmethoden, die nicht der „individuellen Medizin" zugeordnet werden, findet bei jeder einzelnen Anwendung regelmäßig ein nicht unerhebliches Maß an Individualisierung statt, indem die Behandlung hinsichtlich Durchführung, ggf. der Medikamentendosis, der im konkreten Fall verwendeten Prothese u.s.w. individuell auf den Patienten und seine konkrete gesundheitliche Verfassung abgestimmt werden muss. Dies steht jedoch nicht der Einordnung eines Behandlungskonzeptes als „Methode" im Wege.

Auch Behandlungen, die der „individuellen Medizin" zugeordnet werden, können daher grundsätzlich „Methoden" im Sinne des Krankenversicherungsrechts sein, wenn sie sich unter die vom BSG gefundene Definition subsumieren lassen.[61] Ob der konkreten Maßnahme im Vergleich zu einer anderen Behandlungsalternative strukturell ein „eigenes wissenschaftliches Konzept" zugrunde liegt, das sich von anderen Behandlungsalternativen unterscheidet, und ob die konkrete Maßnahme mehr ist als eine ärztliche Leistung, ist auch hinsichtlich Behandlungen der „individuellen Medizin" jeweils im und am Einzelfall zu prüfen[62].

2.2.4 Formale Definition „neuer" Untersuchungs- und Behandlungsmethoden

Für den ambulanten Bereich wird oft versucht, den Begriff der NUB-Methoden auf eine sehr formalistische Weise zu definieren, nämlich danach, ob es für die konkrete Methode schon eine Abrechnungsziffer im „Einheitlichen Bewertungsmaßstab für vertragsärztliche Leistungen" (EBM), dem Regelwerk, das die konstitutive Grundlage für die Abrechnung einer ambulant erbrachten Leistung zulasten der gesetzlichen

61 So auch Huster/Gottwald, Gutachten zum Thema „Kostenübernahme genetischer Untersuchungen zur genetischen Diagnostik von Krankheiten und zur Therapieplanung (sog. Companion Diagnostics) durch die GKV" im Auftrag des Deutschen Ethikrates, S. 10.

62 So auch Huster/Gottwald, Gutachten zum Thema „Kostenübernahme genetischer Untersuchungen zur genetischen Diagnostik von Krankheiten und zur Therapieplanung (sog. Companion Diagnostics) durch die GKV" im Auftrag des Deutschen Ethikrates, S. 10, 13.

Krankenkassen darstellt, gibt.[63] Leistungen, die noch nicht im EBM abgebildet werden, sind demzufolge als „neu“ zu betrachten.[64] In seinem Urteil vom 26.09.2006[65] betonte das BSG, dass das Merkmal „neu“ insoweit ein krankenversicherungsrechtlich auszufüllender Rechtsbegriff sei, für dessen Auslegung weiterhin in erster Linie an die aufgezeigten, schon in der bisherigen Rechtsprechung hervorgehobenen formellen Maßstäbe anzuknüpfen sei.

Von diesem Abgrenzungsansatz geht auch der G-BA in seiner Verfahrensordnung[66] (VerfO) aus. Die VerfO definiert in Kapitel 2, § 2 Abs. 1 VerfO, dass „als „neue“ Untersuchungs- und Behandlungsmethoden für Zwecke des § 135 Abs. 1 Satz 1 SGB V nur Leistungen gelten könnten, die (a) nicht als abrechnungsfähige ärztliche oder zahnärztliche Leistungen im Einheitlichen Bewertungsmaßstab (EBM) oder Bewertungsmaßstab (Bema) enthalten sind oder (b) die als Leistungen im EBM oder im Bema enthalten sind, deren Indikation oder deren Art der Erbringung, bei zahnärztlichen Leistungen einschließlich des zahntechnischen Herstellungsverfahrens, aber wesentliche Änderungen oder Erweiterungen erfahren haben. Nach § 2 Abs. 2 des 2. Kapitels der VerfO kann eine Stellungnahme des Bewertungsausschusses gem. § 87 SGB V, der für die Definition der EBM Ziffern verantwortlich ist, eingeholt werden, wenn bezüglich einer konkreten Methode Zweifel bestehen, ob es sich nach der Definition des Kapitel 2, § 2 Abs. 1 VerfO um eine „neue“ Methode handelt, oder nicht.[67]

Kapitel 2, § 2 Abs. 1 i.V.m. Abs. 2 VerfO machen deutlich, dass die hier zu findende Definition ausschließlich für den ambulanten Bereich Gültigkeit hat. Eine Definition, die auch den stationären Bereich mit umfasst findet sic hin der VerfO nicht.

Diese sehr formalistische Herangehensweise kann für den ambulanten Sektor nahe liegend erscheinen, da hier die Erbringung von „neuen“ Methoden gem. § 135 Abs. 1 SGB V regelmäßig so lange verboten ist, bis der G-BA ihre Erbringung positiv erlaubt hat und eine Abrechnungsziffer im EBM geschaffen wurde.

Sie greift aber auch bezüglich des ambulanten Sektors zu kurz, wie schon der zweite Teil der Definition des G-BA in seiner VerfO andeutet und ist für die inhaltliche

---

63 Vgl. auch Ihle in: jurisPK-SGB V § 135 SGB V Rn. 19.

64 BSG Urteil vom 16.12.2008 – B 1 KR 2/08 R, („laparoskopisches Gastric-Banding“), Rn. 20; Urteil vom 16.12.2008 – B 1 KR 11/08 R, („Liposuktion“), Rn. 14; BSG, Urteil vom 27.9.2005 – B 1 KR 28/03 R; BSG Urteil vom 26.09.2006 – B 1 KR 3/06 („neuropsychologischen Therapie“), Rn. 17.

65 BSG Urteil vom 26.09.2006 – B 1 KR 3/06 („neuropsychologischen Therapie“), Rn. 18.

66 Verfahrensordnung des Gemeinsamen Bundesausschusses in der Fassung vom 18.12.2008, veröffentlicht im Bundesanzeiger Nr. 84 a (Beilage) vom 10.06.2009, in Kraft getreten am 01.04.2009, zuletzt geändert am 06.12.2012, veröffentlicht im Bundesanzeiger AT 15.01.2013 B3, in Kraft getreten am 16.01.2013.

67 Der Bewertungsausschuss hat hier die gleiche „Aufgabe“, wie sie die Vertragsparteien auf Bundesebene bzw. das InEK bei der Durchführung des NUB-Verfahrens gem. § 6 Abs. 2 Satz 3 KHEntgG haben, nämlich abzugleichen, ob es für die entsprechende Methode schon eine zutreffende Abrechnungsziffer gibt.

Auseinandersetzung mit der Thematik der Erbringung „neuer Methoden" in der vertragsärztlichen Versorgung nicht zielführend, da sonst im ambulanten Bereich neue Methoden tatsächlich nie erbracht werden könnten, da ihre Erbringung einer „neuen Methode" vor einer positiven Entscheidung des G-BA gem. § 135 Abs. 1 SGB V und ihrer Aufnahme in den EBM verboten ist und sie, nach der formalistischen Definition, durch den Beschluss des G-BA und die Abbildung im EBM ihren Charakter als „neue" Methode verlieren würden. Zudem kann es auch „alte" Methoden geben, die – aus inhaltlichen Gründen – nicht (mehr) im EBM abgebildet sind, und dadurch zweifelsohne nicht wieder zu einer „neuen" Methode werden!

Teilweise wird die formalistische Definition der „neuen Methode" i.S.d. § 2 Abs. 1 des 2. Kapitels der VerfO auch unkritisch für die Definition des Begriffs der „neuen Methoden" im stationären Bereich herangezogen[68]. Auch wenn die formale Herangehensweise bezüglich des ambulanten Bereichs ihre Schwächen hat, so ist ihr Ansatz aufgrund des Verbotsvorbehaltes in § 135 Abs. 1 SGB V noch in gewisser Weise nachvollziehbar. Für den stationären Bereich ist diese formalistische Herangehensweise jedoch völlig unbrauchbar. Denn hier ist die zulässige Erbringung „neuer" Methoden zulasten der Krankenkassen gem. § 137 c SGB V nicht von einer präventiven Erlaubnis des G-BA und der Aufnahme in den Abrechnungskatalog (DRG-Fallpauschalenkatalog) abhängig, weswegen diese Kriterien auch nicht als „Abgrenzungskriterien" herangezogen werden können. Dass der formalistische Ansatz für den stationären Bereich zu kurz greift, macht auch der Wortlaut des § 6 Abs. 2 Satz 1 KHEntgG deutlich[69], der impliziert, dass es NUB-Methoden gibt, die mit den schon definierten bundeseinheitlichen Fallpauschalen und Zusatzentgelten sachgerecht vergütet werden können und dadurch trotzdem nicht ihren Charakter als „neue" Methode verlieren. Denn nur für die „restlichen" neuen Methoden, die noch nicht sachgerecht abgebildet werden können, dürfen krankenhausindividuelle NUB-Entgelte vereinbart werden. Der Begriff der „Neuheit" kann daher nicht anhängig von der Existenz eines bundeseinheitlich definierten Zusatzentgeltes oder einer Fallpauschale definiert werden. Aber die Tatsache, dass es noch keine passende definierte Pauschale gibt, ist notwendige Voraussetzung für die Vereinbarung von NUB-Entgelten gem. § 6 Abs. 2 Satz 1 KHEntgG. Die Regelung in

---

68 Dietz/Bofinger, Krankenhausfinanzierungsgesetz, Bundespflegesatzverordnung und Folgerecht, Kommentar, Stand September 2011, § 6 KHEntgG, Anm. III 3.; Felix, Das Institut für das Entgeltsystem im Krankenhaus (InEK); MedR 2012, 777, 778; Felix, Rechtliche Rahmenbedingungen der Finanzierung innovativer Medizin aus Sicht der Leistungserbringer und Patienten – taugen sie gesetzlichen Vorgaben? In: Felix/Schütte (Hrsg.); Medizinische Innovation und Krankenhausfinanzierung 2011, S. 75.; Nentwig, Die Vergütung neuer Untersuchungs- und Behandlungsmethoden; Das Krankenhaus 2005, 478, 479; Zimmermann, Der Gemeinsame Bundesausschuss – Normsetzung durch Richtlinien sowie Integration neuer untersuchungs- und Behandlungsmethoden in den Leistungskatalog der GKV, 2012, S. 247.

69 a.A: Felix, Das Institut für das Entgeltsystem im Krankenhaus (InEK), MedR 2012, 777, 778.

§ 6 Abs. 2 Satz 1 KHEntgG ist auch „stimmig" mit der Bezeichnung des mittlerweile flächendeckend angewandten Abrechnungssystems, dem „G-DRG-System". Denn „DRG" steht für „diagnosis related groups" und nicht für „method related groups". Grundlage der im Fallpauschalenkatalog gebildeten Fallgruppen sind somit diagnoseorientierte Beschreibungen, für die es zunächst irrelevant ist, mittels welcher Methode der diagnostizierte Krankheitsbefund geheilt bzw. behandelt wurde.

Den Fallpauschalenkatalog als Positivliste zu betrachten und den Begriff der NUB-Methoden dadurch einzugrenzen, dass es sich hierbei um alle Methoden handelt, die in ihm noch nicht abgebildet werden können, ist folglich für den stationären Bereich nicht hilfreich oder zielführend.

Zudem erfordern die skizzierten, sehr wichtigen betroffenen Belange sowohl in Bezug auf die Patientensicherheit, den Anspruch der Patienten auf Teilhabe am Fortschritt, als auch auf die finanzielle Stabilität des gesetzlichen Krankenversicherungsrechts, eine politische, ethische, inhaltliche Entscheidung darüber, welche NUB-Methoden (schon) zulasten der gesetzlichen Krankenkassen erbracht werden dürfen. Gerade im stationären Sektor, wo es keiner präventiven Erlaubnis des G-BA i.S.d. § 135 SGB V bedarf, muss die inhaltliche Entscheidung auch durch das materielle Krankenversicherungsrecht, nämlich insbesondere § 137 c SGB V gesteuert werden. Die Frage, was eine NUB-Methode ist und ob sie zulasten der gesetzlichen Krankenkasse erbracht werden darf, darf daher nicht darauf reduziert werden und davon abhängen, ob die für das Abrechnungssystem zuständige „Stelle", somit das InEK, bezogen auf den stationären Bereich, schon eine „passende" Abrechnungsziffer geschaffen hat, mittels der die Anwendung der NUB-Methode sachgerecht abgebildet werden kann, oder nicht.

Insbesondere aus Perspektive des stationären Sektors greift daher eine rein formale, auf die Frage der Abrechnungsmöglichkeit reduzierte Definition zu kurz.[70]

2.2.5 Jüngere Inhaltliche Definitionsansätze der Literatur

Auch eine Definition des Begriffs der NUB-Methode in einer materiellen Herangehensweise, die darauf abstellt, dass Untersuchungs- und Behandlungsmethoden im materiellen Sinne „neu" sind, wenn sie sich auf nicht weitgehend einhellig anerkannte wissenschaftliche Erkenntnisse berufen, die gerade deshalb der Prüfung auf Qualitätssicherung unterzogen werden sollen,[71] vermag insofern nicht zu überzeugen, als „neue" Untersuchungs- und Behandlungsmethoden nicht zwingend implizieren, dass es sich um Methoden außerhalb des Spektrums der Schulmedizin

70 In diesem Sinne auch Hauck, Medizinische Innovationen im Krankenhaus, Aktuelle Rechtsfragen aus der Sicht der Rechtsprechung, GesR 2014, 257, 260 f.; Kutlu in: Spickhoff, Medizinrecht, KHEntgG § 6 Rn. 5.

71 Vgl. Joussen in: Rolfs/Giesen/Kreikebohm/Udsching (Hrsg.) Beck OK Sozialrecht § 135 SGB V Rn. 2.

handeln.[72] Vielmehr sind NUB-Methoden gerade auch Methoden, die auf schulmedizinische Herangehensweise basieren, sich jedoch im Verhältnis zu bestehenden, allgemein anerkannten und verbreiteten Standardmethoden durch neue Ideen und Herangehensweisen auszeichnen.

In der Literatur gibt es in jüngerer Zeit zur inhaltlichen Auseinandersetzung und Definition des Begriffs „neue“ Methode insbesondere folgende Anregungen:

Bender[73] verwendet im Zusammenhang mit der Auseinandersetzung mit der Thematik neuer, innovativer Methoden den bildlichen Begriff des „Neulandschritts“, dem es begrifflich immanent sei, dass es für ihn in der Medizin weder einen wissenschaftlichen noch einen klinischen Konsens gibt. Nach der von ihm verwendeten Terminologie erfährt der Begriff des „Neulandschritts“ noch eine begriffliche Steigerung im Begriff des „Add-On-Neulandschritts“. Hierunter sind nach Bender solche „Neulandschritte“ zu verstehen, die nicht nur eine neue Herangehensweise darstellen, sondern im Ergebnis bislang Unmögliches in der Medizin ermöglichen. Nach seiner Darstellung sind neue Untersuchungs- und Behandlungsmethoden solche Methoden, die in der Medizin noch nicht da gewesen sind und bisher unbekannt waren und sich daher naturgemäß noch in der Erprobungsphase befinden. Der Begriff der Methode sei weit gefasst und könne Verfahren, Mittel und Techniken betreffen. Im Zentrum der Betrachtung stünden meist der Einsatz neuer Medizinprodukte oder Arzneimittel, jedoch könnten auch neue Therapieansätze und Operationsverfahren zur Kategorie der NUB-Methoden gehören. Nach der Einschätzung von Bender[74] werden die letztgenannten jedoch in der Fachöffentlichkeit nur wenig wahrgenommen, obwohl sie oft nicht minder innovativ sind. Bender führt im Rahmen seiner Auseinandersetzung mit dem Begriff der NUB-Methoden weiter aus, dass der Neulandschritt, obwohl er sich noch in der Erprobung befindet, keine „minderwertige Behandlung“, sondern – auch wenn dieser Vergleich im ersten Moment gewagt scheinen mag – eine Art „Erlkönig“ in der Medizin sei. Wie jeder wisse, könnten „Erlkönige“ die an sie gestellten Erwartungen nicht immer erfüllen. Dies sei jedoch der Preis der politisch und gesellschaftlich gewollten Teilhabe am medizinischen Fortschritt.

Nach Bender ist der erfolgreiche Neulandschritt von heute die Standardtherapie von morgen und die veraltete Methode von übermorgen. Dies könne man nach Bender als Metamorphose des Neulandsschritts bezeichnen. Auf der anderen Seite wird der vormalige Neulandschritt fortschrittsbedingt zur veralteten Außenseitermethode, wenn er nur noch von wenigen Ärzten angewendet wird. Von der NUB-Methode unterscheide sich der „Heilversuch“ dadurch, dass er nicht den

---

72 Insofern a.A. oder zumindest missverständlich: Noftz in: Hauck/Noftz, SGB V § 2 Rn. 71.

73 Bender, Finanzierung neuer Untersuchungs- und Behandlungsmethoden (NUB) im Krankenhaus; NZS 2012, 761.

74 Bender, Finanzierung neuer Untersuchungs- und Behandlungsmethoden (NUB) im Krankenhaus; NZS 2012, 761, 762.

methodischen Ansatz und das Ziel habe, zum medizinischen Standard von morgen zu werden. Denn der Heilversuch sei nur eine vereinzelte versuchsweise Erprobung ohne Standardisierung die nicht auf einen Gewinn an wissenschaftlicher Erkenntnis ziele. Demgegenüber wolle sich der Neulandschritt über den Diskurs innerhalb der ärztlichen Profession und seine Bewährung als zukünftig übliche medizinische Methode durchsetzen. Die Außenseitermethode trage nicht (mehr) das Potenzial in sich, zum allgemein anerkannten Standard zu werden. Begrifflich können man daher beim Aufkommen einer neuen Methode nicht von einer Außenseitermethode sprechen, sofern sie nicht aus einem Gebiet kommt, das per se in der Medizin umstritten ist, wie z.B. das der alternativen Medizin.

Nach der Systematik von Bender[75] ist eine Methode dann nicht mehr „neu", wenn sich ihr Verbreitungsgebiet nicht mehr ausdehnt und daher ihre allgemeine Anerkennung innerhalb des jeweiligen Fachgebiets nicht mehr zu erwarten ist. Ihr fehle dann das InnovationsPotenzial. Erfolgreiche Neulandschritte setzten sich nämlich über kurz oder lang in der Medizin auf Seiten der Leistungserbringer durch, fließen in die medizinische Ausbildung ein und werden von Patienten nachgefragt. Sei der „Innovationszeitraum" verstrichen, habe die Methode den „Schmelz der Neuwertigkeit" verloren und sei im Erfolgsfall eine „neue Standardmethode" oder andernfalls eine Außenseitermethode.

Felix betont, dass das Begriff der NUB-Methoden in einem umfassenden Sinne zu verstehen ist, sodass jede professionelle heilkundliche – medizinische – Verrichtung, die zur Erreichung der Behandlungsziele nach § 27 Abs. 1 Satz 1 SGB V vorgenommen wird, genügt.[76] Laut Felix kommt es hinsichtlich der Neuartigkeit nicht auf die Neuartigkeit der Leistungserbringung als solcher im konkreten Krankenhaus oder etwa in Deutschland an, vielmehr sei alleine die Berücksichtigung im Entgeltkatalog entscheidend. Dem kann für den stationären Bereich, der der einzige Bereich ist, in dem NUB-Entgelte gem. § 6 Abs. 2 KHEntgG eine Rolle spielen, aus oben dargestellten Gründen, insbesondere aufgrund der Systematik des § 137 c SGB V, nicht gefolgt werden.

Nach Hauck[77] ist in der stationären Versorgung eine NUB-Methode nach Wortlaut, Regelungssystem und Regelungszweck „neu", wenn sie bisher nicht dem allgemein anerkannten Stand der medizinischen Erkenntnisse entsprach. Diese Definition, die die Abgrenzung über den anzulegenden Qualitätsmaßstab vornimmt, geht schon fast über die rein begriffliche Ebene hinaus und beschreibt aus der

---

75 Bender, Finanzierung neuer Untersuchungs- und Behandlungsmethoden (NUB) im Krankenhaus; NZS 2012, 761, 763.

76 Felix, Das Institut für das Entgeltsystem im Krankenhaus (InEK); MedR 2012, 777, 778.

77 Hauck; Medizinische Innovationen im Krankenhaus, Aktuelle Rechtsfragen aus der Sicht der Rechtsprechung, GesR 2014, 257, 260; Hauck; Medizinischer Fortschritt im Dreieck IQWiG, G-BA und Fachgesellschaften: Wann wird eine innovative Therapie zur notwendigen medizinischen Maßnahme? Rechtsgrundlagen und Rechtsprechung; NZS 2007, 461, 462 f.

Sicht von Hauck, bzw. des BSG, den Kreis der neuen Methoden, die bereits zum regulären Leistungsspektrum der gesetzlichen Krankenkasse gehören. Ihr ist nach hier vertretener Ansicht jedenfalls insofern nicht zu folgen, als nach Gesetzeswortlaut und Systematik die Abgrenzung nicht anhand der Formulierung des „allgemein anerkannten Standes", sondern anhand des „hinreichend belegten Nutzens" (§ 137 c SGB V, insofern als lex specialis zu § 2 Abs. 1 Satz 3 SGB V) erfolgen sollte.

2.2.6 NUB-Methoden und medizinischer Fortschritt i.S.d. § 2 Abs. 1 Satz 3 SGB V

Abschließend sei für die Auseinandersetzung mit dem Attribut der „Neuheit" noch der Bezug hergestellt zwischen „neuen" Untersuchungs- und Behandlungsmethoden und dem „medizinischen Fortschritt".

Im Rahmen der Formulierung des allgemeinen Qualitätsgebots gem. § 2 Abs. 1 Satz 3 SGB V verwendet der Gesetzgeber neben dem Begriff des „allgemeine anerkannten Standes der medizinischen Erkenntnisse" den Begriff des „medizinischen Fortschritts", der zu berücksichtigen ist. Eine „neue" Untersuchungs- und Behandlungsmethode wird schon rein begrifflich regelmäßig Teil des „medizinischen Fortschritts" sein.

2.2.7 Stellungnahme

Eine umfassende und abschließende Definition des Begriffs der NUB-Methoden ist aufgrund der Diversität der NUB-Methoden schwierig, aber für die Beschäftigung mit der Thematik auch gar nicht zwingend erforderlich, wenn nicht sogar unmöglich.

Für die Beschreibung des Begriffs der neuen Untersuchungs- und Behandlungsmethoden scheint die vom BSG gefundene Definition, dass dies solche Methoden sind, denen ein eigenes theoretisch-wissenschaftliches Konzept zu Grunde liegt, das sie von anderen Therapieverfahren unterscheidet und das ihre systematische Anwendung in der Behandlung bestimmter Krankheiten rechtfertigen soll[78] sehr treffend und sachdienlich.

Hinsichtlich des Begriffs der „Neuheit" greift für die Abgrenzung eine Reduktion auf das formale Kriterium, ob sich die Methode schon durch existierende Abrechnungspositionen sachdienlich abbilden lässt, wie dargestellt, aus mehreren Aspekten zu kurz. Dies, auch wenn in tatsächlicher Hinsicht die Frage der Abrechenbarkeit, der Vergütbarkeit, einer Methode letztendlich gerade auch im stationären Bereich weichenstellende Funktion mit langfristigen, folgenreichen Auswirkungen auch auf die Umsetzung des „materiellen Krankenversicherungsrechts" i.S.d. § 137 c SGB V hat – da hiervon das Erfordernis der Durchführung des rechtlich in vielerlei Hinsicht

78 Urteil vom 16.12.2008 – B 1 KR 11/08 R, („Liposuktion"), Rn. 14 m.w.N.; BSG Urteil vom 26.09.2006 – B 1 KR 3/06 („neuropsychologischen Therapie"), Rn. 16; BSG Urteil vom 28.03.2000 – B 1 KR 11/98 R; vgl. auch BSG Urteil vom 16.09.1997 – B 1 RK 28/95.

fraglichen NUB-Verfahrens abhängt. Die Auseinandersetzung von Bender mit dem Begriff der NUB-Methoden ist insbesondere in Bezug auf seine Abgrenzung der NUB-Methode vom Heilversuch, von Außenseitermethoden sowie von der „Standardtherapie" sehr anschaulich und treffend.

Gegenstand der Arbeit sind solche „neuen" Methoden, solche „Neulandschritte"[79], die das Stadium der klinischen Prüfung schon durchschritten haben und vom wissenschaftlichen Ansatz her für die jeweilige Behandlungssituation „auf dem Weg" sind für die Behandlung des jeweiligen Krankheitsbildes, „allgemein anerkannte Methoden" zu werden – auch wenn es sich ggf. um die Behandlung eines solch spezifischen, seltenen Krankheitsbildes handelt, von dem es (hoffentlich) nie so viele Anwendungsfälle geben wird, dass genug Datenmaterial vorhanden ist, um von einem „allgemein anerkannten Stand" sprechen zu können.

Gegenstand der Arbeit sind NUB-Methoden, die in Krankenhäusern i.S.d. § 107 SGB V angewendet werden, die somit nach wissenschaftlich anerkannten Methoden arbeiten und deren Ärzte bei ihrer Berufsausübung die von ihnen aufgrund des Berufsrechts und des Hippokratischen Eids zu beachtenden ärztlichen Pflichten beachten.

Zentral und weichenstellend für die systematische Befassung mit der Thematik der Einführung von NUB-Methoden im Rahmen einer stationären Behandlung ins System der gesetzlichen Krankenversicherung erscheint jedoch die auf den ersten Blick völlig banal anmutende Erkenntnis, dass die der gegenständlichen Untersuchung zugrunde liegenden NUB-Methoden jedenfalls Teil des in § 2 Abs. 1 Satz 3 SGB V genannten „medizinischen Fortschritts" sind.

3. Grundlagen des Medizinprodukterechts

Neue Untersuchungs- und Behandlungsmethoden zeichnen sich oft durch innovative Ansätze aus, die nicht selten durch die Erfindung oder Weiterentwicklung eines innovativen Medizinproduktes initiiert und katalysiert werden. Aufgrund der neuen, herausragenden Stellung, die das SGB V Vertretern der Medizinproduktbranche im NUB-Bewertungsverfahren des G-BA gem. § 92 Abs. 7 d SGB V und in dem ebenfalls durch das Versorgungsstrukturgesetz[80] neu eingeführten § 137 e SGB V (Erprobungsregelung) einräumt, konzentriert sich die Arbeit auf medizintechnische NUB-Methoden und die sich hier spezifisch stellenden Probleme.[81] Dies erfordert

79 Bender, Finanzierung neuer Untersuchungs- und Behandlungsmethoden (NUB) im Krankenhaus; NZS 2012, 761.

80 Gesetz zur Verbesserung der Versorgungsstrukturen in der gesetzlichen Krankenversicherung (GKV-Versorgungsstrukturgesetz – GKV-VStG) vom 22.12.2011, BGBl I Nr. 70 S. 2983.

81 Hinweis auf mögl. Änderung durch GKV-VSG (Gesetzentwurf der Bundesregierung des Gesetzes zur Stärkung der Versorgung in der gesetzlichen Krankenversicherung (GKV-VSG, BTDrs. 18/4095) i.d.F. der Beschlussempfehlung des Ausschusses für Gesundheit (BTDrs. 18/5123)): Mit einem neuen § 137 h SGB V soll für

eine Auseinandersetzung mit dem Begriff des „Medizinprodukts" und eine Übersicht über die regulatorischen Regelungen des Medizinprodukterechts.

3.1 Gesetzgebungskompetenz

Der Bundesgesetzgeber leitet seine Zuständigkeit und Gesetzgebungskompetenz zur Regelung des Medizinprodukterechts, als spezielles Sicherheits- und Ordnungsrecht, aus Art. 74 GG her und hier aus einer Zusammenschau der Art. 74 Nr. 11 GG, dem Recht der Wirtschaft, Art. 74 Nr. 12 GG, Arbeitsschutz, Art. 74 Nr. 19 GG, Recht der Medizinprodukte und Art. 74 Nr. 11 a GG, Nutzung der Kernenergie i.V.m. Art. 87 c GG.[82]

3.2 Rechtsgrundlagen MPG und EU-Recht

Als komprimiert geregelte Materie ist das Medizinprodukterecht in Deutschland ein recht junges Rechtsgebiet, das erstmals 1995 durch das Inkrafttreten des Medizinproduktegesetzes (MPG) eine systematische Regelung erfahren hat. Davor fanden sich entsprechende Regelungen ausschließlich verteilt auf zahlreiche Spezialgesetze.

Neben den nationalen regulatorischen Regelungen ist das Medizinprodukterecht aufgrund der grenzüberschreitenden Verbreitung der jeweiligen Medizinprodukte und des hohen GefährdungsPotenzials stark durch europarechtliche Regelungen geprägt und ausgestaltet[83]. Ziel der europarechtlichen Regelungen war die Ermöglichung eines einheitlichen Binnenmarktes für Medizinprodukte bei gleichzeitiger Gewährleistung eines hohen Schutzniveaus.[84] Hinzuweisen ist hier beispielhaft insbesondere auf folgende, für die Entwicklung des deutschen produktspezifischen Medizinprodukterechts, zentrale europäische Richtlinien: aktive implantierbare Geräte (RL 90/385/EWG), Richtlinie über Medizinprodukte (RL 93/42/EWG), Richtlinie über In-vitro-Diagnostik (RL 98/79/EG) und die Richtlinie über Medizinprodukte, die stabile Derivate aus menschlichem Blut oder Blutplasma enthalten (RL 2000/70/EG).

NUB-Methoden, die maßgeblich auf dem Einsatz eines Medizinproduktes mit i.S.d. § 137 h Abs. 2 SGB V (neu) hoher Risikoklasse beruhen und die ein neues theoretisch-wissenschaftliches Konzept aufweisen, ein von den Krankenhäusern im Benehmen mit den jew. Medizinproduktherstellern parallel zur Einleitung des NUB-Verfahrens einzuleitendes, vom G-BA durchzuführendes „frühes Nutzenbewertungsverfahren" eingeführt werden. Vgl. perspektivische Erstbewertung der voraussichtlichen Änderungen der Gesetzeslage durch das GKV-VSG am Ende der Arbeit unter G.

82 Lippert in Wenzel (Hrsg.) Handbuch des Fachanwalts Medizinrecht, S. 1816, Kapitel 18 Rn. 3.

83 Auch die Schaffung des MPG im Jahr 1994, das zum 01.01.1995 in Kraft trat, erfolgte in Umsetzung europarechtlicher Pflichten.

84 Hierzu auch Wabnitz, Medizinprodukte als Hilfsmittel in der gesetzlichen Krankenversicherung, S. 9 m.w.N.

Als Reaktion auf den Brust- und Hüftimplantatskandal wird seit Herbst 2012 auf EU-Ebene eine Novelle zur Medizinprodukteverordnung (Medical Device Regulations – MDR) ausgearbeitet, die insbesondere mit dem Ziel der erhöhten Studienqualität und Transparenz durch öffentlichen Zugang zu den erhobenen Daten die Regelungsdichte aus europarechtlicher Quelle quantitativ sowie qualitativ erhöhen soll.[85] Hierdurch hat sich der europäische Gesetzgeber erstmals dafür entschieden, die neuen Regelungen durch „Verordnung“ und somit durch unmittelbar geltendes EU-Recht zu regeln, während der EU-Gesetzgeber im Sinne des Grundsatzes der Subsidiarität bisher neue Inhalte „nur“ in Richtlinien geregelt hatte, die grundsätzlich der Umsetzung in nationales Recht bedürfen.

3.3 Begriff des „Medizinprodukts“

Medizinprodukte spielen in vielen Bereichen des Gesundheitswesens wie in der Prävention, der Diagnostik, Therapie und Rehabilitation eine entscheidende Rolle.[86] Die Schwierigkeit einer gesetzlichen Definition des Begriffes wird jedoch nachvollziehbar, wenn man sich vor Augen führt, dass durch das MPG Regelungen für rund 300.000 medizinische Produkte, vom Wattetupfer über regeneratives Tissue Engeneering am Knieknorpel[87] bis zum Linaerbeschleuniger, zu deren medizinischer und technischer Sicherheit getroffen werden[88]. Der Versuch einer „gesetzlichen Definition“ des Begriffs des „Medizinprodukts“ findet sich in § 3 MPG, des erst im Jahre 1995 in Kraft getretenen Medizinproduktegesetzes (MPG)[89]. Durch Erlass des MPG kam der Gesetzgeber seinem durch die Europäische Gemeinschaft gestellten Auftrag nach Harmonisierung des Rechts der Medizinprodukte nach[90]. Nach § 3 Nr. 1 MPG sind Medizinprodukte insbesondere „alle einzeln oder miteinander verbunden verwendeten Instrumente, Apparate, Vorrichtungen, Software, Stoffe und

---

85 Rosery, Der Sprung von der Technologiebewertung zur Studiengestaltung, MPJ 2013, 184, 187; hierzu auch Middeler, Quo vadis stoffliche Medizinprodukte?, MPJ 2013, 108 ff; Rehmann; Heimhalt; Risiko- und Nutzenbewertung in der Diskussion – eine kritische Betrachtung und der Versuch eines Ausblicks; MPJ 2013, 95.

86 Wabnitz, Medizinprodukte als Hilfsmittel in der gesetzlichen Krankenversicherung, S. 1.

87 Eindrucksvolle Beispiele werden beispielsweise in der Broschüre „Neue Therapien für die Regenerative Medizin“ des ZRM – Zentrum für Regenerationsbiologie und Regenerative Medizin Universität und Universitätsklinikum Tübingen in Zusammenarbeit mit der BioRegio STERN gefördert vom Bundesministerium für Bildung und Forschung vorgestellt (Stand April 2013).

88 Lippert in Wenzel: Handbuch des Fachanwalts Medizinrecht, S. 1815.

89 Davor gab es keine systematische Regelung dieses Rechtsgebiets. Es fanden sich punktuelle Regelungen zerstreut über viele Rechtsbereiche, was jedoch Regelungs- und Sicherheitslücken mit sich brachte. Siehe hierzu kursorisch Wabnitz, Medizinprodukte als Hilfsmittel in der gesetzlichen Krankenversicherung, S. 5 f. m.w.N.

90 Wabnitz, Medizinprodukte als Hilfsmittel in der gesetzlichen Krankenversicherung, S. 6.

Zubereitungen aus Stoffen oder andere Gegenstände einschließlich der vom Hersteller speziell zur Anwendung für diagnostische oder therapeutische Zwecke bestimmten und für ein einwandfreies Funktionieren des Medizinproduktes eingesetzten Software, die vom Hersteller zur Anwendung für Menschen mittels ihrer Funktionen zum Zwecke entweder der Erkennung, Verhütung, Überwachung, Behandlung oder Linderung von Krankheiten (a), oder der Erkennung, Überwachung, Behandlung, Linderung oder Kompensierung von Verletzungen oder Behinderungen (b), oder der Untersuchung, der Ersetzung oder der Veränderung des anatomischen Aufbaus oder eines physiologischen Vorgangs (c) oder der Empfängnisregelung (d) zu dienen bestimmt sind und deren bestimmungsgemäße Hauptwirkung im oder am menschlichen Körper weder durch pharmakologisch oder immunologisch wirkende Mittel noch durch Metabolismus erreicht wird, deren Wirkungsweise aber durch solche Mittel unterstützt werden kann". Die Lektüre des vollständigen Paragraphen macht deutlich, dass es sich hierbei um eine regulatorische Bestimmung handelt, die zudem keine inhaltlich „in sich abgeschlossene" Regelung darstellt, sondern die an mehreren Stellen für die Begriffsbestimmung unmittelbar Bezug auf europäische Richtlinien und Verordnungen nimmt.

3.4 Rechtlicher Rahmen

Zweck des MPG ist es gem. § 1 MPG den Verkehr mit Medizinprodukten zu regeln und dadurch für die Sicherheit, Eignung und Leistung der Medizinprodukte sowie die Gesundheit und den erforderlichen Schutz der Patienten, Anwender und Dritter zu sorgen. Diesem Ziel, dieser Vorgabe entsprechend, treffen die §§ 4 – 14 MPG Regelungen hinsichtlich der Anforderungen, die an Medizinprodukte zu stellen sind, die In-Verkehr gebracht werden sollen, und hinsichtlich deren Betrieb. Inhaltlich finden sich im MPG die rechtlichen Rahmenregelungen, während sich zahlreiche, gerade auch produktspezifische Regelungen in den aufgrund des MPG erlassenen nationalen Rechtsverordnungen[91], sowie in europarechtlichen Richtlinien finden, auf die der deutsche Gesetzgeber teilweise unmittelbar dynamisch verweist.[92]

Gerade in Bezug auf die Verwendung innovativer Medizinprodukte im Rahmen neuer Untersuchungs- und Behandlungsmethoden ist es aus Gesichtspunkten der Qualitätssicherung in Anbetracht der immer wieder aufkommenden Skandale um Medizinprodukte wichtig, dass die Ärzte und der Patient und alle weiteren Personen, die mit dem Medizinprodukt in Kontakt kommen, vor der Anwendung schädlicher Medizinprodukte ausreichend geschützt werden.

Dieses Ziel wird im MPG insbesondere durch zwei Mechanismen erreicht: eine sehr weit gefasste straf- bzw. bußgeldbewehrte Verbotsregelung sowie das zwingende Erfordernis einer CE-Sicherheits-Kennzeichnung, die ein Medizinprodukt

91 Beispielhaft sei an dieser Stelle auf die Verordnung über Medizinprodukte (MPV), die (MPBetreibV) (MPVerschV) (MPVertrV) und die (MPSV) hinzuweisen.

92 Hierzu auch Wabnitz, Medizinprodukte als Hilfsmittel in der gesetzlichen Krankenversicherung, S. 10 ff.

nur infolge der obligatorischen Durchführung eines Konformitätsbewertungsverfahrens[93] erhält. Flankierend gibt es ein differenziertes System der Medizinprodukteüberwachung.

3.4.1 Verbotsregelungen

In § 4 MPG hat der Gesetzgeber zum Schutz der Patienten und Anwender oder sonstiger Dritter umfassende Verbotsregelungen getroffen, die gem. § 41 Nr. 1 MPG strafbewehrt, bzw. gem. § 42 Abs. 1, Abs. 2 Nr. 1 MPG bußgeldbewehrt sind. Hiernach ist es gem. § 4 Abs. 1 MPG insbesondere verboten, Medizinprodukte im Sinne des § 3 Nr. 11 MPG in den Verkehr zu bringen, zu errichten, in Betrieb zu nehmen, zu betreiben oder anzuwenden, wenn entweder der begründete Verdacht besteht, dass sie die Sicherheit und die Gesundheit der Patienten, der Anwender oder Dritter bei sachgemäßer Anwendung, Instandhaltung und ihrer Zweckbestimmung entsprechender Verwendung über ein nach den Erkenntnissen der medizinischen Wissenschaften vertretbares Maß hinausgehend unmittelbar oder mittelbar gefährden oder das Datum abgelaufen ist, bis zu dem eine gefahrlose Anwendung nachweislich möglich ist. Ferner ist es gem. § 4 Abs. 2 MPG verboten, Medizinprodukte in den Verkehr zu bringen, wenn sie mit irreführender Bezeichnung, Angabe oder Aufmachung versehen sind. Eine Irreführung liegt demzufolge insbesondere dann vor, wenn Medizinprodukten eine Leistung beigelegt wird, die sie nicht haben, fälschlich der Eindruck erweckt wird, dass ein Erfolg mit Sicherheit erwartet werden kann oder dass nach bestimmungsgemäßem oder längerem Gebrauch keine schädlichen Wirkungen eintreten, oder zur Täuschung über die in den Grundlegenden Anforderungen nach § 7 MPG festgelegten Produkteigenschaften geeignete Bezeichnungen, Angaben oder Aufmachungen verwendet werden, die für die Bewertung des Medizinproduktes mitbestimmend sind.

Der Umfang des Verbots zeichnet sich insbesondere dadurch aus, dass es zur Erreichung eines möglichst hohen Schutzniveaus schon bei begründetem Verdacht greift und zudem nicht nur auf das rechtliche „In-Verkehr-Bringen" gem. § 3 Nr. 11 MPG abstellt[94], sondern jegliche tatsächliche Anwendung, beispielsweise durch Ärzte und sonstige Bedienstete eines Krankenhauses, umfasst.

---

93 Hierzu auch Rehmann; Heimhalt; Risiko- und Nutzenbewertung in der Diskussion – eine kritische Betrachtung und der Versuch eines Ausblicks; MPJ 2013, 95, 96.

94 Wobei das „In-Verkehr-Bringens" gem. § 3 Nr. 11 MPG im Vergleich zu anderen Gesetzen, die diesen Begriff verwenden, auch schon sehr weit gefasst ist, da begrifflich nicht nur das erstmalige In-Verkehr-Bringen umfasst ist, sondern jegliche entgeltliche oder unentgeltliche Abgabe von Medizinprodukten an andere im Sinne des MPG grundsätzlich ein „In-Verkehr-Bringen" darstellt.

3.4.2 *Konformitätsbewertungsverfahren: CE-Kennzeichnung*

Neben der Verbotsregelung des § 4 MPG ist aus Gesichtspunkten der Qualitätssicherung, die gerade auch hinsichtlich der Anwendung neuer Methoden gem. § 137 c SGB V eine zentrale Rolle spielt, hinsichtlich der An- und Verwendung von Medizinprodukten zu beachten, dass Medizinprodukte nach dem MPG gem. § 6 Abs. 1 MPG grundsätzlich nur in Verkehr gebracht oder in Betrieb genommen werden dürfen, wenn sie nach Maßgabe des § 6 Abs. 2 Satz 1 MPG und des § 6 Abs. 3 Satz 1 MPG das Konformitätsbewertungsverfahren durchlaufen haben und als Bestätigung der erfolgreichen Konformitätsbewertung mit der CE-Kennzeichnung gem. § 9 MPG versehen sind.[95] Die CE-Kennzeichnung wird auch als „europäischer Reisepass“[96] für Medizinprodukte bezeichnet, da durch sie Medizinprodukte innerhalb der EG – zumindest überall dort, wo sie von der zuständigen Behörde[97] als Medizinprodukt und nicht als Arzneimittel qualifiziert wurden[98] – die grenzüberschreitende Freiverkehrsfähigkeit erhalten. Der CE-Kennzeichnung kommt insoweit Symbolcharakter für den Warenverkehr zu.[99] Inhaltlich hat die CE-Kennzeichen die Aussagekraft, dass das konkrete Medizinprodukt beim Inverkehrbringen den jeweils gültigen nationalen und europarechtlichen Vorschriften, insbesondere auch den hier normierten Qualitätsanforderungen entsprach.[100]

Die für die erfolgreiche Konformitätsbewertung zu erfüllenden Anforderungen sind nicht für alle Medizinprodukte gleich hoch. Sondern je nachdem, wie hoch das GefährdungsPotenzial des jeweiligen Medizinproduktes hinsichtlich der „Verletzbarkeit“ des menschlichen Körpers eingestuft wird, desto höher wird das Medizinprodukt im Rahmen der Klassifizierung eingestuft (I, IIa, IIb, III) und desto höher sind demzufolge die an Inhalt und Umfang des Konformitätsbewertungsverfahren zu stellenden Anforderungen[101].

---

95 Vgl. Edelhäuser in: Prütting, Dorothea (Hrsg.); Fachanwaltkommentar Medizinrecht MPG § 6 Rn. 5.

96 Hill in Anhalt/Dieners (Hrsg.), Handbuch des Medizinprodukterechts, § 8 Rn. 36.

97 In Deutschland oberste Behörde: Bundesinstitut für Arzneimittel und Medizinprodukte (BfArM) (§ 13 MPG).

98 Urteil des EuGH vom 03.10.2013 – C- 109/12.

99 Seidel/Hartmann, Die Aufnahme eines Hilfsmittels in das Hilfsmittelverzeichnis gem. § 139 Abs. 2 SGB V – Der Konflikt zwischen Europarecht und nationalem Krankenversicherungsrecht, NZS 2006, 511, 512.

100 Vgl. Wabnitz, Medizinprodukte als Hilfsmittel in der gesetzlichen Krankenversicherung, S. 16; Zuck in Quaas/Zuck (Hrsg.) Medizinrecht § 45 Rn. 5; Rehmann; Heimhalt; Risiko- und Nutzenbewertung in der Diskussion – eine kritische Betrachtung und der Versuch eines Ausblicks; MPJ 2013, 95, 96.

101 Siehe hierzu ausführlich: Wabnitz, Medizinprodukte als Hilfsmittel in der gesetzlichen Krankenversicherung, S. 23 ff.; Darstellung der jeweiligen Anforderungen pro Produktklasse: Rehmann; Heimhalt; Risiko- und Nutzenbewertung in der Diskussion – eine kritische Betrachtung und der Versuch eines Ausblicks; MPJ 2013, 95, 96 ff.

Aufgrund der Regelung des § 6 Abs. 3 Satz 1 MPG wird im Sinne einer hohen Qualitätssicherheit die Aussagekraft der CE-Kennzeichnung noch erhöht, da hiernach ein Medizinprodukt, für das neben den Regelungen des MPG noch zusätzliche andere Rechtsvorschriften gelten, deren Einhaltung durch die CE-Kennzeichnung bestätigt werden, nur mit der CE-Sicherheitskennzeichnung versehen werden darf, wenn auch diese Vorschriften erfüllt sind. Welche qualitative inhaltliche Aussage die CE-Kennzeichnung hat, zeigt, dass mittlerweile für alle Hilfsmittel[102], die zugleich auch Medizinprodukte im Sinne des § 3 Nr. 1 MPG sind, durch die CE-Kennzeichnung des Hilfsmittels der Nachweis der Funktionstauglichkeit und der Sicherheit gem. § 139 Abs. 5 SGB V grundsätzlich als erbracht gilt.

3.4.3 Klinische Prüfung und Bewertung (§ 19 ff. MPG)

Gem. § 19 Abs. 1 MPG ist die Eignung von Medizinprodukten für den vorgesehenen Verwendungszweck durch eine klinische Bewertung anhand von klinischen Daten nach § 3 Nr. 25 MPG zu belegen, soweit nicht in begründeten Ausnahmefällen andere Daten ausreichend sind. Die klinische Bewertung schließt die Beurteilung von unerwünschten Wirkungen sowie die Annehmbarkeit des in den Grundlegenden Anforderungen der Richtlinien 90/385/EWG und 93/42/EWG genannten Nutzen-/Risiko-Verhältnisses ein. Die klinische Bewertung muss gemäß einem definierten und methodisch einwandfreien Verfahren erfolgen und gegebenenfalls einschlägige harmonisierte Normen berücksichtigen. In den folgenden Paragraphen finden sich detaillierte Regelungen, unter welchen Bedingungen klinische Prüfungen von Medizinprodukten am Menschen durchgeführt werden dürfen. Besondere Anforderungen gelten insbesondere für die Anwendung an Kindern und an Schwangeren. Grundsätzlich ist zudem gem. § 20 Abs. 1 MPG in Deutschland die Durchführung der klinischen Prüfung nur unter der Bedingung zulässig, dass sie zuvor von der zuständige Ethik-Kommission nach Maßgabe des § 22 MPG zustimmend bewertet wurde und sie von der zuständigen Bundesoberbehörde nach Maßgabe des § 22a MPG genehmigt wurde.

3.4.4 Medizinprodukteüberwachung

Schließlich sei noch auf die Regelungen der Medizinprodukteüberwachung, des Medizinproduktesicherheitssystems, hingewiesen, die sich in den §§ 25–31 MPG finden. Die Regelungen umfassen ein Medizinprodukteüberwachungs- und Meldesystem, das auf die Erkennung und Abwehr von Risiken konzentriert ist und die Konformitätsbewertung ergänzt.[103] Es kombiniert staatliche Aufsichts- und

102 Vgl. hierzu unter E.2.2.

103 Vgl. Will in: Anhalt/Dieners, Handbuch des Medizinprodukterechts, § 11 Rn. 1.

Eingriffsrechte mit der unmittelbaren Einbeziehung der Hersteller in die Überwachung, die insbesondere die Behörde über jede Funktionsstörung, Änderung der Merkmale und Änderung der Leistung informieren müssen.[104]

3.5 Stellungnahme

Gerade auch im Rahmen von im Krankenhaus, gem. § 137 c SGB V ohne das Erfordernis einer „präventiven zentralen Zulassung" erbrachte NUB-Methoden ist es elementar, dass zur Gewährleistung eines möglichst hohen Sicherheitsniveaus nur solche Medizinprodukte verwendet werden dürfen, die über die Sicherheitszertifizierung (CE-Kennzeichnung) verfügen, das Stadium der klinischen Prüfung durchlaufen haben und deren Anwendung im konkreten Fall nicht gegen § 4 MPG und die unmittelbar anwendbaren europarechtlichen Regelungen verstößt.

Eine besondere Schwierigkeit für die Verbreitung auf innovativen Medizinprodukten beruhenden NUB-Methoden, ist, dass „Medizinprodukte" insbesondere aufgrund ihres unhomogenen Erscheinungsbildes und der späten Regelung des Medizinprodukterechts als eigenständiger Rechtsbereich[105], dem Erstattungsrecht als Kategorie fremd sind[106], also im Sinne des Erstattungsrechts keine eigene Kategorie darstellen.[107] Insbesondere die CE-Kennzeichnung gewährleistet somit weder den Medizinproduktherstellern noch den Krankenhäusern, die ein Medizinprodukt im Rahmen einer NUB-Methode zum Einsatz bringen wollen, dass die für das Medizinprodukt anfallenden Kosten im Rahmen der Regelungen des Krankenhausfinanzierungsrechts berücksichtigt und erstattet werden können[108].

Die besondere Bedeutung von Medizinprodukten für innovative NUB-Methoden, gerade auch hinsichtlich der Problematik der Erstattungsfähigkeit, wurde jedoch auch vom Gesetzgeber gesehen und hat durch das Versorgungsstrukturgesetz[109] unmittelbare Berücksichtigung auf gesetzlicher Ebene gefunden. Über § 92 Abs. 7d SGB V wird in Fällen, in denen die technische Anwendung einer NUB-Methode maßgeblich auf dem Einsatz eines Medizinprodukts beruht, den Spitzenorganisationen der Medizinproduktehersteller sowie unmittelbar den

---

104 Siehe hierzu auch Schorn, MPJ 1996, 24, 25.

105 Das Medizinproduktegesetz (MPG) trat erstmals zum 01.01.1995 in Kraft.

106 Burgardt/Clausen/Wigge in Anhalt/Dieners (Hrsg.), Handbuch des Medizinprodukterechts § 23 Rn. 138; Wabnitz, Medizinprodukte als Hilfsmittel in der gesetzlichen Krankenversicherung, S. 46; Zuck in Quaas/Zuck, Medizinrecht § 48 Rn. 1.

107 Spezifisch zur Erstattungsfähigkeit von Medizinprodukten ausführlich: Brucklacher, Möglichkeiten zur Erstattung von innovativen Medizinprodukten im System der gesetzlichen Krankenversicherung, MPJ 2009, 88 ff.

108 Hierzu auch Rehmann; Heimhalt; Risiko- und Nutzenbewertung in der Diskussion – eine kritische Betrachtung und der Versuch eines Ausblicks; MPJ 2013, 95, 103 f.

109 Gesetz zur Verbesserung der Versorgungsstrukturen in der gesetzlichen Krankenversicherung (GKV-Versorgungsstrukturgesetz – GKV-VStG) vom 22.12.2011, BGBl I Nr. 70 S. 2983.

jeweils betroffenen Medizinproduktherstellern im Rahmen des Bewertungsverfahrens nach § 137 c SGB V Gelegenheit zur Stellungnahme gegeben. Zudem wurden die Medizinproduktehersteller hinsichtlich des Erlasses von Richtlinien zu Erprobung gem. § 137 e SGB V mit nicht unerheblichen eigenen Antrags- und Beratungsrechten ausgestattet.[110]

4. Für die Anwendung von NUB-Methoden prägende Grundprinzipien des gesetzlichen Krankenversicherungsrechts

Folgende grundsätzliche „Weichenstellungen" sind prägend für das deutsche Gesundheitssystem und zudem von entscheidender Bedeutung für den Weg innovativer, neuer Methoden ins gesetzliche Krankenversicherungssystem:

4.1 Sektorale Trennung

Auch wenn die Gesundheitsreformen der letzten Jahre beispielsweise durch die Förderung der Integrierten Versorgung gem. §§ 140 a ff. SGB V, die Ausweitung der Regelungen des ambulanten Operierens gem. § 115 b SGB V oder die ambulante spezialärztliche Versorgung gem. § 116 b SGB V[111], die Tendenz hatten, die Grenzen zwischen ambulanter und stationärer Versorgung immer mehr aufzuweichen und zu verwischen und teilweise gefordert wird, langfristig die sektorale Gliederung und Steuerung ganz aufzuheben[112], so besteht in Deutschland dennoch bisher weiterhin ein getrenntes Regelungsregime hinsichtlich der ambulanten und der stationären Gesundheitsversorgung.

Dies zeigt sich beispielsweise darin, dass die Zulassung der einzelnen Leistungserbringer (Krankenhäuser bzw. Vertragsärzte) zum jeweiligen Leistungssektor auf ganz unterschiedlichen Wegen erfolgt oder es Leistungserbringern aus einem Sektor nicht ohne ausdrückliche Regelung erlaubt ist, Leistungen im „anderen Sektor" zu erbringen. So darf ein Krankenhaus nur im eng gesetzlich begrenzten Rahmen ambulante Leistungen anbieten.

Auch erfolgt die jeweilige Vergütung der zulasten der gesetzlichen Krankenkassen erbrachten Leistungen nach ganz unterschiedlichen Abrechnungs- und Vergütungssystemen. Einerseits im ambulanten, vertragsärztlichen Bereich nach dem aufgrund von § 87 SGB V durch den vom Bewertungsausschuss erlassenen Einheitlichen Bewertungsmaßstab (EBM), der gem. § 87 Abs. 2 Satz 1 SGB V konstitutiv

---

110 Näheres hierzu unter B.4.

111 Zu der diesbezüglichen Geltung des § 137 c SGB V siehe auch Ullrich, Finanzierungslücken bei medizinischen Innovationen? S. 244 f.

112 Beispielsweise: Bormann, René et al., Zukunft der Krankenhäuser, Mehr Qualität, flächendeckende Versorgung und gerechte Finanzierung; Positionspapier der Arbeitsgruppe „Stationäre Versorgung" der Friedrich-Ebert Stiftung, S. 12.

und abschließend den Inhalt der erstattungsfähigen Leistungen bestimmt. Für innovative Medizinprodukte, die im Rahmen einer NUB-Methode angewendet werden sollen, gibt es hier abhängig vom jeweilig angewendeten konkreten Medizinprodukt sehr unterschiedliche Möglichkeiten, die anfallenden Kosten im Abrechnungssystem abzubilden. In Frage kommt beispielsweise die Erstattung als Verbandmittel i.S.d. § 31 Abs. 1 Satz 1 SGB V, als Arzneimittel i.S.d. § 31 Abs. 1 Satz 2 SGB V in Verbindung mit der Arzneimittelrichtlinie gem. § 92 Abs. 1 Satz 2 Nr. 6 SGB V, als Hilfsmittel i.S.d. §§ 33, 34, 139 SGB V oder als Sachkosten über eine Sprechstundenbedarfsvereinbarung, aufgrund Sachkostenvereinbarungen zwischen den Krankenkassen und den Kassenärztlichen Vereinigungen oder als unmittelbarer Bestandteil der EBM-Gebühr.[113]

Andererseits werden die stationären Leistungen im Krankenhaus aufgrund des „DRG-Fallpauschalensystems“ im „Idealfall“ durch eine einzige, von der Hauptdiagnose ausgehende, Fallpauschale vergütet, die grundsätzlich alle im Rahmen der „allgemeinen Krankenhausleistungen“ i.S.d. § 2 Abs. 2 KHEntgG erbrachten ärztlichen Untersuchungs- und Behandlungskosten, sowie die Leistungen der Pflege, der Unterbringung und Verpflegung und die Versorgung mit Arznei- Heil- und Hilfsmitteln umfasst. Alle für ein innovatives Medizinprodukt anfallenden Sachkosten müssen somit grundsätzlich durch die vordefinierte, diagnoseorientierte Fallpauschale abgedeckt sein.[114]

Aufgrund der sektoralen Trennung stellt sich für Medizinprodukthersteller, die auf der Grundlage eines innovativen Medizinproduktes eine NUB-Methode auf dem Gesundheitsmarkt etablieren wollen, somit die Herausforderung beide Vergütungssysteme im Blick haben und kennen zu müssen, um frühzeitig, schon in der Entwicklungsphase des innovativen Medizinproduktes die jeweils erforderlichen Informationen und Daten über das Medizinprodukt und die NUB-Methode zusammenzustellen und möglichst frühzeitig die jeweiligen Weichen für die jeweilige sektoral unterschiedliche Erstattungsfähigkeit zu stellen. Denn die Etablierung einer NUB-Methode auf dem stark reglementierten öffentlichen Gesundheitsmarkt wird – unabhängig von der medizinischen Qualität der NUB-Methode – sehr davon abhängen, ob die Leistungserbringer sie kostendeckend erbringen können.

Die sektorale Trennung wird insbesondere auch in Bezug auf die Regelung der systematischen Anwendung innovativer NUB-Methoden sehr deutlich: Während im ambulanten Sektor über § 135 Abs. 1 SGB V für NUB-Methoden ein gesetzliches Verbot mit Erlaubnismöglichkeit gilt, sieht § 137 c SGB V für NUB-Methoden im stationären Sektor eine grundsätzliche Erlaubnis mit Verbotsmöglichkeit vor. Für innovative NUB-Methoden ist es folglich aus zeitlichen Gesichtspunkten von Vorteil im Rahmen einer stationären Behandlung eingesetzt zu werden, da hierfür

113 Ausführlich hierzu: Brucklacher, Möglichkeiten zur Erstattung von innovativen Medizinprodukten im System der gesetzlichen Krankenversicherung, MPJ 2009, 88 ff.

114 Vgl. hierzu unter D.3.

nicht vorausgehend ein sich oft über mehrere Jahre ziehendes Bewertungsverfahren vor dem G-BA durchgeführt und dessen Abschluss abgewartet werden muss. Zudem stellt die Tatsache, dass es im DRG-Fallpauschalensystem noch keine sachgerechte Pauschale gibt, wie insbesondere auch die Existenz der NUB-Entgelte gem. § 6 Abs. 2 Satz 1 KHEntgG zeigt, auf leistungserbringerrechtlicher Ebene kein Hindernis dar, da der DRG-Fallpauschalenkatalog – anders als der EBM – keine konstitutive, abschließende Auflistung des stationär erbringbaren Leistungsspektrums darstellt. Andererseits kann die sektorale Trennung dazu führen, dass ein Patient nicht sinnvoll über die Sektoren hinweg nach einem therapeutischen Konzept behandelt werden kann[115], da beispielsweise eine Behandlung nach Überleitung des Patienten in den ambulanten Bereich wegen des Verbotsvorbehaltes gem. § 135 SGB V nicht fortgeführt werden kann.[116]

4.2 Aufnahme- und Behandlungspflicht – Nachrangigkeit der stationären Behandlung

Krankenhäuser, die gem. § 108 SGB V an der Versorgung der gesetzlich Versicherten teilnehmen, können und dürfen erbrachte Leistungen zulasten der gesetzlichen Krankenkassen abrechnen, sind aber andererseits auch nicht frei in ihrer Entscheidung, welche Patienten sie behandeln, mit welchem Patienten sie also einen zivilrechtlichen Behandlungsvertrag schließen und mit welchen Patienten nicht. Denn aufgrund der Berücksichtigung in der Landeskrankenhausplanung gem. § 6 KHG i.V.m. den Krankenhausgesetzen des jeweiligen Bundeslandes sind sie in die Erfüllung der öffentlichen Aufgabe der Gewährleistung einer bedarfsdeckenden stationären Versorgung miteingebunden. Sie haben daher nicht wie Privatkliniken (ohne Versorgungsvertrag) die freie Wahl, Behandlungsverträge ausschließlich mit aus finanzieller Betrachtung „lukrativen" Patienten zu schließen, sondern sind gem. § 109 Abs. 4 Satz 2 SGB V im Rahmen ihres Versorgungsauftrages zur Behandlung aller Patienten verpflichtet – auch solcher Patienten, die beispielsweise aus medizinischen Gründen die Behandlung mit einer ggf. teuren NUB-Methode erfordern[117]. Es ist daher notwendig, dass das Krankenhausfinanzierungsrecht den

---

115 Brase, Zukunftsfähige Innovationsfinanzierung aus Sicht der Krankenhäuser in: Felix/Schütte (Hrsg.); Medizinische Innovationen im Krankenhaus, Steuerung und Finanzierung S. 21, 24.

116 Brase, Zukunftsfähige Innovationsfinanzierung aus Sicht der Krankenhäuser in: Felix/Schütte (Hrsg.); Medizinische Innovationen im Krankenhaus, Steuerung und Finanzierung S. 21, 24.

117 In diesen Fällen wäre die Vereinbarung einer Wahlleistungsvereinbarung gem. § 17 KHEntgG über die teurere NUB-Methode oder die Differenzkosten unzulässig, da die Behandlung für diesen Patienten in dieser Situation von den „allgemeinen Krankenhausleistungen" gem. § 2 Abs. 2 KHEntgG umfasst sind. Hierzu auch Heil, Abrechnung von innovativen Medizinprodukten als Wahlleistungen oder IGeL, MPR 2013, 109, 112.

Krankenhäusern auch tatsächlich die nötige finanzielle Rückendeckung für die Erbringung dieser Aufgaben bietet. Ein erster Schritt hierzu ist die sich aus der Regelung des § 109 Abs. 4 Satz 3 SGB V ergebende gesetzliche Verpflichtung der Krankenkassen mit den zugelassenen Krankenhausträgern im Rahmen des Krankenhausfinanzierungsrechts unter Beachtung der Vorschriften des im SGB V geregelten Krankenversicherungsrechts Budgetverhandlungen über leistungsgerechte Entgelte zu führen.[118] Hieraus ergibt sich auch die gesetzliche Pflicht Entgeltverhandlungen über NUB-Entgelte gem. § 6 Abs. 2 Satz 1 KHEntgG zu führen.

Zudem wird grundsätzlich, im Sinne der „sachgerechten Risikoverteilung" als Kehrseite der Behandlungspflicht zugunsten der Krankenhäuser von einer Vergütungspflicht dem Grunde nach, ohne Erfordernis einer präventiven konstitutiven Kostenübernahmeerklärung durch die Krankenkassen, ausgegangen.[119]

Andererseits sind den Krankenhäusern aus krankenversicherungsrechtlicher Sicht enge Grenzen gesetzt, welche Voraussetzungen erfüllt sein müssen, damit sie einen Patienten auf Kosten von dessen gesetzlicher Krankenkasse stationär aufnehmen und behandeln dürfen. Denn § 39 Abs. 1 Satz 2 SGB V regelt, dass „Versicherte [nur][120] Anspruch auf vollstationäre Behandlung in einem zugelassenen Krankenhaus (§ 108) haben, wenn die Aufnahme nach Prüfung durch das Krankenhaus erforderlich ist, weil das Behandlungsziel nicht durch teilstationäre, vor- und nachstationäre oder ambulante Behandlung einschließlich häuslicher Krankenpflege erreicht werden kann". Vom Gesetzgeber wird hierdurch eine „Erheblichkeitsschwelle" statuiert[121], die überschritten sein muss, damit ein Krankenhaus einen Versicherten stationär zulasten der gesetzlichen Krankenkassen behandeln darf. Die stationäre Behandlung ist daher aus krankenversicherungsrechtlicher Sicht nur als letztes Mittel zulässig.[122]

Die „Erforderlichkeit der stationären Aufnahme" i.S.d. § 39 Abs. 1 Satz 2 SGB V ist auch regelmäßig Gegenstand von Einzelfallabrechnungsprüfungen durch die Krankenkassen gem. § 275 Abs. 1 Nr. 1 SGB V unter Einschaltung des MDK. In

---

118 Hierzu auch: Szabados, Krankenhäuser als Leistungserbringer in der gesetzlichen Krankenversicherung, S. 51.

119 Vgl. BSG Urteil vom 24.07.2003 – B 3 KR 28/02 R Rn. 15 m.w.N.; Die Realität, insbesondere aufgrund der den Krankenkassen gem. § 275 SGB V obliegenden Prüfpflicht, wird jedoch nicht treffend dargestellt, wenn ausgehend von der „Vergütungspflicht dem Grunde nach" der Schluss gezogen wird, die Krankenkassen seien verpflichtet, die Abrechnung jeder Universitätsklinik und jedes in einen Landeskrankenhausplan aufgenommenen Krankenhauses zu akzeptieren. So aber Drebes, Ein Vorschlag zur wettbewerblichen Gestaltung der Beziehungen zwischen Krankenkassen und Leistungserbringern, S. 54.

120 Ergänzung in eckigen Klammern durch Verfasserin.

121 Zimmermann, Der Gemeinsame Bundesausschuss, S. 174.

122 Vgl. hierzu BSG Urteil vom 24.07.2003 – B 3 KR 28/02 R Rn. 27.

diesem Zusammenhang wurde vom BSG entschieden[123], dass die Beurteilung der Krankenhausbehandlungsbedürftigkeit durch den verantwortlichen Krankenhausarzt im Abrechnungsstreit zwischen Krankenhaus und Krankenkasse immer daraufhin zu überprüfen sei, ob nach den objektiven medizinischen Befunden und wissenschaftlichen Erkenntnissen zum Zeitpunkt der Behandlung und dem damals verfügbaren Wissens- und Kenntnisstand des Krankenhausarztes – ex ante – eine Krankenhausbehandlung erforderlich[124] war, seine Beurteilung also den medizinischen Richtlinien, Leitlinien und Standards entsprach und nicht im Widerspruch zur allgemeinen oder besonderen ärztlichen Erfahrung stand. Das BSG hat hiermit entschieden, dass es zwar auch bei der nachträglichen Überprüfung der Krankenhausbedürftigkeit auf den Entscheidungszeitpunkt ankomme und somit eine ex ante Betrachtung durchzuführen ist, den behandelnden Ärzten bei der Prüfung und Beurteilung der Frage der Erforderlichkeit der stationären Behandlung aber kein Beurteilungsspielraum zustehe, der der gerichtlichen Kontrolle entzogen ist.

Speziell im Zusammenhang mit der Kostenerstattung von NUB-Methoden hat das BSG in einem Urteil klargestellt[125], dass die Krankenhausbehandlung nicht schon bereits deshalb notwendig ist, weil eine bestimmte Leistung nach den Regeln der ärztlichen Kunst zwar ambulant erbracht werden kann, aber – mangels Erlaubnis des G-BA gem. § 135 Abs. 1 SGB V – (derzeit noch) nicht zulasten der GKV vertragsärztlich erbracht werden darf.[126] In dem Fall hätte die Methode, da auch kein Verbot des G-BA vorlag, im Rahmen einer Krankenhausbehandlung i.S.d. § 137 c SGB V erbracht werden können, weswegen die stationäre Behandlung für die Erbringung quasi „erforderlich“ war. Das BSG hat jedoch betont, dass sich die Erforderlichkeit der Behandlung in einem Krankenhaus gem. § 39 Abs. 1 Satz 2 SGB V generell allein nach medizinischen Erfordernissen richtet.[127]

---

123 BSG Urteil vom 20.11.2008 – B 3 KN 4/08 KR R, Rn. 24; so auch BSG Urteil vom 10.4.2008 – B 3 KR 19/05 R; siehe auch BSG (GS) Urteil vom 25.9.2007 – GS 1/06.

124 Vgl. zu der Abgrenzung des Erfordernisses einer stationären bzw. ambulanten Behandlung auch: BSG Urteil vom 19.09.2013 – B 3 KR 34/12 R, insbes. Rn. 11 ff. (= ZMGR 2014, 44 ff.), das ausdrücklich entschieden hat, dass eine Krankenhausbehandlung auch dann als stationär zu betrachten ist und das Krankenhaus berechtigt ist die erbrachten Leistungen als stationäre Leistungen mittels DRG-Fallpauschalen abzurechnen, wenn der behandelnde Arzt das Erfordernis für eine Versorgung von mindestens einem Tag und einer Nacht für gegeben sah – unabhängig davon, ob der Patient letztendlich das Krankenhaus wegen spontaner unvorhergesehener Besserung seiner Situation oder wegen Verlassens des Krankenhauses gegen ärztlichen Rat schon vor Ablauf von 24 Stunden wieder verlässt.

125 BSG Urteil vom 16.12.2008 – B 1 KR 11/08 R (=GesR 2009, 371 ff.).

126 Zuletzt bekräftigt in: BSG Urteil vom 07.05.2013 – B 1 KR 44/12 R („adjutante HBO-Therapie“) Rn. 27.

127 Vgl. hierzu auch BSG Urteil vom 25.09.2007 – GS 1/06, Rn. 15, 18.

Eine NUB-Methode, deren Anwendung keine stationäre Unterbringung gem. § 39 Abs. 1 Satz 2 SGB V erfordert, darf daher nicht im Sinne der „Fortschritts- und Innovationsförderung" solange von Krankenhäusern im Rahmen einer stationären Behandlung zulasten der Krankenkassen erbracht werden, bis der G-BA ihre Zulässigkeit durch den Erlass eines positiven Richtlinienbeschlusses gem. § 135 Abs. 1 Satz 1 Nr. 1 SGB V für den ambulanten Sektor erlaubt hat und die NUB-Methoden daher auch von Vertragsärzten erbracht werden kann.[128]

Andererseits ist auch hinsichtlich der Anwendung von NUB-Methoden für die Begutachtung und Beurteilung der medizinischen Erforderlichkeit einer stationären Behandlung auf die „ex ante Perspektive" der zu behandelnden Ärzte abzustellen.

4.3 Sachleistungsprinzip vs. Kostenerstattung

Ein weiteres charakteristisches Prinzip des deutschen öffentlichen Gesundheitssystems ist das in § 2 Abs. 2 Satz 1 SGB V normierte, im Jahr 1892 eingeführte[129], „Sachleistungsprinzip". Es bedeutet, dass die Krankenkassen den Versicherten die vom Leistungsspektrum der gesetzlichen Krankenversicherung umfassten Leistungen, inklusiv der ärztlichen Behandlung, der Pflege und Unterbringung sowie der Versorgung mit Arznei-, Heil- und Hilfsmitteln, grundsätzlich „in natura"[130], als „Naturalleistung"[131] in Form von Sach- oder Dienstleistungen durch Dritte, die Leistungserbringer, zur Verfügung stellen[132] und die angefallenen Behandlungskosten regelmäßig inkl. aller Sachkosten, unmittelbar mit den Leistungserbringern abrechnen, während die Versicherten mit den angefallenen Behandlungskosten regelmäßig nicht in Berührung kommen, keine eigenen Aufwendungen zu tragen[133] haben und folglich keine unmittelbare Gegenleistung erbringen müssen[134]. Das Sachleistungsprinzip ist Ausfluss des Solidaritätsgedanken[135]. Es ist von der Überzeugung getragen, dass jedem, der krank ist, ohne Rücksicht auf sein Einkommen

---

128 Das BSG (GS) wies in seinem Urteil vom 25.09.2007 (GS 1/06, Rn. 26) darauf hin, dass eine weitergehende Auslegung der krankenversicherungsrechtlichen Normen aufgrund der ansonsten „mit erheblichen finanziellen Auswirkungen verbundene Neubewertung der von der Krankenversicherung zu tragenden Risiken, wie sie der 3. Senat befürwortet, dem Gesetzgeber vorbehalten bleiben müsse".

129 Hess in Wenzel, Handbuch des Fachanwalts Medizinrecht, S. 50.

130 Brucklacher, Möglichkeiten zur Erstattung von innovativen Medizinprodukten im System der gesetzlichen Krankenversicherung, MPJ 2009, 88, 89.

131 Plagemann in jurisPK-SGB V § 2 Rn. 61.

132 Fastabend, Schneider, Das Leistungsrecht der gesetzlichen Krankenversicherung, S. 27; Richter in: Grundlagen des Sozialrechts, Richter, Doering-Striening (Hrsg.), S. 72.

133 Janda, Medizinrecht S. 40.

134 Plagemann in jurisPK-SGB V § 2 Rn. 61.

135 Buschatz, Liberale Begründungen einer Neuordnung des deutschen Gesundheitssystems, S. 92.

und seine Zahlungsfähigkeit eine Behandlung ermöglicht werden muss.[136] Durch die gewählte Formulierung, insbesondere der umfassenden Beschreibung des Sachleistungsprinzips in § 2 Abs. 1 SGB V wird nach Meinung von Plagemann[137] der Idee der Rationierung von Gesundheitsleistungen eine Absage erteilt[138]. Dies erscheint insofern mit dem Gesetzestext nur schwer vereinbar, als § 2 Abs. 1 Satz 1 SGB V den Umfang der den Versicherten von den Krankenkassen zur Verfügung zu stellenden Sachleistungen unmittelbar in Bezug zum Wirtschaftlichkeitsgebot („unter Beachtung des Wirtschaftlichkeitsgebotes") stellt.

Durch das Sachleistungsprinzip hat sich das dem Krankenversicherungsrecht eigene „Dreiecksverhältnis" zwischen Versicherten, Leistungserbringern und Krankenkassen entwickelt, das im ambulanten ärztlichen Bereich durch die Einbindung der kassenärztlichen Vereinigung noch um ein weiteres Glied erweitert wird.[139]

Die Kostenebene ist im System der Gesetzlichen Krankenversicherung – abgesehen von einigen von den Versicherten zu leistenden Zuzahlungen – grundsätzlich ganz auf das Verhältnis zwischen den Leistungserbringern, den Vertragsärzten und Krankenhäusern, und den Krankenversicherungen verlagert. Hierdurch soll verhindert werden, dass gesetzlich Versicherte aus finanzieller Not auf notwendige medizinische Maßnahmen verzichten.[140] Dies bringt jedoch auch mit sich, dass die gesetzlich Versicherten mangels Kostentransparenz[141] in den seltensten Fällen eine auch nur annäherungsweise Vorstellung davon haben, was die ihnen gegenüber erbrachte Krankenbehandlung für einen wirtschaftlichen Wert hat – Folge dieser Tatsache ist, dass sie kein Kostenbewusstsein[142] haben und somit nicht in der Lage sind die Leistung der gesetzlichen Krankenkasse objektiv wertzuschätzen.[143]

Durch die Inanspruchnahme von Sachleistungen durch die/den Versicherten wird dem Grunde nach eine unmittelbare Zahlungsverpflichtung seiner Krankenkasse

---

136 Buschatz, Liberale Begründungen einer Neuordnung des deutschen Gesundheitssystems, S. 92 f. m.w.N.

137 Plagemann in jurisPK-SGB V, § 2 Rn. 20.

138 Siehe hierzu auch Welti, Allokation, Rationierung, Priorisierung: Rechtliche Grundlagen, MedR 2010, 379; Wenner, Rationierung, Priorisierung, Budgetierung: verfassungsrechtliche Vorgaben für die Begrenzung und Steuerung von Leistungen der Gesundheitsversorgung, GesR 2009, 169, 170 f.

139 Fastabend, Schneider, Das Leistungsrecht der gesetzlichen Krankenversicherung, S. 27.

140 Vgl. BSG Urteil vom 20. Juli 1976 – 3 RK 18/76.

141 Steinmeyer/Grötschel in: Bergmann/Pauge/Steinmeyer (Hrsg.); Gesamtes Medizinrecht, SGB V § 2 Rn. 18.

142 Steinmeyer/Grötschel in: Bergmann/Pauge/Steinmeyer (Hrsg.); Gesamtes Medizinrecht, SGB V § 2 Rn. 18; vgl. auch Meusch, Moral Hazard in der gesetzlichen Krankenversicherung in politikwissenschaftlicher Perspektive, S. 127.

143 Zu Kritik am Sachleistungsgrundsatz siehe auch Noftz in: Hauck/Noftz, SGB V § 2 Rn. 85ff. m.w.N.

gegenüber dem leistungserbringenden Krankenhaus begründet.[144] Diese besteht unabhängig davon, ob die Krankenkasse vor Behandlungsbeginn oder zeitnah mit dem Behandlungsbeginn dem behandelnden Krankenhaus eine Kostenzusage gemacht hat.[145]

Für die Leistungserbringer im stationären Bereich bringt dies mit sich, dass Kostenschuldner für die von ihnen erbrachten Leistungen nicht die Patienten sind, die unmittelbar von der Leistung profitiert haben und bei – aus ihrer Sicht – erfolgreich abgeschlossener Behandlung oft sicherlich auch zahlungswillig wären, sondern Kostenschuldner sind ausschließlich die jeweiligen gesetzlichen Krankenkassen. Andererseits müssen die Krankenhäuser sich dadurch keine Sorge um die Zahlungsfähigkeit der Patienten machen[146] und tragen somit nicht das „Insolvenzrisiko" der einzelnen Patienten, was für die Arzt-Patienten-Beziehung einen großen Vorteil darstellt.

Die unmittelbare Zahlungsverpflichtung der Krankenkassen gibt den Krankenhäusern aber in der Realität für die von ihnen in Vorleistung erbrachten Behandlungen nur eine sehr bedingte tatsächliche finanzielle Sicherheit. Denn die unmittelbare Zahlungsverpflichtung bestimmt nur die Zahlungsverpflichtung der Krankenkassen dem Grunde nach, während die Krankenhäuser keinerlei finanzielle Sicherheit dahingehend haben, ob die Krankenkassen – auch unter Einschaltung des MDK über § 275 SGB V – bei Betrachtung ex post, ohne Patientenkontakt und mit eigenem großen wirtschaftlichen Sparinteresse die medizinische Notwendigkeit für die durchgeführte Behandlung genauso einschätzen und bejahen, wie dies das leistungserbringende Krankenhaus in der Akutsituation, „ex ante" und somit ohne Kenntnis über den zukünftigen Therapieverlauf und in Gegenwart des Patienten und dessen Angehöriger getan hat. Gerade in Bezug auf die Anwendung von NUB-Methoden gibt es in diesen Punkten regelmäßig Meinungsverschiedenheiten zwischen den Krankenhäusern und den Krankenkassen, die zu erheblichen Rechnungskürzungen und Verrechnungen seitens der Krankenkassen zulasten der Leistungserbringer führen. Denn aufgrund landesvertraglicher Regelungen (geschlossen auf Grundlage von § 112 Abs. 1, 2 SGB V) dürfen die Krankenkassen regelmäßig nachträglich einseitig Rechnungen kürzen bzw. Verrechnungen vornehmen, wenn sie die abgerechneten Behandlungskosten als nicht gerechtfertigt betrachten. Diese nachträglichen Rechnungskürzungen bringen die Krankenhäuser in finanzielle Engpässe und Schieflagen und können letztendlich auch dazu führen, dass NUB-Methoden aufgrund des mit ihrer Erbringung verbundnen höheren Risikos und der finanziellen Unsicherheit weniger angewendet werden. Denn während

144 Szabados, Krankenhäuser als Leistungserbringer in der gesetzlichen Krankenversicherung, S. 51.

145 Ständige Rechtsprechung des BSG – vgl. BSG Urteil vom 13.11.2012 – B 1 KR 14/12 R m.w.N.

146 Natürlich immer vorausgesetzt, dass ein wirksames Versicherungsverhältnis zwischen dem behandelten Patient und einer gesetzlichen Krankenkasse besteht, was die Leistungserbringer zur Minimierung des Kostenrisikos möglichst zu Beginn der Behandlung dringend prüfen lassen sollten.

die Krankenkassen bei Meinungsverschiedenheiten über die medizinische Notwendigkeit und Geeignetheit der angewandten Methode i.S.d. § 137 c SGB V einseitig Rechungskürzungen vornehmen können, sind die Krankenhäuser darauf angewiesen gem. §§ 51 Nr. 2, 54 Abs. 5 SGG Leistungsklagen vor dem Sozialgericht zu erheben, und ggf. über mehrere Instanzen zu verfolgen, um ihre Rechte geltend zu machen und die gekürzten Rechnungsbeträge wieder zurück zu fordern.

Gerade hinsichtlich der Frage, wer im Rahmen dieser Meinungsverschiedenheiten zwischen den Krankenhäusern und den Krankenkassen über die Höhe der berechtigten Behandlungskosten hinsichtlich einer konkreten NUB-Methode das Vorliegen der Voraussetzungen des § 137 c SGB V mit welcher Konsequenz in Frage stellen darf, besteht trotz der aktuellen Rechtsprechung des BSG noch erheblicher juristischer Diskussions- und Klärungsbedarf.[147]

In Abweichung vom Sachleistungsgrundsatz dürfen die gesetzlichen Krankenkassen Kostenerstattung, wie sie im Versicherungsverhältnis zwischen privat Versicherten und ihren Krankenversicherungen die Regel darstellt, gem. § 13 Abs. 1 SGB V nur anbieten, wenn dies im SGB V oder im SGB IX ausdrücklich vorgesehen ist[148].[149]

Zwar wurde die Regelung der Kostenerstattung durch die Neuregelung in § 13 Abs. 3 a SGB V[150], die durch das Versorgungsstrukturgesetz neu eingeführt

147 Ausführlich hierzu unter: B.5., B.6.

148 BSG Urteil vom 26.09.2006 – B 1 KR 3/06 R, Rn. 11: Versicherte sind vor der Inanspruchnahme einer Behandlung außerhalb des Sachleistungssystems grundsätzlich gehalten, sich an ihre Krankenkasse (KK) zu wenden, die Leistungsgewährung zu beantragen und die Entscheidung der KK abzuwarten. Das gilt nur dann nicht, wenn es dem Betroffenen nicht möglich oder nicht zuzumuten war, sich vor der Leistungsbeschaffung mit der KK in Verbindung zu setzten; hierzu auch Fastabend, Schneider, Das Leistungsrecht der gesetzlichen Krankenversicherung, S. 31; Richter in: Grundlagen des Sozialrechts, Richter, Doering-Striening (Hrsg.), S. 72.

149 Es gibt immer wieder Stimmen, die auch im System der gesetzlichen Krankenversicherung eine Ausweitung der Kostenerstattung anregen. Sie erhoffen sich hiervon mehr Eigenständigkeit der Patienten, ein höheres Kostenbewusstsein der Patienten und eine bessere Überprüfbarkeit der ärztlichen Rechnungen. Siehe hierzu beispielsweise: Müller, Gedanken zur aktuellen Lage und Zukunft der gesetzlichen Krankenversicherung aus politischer Sicht, in Soden (Hrsg.), Krankenkassenreform und Wettbewerb, Vorträge im Rahmen der 2. Berliner Gespräche um Gesundheitsrecht am 3. und 4. Juli 2003, S. 61, 65; Meusch, Moral Hazard in der gesetzlichen Krankenversicherung in politikwissenschaftlicher Perspektive, S. 127 ff.

150 § 13 Abs. 3 a SGB V (Auszug): Die Krankenkasse hat über einen Antrag auf Leistungen zügig, spätestens bis zum Ablauf von drei Wochen nach Antragseingang oder in Fällen, in denen eine gutachtliche Stellungnahme, insbesondere des Medizinischen Dienstes der Krankenversicherung (Medizinischer Dienst), eingeholt wird, innerhalb von fünf Wochen nach Antragseingang zu entscheiden. Wenn die Krankenkasse eine gutachtliche Stellungnahme für erforderlich hält, hat sie diese unverzüglich einzuholen und die Leistungsberechtigten hierüber zu unterrichten. […] Erfolgt keine Mitteilung eines hinreichenden Grundes, gilt die Leistung nach

wurde, in verfahrensrechtlicher Hinsicht zu Gunsten der Versicherten nicht unerheblich verändert. Denn hiernach steht dem Versicherten bei Untätigkeit der Krankenkasse der Anspruch auf Kostenerstattung zu, „gilt die Leistung als genehmigt". Grundsätzlich wird jedoch auch im Falle der Kostenerstattung, weil beispielsweise ein Fall des Systemversagens gem. § 13 Abs. 3 Satz 1 SGB V vorliegt, der dem Versicherten zustehende Leistungsumfang und folglich die ihm von der Krankenkasse zu erstattenden Kosten, durch den „alternativen Zahlungsweg" nicht erweitert.[151] Vielmehr stehen dem Versicherten auch im Rahmen der Kostenerstattung nur Kosten für solche Behandlungsleistungen zu, die ihm die Krankenkasse auch als Sachleistung zur Verfügung gestellt hätte.[152] Auch über den Weg der Kostenerstattung kann ein Versicherter daher nicht die Kosten für die Behandlung mittels einer innovativen NUB-Methode erfolgreich gegenüber seiner Krankenkasse geltend machen, wenn diese NUB-Methode nicht die Voraussetzungen des § 137 c SGB V erfüllt. Der Kostenerstattungsanspruch wird daher auch als ein dem Sachleistungsanspruch akzessorischer Anspruch bezeichnet.[153]

4.4 Alles-/Nichts-Prinzip – i.d.R. kein Mehrleistungsgrundsatz

Eng mit dem Sachleistungsprinzip in Zusammenhang stehend ist das „Alles/Nichts-Prinzip" demzufolge die gesetzlich Versicherten nach dem Krankenversicherungsrecht grundsätzlich, abgesehen von ausdrücklich gesetzlich vorgesehenen Ausnahmen[154], nicht die Möglichkeit haben die ihnen zustehende Kassenleistung „zu veredeln", indem sie eine hochwertigere Leistung in Anspruch nehmen und nur die Differenzkosten selber zahlen, während der Leistungserbringer die Kosten, die für die Standardbehandlung angefallen wären, der Krankenkasse in Rechnung

---

Ablauf der Frist als genehmigt. Beschaffen sich Leistungsberechtigte nach Ablauf der Frist eine erforderliche Leistung selbst, ist die Krankenkasse zur Erstattung der hierdurch entstandenen Kosten verpflichtet.

151 Engelhard in jurisPK-SGB V § 12 SGB V, Rn. 14.

152 BSG Urteil vom 26.09.2006 – B 1 KR 3/06 R, Rn. 13 („neuropsychologischer Therapie"); Vgl. auch: BSG Urteil vom 26.09.2006 – B 1 KR 15/06 R; BSG Urteil vom 19.10.2004 – B 1 KR 27/02 R; BSG Urteil vom 4. April 2006 – B 1 KR 12/05 R („interstitielle Brachytherapie mit Permanent-Seeds"); Urteil vom 16.12.2008 – B 1 KR 11/08 R, („Liposuktion").

153 Janda, Medizinrecht S. 81.

154 Gesetzlich vorgesehene Ausnahmen sind beispielsweise § 30 SGB V im Rahmen von Zahnersatzbehandlungen oder § 31 Abs. 2 SGB V hinsichtlich Festbetragsarzneimitteln; Zur Auseinandersetzung mit der Frage, inwiefern es möglich ist Wahlleistungsgvereinbarungen gem. § 17 KHEntgG über innovative Leistungen zu schließen siehe Informationspapier der DKG zum Angebot medizinischer Wahlleistungen durch Krankenhäuser; Heil, Abrechnung von innovativen Medizinprodukten als Wahlleistungen oder IGeL, MPR 2013, 109; Schwarz, IGeL im Krankenhaus, Grundlagen, Möglichkeiten und Risiken am Beispiel der operativen Adipositasbehandlung, Das Krankenhaus 2011, 482.

stellt.[155] Die Darstellung von Lenz[156], der erklärt, dem Versicherten stünde ein Recht zu, eine teurere Maßnahme zu wählen und die hierfür anfallenden Mehrkosten selber zu tragen, ist daher nicht zutreffend, da diese grundsätzliche Wahlmöglichkeit im bisherigen System nicht regelmäßig vorgesehen ist. Vielmehr führt das Sachleistungsprinzip letztendlich, von ausdrücklichen Ausnahmen abgesehen, zur „Unteilbarkeit der Behandlungsleistung"[157].

Das BVerfG hat daher auch entschieden[158], dass durch die Einschränkung der Freiheit zur Auswahl unter Arznei- und Hilfsmitteln, die dem Versicherten als Sachleistung zur Verfügung gestellt werden, das Grundrecht der allgemeinen Handlungsfreiheit des Versicherten berührt wird.[159] Noftz sieht insbesondere auch das Selbstbestimmungsecht der Versicherten aus Art. 2 Abs. 2 Satz 1 GG berührt.[160]

Gerade im stationären Bereich, in dem innovative NUB-Methoden keiner präventiven Erlaubnis bedürfen, sondern erbracht werden dürfen, wenn sie die Voraussetzungen des § 137 c SGB V erfüllen, scheitert ihre zeitlich zügige und nennenswerte quantitative flächendeckende Verbreitung dennoch nicht selten an der kostendeckenden Kostenerstattung, da z.B. die neue Methode auf dem Einsatz eines neuen Medizinproduktes beruht, das höhere Sachkosten verursacht als das bisher verwendete Produkt. Nicht selten werden diese Mehrkosten von der schon bestehenden DRG-Fallpauschale noch nicht berücksichtigt. Da das gesetzliche Krankenversicherungsrecht zur Vermeidung einer Zwei-Klassen-Medizin bisher sehr restriktiv zulässt, dass die Mehrkosten vom Patienten übernommen werden können, werden die neuen Methoden, wenn das Krankenhausfinanzierungsrecht hier keine ausreichend flexible Finanzierungslösung bietet (NUB-Entgelte), um diese Finanzierungslücke zu schließen, den Patienten nicht zugute kommen. Mangels quantitativer Anwendung werden diese NUB-Methoden, auch wenn sie den Qualitätsanforderungen des § 137 c SGB V entsprechen, nicht oder zumindest erst viel später Eingang in die einschlägigen Leitlinien der medizinischen Fachgesellschaften finden[161]. Daher stellt eine ungesicherte Finanzierung einer NUB-Methode in „doppelter" Hinsicht, sowohl kurzfristig, als auch langfristig, eine „Innovationsbremse" dar.

---

155 In diesem Sinne auch: Fastabend, Schneider, Das Leistungsrecht der gesetzlichen Krankenversicherung, S. 27 f.

156 Lenz in Robbers/Wagener, Die Krankenhausbehandlung, Band 2, S. 19.

157 Fastabend, Schneider, Das Leistungsrecht der gesetzlichen Krankenversicherung, S. 28.

158 Urteil des BVerfG vom 17.12.2002 – 1 BvL 28/95, 1 BvL 29/95, 1 BvL 30/95 = BVerfGE 106, 275, 304 f.

159 Es gibt jedoch aus verfassungsrechtlicher Sicht rechtfertigende Gründe, die diesen Eingriff rechtfertigen.

160 Noftz in: Hauck/Noftz, SGB V, § 2 Rn. 70.

161 Zu der rechtlichen Qualifikation von medizinischen Leitlinien und ihrer Aufgabe und Funktion sowie zu dem Verhältnis juristischer und medizinischer Formen der Qualitätssicherung siehe Seeringer, Der Gemeinsame Bundesausschuss nach dem SGB V, S. 281 ff.

4.5 Wirtschaftlichkeitsgebot

Die gesetzliche Krankenversicherung beruht gem. § 3 SGB V auf einer solidarischen Finanzierung. Wie Versicherungssystemen eigen, ist bei bestehender Versicherteneigenschaft der Leistungsumfang nicht von der Höhe der zuvor tatsächlich geleisteten Beiträge abhängig. Anders als beispielsweise bei Kfz-Haftpflichtversicherungen erfolgt jedoch bei gesetzlich Krankenversicherten aufgrund der solidarischen Organisation auch nach Inanspruchnahme kostenintensiver Versicherungsleistungen keine Beitragsanpassung. Vielmehr orientiert sich die Beitragshöhe jedes Versicherten gem. § 3 Satz 2 SGB V in der Regel ausschließlich an den jeweiligen beitragspflichtigen Einnahmen des jeweiligen Mitglieds. Auch kennt die gesetzliche Krankenversicherung bisher keine Risikozuschläge für aus krankenversicherungsrechtlicher Sicht risikobehaftete Lebensgewohnheiten, wie beispielsweise das Rauchen.

Zur Sicherung der wirtschaftlichen Stabilität des gesetzlichen Krankenversicherungssystems hat der Gesetzgeber seit In-Kraft-Treten des SGB V am 01.01.1989[162] in § 12 Abs. 1 SGB V ein „Wirtschaftlichkeitsgebot" verankert, welches bezüglich § 12 Abs. 1 Satz 1 SGB V unverändert den Wortlaut des Wirtschaftlichkeitsgebotes des bis dahin geltenden Rechts[163] übernahm[164]. Demnach müssen die gegenüber den Versicherten erbrachten Krankenversicherungsleistungen „ausreichend, zweckmäßig und wirtschaftlich" sein. Als abstrakt formulierte Leistungsobergrenze hat der Gesetzgeber normiert, dass die Leistungen das „Maß des Notwendigen nicht überschreiten dürfen".

In Anlehnung an das krankenversicherungsrechtliche Leistungsdreieck und als Konkretisierung des § 12 Abs. 1 Satz 2 SGB V werden in § 12 Abs. 1 Satz 2 SGB V sowohl die Versicherten, als auch die Leistungserbringer und die Krankenkassen vom Gesetzgeber unmittelbar „angesprochen" bzw. benannt. Es wird klargestellt, dass Leistungen, die nicht notwendig oder unwirtschaftlich sind, von Versicherten nicht beansprucht werden können, von Leistungserbringern nicht bewirkt und von Krankenkassen nicht bewilligt werden dürfen. § 12 Abs. 1 Satz 2 SGB V wurde auf Anregung des Gesundheitsausschusses aufgenommen, um zu verdeutlichen, dass das Wirtschaftlichkeitsgebot auch für alle Leistungserbringer gilt.[165]

Systematisch ist klarzustellen, dass man zur Prüfung der Wirtschaftlichkeit einer vollstationären Behandlung i.S.d. § 12 Abs. 1 SGB V überhaupt nur kommt, wenn im konkreten Fall eine „Behandlungsbedürftigkeit" i.S.d. § 27 SGB V, meist aufgrund einer Krankheit, besteht. Aufgrund der gesetzlich vorgesehenen Subsidiarität der

---

162 Gesundheitsreformgesetz – GRG – vom 20.12.1988 (BGBl I 1988, 2477), mit Wirkung zum 01.01.1989.

163 § 182 Abs. 2 RVO a.F. – da es sich um eine Vorschrift aus dem Kassenarztrecht handelt, wurde § 12 Abs. 1 Satz 2 SGB V ergänzt, um klarzustellen, dass das Wirtschaftlichkeitsgebot für alle – insbesondere auch für die Leistungserbringer gilt.

164 Engelhard in jurisPK-SGB V, § 12 SGB V, Rn. 3.

165 Ausschussbericht BTDrs. 11/3480, S. 50.

vollstationären Behandlung im Verhältnis zur teilstationären, vor- und nachstationären sowie der ambulanten Behandlung muss, um zur Wirtschaftlichkeitsprüfung i.S.d. § 12 Abs. 1 SGB V i.e.S. zu kommen, zudem gem. § 39 Abs. 1 Satz 2 SGB V aus Sicht des behandelnden Krankenhauses das Erfordernis einer stationären Behandlung bestehen. Denn der Wirtschaftlichkeitsgrundsatz verpflichtet das Krankenhaus die ihm zur Verfügung stehenden Ressourcen optimal einzusetzen, z.B. Versicherte in allen möglichen Fällen ambulant statt stationär zu behandeln und unnötige medizinische Maßnahmen zu unterlassen.[166] Wenn jedoch für eine notwendige stationäre Behandlung zwei verschiedene Abteilungen mit gleichem Ressourceneinsatz zur Verfügung stehen, kann das Krankenhaus selbst entscheiden, in welcher Abteilung der Versicherte zweckmäßigerweise versorgt und gepflegt wird.[167]

Für die Versicherten wirkt das Wirtschaftlichkeitsgebot sowohl anspruchsbegründend, als auch anspruchsbegrenzend, indem es im Interesse der Versicherten einen gewissen Mindeststandard gewährleistet und andererseits die Ansprüche der einzelnen Versicherten im Interesse der Solidargemeinschaft der Beitragszahler nach oben begrenzt.[168]

Für die Formulierung des Wirtschaftlichkeitsgebots hat sich der Gesetzgeber mehrerer unbestimmter, auslegungs- und ausfüllungsbedürftiger Rechtsbegriffe bedient, hinsichtlich derer den Krankenkassen kein Beurteilungsspielraum zusteht, sondern die im Streitfall der vollen gerichtlichen Nachprüfung zugänglich sind[169]. Die ausschließliche Verwendung unbestimmter Rechtsbegriffe bringt mit sich, dass das Wirtschaftlichkeitsgebot allein aufgrund seines Wortlautes nicht ohne weiteres ermöglicht, in einem konkreten Fall eine konkrete Leistung „zu subsumieren", um zu erfahren, ob sie im Sinne des Wirtschaftlichkeitsgebotes vom Leistungsumfang der Krankenversicherungsleistungen umfasst ist.

Vielmehr führt seine Anwendung, wie von Rixen zusammenfassend dargestellt[170], letztendlich zu einer „Gesamtbilanz"[171], der es um die „Angemessenheit der durch die Leistungen verursachten Kosten im Hinblick auf das Behandlungsziel"[172] geht. Die Anwendung des Wirtschaftlichkeitsgebotes ist hiernach[173] im Kern „eine

166 BSG Urteil vom 24.07.2003 – B 3 KR 28/02 R Rn. 27.
167 BSG Urteil vom 24.07.2003 – B 3 KR 28/02 R Rn. 27.
168 Engelhard in jurisPK-SGB V, § 12 SGB V, Rn. 18.
169 Engelhard in jurisPK-SGB V, § 12 SGB V, Rn. 46; Janda, Medizinrecht S. 83 f.
170 Rixen, Evidenzbasierte Medizin in der Sozialgerichtsbarkeit um jeden Preis? – Zum Urteil des BSG vom 15.03.2013 über antiallergene Matratzen-Encasings (B 3 KR 2/11 R), SGb 2013, 140, 143.
171 Vgl. § 2 Abs. 3 AM-NutzenV v. 28. 12. 2010 (BGBl. I S. 2324).
172 Scholz in Becker/Kingreen, § 12 Rn. 6.
173 Rixen, Evidenzbasierte Medizin in der Sozialgerichtsbarkeit um jeden Preis? – Zum Urteil des BSG vom 15.03.2013 über antiallergene Matratzen-Encasings (B 3 KR 2/11 R), SGb 2013, 140, 143.

Bewertung“[174], eine „wertende Betrachtung“[175], eine „Wertungsentscheidung“[176], die „Abwägungen“[177] verlangt bzw. auf ihnen beruht und die die (Kosten-)Effizienz im Sinne des größtmöglichen (Behandlungs-) Erfolgs bei Einsatz geringsten finanziellen Aufwands (Kosten) im Blick hat[178].

Das durch das Wirtschaftlichkeitsgebot umschriebene Leistungsspektrum der Kassenleistungen erstreckt sich zwischen folgenden Begrenzungen: einerseits dem Attribut „ausreichend“ und einer Deckelung durch die Umschreibung des „Maßes des Notwendigen“ andererseits. Wie schmal oder weit der dazwischen liegende Leistungskorridor tatsächlich ist und auf welchem „Niveau“ er sich befindet, hängt ganz von der jeweiligen politischen Schwerpunktsetzung, der jeweiligen gesundheitspolitischen Strömung und der finanziellen Ausstattung und wirtschaftlichen Lage der Krankenkassen ab. Gerade also auch die Frage, ob sich eine NUB-Methode noch „im Maß des Notwendigen“ hält, oder (noch) darüber liegt, wie innovationsfreudig und-geneigt das Leistungsspektrum der gesetzlichen Krankenkasse ist und sein soll, hängt stark von der Auslegung der einzelnen Begriffe ab.

4.5.1 Die einzelnen Komponenten des Wirtschaftlichkeitsgebotes

4.5.1.1 Ausreichend

Durch die Verwendung des Begriffes „ausreichend“ wird ein leistungsrechtlicher Mindeststandard[179] garantiert. Dies impliziert, dass nicht nur das zwingend Notwendige von den gesetzlichen Krankenkassen zu leisten ist, sondern mindestens „ein (guter) ausreichender Standard“, der sich dynamisch mit dem medizinischen Fortschritt mitentwickelt und so grundsätzlich auch NUB-Methoden umfasst.

Engelhard betont[180], dass der Begriff „ausreichend“ sich nicht nur auf die Art der Leistung bezieht, sondern auch auf die zu leistende Menge, beispielsweise darauf, ob ein oder mehrere Hilfsmittel zu gewähren sind. Dieses Auslegungskriterium kann gerade auch bei der Auslegung des Anspruchs auf die Anwendung einer auf einem Medizinprodukt basierenden NUB-Methode von Einfluss sein. Das BVerfG

---

174 § 106 Abs. 2a Nr. 4 SGB V; auf diese Norm aus dem Recht der vertragsärztlichen Wirtschaftlichkeitsprüfung verweist Scholz (Scholz in Becker / Kingreen, § 12 Rn. 8) als Auslegungshilfe zum Verständnis des Merkmals „wirtschaftlich i. e. S.“.

175 Spellbrink, Wirtschaftlichkeitsprüfung im Kassenarztrecht, Rn. 90.

176 Roters, Die gebotene Kontrolldichte bei der gerichtlichen Überprüfung der Richtlinien des Bundesausschusses der Ärzte und Krankenkassen, S. 213.

177 Roters, Die gebotene Kontrolldichte bei der gerichtlichen Überprüfung der Richtlinien des Bundesausschusses der Ärzte und Krankenkassen, S. 219.

178 Spellbrink, Wirtschaftlichkeitsprüfung, Rn. 91.

179 Engelhard in jurisPK-SGB V, § 12 SGB V, Rn. 47.

180 Engelhard in jurisPK-SGB V, § 12 SGB V, Rn. 51.

hat jedoch ausdrücklich klargestellt[181], dass die gesetzlichen Krankenkassen nicht von Verfassungswegen gehalten sind, alles zu leisten, was an Mitteln zur Erhaltung oder Wiederherstellung der Gesundheit verfügbar ist.

4.5.1.2 Das Maß des Notwendigen nicht überschreiten

Die Formulierung in § 12 Abs. 1 Satz 1 (2. HS) SGB V, dass die Leistungen das Maß des Notwendigen nicht überschreiten dürfen, umschreibt einerseits ein „Übermaßverbot" und soll somit das gesetzliche Krankenversicherungssystem vor einer Überforderung[182] in jeglicher Hinsicht schützen. Andererseits impliziert die Formulierung auch, dass die Leistungserbringer gegenüber den Versicherten immer die im konkreten Krankheitsfall notwendige Heilbehandlung leisten müssen und die Krankenversicherungsträger den Leistungserbringern die hierfür anfallenden Kosten – durch schon definierte Fallpauschalen und Zusatzentgelte oder krankenhausindividuelle NUB-Entgelte – folglich auch vergüten müssen.[183]

Die inhaltlichen durch das Wirtschaftlichkeitsgebot vorgegebenen Regelungsinstrumente sind die „Zweckmäßigkeit" und die „Wirtschaftlichkeit" im engeren Sinne. Durch sie findet der Sachleistungsanspruch der Versicherten seine inhaltliche Bestimmung.[184]

4.5.1.3 Zweckmäßigkeit

Der Begriff der „Zweckmäßigkeit" bezieht sich in diesem Zusammenhang auf die Eignung der Methode.[185] Sinnlose, überflüssige oder zweckwidrige Methoden werden nicht als „zweckmäßig" i.S.d. § 12 Abs. 1 Satz 1 SGB V betrachtet werden. Engelhard zieht für die Bestimmung der generellen Unzweckmäßigkeit den Vergleich zum untauglichen Versuch im Strafrecht.[186] Eine Behandlung, ein „Gesundbeten", das gleich dem „Totbeten" unter keinem denkbaren Gesichtspunkt zu einem Heilerfolg führen könne, könne generell nicht als „zweckmäßig" betrachtet werden. Dieser Vergleich ist insofern auch für die spezifische Beschäftigung mit NUB-Methoden von Interesse, als es Krankenkassen im Sinne des Schutzes des Solidarsystems vor der Finanzierung von „Scharlatanmethoden" in jedem Fall möglich sein sollte, die Finanzierung von NUB-Methoden zu verweigern, denen es nicht gelingt diese „Evidenz-Hürde" zu nehmen.

Während für den ambulanten Bereich die Prüfung der Zweckmäßigkeit im Zusammenhang mit § 12 Abs. 1 SGB V aufgrund des präventiven Erbringungsverbotes durch das Bewertungsverfahren des G-BA gem. § 135 Abs. 1 SGB V überlagert

---

181 BVerfG Beschluss vom 06.12.2005 – 1 BvR 347/98 („Nikolausbeschluss"). Rn. 58 m.w.N.

182 Engelhard in jurisPK-SGB V, § 12 SGB V, Rn. 76.

183 Vgl. Engelhard in jurisPK-SGB V, § 12 SGB V, Rn. 80.

184 Engelhard in jurisPK-SGB V, § 12 SGB V, Rn. 17.

185 Engelhard in jurisPK-SGB V, § 12 SGB V, Rn. 52.

186 Engelhard in jurisPK-SGB V, § 12 SGB V, Rn. 53.

wird[187], gilt dies mangels Erforderlichkeit einer präventiven Erlaubnis nicht für den stationären Bereich. Für die Erbringung neuer Methoden im stationären Bereich hat der Gesetzgeber jedoch die in § 12 Abs. 1 Satz 1 SGB V genannten Begriffe („ausreichend", "zweckmäßig", „wirtschaftlich") in der Spezialregelung, dem § 137 c SGB V, wortgleich übernommen. Da jedoch durch die Verwendung der drei Attribute in § 137 c SGB V das in § 12 Abs. 1 SGB V verankerte allgemeine Wirtschaftlichkeitsgebot nicht leer läuft, sondern auch in Bezug auf § 137 c SGB V zu beachten ist[188] und im Sinne der Einheitlichkeit der Rechtsordnung die Auslegung der Begriffe im Zusammenhang mit § 12 Abs. 1 SGB V für die Verwendung im Rahmen von § 137 c SGB V nicht ohne Bedeutung ist, wird § 12 Abs. 1 SGB V und seine Bedeutung für NUB-Methoden an dieser Stelle der Arbeit dennoch thematisiert.

4.5.1.4 Wirtschaftlichkeit i.e.S.[189]

Der Begriff der „Wirtschaftlichkeit im engeren Sinne" ist eng mit dem Begriff der Zweckmäßigkeit verknüpft, da er ebenfalls Zweckmäßigkeitsgesichtspunkte im Sinne einer wirtschaftlichen Zweck-Mittel-Relation umfasst. Denn Wirtschaftlichkeit i.e.S. bedeutet, dass entweder mit den gegebenen Mitteln der größtmögliche Nutzen erzielt wird (Maximalprinzip) oder ein definierter Nutzen mit den geringst möglichen Mitteln (Minimalprinzip).[190]

Aus der Perspektive von NUB-Methoden, die nicht selten aufgrund des Einsatzes innovativer Medizinprodukte höhere Sachkostenanteile verursachen und somit, im Vergleich zur bisher angewendeten Therapie, auf der Primärebene Mehrkosten verursachen, ist entscheidend, dass für die Beurteilung der „Wirtschaftlichkeit i.e.S." auf der Nutzenseite insbesondere auch Art, Dauer und Nachhaltigkeit des Heilerfolgs einzubeziehen sind.[191] Für die Beurteilung der „Wirtschaftlichkeit i.e.S." darf daher nicht nur auf die primären Behandlungskosten geschaut werden. Diese enge Betrachtungsweise würde dem Nutzen von neuen Methoden, die beispielsweise aufgrund des Einsatzes neuer Medizinprodukte eine nachhaltigere, rückfallärmere und somit für die Patienten schonendere Wirkung haben, die im Idealfall zudem teure stationäre Folgebehandlungen, Rehabilitationsmaßnahmen oder Folgeeingriffe entbehrlich macht, nicht gerecht.

---

187 So auch Engelhard in jurisPK-SGB V, § 12 SGB V, Rn. 57, der jedoch nicht zwischen ambulantem und stationärem Bereich differenziert, was jedoch aufgrund der unterschiedlichen Regelungssystematik der §§ 135, 137 c SGB V erforderlich ist.

188 Siehe hierzu unter B.5.5.2.

189 Wenner in: Prütting, Dorothea (Hrsg.); Fachanwaltkommentar Medizinrecht SGB V § 12 Rn. 5: Das Merkmal „wirtschaftlich" ist nicht mit dem Wirtschaftlichkeitsgebot identisch.

190 Engelhard in jurisPK-SGB V, § 12 SGB V, Rn. 102.

191 Engelhard in jurisPK-SGB V, § 12 SGB V, Rn. 105.

In Fällen, in denen es bei notwendigerweise prognostischer Beurteilung der Erfolgsaussichten keine reale Behandlungsalternative zur Anwendung einer NUB-Methode gibt, ist diese ungeachtet ihres Aufwandes als „wirtschaftlich i.e.S." zu betrachten.[192]

4.5.2 *Systematische Aspekte des Wirtschaftlichkeitsgebotes*

Systematisch wird das Wirtschaftlichkeitsgebot des § 12 Abs. 1 SGB V durch einzelne leistungsrechtliche Normen konkretisiert.[193] So erfährt er eine Konkretisierung durch § 39 Abs. 1 Satz 2 SGB V, der bezogen auf die stationäre Behandlung regelt, dass Versicherte nur Anspruch auf vollstationäre Behandlung in einem zugelassenen Krankenhaus (§ 108 SGB V) haben, wenn die Aufnahme nach Prüfung durch das Krankenhaus erforderlich ist, weil das Behandlungsziel nicht durch ambulante, teilstationäre, vor- und nachstationäre Behandlung erreicht werden kann. Gerade diese Konkretisierung hat für NUB-Methoden insofern eine große Auswirkung, als der Verbotsvorbehalt für ambulant erbrachte NUB-Methoden gem. § 135 Abs. 1 SGB V bei fehlender Erforderlichkeit einer stationären Aufnahme für die Durchführung der Behandlung nicht durch eine stationäre Aufnahme und somit die Eröffnung des Anwendungsbereiches des § 137 c SGB V (Erlaubnis mit Verbotsmöglichkeit) umgangen werden darf.

Aufgrund der mittlerweile höchstrichterlich entschiedenen Streitigkeit darüber, in welchem Verhältnis die leistungsrechtlichen Regelungen zu denen des Leistungserbringerrechts stehen[194], ergibt sich systematisch, dass das Wirtschaftlichkeitsgebot aus § 12 Abs. 1 SGB V darüber hinaus durch die Regelungen des Leistungserbringerrechts, insbesondere durch die Richtlinien des G-BA gem. § 92 Abs. 1 SGB V konkretisiert[195] und ausgefüllt wird.

Gerade bei der Auslegung der unbestimmten Begriffe des Wirtschaftlichkeitsgebotes müssen alle Rechtsanwender, insbesondere auch die Fachgerichte, berücksichtigen, dass das Wirtschaftlichkeitsgebot in einem Spannungsfeld zwischen den grundrechtlich geschützten Interessen der von den Leistungsbegrenzungen Betroffenen und den mit der Aufrechterhaltung des Systems verbundenen Erfordernissen steht, die im Idealfall allesamt bei der Rechtsanwendung in Einklang oder zumindest zum Ausgleich gebracht werden müssen.[196]

---

192 Engelhard in jurisPK-SGB V, § 12 SGB V, Rn. 106; in diesem Sinne auch Hess; Die Dynamik des medizinischen Wissens und die Anforderungen an die Institutionen des Gesundheitsversorgungssystems, GesR 2012, 591; Wabnitz, Medizinprodukte als Hilfsmittel in der gesetzlichen Krankenversicherung, S. 66.

193 Engelhard in jurisPK-SGB V, § 12 SGB V, Rn. 16.

194 Siehe hierzu unter A.7.

195 Lenz in Robbers/Wagener, Die Krankenhausbehandlung, Band 2, S. 18; Engelhard in jurisPK-SGB V, § 12 SGB V, Rn. 12.

196 Engelhard in jurisPK-SGB V, § 12 SGB V, Rn. 25.

Berücksichtigt werden müssen seitens der Versicherten insbesondere das Grundrecht auf Leben und körperliche Unversehrtheit i.S.d. Art. 2 Abs. 2 Satz 1 GG[197] und die „Gesundheit der Bevölkerung“ als besonders wichtiges Gemeinschaftsgut.[198] Gerade auch bei der Auslegung des Wirtschaftlichkeitsgebotes muss beachtet werden, dass der Staat aufgrund des verfassungsrechtlichen Sozialstaatsprinzips eine objektiv-rechtliche Pflicht hat, sich schützend und fördernd vor die Rechtsgüter des Grundrechts auf Leben und körperliche Unversehrtheit zu stellen[199]. Dies bringt auch mit sich, dass das Leistungsspektrum der gesetzlichen Krankenkassen nicht aus primär monetären Motivationen auf einem ggf. überholten „allgemein anerkannten Stand“ verharren darf, sondern im Sinne der Berücksichtigung des medizinischen Fortschritts auch der Anwendung neuer Methoden genug Raum lassen muss.

Seitens der öffentlichen Gesundheitsvorsorge ist andererseits anerkannt, dass auch die Beitragsstabilität sowie die finanzielle Stabilität der gesetzlichen Krankenversicherung Gemeinwohlaufgaben von hohem Rang sind[200], die gerade auch hinsichtlich möglicher Kostensteigerungen durch die Anwendung von NUB-Methoden eine Leistungsbegrenzung rechtfertigen können, beispielsweise, wenn das Kosten-Nutzen-Verhältnis der neuen Methode fraglich ist. Insbesondere sind die gesetzlichen Krankenkassen nicht aufgrund des Grundgesetzes verpflichtet, alles zu leisten, was zur Erhaltung oder Wiederherstellung der Gesundheit möglich ist.[201] Das Bundesverfassungsgericht hat in diesem Zusammenhang entschieden[202], dass es verfassungsrechtlich nicht zu beanstanden ist, dass die gesetzliche Krankenversicherung den Versicherten Leistungen nach Maßgabe eines allgemeinen Leistungskatalogs (§ 11 SGB V) nur unter Beachtung des Wirtschaftlichkeitsgebots (§ 12 SGB V) zur Verfügung stellt, soweit diese Leistungen nicht der Eigenverantwortung der Versicherten zugerechnet werden (§ 2 Abs. 1 Satz 1 SGB V).

Der Leistungsanspruch der Versicherten ist daher nicht grundsätzlich vorrangig gegenüber Aspekten des wirtschaftlichen Gleichgewichts und der finanziellen Leistungsfähigkeit der gesetzlichen Krankenkassen.[203]

Durch den „Nikolausbeschluss“[204] hat das Verfassungsgericht jedoch andererseits klargestellt, dass in Situationen, in denen ein Versicherter an einer lebensbedrohlichen Krankheit leidet, bei der die Anwendung einer Standardbehandlung aus medizinischen Gründen ausscheidet und andere Behandlungsmethoden nicht

---

197 BVerfG Beschluss vom 06.12.2005 – 1 BvR 347/98 („Nikolausbeschluss“).

198 Engelhard in jurisPK-SGB V, § 12 SGB V, Rn. 27 ff.

199 BVerfG Beschluss vom 06.12.2005 – 1 BvR 347/98 („Nikolausbeschluss“).

200 BVerfG 10.06.2009 – 1 BvR 706, 814; BVerfG 14.01.2003 – 1 BvQ 51/02; BVerfG 26.03.2003 – 1 BvR 112/03; BSG 10.05.2000 – B 6 KA 20/99R.

201 Engelhard in jurisPK-SGB V, § 12 SGB V, Rn. 32 m.w.N.

202 BVerfG Beschluss vom 06.12.2005 – 1 BvR 347/98 („Nikolausbeschluss“), Rn. 57 m.w.N.

203 Engelhard in jurisPK-SGB V, § 12 SGB V, Rn. 40.

204 Beschluss des BVerfG vom 06.12.2005 – 1 BvR 347/98.

zur Verfügung stehen, die Regelungen des Leistungsrechts und hier insbesondere das Kriterium der „Wirtschaftlichkeit" im engeren Sinne, im Einzelfall einer verfassungskonformen, den Leistungsanspruch des Versicherten stützenden Auslegung bedürfen.

Hinsichtlich der grundsätzlichen Abwägung und Gewichtung des Wirtschaftlichkeitsgebots einerseits und des Leistungsanspruchs der Versicherten andererseits, gerade auch in Bezug auf die Anwendung von NUB-Methoden, hat der Gesetzgeber[205] einen weiten Einschätzungs- und Gestaltungsspielraum[206]. Da die Entscheidung gerade im Fall eines Leistungsausschlusses jedoch ggf. mit nicht unerheblichen Konsequenzen für die Versicherten verbunden ist, ist es aus rechtsstaatlichen Gesichtspunkten erforderlich, dass die Entscheidung zumindest bezüglich ethisch besonders schwierigen und schwerwiegenden Themenbereichen, wie z.B. der Gendiagnostik, der Transfusionsmedizin oder der Organspende, unmittelbar vom demokratisch legitimierten parlamentarischen Gesetzgeber selber getroffen wird. Aufgrund der großen Anzahl an zu fällenden Entscheidungen und des für die Bewertung und Beurteilung der einzelnen Methode erforderlichen sehr spezifischen medizinischen Sachverstandes können nicht alle Einzelentscheidungen vom Parlament unmittelbar selber getroffen werden. Dies ist auch aus rechtsstaatlichen Gründen nicht erforderlich. Das Parlament kann diese Aufgaben „delegieren". Erforderlich ist jedoch aufgrund der Grundrechtsrelevanz der Entscheidungen, dass die „vom Parlament Beauftragten", z.B. aufgrund einer formalen Beleihung über eine lückenlose Legitimationskette, „mit dem Bundestag verbunden" sind. Sie müssen ausreichend sachlich und personell legitimiert sein und beispielsweise durch Geschäfts- und Verfahrensordnungen für klar strukturierte, transparente Arbeits- und Entscheidungsabläufe sorgen, die unter staatlicher Aufsicht steht.

Bezogen auf Leistungserbringer, die sich durch das Leistungsspektrum einschränkende Regelungen in ihrem Grundrecht auf Berufsfreiheit i.S.d. Art. 12 Abs. 1 GG verletzt sehen, hat das Bundesverfassungsgericht entschieden, dass die Gemeinwohlbelange der Wirtschaftlichkeit i.S.d. finanziellen Stabilität und somit der Funktionstauglichkeit des gesetzlichen Krankenversicherungssystems, die Einschränkung der Berufsausübung der Leistungserbringer rechtfertigen können.[207]

Hinsichtlich der einzelnen „Komponenten" des Wirtschaftlichkeitsgebotes („ausreichend", „zweckmäßig", „wirtschaftlich", „das Maß des Notwendigen nicht überschreitend") ergibt sich aus dem Dargelegten, dass sie nicht unabhängig nebeneinander

---

205 Dieser sollte aber i.S.d. Wesentlichkeitstheorie auch vom Gesetzgeber selber „ausgespielt" werden und nicht von nicht demokratisch legitimierten Dritten. Vgl. hierzu auch Kemmler; Rechtliche Vorgaben für die Rationierung medizinischer Leistungen im System der gesetzlichen Krankenversicherung, NZS 2014, 521, 524 ff.

206 Engelhard in jurisPK-SGB V, § 12 SGB V, Rn. 40.

207 BVerfG 10.04.2000 – 1 BvR 422/00; BVerfG 14.05.1985 – 1 BvR 449/82.

stehen, sondern wie in einem „Magischen Viereck" jeweils voneinander abhängen, in einem „untrennbaren inneren Zusammenhang"[208] stehen.[209]

Nicht aus den Augen verloren werden sollte – gerade auch hinsichtlich neuer Methoden – bei der Anwendung und dem Umgang mit dem Wirtschaftlichkeitsgebot, dass zwar einerseits das Prinzip der Solidarität gem. § 1 SGB V die Beachtung des Wirtschaftlichkeitsgebotes gebietet[210], es aber – wie auch der Dienstleistungsvertrag gem. § 611 BGB, bzw. seit 2013 als lex specialis der „Behandlungsvertrag gem. § 630 a ff. BGB, auf dem die ärztlichen Behandlungen i.d.R. beruhen – keine Erfolgsgarantie impliziert[211]. Für die Beurteilung der Wirtschaftlichkeit ist daher die ex ante Perspektive entscheidend. Daher ist euch eine Behandlung im Sinne des Wirtschaftlichkeitsgebotes „wirtschaftlich" die letztendlich nicht zum gewünschten Erfolg führt, wenn sie aus ex ante Sicht nach Maßgabe der zu beachtenden krankenversicherungsrechtlichen Regelungen Aussicht auf Erfolg verspricht.[212]

4.6 Qualitätsgebot (§ 2 Abs. 1 Satz 3 SGB V)

Abschließend gebührt dem „Qualitätsgebot", auch als „Wissenschaftsgebot"[213] bezeichnet, eine nähere Betrachtung, zum einen, da es vom BSG teilweise im Rahmen der Bestimmung des Wirtschaftlichkeitsgebotes zur Bestimmung der „objektiven Erforderlichkeit" herangezogen wird[214], jedoch insbesondere da seine Anwendung für NUB-Methoden und sein „Verhältnis" zu den in § 137 c SGB V normierten Qualitätsanforderungen von erheblicher rechtlicher und tatsächlicher Bedeutung und Gegenstand aktueller Diskussion[215] ist.[216]

---

208 Engelhard in jurisPK-SGB V, § 12 SGB V, Rn. 43.

209 Vgl. hierzu auch Wenner in: Prütting, Dorothea (Hrsg.); Fachanwaltkommentar Medizinrecht SGB V § 12 Rn. 3.

210 Plagemann in jurisPK-SGB V, § 2 SGB V, Rn. 27.

211 Plagemann in jurisPK-SGB V, § 2 SGB V, Rn. 28.

212 Plagemann in jurisPK-SGB V, § 2 SGB V, Rn. 28.

213 Rixen, SGb 2013, 140, Evidenzbasierte Medizin in der Sozialgerichtsbarkeit um jeden Preis? – Zum Urteil des BSG vom 15.03.2012 über antiallergene Matratzen-Encasings (B 3 KR 2/11 R).

214 BSG Urteil vom 15.03.2012 – B 3 KR 2/11 R, Rn.

215 Vgl. beispielsweise: BSG Urteil vom 15.03.2013 – B 3 KR 2/11 R; BSG Urteil vom 21.03.2013 – B 3 KR 2/12; BSG Urteil vom 17.12.2013 – B 1 KR 70/12 R; Rixen, SGb 2013, 140, Evidenzbasierte Medizin in der Sozialgerichtsbarkeit um jeden Preis? – Zum Urteil des BSG vom 15.03.2012 über antiallergene Matratzen-Encasings (B 3 KR 2/11 R). Vgl. auch Thema im Rahmen des Gesetzgebungsverfahrens des GKV-VSG i.Z.m. dem neu hinzugefügten § 137 c Abs. 3 SGB V. Vgl. perspektivische Erstbewertung der voraussichtlichen Änderungen der Gesetzeslage durch das GKV-VSG am Ende der Arbeit unter G.

216 Rixen (Rixen, SGb 2013, 140, Evidenzbasierte Medizin in der Sozialgerichtsbarkeit um jeden Preis? – Zum Urteil des BSG vom 15.03.2012 über antiallergene Matratzen-Encasings (B 3 KR 2/11 R) fasst die aktuelle Problematik folgendermaßen

In § 2 Abs. 1 Satz 3 SGB V und somit an einer sehr exponierten Stelle im SGB V, unmittelbar nach dem das SGB V einleitenden § 1 SGB V, der in § 1 Satz 1 SGB V als „Programm“ festlegt, dass „die Krankenversicherung als Solidargemeinschaft die Aufgabe hat, die Gesundheit der Versicherten zu erhalten, wiederherzustellen oder ihren Gesundheitszustand zu verbessern“, hat der Gesetzgeber das „Qualitätsgebot“ normiert. Seine Formulierung lautet:

> „Qualität und Wirksamkeit der Leistungen haben dem allgemein anerkannten Stand der medizinischen Erkenntnisse zu entsprechen und den medizinischen Fortschritt zu berücksichtigen“.

Nach der Vorstellung des Gesetzgebers müssen zur Gewährleistung und Sicherung einer hohen „Qualität und Wirksamkeit“ der Leistungen der gesetzlichen Krankenversicherung folglich zwei unterschiedliche „Komponenten“ beachtet werden, die, wie Noftz formuliert „Beurteilungsmaßstab und Ziel zugleich“[217] sind: zum einen der „allgemein anerkannten Stand der medizinischen Erkenntnisse“ und zum anderen der „medizinische Fortschritt“. Während die Leistungen dem allgemeinen Stand der medizinischen Erkenntnisse „zu entsprechen“ haben, muss der medizinische Fortschritt „berücksichtigt“ werden.

Das Qualitätsgebot gilt aufgrund seiner Verankerung in einer Grundsatznorm[218] des SGB V grundsätzlich für alle im Rahmen des gesetzlichen Krankenversicherungsrechts aufgrund des SGB V erbrachten Leistungen. Nach dem allgemeinen juristischen Grundsatz „lex specialis derogat legi generali“, kann jedoch eine allgemeine Regelung durch eine speziellere Regel verdrängt werden. Möglicherweise gilt das in § 2 Abs. 1 Satz 3 SGB V verankerte allgemeine Qualitätsgebot daher unmittelbar nur, soweit es nicht durch speziellere Regelugen verdrängt wird.[219]

Um jeglichen Missverständnissen vorweg zu greifen, sei an dieser Stelle ausdrücklich darauf hingewiesen, dass die Verfasserin der Überzeugung ist, dass auch und gerade NUB-Methoden zur Gewährleistung einer möglichst hohen Patientensicherheit und zum Schutz der finanziellen Stabilität des öffentlichen Krankenversicherungssystems zu definierenden Qualitätsstandards genügen müssen.[220]

---

zusammen: „Im Kern geht es um die Frage, inwieweit die Tatsacheninstanzen (Sozial- und Landessozialgerichte) das medizinische Wissen anhand der Vorgaben der evidenzbasierten Medizin (ebM) zu ermitteln haben, die das BSG dem Wissenschaftsgebot unterlegt und sodann in das Wirtschaftlichkeitsgebot projeziert“.

217 Noftz in Hauck/Noftz, SGB V, § 2 Rn. 60.

218 Plagemann in: jurisPK-SGB V, § 2 Rn. 16.

219 Siehe hierzu unter B.5.6.

220 Hinweis auf mögl. konkretisierende Änderung des SGB V durch GKV-VSG (Gesetzentwurf der Bundesregierung des Gesetzes zur Stärkung der Versorgung in der gesetzlichen Krankenversicherung (GKV-VSG, BTDrs. 18/4095) i.d.F. der Beschlussempfehlung des Ausschusses für Gesundheit (BTDrs. 18/5123)): Ein neu eingefügter § 137 Abs. 3 SGB V soll mehr Klarheit und eine einheitlichere Handhabung der im Einzelfall anzulegenden Qualitätskriterien bringen. Vgl. perspektivische

Ziel soll und kann es auch im stationären Sektor nicht sein, dass jegliche NUB-Methoden aufgrund des Erlaubnisvorbehaltes gem. § 137 c SGB V bis zu einem eventuellen Verbot durch den G-BA auf Kosten der gesetzlichen Krankenkasse und ggf. zulasten der Patienten erbracht werden können. Die Arbeit möchte jedoch untersuchen, ob nicht die im Gesetzestext angelegte Differenzierung (innerhalb des § 2 Abs. 1 Satz 3 SGB V sowie im Verhältnis speziell zu § 137 c SGB V) ohne Qualitätseinbußen hinsichtlich des auch bei der Anwendung von NUB-Methoden anzulegenden Qualitätsmaßstabs aufgegriffen werden könnte und sollte, um mehr Transparenz und auch Genauigkeit in die Auseinandersetzung mit der Thematik der anzulegenden Qualitätsmaßstäbe zu bringen.

Als erster Schritt ist hierfür bei der Auseinandersetzung mit dem in § 2 Abs. 1 Satz 3 SGB V normierten Qualitätsgebot zu untersuchen, ob und wie die vom Gesetzgeber gewählte differenzierende Formulierung, der zufolge Qualität und Wirksamkeit der Leistungen „dem allgemein anerkannten Stand der medizinischen Erkenntnisse zu entsprechen" haben, während der „medizinische Fortschritt zu berücksichtigen ist" zu verstehen ist und inwiefern sie weiterführend ist.

In einem zweiten Schritt ist dann später[221], im Zusammenhang mit der Auseinandersetzung mit den spezifisch für die Einführung von NUB-Methoden geltenden Regelungen (§§137 c, 137 e SGB V) zu prüfen, ob und inwieweit die in § 2 Abs. 1 Satz 3 SGB V angelegte Differenzierung und der in § 137 c SGB V vom Gesetzgeber gewählte Wortlaut auch hier aufschlussreich und zielführend ist und daher bei der Bestimmung des Qualitätsmaßstabs im Zusammenhang mit der Anwendung von NUB-Methoden im Rahmen einer Krankenhausbehandlung aufgegriffen werden sollte.

4.6.1 Erste Komponente: Der „allgemein anerkannte Stand der medizinischen Erkenntnisse"

4.6.1.1 Begriffliche Klärung und Abgrenzung: Standardmethoden – „allgemein anerkannten Standes der medizinischen Erkenntnisse"

Begrifflich ist klarzustellen, dass eine Methode, die „dem allgemeinen Stand der medizinischen Erkenntnisse entspricht" nicht (automatisch) gleich zu setzen ist mit dem Begriff der „Standardmethode", auch wenn diese beiden Begriffe in der Auseinandersetzung gerade hinsichtlich der Einführung von NUB-Methoden nicht selten scheinbar undifferenziert verwendet werden.[222] Eine gesetzliche Definition des Begriffs der „Standardmethode" existiert nicht.

Erstbewertung der voraussichtlichen Änderungen der Gesetzeslage durch das GKV-VSG am Ende der Arbeit unter G.

221 Siehe B.5.6.

222 Vgl. Ullrich; Finanzierungslücken bei medizinischen Innovationen? Rechtliche Rahmenbedingungen der Finanzierung neuer Untersuchungs- und Behandlungsmethoden sowie innovativer Arzneimittel, S. 31.

Während eine „Standardmethode“ eine Methode ist, die zu einem bestimmten Zeitpunkt zur Behandlung bestimmter Symptome quantitativ am häufigsten angewendet wird, und deshalb zu diesem Zeitpunkt die „Standardbehandlung“ darstellt, ist damit nicht gesagt, ob eine entsprechende Nutzenbewertung dieser Methode zu dem Ergebnis käme, dass sie (noch) dem allgemeinen Stand der medizinischen Erkenntnisse entspricht.

Andererseits kann eine Methode – z.B. aufgrund einer aktuellen positiven Nutzenbewertung durch den G-BA – unstreitig „dem allgemein Stand der medizinischen Erkenntnisse entsprechen“ und dennoch für die Behandlung der entsprechenden Symptome beispielsweise wegen einer größeren Anzahl an potentiellen schwerwiegenden Nebenwirkungen, nicht überall verfügbarer für die Anwendung zwingen erforderlicher medizintechnischer Geräte oder auch ausschließlich aufgrund höherer anfallender Kosten (noch) nicht die „Standardmethode“ darstellen.

Die Begriffe des „allgemein anerkannten Standes der medizinischen Erkenntnisse“ und der „Standardmethode“ können „Schnittmengen“ haben, sind aber keine Synonyme sondern vielmehr in ihrer Verwendung aufgrund der unterschiedlichen Bedeutungen klar voneinander zu trennen.

4.6.1.2 Definition des „allgemein anerkannten Standes der medizinischen Erkenntnisse“

Eine Legaldefinition des Begriffes des „allgemein anerkannten Standes der medizinischen Erkenntnisse“ existiert nicht. Das BSG umschreibt und definiert den Begriff des „allgemein anerkannten Standes der medizinischen Erkenntnisse“ nach mittlerweile ständiger Rechtsprechung[223] folgender Maßen:

„Dem allgemein anerkannten Stand der medizinischen Erkenntnisse entspricht eine Behandlungsmethode, wenn sie von der großen Mehrheit der einschlägigen Fachleute (Ärzte, Wissenschaftler) befürwortet wird. Von einzelnen, nicht ins Gewicht fallenden Gegenstimmen abgesehen, muss über die Zweckmäßigkeit der Therapie Konsens bestehen. Das setzt, wie der Senat entschieden hat, im Regelfall voraus, dass über Qualität und Wirksamkeit der neuen Methode zuverlässige, wissenschaftlich nachprüfbare Aussagen gemacht werden können. Die Therapie muss in einer für die sichere Beurteilung ausreichenden Zahl von Behandlungsfällen erfolgreich gewesen sein. Der Erfolg muss sich aus wissenschaftlich einwandfrei geführten Statistiken über die Zahl der behandelten Fälle und die Wirksamkeit der Methode ablesen lassen.“

223 Siehe BSG Urteil vom 16.06.1999 – B 1 KR 4/98 R („Manualtherapie nach Dr. Kozijavkin“), Rn. 22 ff.; Urteil des BSG vom 15.03.2012 – B 3 KR 2/11 R, („antiallergene Matratzen-Entcasings“), Rn. 21.

4.6.1.3 Maßstab für den „allgemein anerkannten Stand der medizinischen Erkenntnisse"

Im Gesetz ist kein Maßstab vorgegeben, anhand dessen der „allgemein anerkannte Stand der medizinischen Erkenntnisse" zu messen ist[224], obwohl das Gesetz an anderen Stellen (z.B. §§ 35 Abs. 1b, 35 a Abs. 1 Satz 7 Nr. 2, 139 a Abs. 4 SGB V) konkrete Ausführungen und Vorgaben zum anzulegenden Bewertungsmaßstab macht[225]. Auch das BSG benennt nicht ausdrücklich eine Methode, einen Maßstab, der herangezogen wird, um hinsichtlich einer konkreten NUB-Methode zu ermitteln, ob sie schon dem „allgemein anerkannten Stand der medizinischen Erkenntnisse entspricht", oder nicht.

In einem jüngeren Urteil[226], beschreibt es jedoch recht detailliert das von ihm erwartete Vorgehen. Hiernach ist der „allgemein anerkannte Stand der medizinischen Erkenntnisse" i.S.d. § 2 Abs. 1 Satz 3 SGB V dasjenige, was sich im internationalen wissenschaftlichen Diskurs[227] ob seiner wissenschaftlichen Überzeugungskraft durchgesetzt hat[228], weswegen für seine Bestimmung möglichst alle wesentlichen und sich mit der jeweiligen Thematik beschäftigenden Studien im nationalen und internationalen Bereich heranzuziehen seien[229]. Die Erkenntnisse seien auf einer möglichst breiten Grundlage – d.h. unter Nutzung der verfügbaren medizinischen Datenbanken und der einschlägigen Informations- und Dokumentationssysteme – zu gewinnen.[230] Bewertungsrelevant seien nur Studien, die die Wirksamkeit von den Matratzen-Entcasings in Bezug auf einen dem Kläger nach Alter, Art, Ausprägung und Dauer der Erkrankung sowie durchgeführter Behandlung vergleichbaren

---

224 In diesem Sinne auch Augsberg; Kooperative Wissensgenerierung im Gesundheitswesen, zum Ungang der Sozialgerichte mit evidenzbasierter Medizin, GesR 2012, 595: „Das Gesetz schweigt aber zunächst noch zu den Anforderungen, mittels derer diesem Wissenschaftsgebot genügt werden kann.".

225 Vgl. Hess; Die Dynamik des medizinischen Wissens und die Anforderungen an die Institutionen des Gesundheitsversorgungssystems, GesR 2012, 591, 593.

226 Urteil des BSG vom 15.03.2012 – B 3 KR 2/11 R, („antiallergene Matratzen-Entcasings"), Rn. 29 f.

227 Hierzu vgl.: Hauck, NZS 2007, 461, 462: „EuGH geht davon aus, die Wendung „in ärztlichen Kreisen üblich" sei nur in derjenigen Auslegung nicht diskriminierend, die – auch bei grundsätzlicher Anknüpfung an das Inland – eine Ausrichtung an dem von der internationalen Medizin als anerkannt Angesehenen für maßgeblich hält." EuGH, Urteil vom 12. Juli 2001 – Rs C -157/99, EuGHEI-2001, 543 ff. = SozR 3–6030 Art. 59 Nr 6, S. 23f Smits/Peerbooms, RdNr 92 ff.

228 Urteil des BSG vom 15.03.2012 – B 3 KR 2/11 R, („antiallergene Matratzen-Entcasings"), Rn. 29 m.w.N.

229 Urteil des BSG vom 15.03.2012 – B 3 KR 2/11 R, („antiallergene Matratzen-Entcasings"), Rn. 29.

230 Urteil des BSG vom 15.03.2012 – B 3 KR 2/11 R, („antiallergene Matratzen-Entcasings"), Rn. 29.

Personenkreis zum Gegenstand haben.[231] Im Zuge der ebenfalls nachzuholenden Feststellungen zur Funktionstauglichkeit sei zudem zu ermitteln, ob wissenschaftlich untermauerte Schwellenwerte für die Staubpartikeldurchlässigkeit von Encasings und ein allgemein anerkanntes Prüfverfahren zur Feststellung ihrer Tauglichkeit bestehe.[232] Ausdrücklich weist das BSG darauf hin, dass soweit die noch ausstehenden Ermittlungen unter Hinzuziehung von Sachverständigen durchgeführt würden, darauf zu achten sei, dass es sich um Fachgutachten bzw. Institutionen handele, die den auf internationaler Ebene allgemein anerkannten Stand der wissenschaftlichen Erkenntnisse als maßgebend rezipieren und daher die Gewähr für eine umfassende und objektive Beurteilung des Sachverhaltes böten.[233] Darüber hinaus bestehe die Möglichkeit, einschlägige Fachgesellschaften – z.B. zur Existenz von allgemeinverbindlichen Leitlinien – zu befragen.[234]

Regelmäßig wird für die Bestimmung des „allgemein anerkannten Standes der medizinischen Erkenntnisse" auf die Grundlagen der evidenzbasierten Medizin[235] (ebM) zurückgegriffen[236], die sich seit Beginn der 70er Jahre als empirische Methode zur Abbildung des allgemein anerkannten Standes der medizinischen Erkenntnisse mehr und mehr etabliert hat[237]. Bei der ebM handelt es sich um eine „empirische Methode der Verwissenschaftlichung der Medizin durch eine Qualitätsrangfestlegung für medizinische Evidenzen".[238] Sie wird definiert als „der gewissenhafte, ausdrückliche Gebrauch der gegenwärtig besten externen Evidenz für Entscheidungen in der

231 Urteil des BSG vom 15.03.2012 – B 3 KR 2/11 R, („antiallergene Matratzen-Entcasings"), Rn. 29.

232 Urteil des BSG vom 15.03.2012 – B 3 KR 2/11 R, („antiallergene Matratzen-Entcasings"), Rn. 29.

233 Urteil des BSG vom 15.03.2012 – B 3 KR 2/11 R, („antiallergene Matratzen-Entcasings"), Rn. 30.

234 Urteil des BSG vom 15.03.2012 – B 3 KR 2/11 R, („antiallergene Matratzen-Entcasings"), Rn. 29.

235 Zusammenfassende Darstellung der Vorgehendweise der ebM bei: Roters, Die Bewertung medizinischer Methoden nach der Verfahrensordnung des G-BA; NZS 2007, 176, 177; Eindrücklich siehe auch: Evans et al; Wo ist der Beweis? Plädoyer für eine evidenzbasierte Medizin.

236 Interessant zu Entwicklung der Medizin in Deutschland von „Erfahrungswissenschaft" zu evidenzbasierter Medizin siehe Raspe, Von der Erfahrung zur Evidenz, Zum Wandel der Wissensgrundlagen in der Medizin, GesR 2012, 584, 585 f.

237 Schlottmann/Weddehage, Verfügbarkeit medizinischer Leistungen zwischen individuellem Bedarf und allgemeiner Richtlinie des Gemeinsamen Bundesausschusses, NZS 2008, 411, 412; Ullrich; Finanzierungslücken bei medizinischen Innovationen? Rechtliche Rahmenbedingungen der Finanzierung neuer Untersuchungs- und Behandlungsmethoden sowie innovativer Arzneimittel, S. 34.

238 Hart, Evidenz-basierte Medizin und Gesundheitsrecht – Überlegungen zu rechtlichen Konsequenzen der Verwissenschaftlichung der Medizin, MedR 2000, 1,2; Zitiert nach Augsberg; Kooperative Wissensgenerierung im Gesundheitswesen, zum Ungang der Sozialgerichte mit evidenzbasierter Medizin, GesR 2012, 595, 596.

medizinischen Versorgung“[239]. So wird gem. Kapitel 1., § 5 Abs. 2 VerfO des G-BA der „allgemein anerkannte Stand der medizinischen Erkenntnisse“ vom G-BA auch ausdrücklich auf der Grundlage der evidenzbasierten Medizin (ebM)[240] ermittelt.[241] Der G-BA selber definiert die von ihm durchgeführte Methodenbewertung auf seiner Homepage[242] folgendermaßen: „Bei Methodenbewertungen handelt es sich um systematische Arbeiten zu medizinischen Fragestellungen, vergleichbar mit so genannten Health Technology Assesments (HTAs). Auch die Methodenbewertungen folgen den Prinzipien der Evidenzbasierten (= beweisbaren) Medizin (EbM): Nach der Formulierung der Fragestellung folgt zunächst die systematische Suche nach relevanter Literatur. Hierdurch sollen nach Möglichkeit alle wissenschaftlichen Publikationen zur Beantwortung der Fragestellung ausfindig gemacht werden. Die Ergebnisse dieser Publikationen werden im Anschluss hinsichtlich ihrer Aussagefähigkeit bewertet und – wenn möglich – zu einem Gesamtergebnis zusammengefasst. Auf Basis dieses Endergebnisses lässt sich die eingangs formulierte Frage – dies ist meist die Frage, ob eine Methode mit mehr Nutzen als Risiken für die Patienten verbunden ist – beantworten.“ Die ebM stellt die wissenschaftlich kontrollierte Erfahrung in den Mittelpunkt[243] des Erkenntnisgewinns. Nach Raspe unterliegen grundsätzlich alle zu indizierenden Leistungen aller medizinischer Fächer und Richtungen dem strikten Gebot der Evidenzbasierung – im Interesse besonders der Patientensicherheit und der Legitimierung ihrer solidarisch-kollektiven Finanzierung.[244]

Es liegt nahe, dass auch das BSG, insbesondere aufgrund des von ihm beschriebenen Vorgehens in seinem Urteil vom 15.03.2012[245], ohne dies ausdrücklich zu benennen, implizit davon ausgeht, dass die „Grundsätze der evidenzbasierten Medizin“ für die jeweilige Bestimmung des „allgemein anerkannten Standes der medizinischen

239 Welti/Raspe; Evidenz und Akzeptanz von Medizin und Recht, NJW 2002, 874.

240 Übersicht über „Instrumente medizinischer Normierung der Qualitätssicherung“ (Leitlinien, Clinical Pathways, Health Technology Assessment (HTA)) bei Seeringer, Der Gemeinsame Bundesausschuss nach dem SGB V – Rechtliche Form, normative Befugnisse und Steuerung der Qualität der medizinischen Versorgung, S. 281 ff; hierzu auch Zimmermann, Der Gemeinsame Bundesausschuss, S. 283 ff.; Kritisch zum Thema Gesundheitstechnologiebewertung: Rosery, Hubertus; Der Sprung von der Technologiebewertung zur Studiengestaltung, MPJ 2013, 184 ff.

241 Vgl. hierzu Roters, Die Bewertung medizinischer Methoden nach der Verfahrensordnung des G-BA, NZS 2007, 176 ff.

242 http://www.g-ba.de/institution/sys/glossar/buchstabe/m/#details/94:204:205, zuletzt abgerufen am 29.10.2014.

243 Raspe, Die „Evidenz“-Basis professioneller und rechtlicher Normierung medizinischen Handelns; GesR 2013, 206, 207.

244 Raspe, Die „Evidenz“-Basis professioneller und rechtlicher Normierung medizinischen Handelns; GesR 2013, 206, 208.

245 Urteil des BSG vom 15.03.2012 – B 3 KR 2/11 R, („antiallergene Matratzen-Entcasings“), Rn. 29 f.

Erkenntnisse“ als Maßstab heranzuziehen sind.[246] Insbesondere aufgrund der großteils nicht mehr in Frage gestellten Normkonkretisierungsrechtsprechung des BSG[247], der zufolge die als Rahmenrecht ausgestalteten Leistungsansprüche der Versicherten erst durch die auch gegenüber den Versicherten unmittelbar geltenden Richtlinien des G-BA definiert und zugleich begrenzt werden, spricht viel dafür, dass im Sinne der Einheit der Rechtsordnung das BSG bei der Beurteilung von Einzelfällen (wie beispielsweise, ob der Nutzen einer konkreten NUB-Methode schon hinreichend belegt ist oder ob eine (NUB-) Methode dem allgemein anerkannten Stand der medizinischern Erkenntnisse entspricht) als Maßstab auch unmittelbar auf die vom G-BA in seiner – vom Bundesministerium für Gesundheit genehmigten – VerfO niedergelegten Prüfschritte zurück greift. Es wäre in diesem Sinne nahe liegend und zu befürworten, wenn das BSG dies in der bisher verwendeten „Definition“ unmittelbar aufgreifen und benennen würde.

4.6.1.4 Stellungnahme zum durch ebM ermittelten „allgemein anerkannten Stand der medizinischen Erkenntnisse“

Die Formulierung in § 2 Abs. 1 Satz 3 SGB V kann den Eindruck erwecken, als ließe sich der „allgemein anerkannte Stand der medizinischen Erkenntnisse“ zu jedem Zeitpunkt zweifelsfrei „ablesen“.[248] Der „allgemein anerkannte Stand der medizinischen Erkenntnisse“ ist jedoch kein fixer, statischer Maßstab, der sich wie eine Schablone über eine NUB-Methode legen lässt, um dann unmittelbar zweifelsfrei „ablesen“ zu können, ob die NUB-Methode „ihm entspricht, oder nicht“.

Kingreen führt hierzu „entzaubernd“ aus, dass der „allgemein anerkannte Stand der medizinischen Erkenntnisse“, wissenschaftstheoretisch betrachtet, vermutlich eine Fiktion ist.[249] Er führt fort, Juristen würden wohl von „herrschenden Meinungen“ sprechen, in dem Bewusstsein, dass diese manchmal auch nicht mehr sind, als die Meinung der Herrschenden[250].

---

246 Zur Abgrenzung zwischen der Ermittlung von „Expertenwissen“ und der Nutzenbewertung mittels ebM siehe Augsberg; Kooperative Wissensgenerierung im Gesundheitswesen, zum Ungang der Sozialgerichte mit evidenzbasierter Medizin, GesR 2012, 595.

247 Siehe hierzu unter A.7.

248 Kritisch hierzu auch Estelmann/Eicher; Die Leistungspflicht der gesetzlichen Krankenkassen vor dem Hintergrund der Pluralität der ärztlichen Therapien – Die sogenannten Außenseitermethoden- SGb 1991, 247, 249, der insbesondere auch bemängelt, dass der Gesetzgeber bei Einführung des Begriffes „zumindest eine höchst unkritische Haltung gegenüber diesem begriff eingenommen hat“.

249 Kingreen, Gerichtliche Kontrolle von Kriterien und Verfahren im Gesundheitsrecht, MedR 2007, 457.

250 Kingreen, Gerichtliche Kontrolle von Kriterien und Verfahren im Gesundheitsrecht, MedR 2007, 457.

Genauso, wie sich die Medizin als lernende Wissenschaft stetig fort- und weiterentwickelt, tut bzw. müsste dies auch der „allgemein anerkannte Stand der medizinischen Erkenntnisse“ und insbesondere seine “Abbildung“ in entsprechenden Leitlinien usw. tun. Aus unterschiedlichsten Gründen und Motivationen erfolgt die jeweilige „Anpassung“ aber nicht in allen Bereichen und Themengebieten mit derselben Intensität, Geschwindigkeit und Sorgfalt[251] – sei es beispielsweise wegen der besonderen Schwierigkeit neue Studienergebnisse zu generieren, da die Zielgruppe der Behandlung Kinder sind, hinsichtlich derer mit gutem Grund viel strengere Studienregime gelten, als im Bereich der Erwachsenenmedizin, oder weil es hinsichtlich der konkreten Behandlungsfälle (glücklicher Weise) besonders wenige Fälle gibt (orphan drugs), sei es weil sich aus sachlich nachvollziehbaren oder nicht nachvollziehbaren Gründen das wissenschaftliche Interesse auf andere Bereiche fokussiert oder weil trotz medizinischen Interesses die Themenschwerpunkte der Weiterentwicklung doch stark von der sekundären, pekuniären Ebene gelenkt werden und Fortschreibung von Leitlinien usw. dadurch hauptsächlich dort geschieht, wo im Hintergrund die entsprechenden Geldgeber Anreize schaffen bzw. durch entsprechende Förderung erst die erforderlichen Forschungs- und Entwicklungskapazitäten schaffen. Auch Schlottmann/Weddehage weisen darauf hin, dass überstrapazierte Anforderungen an die studienbasierte Evidenz einerseits abweichende gesetzliche Rahmenbedingungen ignorieren und andererseits jeden weiteren Fortschritt im Sinne einer differenzierten Abwägung lähmten.[252] Auch ein „Vollzugsdefizit“ auf der Ebene des Krankenhausfinanzierungsrechts kann die Weiterentwicklung höhergradigen evidenzbasierten Datenmaterials erheblich verhindern, wenn nämlich das Krankenhausfinanzierungsrecht nicht die erforderlichen Vergütungswege schafft, um Behandlungsfälle, bei denen NUB-Methoden zum Einsatz kommen, sachgerecht abzubilden.

„Da der G-BA nicht selbst über den medizinischen Nutzen einer Methode urteilt, sondern lediglich feststellt, ob er sich durch wissenschaftliche Erkenntnisse hinreichend untermauern lässt, ist er für eine positive Methodenbewertung auf das Vorliegen entsprechender Nutzenbelege angewiesen.“[253]

(Wahrscheinlich) ist es – aus unterschiedlichsten Aspekten – auch unmöglich in allen Bereichen jederzeit die Anwendung von NUB-Methoden mit der gleichen

251 Hierzu auch Ullrich; Finanzierungslücken bei medizinischen Innovationen? Rechtliche Rahmenbedingungen der Finanzierung neuer Untersuchungs- und Behandlungsmethoden sowie innovativer Arzneimittel, S. 43 f., der Bezug nehmend auf Francke/Hart (Franke/Hart, Bewertungskriterien und –methoden nach dem SGB V, MedR 2008, 2, 15) schließt, dass im Ergebnis, bei fehlenden hinreichenden Evidenznachweisen, eine „Relativierung des Wissensnachweises zugunsten der ärztlichen Erfahrung“ erfolge.

252 Schlottmann/Weddehage, Verfügbarkeit medizinischer Leistungen zwischen individuellem Bedarf und allgemeiner Richtlinie des Gemeinsamen Bundesausschusses, NZS 2008, 411, 418.

253 Ihle in: jurisPK-SGB V, 2. Aufl. 2012, § 135 SGB V Rn. 10.

Intensität weiter zu treiben, um möglicht zeitnah möglichst große Datenmengen auf möglichst hohem Evidenzlevel zu bekommen. Dies zeigt aber umso mehr, dass es im Sinne der „Berücksichtigung des medizinischen Fortschritts" nicht möglich und sachgerecht wäre immer den „allgemein anerkannten Stand der medizinischen Erkenntnisse" mit der Maßgabe als Maßstab anzulegen, dass er erst als gegeben angenommen wird, wenn sich der Nutzen einer konkreten NUB-Methode mittels Datenmaterial auf höchstem Evidenzlevel darstellen lässt oder eine konkrete Methode beispielsweise in den „höchstklassigsten Leitlinien" (S 3)[254] als „Methode der Wahl" empfohlen wird. Denn Standards sind lediglich „Momentaufnahmen in einem fortlaufend gedachten dynamischen Prozess"[255].

4.6.1.5 Differenzierender Maßstab

Auch wenn die im Wortlaut des § 2 Abs. 1 Satz 3 SGB V angelegte Differenzierung zwischen den Begriffen „entsprechen" und „berücksichtigen" nach hier vertretener Auffassung[256] ernst zu nehmen ist, so folgt daraus nicht, dass im Sinne der „Berücksichtigung des medizinischen Fortschritts" zulasten der gesetzlichen Krankenkasse erbrachte NUB-Methoden keinen Qualitätsanforderungen genügen müssen. Der scheinbare Widerspruch zu der Auffassung, die vertritt, dass es keine Differenzierung gebe, lässt sich – wie tatsächlich auch i.S.d. ebM vorgesehen – dadurch „entschärfen" oder sogar aufheben, dass nicht für alle Methoden für die Bestimmung des „allgemeinen Standes der medizinischen Erkenntnisse" der gleiche Maßstab anzulegen ist. So kann i.S. der gesetzlich angelegten und vorgesehenen Innovationsförderung, der Berücksichtigung des medizinischen Fortschritts, beispielsweise nicht gefordert werden, dass hinsichtlich aller NUB-Methoden Ergebnisse wissenschaftlicher Studien auf höchstem Evidenzlevel vorliegen[257] oder die NUB-Methode schon als anzuwendende (Standard-)Methode in einer medizinischen Leitlinie empfohlen wird, sondern, wie Raspe[258] zusammenfassend ausführt, ist zwar immer Evidenz als Rechtfertigung zu fordern, „je nach Leistungsanspruch, Benefiziar und Kontext"

---

254 Zum Verhältnis von Leitlinien und der evidenzbasierten Medizin siehe Ihle, Medizinische Leitlinien und juristische Entscheidung?, GesR 2011, 394 ff.

255 Noftz in: Hauck/Noftz, SGB V § 2 Rn. 65 m.w.N.

256 Hierzu siehe unter A.4.6.3, B.5.6.

257 Hess; Die Regelung der Gesundheitsversorgung durch den Gemeinsamen Bundesausschuss; in: Seewald, Otfried; Schoefer, Hartmut (Hrsg.); Zum Wert unserer Gesundheit, Der Arzt zwischen Rationierung und Rationalisierung, (2008) S. 89, 102: „ Solche innovative Leistungen müssen zunächst erbringbar sein, auch wenn die Evidenz noch nicht belegt ist. Denn es ist ja gerade eine neue Leistung, für die ich nicht gleich im Einstieg die Evidenzstufe 1 fordern kann. In der Tat, das geht nicht."

258 Raspe, Die „Evidenz"-Basis professioneller und rechtlicher Normierung medizinischen Handelns; GesR 2013, 206, 210; siehe in diesem Sinne auch Rixen, Evidenzbasierte Medizin in der Sozialgerichtsbarkeit um jeden Preis? – Zum Urteil des BSG vom 15.03.2013 über antiallergene Matratzen-Encasings (B 3 KR 2/11 R) SGb 2013, 140, 143.

sind „aber unterschiedliche Evidenzen aus unterschiedlichen Studientypen, mit unterschiedlichen Beweisgraden und unterschiedlichen Funktionen“ zu fordern und ausreichend.

Dieser differenzierende Maßstab findet sich im 2. Kapitel 4. Abschnitt § 13 Abs. 1 VerfO des G-BA folgendermaßen abgebildet: „Der Nutzen einer Methode ist durch qualitativ angemessene Unterlagen zu belegen. Dies sollen, soweit möglich, Unterlagen der Evidenzstufe I mit patientenbezogenen Endpunkten (z. B. Mortalität, Morbidität, Lebensqualität) sein. Bei seltenen Erkrankungen, bei Methoden ohne vorhandene Alternative oder aus anderen Gründen kann es unmöglich oder unangemessen sein, Studien dieser Evidenzstufe durchzuführen oder zu fordern. Soweit qualitativ angemessene Unterlagen dieser Aussagekraft nicht vorliegen, erfolgt die Nutzen-Schaden-Abwägung einer Methode aufgrund qualitativ angemessener Unterlagen niedrigerer Evidenzstufen.“

Es fällt jedoch begrifflich sehr schwer in Fällen, in denen man die niedrigste Evidenzstufe, im Extremfall also Evidenzstufe V[259], als Maßstab ausreichen lässt – was aus unterschiedlichsten Gründen theoretisch jedoch erforderlich sein kann – dennoch immer an der Formulierung festzuhalten, diese niedrigste Evidenzstufe „entspreche dem allgemein anerkannten Stand der medizinischen Erkenntnisse“.

Anliegen der Arbeit ist es daher zu untersuchen, ob aufgrund des geltenden Gesetzeswortlautes nicht ein bzw. der andere Weg[260], der hinsichtlich NUB-Methoden im stationären Bereich den abgewandelten Wortlaut des Qualitätsgebotes des § 137 c SGB V unmittelbar aufgreift – ohne Qualitätseinbußen – mehr Klarheit und Transparenz bringen würde.

4.6.2 Zweite Komponente: Der „Medizinische Fortschritt“

4.6.2.1 Bedeutung des medizinische Fortschritt für das Leistungsspektrum der GKV

Die Medizin ist eine „lernende Wissenschaft“, eine „Erfahrungswissenschaft“[261]. Neue Methoden sind daher elementarer Teil der sich ständig fort- und weiterentwickelnden „Kunst zu heilen“. Durch die ausdrückliche Benennung des „medizinischen Fortschritts“ in § 2 Abs. 1 Satz 3 SGB V und somit an dieser exponierten Stelle des Krankenversicherungsrechts zeigt der Gesetzgeber, welchen wichtigen

259 2. Kapitel 3. Abschnitt § 11 Abs. 3 VerfO: „Assoziationsbeobachtungen, pathophysiologische Überlegungen, deskriptive Darstellungen, Einzelfallberichte, u. ä.; nicht mit Studien belegte Meinungen anerkannter Expertinnen und Experten, Berichte von Expertenkomitees und Konsensuskonferenzen“.

260 Siehe hierzu unter B.5.6.

261 Plagemann in jurisPK-SGB V § 2 Rn. 50.

Stellenwert medizinische Innovation und medizinischer Fortschritt für das gesetzliche Krankenversicherungsrecht haben und haben sollen. Hierdurch wird eine gewollte Dynamik des staatlichen Gesundheitswesens[262] betont.

Hierdurch wird der Gesetzgeber insbesondere in Bezug auf Universitätskliniken[263] auch Art. 5 Abs. 3 GG gerecht, der unter dem Oberbegriff „Freiheit der Wissenschaft, Forschung und Lehre" auf Verfassungsebene die Freiheit von Wissenschaft und Forschung, als Quellen der Erkenntnisgewinnung, und Lehre, als Ort deren Verbreitung, absichert. Gerade in Bezug auf Universitäten wird Art. 5 Abs. 3 GG sogar als „institutionelle Garantie" verstanden.[264] Nach der Auslegung des Bundesverfassungsgerichts schützt Art. 5 Abs. 3 Satz 1 GG jede Tätigkeit, die „nach Inhalt und Form als ernsthafter planmäßiger Versuch zur Ermittlung der Wahrheit anzusehen ist"[265]. Die „Freiheit der Forschung" würde gerade im medizinischen Bereich insbesondere auch in Universitätskliniken, deren primäre Aufgabe die medizinische Forschung ist[266], nahezu leer laufen, wenn der Gesetzgeber ihr im stark reglementierten öffentlichen Krankenversicherungsrecht auf einfachgesetzlicher Ebene, insbesondere bezogen auf das krankenversicherungsrechtliche Leistungsspektrum und die Finanzierung neuer Methoden, nicht ebenfalls ausreichende Geltung einräumen würde. Dies muss auch für NUB-Methoden gelten, die schon das Stadium der klinischen Prüfung durchschritten haben, hinsichtlich derer aber aufgrund ihrer Neuheit mangels quantitativer Verbreitung noch nicht Datenmaterial i.S.d höchstens Evidenzlevels gem. den Grundsätzen der ebM vorhandeln ist. Denn ansonsten hätten fortschrittliche, neue Methoden mangels rechtlicher und finanzieller Absicherung kaum eine Chance zur Anwendung zu kommen und noch weniger eine Chance den „Sprung" in die Kategorie der standardisiert angewendeten Methoden zu schaffen.[267] Dies würde wiederum den medizinischen Fortschritt am Standort Deutschland mangels Aussicht auf ihre flächendeckende

---

262 Plagemann in jurisPK-SGB V, § 2 Rn. 46.

263 Die besondere Bedeutung von NUB-Methoden für Universitätskliniken wird auch aufgrund des Vgl. Gutachten des DKI, „Anspruch und Realität von Budgetverhandlungen zur Umsetzung medizintechnischer Innovationen" ersichtlich; vgl. auch Ratzel, Rudolf, Handbuch Medizinrecht, § 4 Das Gesundheitswesen in der Verfassung der Bundesrepublik Deutschland, Rn. 19.

264 Scholz in Maunz/Dürig (Begr.) Grundgesetz-Kommentar Art. 5 Rn. 4, 131 ff.; vgl. hierzu auch Noftz in: Hauck/Noftz, SGB V § 2 Rn. 60.

265 BVerfGE 35, 79 „Hochschulurteil".

266 Zur besonderen Bedeutung von NUB-Methoden für die Hochschulmedizin siehe: Vollmöller, Rechtsfragen neuer Untersuchungs- und Behandlungsmethoden – unter besonderer Berücksichtigung der Hochschulmedizin- NZS, 2012, 921.

267 Im Koalitionsvertrag „Deutschlands Zukunft gestalten", Koalitionsvertrag zwischen CDU, CSU und SPD (18. Legislaturperiode) ist diesbezüglich festgehalten (S. 80): „Wir werden die besonderen Aufgaben der Universitätskliniken und der Krankenhäuser der Maximalversorgung besser im DRG-System vergüten. Für Hochkostenfälle, die nicht durch Fallpauschalen sachgerecht abgebildet werden können, hat das Institut für das Entgeltsystem im Krankenhaus bis Ende 2014 eine

Umsetzung und Anwendung der neuen Methoden „am Patienten", nachdem eine konkrete Methode das Stadium der klinischen Prüfung erfolgreich durchlaufen hat, extrem unattraktiv machen. Denn Forschung und Lehre sind i.S.d. Art. 5 Abs. 3 GG „keineswegs nur Aufgaben der Wissenschaft als Institution, sondern zugleich auch ihre Wesensmerkmale in individueller Aktion"[268].

4.6.2.2 Der „medizinischen Fortschritts" i.S.d. § 2 Abs. 1 Satz 3 SGB V

Der in § 2 Abs. 1 Satz 3 SGB V verwendete Begriff des „medizinischen Fortschritts" ist umfassend zu verstehen. Er „eröffnet die Dimension der Zukunft und konstituiert damit die Variabilität des Gesamtsystems der Medizin"[269]. Das bedeutet, dass er die medizinische Forschung ausgehend von der Grundlagenforschung, über fortschrittliche Methoden umfasst, die sich im Stadium der klinischen Prüfung befinden, über fortschrittliche NUB-Methoden, die über § 2 Abs. 1 a SGB V im Einzelfall aufgrund einer „notstandsähnlichen Situation"[270] oder aufgrund eines „Systemversagens"[271] ausnahmsweise zulasten der gesetzlichen Krankenkasse erbracht werden dürfen, bis hin zu NUB-Methoden, die im Rahmen von stationären Behandlungen gem. § 137 c SGB V[272] schon systematisch zulasten der gesetzlichen Krankenkassen erbracht werden dürfen. Denn seine über § 2 Abs. 1 Satz 3 SGB V normierte „Berücksichtigung" bezieht sich bei Weitem nicht nur auf die Anwendung und Einführung neuer Untersuchungs- und Behandlungsmethoden ins System der GKV über § 137 c SGB V (bzw. § 135 Abs. 1 SGB V), sondern ist als Grundsatzentscheidung bei Anwendung des gesamten Krankenversicherungsrechts im Auge zu behalten und bei Einzelentscheidungen mit dem entsprechenden vom Gesetzgeber intendierten Gewicht in Abwägungs- und Entscheidungsprozesse einzustellen.[273] Die Verpflichtung der Berücksichtigung des medizinischen Fortschritts bringt eine

geeignete gesonderte Vergütungsform vorzulegen. Leistungen der Hochschulambulanzen werden künftig angemessen vergütet. "

268 Schemmer in BeckOK GG, Art. 5 Rn. 179.

269 Noftz in: Hauck/Noftz, SGB V § 2 Rn. 63; hier auch interessante Auseinandersetzung mit den verschiedenen „Phasen des Fortschritts" Invention, Innovation und Diffusion".

270 Vgl. hierzu unter A.8.3.

271 Vgl. hierzu unter A.8.2.1.

272 Für die systematische Anwendung von NUB-Methoden zulasten der gesetzlichen Krankenkassen im ambulanten Bereich regelt § 135 Abs. 1 SGB V die rechtlichen Voraussetzungen.

273 Vgl. Estelmann/Eicher; Die Lesitungspflicht der gesetzlichen Krankenkassen vor dem Hintergrund der Pluralität der ärztlichen Therapien – Die sogenannten Außenseitermethoden- SGb 1991, 247, 251: „Wenn der Gesetzgeber mit der Fortschrittsklausel lediglich hat zum Ausdruck bringen wollen, dass nicht länger Behandlungsmethoden angewendet werden sollen, die aufgrund neuer wissenschaftlicher Erkenntnisse als unzulänglich erkannt worden sind, würde es sich um eine redundante Formulierung handeln, da der allgemein anerkannte Stand der medizinischen Erkenntnisse seinem Wesen nach bereits überholte Methoden ausschließet."

Dynamik ins Krankenversicherungssystem, da „jede neue Entwicklung zugleich den Standard kritisiert“[274]. Der Fortschritt von heute ist möglicherweise der Standard von morgen und unter Umständen das Archaische von übermorgen.[275]

Durch den „Nikolausbeschluss“ des BVerfG[276], der den Gesetzgeber im Rahmen des GKV-VStG[277] zu der Einführung des § 2 Abs. 1 a SGB V veranlasst hat, hat auch das BVerfG aus Sicht von Plagemann[278] die Zivilgesellschaft auf einen medizinischen Standard verpflichtet, der nicht nur international ist, sondern auch Innovationen zügig aufgreift. Dem kann im Grunde zugestimmt werden, insofern jedoch nur unter Vorbehalt, als sich das Bundesverfassungsgericht im Rahmen des „Nikolausbeschluss“es nicht mit der systematischen Anwendung von neuen Methoden beschäftigte, sondern mit einer Ausnahmekonstellation bei der Behandlung einer lebensbedrohlichen Erkrankung.

Im Zusammenhang mit der Auseinandersetzung und Definition des „Qualitätsgebotes“ i.S.d. § 2 Abs. 1 Satz 3 SGB V ist zu beobachten und fällt auf, dass das BSG nicht selten nur den ersten Teil des zweigliedrigen Qualitätsgebotes zitiert und die zweite Komponente des Qualitätsgebotes, die den medizinischen Fortschritt betrifft, im Rahmen der begrifflichen Annäherung und Auseinandersetzung mit dem „Qualitätsgebot“ kommentarlos unbeachtet lässt[279].[280] Hierdurch wird die vom

274 Plagemann in jurisPK-SGB V § 2 Rn. 52.

275 Vgl. Estelmann/Eicher; Die Leistungspflicht der gesetzlichen Krankenkassen vor dem Hintergrund der Pluralität der ärztlichen Therapien – Die sogenannten Außenseitermethoden – SGb 1991, 247, 248.

276 BVerfG Urteil vom 06.12.2005 – 1 BvR 347/98.

277 Gesetz zur Verbesserung der Versorgungsstrukturen in der gesetzlichen Krankenversicherung (GKV-Versorgungsstrukturgesetz – GKV-VStG) vom 22.12.2011, BGBl I Nr. 70 S. 2983.

278 Plagemann in jurisPK-SGB V, § 2 SGB V, Rn. 52.

279 Hierzu beispielhaft Urteil des BSG vom 15.03.2012 – B 3 KR 2/11 R, („antiallergene Matratzen-Entcasings“), Rn. 21.

280 Nach der Rechtsauffassung des BSG (Siehe ausführlich Urteil des BSG vom 15.03.2012 – B 3 KR 2/11 R, („antiallergene Matratzen-Entcasings“), Rn. 23, 30; hierzu auch BSG Urteil vom 16.06.1999 – B 1 KR 4/98 R („Manualtherapie nach Dr. Kozijavkin“), Rn. 23.) handelt es sich bei der Darlegung zum „allgemein anerkannten Stand der medizinischen Erkenntnisse“ um „generelle Tatsachen“ (Urteil des BSG vom 15.03.2012 – B 3 KR 2/11 R, („antiallergene Matratzen-Entcasings“), Rn. 23.), bezüglich derer das Revisionsgericht nicht an die Feststellungen der Vorinstanzen gebunden ist (§ 163 SGG) und die auch nicht durch eine Erklärung der Beteiligten der revisionsgerichtlichen Prüfung entzogen werden können. Wissenschaftliche Erkenntnisse zu Möglichkeiten der Krankheitsverursachung und der therapeutischen Beeinflussbarkeit sowie zur Eignung von therapeutischen Verfahren seien keine den Einzelfall betreffenden Tatsachen, sondern allgemeine und somit generelle Tatsachen, die eine über den zu entscheidenden Fall hinausgehende Bedeutung aufwiesen (Urteil des BSG vom 15.03.2012 – B 3 KR 2/11 R, („antiallergene Matratzen-Entcasings“), Rn. 23 m.w.N.). Es handele sich um so

Gesetzgeber im Wortlaut des allgemeinen Qualitätsgebots angelegte Bedeutung des medizinischen Fortschritts nahezu negiert.

Die gesetzgeberische Grundsatzentscheidung, die medizinischem Fortschritt und medizinischen Innovationen einen hervorgehobenen, zentralen Stellenwert einräumt, muss jedoch bei der Auslegung des gesamten Krankenversicherungsrechts, insbesondere auch bei der Auslegung von § 137 c SGB V und § 6 Abs. 2 KHEntgG, von allen Beteiligten beachtet und in der Rechtsanwendung umgesetzt werden.

4.6.3 „Allgemein anerkannter Stand der medizinischen Erkenntnisse" und „Medizinischer Fortschritt"

Durch die vom Gesetzgeber gewählte Formulierung des Qualitätsgebotes in § 2 Abs. 1 Satz 3 SGB V wird klargestellt, dass der "medizinische Fortschritt" nicht „Teil des allgemein anerkannten Standes der medizinischen Erkenntnisse" ist.[281] So weist auch Schwarz darauf hin, dass Innovationen und anerkannter Stand nicht immer eindeutig in Einklang zu bringen sind.[282] Dies wäre auch rein begrifflich schwer zu vereinbaren, denn was „allgemein anerkannt" ist, kann kaum mehr als „Fortschritt" bezeichnet und wahrgenommen werden. So führt Felix aus, dass Einigkeit darüber bestehe, dass die Versicherten in der gesetzlichen Krankenversicherung am medizinischen Fortschritt teilhaben und grundsätzlich ohne Rücksicht auf finanzielle Fragen Anspruch auf diejenige Behandlung haben, die dem neuesten Stand der medizinischen Erkenntnisse entspricht.[283]

---

genannte Rechtstatsachen, die für die Auslegung, also die Bestimmung des Inhalts einer Rechtsnorm benötigt würden und das Revisionsgericht daher nicht binden würden (Urteil des BSG vom 15.03.2012 – B 3 KR 2/11 R, („antiallergene Matratzen-Entcasings"), Rn. 23 m.w.N.). Dies bedeutet, dass, wenn sich ein Instanzengericht mit der Frage auseinander gesetzt hat, ob eine konkrete Methode dem „allgemein anerkannten Stand der medizinischen Erkenntnisse entspricht", oder nicht, das BSG aufgrund der von ihm vertretenen Rechtsauffassung, dass es sich hierbei um eine „generelle Tatsache" handelt, nicht i.S.d. § 163 SGG gebunden ist, sondern hierzu ggf. selber ermitteln und eine inhaltliche Stellungnahme beziehen kann und muss (Kritisch zu dieser Differenzierung: Rixen, SGb 2013, 140, 145 f. Evidenzbasierte Medizin in der Sozialgerichtsbarkeit um jeden Preis? – Zum Urteil des BSG vom 15.03.2012 über antiallergene Matratzen-Encasings (B 3 KR 2/11 R)).

281 Für eine inhaltliche Konnotation der Differenzierung auch Estelmann/Eicher; Die Leistungspflicht der gesetzlichen Krankenkassen vor dem Hintergrund der Pluralität der ärztlichen Therapien – Die sogenannten Außenseitermethoden – SGb 1991, 247, 252: „Man sollte jedoch nicht ohne Not dem Gesetzgeber unterstellen Überflüssiges ins Gesetz aufgenommen zu haben.".

282 Schwarz, Neue Untersuchungs- und Behandlungsmethoden im Krankenhaus, Das Krankenhaus 2013, 1323, 1325.

283 Felix, Innovative Medizin im ambulanten und stationären Bereich „Bekannte Akteure – Neue Fragen", MedR 2011, 67.

Vielmehr „eilt" der medizinische Fortschritt dem allgemein anerkannten Stand der medizinischen Erkenntnisse „voraus". Manche fortschrittliche Methode wird sich langfristig flächendeckend durchsetzen, somit vom „allgemeinen Stand eingeholt" werden, bisherige Standardmethoden verdrängen und selber zum „allgemein anerkannten Stand der medizinischen Erkenntnisse" werden. Anderen fortschrittlichen Methoden wird dieser „Sprung" in die großflächige Anerkennung – aus nachvollziehbaren oder nicht nachvollziehbaren Gründen – nicht gelingen. Sie werden irgendwann ihren Charakter als „fortschrittliche Methode" verlieren, müssen nicht mehr im Sinne des Qualitätsgebotes „berücksichtigt" werden und werden über kurz oder lang als „Außenseitermethode" wahrgenommen werden. Es handelt sich um ein überschaubares Zeitfenster, innerhalb dessen eine Methode, eine Behandlungsleistung, als „medizinischer Fortschritt" wahrgenommen wird.

4.6.3.1 Bedeutung der Verben „Entsprechen" bzw. „berücksichtigen"

Der Gesetzgeber verwendet in § 2 Abs. 1 Satz 3 SGB V, um zu definieren, in „welchem Verhältnis" der allgemeine Stand der medizinischen Erkenntnisse und der medizinische Fortschritt zu Qualität und Wirksamkeit der Leistungen stehen, zwei unterschiedliche Verben: „entsprechen" und „berücksichtigen".

Die unterschiedliche Wortwahl („entsprechen" bezüglich des „allgemein anerkannten Standes der medizinischen Erkenntnisse" und „berücksichtigen" hinsichtlich des „medizinischen Fortschritts") lässt sich nachvollziehbar, wie Noftz vermutet, damit erklären, dass der „allgemein anerkannte Stand besser zu erfassen ist, als der „naturgemäß noch vagere" „medizinische Fortschritt"[284]. Gerade dies ist jedoch auch ein Grund dafür und erklärt, oder rechtfertigt, dass diese Differenzierung auch inhaltlich von Bedeutung ist. Auch die folgende vergleichende Betrachtung spricht dafür gerade in Bezug auf die Formulierung des Qualitätsgebotes von unterschiedlichen inhaltlichen Bedeutungen auszugehen, mit der Folge, dass hinsichtlich NUB-Methoden, die Teil des medizinischen Fortschritts sind, sprachlich nicht gefordert wird, dass sie „dem allgemein anerkannten Stand der medizinischen Erkenntnisse entsprechen" müssen.

4.6.3.1.1 Bedeutung des Wortes „entsprechen"

Nach dem Duden der deutschen Sprache[285] bedeutet das Wort „entsprechen" „mit jemandem, etwas übereinstimmen, jemandem, einer Sache gleichkommen, gemäß sein, angemessen sein bzw. (Amtssprache) einen Wunsch, eine Forderung o.Ä. erfüllen, verwirklichen". Als Synonyme nennt der Duden beispielsweise die Begriffe „befriedigen, erfüllen, gerecht werden, gleichkommen, passen, übereinstimmen, zufrieden stellen, zusagen, befolgen, befriedigen, sich beugen, einhalten, erfüllen, genügen, sich richten, stillen; (gehoben) einlösen, Genüge tun, nachkommen, stattgeben; (Papierdeutsch) Folge leisten".

---

284 Noftz in Hauck/Noftz SGB V § 2 Rn. 61.

285 Duden „Richtig und gut Deutsch".

Spezifisch in Bezug auf das Qualitätsgebot des § 2 Abs. 1 Satz 3 SGB V bedeutet das Wort „entsprechen“, dass die beiden Elemente, Qualität und Wirksamkeit auf der einen Seite und der allgemein anerkannte Stand der medizinischen Erkenntnisse auf der andren Seite inhaltlich „zur Deckung gebracht werden müssen“. Nur, wenn Qualität und Wirksamkeit einer Leistung dem durch die ebM herauskristallisierten jeweiligen „Stand der medizinischen Erkenntnisse“ entsprechen, erfüllt sie die Anforderungen des Qualitätsgebots.

4.6.3.1.2 Bedeutung des Wortes „berücksichtigen“

Im Duden der deutschen Sprache[286] wird das Wort „berücksichtigen“ folgendermaßen definiert: „bei seinen Überlegungen, seinem Handeln beachten, nicht übergehen, in seine Überlegungen einbeziehen“. Als Verwendungsbeispiele werden u.a. genannt: „einen Antrag berücksichtigen (sorgfältig prüfen); einen Antragsteller berücksichtigen (sich näher mit seinen Anliegen, Wünschen o.Ä. befassen und sie anerkennen). Als mögliche Synonyme zählt der Duden folgende Begriffe auf: „achten, anerkennen, beachten, bedenken, sich befassen, denken, einberechnen, einbeziehen, einkalkulieren, einschließen, ernst nehmen, erwägen, heranziehen, in Betracht ziehen, in Erwägung ziehen, in Rechnung setzen/stellen/ziehen, ins Kalkül einbeziehen/ziehen, mitberücksichtigen, Tribut zollen, vorbedenken; (gehoben) Genüge leisten, Genüge tun; (Papierdeutsch) in Anschlag bringen“.

Nach dem alltäglichen Sprachgebrauch versteht man unter dem Wort „berücksichtigen“ folglich, dass z.B. in einem Verfahren, einem Entscheidungsprozess ein Gesichtspunkt mehr oder weniger stark, ernst zu nehmen und abhängig von seiner Gewichtung, „in die Abwägung einzustellen ist“. „Berücksichtigen“ bedeutet aber in diesem Zusammenhang nicht, dass das „zu Berücksichtigende“ gegenüber allen anderen Erwägungen oder Gesichtspunkten vorzuziehen ist, oder dass das „zu Berücksichtigende“ eins-zu-eins umgesetzt wird.

Das Verb „berücksichtigen“ ist auch kein der juristischen Terminologie fremdes Wort. Vielmehr ist es in anderen Rechtsgebieten mit klaren inhaltlichen Bedeutungen verknüpft.

Verwendung findet es insbesondere im Rahmen des Planungsrechts. Im Bauplanungsrecht zählt § 1 Abs. 6 BauGB auf, welche Belange (insbesondere) bei der Aufstellung von Bauleitplänen „zu berücksichtigen“ sind.[287] Darüber hinaus nennt § 2 Abs. 4 Satz 4 BauGB ausdrücklich das Ergebnis der Umweltprüfung als „zu berücksichtigenden Belang“. Alle zu berücksichtigenden ermittelten Belange sind gem. § 2 Abs. 3 Satz 3 BauGB zu bewerten und anschließend gem. § 1 Abs. 7 BauGB

286 Duden „Richtig und gut Deutsch“.

287 Vgl. Krautzberger in: Battis/Krautzberger/Löhr; Baugesetzbuch – BauGB – Kommentar, § 1 Rn. 47: „Die Bedeutung des Katalogs der Belange nach § 1 Abs. 6 liegt in der Zusammenstellung wichtiger öffentlicher und privater Belange, die in die Abwägung nach § 1 Abs. 7 einzustellen sind.“

gegeneinander und untereinander gerecht abzuwägen.[288] Durch den Abwägungsvorgang können auch zu berücksichtigende Belange „weggewogen“ werden, mit der Folge, dass sie im Ergebnis keinen Durchschlag finden. Wenn die Zusammenstellung des Abwägungsmaterials und die Durchführung der Abwägung rechtsfehlerfrei durchgeführt wurde, kann im Ergebnis ein Plan aufgestellt werden, der aufgrund von Kollisionen mit einzelnen „zu berücksichtigenden Belangen“ nicht vereinbar ist[289], diesem nicht „entspricht“, wobei dann ggf. in Anbetracht der Bedeutung des Art. 14 GG ein Ausgleich erforderlich ist.

Auch im Raumordnungsrecht verwendet der Gesetzgeber das Wort „berücksichtigen“ in § 4 Abs. 2, 3, 4 ROG mehrfach jeweils mit der gleichen Rechtsfolge, dass „zu berücksichtigende Grundsätze (§§ 3 Abs. 1 Nr. 3, 2 ROG) und sonstige Erfordernisse der Raumordnung (§ 3 Abs. 1 Nr. 4 ROG)“ – anders als Ziele der Raumordnung, die gem. § 4 Abs. 1 Satz 1 ROG grundsätzlich „zu beachten“ sind[290] – im Ergebnis, da sie lediglich „zu berücksichtigen“ sind, ohne Durchschlag sein können, im Rahmen einer Abwägung „weggewogen“ werden können[291].

Folgende Verwendungsbeispiele finden sich im Umweltrecht:

§ 3 Nr. 11 WHG[292] regelt, dass bei der Bestimmung des Standes der Technik insbesondere die in der Anlage 1 aufgeführten Kriterien zu berücksichtigen sind. Nach § 6 Abs. 1 Satz 2 WHG hat die nachhaltige Gewässerbewirtschaftung ein hohes Schutzniveau für die Umwelt insgesamt zu gewährleisten; wobei mögliche Verlagerungen nachteiliger Auswirkungen von einem Schutzgut auf ein anderes sowie die Erfordernisse des Klimaschutzes zu berücksichtigen sind.

In beiden Beispielskonstellationen bedient sich der Gesetzgeber des Wortes „berücksichtigen“, um auf bestimmte Belange aufmerksam zu machen, die innerhalb eines Verfahrensablaufs auf jeden Fall in den Verfahrensprozess miteinbezogen werden sollen, jedoch nur mehr oder weniger gewichtige Aspekte unter vielen sind.

---

288 Vgl. hierzu Krautzberger in: Battis/Krautzberger/Löhr; Baugesetzbuch – BauGB-Kommentar, § 1 Rn. 87 ff., 94.

289 Vgl. Krautzberger in: Battis/Krautzberger/Löhr; Baugesetzbuch – BauGB- Kommentar, § 1 Rn. 94, 95 ff.; Stüer, Handbuch des Bau- und Fachplanungsrechts Rn. 795.

290 Vgl. Goppel in: Spannowsky/Runkel/Goppel; ROG – Raumordnungsgesetz, Kommentar § 3 Rn. 16; Hoppe in: Hoppe/Bönker/Grotefels; Öffentliches Baurecht, Raumordnungsrecht, Städtebaurecht, Bauordnungsrecht § 4 Rn. 11: „ziele der Raumordnung sind außenwirksame, generell-abstrakte Rechtsnormen.“

291 Vgl. Goppel in: Spannowsky/Runkel/Goppel; ROG – Raumordnungsgesetz, Kommentar § 4 Rn. 52; Hoppe in: Hoppe/Bönker/Grotefels; Öffentliches Baurecht, Raumordnungsrecht, Städtebaurecht, Bauordnungsrecht § 4 Rn. 25: sie können „durch Abwägung mit anderen Belangen überwunden werden“ m.w.N.

292 Wasserhaushaltsgesetz vom 31. Juli 2009 (BGBl. I S. 2585), zuletzt geändert durch Artikel 2 des Gesetzes vom 8. April 2013 (BGBl. I S. 734).

Auch das Ausländerrecht verwendet das Wort „berücksichtigen“ mit derselben Verwendung wie das Bauplanungs- und Raumordnungsrecht sowie das Umweltrecht: § 8 Abs. 3 Satz 2 AufenthG[293] regelt, dass die Tatsache, dass ein Ausländer seine Verpflichtung nach § 44a Abs. 1 Satz 1 AufenthG zur ordnungsgemäßen Teilnahme an einem Integrationskurs verletzt, bei der Entscheidung über die Verlängerung der Aufenthaltserlaubnis zu berücksichtigen ist. Dies bedeutet, dass es sich nach Vorstellung des Gesetzgebers um einen wesentlichen Gesichtspunkt handelt, der aber nicht unmittelbar etwas über das Ergebnis der Abwägung aussagt.[294] Gem. § 8 Abs. 3 Satz 5 AufenthG sind bei der Entscheidung über die Verlängerung der Aufenthaltserlaubnis die Dauer des rechtmäßigen Aufenthalts, eine schutzwürdige Bindung des Ausländers an das Bundesgebiet und die Folgen einer Aufenthaltsbeendigung für seine rechtmäßig im Bundesgebiet lebenden Familienangehörigen zu berücksichtigen. Auch § 55 Abs. 3 AufenthG verwendet das Wort „berücksichtigen“, um aufzuzählen, welche Aspekte bei der Entscheidung über die Ausweisung aus Sicht des Gesetzgebers nicht übersehen werden sollen.[295]

4.6.3.1.3 Zwischenergebnis

Gerade weil der Gesetzgeber das Wort „berücksichtigen“ an sehr vielen Stellen in unterschiedlichsten Kontexten, aber immer mit der gleichen inhaltlichen Bedeutung, Konnotation und Systematik verwendet, es daher ein gebräuchliches „Werkzeug“ der juristischen Fachsprache darstellt, um auszudrücken, dass ein „Belang“, ein Aspekt in einem Entscheidungsprozess – meist als einer von vielen – eingestellt werden muss, nicht übergangen werden darf und insbesondere nicht ungesehen bleiben darf, aber nicht zwingend von durchschlagender Kraft auf das Ergebnis sein muss, sondern im Entscheidungsprozess „weggewogen“ werden kann, ist es erstaunlich, nicht nachvollziehbar und gesetzeswidrig, warum die vom Gesetzgeber gewählte juristische Terminologie im Fall des § 2 Abs. 1 Satz 3 SGB V (bzw. hinsichtlich § 137 c SGB V) ohne Bedeutung sein soll.

4.6.3.1.4 Auslegung des Begriffs „berücksichtigen“ durch das BVerwG

Das BVerwG hat im Zusammenhang mit der Auslegung des Wortes „berücksichtigen“ in § 28 Abs. 7 Satz 2 BPflVO entschieden, dass das Wort „berücksichtigen“ bewirke, das zu berücksichtigende Element „zur Grundlage ihrer Verhandlungen“ machen müssten.[296] Das Wort „berücksichtigen“ beinhalte weder im allgemeinen Sprachgebrauch, noch im Pflegesatzrecht die verbindliche Festlegung eines bestimmten Ergebnisses.[297] Nach der Auslegung des BVerwG bedeutet das Wort

293 Aufenthaltsgesetz in der Fassung der Bekanntmachung vom 25. Februar 2008 (BGBl. I S. 162)“ Zuletzt geändert durch Art. 2 Abs. 5 G v. 15.2.2013 I 254.
294 Discher in: Gemeinschaftskommentar zum Aufenthaltsgesetz § 8 Rn. 773, 941, 943.
295 Discher in: Gemeinschaftskommentar zum Aufenthaltsgesetz § 55 Rn. 1260, 1262.
296 Urteil des BVerwG vom 19.06.1997 – 3 C 24/96 Rn. 34.
297 Urteil des BVerwG vom 19.06.1997 – 3 C 24/96 Rn. 28.

„berücksichtigen", dass ein bestimmter Umstand oder Sachverhalt bei der Entscheidungsfindung einzubeziehen und mit dem ihm zukommenden Gewicht in Ansatz zu bringen ist.[298] Sachliche Gründe im Einzelfall können jedoch ein Abweichen von dem zu berücksichtigenden Element begründen, ein solches sogar erforderlich machen (verpflichten).[299]

4.6.3.1.5 Spezifische Betrachtung des Krankenversicherungsrechts

Noftz stellt aufgrund des Formulierungsvergleiches der § 70 Abs. 1 Satz 1 SGB V[300] und § 72 Abs. 2 SGB V[301] in Frage, ob durch die Verwendung der Begriffe „entsprechen" und „berücksichtigen" in § 2 Abs. 1 Satz 3 SGB V tatsächlich unterschiedliche Inhalte ausgedrückt werden, die inhaltliche Niveauunterschiede nach sich ziehen.[302] Noftz ist zuzustimmen, dass im Vergleich des § 70 Abs. 1 SGB V mit § 72 Abs. 2 SGB V die unterschiedliche Bedeutung nicht recht nachvollziehbar erscheint. Vielmehr sollte hier, nach der oben hergeleiteten terminologischen Verwendung, in beiden Fällen das Verb „entsprechen" verwendet werden. Denn in beiden Normen geht es im Verhältnis zwischen Krankenkassen und Leistungserbringern um die abstrakte Regelung der Versorgungsvoraussetzungen für die gegenüber den Versicherten zu gewährenden Kassenleistungen. Während im Verhältnis dieser beiden Normen § 70 Abs. 1 SGB V die allgemeinere Regelung darstellt, da er für alle Leistungserbringer gilt, regelt § 72 Abs. 2 SGB V abstrakt die Versorgungsstandards für die vertragsärztliche Versorgung. Grundsätzlich, abgesehen von NUB-Methoden, müssen jedoch alle, auch die im Rahmen der vertragsärztlichen Versorgung erbrachten Kassenleistungen „dem allgemein anerkannten Stand der medizinischen Erkenntnisse entsprechen" und diesen nicht nur berücksichtigen.

Unkommentiert lässt Noftz jedoch den Sinn bzw. den „Unsinn" der unterschiedlichen Wortwahl bei systematischer Betrachtung der Verwendung der beiden Begriffe in § 2 Abs. 1 Satz 3 SGB V und § 137 c SGB V:

Der von Noftz nicht thematisierte Vergleich des § 2 Abs. 1 Satz 3 SGB V mit dem Gesetzeswortlaut des § 137 c SGB V spricht jedoch dafür, die unterschiedliche

298 Urteil des BVerwG vom 19.06.1997 – 3 C 24/96 Rn. 28.

299 Urteil des BVerwG vom 19.06.1997 – 3 C 24/96, vgl. Orientierungssatz.

300 § 70 Abs. 1 Satz 1 SGB V: „Die Krankenkassen und die Leistungserbringer haben eine bedarfsgerechte und gleichmäßige, dem allgemein anerkannten Stand der medizinischen Erkenntnisse entsprechende Versorgung der Versicherten zu gewährleisten."

301 § 72 Abs. 2 SGB V: „Die vertragsärztliche Versorgung ist im Rahmen der gesetzlichen Vorschriften und der Richtlinien des Gemeinsamen Bundesausschusses durch schriftliche Verträge der Kassenärztlichen Vereinigungen mit den Verbänden der Krankenkassen so zu regeln, daß eine ausreichende, zweckmäßige und wirtschaftliche Versorgung der Versicherten unter Berücksichtigung des allgemein anerkannten Standes der medizinischen Erkenntnisse gewährleistet ist und die ärztlichen Leistungen angemessen vergütet werden."

302 Noftz in Hauck/Noftz § 2 SGB V Rn. 61.

Wortwahl in § 2 Abs. 1 Satz 3 SGB V („entsprechen“ im Bezug auf den allgemein anerkannten Stand der medizinischen Erkenntnisse“ und „berücksichtigen“ bezüglich des medizinischen Fortschritts) ernst zu nehmen und den beiden Formulierungen unterschiedliche Inhalte zuzugestehen. Denn § 137 c SGB V, der die einschlägige Regelung für die Erbringung fortschrittlicher, neuer Methoden im Rahmen einer stationären Behandlung ist, regelt, dass in diesem Zusammenhang die Qualitätsprüfung der Methoden lediglich unter „Berücksichtigung des allgemein anerkannte Standes der medizinischen Erkenntnisse“ erfolgt. Hieraus sind zwei Erkenntnisse zu ziehen: Zum einen, dass der medizinische Fortschritt bei der Formulierung der Qualitätskriterien in § 137 c SGB V keine ausdrückliche Erwähnung findet. Zum anderen, dass in diesem Zusammenhang der „allgemein anerkannte Stand der medizinischen Erkenntnisse“ nur „zu berücksichtigen“ ist. Die über § 137 c SGB V angewendeten und der Qualitätsbewertung unterzogenen neuen Methoden müssen folglich diesem nicht „entsprechen“.

Beide Erkenntnisse sind systematisch gut nachvollziehbar und sinnvoll. Denn da § 137 c SGB V die zentrale Vorschrift für die Anwendung neuer, innovativer, fortschrittlicher Methoden darstellt, ist „der medizinische Fortschritt“ meist unmittelbarer Gegenstand der Sachverhalte, auf die § 137 c SGB V Anwendung findet – er bedarf daher keiner ausdrücklichen „Berücksichtigung“. Und als unmittelbarer Gegenstand des medizinischen Fortschritts sind innovative NUB-Methoden aufgrund ihrer „Neuheit“ noch nicht Teil des „allgemein anerkannten Standes der medizinischen Erkenntnisse“[303], können diesem somit auch nicht entsprechen. NUB-Methoden können und sollten den „allgemein anerkannten Stand der medizinischen Erkenntnisse“ jedoch „berücksichtigen“, indem die klinischen Studien, die notwendig waren, um die Erkenntnisse für die NUB-Methode zu gewinnen, zwingend jeweils nach den für klinische Studien geltenden „allgemein anerkannten Stand der medizinischen Erkenntnisse“ durchgeführt worden sein müssen und die jeweilige Anwendung einer NUB-Methode auch nach den für den jeweiligen Fachbereich zum jeweiligen Behandlungszeitpunkt geltenden „allgemein anerkannten Regeln der ärztlichen Kunst“ erfolgen muss. Zudem ist davon auszugehen, dass es „Ziel“ jeder NUB-Methode ist für ihren Indikationsbereich (irgendwann) zur dem „allgemein anerkannten Stand der medizinischen Erkenntnisse entsprechenden“ Methode, wenn nicht sogar zur „Standardmethode“ für ihr jeweiliges „Einsatzgebiet“ zu werden.

Es spricht daher viel dafür hinsichtlich der Einführung neuer Methoden im stationären Sektor die Formulierung des „Qualitätsgebots in § 137 c SGB V“, die von der Formulierung des „allgemeinen Qualitätsgebots“ gem. § 2 Abs. 1 Satz 3 SGB V abweicht, als eine „lex specialis“ im Verhältnis zum „allgemeinen Qualitätsgebot“ des § 2 Abs. 1 Satz 3 SGB V zu betrachten.[304]

303 Vgl. hierzu unter A.2.2, insbes. A.2.2.6.

304 Vgl. hierzu siehe unter B.5.6.

4.6.3.1.6 Spezifische Betrachtung des Krankenhausfinanzierungsrechts

Auch im Zusammenhang mit dem NUB-Verfahren gem. § 6 Abs. 2 Satz 3 KHEntgG verwendet der Gesetzgeber in § 6 Abs. 2 Satz 4 KHEntgG das Wort „berücksichtigen", um zu beschreiben oder zu definieren, welche Auswirkung das Ergebnis des NUB-Verfahrens, die „Information" im Rahmen der Vereinbarungen von krankenhausindividuellen NUB-Entgelten hat. Hier spricht die Verwendung des Wortes „berücksichtigen" dagegen anzunehmen, bei der „Information" handele es sich um eine „Regelung" i.S.d. § 31 SGB X, da das Wort „berücksichtigen" weder im allgemeinen Sprachgebrauch, noch im juristischen Sprachgebrauch impliziert, dass die „zu berücksichtigende Information" eine einseitig verbindliche Entscheidung darstellt.[305]

4.6.3.1.7 Zwischenergebnis

Auch wenn der Gesetzgeber im Krankenversicherungsrecht in den §§ 70 Abs. 1, 72 Abs. 2 SGB V die Wörter „entsprechen" und „berücksichtigen" („unter Berücksichtigung") in nicht nachvollziehbarer Weise differenzierend verwendet, sondern hier in beiden Fällen die Verwendung des Wortes „entsprechen" nahe läge, so zeigen alle weiteren betrachteten Normen aus dem Krankenversicherungsrecht sowie den anderen betrachteten Rechtsgebieten, dass an das Wort „berücksichtigen" nach der juristischen Terminologie – wie auch im alltäglichen Sprachgebrauch – regelmäßig andere Rechtsfolgen geknüpft sind, als an das Wort „entsprechen".

4.6.3.2 Auslegung des Begriffs „berücksichtigen" in Bezug auf das Qualitätsgebot – Schlüsse aus der vorausgehenden Untersuchung

Das Qualitätsgebot gilt grundsätzlich für alle Leistungen des gesetzlichen Krankenversicherungsrechts, unabhängig davon, ob eine „Standardmethode" zur Anwendung kommen soll, oder eine noch nicht als Standardmethode betrachtete innovative NUB-Methode.

Die Formulierung der „Berücksichtigung des medizinischen Fortschritts" impliziert nicht, dass eine Kassenleistung nur den Qualitätsanforderungen nachkommt, wenn sie die neuesten Forschungsergebnisse umsetzt, „ihnen entspricht". Dies wäre auch aus rein tatsächlichen Gesichtspunkten nicht umsetzbar. Denn zum einen spricht „der medizinische Fortschritt" bezüglich einer bestimmten Behandlungsleistung nicht zwingend „mit einer Stimme", da ggf. verschiedene Forschungsgruppen zu unterschiedlichen Ergebnissen gekommen sind, die jedoch allesamt den „medizinischen Fortschritt" darstellen. Zudem gibt es (noch) kein „konsolidiertes Ergebnis "auf höchstem Evidenzlevel, wie infolge eines „ebM-Abstimmungsprozesses", bezüglich des „allgemein anerkannten Standes der medizinischen Erkenntnisse". Zum anderen erfordert die Umsetzung „fortschrittlicher Methoden" nicht selten spezielles Fachwissen seitens der Ärzte und ggf. auch spezielle medizinische Geräte, die noch nicht flächendeckend in allen Krankenhäusern vorhanden sind.

---

305 Vgl. hierzu siehe unter E.2.3, insbes. E. 2.3.4.4.

„Berücksichtigen" bedeutet vielmehr, dass der medizinische Fortschritt im Abwägungs- und Entscheidungsprozess, wie bei einer bauplanerischen Entscheidung i.S.d § 1 Abs. 6 BauGB die dort genannten Belange oder bei einer raumordnungsrechtlichen Entscheidung i.S.d. § 4 Abs. 1 ROG die Grundsätze (§ 2 Abs. 2 ROG), als zwingend zu betrachtender Belang in den Abwägungs- und Entscheidungsprozess – auch auf Kostenebene – eingestellt werden muss. Nur wenn dies erfolgt ist, erfüllt die Leistung das Qualitätsgebot des gesetzlichen Krankenversicherungsrechts gem. § 2 Abs. 1 Satz 3 SGB V.

Bezogen auf die jeweilige konkrete Leistungsentscheidung führt das Wort „berücksichtigen" somit zu einer schwächeren „Durchschlagskraft" als die Formulierung unter Verwendung des Verbs „entsprechen". Andererseits räumt die Formulierung des „zu berücksichtigenden medizinischen Fortschritts" demselben eine sehr bedeutende, für das gesamte gesetzliche Krankenversicherungsrecht prägende Funktion ein, da alle krankenversicherungsrechtlichen Einzelentscheidungen „im Lichte" des medizinischen Fortschritts zu sehen sind, da dieser aufgrund seiner Verankerung in der „Grundnorm" des für das gesamte Krankenversicherungsrecht geltenden Qualitätsgebotes immer „zu berücksichtigen" ist.

In seiner Auseinandersetzung mit dem Begriff des zu berücksichtigenden medizinischen Fortschritts i.S.d. § 2 Abs. 1 Satz 3 SGB V kommt das BSG in ständiger Rechtsprechung zu dem Ergebnis, dass die Berücksichtigung des medizinischen Fortschritts freilich nicht bedeute, dass auch Anspruch auf solche Behandlungen bestehe, deren Wirksamkeit und Zweckmäßigkeit noch erforscht werde, über die somit noch keine gesicherten medizinischen Erkenntnisse vorlägen.[306] Dem ist zuzustimmen, insbesondere, da auch die spezifisch für die Anwendung von NUB-Methoden ausschlaggebenden krankenversicherungsrechtlichen Regelungen, die §§ 135, 137 c SGB V, für die systematische Anwendung[307] von NUB-Methoden von dem Erfordernis eines hinreichend belegten Nutzens ausgehen.

Das BSG betont, dass durch die Formulierung vielmehr nur klargestellt werde, dass die Versicherten in der gesetzlichen Krankenversicherung am medizinischen Fortschritt teilhaben und grundsätzlich ohne Rücksicht auf die Kosten Anspruch auf diejenige Behandlung haben, die dem neuesten Stand der medizinischen Erkenntnisse entspricht.[308]

Bei Betrachtung des Gesetzestextes des SGB V könnte man in der teilweise ausdrücklich vorgesehenen „Binnenanerkennung", wie beispielsweise in § 135 Abs. 1 Satz 1 SGB V („nach dem jeweiligen Stand der wissenschaftlichen Erkenntnisse in der jeweiligen Therapierichtung"), oder in der Modulation des Wortlauts des „allgemeinen Qualitätsgebots" in der für die Einführung von NUB-Methoden in der stationären Versorgung zentralen Regelung, dem § 137 c SGB V

306 st. Rechtsprechung des BSG Vgl. BSG Urteil vom 19.11.1997 – 3 RK 6/96, Rn. 18.

307 In Abgrenzung zu sehen zu einer Einzelfallspezifischen Anwendung i.S.d. § 2 Abs. 1 a SGB V.

308 BSG Urteil vom 19.11.1997 – 3 RK 6/96, Rn. 18.

(„unter Berücksichtigung des allgemein anerkannten Standes der medizinischen Erkenntnisse") eine Umsetzung der Berücksichtigung des medizinischen Fortschritts auf gesetzlicher Ebene sehen.

In tatsächlicher Hinsicht könnte man in der Anwendung der Grundsätze der ebM insofern eine Umsetzung der „Berücksichtigung des medizinischen Fortschritts" insbesondere auch im Rahmen der Ermittlung des „allgemein anerkannten Standes der medizinischen Erkenntnisse" sehen, als hier die „Berücksichtigung des medizinischen Fortschritts" i.S.d. § 2 Abs. 1 Satz 3 SGB V bezogen auf NUB-Methoden bisher tatsächlich regelmäßig u.a. dadurch erfolgt, dass – wenn auf den höchsten Evidenzstufen angesiedeltes Wissen aufgrund nachvollziehbarer Gründe fehlt – der Maßstab des „allgemeinen Standes der medizinischen Erkenntnisse" dadurch entsprechend nach unten zu verschieben ist, insofern als das auf unteren Stufen, auch ausschließlich auf der Evidenzstufe Stufe V[309] angesiedelte Wissen zu berücksichtigen ist, sodass eine NUB-Methode nach der bisherigen Terminologie ihm schon bei niedriger Evidenz „entsprechen" kann.[310] Nach den Grundsätzen der evidenzbasierten Medizin, die regelmäßig für die Bestimmung des „allgemein anerkannten Standes der medizinischen Erkenntnisse herangezogen werden, ist auch dieses Wissen „evidenzbasiertes Wissen".[311] Dies ist aufgrund des in manchen Spezialgebieten zur Verfügung stehenden Datenmaterials nicht anders möglich und daher „erforderlich", aber dennoch fällt es schwer, stellt es einen nahezu logischen Bruch dar, dann als Maßstab noch von „allgemein anerkanntem Stand" zu sprechen.

4.6.4 Zwischenergebnis und Stellungnahme

Sowohl ausgehend von der grammatikalischen, textorientierten Auslegung des Qualitätsgebotes als auch unter Miteinbeziehung systematischer krankenversicherungsrecht-spezifischer sowie darüber hinaus gehender Vergleichbetrachtungen ist zum einen festzuhalten, dass § 2 Abs. 1 Satz 3 SGBV klarstellt, dass der medizinische Fortschritt nicht Teil des allgemein anerkannten Standes der medizinischen Erkenntnisse ist. Zum anderen ist festzuhalten, dass die differenzierte Verwendung der Worte „entsprechen" bzw. „berücksichtigen" sowohl auf der leistungsrechtlichen bzw. leistungserbringerrechtlichen Eben, als auch auf der Kostenerstattungsebene auch inhaltliche Auswirkung auf die jeweiligen Rechtsfolgen hat.

---

309 Evidenzstufe V: Assoziationsbeobachtungen, pathophysiologische Überlegungen, deskriptive Darstellungen, Einzelfallberichte, u. ä.; nicht mit Studien belegte Meinungen anerkannter Expertinnen und Experten, Berichte von Expertenkomitees und Konsensuskonferenzen.

310 Hierzu auch Rixen, Evidenzbasierte Medizin in der Sozialgerichtsbarkeit um jeden Preis? – Zum Urteil des BSG vom 15.03.2013 über antiallergene Matratzen-Encasings (B 3 KR 2/11 R), SGb 2013, 140, 143 f.

311 Siehe auch Rixen, Evidenzbasierte Medizin in der Sozialgerichtsbarkeit um jeden Preis? – Zum Urteil des BSG vom 15.03.2013 über antiallergene Matratzen-Encasings (B 3 KR 2/11 R), SGb 2013, 140, 143 f.

Hinsichtlich des ersten Schritts der Untersuchung ist daher abschließend festzuhalten, dass die im Wortlaut des § 2 Abs. 1 Satz 3 SGB V angelegte Differenzierung „ernst zu nehmen“ und aufzugreifen ist, um somit den begrifflichen Widerspruch aufzulösen und nicht zu fordern, dass „neue Untersuchungs- und Behandlungsmethoden“ – als Teil des medizinischen Fortschritts – dem „allgemein anerkannten Stand“ der medizinischen Erkenntnisse „entsprechen“ müssen.

Der zweite Schritt der das Qualitätsgebot betreffenden Untersuchung, nämlich die Beschäftigung mit der Frage, inwiefern das Qualitätsgebot gem. § 2 Abs. 1 Satz 3 SGB V in Bezug auf die Anwendung neuer Methoden im Rahmen des § 137 c SGB V unmittelbar Geltung erlangt oder möglicherweise i.S. der Anwendung des Grundsatzes „lex specialis derogat legi generali“ zurücktritt, sowie die weiterführende Frage, wer hinsichtlich der Überprüfung der Qualitätskriterien über welchen Prüfungsumfang verfügt bzw. verfügen soll, erfolgt im Zweiten Teil der Arbeit[312], da die Auseinandersetzung mit dieser Frage eine Übersicht über die gesamten NUB-Methoden betreffenden krankenversicherungsrechtlichen Regelungen erfordert.

5. Leistungs- und Leistungserbringerrecht

Welchen Stellenwert innovative, neue Untersuchungs- und Behandlungsmethoden im gesetzlichen Krankenversicherungssystem haben und haben sollen, ist letztendlich eine inhaltliche, politische Entscheidung.[313] Genauso wie die Frage, in welchem Umfang NUB-Methoden in Anbetracht der Endlichkeit der finanziellen Mittel der gesetzlichen Krankenkassen vom Leistungsumfang der gesetzlichen Krankenversicherung umfasst sein sollen.

Diese sollte aufgrund der erforderlichen demokratischen Legitimation gem. Art. 20 Abs. 2 GG und der in diesem Zusammenhang vom Bundesverfassungsgericht entwickelten Wesentlichkeitstheorie[314], sowie aufgrund des zu beachtenden

312 Vgl. hierzu unter B.5., speziell unter B.5.6., B. 6.

313 Vgl. hierzu, jedoch nicht spezifisch auf NUB-Methoden bezogen: Buschatz, Liberale Begründungen einer Neuordnung des deutschen Gesundheitssystems, S. 123: „Besonders deutlich wird immer wieder der Gegensatz zwischen den gegebenen finanziellen Mitteln und einer möglichst umfassenden Versorgung der Versicherten sowie zwischen dem Freiheitspostulat einerseits und der Forderung nach Verhältnismäßigkeit andererseits. Der hier angesprochene Konflikt zwischen dem Zwang zur Wirtschaftlichkeit und der Verteilungsgerechtigkeit belegt, das ein konkretes Gesundheitssystem immer davon abhängt, wie das anzustrebende Zielbündel aussieht und welche Gewichtung seine Komponenten durch die gesellschaftlichen Kräfte erfahren.“

314 BVerfGE 40, 237, 248 ff.; BVerfGE 84, 212, 226; BVerfGE 88, 103, 116; Vgl. zusammenfassend Vgl. hierzu Ipsen, Staatsrecht I, Rn. 754 m.w.N.: Zwar lässt sich aus dem Demokratieprinzip kein „allumfassender Parlamentsvorbehalt“ ableiten: Das BVerfG hat jedoch in gestalt der „Wesentlichkeitstheorie“ einen

Vorbehaltes des Gesetzes gem. Art 20 Abs. 3 GG wegen der Grundrechtsrelevanz der Entscheidungen[315] zumindest dem Grunde nach vom demokratisch legitimierten parlamentarischen Gesetzgeber getroffen werden[316] – und nicht von nicht demokratisch legitimierten privatrechtlichen „Instituten", durch die „Hintertür" im Rahmen von Abrechnungsregelungen oder durch die Judikative anhand von meist nicht systematisch repräsentativen Einzelfällen. Oduncu betont, dass derart fundamentale Entscheidungen über Verteilungsgerechtigkeit nicht auf der Mikroebene, im Rahmen der individuellen Arzt/Patienten-Beziehung, getroffen werden können und dürfen, sondern des gesamtgesellschaftlichen Konsenses und der Transparenz auf der Makroebene (demokratischer Diskurs, Politik) bedürfen.[317]

Und wenn inhaltliche, gestaltende Entscheidungen vom Gesetzgeber auf Dritte übertragen werden, so ist die Beachtung einer nachvollziehbaren Legitimationskette sowie ein transparentes Entscheidungsverfahren aus rechtsstaatlicher Sicht dringend geboten und erforderlich.[318] Immerhin gestalten die im SGB V normierten krankenversicherungsrechtlichen Regelungen für ca. 90 % der Bevölkerung der Bundesrepublik Deutschland[319], die als Pflichtversicherte (gem. § 5 SGB V), als Familienversicherte (gem. § 10 SGB V) oder als freiwillig Versicherte (gem. § SGB V) in einer gesetzlichen Krankenkasse versichert sind, welche NUB-Leistungen ihnen insbesondere im Krankheitsfall zustehen.

Und sie gestalten auch, welche innovative NUB-Methoden, auch wenn sie hinsichtlich der benötigten Infrastruktur und dem ärztlichen Können grundsätzlich medizinisch zur Verfügung stünden, nicht von der Leistungspflicht umfasst sind. Sodass die Ärzte im Ernstfall einem gesetzlich versicherten Patienten zwar mitteilen können, dass es noch eine weitere Behandlungsalternative mittels einer NUB-Methode gibt, die aber aufgrund der krankenversicherungsrechtlichen Regelungen

---

Parlamentsvorbehalt entwickelt, der ein Ausgreifen exekutiver Regelungsbefugnisse verhindern soll. Grundlegende, für das Gemeinwohl wichtige – und regelmäßig grundrechtsberührende Fragen – muss das Parlament selber regeln.

315 Siehe hierzu auch: Kemmler; Rechtliche Vorgaben für die Rationierung medizinischer Leistungen im System der gesetzlichen Krankenversicherung, NZS 2014, 521, 525; Ullrich, Finanzierungslücken bei medizinischen Innovationen? Rechtliche Rahmenbedingungen der Finanzierung neuer Untersuchungs- und Behandlungsmethoden sowie innovativer Arzneimittel S. 57 ff.

316 Siehe hierzu auch: Kingreen, Gesundheit ohne Gesetzgeber? Verfassungsrechtliche Vorgaben für Verteilungsentscheidungen im Gesundheitswesen, in: Kingreen / Laux (Hrsg.), Gesundheit und Medizin, S. 147, 157 ff.

317 Oduncu, Verteilungsgerechtigkeit, Rationierung und Priorisierung – das Gesundheitswesen im Spannungsfeld zwischen Medizin, Ökonomie und Recht, MedR 2012, 359, 367.

318 Kritisch hierzu auch siehe: Kemmler; Rechtliche Vorgaben für die Rationierung medizinischer Leistungen im System der gesetzlichen Krankenversicherung, NZS 2014, 521, 524.

319 http://www.bmg.bund.de/krankenversicherung/grundprinzipien/aufgaben-und-organisation-der-gkv.html, abgerufen am 18.09.2014.

nicht vom Leistungsspektrum der gesetzlichen Krankenkasse umfasst ist, weswegen ihre Kosten nicht von der Krankenkasse übernommen werden.

Im Folgenden wird daher, ausgehend von den für die Anwendung und Verbreitung innovativer NUB-Methoden relevanten grundlegenden Weichenstellungen des gesetzlichen Krankenversicherungsrechts, über die grundsätzlichen Rahmenregelungen des Leistungs- und Leistungserbringerrechts, bis hin zu den für die Anwendung von NUB-Methoden im stationären Bereich speziellen Normen- dargestellt und untersucht, welche gesetzlichen Regelungen mit welchem Regelungsinhalt die Anwendung von NUB-Methoden im stationären Sektor regeln und prägen.

Da die Anwendung des Rechts durch die Gerichte von erheblichem tatsächlichen Einfluss auf die Innovationsfreudigkeit des gesetzlichen Krankenversicherungsrechts ist, soll bei der Untersuchung nicht unbeachtet bleiben, wie die inhaltlichen gesetzlichen Regelungen von der Rechtsprechung, insbesondere dem Bundessozialgericht, angewendet und ausgelegt werden und welche Interaktion in diesem Bereich zwischen Legislative und Judikative stattfindet, insbesondere, da die Rechtsprechung der letzten zehn Jahre zu dieser Thematik mehr Fragen als Antworten aufzuwerfen scheint[320].

5.1 Leistungsrecht

Unter dem Begriff des Leistungsrechts versteht man die Regelungen, die den Umfang der Leistungen bestimmen, auf die gesetzlich Versicherte gegenüber ihrer Krankenkasse[321] einen Anspruch haben.

5.1.1 Kreis der Versicherten

Die §§ 5 – 10 SGB V definieren, wer nach dem SGB V zum Kreis der gesetzlich Versicherten gehört und wer folglich Anspruch auf krankenversicherungsrechtliche Leistungen hat. Charakteristikum der gesetzlichen Krankenversicherung als Solidarversicherung ist, dass gem. § 10 SGB V unter den hier vorgesehenen Voraussetzungen auch Ehegatten, Lebenspartner und die Kinder von Mitgliedern sowie deren Kinder automatisch „mitversichert“ sind. Wenn ein „Mitversicherungstatbestand“ gem. § 10 SGB V greift, haben sie ohne eigene Versicherungsbeiträge zahlen zu müssen, im gleichen Umfang – auch in Bezug auf innovative, neue Leistungen – Anspruch auf Krankenversicherungsleistungen, wie die „regulären Mitglieder“.

5.1.2 Bestimmung des Leistungsumfangs

Die grundlegenden inhaltlichen Ausführungen zum Leistungsrecht finden sich im dritten Kapitel des SGB V und hier insbesondere in den §§ 11, 12, 27, 28 SGB V. Gem. der Auflistung in § 11 Abs. 1 SGB V haben die Versicherten insbesondere Anspruch

---

320 Felix, Innovative Medizin im ambulanten und stationären Bereich „Bekannte Akteure – Neue Fragen“, MedR 2011, 67.

321 Janda, Medizinrecht, S. 72.

auf Verhütung von Krankheiten und deren Verschlimmerung, die Früherkennung von Krankheiten sowie die Behandlung von Krankheiten. Nach der Definition des BSG ist eine Krankheit im Sinne des Krankenversicherungsrechts „ein regelwidriger, vom Leitbild des gesunden Menschen abweichender Körper-, oder Geisteszustand, der ärztlicher Behandlung bedarf oder den Betroffenen arbeitsunfähig macht“[322]. Da das deutsche gesetzliche Krankenversicherungssystem als Solidarsystem ausgestaltet ist, richtet sich der konkrete Leistungsanspruch des Versicherten nicht nach der Höhe der von ihm geleisteten Beiträge oder der von ihm konkret versicherten Risiken, sondern alle Versicherten tragen gemeinschaftlich das sich individuell entfaltende Risiko der Krankheit[323].

§ 27 Abs. 1 Satz 1 SGB V konkretisiert den Leistungsanspruch der Versicherten bezüglich der Krankenbehandlung dahingehend, dass der Anspruch der Versicherten auf Krankenbehandlung besteht, wenn diese notwendig ist, um eine Krankheit zu erkennen, zu heilen, ihre Verschlimmerung zu verhüten oder Krankheitsbeschwerden zu lindern. Anschließend zählt § 27 Abs. 1 Satz 2 SGB V auf, welche einzelnen Leistungsbereiche von der Krankenbehandlung umfasst sind. Hierunter fallen insbesondere gem. § 27 Abs. 1 Satz 2 Nr. 1 SGB V die ärztliche Behandlung, gem. § 27 Abs. 1 Satz 2 Nr. 3 SGB V die Versorgung mit Arznei-, Verband-, Heil- und Hilfsmitteln, sowie gem. § 27 Abs. 1 Satz 2 Nr. 5 SGB V die Krankenhausbehandlung.

Die ärztliche Behandlung umfasst gem. § 28 Abs. 1 Satz 1 SGB V die Tätigkeit des Arztes, die zur Verhütung, Früherkennung und Behandlung von Krankheiten nach den Regeln der ärztlichen Kunst ausreichend und zweckmäßig ist. Umfasst sind grundsätzlich im Rahmen der „ärztlichen Behandlung“ auch der Einsatz aller technischen Geräte, die der Arzt für Diagnostik oder die Behandlung im engeren Sinne benötigt, sowie alle zur Behandlung erforderlichen Medizinprodukte wie sterile Kompressen, Pflaster, medizintechnische „Werkzeuge“ wie beispielsweise bildgebende Untersuchungsgeräte oder dem Patienten eingesetzte Prothesen.

Gem. § 39 Abs. 1 Satz 3 SGB V umfasst die Krankenhausbehandlung im Rahmen des Versorgungsauftrages des Krankenhauses alle Leistungen, die im Einzelfall nach Art und Schwere der Krankheit für die medizinische Versorgung der Versicherten im Krankenhaus notwendig sind. Insbesondere umfasst sie hiernach die ärztliche Behandlung im Sinn des § 28 Abs. 1 Satz 1 SGB V, die Krankenpflege, die Versorgung mit Arznei-, Heil- und Hilfsmitteln, sowie Unterkunft und Verpflegung.

Der Wortlaut des § 27 SGB V könnte den Eindruck erwecken, es handele sich um eine unmittelbare Anspruchsgrundlage[324]. Wie sich aus den dargestellten Normen des Leistungsrechts und der diesbezüglich mittlerweile gefestigten Rechtsprechung

322 Vgl. BSG Urteil vom 28.09.2010 – B 1 KR 5/10 R, Rn. 10.

323 Vgl. BVerfG 06.12.2005 – 1 BvR 347/98; in diesem Sinne auch Kemmler; Rechtliche Vorgaben für die Rationierung medizinischer Leistungen im System der gesetzlichen Krankenversicherung, NZS 2014, 521, 522.

324 Vgl. hierzu Nimis, Der Anspruch des Patienten auf neue Untersuchungs- und Behandlungsmethoden in der gesetzlichen Krankenversicherung, S. 58.

es BSG[325] jedoch ergibt, ist das Leistungsrecht der gesetzlich Versicherten vom Gesetzgeber im SGB V lediglich als Rechtsgrundlage bzw. als ausfüllungsbedürftiges subjektiv-öffentliches Rahmenrecht („Anspruchsrahmen“[326]) geregelt, das den Versicherten im konkreten Einzelfall keinen vollwertigen Anspruch einräumt.[327] Die leistungsrechtlichen Regelungen ermöglichen keine unmittelbare Subsumtion. Erst im Zusammenspiel mit dem Recht der Leistungserbringer erschließt sich für den einzelnen Versicherten, welche Leistungen, insbesondere auch welche NUB-Leistungen, von seinem krankenversicherungsrechtlichen Leistungsanspruch umfasst sind.

5.2 Leistungserbringerrecht

Das Leistungserbringungsrecht regelt in Bezug auf die Leistungserbringer, das sind insbesondere die Vertragsärzte und Krankenhäuser, unter welchen Bedingungen sie welche Leistung gegenüber den Versicherten erbringen dürfen.

Konsequenterweise müssen bzw. müssten die Regelungen des Leistungsrechts zugunsten der wirtschaftlichen Absicherung der Leistungserbringer auch implizieren, dass ein Leistungserbringer eine Leistung, die er aufgrund des Leistungserbringerrechts gegenüber einem Versicherten erbringen darf, auch gegenüber dessen Krankenkassen (bzw. im ambulanten Bereich gegenüber der Kassenärztlichen Vereinigung) abrechnen kann.

5.2.1 Kreis der zugelassenen Leistungserbringer

Bezogen auf den stationären Sektor regelt das SGB V in den §§ 107, 108, 109 SGB V, welche Leistungserbringer in welchem Umfang stationäre Leistungen zulasten der gesetzlichen Krankenkassen erbringen dürfen. Sie übernehmen deutlich mehr als 90 %[328] der stationären Krankenversorgung, da dort in der Regel sowohl die Versicherten der gesetzlichen Krankenversicherung (GKV) als auch die privat versicherten Patienten behandelt werden.[329]

325 BSG Urteil 16.09.1997 – 1 RK 28/95 = BSGE 81, 54, 61.

326 Knispel in Rolfs/Giesen/Kreikebohm/Udsching (Hrsg.), BeckOK SGB V, § 27 Rn. 14.

327 Francke, Richtlinien, Normsetzungsverträge und neue Behandlungsmethoden im Rechtskonkretisierungskonzept des Bundessozialgerichts, SGb 1999, 5 ff.; Schwerdtfeger, Die Leistungsansprüche der Versicherten im Rechtskonkretisierungskonzept des SGB V, NZS 1998, 49.

328 Laut Information des Bundesministeriums für Gesundheit sind ca. 90 % der Bevölkerung der Bundesrepublik Deutschland gesetzlich krankenversichert. http://www.bmg.bund.de/krankenversicherung/grundprinzipien/aufgaben-und-organisation-der-gkv.html, abgerufen am 18.09.2014.

329 Prütting, Neue Herausforderungen der Krankenhäuser in der gesundheitlichen Versorgung; GesR 2012, 332; sie geht insbesondere auch auf die Bedeutung der Versorgungsverträge ein.

Während der krankenversicherungsrechtliche Begriff des „Krankenhauses" schon unter A.2.1. dargestellt wurde, gilt es noch zu klären, nach welchen Regelungen die Zulassung und der Umfang der Zulassung zur Behandlung gesetzlich Versicherter zulasten der gesetzlichen Krankenkassen erfolgt.

Ob und in welchem Umfang „Krankenhäuser" Leistungen zulasten der gesetzlichen, solidarisch finanzierten Krankenkassen erbringen dürfen, hängt davon ab, ob sie unter eine der drei Kategorien des § 108 SGB V fallen, nämlich entweder nach den landesrechtlichen Vorschriften als Hochschulklinik[330] anerkannt sind (§ 108 Nr. 1 SGB V), in den Krankenhausplan eines Landes aufgenommen sind (§ 108 Nr. 2 SGB V), oder gem. § 109 SGB V einen individuellen Versorgungsvertrag mit den Landesverbänden der Krankenkassen und den Verbänden der Ersatzkassen abgeschlossen haben (§ 108 Nr. 3 SGB V).

In welchem Umfang sie jeweils zur Leistung von (NUB-) Methoden gegenüber gesetzlich Versicherten zulasten der gesetzlichen Krankenkasse berechtigt sind, hängt vom jeweiligen Umfang des Versorgungsauftrags ab.[331] Dieser wird nicht generell festgelegt, sondern besteht je einzelfallbezogen für jedes Krankenhaus und muss jeweils individuell ermittelt werden.[332] Welche Regelungen für seine Bestimmung heranzuziehen sind[333], hängt wiederum davon ab, um welche „Art" von Krankenhaus i.S.d. § 108 Nr. 1 bis 3 SGB V es sich bei dem konkreten Krankenhaus handelt. Zur Bestimmung des Umfangs im Einzelfall bzw. Ein- und Abgrenzung des Versorgungsauftrages werden von der Rechtsprechung regelmäßig die Bestimmungen der Fachgebietsgrenzen im Sinne des Weiterbildungsrechts gem. der Weiterbildungsordnung (WBO) herangezogen.[334]

5.2.1.1 Hochschulkliniken – § 108 Nr. 1 SGB V

Den „Status" als Hochschulklinik erhalten Krankenhäuser nach den jeweiligen landesrechtlichen Vorschriften.

Für die Bestimmung des Umfangs des Versorgungsauftrages ist bei Hochschulkliniken gem. § 109 Abs. 1 Satz 2 SGB V primär[335] auf die Anerkennung nach den landesrechtlichen Vorschriften abzustellen. Daneben sind gem. § 8 Abs. 1 Satz 4

---

330 Zur besonderen Bedeutung von NUB-Methoden für die Hochschulmedizin siehe: Vollmöller, Rechtsfragen neuer Untersuchungs- und Behandlungsmethoden – unter besonderer Berücksichtigung der Hochschulmedizin – NZS, 2012, 921.

331 Vgl. BSG Urteil vom 24.01.2008 – B 3 KR 17/07 R Rn. 17.

332 Vgl. BSG Urteil vom 24.01.2008 – B 3 KR 17/07 R Rn. 18.

333 Vgl. die Differenzierende Auflistung in § 8 Abs. 1 Satz 4 KHEntgG.

334 Vgl. BSG Urteil vom 16.05.2012 – B 3 KR 9/11 R Rn. 53 ff. m.w.N – kritische recht umfangreiche Auseinandersetzung mit der Problematik; LSG NRW Urteil vom 26.06.2008 – L 5 KR 19/08 Rn. 27; BSG Urteil vom 24.07.2003 – B 3 KR 28/02 R Rn 21.

335 Zur Systematik und Terminologie „primärer und sekundärer Kriterien" BSG Urteil vom 24.01.2008 – B 3 KR 17/07 R Rn. 19.

Nr. 2 KHEntgG sekundär auch noch die Festsetzungen des Krankenhausplans i.S.d. § 6 Abs. 1 KHG sowie ggf. ergänzende Vereinbarungen i.S.d. § 109 Abs. 1 Satz 4 SGB V zu beachten.[336]

5.2.1.2 Plankrankenhäuser – § 108 Nr. 2 SGB V

Krankenhausplanung ist gem. § 6 Abs. 1 KHG Ländersache.[337] Durch sie soll i.S.d. § 1 Abs. 1 KHG sichergestellt werden, dass die Bevölkerung entsprechend ihres Bedarfs mit leistungsfähigen, eigenverantwortlich wirtschaftenden Krankenhäusern zu sozial tragbaren Pflegesätzen versorgt wird.[338] Die Aufnahme in den Krankenhausplan erfolgt gem. § 8 Abs. 1 Satz 3 KHG jeweils durch einen dem jeweiligen Krankenhaus gegenüber bekannt gegebenen Bescheid[339], gegen den gem. § 8 Abs. 1 Satz 4 KHG Rechtsschutz auf dem Verwaltungsrechtsweg gem. § 40 Abs. 1 Satz 1 VwGO begehrt werden kann. Die Aufnahme in den Krankenhausplan bewirkt gem. § 109 Abs. 1 Satz 2 SGB V die „Fiktion eines Versorgungsvertrages"[340] und hiermit i.S.d. § 109 Abs. 4 Satz 3 SGB V den Rechtsanspruch auf den Abschluss einer Pflegesatzvereinbarung. Aufgenommen werden können Krankenhäuser i.S.d. § 107 SGB V i.V.m. § 1 Abs. 2 Satz 1 und 2 KHG unter jeglicher Trägerschaft. Ein Anspruch auf Aufnahme in den Krankenhausplan besteht nicht.[341] Die Krankenhäuser haben lediglich Anspruch auf ordnungsgemäße Ermessensausübung durch die Planungsbehörde.[342] Für welche Fachgebiete und in welchem Umfang ein konkretes Plankrankenhaus zugelassen ist, kann den veröffentlichten Krankenhausplänen der Länder entnommen werden.[343]

---

336 Zur besonderen Bedeutung von NUB-Methoden für die Hochschulmedizin siehe: Vollmöller, Rechtsfragen neuer Untersuchungs- und Behandlungsmethoden – unter besonderer Berücksichtigung der Hochschulmedizin – NZS, 2012, 921.

337 Übersicht zur Krankenhausplanung in: Rübsamen, Verfassungsrechtliche Aspekte des Fallpauschalensystems im Krankenhauswesen (DRG-Vergütungssystem), S. 33 ff.

338 Vgl. Janda, Medizinrecht S. 216; Szabados, Krankenhäuser als Leistungserbringer in der gesetzlichen Krankenversicherung, S. 112.

339 Ausführlich zur Krankenhausplanung siehe: Quaas in: Quaas/Zuck, Medizinrecht § 26 Rn. 418 ff.; Szabados, Krankenhäuser als Leistungserbringer in der gesetzlichen Krankenversicherung S. 89 ff.

340 Rübsamen, Verfassungsrechtliche Aspekte des Fallpauschalensystems im Krankenhauswesen (DRG-Vergütungssystem), S. 34.

341 Janda, Medizinrecht, S. 218.

342 Janda, Medizinrecht, S. 218.

343 Der aktuelle Krankenhausplan für das Land Baden-Württemberg kann beispielsweise auf der Homepage des Ministeriums für Arbeit und Sozialordnung, Familien, Frauen und Senioren abgerufen werden unter: http://www.sm.baden-wuerttemberg.de/de/Krankenhausplanung/82043.html; abgerufen am 21.11.2013.

Krankenhäuser, die in den Krankenhausplan des jeweiligen Bundeslandes aufgenommen sind, dürfen und müssen zur Sicherstellung der ausreichenden stationären Versorgung der Bevölkerung Krankenbehandlung in dem Rahmen und Umfang gewährleisten, wie es im Krankenhausplan i.V.m. den Regelungen im Aufnahmebescheid vorgesehen ist (§ 109 Abs. 4 Satz 2 SGB V). Hierdurch wird der Inhalt und Umfang des Versorgungsauftrags des jeweiligen Krankenhauses bestimmt. Durch die Festlegungen im Krankenhausplan wird daher das Krankenhaus zur Behandlung verpflichtet, zur Abrechnung gegenüber den gesetzlichen Krankenkassen berechtigt (§ 109 Abs. 1 Satz 3, Abs. 4 Satz 3 SGB V) und gleichermaßen seine Leistungs- und Abrechnungsberechtigung auf das vom Umfang der Festsetzungen umfasste Maß begrenzt.[344]

Daneben hat die Aufnahme und ihr Umfang in den Krankenhausplan eine enorme wirtschaftliche Bedeutung[345], da sie gem. § 8 Abs. 1 Satz 1 KHG Voraussetzung[346] für einen Anspruch („soweit und solange") des Krankenhauses auf Investitionskostenförderung ist, welche im dualistischen Krankenhausfinanzierungsrecht für die Krankenhäuser neben den Pflegesätzen die zweite Finanzierungssäule darstellt.[347]

5.2.1.3 Zulassung über Versorgungsvertrag (Vertragskrankenhaus[348]) – § 108 Nr. 3 SGB V

Daneben besteht die Möglichkeit der Zulassung gerade auch für einzelne Spezialfachgebiete über den Abschluss von Versorgungsverträgen zwischen dem einzelnen Krankenhaus und den Landesverbänden der Krankenkassen und den Verbänden der Ersatzkassen gem. §§ 108 Nr. 3, 109 Abs. 1 Satz 1 SGB V.

Bei Krankenhäusern, die gem. § 108 Nr. 3 SGB V ohne Plankrankenhaus oder Hochschulklinik zu sein, an der Versorgung gesetzlich Versicherter teilnehmen, wird der Versorgungsauftrag ausschließlich durch zwischen dem Krankenhaus und den Landesverbänden der Krankenkassen und den Verbänden der Ersatzkassen gem. § 109 Abs. 1 Satz 1 SGB V geschlossene Versorgungsverträge definiert.

Versorgungsverträge i.S.d. § 109 Abs. 1 Satz 1 SGB V sind öffentlich-rechtliche Verträge, gem. § 58 Abs. 1 SGB X, mit normativer Wirkung gegenüber Dritten[349], den Versicherten, weswegen ihre Auslegung nicht nur am subjektiven Willen der

344 Vgl. LSG NRW Urteil vom 26.06.2008 – L 5 KR 19/08, Rn. 27.

345 Szabados, Krankenhäuser als Leistungserbringer in der gesetzlichen Krankenversicherung S. 114.

346 Hierzu auch Rübsamen, Verfassungsrechtliche Aspekte des Fallpauschalensystems im Krankenhauswesen (DRG-Vergütungssystem), S. 39: Durch Aufnahme in Krankenhausplan wir Anwartschaft für Investitionsförderung begründet. Ein subjektiv-öffentliches Recht auf Förderung in einer bestimmten Betragshöhe wird erst mit dem Fördermittelbewilligungsbescheid begründet.

347 Vgl. hierzu näher unter D.2.

348 Vgl. Verwendung dieses Begriffs in BSG Urteil vom 24.01.2008 – B 3 KR 17/07 R (Leitsatz).

349 BSG Urteil vom 24.01.2008 – B 3 KR 17/07 R Rn. 19, 21.

Vertragspartner erfolgen darf, sondern an der objektiven Erklärungsbedeutung auszurichten ist.[350] Für die Leistungserbringer haben sie, wie das BSG betont[351], nicht nur dem Grunde nach statusbegründende Wirkung, sondern sind auch für die Ausgestaltung der Beteiligung im Einzelnen beachtlich.

5.2.2 *Zwischenergebnis*

Durch die Legaldefinition des Begriffs des zugelassenen „Krankenhauses" wird zum einen definiert, welche Leistungserbringer berechtigt sind, stationäre Leistungen zu erbringen.[352] Zum anderen dient die Definition jedoch auch dazu, die Leistungsansprüche der Versicherten auf stationäre Krankenhausbehandlung zu konkretisieren.[353] Denn auch § 39 Abs. 1 Satz 3 SGB V begrenzt den den Versicherten zustehenden Anspruch auf stationäre Krankenhausbehandlung im konkreten Einzelfall auf den Umfang des jeweiligen Versorgungsauftrages des behandelnden Krankenhauses.[354]

5.2.3 *Zugelassene Leistungserbringer und NUB-Methoden*

Grundsätzlich können alle Krankenhäuser, die die dargestellten Voraussetzungen gem. §§ 107 Abs. 1, 108 SGB V erfüllen, im Rahmen ihres jeweiligen Versorgungsauftrages neue Untersuchungs- und Behandlungsmethoden erbringen und im Rahmen der darzustellenden und zu untersuchenden gesetzlichen Regelungen gegenüber den gesetzlichen Krankenkassen abrechnen.

Es liegt jedoch in der Natur der Sache, dass neue Methoden aufgrund des gesetzlichen Forschungsauftrages gem. §§ 2,4 HRG[355], für Hochschulkliniken gem. § 108 Nr. 1 SGB V, eine besonders wichtige Rolle spielen. Bender geht, in Anlehnung an das bayrische Universitätsklinikengesetz[356], so weit zu sagen, dass in den Universitätsklinika die Krankenbehandlung der Forschung dient und an dieser auszurichten sei.[357] Vollmöller betont ebenfalls, dass die medizinische Forschung zu den

---

350 BSG Urteil vom 24.01.2008 – B 3 KR 17/07 R Rn. 21.

351 BSG Urteil vom 24.01.2008 – B 3 KR 17/07 R Rn. 19.

352 Vgl. Wahl in juris-PK – SGB V, § 107 SGB V, Rn. 11.

353 Wahl in juris-PK – SGB V, § 107 SGB V, Rn. 11.

354 Hierzu auch BSG Urteil vom 24.01.2008 – B 3 KR 17/07 R Rn. 17.

355 Hochschulrahmengesetz in der Fassung der Bekanntmachung vom 19. Januar 1999 (BGBl. I S. 18), zuletzt geändert durch Artikel 2 des Gesetzes vom 12. April 2007 (BGBl. I S. 506).

356 Art. 2 Abs. 1 S. 1 BayUniKlinG v. 23. 5. 2006 (GVBl 2006, S. 285) das Universitätsklinikum „dient in besonderer Weise der Universität, der es zugeordnet ist, zur Erfüllung ihrer Aufgaben in Forschung und Lehre sowie dem wissenschaftlich-medizinischen Fortschritt; es nimmt daran ausgerichtet Aufgaben in der Krankenversorgung wahr."

357 Bender, Finanzierung neuer Untersuchungs- und Behandlungsmethoden (NUB) im Krankenhaus; NZS 2012, 761; Zur besonderen Rolle der Universitätskliniken siehe

primären Aufgaben der Universitätsklinika gehöre und ihr über die Wissenschaftsfreiheit des Art. 5 Abs. 3 GG sogar Verfassungsrang zukomme.[358] Aus diesem Grund sind die Universitätsklinika auf wissenschaftlicher und finanzieller Ebene auch besonders stark davon getroffen, wenn die abrechnungsrechtlichen Vorschriften oder ihre Handhabung in der konkreten Anwendung nicht die sachgerechte Vergütung für rechtmäßig erbrachte neue, innovative Methoden sicherstellen.[359] Ob dies der Fall ist, wird Gegenstand der folgenden Untersuchung sein.

5.2.4 Bestimmung des Leistungsumfanges

Gem. § 92 Abs. 1 SGB V hat der Gesetzgeber die inhaltliche Ausgestaltung des Leistungserbringerrechts zum Großteil auf den Gemeinsamen Bundesausschuss (G-BA)[360] übertragen, der hiernach die zur Sicherung der ärztlichen Versorgung erforderlichen Richtlinien über die Gewährung für eine ausreichende, zweckmäßige und wirtschaftliche Versorgung der Versicherten beschließt und hierdurch Standards für die Gesundheitsversorgung im Rahmen der GKV setzen soll[361]. Insbesondere kann der G-BA gem. § 92 Abs. 1 Satz 1 (3. und 4. HS) SGB V die Erbringung und Verordnung von Leistungen oder Maßnahmen einschränken oder ausschließen, wenn nach allgemein anerkanntem Stand der medizinischen Erkenntnisse der diagnostische oder therapeutische Nutzen, die medizinische Notwendigkeit oder die Wirtschaftlichkeit nicht nachgewiesen sind und die Verordnung von Arzneimitteln einschränken oder ausschließen, wenn die Unzweckmäßigkeit erwiesen oder eine andere, wirtschaftlichere Behandlungsmöglichkeit mit vergleichbarem diagnostischen oder therapeutischen Nutzen verfügbar ist. Durch die erlassenen Richtlinien soll der G-BA die unbestimmten Gesetzesbegriffe des Stands der medizinischen Erkenntnisse (§ 2 Abs. 1 Satz 3 SGB V) und des Wirtschaftlichkeitsgebots (§§ 12 Abs. 1, 70 Abs. 1 Satz 2, 72 Abs. 2 SGB V) durch konkretisierende Rechtsetzung einheitlich handhabbar machen.[362] Buschatz beschreibt den G-BA aufgrund dieser zentralen Bedeutung als „das für die Allokation im Gesundheitswesen relevanteste Entscheidungsorgan"[363].

auch Bormann, René et al., Zukunft der Krankenhäuser, Mehr Qualität, flächendeckende Versorgung und gerechte Finanzierung; Positionspapier der Arbeitsgruppe „Stationäre Versorgung" der Friedrich-Ebert Stiftung, S. 12 ff.

358 Zur besonderen Bedeutung von NUB-Methoden für die Hochschulmedizin siehe: Vollmöller, Rechtsfragen neuer Untersuchungs- und Behandlungsmethoden – unter besonderer Berücksichtigung der Hochschulmedizin – NZS, 2012, 921.

359 Die besondere Bedeutung von NUB-Methoden für Universitätskliniken wird auch aufgrund des Gutachtens des DKI, „Anspruch und Realität von Budgetverhandlungen zur Umsetzung medizintechnischer Innovationen" ersichtlich.

360 Auseinandersetzung mit dem G-BA siehe unter A.6.1.

361 Schmidt-De Caluwe in: Becker/Kingreen (Hrsg.), SGB V, § 92 Rn. 1.

362 Schmidt-De Caluwe in: Becker/Kingreen (Hrsg.), SGB V, § 92 Rn. 1.

363 Buschatz, Liberale Begründungen einer Neuordnung des deutschen Gesundheitssystems, S. 120.

Grenzen der verfassungsmäßigen Aufgabenübertragung auf den G-BA sind jedoch dort erreicht, wo im Sinne der vom BVerfG entwickelten Wesentlichkeitstheorie i.S.d. Art. 20 Abs. 3, 2 GG die konkrete Materie eine unmittelbare detaillierte inhaltliche Entscheidung durch den parlamentarischen Gesetzgeber erfordert. Solch hoch sensible medizinrechtliche Themenebereiche sind, gerade auch aufgrund ihrer ethischen Tragweite beispielsweise die Regelung des Rechts der Organspende, der Umgang mit rechtlichen Fragen der Gendiagnostik oder das Transfusionsrecht[364].

Gerade in Bezug auf NUB-Methoden erfolgt die Definition des Leistungsumfanges, insbesondere die Definition seiner Grenzen (§ 137 c SGB V), sowie die inhaltliche Ausgestaltung des Leistungserbringerrechts gem. §§ 135 Abs. 1 Nr. 1, 137 c, 137 e SGB V prägend durch Richtlinien des G-BA, weswegen die Organisationsstruktur des G-BA sowie die Einbindung des IQWiG in den Richtlinienerlass über die Bewertung neuer Untersuchungs- und Behandlungsmethoden einer näheren Betrachtung erfordert. Zudem ermöglichen und erlauben die sich noch stellenden und die bereits geklärten Probleme im Zusammenhang mit der Organisationsstruktur und Legitimation dieser beiden Institutionen Parallelen und Rückschlüsse im Rahmen der rechtlichen Begutachtung der Rechtmäßigkeit des vom InEK eigenständig durchgeführten NUB-Verfahrens.[365]

6. Einbindung des Gemeinsamen Bundesausschusses (G-BA) und des Instituts für Qualität und Wirtschaftlichkeit im Gesundheitswesen (IQWiG) in die Bestimmung des Leistungsumfanges

6.1 Der Gemeinsame Bundesausschuss (G-BA)

Das deutsche gesetzliche Gesundheitswesen ist seit dem „Berliner Abkommen" vom 23.12.1913[366] traditionell geprägt durch eigenständige Selbstverwaltungsorganisationen der Leistungserbringer und der Spitzenverbände der Krankenkassen.[367] Motivation und Ziel der Aufrechterhaltung und Stärkung der Selbstverwaltungsstrukturen im öffentlichen Gesundheitswesen ist die Eigenverantwortung der Beteiligten zu stärken, deren spezifische Sachkompetenz zu nutzen, Interessenkonflikte unmittelbar zwischen den Betroffenen auszutragen und hier unmittelbar effektive Lösungen zu finden sowie hierdurch auch den Staat in der Verwaltung zu

364 So auch Noftz in: Hauck/Noftz, SGB V § 2 Rn. 72. Im Sinne der Wesentlichkeitstheorie hat der Bundestag folgende Gesetze unmittelbar selber erlassen: Embryonenschutzgesetz vom 13.12.1990 (BGBl. I 2746); Stammzellgesetz vom 28.06.2002 (BGBl. I, 2277); Transplantationsgesetz in der Fassung vom 04.09.2007(BGBl. I, 2206).

365 Siehe hierzu ausführlich unter E.2.7.

366 Siehe hierzu: Zimmermann, Der Gemeinsame Bundesausschuss, S. 12 f.

367 Siehe hierzu: Seeringer, Der Gemeinsame Bundesausschuss nach dem SGB V, S. 23; Zimmermann, Der Gemeinsame Bundesausschuss, S. 13.

entlasten.[368] Nachdem der Gründung des G-BA in den vorausgehenden Jahrzehnten schon etliche Umstrukturierungen der Organisation der Selbstverwaltungspartner auf Bundesebene vorausgegangen waren[369], die sich alle letztendlich nicht bewährt haben oder zumindest für verbesserungsfähig gehalten wurden, setzte man im Jahr 2003 viel Hoffnung in die Neugründung des G-BA durch das GKV-Modernisierungsgesetz[370]. Seit seiner Gründung im Jahr 2004 ist der G-BA das oberste Gremium, „das Herzstück“[371] der gemeinsamen Selbstverwaltung der Ärzte, Zahnärzte, Psychotherapeuten, Krankenhäuser und Krankenkassen[372]. Durch die Einführung des G-BA sollte der sektorübergreifende Bezug bei den Versorgungsentscheidungen der gemeinsamen Selbstverwaltung auf Bundesebene gestärkt werden.[373] Man erhoffte sich eine Straffung und Vereinfachung der Verfahrensabläufe und eine höhere personelle und sächliche Effizienz der den unterschiedlichen Vorgängergremien zuarbeitenden Geschäftsführungen.[374] Durch die Gründung des G-BA wurden die bis dahin streng sektoral getrennt arbeitenden Normsetzungsgremien der gemeinsamen Selbstverwaltung, nämlich der Bundesausschuss der Ärzte/Zahnärzte und Krankenkassen einerseits, der und Ausschuss Krankenhaus sowie der übergeordnete Koordinierungsausschuss andererseits,[375] ersetzt[376]. Durch die Gesundheitsreformen der vergangenen Jahre hat die Bedeutung des G-BA immer mehr zugenommen, sodass er heute gerade auch in Bezug auf die sektorübergreifende Qualitätssicherung als „beherrschende Steuerungsinstanz“[377] gesehen werden kann. So beschreibt Schmidt-De Caluwe den G-BA aufgrund der Gesetzeslage vor den Änderungen durch das GKV-VStG als “korporatistisch geprägtes Organ, das sich mit zunehmender Kompetenzfülle von seinen ursprünglichen Wurzeln in den Ideen einer gemeinsamen Selbstverwaltung emanzipiert hat und eher als Organ effektiver Gesetzesvollziehung – mit erheblichem Gestaltungsspielraum und verminderter gerichtlicher Kontrolle – fungiert“[378].

368 Genzel, Der Krankenhaussektor und die 3. Stufe der Gesundheitsreform, MedR 1997, 479, 482.

369 Hierzu ausführlich Seeringer, Der Gemeinsame Bundesausschuss nach dem SGB V, S. 23 ff.; Zimmermann, Der gemeinsame Bundesausschuss, S. 12 ff.

370 Gesetz zur Modernisierung der gesetzlichen Krankenversicherung (GMG) vom 14. November 2003 (BGBl. I S. 2190) in Kraft getreten überwiegend zum 01.01.2004.

371 Felix, Innovative Medizin im ambulanten und stationären bereich „Bekannte Akteure – neue Fragen“, MedR 2011, 67.

372 Schmidt-De Caluwe in: Becker/Kingreen (Hrsg.), SGB V, § 91 Rn. 1.

373 BTDrs. 15/1525 S. 106.

374 BTDrs. 15/1525 S. 106.

375 Seeringer, Der Gemeinsame Bundesausschuss nach dem SGB V, S. 28.

376 Orlowski/Wasem, Gesundheitsreform 2004, S. 133.

377 Schmidt-De Caluwe in: Becker/Kingreen (Hrsg.), SGB V, § 91 Rn. 4.

378 Schmidt-De Caluwe in: Becker/Kingreen (Hrsg.), SGB V, § 91 Rn. 4.

6.1.1 Rechtsgrundlage

Die gesetzliche Verankerung des G-BA findet sich in § 91 SGB V, der insbesondere Regelungen zu Struktur, Organisation des G-BA und der über ihn „wachenden“ Aufsicht trifft. Die Regelung steht im vierten Kapitel des SGB V, welches der Überschrift zufolge die „Beziehungen der Krankenkassen zu den Leistungserbringern“ regelt, und hier im sechsten Titel des zweiten Abschnitts, der mit „Landesausschüsse und gemeinsamer Bundesausschuss“ überschrieben ist.

6.1.2 Rechtsform und Rechtsfähigkeit

Während bis heute nicht eindeutig geklärt ist, wie der G-BA formal organisationsrechtlich einzuordnen ist, insbesondere ob der G-BA einer gesetzlich definierten juristischen Person des öffentlichen Rechts zugeordnet werden kann oder eine Rechtsform „sui generis“ darstellt,[379] räumt das SGB V dem G-BA seit der Gesundheitsreform des GKV-GMG im Jahr 2003[380] losgelöst von der organisationsrechtlichen Frage über § 91 Abs. 1 Satz 2 SGB V Rechtsfähigkeit ein und bestimmt gem. § 91 Abs. 1 Satz 3 SGB V, dass sowohl die gerichtliche wie auch die außergerichtliche Vertretung durch den Vorsitzenden des Beschlussgremiums erfolgt (vgl. auch § 4 Abs. 1 GO-G-BA[381]). Hierdurch ist die rechtliche Voraussetzung dafür geschaffen, dass der G-BA im Rechtsverkehr eigenständig Rechte und Pflichten begründen und insbesondere auch zur Wahrnehmung seiner Aufgaben personelle und sachliche Mittel akquirieren kann[382]. Die rechtliche Qualifikation der Rechtsform des G-BA hat daher für die Teilnahme des G-BA am Rechtsverkehr als eigenständiges Rechtssubjekt ihre Bedeutung verloren[383]. Der GO-G-BA ist in § 1 Abs. 2 GO-G-BA

---

379 Ausführlich hierzu: Seeringer, Der Gemeinsame Bundesausschuss nach dem SGB V, S. 58 ff.; Zimmermann, Der Gemeinsame Bundesausschuss, S. 64 ff.

380 Gesetz zur Modernisierung der gesetzlichen Krankenversicherung (GKV-Modernisierungsgesetz – GMG) vom 14.Novembert 2003 in Kraft getreten zum 01.01.2004 (BGBl. I S. 2190).

381 Geschäftsordnung des Gemeinsamen Bundesausschusses (GO-G-BA) in der Fassung vom 17. Juli 2008 veröffentlicht im Bundesanzeiger Nr. 134 (S. 3256) vom 4. September 2008 in Kraft getreten am 17. Juli 2008, zuletzt geändert am 21. Juni 2012 veröffentlicht im Bundesanzeiger AT 06.09.2012 B4 und B5 in Kraft getreten am 17. August 2012 (B 5) und 7. September (B5).

382 BTDrs. 15/1525, 106.

383 Da sich der G-BA nach überwiegender Meinung aufgrund seiner Organisationsstruktur keiner der bekannten juristischen Personen des öffentlichen Rechts zuordnen lässt (so auch Schmidt-De Caluwe in: Becker/Kingreen (Hrsg.), SGB V, § 91 Rn. 10; Zimmermann, Der Gemeinsame Bundesausschuss, S. 74) und mangels eines verfassungsrechtlichen numerus clausus hinsichtlich der Formen mittelbarer Staatsverwaltung (Lerche in: Maunz/Dürig, Art. 87 Rn. 191, 201), spricht viel dafür den G-BA als „Einrichtung sui generis“ oder, wie von Schmidt-De Caluwe

Bezug nehmend auf § 91 Abs. 1 Satz 2 SGB V zu entnehmen „der G-BA sei nach § 91 Abs. 1 Satz 2 SGB V eine juristische Person des öffentlichen Rechts".

6.1.3 Trägerorganisationen

Spitzenorganisationen der Leistungserbringer und der Krankenkassen sind Träger des G-BA, der gem. § 91 Abs. 1 Satz 1 SGB V von der Kassenärztlichen Bundesvereinigungen (§ 77 Abs. 4 SGB V), der Deutschen Krankenhausgesellschaft (§ 108 a SGB V) und dem Spitzenverband Bund der Krankenkassen (§ 217a ff. SGB V) gebildet wird.

Durch diese verbändeübergreifende Kooperation von Vertretern der Krankenkassen sowie der Leistungserbringer sollen Synergien genutzt und möglicherweise gegenläufige Interessen zum Ausgleich gebracht werden und eine dem allgemein anerkannten Stand der medizinischen Erkenntnisse entsprechende Versorgung der Versicherten ermöglicht werden.[384]

6.1.4 Struktur des G-BA i.e.S.

Seit seiner Gründung im Jahre 2004 hat der G-BA aufgrund anfänglicher erheblicher Kritik[385] nicht unerhebliche strukturelle Änderungen und Fortentwicklungen durchlaufen.

Kritisiert wurde insbesondere seine (fehlende) personelle und sachliche Legitimation für die abschließende eigenständige Entscheidung über Richtlinien, die letztendlich aufgrund der Normkonkretisierungsrechtsprechung des BSG[386] als

---

vorgeschlagen (Schmidt-De Caluwe in: Becker/Kingreen (Hrsg.), SGB V, § 91 Rn. 10), als „rechtsfähiges besonderes Beschlussorgan der GKV" zu bezeichnen.

384 Siehe Zimmermann, Der Gemeinsame Bundesausschuss, S. 21.

385 Vgl. beispielhaft: Vießmann, Die demokratische Legitimation des Gemeinsamen Bundesausschusses zu Entscheidungen nach § 135 Abs. 1 Satz 1 SGB V, S. 127 ff.; zu Kritik aus Sicht der „forschenden Arzneimittelhersteller" gerade auch in Bezug auf die Verfahrenstransparenz, und das Erfordernis von begründeten Entscheidungen: Bartram, Bewertungen und Erwartungen aus der Sicht der forschenden Arzneimittelhersteller; MedR 2006, 521, 522; Hase, Verfassungsrechtliche Bewertung der Normsetzung durch den Gemeinsamen Bundesausschuss; MedR 2005, 391 ff.; Hess, Darstellung der Aufgaben des Gemeinsamen Bundesausschusses, MedR 2005, 385; Kingreen, Verfassungsrechtliche Grenzen der Rechtssetzungsbefugnis des Gemeinsamen Bundesausschusses im Gesundheitsrecht, NJW 2006, 877; Kingreen, Legitimation und Partizipation – Verfassungsrechtliche Kritik und Reform des Gemeinsamen Bundesausschusses –; NZS 2007, 113; Plagemann, Der Gemeinsame Bundesausschuss – Auswirkungen auf den Leistungsanspruch der Patienten, dargestellt an ausgewählten Einzelfällen; MedR 2005, 401; Schimmelpfeng-Schütte, Die Entscheidungsbefugnisse des Gemeinsamen Bundesausschusses, NZS 2006, 567; Schrinner, Normsetzung durch den Gemeinsamen Bundesausschuss aus Sicht der Krankenkassen; MedR 2005, 397.

386 Vgl. BSG Urteil vom 06.05.2009 – B 6 A 1/08 R.

materielles Recht den krankenversicherungsrechtlichen Leistungsumfang der Versicherten definieren. Ein Rechtmäßigkeitsdefizit wurde auch in der fehlenden Verfahrenstransparenz sowie in der geringen Beteiligung Betroffener am Verfahren gesehen.

Nachdem der G-BA anfänglich weder über eine Geschäftsordnung noch über eine Verfahrensordnung verfügte[387], regelt § 91 Abs. 4 Satz 1 SGB V mittlerweile, dass der G-BA notwendigerweise eine Geschäftsordnung sowie eine Verfahrensordnung beschließen muss, die aus aufsichtsrechtlichen Gründen beide gem. § 91 Abs. 4 Satz 2 SGB V der Genehmigung des Ministeriums für Gesundheit bedürfen. Während die Geschäftsordnung (GO-G-BA) insbesondere Regelungen für die interne Organisation, die Zusammensetzung der Gremien, die Beschlussfassung und die Geschäftsführung trifft, bezweckt die Verfahrensordnung (VerfO) gem. Kapitel 1, § 1 Abs. 1 VerfO „transparente und rechtssichere Entscheidungen" und regelt insbesondere den Ablauf und die Intensität der Zusammenarbeit mit dem Institut für Qualität und Wirtschaftlichkeit im Gesundheitswesen (IQWiG) und den Verfahrensablauf für die Bewertung von (neuen) Untersuchungs- und Behandlungsmethoden. In Kollisionsfällen geht die GO-G-BA der VerfO gem. § 2 Abs. 2 VerfO vor, soweit die VerfO nichts anderes bestimmt.

Aufgrund des verfassungsrechtlichen Grundsatzes des Vorranges des Gesetzes (Art. 20 Abs. 3 GG) bilden die (spärlichen) gesetzlichen Regelungen, die sich insbesondere im SGB V und dem KHEntgG finden, den Gestaltungsrahmen innerhalb dessen der G-BA Regelungen für seine Organisationsstruktur und den Verfahrensablauf treffen kann. In § 91 Abs. 4 Satz 1 SGB V werden vom Gesetzgeber beispielsweise ausdrücklich einzelne Aspekte aufgeführt, die in den jeweiligen GO bzw. VerfO zwingend Niederschlag finden müssen. Bezüglich der Entscheidung über die Erbringung neuer Untersuchungs- und Behandlungsmethoden ist relevant, dass in der Verfahrensordnung als Grundlage für die Beschlüsse des G-BA insbesondere Regelungen getroffen werden müssen hinsichtlich der methodischen Anforderungen, die an die wissenschaftliche Bewertung des Nutzens, der Notwendigkeit und der Wirtschaftlichkeit von Maßnahmen zu stellen sind (siehe 2. Kapitel der VerfO[388]).

Das gesetzlich abgesicherte Erfordernis der Verfassung einer Geschäftsordnung und einer Verfahrensordnung ist „ein Schritt in die richtige Richtung", um aus legislativer Sicht Einfluss darauf zu nehmen, dass der Erlass der Richtlinien durch den G-BA rechtsstaatlichen Gesichtspunkten genügt. Ob diese vom Gesetzgeber in § 91 Abs. 4 Satz 1 SGB V getroffenen punktuellen, thematischen Vorgaben ausreichen,

---

387 Vgl. Auseinandersetzung mit „Problem hinreichender normativer Vorgaben" bei Vießmann, Die demokratische Legitimation des Gemeinsamen Bundesausschusses zu Entscheidungen nach § 135 Abs. 1 Satz 1 SGB V, S. 214 ff.

388 Verfahrensordnung des Gemeinsamen Bundesausschusses in der Fassung vom 18.Dezember 2008, veröffentlicht im Bundesanzeiger Nr. 84 a (Beilage) vom 10.Juni 2009, in Kraft getreten am 1. April 2009; zuletzt geändert am 6. Dezember 2012 veröffentlicht im Bundesanzeiger AT 15.01.2013 B3, in Kraft getreten am 16. Januar 2013.

um die verfassungsrechtlichen Bedenken auszuräumen, bleibt weiterhin umstritten. Schmidt-De Caluwe qualifiziert die gesetzlichen Vorgaben in § 91 Abs. 4 Satz 1 SGB V weiterhin lediglich als „rudimentäre Vorgaben“[389], und kommentiert, dass „jedenfalls auf der Prämisse einer außenrechtlich verbindlichen Normwirkung der Richtlinien des G-BA als Gesetz im materiellen Sinne, wie sie § 91 Abs. 6 SGB V zugrunde liegt, angesichts der vagen gesetzlichen Steuerung in materieller Hinsicht eine präzisere verfahrensrechtliche Steuerung angezeigt wäre“[390].

6.1.4.1 Geschäftsführung

Der G-BA unterhält gem. § 22 Abs. 1 Satz 1 GO-G-BA zur Erledigung der laufenden Geschäfte, die in § 22 Abs. 2 Satz 1 GO-B-BA beispielhaft aufgezählt werden, seit Anfang des Jahres 2004 eine Geschäftsstelle, die gem. § 23 Abs. 1 GO-B-BA von einer/m hauptamtlich tätigen Geschäftsführer/in geleitet wird. Seit der Gesundheitsreform durch das Versorgungsstrukturgesetz[391] wird die Existenz der Geschäftsstelle durch ihre ausdrückliche Nennung in § 91 Abs. 1 Satz 1 Nr. 2 SGB V auch vom SGB V vorausgesetzt. Zur Stärkung und Wahrung der Patienteninteressen schreibt § 22 Abs. 2 Satz 2 GO-B-BA vor, dass der Geschäftsstelle eine „Stabstelle Patientenbeteiligung“ angegliedert ist, welche ausschließlich die Patientenvertreter bei der Durchführung ihres Antrags- und Mitberatungsrechts organisatorisch und inhaltlich unterstützt. Gem. § 24 Abs. 2 GO-B-BA sollen die Mitarbeiterinnen und Mitarbeiter der Geschäftsstelle – bei gleichzeitiger Wahrung des Neutralitätsgebots – mit den Geschäftsführern und den unparteiischen Mitgliedern des Beschlussgremiums sowie der Stabstelle Bürokratieermittlung mit dem Ziel gegenseitiger Unterstützung zusammen arbeiten. Die „Stabstelle Patientenbeteiligung“ wird in § 24 Abs. 2 GO-B-BA nicht erwähnt.

6.1.4.2 Beschlussgremium

Während das SGB V keine inhaltlichen Vorgaben zur Organisation und der Arbeitsweise der Geschäftsstelle regelt, sondern lediglich durch die ausdrückliche Erwähnung der Geschäftsstelle in § 91 Abs. 4 Satz 1 Nr. 2 SGB V von deren Existenz ausgeht, finden sich in § 91 Abs. 2, 7 SGB V seit der Gesetzesänderung durch das GKV-VStG[392] im Jahr 2012 vergleichsweise ausführliche gesetzliche Regelungen zur Besetzung und der Beschlussfassung des „Beschlussgremiums“. Durch diese stärkere unmittelbare parlamentarische Festlegung und Lenkung der Organisation

---

389 Schmidt-De Caluwe in: Becker/Kingreen (Hrsg.), SGB V, § 91 Rn. 50.

390 Schmidt-De Caluwe in: Becker/Kingreen (Hrsg.), SGB V, § 91 Rn. 50.

391 Gesetz zur Verbesserung der Versorgungsstrukturen in der gesetzlichen Krankenversicherung (GKV-Versorgungsstrukturgesetz – GKV-VStG) vom 22.12.2011, BGBl I Nr. 70 S. 2983.

392 Gesetz zur Verbesserung der Versorgungsstrukturen in der gesetzlichen Krankenversicherung (GKV-Versorgungsstrukturgesetz – GKV-VStG) vom 22.12.2011, BGBl I Nr. 70 S. 2983.

des Beschlussgremiums soll dessen personelle Legitimation gestärkt und die diesbezüglich geäußerten erheblichen Legitimationsbedenken ausgeräumt werden. Das Beschlussgremium des G-BA besteht aus 13 Mitgliedern. Vertreten sind Entsandte der Trägerorganisationen sowie neuerdings drei unparteiische Mitglieder, die ihr Amt im Gegensatz zu den anderen Mitgliedern in der Regel hauptamtlich ausüben. Unter Beachtung der Tatsache, dass der G-BA das oberste Gremium der gemeinsamen Selbstverwaltung im deutschen Gesundheitswesen ist, mag es überraschen, dass die unparteiischen Mitglieder gem. § 91 Abs. 2 Satz 4 ff. SGB V unter Einbindung des Ministeriums für Gesundheit bestellt werden und ggf. mangels Konsens „eigenmächtig" von diesem berufen werden können und dass dem Ausschuss für Gesundheit des Deutschen Bundestages ein gesetzliches Widerspruchsrecht eingeräumt wird. Dieser Punkt war auch vom Bundesrat stark kritisiert worden, der in seiner Stellungnahme zum Versorgungsstrukturgesetz äußerte[393], diese Einbeziehung des Bundestages stelle einen Paradigmenwechsel dar und höhle die Selbstverwaltungskompetenz aus. Es bestehe die Gefahr einer Politisierung des G-BA, was die Neutralität und Akzeptanz des Gremiums insgesamt in Frage stellen würde. In ihrer Erwiderung der Stellungnahme hat die Bundesregierung[394] die vorgesehene gesetzliche Regelung verteidigt und zu diesem Punkt ausgeführt, das Verfahren mit Anhörungs- und Widerspruchsmöglichkeit des Ausschusses für Gesundheit des Deutschen Bundestages diene gerade der Gewährleistung der erforderlichen Neutralität und ergänze die im Selbstverwaltungsprinzip begründete Legitimation des G-BA hinsichtlich der unparteiischen Mitglieder durch eine vom Parlament abgeleitete Legitimation.

Zur Stärkung der Selbstverwaltungsrechte des G-BA sieht § 91 Abs. 2 Satz 2 SGB V (vgl. § 5 Abs. 1 Satz 1 GO-G-BA) vor, dass die Trägerorganisationen des G-BA Einfluss auf die Neubestellung der unparteiischen Mitglieder nehmen können, indem sie dem Ministerium für Gesundheit gemeinsam einen Nachfolger vorschlagen, nachdem sie sich – möglichst sechs Monate vor Ablauf der jeweiligen Amtszeit – über die jeweiligen Nachfolger geeinigt haben.

Die zehn von den Trägerorganisationen benannten Mitglieder setzen sich paritätisch zusammen aus Vertretern der Krankenkassen und der Leistungserbringer: fünf Vertretern des Spitzenverbandes Bund der Krankenkassen, einem Vertreter der Kassenzahnärztlichen Bundesvereinigung sowie jeweils zwei Vertretern der Kassenärztlichen Bundesvereinigung und der Deutschen Krankenhausgesellschaft.

Die Amtszeit aller Mitglieder beträgt gem. § 91 Abs. 2 Satz 15 SGB V – erstmals ab der am 1. Juli 2012 beginnenden Amtszeit – jeweils sechs Jahre. Während

---

393 Entwurf eines Gesetzes zur Verbesserung der Versorgungsstrukturen in der gesetzlichen Krankenversicherung (GKV-Versorgungsstrukturgesetz – GKV-VStG – Drucksache 176/6906) – Stellungnahme des Bundesrates BTDrs 17/7274 S. 9.

394 Entwurf eines Gesetzes zur Verbesserung der Versorgungsstrukturen in der gesetzlichen Krankenversicherung (GKV-Versorgungsstrukturgesetz – GKV-VStG – Drucksache 176/6906) – Stellungnahme des Bundesrates – Erwiderung der Bundesregierung BTDrs 17/7274 S. 30.

die Trägerorganisationen über mehrere Amtszeiten dieselben Mitglieder für das Beschlussgremium benennen können, sieht § 91 Abs. 2 Satz 16 SGB V zur Stärkung der Unabhängigkeit der „unparteiischen Mitglieder" nun vor, dass für sie im Anschluss an eine Amtszeit weitere Amtszeiten – als unparteiische Mitglieder – ausgeschlossen sind. Aus demselben Grund verbietet § 91 Abs. 2 Satz 3 SGB V die Mitgliedschaft als unparteiisches Mitglied, wenn die entsprechende Person in dem der Bennennung vorausgehenden Jahr bei einer der Trägerorganisation des G-BA, bei Mitgliedern der Trägerorganisationen oder Verbänden deren Mitglieder oder selber als Leistungserbringer in einem Krankenhaus oder als Vertragsarzt tätig war.

Es ist begrüßenswert, dass der Gesetzgeber durch die letztgenannten Regelungen intendierte, die Unabhängigkeit des G-BA als „kleiner Gesetzgeber" im Bereich des Gesundheitswesens zu stärken und damit seine Akzeptanz zu steigern. Ob diese Vorgaben jedoch tatsächlich dazu dienen die Ämter der Unparteiische mit möglichst fachlich hoch qualifizierten Personen zu besetzen und deren Neutralität zu stärken, bleibt abzuwarten, muss jedoch ernsthaft hinterfragt werden, da durch die recht strengen Einschränkungen zahlreiche fachlich hoch qualifizierte und somit geeignete Persönlichkeiten für eine recht lange Zeit, ggf. zu lange Zeit, ausgeschlossen sind[395].

Die Sitzungen des G-BA, in denen das Beschlussgremium als „Plenum" Entscheidungen trifft, sind gem. §§ 9, 10 GO-G-BA in der Regel öffentlich.[396] Um Interessierten und Betroffenen eine tatsächliche Möglichkeit zu geben bei für sie relevanten Plenumssitzungen anwesend zu sein, sieht § 10 Abs. 2 Satz 3 GO-G-BA vor, dass die Öffentlichkeit vor der Sitzung von der Geschäftsstelle in Abstimmung mit den Unparteiischen über die zur öffentlichen Beratung anstehenden Themen zu informieren ist. Darüber hinaus haben die gem. § 140 f Abs. 2 SGB V benannten Patientenvertreterinnen und Patientenvertreter ausdrücklich geregelte Beteiligungsrechte: sie können gem. § 3 Abs. 4 GO-G-BA an den Plenumssitzungen teilnehmen, haben nach den Vorgaben des § 140 f Abs. 2 Satz 5 SGB V das Recht Anträge zu stellen sowie die Möglichkeit gem. § 3 Abs. 4 GO-G-BA bei der Beschlussfassung des Plenums anwesend zu sein.

395 Diese Bedenken wurden auch vom Bundesrat in seiner Stellungnahme zum Versorgungsstrukturgesetz (Entwurf eines Gesetzes zur Verbesserung der Versorgungsstrukturen in der gesetzlichen Krankenversicherung (GKV-Versorgungsstrukturgesetz – GKV-VStG – Drucksache 176/6906) – Stellungnahme des Bundesrates BTDrs 17/7274 S. 9) geäußert: „Die vorgesehenen Fristen für die vorhergehenden Betätigungen der neutralen Mitglieder des G-BA würden eine Vielzahl fachlich geeigneter und unabhängiger Personen per se ausschließen."

396 Interessante plastische Schilderung zur Arbeit des G-BA und insbesondere zu den einzelnen „Besetzungsalternativen" bei Hess; Die Regelung der Gesundheitsversorgung durch den Gemeinsamen Bundesausschuss; in: Seewald, Otfried; Schoefer, Hartmut (Hrsg.); Zum Wert unserer Gesundheit, Der Arzt zwischen Rationierung und Rationalisierung, S. 89, 96 ff.

Zur Information der Öffentlichkeit über Beschlüsse des G-BA werden, gem. § 17 Abs. 1 GO-G-BA, Richtlinien und sonstige unmittelbar allgemeinverbindliche Entscheidungen, im Bundesanzeiger und im Internet bekannt gegeben. Darüber hinaus sollen sie je nach Thematik und Möglichkeit in den einschlägigen allgemeinen Fachzeitschriften veröffentlicht werden. Im Internet sind für eine größere Transparenz und Nachvollziehbarkeit der Entscheidungen darüber hinaus auch die tragenden Gründe der Richtlinien zu veröffentlichen.[397]

6.1.4.3 Unterausschuss Methodenbewertung

Aufgrund des großen vom G-BA zu bewältigenden Aufgabenspektrums und der hohen Spezialität der einzelnen zu bearbeitenden Themen hat der G-BA neben dem zentralen Beschlussgremium zahlreiche, sektorübergreifend besetzte Unterausschüsse gebildet[398] und gerade auch Aufgaben der Vorbereitung von Beschlüssen sowie teilweise sogar der Beschlussfassung auf sie delegiert[399]. Für die Bewertung neuer Untersuchungs- und Behandlungsmethoden und somit entscheidend für deren Verbreitung im (§§ 135 Abs. 1 Nr. 1, 137 e SGB V) bzw. ihren Ausschluss aus (§ 137 c SGB V) dem gesetzlichen Krankenversicherungssystem, ist die Arbeit des Unterausschusses „Methodenbewertung“[400]. Gem. § 20 Abs. 5 Satz 1, Abs. 6 GO-G-BA können auch Unterausschüsse für die Erledigung ihrer Aufgaben gutachtliche Stellungnahmen einholen und Sachverständige bestellen. Die Unterausschüsse stehen gem. § 4 Abs. 3 GO-G-BA jeweils unter dem Vorsitz eines unparteiischen Mitglieds des Beschlussgremiums. Neben dem Vorsitzenden sind sie paritätisch (je sechs) aus Vertretern der Leistungserbringer und der Krankenkassen besetzt. Von den jeweils von den Trägerorganisationen entsandten Vertretern muss gem. § 18 Abs. 2 GO-G-BA nur jeweils eine/r neben der Mitarbeit im Unterausschuss auch Mitglied oder zumindest stellvertretendes Mitglied im Plenum sein. Da ein Großteil der inhaltlichen (Vor-)Arbeit und des Meinungsaustausches sowie der Meinungsbildung in den Unterschüssen stattfindet, ist es entscheidend, dass den Patientenvertreterinnen und Patientenvertretern auch hier Teilnahmerechte zustehen. Diese räumt ihnen § 18 Abs. 5 GO-G-BA ein. Hiernach können sie „mit

---

397 Siehe unter: https://www.g-ba.de/institution/themenschwerpunkte/qualitaets sicherung/richtlinien/, abgerufen am 13.07.2014.

398 Aktuell verfügt der G-BA über neun Unterausschüsse: Ambulante spezialfachärztliche Versorgung, arzneimittel, Bedarfsplanung, Disease-Management-Programme, Methodenbewertung, Psychotherapie, Qualitätssicherung, Veranlasste Leistungen, Zahnärztliche Behandlung. Informationen von der Homepage des G-BA, abgerufen am 18.07.2013 unter http://www.g-ba.de/institution/struktur/unterausschuesse.

399 Zur Vorbereitung seiner Beratungen können die Unterausschüsse gem. § 21 GO-G-BA ihrerseits Arbeitsausschüsse einrichten. Vgl. hierzu Zimmermann, Der Gemeinsame Bundesausschuss, S. 32.

400 Informationen zu seiner Arbeit finden sich unter http://www.g-ba.de/institution/struktur/unterausschuesse/5/. Abgerufen am 18.07.2013.

beratender Stimme“ an den Sitzungen teilnehmen. Weitere Teilnahmerechte räumt § 19 GO-G-BA ausdrücklich insbesondere dem Ministerium für Gesundheit sowie Mitarbeiterinnen und Mitarbeitern des Instituts für Qualität und Wirtschaftlichkeit IQWiG ein. Darüber hinaus können weitere Teilnahmerechte durch Beschluss des Unterausschusses oder dessen Vorsitzenden eingeräumt werden. Hier könnte man in Frage stellen, ob diese Umsetzung den gesetzlichen Vorgaben genügt, da § 91 Abs. 9 Satz 2 SGB V ausdrücklich vorsieht, dass „Der G-BA in seiner Verfahrensordnung vorzusehen hat, dass die Teilnahme jeweils eines Vertreters einer zu einem Beschlussgegenstand stellungnahmeberechtigten Organisation an den Beratungen zu diesem Gegenstand in dem zuständigen Unterausschuss zugelassen werden kann.“[401]

Da die Unterausschüsse gem. § 20 Abs. 1 GO-G-BA, anders als das Plenum, nicht öffentlich tagen und beraten, erlangen die – durch die GO-G-BA oder durch Beschluss – eingeräumten Teilnahmerechte eine zentrale Bedeutung für eine potentielle Einflussnahme auf Entscheidungsprozesse des G-BA.

6.1.5 Aufsicht

Gem. § 91 Abs. 8 Satz 1 SGB V (vgl. § 29 Abs. 1 Satz 1 GO-G-BA) steht der G-BA unter der Aufsicht des Bundesministeriums für Gesundheit. Zur Ausübung seiner Aufsicht räumt die GO-G-BA dem Ministerium für Gesundheit gem. § 29 Abs. 1 Satz 2 GO-G-BA Teilnahmerechte an den Sitzungen der einzelnen Gremien des G-BA sowie Einsichtsnahmerechte ein.

§ 91 Abs. 4 Satz 2 SGB V sowie § 94 SGB V räumen dem Ministerium für Gesundheit explizit mehrere konkrete Aufsichtsrechte ein. Insbesondere bedürfen sowohl die Geschäftsordnung des G-BA, als auch die Verfahrensordnung gem. § 91 Abs. 4 Satz 2 SGB V präventiv der Genehmigung des Bundesministeriums für Gesundheit. Darüber hinaus sind die vom G-BA beschlossenen Richtlinien dem Bundesministerium für Gesundheit gem. § 94 Abs. 1 Satz 1 SGB V ebenfalls präventiv

---

401 Zu dieser durch das Versorgungsstrukturgesetz eingeführten Regelung hatte sich der Bundesrat in seiner Stellungnahme (BTDrs 17/7274 S. 11) folgendermaßen geäußert. „Nicht zuletzt weil die Hersteller in den Gremien des G-BA weder stimmberechtigt noch vertreten sind, ist bei den Entscheidungen des G-BA ein hohes Maß an Transparenz erforderlich. Dieser Notwendigkeit entspricht der Gesetzentwurf grundsätzlich mit der Aufforderung an den G-BA in § 91 Absatz 9 Satz 2 SGB V, in seiner Verfahrensordnung vorzusehen, dass die Teilnahme jeweils eines Vertreters einer zu einem Beschlussgegenstand stellungnahmeberechtigten Organisation an den Beratungen zu diesem Gegenstand im zuständigen Unterausschuss zugelassen werden kann. Um hier jedoch die praktische Umsetzung zu gewährleisten, ist es wichtig, die „Kann-Vorschrift“ in eine „Ist-Vorschrift“ umzuformulieren. Andernfalls droht die Neuregelung ohne Wirkung zu bleiben. Dem jeweiligen Vertreter sollte außerdem zumindest ein Fragerecht gewährt werden.“

vor deren In-Kraft-Treten vorzulegen und kann dieses im Rahmen der Richtlinienprüfung vom G-BA gem. § 94 Abs. 1 Satz 3 SGB V zusätzliche Informationen und ergänzende Stellungnahmen anfordern und die Richtlinien ggf. gem. § 94 Abs. 1 Satz 2 (1. HS) SGB V beanstanden bzw. gem. § 94 Abs. 1 Satz 4 (1.HS) SGB V die Nichtbeanstandung mit Auflagen verbinden.

Das SGB V regelt nicht ausdrücklich, ob dem Bundesministerium für Gesundheit hierdurch lediglich Rechtsaufsicht eingeräumt wird, oder ob es über eine umfassende Fachaufsicht verfügen soll.[402] Während dem Ministerium im Rahmen der Rechtsaufsicht lediglich eine reine Rechtmäßigkeitskontrolle[403] zustehen würde, könnte das Ministerium bei eingeräumter Fachaufsicht die vom G-BA getroffenen Entscheidungen auch aus Zweckmäßigkeitsgesichtspunkten[404] in Frage stellen und ggf. aufheben oder ersetzen.

Während insbesondere die in § 94 Abs. 1 SGB V durch das im Jahr 2007 in Kraft getretene GKV-WSG[405] eingeführten Beanstandungsrechte nahe legen könnten, die dem Bundesministerium für Gesundheit eingeräumte Aufsicht als Fachaufsicht zu qualifizieren, wurden in der Literatur die dem Ministerium eingeräumte Aufsicht mit Hinweis auf den Charakter des G-BA als Selbstverwaltungsgremium überwiegend als reine Rechtsaufsicht qualifiziert.[406]

Nachdem das Ministerium für Gesundheit in einem konkreten Fall jedoch eine Richtlinie des G-BA aufgehoben hatte, wogegen sich der G-BA gerichtlich zur Wehr setzte, hatte das BSG die Gelegenheit § 92 Abs. 8 SGB V durch höchstrichterliches Urteil auszulegen.[407] Das Gericht entschied, dass gerade die Entstehungsgeschichte des § 94 SGB V zeige, dass dem Ministerium gegenüber Richtlinienbeschlüssen des G-BA lediglich eine Rechtsaufsicht zukommen solle.[408] Insbesondere habe auch die Erweiterung der Norm durch zusätzliche Aufsichtsmittel durch das GKV-WSG hieran nichts geändert.[409] Dem G-BA sei als oberstem Beschlussgremium der gemeinsamen Selbstverwaltung die Aufgabe übertragen, unter Einbeziehung der von seiner Entscheidung Betroffenen alle versorgungsrelevanten Richtlinienentscheidungen

402 Zimmermann, Der Gemeinsame Bundesausschuss, S. 78.

403 Maurer, Allgemeines Verwaltungsrecht, § 23 Rn. 18.

404 Maurer, Allgemeines Verwaltungsrecht, § 23 Rn. 23.

405 GKV-Wettbewerbsstärkungsgesetz (GKV-WSG) vom 02.02.2007 mit Wirkung zum 01.04.2007.

406 Schmidt-De Caluwe in: Becker/Kingreen (Hrsg.), SGB V, § 94 Rn. 10 m.w.N.; vgl. hierzu auch Noftz in: Hauck/Noftz, SGB V § 2 Rn. 69. Interessant hierzu auch die Ausführungen von Hess im Jahr 2008 in Hess; Die Regelung der Gesundheitsversorgung durch den Gemeinsamen Bundesausschuss; in: Seewald, Otfried; Schoefer, Hartmut (Hrsg.); Zum Wert unserer Gesundheit, Der Arzt zwischen Rationierung und Rationalisierung, S. 89, 100 f.; Pütter in: Dettling/Gerlach (Hrsg.), Krankenhausrecht, Kommentar, SGB V § 137 c Rn. 22.

407 BSG Urteil vom 06. Mai 2009 – B 6 A 1/08 R.

408 BSG Urteil vom 06. Mai 2009 – B 6 A 1/08 R.

409 BSG Urteil vom 06. Mai 2009 – B 6 A 1/08 R.

zur Konkretisierung der leistungsrechtlichen Rahmenrechte in §§ 27 ff. SGB V zu treffen. Dieses Verfahren zur Normkonkretisierung würde ausgehöhlt und seiner Legitimation beraubt, wenn das BMG die Richtlinien des G-BA im Rahmen der Staatsaufsicht alleine auf der Grundlage abweichender Zweckmäßigkeitserwägungen ändern könnte.[410]

Hierdurch ist höchstrichterlich entschieden und inhaltlich auch zu begrüßen, dass dem Ministerium für Gesundheit im Rahmen der Aufsicht über den G-BA gem. § 91 Abs. 8 Satz 1 SGB V lediglich eine Rechtsmäßigkeitskontrolle im Sinne der Rechtsaufsicht zusteht.

6.1.6 *Richtlinien des G-BA für NUB-Methoden*

Der G-BA nimmt in Bezug auf im stationären Sektor erbrachte NUB-Methoden diejenigen Aufgaben wahr, die vor der Gründung des G-BA und der Aufgabenübertragung auf denselben durch den „Ausschuss Krankenhaus" (§ 137 c Abs. 2 SGB V a.F.) ausgeübt worden waren. Dieser war erst durch das GKV-Reformgesetz 2000[411] gegründet worden. Ein vergleichbares Vorgängergremium gab es, anders als im ambulanten Bereich mit dem „Bundesausschuss für Ärzte und Krankenkassen", vor der Gründung des Ausschusses Krankenhaus nicht. Das Vertragsarztrecht und das Krankenhausrecht haben sich historisch sehr unterschiedlich entwickelt und insofern keine parallele Entwicklungsgeschichte durchlaufen.[412]

Gem. § 92 Abs. 1 Satz 2 Nr. 5 SGB V soll der G–BA ausdrücklich insbesondere auch Richtlinien über die Einführung neuer Untersuchungs- und Behandlungsmethoden beschließen. Durch den eigenverantwortlichen Erlass der Richtlinien setzt der G-BA verbindlich Recht gegenüber allen an der Gesundheitsversorgung Beteiligten[413]. Aufgrund der Normkonkretisierungsrechtsprechung des BSG[414] erstreckt sich diese Wirkung auch unmittelbar auf die Versicherten. Durch den Richtlinienerlass nimmt der G-BA – vergleichbar zu einem Normgeber – eine öffentliche Aufgabe mit hoheitlichen Mitteln wahr und ist dadurch unmittelbar in das System des öffentlichen Gesundheitswesens eingegliedert[415].

Da es sich bei der Auflistung in § 92 Abs. 1 Satz 2 SGB V nicht um eine abschließende Aufzählung handelt, hat der Gesetzgeber durch die ausdrückliche Bennennung der NUB-Methoden in § 92 Abs. 1 Satz 2 Nr. 5 SGB V zum Ausdruck gebracht, dass die rechtliche Ausgestaltung der Definition des Leistungsumfangs der gesetzlichen Krankenkassen bezüglich der Erbringung von neuen Untersuchungs- und Behandlungsmethoden ausdrücklich vom G-BA wahrgenommen werden soll

---

410 BSG Urteil vom 06. Mai 2009 – B 6 A 1/08 R.

411 GKV-Reformgesetz 2000 vom 22.12.1999 mit Wirkung zum 01.01.2000 (BGBl. I S. 2626).

412 Zimmermann, Der Gemeinsame Bundesausschuss, S. 19.

413 Zimmermann, Der Gemeinsame Bundesausschuss, S. 77, 95.

414 Vgl. BSG Urteil vom 06.05.2009 – B 6 A 1/08 R; vgl. hierzu unter B.3.6.

415 Zimmermann, Der Gemeinsame Bundesausschuss, S. 65.

und folglich grundsätzlich nicht durch den parlamentarischen Gesetzgeber unmittelbar erfolgen soll und braucht.[416]

Durch den Erlass der Richtlinie „Methoden Krankenhausbehandlung"[417] ist der G-BA dieser gesetzlichen Aufgabe nachgekommen, diejenigen (NUB-) Methoden von der stationären Versorgung auszuschließen, die nach seiner Bewertung nicht die Voraussetzungen des § 137 c SGB V erfüllen. Hiernach hat der G-BA gem. § 4 der Richtlinie Methoden Krankenhausbehandlung nach aktuellem Stand 15 Methoden gem. § 137 c SGB V von der Erbringung zulasten der gesetzlichen Krankenkassen ausgeschlossen. Bei Methoden, die beispielsweise an unterschiedlichen Körperteilen angewendet werden können und nicht automatisch vollständig vom Leistungsspektrum der gesetzlichen Krankenkassen ausgeschlossen werden sollen, muss der Richtlinie ausdrücklich zu entnehmen sein, welche Anwendung nicht mehr im Rahmen der stationären Behandlung zulasten der gesetzlichen Krankenkassen erbracht werden darf. So ist beispielsweise § 4 Nr. 1 der Richtlinie zu entnehmen, dass derzeit hinsichtlich der Methode „Autologe Chondrozytenimplantation" (ACI) die Anwendung am Fingergelenk, dem Schultergelenk, dem Großzehengrundgelenk sowie dem Sprunggelenk ausgeschlossen ist. Aus der Regelungssystematik des § 137 c SGB V ergibt sich, das die ACI derzeit an anderen Gelenken im Rahmen einer stationären Behandlung zulasten der gesetzlichen Krankenkassen erfolgen darf. Neben den ausgeschlossenen Methoden wurde aktuell hinsichtlich 8 Methoden das Bewertungsverfahren i.S.d. Kapitel 2, § 14 Abs. 4 VerfO ausgesetzt.[418]

---

416 Dies gilt aufgrund des grundsätzlichen Verbots mit Erlaubnisvorbehalt uneingeschränkt für die Erbringung von NUB-Leistungen im ambulanten Bereich gem. § 135 Abs. 1 Nr. 1 SGB V i.V.m. § 92 Abs. 1 Satz 2 Nr. 5 SGB V. Denn nur, wenn der G-BA in einer Richtlinie eine positive Empfehlung bezüglich einer konkreten NUB-Methode abgegeben hat, darf diese zulasten der gesetzlichen Krankenkassen im ambulanten Bereich erbracht werden. Aufgrund der Regelungssystematik des § 137 c SGB V, der die Spezialregelung für die Erbringung von NUB-Methoden im Rahmen einer Krankenhausbehandlung ist, gilt die Aussage, dass der Gesetzgeber die inhaltliche Ausgestaltung auf den G-BA übertragen hat, für den stationären Bereich uneingeschränkt lediglich bezüglich der Definition der Negativgrenze, der ausgeschlossenen Methoden, dem Grunde nach nicht jedoch für die positive Ausgestaltung der vom Leistungsspektrum der gesetzlichen Krankenversicherung umfasste NUB-Methoden.

417 Richtlinie Methoden Krankenhausbehandlung Stand: 7. Juni 2013 des Gemeinsamen Bundesausschusses zu Untersuchungs- und Behandlungsmethoden im Krankenhaus (Richtlinie Methoden Krankenhausbehandlung) in der Fassung vom 21. März 2006 veröffentlicht im Bundesanzeiger 2006 (S. 4 466) in Kraft getreten am 1. April 2006 zuletzt geändert am 21. März 2013 veröffentlicht im Bundesanzeiger AT 06.06.2013 B 1 vom 6. Juni 2013 in Kraft getreten am 7. Juni 2013.

418 Diese finden sich aufgelistet im Anlage II der Richtlinie Methoden Krankenhausbehandlung.

6.1.7 Rechtsnatur der Richtlinien

Nachdem die Richtlinien, die gem. § 92 Abs. 8 SGB V Bestandteil der Bundesmantelverträge sind, gem. § 92 Abs. 1 Satz 1 SGB V vom G-BA durch Beschluss erlassen werden und § 91 Abs. 6 SGB V ausdrücklich regelt, dass dessen Beschlüsse abgesehen von benannten Ausnahmen für seine Trägerorganisationen und für deren Mitglieder und Mitgliedskassen sowie für die Versicherten und die Leistungserbringer verbindlich sind[419], steht außer Frage, dass die Richtlinien kein reines Innenrecht ohne Außenwirkung, gleich klassischer Verwaltungsvorschriften, darstellen.[420] Vielmehr sind sie als untergesetzliche Rechtsnormen[421] einzuordnen.[422] Aufgrund ihres spezifischen Erlassverfahrens sowie des Erlasses durch den G-BA als oberstem Gremium der gemeinsamen Selbstverwaltung mit der in § 91 Abs. 6 SGB V geregelten Breitenwirkung fällt es jedoch schwer sie in den Kanon der klassischen administrativen bzw. exekutiven Rechtsquellen als Rechtsverordnung[423] oder

---

419 Diesbezüglich wird kritisiert, dass der Bundesgesetzgeber hierdurch seinen parlamentargesetzlichen Gestaltungsspielraum überschritten habe. Vgl. Schimmelpfeng-Schütte, Die Entscheidungsbefugnisse des Gemeinsamen Bundesausschusses NZS 2006, 567 ff.

420 BSG Urteil vom 26.09.2006 – B 1 KR 3/06 R, Rn. 15: Durch derartige RL wird sowohl geregelt, unter welchen Voraussetzungen zugelassene Leistungserbringer neue Behandlungsmethoden zulasten der KKn erbringen und abrechnen dürfen, ais auch der Umfang der den Versicherten geschuldeten ambulanten Leistungen verbindlich festgelegt.

421 BSG Urteil vom 26.09.2006 – B 1 KR 3/06 („neuropsychologischen Therapie"), Rn. 20: Verwaltung und Gerichte sind an die Entscheidungen des Bundesausschusses über bestimmte Methoden im Grundsatz ebenso gebunden, wie wenn der Gesetzgeber die Entscheidung selbst getroffen hätte.

422 Siehe hierzu auch BSG Urteil vom 20.03.1996 – 6 RKa 62/94 „Methadon-Entscheidung" Murawski in Hänlein/Kruse/Schuler (Hrsg.), Sozialgesetzbuch, § 135 Rn. 2 spricht untechnisch von „rechtsgestaltenden Entscheidungen"; Hauck; Medizinische Innovationen im Krankenhaus, Aktuelle Rechtsfragen aus der Sicht der Rechtsprechung, GesR 2014, 257, 260; a.A. Vießmann in Spickhoff (Hrsg.) Medizinrecht, SGB V, § 135 Rn. 22f: er differenziert nach materieller und formeller Betrachtungsweise, wobei er – ohne sich festzulegen nach seinen Ausführungen ggf. jeweils zu unterschiedlichen Ergebnissen kommt: materielle Betrachtungsweise: Allgemeinverfügung – am ehesten vergleichbar mit einer Typengenehmigung; Joussen in: Rolfs/Giesen/Kreikebohm/Udsching (Hrsg.) Beck OK Sozialrecht § 135 SGB V Rn. 14; Flint in Hauck/Noftz (Hrsg.), SGB V K § 135 Rn. 12.

423 Seeringer, Der Gemeinsame Bundesausschuss nach dem SGB V, S. 104 m.w.N.; Der Qualifikation der Richtlinien als Rechtsverordnung steht nicht entgegen, dass der G-BA kein in Art. 80 Abs. 1 Satz 1 GG genannter Akteur ist, da Art. 80 Abs. 1 Satz 4 GG im Wege der Subdelegation durch das jeweilige parlamentarische Fachgesetz eine Erweiterung des Kreises der potentiellen Verordnungsgeber gerade auch auf juristische Personen des öffentlichen Rechts ermöglicht.

Satzung einzuordnen.[424] Für die Qualifikation der Rechtsnatur der Richtlinien ist auch die Tatsache, dass die Richtlinien des G-BA gem. § 91 Abs. 8 SGB V Bestandteil der Bundesmantelverträge sind, nicht weiterführend. Auch eine begriffliche Anlehnung an europäische Richtlinien hilft nicht weiter, da die Richtlinien des G-BA – anders als europäische Richtlinien gem. Art. 288 AEUV[425] – gerade keiner Umsetzung mehr bedürfen, sondern nach Ablauf der dem Bundesministerium für Gesundheit gem. § 94 Abs. 1 Satz 2 SGB V zustehenden Beanstandungsfrist infolge ihrer Bekanntmachung gem. § 94 Abs. 2 SGB V unmittelbare Geltung erlangen.

Da das Grundgesetz hinsichtlich untergesetzlichen Normen keinen Typenzwang kennt und sich die Richtlinien des G-BA aufgrund der dargestellten Aspekte nicht eindeutig einer klassischen Rechtsquelle zuordnen lassen, spricht viel dafür sie als Rechtsnorm „Sui generis", als „Unikat"[426], als „in der Rechtsordnung wohl einmalige Handlungsform"[427] einzuordnen. Hierfür spricht auch ihre „strukturelle Nähe" zu einer Einzelfallregelung i.S.d. § 31 SGB X. Die Richtlinien ergehen zwar „abstrakt-generell". Die Tatsache, dass der einzelne Richtlinienbeschluss gem. §§ 135, 137 c SGB V für eine konkrete NUB-Methode mit unmittelbarer Außenwirkung eine konkrete Entscheidung über deren Nutzenbewertung trifft, zeigt aber, dass er [der einzelne Richtlinienbeschluss] nicht wenige Aspekte einer Entscheidung i.S.d. § 31 SGB X zur Regelung eines Einzelfalles auf dem Gebiet des öffentlichen Rechts beinhaltet, die auf unmittelbare Rechtswirkung nach außen gerichtet ist. Hase beschreibt die Besonderheit der Richtlinien des G-BA damit, dass sie Elemente des Gesetzesvollzugs mit solchen der rechtlich nicht programmierten schöpferischen Entscheidung verbinden[428].

Es spricht viel dafür, die Richtlinien des G-BA aufgrund ihrer strukturellen Spezialität rechtlich als „Rechtsnorm sui generis" zu qualifizieren.

6.1.8 Prüfungsdichte der Richtlinien

Die im Rang unterhalb des einfachen Gesetzesrechts stehenden Richtlinien des G-BA sind nach Auffassung des BSG gerichtlich in der Weise zu prüfen, wie wenn der Gesetzgeber derartige Regelungen in Form einer untergesetzlichen Norm – etwa einer

Ossenbühl in Isensee/Kirchhof (Hrsg.), Handbuch des Staatsrechts, Band V, § 103 Rn. 36; Vgl. Maunz in Maunz/Dürig (Begr.) GG, Art. 80 Rn. 48.

424 Ausführlicher hierzu: Zimmermann, Der Gemeinsame Bundesausschuss, S. 74 ff.

425 Vertrag über die Arbeitsweise der Europäischen Union (AEUV), Fassung aufgrund des am 1.12.2009 in Kraft getretenen Vertrages von Lissabon, (Konsolidierte Fassung bekannt gemacht im ABl. EG Nr. C 115 vom 9.5.2008, S. 47).

426 Kingreen, Gerichtliche Kontrolle von Kriterien und Verfahren im Gesundheitsrecht, MedR 2007, 457, 458.

427 Kingreen/Rixen, Sozialrecht, Ein verwaltungsrechtliches Utopia? DÖV 2008, 741, 747.

428 Hase, Verfassungsrechtliche Bewertung der Normsetzung durch den Gemeinsamen Bundesausschuss, MedR 2005, 391, 396 f.

Rechtsverordnung i.S.d. Art. 80 Abs. 1 GG – selbst erlassen hätte.[429] Dies bedeutet, dass sie keiner umfassenden inhaltlichen Überprüfung zugänglich sind.[430] In einer aktuellen Entscheidung[431] hat das BSG nochmals ausdrücklich klargestellt, dass es die Verfassungsmäßigkeit dieser Art der Rechtsetzung [Richtlinien des G-BA] nicht mehr grundlegend in Zweifel ziehe, sich aber vorbehalte, die vom G-BA erlassenen, im Rang unterhalb des einfachen Gesetzesrechts stehenden normativen Regelungen formell und auch inhaltlich in der Weise zu prüfen, wie wenn der Bundesgesetzgeber derartige Regelungen in Form einer untergesetzlichen Norm – etwa einer Rechtsverordnung – selbst erlassen hätte, wenn und soweit hierzu aufgrund hinreichend substantiierten Beteiligtenvorbringens konkreter Anlass besteht.[432]

6.1.9 Verfahren des Richtlinienerlasses über NUB-Methoden[433]

Mittlerweile finden sich relativ ausführliche Regelungen zum Verfahren des Richtlinienerlasses unmittelbar im SGB V sowie in der VerfO des G-BA.[434] Wie in Kapitel 2, § 1 Abs. 2 VerfO zusammengefasst, erfolgt das Verfahren grundsätzlich immer nach dem Schema: „Antrag, Unterlagen, Priorisierung, Beratung, Veröffentlichung".

6.1.9.1 Antragserfordernis

Gem. Kapitel 1, § 5 Abs. 1Satz 1 VerfO wird der G-BA ausschließlich auf Antrag tätig. Der G-BA kann daher zur Überprüfung einer NUB-Methode nicht alleine aus Eigeninitiative ein Bewertungsverfahren einleiten, mit dem „Ziel" eine im Rahmen

---

429 BSG Urteil vom 01.03.2011 – B 1 KR 7/10 („Festbetragfestsetzung"), Rn. 26 m.w.N.; BSG Urteil vom 07.05.2013 – B 1 KR 44/12 R („adjutante HBO-Therapie") Rn. 14 m.w.N., vgl. auch Hauck; Medizinische Innovationen im Krankenhaus, Aktuelle Rechtsfragen aus der Sicht der Rechtsprechung, GesR 2014, 257, 260.

430 Becker in: Becker/Kingreen, Kommentar zum SGB V § 137 c, Rn. 4; Flint in: Hauck/Noftz (Hrsg.) SGB V K § 135 Rn. 141; Ihle in juris-PK SGB V § 135, Rn. 51.

431 BSG Urteil vom 07.05.2013 – B 1 KR 44/12 R („adjutante HBO-Therapie").

432 BSG Urteil vom 07.05.2013 – B 1 KR 44/12 R („adjutante HBO-Therapie") Rn. 14 m.w.N.

433 Hinweis auf mögl. Änderung durch GKV-VSG (Gesetzentwurf der Bundesregierung des Gesetzes zur Stärkung der Versorgung in der gesetzlichen Krankenversicherung (GKV-VSG, BTDrs. 18/4095) i.d.F. der Beschlussempfehlung des Ausschusses für Gesundheit (BTDrs. 18/5123)): Durch den neuen § 137 h SGB V soll für NUB-Methoden, die maßgeblich auf dem Einsatz eines Medizinproduktes mit i.S.d. § 137 h Abs. 2 SGB V (neu) hoher Risikoklasse beruhen und die ein neues theoretisch-wissenschaftliches Konzept aufweisen, ein „frühes Nutzenbewertungsverfahren" eingeführt werden, das der G-BA innerhalb von drei Monaten durchführen soll und nicht in eine Richtlinienentscheidung mündet, sondern in einen „Beschluss" (Vgl. § 137 h Abs. 1 S. 5 SGB V). Vgl. perspektivische Erstbewertung der voraussichtlichen Änderungen der Gesetzeslage durch das GKV-VSG am Ende der Arbeit unter G.

434 Ausführliche Darstellung des Verfahrens der Methodenbewertung im G-BA bei Zimmermann, Der Gemeinsame Bundesausschuss, (15. Kapitel), S. 257 ff.

einer Krankenhausbehandlung erbrachte NUB-Methode aus dem Leistungsspektrum der gesetzlichen Krankenkassen auszuschließen. Vielmehr bedarf es hierfür eines Antrags eines gem. §§137 c, 137 e SGB V Antragsberechtigten. Gem. Kapitel 1, § 5 Abs. 1 Satz 2 (2. HS) VerfO kann der G-BA auch zur Wahrnehmung seiner Überprüfungspflicht gem. Kapitel 1, § 7 Abs. 4 VerfO hinsichtlich der Prüfung der Übereinstimmung schon gefasster Beschlüsse mit dem allgemein anerkannten Stand der medizinischen Erkenntnisse ein neues förmliches Überprüfungsverfahren nicht ohne Antrag einleiten.

Für die Bewertung von im stationären Bereich angewendeten NUB-Methoden sind gem. Kapitel 2, § 4 Abs. 2 c, d VerfO die Deutsche Krankenhausgesellschaft, die Bundesverbände der Krankenhausträger, der Spitzenverband Bund der Krankenkassen sowie die nach der Patientenbeteiligungsverordnung anerkannten Organisationen antragsberechtigt. Während in den letzten Jahren umstritten war, ob sich das in der VerfO benannte Recht der Patientenvertreter unmittelbar aus dem Gesetz herleiten lässt, da sie weder in § 91 Abs. 2 Satz 1 SGB V genannt werden, und auch umstritten war, ob sich ihr unmittelbares Antragsrecht aus § 140 f Abs. 2 Satz 5 SGB V i.V.m. § 92 Abs. 1 Satz 2 SGB V herleiten lässt, scheint die h.M. der Literatur nun dazu zu tendieren, das Antragsrecht über § 140 f Abs. 2 Satz 5 SGB V i.V.m. § 92 Abs. 1 Satz 2 SGB V unmittelbar gesetzlich verankert zu sehen.[435] Die VerfO ist dann, dieser Meinung folgend, insofern mit dem Gesetz vereinbar.

Die Aufzählung in der VerfO des G-BA ist jedoch unvollständig, denn die VerfO des G-BA lässt außer Acht, dass der Gesetzgeber über § 6 Abs. 2 Satz 8 KHEntgG neben den in § 137 c SGB V genannten Antragsberechtigten zudem noch den Vertragsparteien nach § 9 KHEntgG und somit zusätzlich dem Verband der privaten Krankenversicherung gemeinsam mit dem Spitzenverband Bund der Krankenkassen das Recht einräumt bezüglich einer konkreten Methode ein Bewertungsverfahren gem. § 137c SGB V zu veranlassen. Als vom G-BA zur Regelung seiner Verfahrensabläufe geschaffenen untergesetzlichen Regelung kann die VerfO als materielles (Innen-) Recht des G-BA aufgrund des rechtsstaatlichen Grundsatzes des Vorrangs des Gesetzes den gesetzlich vorgegebenen Kreis der Antragsberechtigten nicht rechtsverbindlich einengen.[436]

---

435 Roters in Kasseler Kommentar zum Sozialversicherungsrecht (EL 78.), § 135 Rn. 16; Flint in Hauck/Noftz (Hrsg.), SGB V K § 135 Rn. 55; Schmidt-De Caluwe in: Becker/Kingreen (Hrsg.), SGB V, § 135 Rn. 16.

436 Zimmermann (Der Gemeinsame Bundesausschuss, S. 258 f.) regt an die VerfO als normkonkretisierende Verwaltungsvorschrift zu qualifizieren, die grundsätzlich reines Innenrecht des G-BA darstellt, aber aufgrund der Selbstbindung des G-BA an die von ihm geschaffene VerfO durch den außenrechtswirksamen Richtlinienerlass Außenwirkung erlangt, weswegen sie im Kollisionsfall mit höherrangigem Recht nichtig ist.

Flint nennt als weitere Antragsberechtigte des Weiteren die Unparteiischen gem. § 91 Abs. 2 Satz 1 SGB V[437], wobei nicht recht nachvollziehbar ist, woraus er ihr Antragsrecht ableitet.

In Bezug auf den Erlass von Richtlinien zur Erprobung gem. § 137 e SGB V gibt es keine speziellen Regelungen zur Verfahrenseinleitung. Dies ist dadurch nachvollziehbar, dass das SGB V nicht vorsieht, dass ein Bewertungsverfahren mit dem Ziel des Erlasses einer Erprobungs-Richtlinie eingeleitet werden kann. Vielmehr kann sich der G-BA nach der aktuellen Regelung nur im Rahmen von laufenden Verfahren gem. §§ 135 Abs. 1 Nr. 1, 137 c SGB V bei Vorliegen der spezifischen Voraussetzungen für den Erlass einer Erprobungsrichtlinie entscheiden.[438]

6.1.9.2 Unterlagen

In Kapitel 2, § 4 Abs. 3, 4 VerfO finden sich ausführliche Regelungen zu den für die Einleitung eines Bewertungsverfahren einzureichenden Unterlagen. Hiernach müssen durch die Unterlagen insbesondere die zu prüfende Methode in ihrer Art und die zu prüfende Indikation und indikationsbezogenen Zielsetzungen beschrieben werden. Daneben erfordert Kapitel 2, § 4 Abs. 3, 4 VerfO, dass schon der Antrag für die Verfahrenseinleitung eine substantiierte und mit Belegen untermauerte Begründung enthält, die insbesondere indikationsbezogene Angaben zum Nutzen, zur medizinischen Notwendigkeit und zur Wirtschaftlichkeit der konkreten Methode enthält und diese ins Verhältnis zu bereits erbrachten Methoden setzt und mit diesen vergleicht. Für die Bewertung können gem. Kapitel 2, § 4 Abs. 4 Satz 2 VerfO daneben zusätzlich Angaben über die spezielle Zielpopulation, zu Versorgungsaspekten von Alter, biologischem und sozialem Geschlecht sowie lebenslagenspezifischen Besonderheiten und die erforderlichen organisatorischen Rahmenbedingungen der zu überprüfenden Methode erforderlich sein.[439]

Die in Kapitel 2, § 4 Abs. 3, 4 VerfO für die Beschreibung der an den Antrag gestellten Anforderungen gewählten Formulierungen lassen erkennen, dass die VerfO hier von einem Antragsteller ausgeht, der mit dem Antrag den G-BA vom Nutzen der Methode überzeugen möchte. Dies ist die Konstellation, die Anträgen für die Erbringung von NUB-Methoden im ambulanten Bereich gem. § 135 Abs. 1 Nr. 1 SGB V zugrunde liegt. Aufgrund des präventiven Verbotes mit Erlaubnisvorbehalt hat hier

---

437 Flint in Hauck/Noftz (Hrsg.), SGB V K § 135 Rn. 54.

438 Auseinandersetzung hiermit im Zusammenhang mit der Untersuchung von § 137 e SGB V unter B.4.

439 All diese Informationen und Materialien liegen den Krankenkassen bzw. dem von ihnen im Rahmen der Budgetverhandlungen zur Prüfung eingeschalteten MDK nicht vor. Den Krankenkassen bzw. dem MDK liegen hier regelmäßig nur die Unterlagen vor, die das Krankenhaus erstellt hat, um das NUB-Verfahren durchzuführen. Diese Unterlagen nehmen zu all diesen Aspekten keine Stellung – den Krankenkassen bzw. dem MDK fehlen daher schon die erforderlichen Informationen für die Durchführung einer substantiierten Prüfung.

der Antragsteller ein Interesse den G-BA von der Methode zu überzeugen. Da im stationären Sektor die Erbringung von NUB-Methoden gem. § 137 c SGB V grundsätzlich erlaubt ist, bzw. keine präventive Erlaubnis durch den G-BA erforderlich ist, zielt hier ein Antrag auf Methodenbewertung darauf ab die Erbringung der Methode zu verbieten – der Antragsteller hat daher kein Interesse den G-BA vom Nutzen der Methode zu überzeugen. Es wäre daher nahe liegend unterschiedliche Anforderungen an die Antragsunterlagen für Anträge aufgrund § 135 Abs. 1 Nr. 1 SGB V bzw. § 137 c SGB V zu stellen.

Aus den formalen Regelungen des Kapitel 2, § 4 Abs. 3, 4 VerfO lässt sich jedoch auch für Entscheidungen aufgrund § 137 c SGB V unmittelbar „ablesen", welche Unterlagen dem G-BA letztendlich vorliegen müssen, um eine sachgerechte inhaltliche Entscheidung über den potentiellen Ausschluss der Methode aus dem Leistungsspektrum der gesetzlichen Krankenkassen zu treffen – auch wenn ein Großteil der in Kapitel 2, § 4 Abs. 3, 4 VerfO im Zusammenhang mit der Begründung i.e.S. geforderten Unterlagen bei der Bewertung stationär erbrachter NUB-Methoden in der Regel nicht vom Antragsteller, sondern von den an der Erbringung interessierten Leistungserbringern bzw. ihren Dachorganisationen, Patientenvertretungen oder der Medizintechnikbranche dem G-BA im Rahmen von Stellungnahmen vorgelegt werden wird. Um im Interesse eines transparenten Verfahrens allen potentiell Stellungnahmeberechtigten Gelegenheit zu geben dem G-BA ihre Sicht der Dinge vorzutragen und so eine möglichst umfassende Entscheidungsgrundlage zu schaffen, ist der G-BA gem. Kapitel 2, § 5 VerfO verpflichtet NUB-Methoden, hinsichtlich derer eine Bewertung ansteht, durch Veröffentlichung im Bundesanzeiger sowie den einschlägigen Fachzeitungen bekannt zu geben.

Für die Entscheidung über die Erbringbarkeit neuer Methoden gem. §§ 135, 137 c, 137 e SGB V müssen alle relevanten Details über die Anwendung der neuen Methode offen gelegt werden. Deshalb ist gerade in Bezug auf die Bewertung von NUB-Methoden auf die Regelung des § 27 Abs. 2 GO-G-BA hinzuweisen, der zufolge jede Sitzungsteilnehmerin und jeder Sitzungsteilnehmer der oder dem vertrauliche Unterlagen ausgehändigt oder zugestellt wurden, verpflichtet ist, Vorkehrungen zu treffen, dass diese vertraulich behandelt werden.

6.1.9.3 Priorisierung

Die verschiedenen vom G-BA zu bewertenden NUB-Methoden sind von sehr unterschiedlicher Breitenrelevanz, Spezialität im Vergleich zu bisher schon erbrachten Methoden und unterscheiden sich beispielsweise auch hinsichtlich des kurz- und langfristigen „RisikoPotenzials", das ihre Anwendung für alle Betroffenen ggf. mit sich bringt sowie der Wirtschaftlichkeit ihrer Anwendung. Nach der Annahmeentscheidung über die Einleitung eines Bewertungsverfahrens werden die Anträge daher nicht abhängig vom Datum der Antragstellung „der Reihe nach" abgearbeitet, sondern es findet gem. Kapitel 2, § 5 VerfO eine Priorisierung statt, Ziel derer die Festlegung der Reihenfolge ist, in der die einzelnen Bewertungsverfahren vom G-BA bearbeitet werden.

Aufgrund der sich teilweise über Jahre hinziehenden Bewertungsverfahren ist die Priorisierung für die Erbringung von NUB-Methoden im ambulanten Bereich von sehr großer rechtlicher und tatsächlicher Bedeutung. Für die Erbringung von NUB-Methoden im stationären Sektor ist dagegen die schnelle Bewertung der Methode gem. § 137 c SGB V nicht von solch großer Bedeutung, da es für die Erbringung der NUB-Methoden keiner präventiven Erlaubnis durch den G-BA bedarf und die Methoden grundsätzlich auch noch während laufender Bewertungsverfahren des G-BA erbracht werden dürfen.

6.1.9.4 Das Bewertungsverfahren

Zentrales Element des Richtlinienerlassverfahrens ist in Bezug auf NUB-Methoden die Bewertung (Kapitel 2 VerfO) derselben. Hierbei handelt es sich um eine inhaltliche Bewertung der jeweiligen NUB-Methode unter Gesichtspunkten ihres spezifischen Nutzens, ihrer medizinischen Notwendigkeit und ihrer Wirtschaftlichkeit.[440]

Die Frage, ob i.R. eines Bewertungsverfahrens[441] aufgrund des § 137 c SGB V vom G-BA der Nutzen belegt, oder die Unwirksamkeit der NUB-Methode dargelegt werden muss, wurde durch der 6. Senat des BSG mit seinem Urteil vom 06.05.2009[442] (B 6 A 1/08 R) zugunsten einer sektorübergreifenden NUTZEN-Bewertung entschieden.[443] Der Bundesrat hat in seiner Stellungnahme zum Versorgungsstrukturgesetz[444] diese Frage erneut aufgeworfen, in dem er vortrug, die neue Formulierung des § 137 c Abs. 1 Satz 2 SGB V bedeute eine Beweislastumkehr, da nicht der Anbieter der Methode nachweisen müsse, dass die Methode einen Nutzen habe, sondern der Gemeinsame Bundesausschuss müsse den faktisch unmöglichen Nachweis des nicht vorhandenen Potenzials einer Methode führen. Diese Bedenken sind jedoch unter

440 Vgl. Schlottmann/Weddehage, Verfügbarkeit medizinischer Leistungen zwischen individuellem Bedarf und allgemeiner Richtlinie des Gemeinsamen Bundesausschusses, NZS 2008, 411, 415 ff.

441 Zusammenfassende Darstellung der „Bewertungsmaßstäbe" des G-BA bei Flint in: Hauck/Noftz (Hrsg.), SGB V K § 135 Rn. 64 ff.

442 BSG Urteil vom 06.05.2009 – B 6 A 1/08 R.

443 Flint in: Hauck/Noftz (Hrsg.), SGB V K § 135 Rn. 72; a.A. vorgetragen von Schlottmann/Weddehage, Verfügbarkeit medizinischer Leistungen zwischen individuellem Bedarf und allgemeiner Richtlinie des Gemeinsamen Bundesausschusses, NZS 2008, 411, 414 f.; zu dieser Thematik auch: Roters, Die Bewertung medizinischer Methoden nach der Verfahrensordnung des G-BA, NZS 2007, 176, der i.E. nach systematischer und teleologischer Auslegung zu dem Ergebnis kommt, dass für einen Ausschluss gem. § 137 c SGB V nicht ein die Nichtwirksamkeit der Leistung nachweisendes Prüfergebnis erforderlich ist, sondern dass es auf die nicht hinreichend belegte Evidenz ankommt; siehe auch Harney/Huster/Recktenwald; Das Recht der Qualitätssicherung im SGB V – rechtliche Grundlagen und Systematisierung (Teil 1), MedR 2014, 273, 280.

444 Stellungnahme des Bundesrat zum Versorgungsstrukturgesetz, BT Drucks. 17/7274 S. 10.

Hinweis auf die eben dargestellte Rechtsprechung nicht nachvollziehbar, da durch die Änderung aufgrund des Versorgungsstrukturgesetzes zwar die Formulierung des § 137 c Abs. 1 Satz 2 SGB V, nicht jedoch die diesbezügliche Regelungssystematik geändert wurde.

Der G-BA selber definiert die von ihm durchgeführte Methodenbewertung auf seiner Homepage[445] folgendermaßen: „Bei Methodenbewertungen handelt es sich um systematische Arbeiten zu medizinischen Fragestellungen, vergleichbar mit so genannten Health Technology Assessments (HTA). Auch die Methodenbewertungen folgen den Prinzipien der Evidenzbasierten (= beweisbaren) Medizin (EbM): Nach der Formulierung der Fragestellung folgt zunächst die systematische Suche nach relevanter Literatur. Hierdurch sollen nach Möglichkeit alle wissenschaftlichen Publikationen zur Beantwortung der Fragestellung ausfindig gemacht werden. Die Ergebnisse dieser Publikationen werden im Anschluss hinsichtlich ihrer Aussagefähigkeit bewertet und – wenn möglich – zu einem Gesamtergebnis zusammengefasst. Auf der Basis dieses Endergebnisses lässt sich die eingangs formulierte Frage – dies ist meist die Frage, ob eine Methode mit mehr Nutzen als Risiken für die Patienten verbunden ist – beantworten."

Da der G-BA nicht selbst über den medizinischen Nutzen einer Methode urteilt, sondern lediglich feststellt, ob er sich durch wissenschaftliche Erkenntnisse hinreichend untermauern lässt, ist er für eine positive Methodenbewertung auf das Vorliegen entsprechender Nutzenbelege angewiesen.[446] Konkrete inhaltliche Vorgaben, wann der Nutzen einer NUB-Methode hinreichend belegt ist, oder wann er i.S.d. § 2 Abs. 1 Satz 3 SGB V dem „allgemein anerkannten Stand der wissenschaftlichen Erkenntnisse entspricht" gibt es im SGB V nicht. Vielmehr legt der G-BA seine Prüfungsmaßstäbe selber fest.[447]

In der inhaltlichen Bewertung unterscheidet sich das vom G-BA unter Einbeziehung des IQWiG durchgeführte Bewertungsverfahren elementar von dem vom InEK durchgeführten NUB-Verfahren[448], Gegenstand dessen nach den gesetzlichen Vorgaben gem. § 6 Abs. 2 Satz 3 KHEntgG ausschließlich – losgelöst von einer inhaltlichen Einschätzung, Abwägung und Positionierung – die Überprüfung ist, ob das DRG-Fallpauschalen-System für die konkrete NUB-Methode schon eine sachgerechte Abrechnung ermöglicht, oder ob sich noch nicht alle entstehenden Kosten durch die schon bestehenden Abrechnungsziffern abbilden lassen.

Prägend für das Verfahren der Methodenbewertung des G-BA ist, dass es sich um ein formalisiertes Verfahren handelt, das in drei Schritte gegliedert werden kann: Die

445 http://www.g-ba.de/institution/sys/glossar/buchstabe/m/#details/94:204:205, abgerufen am 02.02.2014.

446 Ihle in: jurisPK-SGB V, 2. Aufl. 2012, § 135 SGB V Rn. 10.

447 Vgl. Vießmann, in Spickhoff (Hrsg.) Medizinrecht, SGB V, § 135 Rn. 16; Vgl. Flint in Hauck/Noftz (Hrsg.), SGB V K § 135 Rn. 66 ff.

448 Ausführlich hierzu unter E.

Materialsammlung, die Klassifizierung des Materials nach Evidenzklassen[449] und die anschließende Qualitätsbewertung i.e.S. Charakteristisch ist, dass die Bewertung des Nutzens sowie der medizinischen Notwendigkeit gem. Kapitel 2, §7 Abs. 1VerfO in der Regel sektorübergreifend erfolgen, während die Bewertung der Wirtschaftlichkeit sowie eine Bewertung der spezifischen Notwendigkeit im Versorgungskontext sektorspezifisch erfolgt. Daneben ist charakteristisch, dass der G-BA nicht selber Studien durchführt, sondern auf den Grundlagen der evidenzbasierten Medizin die Erkenntnisse der aktuellen Studienlage „bewertet".[450] Zimmermann beschreibt das Verfahren der Methodenbewertung daher als „Bewertung des Meinungsbildes des zu einer Methode verfügbaren wissenschaftlichen Materials"[451].

In einem aktuellen Urteil[452] hat das BSG den sektorübergreifenden Ansatz der Nutzenbewertung erneut bekräftigt, indem es ausführte, die Erkenntnisse aus Verfahren nach § 135 SGB V und § 137 c SGB V könnten geeignet sein, sektorenübergreifend zu wirken. So habe der erkennende Senat bereits betont, dass es keinen durchgreifenden Bedenken begegnete, Beurteilungen des G-BA aus dem Bereich der vertragsärztlichen Versorgung im Rahmen des § 135 Abs. 1 SGB V auch für die Bewertung von Untersuchungs- und Behandlungsmethoden im Bereich der stationären Behandlung heranzuziehen, wenn diese Beurteilungen gebietsübergreifende Aussagen beinhalten. Sie seien mithin zu berücksichtigen, wenn sie sachliche Geltung nicht nur für die Behandlung in ambulanter, sondern auch in stationärer Form beanspruchten, etwa weil das aufbereitete wissenschaftliche Material generelle Bewertungen enthalte. Das müsse naturgemäß auch in umgekehrter Richtung gelten: Einschlägige Erkenntnisse aus einem Verfahren nach § 137 c SGB V seien auch im Rahmen des § 135 Abs. 1 SGB V zu nutzen.[453]

Zuständig für die Durchführung des Bewertungsverfahrens von NUB-Methoden ist der Unterausschuss Methodenbewertung, der gem. Kapitel 2, § 7 Abs. 2 VerfO für die Durchführung der Bewertung pro zu bewertender NUB-Methode eine „themenbezogene Arbeitsgruppe" beauftragt. Diese muss gem. Kapitel 2, § 8 Abs. 1 VerfO aufgrund eigener Recherche – im Sinn eines Amtsermittlungsgrundsatzes –, ggf. gem. Kapitel 2, § 8 Abs. 1, 2 VerfO bei Bedarf unter Einbeziehung des IQWiG oder

---

449 Die vom G-BA in Kapitel 2, § 11 VerfO verwendeten Skalen orientieren sich an der Klassifizierung, die zunächst vom Oxford Center for Evidence-based Medicine entwickelt wurden (Zimmermann, Der Gemeinsame Bundesausschuss, S. 285). Der G-BA behält sich aber vor Studien, auf die er im Rahmen der Methodenbewertung zurück greift, unabhängig von deren Klassifizierung durch Dritte selber neu zu klassifizieren, was teilweise sehr kritisiert wird.

450 Ausführlich zu der Durchführung des Bewertungsverfahrens Kapitel 2. Abschnitt 3 der VerfO sowie in Auseinandersetzung hiermit Zimmermann, Der Gemeinsame Bundesausschuss, S. 263 ff; vgl. auch Roters in Kasseler Kommentar (EL 78) § 135 Rn. 9.

451 Vgl. Zimmermann, Der Gemeinsame Bundesausschuss, S. 257.

452 BSG Urteil vom 07.05.2013 – B 1 KR 44/12 R („adjutante HBO-Therapie").

453 BSG Urteil vom 07.05.2013 – B 1 KR 44/12 R („adjutante HBO-Therapie") Rn. 25.

einer anderen fachlich unabhängigen wissenschaftlichen Institution gem. Kapitel 1, §§ 15 ff. VerfO, sektorübergreifend den Nutzen[454] und die medizinische Notwendigkeit[455] sowie die sektorspezifische Notwendigkeit der NUB-Methode und Wirtschaftlichkeit[456] überprüfen, um aufgrund der Basis der hierdurch insgesamt gewonnenen Erkenntnisse eine umfassende Abwägung vorzunehmen. Die Arbeitsgruppe hat über alle Einzelschritte sowie über den Abwägungsprozess Berichte zu erstellen und dem Unterausschuss einen abschließenden Beschlussvorschlag zu machen.

Obwohl folglich entscheidende (vorbereitende) inhaltliche Arbeit von den themenbezogenen Arbeitsgruppen geleistet wird, trifft die VerfO keine Regelung hinsichtlich deren Besetzung und mögliche Teilnahme- oder Stellungnahmerechten Dritter in den Arbeitsgruppensitzungen.

6.1.9.5 Einbindung externer Sachverständiger in das Bewertungsverfahren

Um sich von den Vorarbeiten für „Empfehlungen" zu entlasten[457], die die Aufnahme neuer Methoden in den Leistungskatalog bzw. deren Ausschluss aus dem Leistungskatalog betreffen, kann der G-BA das Institut für Qualität und Wirtschaftlichkeit im Gesundheitswesen (IQWiG)[458] im Rahmen des von ihm durchgeführten Bewertungsverfahrens „einschalten".

---

454 Gem. Kapitel 2, § 10 Abs. 2 Nr. 1 VerfO wird der Nutzen einer diagnostischen und/oder therapeutischen Leistungen insbesondere auf der Basis von folgenden Unterlagen überprüft: a) Unterlagen zum Nachweis der Wirksamkeit bei den beanspruchten Indikationen, b) Unterlagen zum Nachweis der therapeutischen Konsequenz einer diagnostischen Methode, c) Unterlagen zur Abwägung des Nutzens gegen die Risiken, d) Unterlagen zur Bewertung der erwünschten und unerwünschten Folgen (outcomes) und e) Unterlagen zum Nutzen im Vergleich zu anderen Methoden gleicher Zielsetzung.

455 Gem. Kapitel 2, § 10 Abs. 2 Nr. 2 VerfO erfolgt die Überprüfung der medizinischen Notwendigkeit einer diagnostischen und/oder therapeutischen Methoden insbesondere auf der Basis von folgenden Unterlagen: a) Unterlagen zur Relevanz der medizinischen Problematik, b) Unterlagen zum Spontanverlauf der Erkrankung und c) Unterlagen zu diagnostischen oder therapeutischen Alternativen.

456 Gem. Kapitel 2, § 10 Abs. 2 Nr. 3 VerfO erfolgt die Überprüfung der Wirtschaftlichkeit einer diagnostischen und/oder therapeutischen Methode insbesondere auf der Basis von folgenden Unterlagen: a) Kostenschätzung zur Anwendung beim einzelnen Patienten oder Versicherten, b) Kosten-Nutzen-Abwägung in Bezug auf den einzelnen Patienten oder Versicherten, c) Kosten-Nutzen-Abwägung in Bezug auf die Gesamtheit der Versicherten, auch Folgekosten-Abschätzung, und d) Kosten-Nutzen-Abwägung im Vergleich zu anderen Methoden.

457 Hauck, Ernst; Medizinischer Fortschritt im Dreieck IQWiG, G-BA und Fachgesellschaften: Wann wir eine innovative Therapie zur notwendigen medizinischen Maßnahme? Rechtsgrundlagen und Rechtsprechung; NZS 2007, 461, 464.

458 Vgl. hierzu ausführlich unter A.6.2.

6.1.9.6 Gesetzliche Stärkung der abschließenden Stellungnahmerechte

Durch das Versorgungsstrukturgesetz[459] wurde § 92 SGB V mit Wirkung zum 01.01.2012 um einen Absatz 7d ergänzt, der für den Richtlinienerlass bezüglich NUB-Methoden gem. §§ 135, 137c, 137e SGB V vorschreibt, dass vor der Entscheidung über diese speziellen Richtlinien aus Gründen der Spezialität der jeweiligen Materie und zur Gewährleistung einer möglichst umfassenden Erfassung des jeweiligen konkreten Sachverhaltes zusätzliche Stellungnahmen einzuholen sind. Hierdurch trifft der Gesetzgeber punktuell unmittelbare Verfahrensregelungen für das Richtlinienerlassverfahren über NUB-Methoden, obwohl er dessen Ausgestaltung ansonsten großteils ganz dem G-BA überlässt.

6.1.9.6.1 Wissenschaftliche Fachgesellschaften

Zum einen ist nunmehr zwingend den jeweils einschlägigen wissenschaftlichen Fachgesellschaften Gelegenheit zur Stellungnahme zu geben. In Kapitel 1, § 10 Abs. 2b Satz 1 VerfO wurde durch den G-BA das Kriterium der „einschlägigen wissenschaftlichen Fachgesellschaft" dahingehend konkretisiert, dass hierunter diejenigen Fachgesellschaften zu verstehen sind, in denen eine wissenschaftliche Befassung mit der zu beratenden Methode oder mit deren medizinischen Alternativen oder – insbesondere bei Untersuchungsmethoden – mit den Ergebnissen der Methode stattgefunden hat oder zu erwarten wäre. Hinsichtlich (NUB-) Methoden, die erkrankungsübergreifende oder methodenübergreifende Aspekte betreffen, ist gem. Kapitel 1, § 10 Abs. 2b Satz 3 VerfO die Arbeitsgemeinschaft der Wissenschaftlichen Medizinischen Fachgesellschaften e.V. (AWMF)[460] selber zu einer Stellungnahme aufzufordern.

6.1.9.6.2 Medizintechnik

Zum anderen räumt der Gesetzgerber neuerdings der Medizintechnik sowie insbesondere auch den jeweiligen Medizinproduktherstellern im Entscheidungsprozess über die Bewertung einer NUB-Methode eigene Teilnahmerechte ein. So ist über die Einbeziehung der wissenschaftlichen Fachgesellschaften hinaus gem. § 92 Abs. 7d Satz 1 (2. HS) SGB V bei Methoden, deren technische Anwendung maßgeblich[461] auf dem Einsatz eines Medizinprodukts beruht, auch den für die

---

459 Gesetz zur Verbesserung der Versorgungsstrukturen in der gesetzlichen Krankenversicherung (GKV-Versorgungsstrukturgesetz – GKV-VStG) vom 22.12.2011, BGBl I Nr. 70 S. 2983.

460 „In der AWMF (Arbeitsgemeinschaft der Wissenschaftlichen Medizinischen Fachgesellschaften e.V.) sind derzeit 163 wissenschaftliche Fachgesellschaften aus allen Bereichen der Medizin zusammengeschlossen. Die AWMF vertritt Deutschland im Council for International Organizations of Medical Sciences CIOMS." Informationen von der Homepage der AWMF abgerufen unter http://www.awmf.org/, zuletzt am 19.07.2013.

461 Nach Becker (Becker in: Becker/Kingreen, Kommentar zum SGB V § 137 e Rn. 10) der Fall, wenn eine bestimmte NUB ohne ein bestimmtes Medizinprodukt nicht durchgeführt werden kann.

Wahrnehmung der wirtschaftlichen Interessen gebildeten maßgeblichen Spitzenorganisationen der Medizinproduktehersteller und den jeweils betroffenen Medizinprodukteherstellern Gelegenheit zur Stellungnahme zu geben.

6.1.9.6.3 Strahlenschutzkommission

Bei Methoden, bei denen radioaktive Stoffe oder ionisierende Strahlung am Menschen angewandt werden, ist gem. § 92 Abs. 7d Satz 2 SGB V zudem der Strahlenschutzkommission Gelegenheit zur Stellungnahme zu geben.

Aufgrund des eingeräumten Stellungnahmerechts gem. § 92 Abs. 7d SGB V steht den jeweils betroffenen Fachgesellschaften sowie den jeweiligen Spitzenorganisationen der Medizinprodukthersteller und den jeweils konkret betroffenen Medizinproduktherstellern „automatisch" auch das in § 91 Abs. 9 SGB V neu eingeführte Anhörungsrecht zu.[462]

Motivation des Gesetzgebers für diese Regelung war[463], dass sichergestellt werden sollte, dass die jeweils betroffenen medizinischen und medizintechnischen Fachkreise nicht nur aufgrund der durch die VerfO vorgesehene Beteiligung am Anfang eines neuen Beratungsverfahrens miteinbezogen werden, sondern dass diese zwingend auch unmittelbar vor der abschließenden Beschlussfassung im G-BA einbezogen werden. Der Gesetzgeber erhofft sich durch die Erweiterung der Stellungnahmerechte eine erhöhte Gewähr, dass die Entscheidung des G-BA über (N)UB-Methoden auf einer fachlich fundierten und die realen Versorgungsaspekte berücksichtigenden Grundlage getroffen wird.[464]

Neben diesem hierdurch erhofften fachlichen Diskurs soll die Transparenz der Entscheidungen des G-BA sowie das Verständnis für die Entscheidungen und ihre Akzeptanz[465] zudem dadurch erhöht werden, dass gem. § 92 Abs. 7d Satz 3 SGB V die aufgrund der Neuregelung eingeholten Stellungnahmen der medizinischen und medizintechnischen Fachkreise ausdrücklich in die Entscheidung über den Richtlinienerlass mit einzubeziehen sind. Der Gesetzesbegründung zufolge soll sich diese „Einbeziehung" durch eine in den beschlussbegründenden Unterlagen des G-BA zu dokumentierenden Auseinandersetzung mit den fachlichen Stellungnahmen widerspiegeln[466].

6.1.9.7 Stellungnahme

Durch das Versorgungsstrukturgesetz wurde insbesondere die (offizielle) Stellung der Medizintechnikhersteller im Rahmen des Bewertungsverfahrens unmittelbar auf gesetzlicher Ebene, im SGB V, sehr gestärkt. Dies mag überraschen, da diese „Gruppe" dadurch im Bewertungsverfahren eine viel größere Rolle und Bedeutung

462 BTDrs. 17/6906 S. 113.
463 BTDrs. 17/6906 S. 113.
464 BTDrs. 17/6906 S. 113.
465 BTDrs. 17/6906 S. 113.
466 BTDrs. 17/6906 S. 113.

bekommt, als bisher. Jedoch sollte und kann die Bewertung einer auf hoch spezialisierten medizintechnischen Geräten beruhenden NUB-Methode nicht ohne alle Detailkenntnisse über die jeweiligen medizintechnischen Geräte und Produkte erfolgen. Diesbezüglich verfügen die Hersteller über das unmittelbarste, höchste und detaillierteste Fach- und Sachwissen, das vom G-BA im Rahmen des Bewertungsverfahrens genutzt werden sollte.[467]

Darüber hinaus ist davon auszugehen, dass die Medizintechnikhersteller (auch) ohne die ihnen jetzt eingeräumten offenen Beteiligungsrechte viel Energie darauf verwendet haben und verwenden werden, ihr Wissen weiterzugeben, ihre Interessen zu vertreten und Einfluss auf die Verbreitung und die positive Bewertung der auf ihrem Produkt beruhenden NUB-Methode zu nehmen – bestenfalls aus inhaltlicher Überzeugung von dem positiven Nutzen der auf ihrem Produkt beruhenden NUB-Methode und nicht nur wegen des wirtschaftlichen sehr großen unmittelbaren Eigeninteresses an der Verbreitung und Refinanzierung ihres Produktes. Die den Herstellern nun eingeräumten unmittelbaren Beteiligungsrechte sind diesbezüglich aus rechtsstaatlichen Gesichtspunkten auch im Sinne der Transparenz und des „Drittschutzes" positiv zu bewerten, da ein offenes Beteiligungssystem besser ist, als eine ausschließliche „verdeckte" Beteiligung „durch Dritte", mittels Lobbyismus.

Zudem können Medizintechnikhersteller beispielsweise durch eine Verbotsentscheidung des G-BA gem. § 137 c SGB V ggf. unmittelbar in eigenen Rechten, insbesondere auch ihrem Recht auf Berufsfreiheit i.S.d. Art. 12 Abs. 1 GG, betroffen sein, weswegen es im Sinne der Gewährleistung eines rechtsstaatlichen Grundsätzen entsprechenden Verfahrens sachgerecht und erforderlich ist, ihnen auf Verfahrensebene Rechtsschutz durch eigene Beteiligungsrechte zu ermöglichen.

6.1.9.8 Abschließende Entscheidung und Veröffentlichung

Die Entscheidung des G-BA ist insgesamt eine final ausgerichtete, wertende Entscheidung, deren Abwägungsmaßstäbe der G-BA im Rahmen der gesetzlichen Vorgaben selber festlegt.[468] Gem. Kapitel 2, §14 Abs. 1, Kapitel 1, § 6 VerfO i.V.m.

---

467 Zum Thema des Verhältnisses des G-BA zur Medizintechnikindustrie Hess im Jahr 2008; Die Regelung der Gesundheitsversorgung durch den Gemeinsamen Bundesausschuss; in: Seewald, Otfried; Schoefer, Hartmut (Hrsg.); Zum Wert unserer Gesundheit, Der Arzt zwischen Rationierung und Rationalisierung, S. 89, 101: „Die Industrie ist für den G-BA kein Feindbild. Wir brauchen innovative Produkte zur Verbesserung der Qualität der Versorgung, aber die Industrie muss sich selbstverständlich einer evidenzorientierten Bewertung stellen. Man muss in dieser Diskussion offen miteinander umgehen: Wenn wir von der Industrie Studien einfordern, hat die Industrie einen Anspruch zu erfahren, was mit diesen Studien geschieht, was mit diesen Studien gemacht wurde, wie sie bewertet sind warum und aus welchen Gründen sie abgelehnt wurden. Das ist nach meiner Überzeugung ein fairer Umgang und das muss ich der Industrie im Übrigen auch schon deshalb geben, damit ich von ihr auch diese Unterlagen bekomme."

468 Vießmann in Spickhoff (Hrsg.) Medizinrecht, SGB V, § 135 Rn. 16.

§§ 9 ff. GO-G-BA entscheidet das Plenum abschließend über das Ergebnis des Bewertungsverfahrens (§§ 137 c, 137 e SGB V) oder seine befristete Aussetzung. Eine Aussetzung des Verfahrens kommt insbesondere in Betracht, wenn hinsichtlich einer Methode nach Einschätzung des G-BA aufgrund der aktuellen Studienlage noch keine ausreichende Evidenz vorliegt, aber zu erwarten ist, dass in naher Zukunft der Nachweis des klinischen Nutzens mittels entsprechender Studien geführt werden kann. Seit der Gesetzesänderung durch das Versorgungsstrukturgesetz wurden die Hürden für einen Ausschluss einer Methode aus dem Leistungsspektrum der gesetzlichen Krankenkassen insofern erhöht, als seitdem gem. § 91 Abs. 7 Satz 3 SGB V Beschlüsse, die nicht allein einen der Leistungssektoren betreffen und die zur Folge haben, dass eine bisher zulasten der Krankenkassen erbringbare Leistung zukünftig nicht mehr zu deren Lasten erbracht werden darf, einer Mehrheit von neun Stimmen bedürfen. Ausreichend ist hierfür somit nicht mehr die einfache Mehrheit i.S.d. § 91 Abs. 7 Satz 1 SGB V, sondern es bedarf einer qualifizierten Mehrheit. Diese ist jedoch nur erforderlich, wenn die beiden genannten Kriterien kumulativ vorliegen. Alleine eine Ausschlussentscheidung i.S.d. § 137 c SGB V ohne sektorübergreifende Relevanz löst damit nicht das Erfordernis der qualifizierten Mehrheit aus. Die Hürde für den Ausschluss einer konkreten Methode wurde bezogen auf den stationären Sektor zudem dadurch erhöht, als hier gem. §§ 137 c Abs. 1 Satz 3, 137 e SGB V kein Ausschluss erfolgen darf, sondern grundsätzlich eine Richtlinie zur Erprobung zu ergehen hat, wenn der G-BA zu dem Ergebnis kommt, dass zwar der Nutzen noch nicht hinreichend belegt ist, die Methode jedoch das Potenzial einer erforderlichen Behandlungsalternative bietet. Gemäß Kapitel 1, 2. Abschnitt § 7 Abs. 2 Satz 1 VerfO werden Richtlinien und sonstige unmittelbar verbindliche Entscheidungen anschließend im Bundesanzeiger und im Internet sowie je nach Thematik und Möglichkeit in den Zeitschriften „Deutsches Ärzteblatt“, „Das Krankenhaus“ und Zahnärztliche Mitteilungen“ veröffentlicht. Gem. Kapitel 1, 2. Abschnitt § 7 Abs. 2 Satz 2 VerfO ist die Veröffentlichung im Bundesanzeiger die maßgebliche Fassung.

6.1.10 Stellungnahme

Der G-BA hat für das Gesundheitswesen in Deutschland eine inhaltlich sehr prägende Funktion. Bezeichnungen wie „eigentlicher Gesetzgeber“ oder kleines Gesundheitsministerium“ sind daher nachvollziehbar. Aber aufgrund der hohen Spezialität der Materie gerade in Bezug auf die Nutzenbewertung von NUB-Methoden und die große Anzahl an zu treffender Entscheidungen erscheint die Delegation dieser nicht unwesentlichen Aufgabe seitens des parlamentarischen Gesetzgebers auf den G-BA sachlich gerechtfertigt und funktionell und ihre Ausgestaltung auch in rechtlicher Hinsicht nicht mehr grundsätzlich zu beanstanden. Aufgrund der Reformen der letzen Jahre wurden gerade auch aus rechtsstaatlichen verfahrensrechtlichen Gesichtspunkten erhebliche Verbesserungen erzielt[469], beispielsweise

469 Vießmann in Spickhoff Medizinrecht, SGB V § 135 Rn. 30 h, spricht dem G-BA immer noch die erforderliche demokratische Legitimation zur verbindlichen Entscheidung gegenüber den Versicherten ab.

durch die Konkretisierung der organisatorischen Vorgaben auf gesetzlicher Ebene, das Erfordernis der Ausarbeitung einer VerfO und einer GO, die der Genehmigung des Bundesministeriums für Gesundheit bedürfen sowie die gesetzlich klar definierten Aufgabenbereiche. Auch die Einbindung unparteiischer Mitglieder, das Anwesenheits- und Antragsrecht der Patientenvertreter und die Stärkung der Beteiligungsrechte der jeweils von den einzelnen Entscheidungen betroffenen Medizinprodukthersteller in die Nutzenbewertungsverfahren, führen dazu, dass die Übertragung aus Legitimationsgesichtspunkten nicht mehr grundsätzlich zu beanstanden ist und das Verfahren auch aus rechtsstaatlichen Gesichtspunkten im Hinblick auf Transparenz und Beteiligungsmöglichkeiten deutlich verbessert wurde. Auch Hauck kommt unter der Überschrift „Der Gemeinsame Bundesausschuss (G-BA) – ein unbequemes Kind unserer Verfassungsordnung?“ zu dem Ergebnis, dass sich der G-BA insgesamt als eine vor der Verfassung hinreichend zum Erlass von Richtlinien zur Feinsteuerung des Versorgungsniveaus der GKV legitimierte Einrichtung gemeinsamer funktionaler Selbstverwaltung erweist, in diesem Sinne also ein legitimes Kind unserer Verfassungsordnung[470] sei.

Zudem fällt das Bemühen des G-BA um Transparenz durch entsprechende Regelungen in der VerfO und eine starke Internetpräsenz[471] sehr positiv auf, auch wenn dieses großteils weiterhin nur durch die Fachleute wahrgenommen werden wird, während der G-BA für den Großteil der Bevölkerung weiterhin der „große Unbekannte“[472] bleibt.

Nicht unproblematisch ist weiterhin, dass der Großteil der inhaltlich entscheidenden Arbeit in den Ausschüssen erfolgt, die jedoch nicht öffentlich tagen und die Tatsache, sowie dass den Vertretern der Patienteninteressen trotz unmittelbarer Bindung der Patienten an die Beschlüsse des G-BA i.S. des Normkonkretisierungskonzepts des BSG bisher kein Mitentscheidungsrecht haben.

Auch zeigt die Tatsache, dass der G-BA im Januar 2013 ein ganzes Rechtssymposium dem Thema der „Begründungspflichten des Gemeinsamen Bundesausschusses“[473] widmete, dass die in ihrer rechtlichen Einordnung nicht den bisherigen Kategorien (Einzelfallregelung oder abstrakt generelle Regelung) zuordenbare „Richtlinien“ des G-BA aus rechtlicher Sicht weiterhin eine „hohe rechtliche Brisanz“[474] und aus rechtsstaatlicher Perspektive eine große Herausforderung bergen.

---

470 Hauck, Der Gemeinsame Bundesausschuss (G-BA) – ein unbequemes Kind unserer Verfassungsordnung? NZS 2010, 600, 612.

471 Siehe unter: www.g-ba.de, abgerufen am 18.10.2013.

472 Kingreen, Verfassungsrechtliche Grenzen der Rechtssetzungsbefugnis des gemeinsamen Bundesausschusses im Gesundheitsrecht, NJW 2006, 877.

473 „Begründungspflichten des Gemeinsamen Bundesausschusses“ Rechtssymposium am 16. Januar 2013 in Berlin.

474 So Josef Hecken, unparteiischer Vorsitzender des G-BA, im Einladungsflyer zum Symposium des G-BA.

6.2 Das IQWiG[475]

Im Rahmen des Bewertungsverfahrens von NUB-Methoden spielt das Institut für Qualität und Wirtschaftlichkeit im Gesundheitswesen (IQWiG) eine zentrale Rolle[476], da seine Einschätzungen – ähnlich der Auswirkung der „Information" des InEK im NUB-Verfahren für die NUB-Entgeltverhandlungen gem. § 6 Abs. 2 Satz 1 KHEntgG – aufgrund der hohen Sachnähe und Spezialisierung des Instituts von großer ausschlaggebender und durchschlagender Wirkung auf die abschließende Beschlussfassung des G-BA sind[477].

6.2.1 Rechtsgrundlage

Der Gesetzgeber hat in § 139 a Abs. 1 Satz 1 SGB V die gesetzliche Grundlage für die Gründung des „Instituts für Qualität und Wirtschaftlichkeit im Gesundheitswesen" (IQWiG) geschaffen. Nach der Vorstellung des Gesetzgebers soll das IQWiG ein fachlich unabhängiges, rechtsfähiges, wissenschaftliches Institut sein, das durch den G-BA gegründet wird. Durch seine Tätigkeit soll eine wissenschaftliche Aufbereitung des aktuellen medizinischen Wissensstandes zu den für den G-BA maßgeblichen wissenschaftlichen Fragestellungen und eine darauf basierende Ausarbeitung von Bewertungen und Stellungnahmen zu Qualität und Wirtschaftlichkeit der medizinischen Versorgung gewährleistet werden[478]. Zudem war Motivation und Zweck seiner Gründung eine von Industrieinteressen möglichst unabhängige medizinische und gesundheitsökonomische Bewertung von Kassenleistungen – und solchen, die es werden wollen bzw. sollen.[479]

---

475 Um aufgrund der gleichlautenden Benennung der Stiftung IQWiG sowie ihrer Einrichtung IQWiG Missverständnisse zu vermeiden wird im Folgenden entweder nur von „der Stiftung" gesprochen, oder von dem „IQWiG", womit die Einrichtung gemeint ist.

476 Ausführliche Auseinandersetzung mit dem IQWiG bei Scriba, Die Arzneimittelbewertung des Instituts für Qualität und Wirtschaftlichkeit im Gesundheitswesen.

477 Beispiele: Juli 2005: Der G-BA fällt die erste Richtlinienentscheidung aufgrund eines IQWiG-Berichts (zu kurzwirksamen Insulinanaloga bei Typ-2-Diabetes). Mai 2008: Der G-BA entscheidet aufgrund der Empfehlung des IQWiG, dass die stationäre Behandlung einer allogenen Stammzelltransplantationen mit nichtverwandtem Spender bei schwerer aplastischer Anämie weiterhin von der Gesetzlichen Krankenversicherung (GKV) übernommen wird. September 2008: Der G-BA entscheide aufgrund der Empfehlung des IQWiG, dass die Hyperbare Sauerstofftherapie (HBO) für die stationäre Behandlung von Brandwunden und idiopathische Femurkopfnekrosen zukünftig nicht mehr von den Gesetzlichen Krankenkassen erstattet wird. Informationen von der Homepage des IQWiG, abgerufen am 24.07.2013 unter https://www.iqwig.de/de/ueber_uns/zeitleiste.3252.html.

478 Hess in: Kasseler Kommentar zum Sozialversicherungsrecht (77. EGL 2013), § 139 a SGB V Rn. 2.

479 Vgl. BTDrs. 15/1525, S. 127.

6.2.2 *Errichtung und Rechtsform*

Der G-BA ist dem gesetzlichen Auftrag das IQWiG zu gründen im Jahr 2004[480] nachgekommen. Wie in § 139 a Abs. 1 Satz 2 SGB V angeregt, wurde hierzu vom G-BA eine Stiftung des privaten Rechts, die „Stiftung für Qualität und Wirtschaftlichkeit im Gesundheitswesen" errichtet, deren Zweck gem. § 2 ihrer Satzung[481] die Förderung von Wissenschaft und Forschung sowie die Förderung des öffentlichen Gesundheitswesens ist.[482] Nach der gesetzlichen Konzeption soll der G-BA gem. § 139 a Abs. 1Satz 2 SGB V – unabhängig von Organisation des IQWiG – dauerhaft dessen Träger sein.[483] Die Stiftungssatzung ist daher, soweit durch ihre Regelung in § 1 Satz 1 Stiftungssatzung die Trägerschaft des IQWiG vom G-BA auf die Stiftung übertragen wird, gesetzeswidrig und nichtig[484]. Das wissenschaftliche Institut „IQWiG" ist organisatorisch gem. § 4 Abs. 2 der Stiftungssatzung eine „Einrichtung" der Stiftung, die (Einrichtung) unter verantwortlicher wissenschaftlich unabhängiger Leitung steht.

6.2.3 *Organisation der Stiftung*

Organe der Stiftung sind gem. § 4 Abs. 1 der Stiftungssatzung der Stiftungsrat (§ 5 Stiftungssatzung) und der Vorstand (§ 6 Stiftungssatzung) sowie ausschließlich[485] für Beschlüsse zu Änderungen der Satzung und Aufhebung der Stiftung, der G-BA.

Die Mitglieder des Stiftungsrates (12) und des Vorstandes (5) setzen sich je paritätisch aus Vertretern der Leistungserbringer, jeweils benannt durch ihre Bundesverbände (DKG, KBV, KZBV), und des Spitzenverbandes Bund der Krankenkassen zusammen. Im Vorstand ist zudem ein vom Bundesministerium für Gesundheit benanntes Mitglied vertreten. Dem Stiftungsrat gehört darüber hinaus der Vorsitzende des G-BA als beratendes Mitglied ohne Stimmrecht an.

Der Vorstand ist gem. § 6 Abs. 2 der Stiftungssatzung für die Erledigung der laufenden Geschäfte zuständig. Da das IQWiG (bisher) über keine die internen Abläufe regelnde Geschäftsordnung oder Verfahrensordnung verfügt, ist die dem Vorstand darüber hinaus übertragene Aufgabe der Aufsichtsführung über die Institutsleitung des IQWiG von nicht unerheblicher Bedeutung. Die Stiftungssatzung führt hierzu in § 6 Abs. 2 Satz 2 der Stiftungssatzung weiter aus: „Dazu beschließt er [der Vorstand]

---

480 Die Gründung erfolgte am 16.04.2004.

481 Stiftungssatzung der Stiftung für Qualität und Wirtschaftlichkeit im Gesundheitswesen in der Fassung vom 17.01.2013, Änderung der Satzung genehmigt am 17.06.2013.

482 Informationen von der Homepage des IQWiG abgerufen am 24.07.2013 unter https://www.iqwig.de/de/ueber_uns/aufgaben_und_ziele/satzung_der_stiftung.3334.html.

483 Vgl. BTDrs. 15/1525, 127.

484 v. Dewitz in: Beck OK Sozialrecht § 139 a Rn. 9.

485 Hess in: Kasseler Kommentar zum Sozialversicherungsrecht (77. EGL 2013), § 139 a SGB V Rn. 4.

nach Abstimmung mit der Institutsleitung die erforderlichen Grundsätze insbesondere für die Organisationsstruktur des Instituts, einen regelmäßigen Nachweis der Mittelverwendung, die Genehmigungspflicht bestimmter einen definierten Rahmen übersteigender Rechtsgeschäfte (Näheres hierzu wird in einer Geschäftsordnung des Instituts[486] geregelt), für die Vergabe externer Aufträge und deren Vergütung sowie für die Anstellungsbedingungen der Institutsmitarbeiter." Ausdrücklich weist die Stiftungssatzung den Vorstand in § 6 Abs. 5 der Stiftungssatzung darauf hin, dass er bei all seinen Entscheidungen die wissenschaftliche und fachliche Unabhängigkeit des Instituts zu beachten hat.

6.2.4 Struktur des IQWiG i.e.S.[487] – Das „Institut IQWiG"

Das IQWiG ist – trotz mittelbarer Trägerschaft durch den G-BA – ein personell und fachlich unabhängiges wissenschaftliches Institut[488], das als „institutionalisierte Wissensbasis"[489] mehr Rationalität in das Leistungsgeschehen der gesetzlichen Krankenversicherung transferieren soll[490]. Bisher verfügt es für die Regelung seiner Struktur lediglich über die Stiftungssatzung. Eine Geschäftsordnung oder eine Verfahrensordnung, die nach außen mehr Transparenz über die interne Organisation, die Aufgabenverteilung sowie die Arbeitsabläufe gerade in Bezug auf die wissenschaftliche Arbeit schaffen könnten, wurde trotz anderer öffentlicher Ankündigung durch die Institutsleitung[491] und Voraussetzung ihrer Existenzen bzw. „Ankündigung" durch die Formulierungen der Stiftungssatzung[492] bisher (noch) nicht erlassen. Nach Einschätzung von Dierks (et al)[493] ergibt sich alleine aus dieser Tatsache noch keine unmittelbare (automatische) rechtliche Anknüpfung für die rechtliche Beanstandung der Arbeit des IQWiG, da die interne Arbeitsorganisation lediglich stiftungsinterne Angelegenheiten beträfe.

Dem kann nicht uneingeschränkt gefolgt werden, da die „Ergebnisse" der internen Arbeit, die vom IQWiG erteilten Empfehlungen i.S.d. § 139 b Abs. 4 SGB V, keinesfalls nur stiftungsinterne Angelegenheiten betreffen. Sondern aufgrund der hohen Spezialisierung und Sachnähe des IQWiG haben sie erhebliche tatsächliche Auswirkung auf die Entscheidung des G-BA und somit beispielsweise auf die

486 Bisher zumindest nicht veröffentlicht.

487 Ausführlich hierzu: Dierks, Nitz, Grau, Mehlitz, IQWiG und Industrie – Rechtliche Fragen zum Institut für Qualität und Wirtschaftlichkeit im Gesundheitswesen.

488 Zimmermann, Der Gemeinsame Bundesausschuss, S. 35.

489 Wallrabenstein in: Becker/Kingreen (Hrsg.), SGB V, § 139 a Rn. 8.

490 Engelmann in Schlegel/Voelzke (Hrsg.), jurisPK-SGB V, § 139 a Rn. 2.

491 Dierks, Nitz, Grau, Mehlitz, IQWiG und Industrie – Rechtliche Fragen zum Institut für Qualität und Wirtschaftlichkeit im Gesundheitswesen, S. 7.

492 Siehe Formulierung der aktuellen Stiftungssatzung: § 6 Abs. 2 Satz 2; § 7 Abs. 5 Satz 5 Stiftungssatzung.

493 Dierks, Nitz, Grau, Mehlitz, IQWiG und Industrie – Rechtliche Fragen zum Institut für Qualität und Wirtschaftlichkeit im Gesundheitswesen, S. 7.

tatsächliche Verbreitung einer NUB-Methode und die Absatzchancen eines Medizinproduktes oder eines neuen Arzneimittels (§§ 35 a ff SGB V), auf dem die NUB-Methode i.S.d. § 92 Abs. 7 d SGB V „beruht", auf dem deutschen öffentlichen Gesundheitsmarkt. Aus diesem Grund ist auch schon die interne Arbeitsorganisation nicht alleine „stiftungsinterne Angelegenheit", sondern ist beispielsweise die Beteiligung der von den Empfehlungen des IQWiG Betroffenen i.S.d. § 139 a Abs. 5 SGB V am Verfahrens- und Entscheidungsprozess des IQWiG aus rechtsstaatlichen Gesichtspunkten nicht optional, sondern erforderlich. Auch führt aus diesem Grund ein rechtswidriges Unterlassen des IQWiG zur Angreifbarkeit der entsprechenden Entscheidungen durch die in ihren subjektiven, öffentlich-rechtlichen Beteiligungsrechten verletzen Betroffenen.

Das Fehlen einer transparenten, veröffentlichten Geschäfts- und insbesondere Verfahrensordnung stellt daher aus rechtsstaatlichen Gesichtspunkten ein erhebliches Defizit dar, das – auch im Sinne einer möglichst hohen Akzeptanz der Empfehlungen des IQWiG – behoben werden sollte.

6.2.4.1 Kuratorium und Wissenschaftlicher Beirat

Dem „Institut" (§ 7 Stiftungssatzung) IQWiG stehen als beratende Gremien das Kuratorium (§ 8 Stiftungssatzung) und der Wissenschaftliche Beirat (§ 9 Stiftungssatzung) zur Seite. Während der aus vom Vorstand bestellten Wissenschaftlern zusammengesetzte „Wissenschaftliche Beirat" der Institutsleitung des IQWiG auf Veranlassung in grundsätzlichen Fragen gem. § 9 Abs. 4 Stiftungssatzung beratend zur Seite stehen soll, bekommen die 30 Vertreter des Kuratoriums gem. § 8 Abs. 3 Stiftungssatzung in der Regel nach einer vom IQWiG dem G-BA abgegebenen „Empfehlung von grundsätzlicher Bedeutung" die Möglichkeit zur schriftlichen Stellungnahme.[494] Welche Aspekte in diesem Zusammenhang ausschlaggebend für die Einstufung einer Empfehlung als „Empfehlung von grundsätzlicher Bedeutung" sind, wird durch die Stiftungssatzung nicht konkretisiert. Das Kriterium überrascht „begrifflich" insbesondere aus dem Grund, als das IQWiG gem. § 139 a Abs. 3 SGB V grundsätzlich nur in Fällen „von grundsätzlicher Bedeutung" tätig werden soll.

6.2.4.2 Institutsleitung

Die Leiterin bzw. der Leiter es IQWiG, der gem. § 7 Abs. 5 Stiftungssatzung insbesondere die wissenschaftliche Aufgabendurchführung sowie den Haushalt des IQWiG verantwortet, wird gem. § 7 Abs. 2 Satz 1 Stiftungssatzung auf Vorschlag des Stiftungsrates vom Vorstand zeitlich befristet mit der Möglichkeit der Wiederbestellung bestellt. Sie/Er muss nach den Regelungen der Stiftungssatzung über eine

494 In den Fällen des § 8 Abs. 4 Stiftungssatzung ist den im Kuratorium vertretenen Repräsentanten der Patientinnen und der Patienten sowie dem Beauftragten der Bundesregierung für die Belange der Patienten ausnahmsweise vor Abgabe der Empfehlung durch das IQWiG Gelegenheit zur Stellungnahme im Rahmen einer Anhörung zu geben.

der Bedeutung der Aufgaben des Instituts entsprechende hohe wissenschaftliche Reputation und Erfahrung in der Leitung von wissenschaftlichen und/oder klinischen Einrichtungen verfügen. Sie/Er trägt die inhaltliche Verantwortung der vom IQWiG durchzuführenden Aufgaben. Ihre/Seine Bestellung hat aufgrund ihrer/seiner mächtigen Position[495] gem. § 139 a Abs. 2 Satz 1 SGB V „im Einvernehmen" und nicht lediglich „im Benehmen" mit dem Bundesministerium für Gesundheit zu erfolgen.[496] Von Dewitz sieht die Institutsleitung daher erheblichen politischen Einflüssen ausgesetzt, die je nach Ausrichtung der/des Leiter/in zu einer mehr oder weniger starken Stellung des IQWiG gegenüber anderen Interessenträgern im Gesundheitswesen führen kann.[497]

6.2.4.3 Wissenschaftliches Personal

Das wissenschaftliche Personal, das die eigentlich entscheidende inhaltliche Arbeit durchführt und somit großen inhaltlichen Einfluss auf die dem G-BA schließlich vom IQWiG gegebenen „Empfehlungen" hat, wird gem. § 7 Abs. 9 Stiftungssatzung von der Institutsleitung eingestellt, die auch Dienstvorgesetzter des Personals ist. Neu zu besetzende Stellen werden insbesondere auch auf der Institutshomepage öffentlich ausgeschrieben[498]. Zur Sicherung einer möglichst hohen fachlichen Unabhängigkeit des IQWiG sieht § 139 a Abs. 6 SGB V vor, dass die Beschäftigten vor ihrer Einstellung alle Beziehungen zu Interessenverbänden, Auftragsinstituten, insbesondere der pharmazeutischen Industrie oder der Medizinprodukteindustrie – einschließlich Art und Höhe von Zuwendungen – offen zu legen haben. Diese Regelung, die darauf abzielt mögliche Interessenkolissionen offen zu legen, ist grundsätzlich begrüßenswert. Kritisiert wurde, dass sie einerseits zu eng bzw. zu ungenau gefasst sei, da sie die Beziehungen zu öffentlichen Körperschaften und Leistungserbringern im Gesundheitswesen nicht ausdrücklich aufzählt, während sich die ausdrücklich genannten Branchen der pharmazeutischen und medizintechnischen Industrie durch die Formulierung „inkriminiert" sahen, da der Gesetzgeber durch die Art der Regelung letztlich vor allem seine Vorbehalte gegenüber der (pharmazeutischen) Industrie zum Ausdruck gebracht habe.[499] Teilweise wird kritisiert, dass die gesetzlich vorgesehene Offenlegungspflicht in zeitlicher Hinsicht nicht weit reichend genug sei, da sie ausdrücklich nur mögliche Kollisionen vor

---

495 v. Dewitz in: Rolfs/Giesen/Kreikebohm/Udsching (Hrsg.) Beck OK Sozialrecht § 139 a Rn. 11.

496 Für die fristlose/ordentliche Kündigung des Dienstverhältnisses der Institutsleitung sieht das SGB V keine ausdrückliche Beteiligung des Ministeriums für Gesundheit vor.

497 v. Dewitz in: Rolfs/Giesen/Kreikebohm/Udsching (Hrsg.) Beck OK Sozialrecht § 139 a Rn. 11.

498 Siehe https://www.iqwig.de/de/ueber_uns/jobs.2955.html, abgerufen am 25.07.2013.

499 Wallrabenstein in Becker/Kingreen (Hrsg.) SGB V, § 139 a, Rn. 26 f.

Aufnahme der Tätigkeit beim IQWiG anspricht.[500] Es erscheint selbstverständlich, dass die Offenlegung von Kollisionen zur Wahrung einer fachlich unabhängigen Arbeit auch während der Tätigkeit beim IQWiG gilt.[501] Dennoch ist eine Klarstellung auf gesetzlicher Ebene empfehlenswert.

Im Oktober 2004 nahm das IQWiG seine Arbeit mit 11 Mitarbeiterinnen und Mitarbeitern auf – seitdem ist es fast vierzehn Mal so groß und beschäftigt aktuell rund 153 Mitarbeiterinnen und Mitarbeiter.[502]

6.2.5 Die wissenschaftliche Arbeit des „Instituts IQWiG"

Nach der Vorstellung des Gesetzgebers soll das IQWiG gem. § 139 a Abs. 3 SGB V (vgl. auch § 7 Abs. 1 Stiftungssatzung) zu Fragen von grundsätzlicher Bedeutung[503] für die Qualität und Wirtschaftlichkeit der im Rahmen der gesetzlichen Krankenversicherung erbrachten Leistungen eingesetzt werden. Insbesondere soll das IQWiG zur Recherche, Darstellung und Bewertung des aktuellen medizinischen Wissensstandes zu diagnostischen und therapeutischen Verfahren, zur Erstellung wissenschaftlicher Ausarbeitungen, Gutachten und Stellungnahmen zu Fragen der Qualität und Wirtschaftlichkeit unter Berücksichtigung alters-, geschlechts- und lebenslagenspezifischer Besonderheiten sowie zu Bewertungen evidenzbasierter Leitlinien für die epidemiologisch wichtigsten Krankheiten beitragen. Hierunter fallen auch die Beauftragungen durch den G-BA im Rahmen der Bewertungsverfahren von NUB-Methoden[504]. Der Gesetzgeber hat somit in § 139 a Abs. 3 SGB V unmittelbar geregelt, welche inhaltlichen Aufgaben vom IQWiG erbracht werden sollen. Die Aufzählung ist nicht abschließend. Aus ihr wird aber exemplarisch ersichtlich, in welchen Bereichen der Gesetzgeber besonderen wissenschaftlichen Fundierungsbedarf gesehen hat.[505] Ausdrücklich hat der Gesetzgeber in § 139 a Abs. 3 Nr. 2 SGB V seinem Anliegen Ausdruck verliehen, vom IQWiG als

---

500 V. Dewitz in Rolfs/Giesen/Kreikebohm/Udsching (Hrsg.) Beck OK § 139 a SGB V, Rn. 28.

501 Es ist auch davon auszugehen, dass die Mitarbeiter aufgrund ihres jeweiligen Arbeitsvertrages zu den entsprechenden Offenlegungen zivilrechtlich verpflichtet sind.

502 Informationen von der Homepage des IQWiG (Stand 3/2013), abgerufen am 24.07.2013 unter https://www.iqwig.de/download/IQWiG_in_Zahlen.pdf.

503 Durch die Einschränkung auf die Beauftragung für „Fragen von grundsätzlicher Bedeutung" soll aufgrund der nicht endlosen Forschungskapazität eine Fokussierung auf die Klärung von Grundsatzfragen erreicht werden. Vgl. Hess in: Kasseler Kommentar zum Sozialversicherungsrecht (77. EL 2013), § 139 a SGB V Rn. 8. Der G-BA geht gem. Kapitel 1, § 15 Abs. 2 S. 2 VerfO bei Fragen von sektorübergreifender Versorgungsrelevanz in der Regel von anzunehmender „grundsätzlicher Bedeutung" aus.

504 Über § 139 a Abs. 3 Nr. 5 SGB V kann das IQWiG gerade auch im Rahmen der „frühen Nutzenbewertung" von Arzneimitteln mit neuen Wirkstoffen gem. § 35 a SGB V tätig werden.

505 Wallrabenstein in: Becker/Kingreen (Hrsg.), SGB V, § 139 a Rn. 10.

wissenschaftlich unabhängigem Institut wissenschaftlich fundierte unabhängige Informationen über alters-, geschlechts- und lebenslagenspezifische Besonderheiten zu bekommen.[506] Gem. § 7 Abs. 1 Satz 2 Stiftungssatzung soll das IQWiG den G-BA durch seine Arbeit in der Wahrnehmung seiner gesetzlichen Aufgaben unterstützen.

6.2.5.1 Beauftragung des IQWiG

Den Gesetzesmaterialen ist zu entnehmen[507], dass das IQWiG gerade auch mit der Intention gegründet werden sollte, um Innovationen im Hinblick auf deren Einbeziehung in das Leistungsspektrum zu bewerten und zu beurteilen. Das IQWiG erhält seine Aufträge gem. § 139 a Abs. 1 SGB V grundsätzlich vom G-BA. Eine unmittelbare Beauftragung durch externe Dritte, wie beispielsweise medizinische Fachgesellschaften, Patientenvertreter oder Hersteller von Medizinprodukten ist nicht vorgesehen. § 139 b Abs. 1 Satz 2 SGB V sieht jedoch vor, dass die den G-BA bildenden Institutionen sowie das Bundesministerium für Gesundheit[508] und bestimmte Vertreter der Patienteninteressen ein Recht haben, die Beauftragung des IQWiG unmittelbar beim G-BA zu beantragen. Die Beauftragung des IQWiG durch den G-BA ist ein Verwaltungsinternum, das von Dritten nicht mit Rechtsmitteln angegriffen und von Dritten auch nicht „erzwungen" werden kann.[509]

Neben der Ausführung konkreter Aufträge kann das IQWiG aufgrund des ihm von G-BA im Jahr 2004 erteilten „Generalauftrages"[510], der dem Institut insbesondere für das Patienteninformationssystem[511] und wissenschaftliche Publikationen die nötige wissenschaftliche Freiheit und Unabhängigkeit garantieren soll,[512] dessen Rechtmäßigkeit wegen seiner Unbestimmtheit aber fraglich ist,[513] auch aus Eigeninitiative Aufgaben ausführen[514].

---

506 Siehe auch Wallrabenstein in: Becker/Kingreen (Hrsg.), SGB V, § 139 a Rn. 11.

507 Fraktionsentwurf-GMG, BTDrs. 15/1525 Nr. 112.

508 Dieses kann die Bearbeitung von Aufträgen gem. § 139 b Abs. 2 SGB V auch unmittelbar beim IQWiG „beantragen".

509 So auch: Dierks, Nitz, Grau, Mehlitz, IQWiG und Industrie – Rechtliche Fragen zum Institut für Qualität und Wirtschaftlichkeit im Gesundheitswesen, S. 27.

510 Vgl. hierzu ttps://www.iqwig.de/de/ueber_uns/aufgaben_und_ziele/auftraggeber_und_finanzierung.2951.html, abgerufen am 03.08.2013.

511 Siehe hierzu: http://www.gesundheitsinformation.de.

512 Hess in: Kasseler Kommentar zum Sozialversicherungsrecht (77. EL 2013), SGB V § 139 b Rn. 3.

513 Siehe hierzu: Dierks, Nitz, Grau, Mehlitz, IQWiG und Industrie – Rechtliche Fragen zum Institut für Qualität und Wirtschaftlichkeit im Gesundheitswesen, S. 28. Sie kommen zu dem Ergebnis, dass er rechtswidrig ist, da dem IQWiG hierdurch auch ohne konkrete Einzelaufträge die Möglichkeit eingeräumt wird, tätig zu werden, was den Regelungen des §§ 139 b Abs. 1, 35b Abs. 1 SGB V widerspricht.; Wallrabenstein in: Becker/Kingreen (Hrsg.), SGB V, § 139 b Rn. 3.

514 Hierzu auch Hess in: Kasseler Kommentar zum Sozialversicherungsrecht (77. EL 2013), § 139 a SGB V Rn. 9; § 139 b Rn. 3.

Das Instrument des „Generalauftrags“ wird vom G-BA auch für die Übertragung langfristiger „Pauschalaufträge“ genutzt. So hat er dem IQWiG im Mai 2013 infolge des durch das GKV-VStG neu eingeführten § 137 e SGB V den „Generalauftrag für die Potenzialbewertung im Rahmen von Anträgen auf Erprobung von ärztlichen Untersuchungs- und Behandlungsmethoden“ erteilt[515].

6.2.5.2 *Methodische Arbeitsweise*

Das SGB V trifft punktuell Regelungen zur methodischen Arbeitsweise des IQWiG. Seit der Gesundheitsreform durch das GKV-WSG[516] schreibt § 139a Abs. 4 Satz 1 SGB V ausdrücklich vor, dass das IQWiG zu gewährleisten hat, dass die Bewertung des medizinischen Nutzens nach den international anerkannten Standards der evidenzbasierten Medizin und die ökonomische Bewertung von Methoden nach den hierfür maßgeblichen international anerkannten Standards insbesondere der Gesundheitsökonomie erfolgen muss. § 139 a Abs. 4 Satz 2 SGB V legt dem IQWiG eine Publizitätsverpflichtung auf. Um dieser nachzukommen, veröffentlicht das IQWiG seine Aufträge und Ergebnisse auf seiner Homepage[517]. Eine institutseigene Verfahrensordnung, die mit dem Ziel der Qualitätssicherung der Arbeit des IQWiG inhaltliche Regelugen zum Verfahrensablauf trifft, gibt es aber bisher nicht. § 7 Abs. 5 Satz 4 Stiftungssatzung räumt daher aufgrund eines abstrakten, dynamischen Verweises die vom G-BA aufgrund von § 91 Abs. 4 SGB V erlassenen Verfahrensregeln „soweit sie die Einbeziehung des Instituts betreffen“ unmittelbare Gültigkeit auch gegenüber den Mitarbeitern des IQWiG ein.

Dieser Verweis ist „besser als nichts“. Wenn man sich jedoch die große Bedeutung der wissenschaftlichen Empfehlungen des IQWiG für die Bewertung von NUB-Methoden und damit zugleich für deren Erstattungsfähigkeit und folglich für die Verbreitung von NUB-Methoden im stark reglementierten öffentlichen Gesundheitssektor vor Augen führt, so ist es nicht nur überraschend, sondern aus rechtsstaatlichen Gesichtspunkten nicht unbedenklich, dass es dem IQWiG nach bald zehnjähriger Tätigkeit noch nicht „gelungen“ ist, im Sinne eines transparenten Verfahrens das von ihm angewandte Bewertungsverfahren gerade hinsichtlich der für die Bewertung erforderlichen Materialien, der Einräumung von Stellungnahmerechten betroffener Dritter – wie sie § 139 a Abs. 5 SGB V gesetzlich vorsieht – sowie der Offenlegung des Bewertungsverfahrens i.e.S. in einer für alle Interessierten niederschwellig einsehbare Verfahrensordnung festzuschreiben.

---

515 http://www.g-ba.de/institution/presse/pressemitteilungen/491/, abgerufen am 03.08.2013.

516 Gesetz zur Stärkung des Wettbewerbs in der gesetzlichen Krankenversicherung (GKV-Wettbewerbsstärkungsgesetz – GKV-WSG) Vom 26. März 2007 (BGBl. I S. 378).

517 Siehe: www.iqwig.de, abgerufen am 02.08.2013.

6.2.5.3 *Methodenpapiere*

Das IQWiG hat jedoch „Methodenpapiere“ erarbeitet, die immer wieder intern überarbeitet werden. Es gibt Methodenpapiere zu den „allgemeinen Methoden“ sowie spezielle Papiere zu Themen wie der Bewertung des Kosten-Nutzen-Verhältnisses. Nach der Information der Homepage des IQWiG[518] dient das Methodenpapier „allgemeine Methoden“ dazu „die grundlegende Arbeitsweise des Instituts zu beschreiben“. Insbesondere wird in ihm dargestellt, welchen wissenschaftlichen Grundsätzen das IQWiG folgt, wie die Abfolge der einzelnen Schritte beim Erstellen der Arbeitsergebnisse aussieht, wie die Zusammenarbeit mit externen Sachverständigen abläuft und wie die Ergebnisse des IQWiG veröffentlicht werden.“ Da es sich jedoch um rein interne Papiere handelt, die jeder Zeit vom IQWiG abgeändert werden können und die weder einer präventiven noch einer nachträglichen inhaltlichen externen Kontrolle (bspw. durch den G-BA oder das Bundesministerium für Gesundheit) unterliegen, lassen die Methodenpapiere zwar das Bewertungsverfahren des IQWiG nach außen transparenter erscheinen, sind aber keine außenwirksamen rechtsverbindlichen „Normen“[519], die Dritten rechtsverbindlich Rechte einräumen und bei deren Verletzung Betroffene ggf. im Rechtsweg Drittschutz geltend machen könnten. Da das IQWiG keine Behörde i.S.d. § 1 Abs. 2 SGB X ist, und es durch seine „Empfehlungen“ auch nicht hoheitlich als Beliehener handelt[520], sind auf seine Verfahren auch die allgemeinen Regelungen, an dem gem. SGB X ein rechtsstaatliches Verwaltungsverfahren zu messen ist, nicht anwendbar.

6.2.5.4 *Einbindung externer Dritter*

Gem. § 139 a Abs. 5 SGB V „zwingt“ das Gesetz das IQWiG zu einer „Öffnung seiner Arbeit“, indem es Sachverständigen der medizinischen, pharmazeutischen und gesundheitsökonomischen Wissenschaft und Praxis, den Arzneimittelherstellern sowie Patientenvertretern in allen wichtigen Abschnitten des Bewertungsverfahrens Stellungnahmerechte einräumt und dem IQWiG ausdrücklich „auferlegt“ die eingegangenen Stellungnahmen in die Entscheidung einzubeziehen. Hierdurch soll die Transparenz des Verfahrens erhöht und die Sachgerechtigkeit und Akzeptanz der Arbeit des IQWiG gesteigert werden.[521] Anders als in § 92 Abs. 7 d SGB V wird an dieser Stelle Vertretern der Medizinproduktebranche kein ausdrücklich gesetzlich abgesichertes Stellungnahmerecht eingeräumt.

---

518 https://www.iqwig.de/de/methoden/methodenpapiere/allgemeine_methoden.3020.html abgerufen am 02.08.2013.

519 So auch Hess in: Kasseler Kommentar zum Sozialversicherungsrecht (77. EL 2013), § 139 a SGB V Rn. 5; Dierks et al, IQWiG und Industrie – Rechtliche Fragen zum Institut für Qualität und Wirtschaftlichkeit im Gesundheitswesen, S. 56.

520 Vgl. hierzu unter A.6.2.7.

521 V. Dewitz in Rolfs/Giesen/Kreikebohm/Udsching (Hrsg.) Beck OK § 139 a SGB V, Rn. 26.

§ 139 b Abs. 3 SGB V eröffnet dem IQWiG darüber hinaus die Möglichkeit zur Erledigung seiner Aufgaben wissenschaftliche Forschungsaufträge an externe Sachverständige zu vergeben, die zur Wahrung einer größtmöglichen Transparenz der Einflüsse potentieller Lobbyisten oder sonstiger Dritter, wie die Beschäftigten des IQWiG, gesetzlich verpflichtet sind, alle Beziehungen zu Interessenverbänden, Auftragsinstituten, insbesondere der pharmazeutischen Industrie und der Medizinprodukteindustrie, einschließlich Art und Höhe der Zuwendung offen zu legen. Aus der gewählten gesetzlichen Formulierung ergibt sich, dass bestehende Beziehungen nicht grundsätzlich einer Beauftragung entgegenstehen und auch nicht automatisch die fachliche und wissenschaftliche Unabhängigkeit des Betroffenen in Frage stellen.[522] Die Offenlegung soll aber ermöglichen, dass die Arbeit des entsprechenden Sachverständigen ggf. spezifisch daraufhin überprüft werden kann, ob sie einseitig und parteiisch ist.[523] Nach Einschätzung des BSG soll die Vergabe von Forschungsaufträgen gewährleisten, dass die Arbeiten des IQWiG höchsten wissenschaftlichen Anforderungen gerecht werden.[524]

6.2.6 Finanzierung

Die Grundzüge der Finanzierung des IQWiG werden auf gesetzlicher Ebene in § 139 c SGB V geregelt, wonach auf jeden abzurechnenden Krankenhausfall ein Zuschlag erhoben wird bzw. jede ambulante Rechnung um einen entsprechenden Prozentsatz erhöht wird. Die Finanzierung erfolgt daher anteilig durch den stationären wie den ambulanten Sektor. Die Zuschläge werden auf den jeweiligen Rechnungen separat ausgewiesen und gehen bezüglich der stationären Versorgung nicht in die Berechnung des für das jeweilige Krankenhaus zu vereinbarenden Gesamtbeträge und den entsprechenden Erlösausgleich ein. Die gesetzlichen Vorgaben werden gem. § 139 c Satz 3 SGB V durch jährliche Beschlüsse des G-BA zum „Systemzuschlag“ ergänzt.[525] Diese Beschlüsse des G-BA sind aufgrund ihres verbindlichen Regelungsgehaltes und ihrer unmittelbaren Außenrechtswirksamkeit nach v. Dewitz[526] als Verwaltungsakte i.S.d. Allgemeinverfügung gem. § 31 Satz 2 SGB X zu qualifizieren und unterliegen daher der sozialgerichtlichen Kontrolle im Wege der Anfechtungsklage gem. § 54 Abs. 1 (1. Alt) SGG.[527]

---

522 Vgl. Hess in: Kasseler Kommentar zum Sozialversicherungsrecht (77. EL 2013), § 139 b SGB V Rn. 10.

523 Vgl. Hess in: Kasseler Kommentar zum Sozialversicherungsrecht (77. EL 2013), § 139 b SGB V Rn. 10.

524 Vgl. BSG Urteil vom 01.03.2011 – B 1 KR 7/10 („Festbetragfestsetzung“) Rn. 78.

525 v. Dewitz in: Rolfs/Giesen/Kreikebohm/Udsching (Hrsg.) Beck OK Sozialrecht § 139 c Rn. 2.

526 v. Dewitz in: Rolfs/Giesen/Kreikebohm/Udsching (Hrsg.) Beck OK Sozialrecht § 139 c Rn. 6.

527 Bisher ist über juris jedoch keine entsprechende Klage zu finden.

Durch die Schaffung einer sicheren Finanzierungsbasis über die Finanzierung durch die Systemzuschläge soll als Grundlage für eine nachhaltige Aufgabenwahrnehmung die wirtschaftliche Basis des IQWiG für eine langfristig gesicherte Personal- und Sachmittelplanung ermöglicht werden.[528] Für 2013 wurde ein Haushalt von 17,8 Millionen Euro bewilligt, der nicht nur die Gehälter der Mitarbeiterinnen und Mitarbeiter und die laufenden Betriebskosten abdeckt, sondern auch die Kosten für externe Sachverständige.[529]

6.2.7 Hoheitliche Tätigkeit

Ausgangspunkt und Grundlage der Begutachtung ist Folgendes: die Methodenbewertung von NUB-Methoden ist an sich Sache des G-BA. Grundsätzlich könnte der G-BA sie auch vollständig selber durchführen, insbesondere, da sie nicht die Durchführung experimenteller Studien erfordert, sondern eine Sondierung und Bewertung der jeweils aktuellen Wissenschaftslage bedeutet. Die für die Bewertung von NUB-Methoden zuständigen Gremien (Arbeitsgruppe, Unterausschuss Methodenbewertung und Beschlussgremium) sind jedoch nicht mit unabhängigen Wissenschaftlern, sondern mit Vertretern der Trägerorganisationen des G-BA besetzt. Das IQWiG wiederum ist ein vom G-BA gegründetes, rechtsfähiges mit unabhängigem Fachpersonal besetztes Wissenschaftsinstitut, das sich ausschließlich mit Fragen der Qualitätssicherung und Wirtschaftlichkeit des öffentlichen Gesundheitswesens beschäftigt. Der G-BA ist sein einziger Auftraggeber. Er ist jedoch nicht verpflichtet das IQWiG zu beauftragen, sondern kann grundsätzlich auch andere Institute beauftragen. Andererseits erfüllt das IQWiG seine ihm vom G-BA erteilten Aufträge nicht zwingend „höchstpersönlich", sondern kann und soll sich seinerseits gem. § 139 b Abs. 3 SGB V externer Dritter bedienen und an sie wissenschaftliche Forschungsaufträge „weitergeben". Einerseits führt das IQWiG somit selber Bewertungsverfahren durch, andererseits vergibt es aufgrund der ihm vom G-BA erteilten Aufträge wissenschaftliche Forschungsaufträge. Die Ergebnisse der extern ausgeführten Forschungsaufträge sind wiederum Grundlage für die dem G-BA vom IQWiG erteilten „Empfehlungen". Wie ist nun also die Tätigkeit des IQWiG im Zusammenhang mit der Nutzenbewertung von NUB-Methoden rechtlich zu qualifizieren?

6.2.7.1 Unmittelbare Staatsverwaltung oder Beleihung

Insbesondere aufgrund seiner Eigenschaft als Privatrechtssubjekt (Stiftung des privaten Rechts gem. § 1 Stiftungssatzung) spricht viel dafür, das IQWiG trotz seiner engen inhaltlichen Einbindung in das öffentlich-rechtliche krankenversicherungsrechtliche Methodenbewertungsverfahren des G-BA nicht als Behörde i.S.d. § 1 Abs. 3 SGB X

---

528 v. Dewitz in: Rolfs/Giesen/Kreikebohm/Udsching (Hrsg.) Beck OK Sozialrecht § 139 c Rn. 3, 2.

529 Informationen von der Homepage des IQWiG (Stand 3/2013), abgerufen am 24.07.2013 unter https://www.iqwig.de/download/IQWiG_in_Zahlen.pdf.

zu qualifizieren[530]. Aufgrund seiner Gründung durch den G-BA ist das IQWiG eine Einrichtung der gemeinsamen Selbstverwaltung und kein „Instrument“ unmittelbarer Staatsverwaltung.[531] Bei der Ausübung seiner Tätigkeiten im Zusammenhang mit der Bewertung von NUB-Methoden handelt das IQWiG daher nicht als Behörde[532] i.S.d. § 1 Abs. 2 SGB V.

Mangels förmlicher Beleihung wird es auch nicht als Beliehener[533] tätig, dem die Kompetenz zur selbstständigen hoheitlichen Wahrnehmung bestimmter Verwaltungsaufgaben im eigenen Namen übertragen worden ist[534]. Insbesondere genügt die beispielhafte thematische gesetzliche Auflistung der Gebiete, in denen das IQWiG tätig werden soll, in § 139 a Abs. 3 SGB V, nicht den Anforderungen an eine gesetzliche Beleihung, da hierdurch nur exemplarisch aufgelistet wird, für welche Bereiche das IQWiG nach der Vorstellung des Gesetzgebers eingesetzt werden kann bzw. soll, während es für das Tätigwerden des IQWiG gem. § 139 b Abs. 1 Satz 1 SGB V anschließend noch einer konkreten Beauftragung – und sei es durch den „Generalauftrag“ – bedarf.

Lediglich diese jeweilige konkrete Beauftragung könnte eine Beleihung durch den G-BA aufgrund gesetzlicher Ermächtigung[535] gem. § 139 b Abs. 1 Satz1 SGB V darstellen. Dies würde jedoch voraussetzen, dass eine „Kettenbeleihung“ möglich und zulässig ist, was nach bisheriger Verwaltungsrechtspraxis zu verneinen ist. Vielmehr kennt das deutsche Verwaltungsrecht lediglich die Möglichkeiten der unmittelbaren Beleihung durch oder aufgrund eines Gesetzes, nicht aber die mittelbare Beleihung eines Dritten durch einen Beliehenen. Hieran ändert auch die Tatsache nichts, dass der Gesetzgeber durch die exemplarische Aufzählung in § 139 a Abs. 3 SGB V schon relativ konkret kund getan hat, dass diese Aufgaben nach seiner Vorstellung vom IQWiG ausgeübt werden könnten. Denn durch diese thematische Aufzählung wird seitens des Gesetzgebers keine Regelung dahingehend getroffen, dass das IQWiG die Ausführung infolge der Beauftragung als „Beliehener“ ausübt.

Im Zusammenhang mit der Bewertung von NUB-Methoden fehlt es aber darüber hinaus an einer hoheitlichen, einseitig verbindlichen, auf unmittelbare Rechtswirkung nach außen gerichteten Tätigkeit.[536] Das IQWiG wird bei der

---

530 Dierks, Nitz, Grau, Mehlitz, IQWiG und Industrie – Rechtliche Fragen zum Institut für Qualität und Wirtschaftlichkeit im Gesundheitswesen, S. 4, allerdings Stand 2008.

531 V. Dewitz in Rolfs/Giesen/Kreikebohm/Udsching (Hrsg.) Beck OK § 139 a SGB V, Rn. 6.

532 Hess in: Kasseler Kommentar zum Sozialversicherungsrecht (77. EL 2013), § 139 a SGB V Rn. 5; a.A. V. Dewitz in Rolfs/Giesen/Kreikebohm/Udsching (Hrsg.) Beck OK § 139 a SGB V, Rn. 6.

533 A.A. v. Dewitz in Rolfs/Giesen/Kreikebohm/Udsching (Hrsg.) Beck OK § 139 a SGB V, Rn. 6.

534 Maurer, Allgemeines Verwaltungsrecht, § 23 Rn. 56.

535 Maurer, Allgemeines Verwaltungsrecht, § 23 Rn. 58.

536 A.A: Dierks, Nitz, Grau, Mehlitz, IQWiG und Industrie – Rechtliche Fragen zum Institut für Qualität und Wirtschaftlichkeit im Gesundheitswesen, S. 20.

Ausführung seiner Aufgaben zwar selbstständig[537] und in eigenem Namen[538] tätig. Durch die Beauftragung des IQWiG durch den G-BA im Zusammenhang mit der Bewertung von NUB-Methoden soll dieses jedoch nicht hoheitlich tätig werden, indem es einseitig verbindlich gegenüber Dritten abschließende Entscheidungen trifft. Sondern seine „Empfehlungen" müssen vom G-BA „lediglich" berücksichtigt[539] werden – sie sind rechtlich weder für den G-BA noch für sonstige Dritte einseitig verbindlich – was nicht bedeutet, dass sie nicht von sehr großer tatsächlicher Auswirkung für betroffene Dritte sein können. Das IQWiG wird daher bei der Ausführung dieser Aufgaben nicht „hoheitlich" als Beliehener tätig.[540]

6.2.7.2 Verwaltungshelfer

Das IQWiG ist bei der Ausübung seiner Tätigkeit im Zusammenhang mit der Bewertung von NUB-Methoden auch nicht als Verwaltungshelfer[541] zu qualifizieren[542], auch wenn es im Auftrag des Ministeriums für Gesundheit oder des G-BA handelt und diese durch seine Tätigkeit insbesondere bei der Bewertung von NUB-Methoden unterstützt. Zwar arbeitet das IQWiG meist im Auftrag des G-BA oder des Ministeriums für Gesundheit, ist aber inhaltlich gerade nicht weisungsgebunden, sondern soll seine wissenschaftliche Arbeit weisungsfrei und -unabhängig ausführen. Zudem verfügt das IQWiG gegenüber Dritten, wie beispielsweise betroffenen Herstellern von Medizinprodukten, nicht über öffentlich-rechtliche, hoheitliche Befugnisse.[543] Hess betont, dass die Einbeziehung Dritter und die Einholung externer Reviews und Expertengesprächen durch das IQWiG nicht Ausfluss hoheitlichen Handelns ist, sondern erfolgt, um die international anerkannten wissenschaftlichen Anforderungen an eine auf evidenzbasierte Studien basierenden Methodenbewertung zu erfüllen.[544]

---

537 Maurer, Allgemeines Verwaltungsrecht, § 23 Rn. 56.

538 Maurer, Allgemeines Verwaltungsrecht, § 23 Rn. 56.

539 Vgl. hierzu unter A.4.6.3.1.2. ff.

540 So im Ergebnis auch Ullrich; Finanzierungslücken bei medizinischen Innovationen? Rechtliche Rahmenbedingungen der Finanzierung neuer Untersuchungs- und Behandlungsmethoden sowie innovativer Arzneimittel, S. 122.

541 Maurer, Allgemeines Verwaltungsrecht, § 23 Rn. 60.

542 Hess in: Kasseler Kommentar zum Sozialversicherungsrecht (77. EGL 2013), § 139 a SGB V Rn. 5; a.A. Dierks, Nitz, Grau, Mehlitz, IQWiG und Industrie – Rechtliche Fragen zum Institut für Qualität und Wirtschaftlichkeit im Gesundheitswesen, S. 4; Ullrich; Finanzierungslücken bei medizinischen Innovationen? Rechtliche Rahmenbedingungen der Finanzierung neuer Untersuchungs- und Behandlungsmethoden sowie innovativer Arzneimittel, S. 119.

543 So auch Hess in: Kasseler Kommentar zum Sozialversicherungsrecht (77. EL 2013), § 139 a SGB V Rn. 5.

544 Hess in: Kasseler Kommentar zum Sozialversicherungsrecht (77. EL 2013), § 139 a SGB V Rn. 5.

6.2.7.3 Privatrechtliche Tätigkeit

Die vom IQWiG – auf dem Gebiet des öffentlichen Gesundheitsrechts – ausgeführte Tätigkeit i.S.d. § 139 a Abs. 3 SGB V ist daher keine hoheitliche Tätigkeit, sondern sie ist rein privatrechtlicher Natur.

6.2.8 Rechtsnatur der „Empfehlungen" des IQWiG

Das IQWiG leitet dem G-BA seine Arbeitsergebnisse i.V.m. der Bewertung von NUB-Methoden gem. § 139 b Abs. 4 SGB V als „Empfehlungen" zu, die dieser nach der Regelung des Gesetzgebers „im Rahmen seiner Aufgabenstellung zu berücksichtigen" hat. Da das IQWiG nicht hoheitlich tätig wird, scheidet eine Qualifikation der „Empfehlungen" als Verwaltungsakte i.S.d. § 31 SGB X grundsätzlich aus. Eine unmittelbare gesetzliche Pflicht des G-BA zur Befolgung der vom IQWiG gegebenen Empfehlungen ergibt sich aus § 139 b Abs. 4 SGB V nicht[545]. Vielmehr haben die „Empfehlungen" des IQWiG Vorbereitungsfunktion für die Arbeit des G-BA.[546] Dies zeigt sich insbesondere auch durch die Verwendung des Wortes „berücksichtigen" in § 139 b Abs. 4 SGB V durch den Gesetzgeber.[547] Die Empfehlungen sind rechtlich „formal" als rechtlich unverbindliche sachverständige Äußerungen oder rechtlich unverbindliche Expertisen[548] zu qualifizieren.[549]

Aufgrund der hohen Sachnähe und Fachkompetenz des IQWiG wird der G-BA aber in der Regel in dem von der Empfehlung des IQWiG umfassten Umfang der inhaltlichen sachverständigen Empfehlung des IQWiG folgen[550], und zu diesem speziellen Punkt in diesem Umfang keine eigene Bewertung mehr durchführen,

---

545 Dierks, Nitz, Grau, Mehlitz, IQWiG und Industrie – Rechtliche Fragen zum Institut für Qualität und Wirtschaftlichkeit im Gesundheitswesen, S. 6; Hess in: Kasseler Kommentar zum Sozialversicherungsrecht (77. EL 2013), § 139 b SGB V Rn. 11.

546 Wallrabenstein in Becker/Kingreen (Hrsg.) SGB V, § 139 a, Rn. 1.

547 Vgl. Hess in: Kasseler Kommentar zum Sozialversicherungsrecht (77. EL 2013), § 139 b SGB V Rn. 15; Ausführlich hierzu siehe unter A.4.6.3.1.2. ff.

548 V. Dewitz in Rolfs/Giesen/Kreikebohm/Udsching (Hrsg.) Beck OK § 139 a SGB V, Rn. 6.

549 Auch Ullrich geht nicht von einer Bindungswirkung aus. Vgl. Ullrich; Finanzierungslücken bei medizinischen Innovationen? Rechtliche Rahmenbedingungen der Finanzierung neuer Untersuchungs- und Behandlungsmethoden sowie innovativer Arzneimittel, S. 122 f; vgl. Hierzu auch Scriba, Die Arzneimittelbewertung des Instituts für Qualität und Wirtschaftlichkeit im Gesundheitswesen S. 81 ff.

550 Siehe hierzu auch nicht unkritisch: Kingreen, Legitimation und Partizipation – Verfassungsrechtliche Kritik und Reform des Gemeinsamen Bundesausschusses –; NZS 2007, 113, 118, der auch formal darauf hinweist, dass aufgrund der gesetzlichen Formulierung keine rechtliche Bindungswirkung gegeben ist, aber davon auszugehen ist, dass der G-BA „die Empfehlungen des IQWiG in der Regelauch übernimmt, sodass zu erwarten ist, dass dieses zukünftig einen erheblichen Einfluss auf die Steuerung des Leistungs- und Leistungserbringerrechts haben wird."; Scriba, Die Arzneimittelbewertung des Instituts für Qualität und Wirtschaftlichkeit im Gesundheitswesen S. 202: Die Bewertungen des IQWiG sind nicht „normalen"

wenn nicht im Einzelfall aufgrund einer reinen Plausibilitätsprüfung[551] schwerwiegende Gründe für Zweifel an deren fachlicher Qualität und Objektivität gegeben sind.[552] Dem G-BA ist somit grundsätzlich eine Abweichung von den Empfehlungen des IQWiG möglich, sie wird aber aufgrund der dem Institut gesetzlich verliehenen Autorität zur Abgabe wissenschaftlicher Empfehlungen im GKV-System[553] und des dadurch entstehenden offiziellen Charakters seiner Veröffentlichungen[554] einer ausführlichen Begründung bedürfen.[555] Empfehlungen des IQWiG wird zudem aufgrund der gesetzlichen Einrichtung des Instituts und seinen gesetzlich vorgesehenen Aufgabenstellungen gegenüber Stellungnahmen anderer Sachverständiger/Gutachter ein erhöhter Legitimationsstatus eingeräumt.[556] Das BSG[557] geht aufgrund der Ausstattung, der gesetzlichen Aufgabe und dem Gesetzeszweck der Einrichtung des IQWiG von einer Rechtsvermutung für die Richtigkeit seiner Beurteilung aus, die aus gerichtlicher Sicht hinsichtlich der vom IQWiG bewerteten Fragen eine weitere Beweiserhebung erübrige. Das BSG geht im selben Urteil sogar noch einen Schritt weiter und geht davon aus, dass gesetzeskonformen Bewertungen des IQWiG eine Richtigkeitsgewähr zukomme.[558]

Abhängig von dem Umfang des jeweiligen Auftrags wird die Empfehlung des IQWiG im Rahmen der schließlich vom G-BA vorzunehmenden Methodenbewertung eine mehr oder weniger große Bedeutung haben. Wenn das IQWiG ausschließlich den Nutzen einer NUB-Methode bewerten sollte und diesen beispielsweise aufgrund der bisher vorliegenden Studienergebnissen noch nicht hinreichend belegt sieht, so wird der G-BA diesen „Belang“ in der Regel aufgrund der Sachnähe des IQWiG nicht in Frage stellen. Dies kann aber theoretisch dennoch dazu führen, dass der G-BA im Versorgungskontext unter Abwägung möglicher Auswirkungen auf die Qualität und Wirtschaftlichkeit der gesamten Versorgung zu dem Ergebnis kommt, die Erbringung der Methode nicht zu verbieten, sondern das Verfahren gem. Kapitel 2 § 14 Abs. 4 VerfO G-BA auszusetzen mit der Folge, dass die Methode im

---

Sachverständigengutachten gleichzusetzen. Sie reichen vielmehr über sachverständige Stellungnahmen hinaus. Dies ergab eine wertende Gesamtanalyse.

551 Hess in: Kasseler Kommentar zum Sozialversicherungsrecht (77. EL 2013), § 139 b SGB V Rn. 14.

552 So auch: Hauck, Ernst; Medizinischer Fortschritt im Dreieck IQWiG, G-BA und Fachgesellschaften: Wann wir eine innovative Therapie zur notwendigen medizinischen Maßnahme? Rechtsgrundlagen und Rechtsprechung; NZS 2007, 461, 464.

553 Hess in: Kasseler Kommentar zum Sozialversicherungsrecht (77. EL 2013), § 139 b SGB V Rn. 3.

554 Hess in: Kasseler Kommentar zum Sozialversicherungsrecht (77. EL 2013), § 139 b SGB V Rn. 3; vgl. hierzu auch Scriba, Die Arzneimittelbewertung des Instituts für Qualität und Wirtschaftlichkeit im Gesundheitswesen S. 91 f.

555 Vgl. BSG Urteil vom 01.03.2011 – B 1 KR 7/10 R („Festbetragfestsetzung“), Rn. 77.

556 Hess in: Kasseler Kommentar zum Sozialversicherungsrecht (77. EL 2013), § 139 b SGB V Rn. 15; Roters in Kasseler Kommentar zum Sozialversicherungsrecht (EL 78.), § 135 Rn. 21.

557 BSG Urteil vom 01.03.2011 – B 1 KR 7/10 („Festbetragfestsetzung“), Rn. 77.

558 BSG Urteil vom 01.03.2011 – B 1 KR 7/10 („Festbetragfestsetzung“), Rn. 77.

stationären Sektor grundsätzlich weiterhin gem. § 137 c SGB V erbracht werden darf[559], oder eine Richtlinie zur Erprobung gem. § 137 e SGB V zu erlassen.

Die „Empfehlungen" des IQWiG sind daher als sachverständige Äußerungen mit sehr hoher tatsächlicher Bindungswirkung[560] zu qualifizieren.[561]

6.2.9 Rechtsschutz gegenüber den Empfehlungen des IQWiG im Zusammenhang mit der Bewertung von NUB-Methoden[562]

Aufgrund der erheblichen rechtlichen und tatsächlichen Auswirkung, die eine „Empfehlung" gem. § 139 b Abs. 4 Satz 1 SGB V – beispielsweise über den hinreichend belegten oder (noch) nicht belegten Nutzen einer NUB-Methode – des IQWiG auf die Verbreitung einer NUB-Methode und somit ihre Absatzchancen im deutschen öffentlichen Gesundheitssystem hat, und der Tatsache, dass das IQWiG das der Empfehlung zugrunde liegende Ergebnis seiner Bewertung (Abschlussbericht) unabhängig von der Gesamtentscheidung des G-BA mit der sich hieran automatisch anknüpfenden Publizitätswirkung veröffentlicht[563], kann insbesondere bei betroffenen Patientengruppen oder Herstellern von Arzneimitteln und Medizinprodukten in nachvollziehbarer Weise ein erhebliches Rechtsschutzbedürfnis auf ggf. Feststellung der Rechtswidrigkeit und daran anknüpfend auf Unterlassen seiner Veröffentlichung i.S.d. § 1004 BGB bzw. Richtigstellung des Abschlussberichtes bestehen.

Eine für alle vom IQWiG gem. § 139 b Abs. 4 Satz 1 SGB V ausgesprochene Empfehlungen geltende gesetzliche prozessuale Regelung, wie sie § 35 b Abs. 4 SGB V spezifisch für Bewertungen von Arzneimitteln gem. § 139 a Abs. 3 Nr. 5 SGB V kennt, gibt es nicht. § 35 b Abs. 4 SGB V regelt, dass gesonderte Klagen gegen die Auftragerteilung des IQWiG gem. § 35 b Abs. 1 Satz 1 SGB V und die vom IQWiG durchgeführ-

---

559 Hierzu auch Roters in Kasseler Kommentar zum Sozialversicherungsrecht (EL 78.), § 135 Rn. 26.

560 Waldhoff, Pflichten zur Begründung untergesetzlicher Normen im Lichte der verwaltungs- und sozialgerichtlichen Rechtssprechung, GesR 2013, 197, 199: „Dem IQWiG wird eine zentrale Stellung eingeräumt, dessen Empfehlungen damit das Normgebungsverfahren entscheidend prägen und den Gestaltungsspielraum des Normsetzers zwar nicht aufheben, aber Begründungslasten hervorbringen können."

561 Auch Scriba geht nicht von einer unmittelbar rechtlich verbindlichen Wirkung der Empfehlungen des IQWiG aus, sieht aber aufgrund einer wertenden Gesamtbetrachtung, insbesondere auch wegen der Veröffentlichungspflicht, dennoch die Notwendigkeit, dass die Bewertungen des IQWiG der demokratischen Legitimation gem. Art. 20 Abs. 2 GG bedürfen. Scriba, Die Arzneimittelbewertung des Instituts für Qualität und Wirtschaftlichkeit im Gesundheitswesen S. 91 ff., 94, 202.

562 Ausführlich hierzu: Dierks, Nitz, Grau, Mehlitz, IQWiG und Industrie – Rechtliche Fragen zum Institut für Qualität und Wirtschaftlichkeit im Gesundheitswesen, S. 113 ff.; Scriba, Die Arzneimittelbewertung des Instituts für Qualität und Wirtschaftlichkeit im Gesundheitswesen S. 166 ff.

563 Hess in: Kasseler Kommentar zum Sozialversicherungsrecht (77. EL 2013), § 139 b SGB V Rn. 13.

te Kosten-Nutzen-Bewertung von Arzneimitteln gem. § 35 b Abs. 1 Satz 3 SGB V nicht zulässig sind, während Klagen gegen die Feststellung des Kosten-Nutzen-Verhältnisses durch das IQWiG gem. § 35 b Abs. 3 SGB V lediglich keine aufschiebende Wirkung entfalten, aber an sich erhoben werden können.

Hieraus ist nicht automatisch zu schließen, dass im Umkehrschluss Klagen in allen nicht spezifisch geregelten Fällen unstatthaft und unzulässig sind. Denn grundsätzlich bedarf es in den fachlichen Spezialgesetzen keiner ausdrücklichen prozessualen Regelungen, sondern gelten die allgemeinen prozessualen Zulässigkeitskriterien unmittelbar.

Als Stiftung des Privatrechts ist das IQWiG eine rechtsfähige juristische Person (vgl. auch § 139 a Abs. 1 Satz 1 SGB V), die grundsätzlich verklagt werden kann. Da die Empfehlungen des IQWiG im Rahmen des Bewertungsverfahrens des G-BA über die Nutzenbewertung einer NUB-Methode jedoch regelmäßig lediglich einen „internen“ Verfahrensschritt, eine – wenn auch schwerwiegende – eingeholte sachverständige Meinung auf dem Weg zu der außenrechtswirksamen Gesamtbewertungsentscheidung durch den G-BA darstellen, spricht viel dafür, die Zulässigkeit unmittelbaren isolierten Rechtsschutzes gegen eine Empfehlung des IQWiG i.S.d. § 44 a VwGO zu verneinen und die Betroffenen regelmäßig auf Klagen gegen die außenrechtswirksame und abschließende Entscheidung des G-BA zu verweisen, da erst diese i.S.d. Art. 19 Abs. 4 GG potentielle außenrechtswirksame öffentlich-rechtliche Maßnahmen darstellen.[564] Dies ist insbesondere insofern vertretbar, als – anders als beim NUB-Verfahren – die Empfehlung des IQWiG regelmäßig „in einen außenrechtswirksamen Beschluss des G-BA mündet“, der jedenfalls inzident, im Rahmen einer Abrechungsstreitigkeit eines Krankenhauses gegen eine Krankenkasse oder einer Klage eines Versicherten gegen seine Krankenkasse auf Kostenübernahme gem. § 13 SGB V einer Überprüfung zugänglich ist. Etwas anderes könnte jedoch hinsichtlich eines von der konkreten Nutzenbewertung durch das IQWiG unmittelbar betroffenen Herstellers eines Medizinproduktes vertreten werden. Denn aufgrund des offiziellen Charakters der Entscheidung des IQWiGs, der eine „Richtigkeitsvermutung“ zugesprochen wird, kann die Veröffentlichung der Entscheidung durch das IQWiG eine nicht unerhebliche unmittelbare Auswirkung auf die weitere Rezeption und Verbreitung des konkreten Produktes haben. Aber mangels Beteiligung an den eben geschilderten Beziehungen (Krankenhaus – Krankenkasse; Versicherter – Krankenkasse) steht ihnen keine Möglichkeit offen, die Richtigkeit der Entscheidung des IQWiG anlässlich eines anderen Gerichtsverfahrens inzident überprüfen zu lassen. Zudem ist der Bericht des IQWiG unabhängig davon veröffentlicht, ob der G-BA in dem entsprechenden Nutzenbewertungsverfahren zu einer abschließenden Entscheidung kommt, oder nicht. Es spricht daher viel dafür, betroffenen Herstellern unmittelbaren Rechtsschutz gegen vom IQWiG veröffentlichte „Empfehlungen“ zu gewähren, wenn sie plausibel und substantiiert darlegen, dass die vom IQWiG veröffentlichten Ergebnisse unzutreffend sind oder in

564 Vgl. die Rechtsprechung des BVerfG zur Festbetragsfestsetzung (BVerfG 17.12.2002 – 1 BvL 28/95).

unsachlicher Weise präsentiert werden[565]. Insbesondere, da ihnen auch später keine Möglichkeit zusteht eine inzidente fachgerichtliche Überprüfung der „Empfehlung" des IQWiG zu erreichen, da ihnen regelmäßig kein unmittelbarer Rechtsschutz gegen den Richtlinienbeschluss des G-BA „zugestanden" wird und sie – anders als einzelne Versicherte – keine Möglichkeit haben gegen eine konkrete Entscheidung einer Krankenkasse zu klagen und hier inzident den Richtlinienbeschluss des G-BA und die ihr zugrunde liegende Empfehlung des IQWiG überprüfen zu lassen.[566]

7. Verhältnis des Leistungsrechts zum Recht der Leistungserbringer

In welchem Verhältnis die Regelungen des Leistungsrechts zu den Regelungen des Rechts der Leistungserbringer stehen und insbesondere, welche rechtliche Bindungswirkung die Richtlinien des G-BA gegenüber den Versicherten haben, war lange Zeit sehr umstritten[567]. Da es um ein und dieselben Leistungen geht, diese nur aus unterschiedlichen Perspektiven betrachtet werden, nämlich einmal aus Sicht der Versicherten und einmal aus Sicht der Leistungserbringer, ist nachvollziehbar und erforderlich, dass die beiden Regelungskreise im Ergebnis verknüpft und inhaltlich aufeinander abgestimmt sein müssen. Einerseits ist ein Gleichlauf zwingend geboten, andererseits bedarf das Leistungsrecht aufgrund seiner Ausgestaltung im SGB V als „Rahmenrecht" einer Konkretisierung[568].

---

565 Vgl. hierzu auch Kingreen, Gerichtliche Kontrolle von Kriterien und Verfahren im Gesundheitsrecht, MedR 2007, 457, 458; Scriba, Die Arzneimittelbewertung des Instituts für Qualität und Wirtschaftlichkeit im Gesundheitswesen S. 166 ff.

566 Vgl. auch hierzu Kingreen, Gerichtliche Kontrolle von Kriterien und Verfahren im Gesundheitsrecht, MedR 2007, 457, 458.

567 Vgl. zu Entwicklung der Rechtsprechung auch Richter in: Grundlagen des Sozialrechts, Richter, Doering-Striening (Hrsg.), S. 70 f.; Siehe auch Auseinandersetzung bei Saalfrank/ Wesser; Die Pflicht der Gesetzlichen Krankenversicherung zur Leistung neuer Behandlungsmethoden – Zugleich eine Anmerkung zum LITT-Urteil des Bundessozialgerichts vom 7. 11. 2006 – B 1 KR 24/05 R; NZS 2008, 17, 19 thematisieren die Frage: „Normsetzungs- oder Normkonkretisierungsakt gegenüber den Versicherten"; siehe auch gerade in Bezug auf die NUB-Richtlinie: Steck, „Strittige" Behandlungsmethoden in der gesetzlichen Krankenversicherung nach dem 2. GKV-Neuordnungsgesetz (2. GKV-NOG), S. 131 ff., der die These des Vorrangs des Leistungsrechts vertritt; Übersicht über Meinungsstand auch bei Noftz in: Hauck/Noftz, SGB V § 2 Rn. 98 m.w.N.; Keine (unmittelbare) Auseinandersetzung mit der Frage findet sich im „Nikolausbeschluss" des BVerfG vom 06.12.2005 – 1 BvR 347/98, das den Anspruch des Versicherten unmittelbar dem verfassungskonform auszulegenden Leistungsrecht herleitet; wobei dem Beschluss nach Schmidt-De Caluwe ggf. „dennoch zumindest Tendenzaussagen entnehmen lassen" Vgl. Schmidt-De Caluwe; Anmerkung zu dem Beschluss des BVerfG vom 06.12.2005 – 1 BvR 347/98; SGB 2006, 619, 620 ff., 624.

568 Vießmann, Thomas, in Spickhoff (Hrsg.) Medizinrecht, SGB V, § 135 Rn. 4a.

7.1 Normkonkretisierungskonzept des BSG

Mittlerweile ist dieser Konflikt durch das BSG folgendermaßen entschieden: Durch Richtlinien nach § 92 Abs. 1 Satz 2 Nr. 5 i.V.m. § 135 Abs. 1 SGB V wird nicht nur geregelt, unter welchen Voraussetzungen die zur vertragsärztlichen Versorgung zugelassenen Leistungserbringer (Ärzte, Zahnärzte usw.) neue Untersuchungs- und Behandlungsmethoden zulasten der Krankenkassen erbringen und abrechnen dürfen. Vielmehr wird durch diese Richtlinien auch der Umfang der den Versicherten von den Krankenkassen geschuldeten ambulanten Leistungen verbindlich festgelegt.[569] Dieser Sicht zufolge wird das leistungsrechtliche Rahmenrecht der Versicherten durch die Richtlinien nicht beschränkt, sondern wird durch sie erst „mit Inhalt gefüllt", konkretisiert.[570] Besonders ist hier im Verhältnis zu in anderen Rechtsbereichen durch Private gesetzte Standards mit unmittelbarer Außenrechtswirkung, dass die Richtlinien des G-BA nicht, wie beispielsweise die TA Luft[571], unbestimmte Rechtsbegriffe parlamentarischer Normen konkretisieren, sondern aufgrund eigener Bewertungsentscheidung, die eine eigene Beurteilung von Wirtschaftlichkeit und Zweckmäßigkeit sowie gesundheitspolitische Präferenz- und Verteilungsentscheidungen[572] beinhaltet, sonst vom Gesetzgeber unmittelbar zu treffende Regelungen ersetzen.[573]

---

569 Vgl. BSG Urteil vom 06.05.2009 – B 6 A 1/08 R, („Protonentherapie"), Rn. 45: „Dieses spezifische Instrument untergesetzlicher Normgebung haben alle damit befassten Senate des BSG gebilligt"; Ihle, in jurisPK-SGB V § 135 SGB V Rn. 13; vgl. mittlerweile auch § 91 Abs. 6 SGB V; Kritik an dem Normkonkretisierungskonzept: Kingreen/Rixen, Sozialrecht, Ein verwaltungsrechtliches Utopia? DÖV 2008, 741, 748: „Eine Institution der sog. Gemeinsamen Selbstverwaltung, irgendwo zwischen Staats- und Selbstverwaltung angesiedelt, setzt allgemein verbindliches außenwirksames Recht, das das gesamte Leistungsgeschehen prägt, ohne dass dies außerhalb enger Fachzirkel, die teilweise ihrerseits abgeschottet sind von allgemeinen verfassungs- und verwaltungsrechtlichen Entwicklungen, registriert würde!"; Schmidt-De Caluwe; Anmerkung zu dem Beschluss des BVerfG vom 06.12.2005 – 1 BvR 347/98; SGB 2006, 619, 621.

570 Vgl. BVerfG 1 BvR 347 – 98 („Nikolausbeschluss"), Rn. 41; Bedenken an dieser Systematik siehe beispielsweise: Kingreen, Verfassungsrechtliche Grenzen der Rechtssetzungsbefugnis des gemeinsamen Bundesausschusses im Gesundheitsrecht, NJW 2006, 877; Kingreen, Legitimation und Partizipation – Verfassungsrechtliche Kritik und Reform des Gemeinsamen Bundesausschusses, NZS 2007, 113; Schimmelpfeng-Schütte, Die Entscheidungsbefugnisse des Gemeinsamen Bundesausschusses, NZS 2006, 567.

571 TA Luft = Erste Allgemeine Verwaltungsvorschrift zum Bundes-Immissionsschutzgesetz (Technische Anleitung zur Reinhaltung der Luft – TA Luft) Vom 24. Juli 2002 (GMBl S. 511).

572 Kingreen/Rixen, Sozialrecht, Ein verwaltungsrechtliches Utopia? DÖV 2008, 741, 748.

573 Kingreen, Gerichtliche Kontrolle von Kriterien und Verfahren im Gesundheitsrecht, MedR 2007, 457, 458; Kingreen/Rixen, Sozialrecht, Ein verwaltungsrechtliches Utopia? DÖV 2008, 741, 748.

7.2 Stellungnahme zum Normkonkretisierungskonzept des BSG

Dieses Ergebnis, nachdem die inhaltlichen Vorgaben und die inhaltliche Gestaltung im Recht der Leistungserbringer zu treffen ist, stärkt die Position der Leistungserbringer, die auch im konkreten Behandlungsfall die jeweilige konkrete medizinische Entscheidung treffen und vom ersten Patientenkontakt bis hin zur arzthaftungsrechtlichen Streitigkeit verantworten müssen und aufgrund des Sachleistungsgrundsatzes[574] auch ihre Umsetzung finanzieren müssen[575]. In diesem Sinne stellt Richter bei der Beschreibung des Verhältnisses beider Regelungskreise auch nicht primär auf die Richtlinien des G-BA ab, sondern nennt als „verbindendes Glied" direkt die ärztliche Handlung, durch die das Leistungsrecht ausgefüllt werde.[576] Der Verordnungsrahmen des behandelnden Arztes wiederum werde durch die Richtlinien des G-BA geregelt.[577]

Zum anderen orientiert sich die inhaltliche Regelung hierdurch mehr an den fachlichen und technischen Möglichkeiten der Leistungserbringer und nicht primär an den „Wünschen der Versicherten" – hierdurch können schon bei der Entscheidung über die inhaltliche Ausgestaltung des Leistungskatalogs Qualitätsgesichtspunkte sowie Aspekte der technischen Anwendung einzelner Methoden eine größere Rolle spielen, was wiederum direkt den Versicherten zugute kommt. Auch wird man durch diese Herangehensweise, der inhaltlichen Gestaltung ausgehend vom Recht der Leistungserbringer, der medizinisch-wissenschaftlichen Komplexität der Regelungsmaterie[578] gerechter. Die aufwändigen und umfangreichen Richtlinienverfahren des G-BA unter Einbeziehung des IQWiG führen anschaulich vor Augen, dass es aufgrund der sich ständig im Fluss befindlichen medizinischen Erkenntnisse der Diagnostik und Therapie schon wegen deren Dynamik weitgehend unmöglich erscheint auf parlamentarischer Ebene im SGB V eine konkrete leistungsrechtliche Anspruchsgrundlage i.S.d. § 194 BGB zu formulieren[579]. Dies bringt mit sich, dass die Regelungen des Leistungserbringerrechts, insbesondere gerade auch die Richtlinien des Gemeinsamen Bundesausschusses, unmittelbar das Leistungsrecht der Versicherten und konkret den Umfang des Leistungsanspruchs bestimmen, weswegen es von großer grundrechtlicher Bedeutung ist, dass die Belange der

574 Siehe hierzu unter A.4.3.

575 In diesem Sinne auch BSG Urteil 16.09.1997 – 1 RK 28/95, Rn. 28: „Die Auffassung, das Leistungserbringungsrecht sei dem Leistungsrecht untergeordnet, verkennt im übrigen die Bedeutung, die der Entscheidung des behandelnden Arztes für die Entstehung und den Umfang von Leistungsansprüchen im Krankenversicherungsrecht zukommt."

576 Richter in: Grundlagen des Sozialrechts, Richter, Doering-Striening (Hrsg.), S. 70 f.

577 Richter in: Grundlagen des Sozialrechts, Richter, Doering-Striening (Hrsg.), S. 71.

578 Zimmermann, Der Gemeinsame Bundesausschuss, S. 166.

579 In diesem Sinne auch: Wabnitz, Medizinprodukte als Hilfsmittel in der gesetzlichen Krankenversicherung, S. 60; Zimmermann, Der Gemeinsame Bundesausschuss, S. 166.

Versicherten schon im Prozess des Richtlinienerlasses ausreichend berücksichtigt werden.[580] Schmidt-De Caluwe spricht sich daher, entgegen der Rechtsprechung des BSG, auch weiterhin gegen eine unmittelbare Geltung der Richtlinien für den Leistungsanspruch der Versicherten gem. § 27 Abs. 1 SGB V aus[581]. Aufgrund des tatsächlichen Erfordernisses der inhaltlichen Übereinstimmung beider Perspektiven geht er zwar auch von einer Vermutung dahingehend aus, dass die Richtlinien des G-BA auch den Anforderungen des Leistungsanspruches der Versicherten gem. § 2 Abs. 1 SGB V genügen, betont jedoch, dass es sich um eine im begründeten Einzelfall widerlegbare Vermutung handelt.[582] Nur durch dieses Verständnis könnten die Vorgaben des Gesetzes und der Verfassung gewahrt werden, ohne die steuernde Wirkung des G-BA aufzugeben.[583]

7.3 Gesetzliche Durchbrechung des Normkonkretisierungskonzeptes

Durch die Einführung des § 2 Abs. 1 a SGB V[584], durch den der Tenor des „Nikolausbeschluss" des BVerfG[585] in Gesetzesform gegossen wurde, wurde das Normkonkretisierungskonzept des BSG „durchbrochen" und im Sinne der Einzelfallgerechtigkeit eine ausdrückliche Ausnahmeregelung zur Normkonkretisierungs-Rahmenrechtrechtsprechung des BSG ins Gesetz aufgenommen. Denn über diese Regelung, diese leistungsrechtliche Anspruchsgrundlage, steht den Versicherten, wenn die entsprechenden Anspruchsvoraussetzungen erfüllt sind, ein unmittelbarer Anspruch auf Behandlung mittels einer NUB-Methode zu, unabhängig davon, ob diese schon Gegenstand einer Nutzenbewertung des G-BA gem. §§ 135, 137 c SGB V war, oder nicht. Durch diese i.S.d. Rahmenrechtsprechung „systemwidrige" Einzelfallregelung steht im konkreten Einzelfall, in dem sich herausstellt, dass die Bestimmung des Inhalts und Umfangs der nach § 70 SGB V ausreichenden [vertrags(zahn)ärztlichen][586] Versorgung durch die sachverständigen Gremien sowie

580 Vießmann fordert ein „Mitentscheidungsrecht" der Versicherten; vgl. Vießmann, Die demokratische Legitimation des Gemeinsamen Bundesausschusses zu Entscheidungen nach § 135 Abs. 1 Satz 1 SGB V, S. 265.

581 Schmidt-De Caluwe in: Becker/Kingreen (Hrsg.), SGB V, § 135 Rn. 29; Vießmann kommt zu dem Ergebnis, dass die Richtlinien des G-BA mangels demokratischer Legitimation des G-BA gegenüber den Versicherten „partiell nichtig" sind; Vießmann, Die demokratische Legitimation des Gemeinsamen Bundesausschusses zu Entscheidungen nach § 135 Abs. 1 Satz 1 SGB V, S. 265.

582 Schmidt-De Caluwe in: Becker/Kingreen (Hrsg.), SGB V, § 135 Rn. 29.

583 Schmidt-De Caluwe in: Becker/Kingreen (Hrsg.), SGB V, § 135 Rn. 29.

584 Gesetz zur Verbesserung der Versorgungsstrukturen in der gesetzlichen Krankenversicherung (GKV-Versorgungsstrukturgesetz – GKV-VStG) vom 22.12.2011, BGBl I Nr. 70 S. 2983; zu dem neu eingeführten § 2 Abs. 1 a SGB V siehe unter A.8.3.

585 Beschluss des BVerfG vom 06.12.2005 – 1 BvR 347/98 („Nikolausbeschluss").

586 Eckige Klammer hinzugefügt durch Verfasserin.

Institutionen der gemeinsamen Selbstverwaltung nicht den Anforderungen des Leistungsanspruchs (§ 2 Abs. 1 SGB V) der Versicherten entspricht,[587] und i.S.v. Schmidt-De Caluwe somit die Vermutung widerlegt ist[588], dem einzelnen Versicherten dennoch in Durchbrechung der Normkonkretisierungsrechtsprechung ein unmittelbarer Anspruch auf die Behandlung mittels der konkreten NUB-Methode zu.

Die Tatbestandsvoraussetzungen des § 2 Abs. 1 a SGB V sind jedoch sehr eng gefasst.[589] Die Rechtsanwendung wird zeigen, wie die Regelung von den Kostenträgern und im Streitfall von der Rechtsprechung ausgelegt wird und ob die Regelung somit vermag, das zulasten der Versicherten verbleibende Legitimitätsdefizit des G-BA im Sinne der Einzelfallgerechtigkeit zu beheben, oder nicht.

7.4 Leerlauf des Normkonkretisierungskonzeptes hinsichtlich NUB-Methoden im Rahmen einer stationären Behandlung

Für im Rahmen von stationären Behandlungen angewendeten NUB-Methoden trägt das Normkonkretisierungskonzept jedoch insofern gar nicht, als hier aufgrund des in § 137 c SGB V normierten Erlaubnisvorbehaltes regelmäßig keine Richtlinien vorliegen, die den Leistungsanspruch der Versicherten „konkretisieren". Und wenn solche vorliegen, so handelt es sich – mit Ausnahme der neu eingeführten gestaltenden Richtlinien zur Erprobung i.S.d. § 137 e SGB V – um Verbotsrichtlinien gem. § 137 c SGB V, die jedoch „naturgemäß" ausschließlich leistungsbeschränkend wirken, jedoch nicht im positiven Sinne gestaltende, normkonkretisierende Wirkung entfalten.

Theoretisch könnte man deshalb für diesen Bereich das gesamte „Normkonkretisierungskonzept" und das diesem zugrunde liegende Verhältnis des Leistungsrechts zum Recht der Leistungserbringer in Frage stellen. Dies wäre jedoch zum einen deswegen nicht ratsam, weil, wie dargelegt, gute Gründe für die inhaltliche Gestaltung des Leistungsrechts durch das Recht der Leistungserbringer sprechen. Zum anderen würde hierdurch ein sachlich nicht notwendiger systematischer Bruch geschaffen, weswegen im Sinne der „Einheit der Rechtsordnung" auch für den Bereich der Anwendung von NUB-Methoden im stationären Bereich am Grundsatz der Ausgestaltung des Leistungsrechts durch das Recht der Leistungserbringer festgehalten werden sollte.

Es ist daher auch für die Anwendung von NUB-Methoden im stationären Bereich grundsätzlich daran festzuhalten, dass das im SGB V regelmäßig (abgesehen von Fällen des § 2 Abs. 1 a SGB V) als Rahmenrecht ausgestaltete Leistungsrecht der Versicherten einer Konkretisierung bedarf, die es hier für im Rahmen von stationären Behandlungen i.S.d. § 137 c SGB V durchgeführte NUB-Methoden aufgrund des Leistungserbringerrechts durch die jeweilige ärztliche Entscheidung des jeweils behandelnden Arztes erfährt.

---

587 Schmidt-De Caluwe in: Becker/Kingreen (Hrsg.), SGB V, § 135 Rn. 29.

588 Vgl. Schmidt-De Caluwe in: Becker/Kingreen (Hrsg.), SGB V, § 135 Rn. 29.

589 Siehe hierzu unter A.8.3.

Für die Anwendung von NUB-Methoden im stationären Bereich wird daher der als Rahmenrecht ausgestaltete leistungsrechtliche Anspruch des jeweiligen Versicherten regelmäßig nicht durch Richtlinien des G-BA konkretisiert, sondern erfährt seine Konkretisierung ausschließlich durch die jeweilige ärztliche Entscheidung des behandelnden Arztes, die hierdurch eine noch viel größere Bedeutung – und im Sinne des gesamten Gesundheitssystems auch eine viel größere Verantwortung – erlangt, als dies im ambulanten Bereich der Fall ist.[590] Diese Bedeutung und Verantwortung ist jedoch durch die gesetzliche Ausgestaltung im System angelegt und aufgrund der strukturellen Unterschiede im stationären und ambulanten Sektor auch sachlich gerechtfertigt.[591],[592]

8. Anspruch der Versicherten auf Behandlung mit bestimmten NUB-Methoden?

8.1 Grundsatz

Gesetzlich Versicherte haben gem. §§ 27 Abs. 1 Satz 1, 39 Abs. 1 Satz 2 SGB V aufgrund des Versicherungsverhältnisses i.S.d. Sachleistungsgrundsatzes[593] Anspruch auf „ausreichende" Diagnostik und Behandlung, insbesondere im Krankheitsfall.[594] Nach der Rechtsprechung des BSG bedeutet die „Berücksichtigung des medizinischen Fortschritts", dass die Versicherten in der gesetzlichen Krankenversicherung am medizinischen Fortschritt teilhaben und grundsätzlich ohne Rücksicht auf die Kosten Anspruch auf diejenige Behandlung haben, die dem neuesten Stand der medizinischen Erkenntnisse entspricht[595]. Ein subjektiver (Primär-)[596] Anspruch auf Behandlung mit einer konkreten Methode besteht dagegen grundsätzlich nicht, weder in Bezug auf Behandlung mittels einer bestimmten Standardmethode, noch auf Anwendung einer

590 Zur Beschäftigung mit der Frage, ob § 137 c SGB V lediglich den Maßstab für den G-BA vorgibt, wie im angedeutet, oder ob und inwieweit seine Vorgaben auch unmittelbar Grundlage und Regelung für die ärztliche Entscheidung im Einzelfall ist, siehe unter B.5. Hierzu auch Urteil des BSG vom 21.03.2013 – B 3 KR 2/12 R, Rn. 19.

591 Vgl. hierzu B.2.2., B.2.3.

592 Zur Beschäftigung mit der Frage, ob sich, insbesondere aufgrund dieser „Sondersituation", Konsequenzen auf der Ebene der Überprüfbarkeit der getroffenen ärztlichen Entscheidung ergeben, oder nicht, siehe unter B.6.

593 Siehe hierzu unter A.4.3.

594 Siehe zum Thema des subjektiven Anspruchs auf Teilhabe am medizinischen Fortschritt, gerade auch aus verfassungsrechtlicher Sicht: Ullrich; Finanzierungslücken bei medizinischen Innovationen? Rechtliche Rahmenbedingungen der Finanzierung neuer Untersuchungs- und Behandlungsmethoden sowie innovativer Arzneimittel, S. 57 ff.

595 BSG Urteil vom 19.11.1997 – 3 RK 6/96 („Hyperthermiebehandlung"), Rn. 18.

596 Vgl. Verwendung dieses Begriffs bei Nimis, Der Anspruch des Patienten auf neue Untersuchungs- und Behandlungsmethoden in der gesetzlichen Krankenversicherung, S. 161.

speziellen NUB-Methode. Insbesondere besteht ein solcher grundsätzlich auch nicht bei verfassungskonformer Auslegung der leistungsrechtlichen Normen des SGB V i.S.v. Art. 2 Abs. 1 GG i.V.m. Art. 20 Abs. 1 GG.[597] Vielmehr wird das abstrakte leistungsrechtliche Rahmenrecht der Versicherten aus § 27 Abs. 1 Satz 1 SGB V durch die leistungserbringerrechtlichen Regelungen, insbesondere die Richtlinien des G-BA und bezüglich stationärer Methoden unmittelbar durch § 137 c SGB V[598], inhaltlich ausgestaltet. Erst durch § 137c SGB V wird im stationären Sektor das für gesetzlich versicherte Patienten zur Verfügung stehende Leistungsspektrum definiert.[599] Die einzelnen Versicherten haben aber auch in Bezug auf vom Leistungsspektrum umfasste Leistungen keinen konkreten Anspruch auf Behandlung mit einer bestimmten Methode, sondern es bedarf hierzu vielmehr für dessen Konkretisierung im Einzelfall noch der jeweiligen ärztlichen Therapieentscheidung[600].

8.2 Ausnahmen

Nur in Ausnahmefällen hat der einzelne gesetzlich Versicherte, insbesondere aufgrund verfassungskonformer Auslegung der krankenversicherungsrechtlichen Normen, einen unmittelbaren Anspruch auf Behandlung mit einer bestimmen NUB-Methode.[601] Dieser konkrete Anspruch kann sich im konkreten Einzelfall sogar auf NUB-Methoden beziehen, die systematisch noch nicht vom Leistungsspektrum der gesetzlich Versicherten umfasst sind. Dies ist im ambulanten Sektor aufgrund des grundsätzlichen präventiven Verbotes i.S.d. § 135 Abs. 1 SGB V und der aufgrund der erforderlichen Empfehlungen des G-BA existierenden „Positivliste" noch offensichtlicher, als im stationären Sektor.

---

597 Vgl. BVerfG Nichtannahmebesluss vom 30.06.2008 – 1 BvR 1665/07; BVerfG, Beschluss vom 06.12.2005 – 1 BvR 347/98 („Nikolausbeschluss").

598 Zur Bedeutung und Regelungsdichte des § 137 c SGB V im Einzelfall siehe B.5., insbes. B.5.3., a.A. BSG Urteil vom 21.03.2013 – B 3 KR 2/12 R.

599 a.A. BSG Urteil vom 21.03.2013 – B 3 KR 2/12 R, siehe B.VII. 1.

600 Vgl. BVerfG Beschluss vom 06.12.2005 – 1 BvR 347/98, „Nikolausbeschluss", Rn. 57 m.w.N.: Dem Arzt kommt dabei nicht nur die Feststellung des Eintritts des Versicherungsfalls Krankheit zu, sondern auch und gerade die von ihm zu verantwortende Einleitung, Durchführung und Überwachung einer den Zielen des § 27 Abs. 1 SGB V gerecht werdenden Behandlung.

601 Ausführlich hierzu: Nimis, Der Anspruch des Patienten auf neue Untersuchungs- und Behandlungsmethoden in der gesetzlichen Krankenversicherung.

Wegweisend ist in diesem Zusammenhang der „Nikolausbeschluss" des BVerfG[602], in dem das BVerfG entschied, dass es mit den Grundrechten aus Art. 2 Abs. 1 GG i.V.m. dem Sozialstaatsprinzip[603] und dem Grundrecht aus Art. 2 Abs. 2 Satz 1

---

602 BVerfG Beschluss vom 06.12.2005 – 1 BvR 347/98, „Nikolausbeschluss".

603 BVerfG Beschluss vom 06.12.2005 – 1 BvR 347/98, „Nikolausbeschluss", Rn. 50 ff.: Auch Regelungen, die das öffentlich-rechtliche Sozialversicherungsverhältnis, vor allem in Bezug auf die Beiträge der Versicherten und die Leistungen des Versicherungsträgers, näher ausgestalten, sind am Grundrecht des Art. 2 Abs. 1 GG zu messen (vgl. BVerfGE 75, 108 <154>; 97, 271 <286 f.>; 106, 275 <304 f.>). Sein Schutzbereich wird berührt, wenn der Gesetzgeber durch die Anordnung von Zwangsmitgliedschaft und Beitragspflicht in einem öffentlich-rechtlichen Verband der Sozialversicherung die allgemeine Betätigungsfreiheit des Einzelnen durch Einschränkung ihrer wirtschaftlichen Voraussetzungen nicht unerheblich einengt (vgl. BVerfGE 97, 271 <286>). Ein solcher Eingriff bedarf der Rechtfertigung durch eine entsprechende Ausgestaltung der ausreichenden solidarischen Versorgung, die den Versicherten für deren Beitrag im Rahmen des Sicherungszwecks des Systems zu erbringen ist. Für die Hinterbliebenenrenten der gesetzlichen Rentenversicherung hat das Bundesverfassungsgericht Art. 2 Abs. 1 GG als verfassungsrechtlichen Maßstab herangezogen, wenn der Gesetzgeber gesetzlich zugesagte und beitragsfinanzierte Leistungen dieses Versicherungszweigs wesentlich vermindert (vgl. BVerfGE 97, 271 <286>). In Bezug auf die gesetzliche Krankenversicherung ist verfassungsgerichtlich entschieden, dass eine gesetzliche Regelung das Grundrecht der allgemeinen Handlungsfreiheit des Versicherten berührt, wenn die Freiheit zur Auswahl unter Arznei- und Hilfsmitteln, die ihm als Sachleistung zur Verfügung gestellt werden, eingeschränkt wird (vgl. BVerfGE 106, 275 <304 f.>). 51 Der in einem System der Sozialversicherung Pflichtversicherte hat typischerweise keinen unmittelbaren Einfluss auf die Höhe seines Beitrags und auf Art und Ausmaß der ihm im Versicherungsverhältnis geschuldeten Leistungen. In einer solchen Konstellation der einseitigen Gestaltung der Rechte und Pflichten der am Versicherungsverhältnis Beteiligten durch Gesetz (vgl. § 31 SGB I) und durch die auf ihm beruhenden Rechtsakte der Leistungskonkretisierung, schützt das Grundrecht aus Art. 2 Abs. 1 GG den beitragspflichtigen Versicherten vor einer Unverhältnismäßigkeit von Beitrag und Leistung. Daraus lässt sich in der gesetzlichen Krankenversicherung zwar kein verfassungsrechtlicher Anspruch auf bestimmte Leistungen der Krankenbehandlung ableiten. Jedoch sind gesetzliche oder auf Gesetz beruhende Leistungsausschlüsse und Leistungsbegrenzungen daraufhin zu prüfen, ob sie im Rahmen des Art. 2 Abs. 1 GG gerechtfertigt sind. Gleiches gilt, wenn die gesetzlichen Leistungsvorschriften – wie hier – durch die zuständigen Fachgerichte eine für den Versicherten nachteilige Auslegung und Anwendung erfahren. 52 b) Bei der näheren Bestimmung und Entfaltung der dargestellten Schutzfunktion des Art. 2 Abs. 1 GG kommt dem grundgesetzlichen Sozialstaatsprinzip maßgebliche Bedeutung zu. Der Schutz des Einzelnen in Fällen von Krankheit ist in der sozialstaatlichen Ordnung des Grundgesetzes eine Grundaufgabe des Staates. Ihr ist der Gesetzgeber nachgekommen, indem er durch Einführung der gesetzlichen Krankenversicherung als öffentlich-rechtlicher Pflichtversicherung für den – Seite 15 von 18 – Krankenschutz eines Großteils der Bevölkerung, Sorge getragen und die Art und Weise der Durchführung

GG[604] nicht vereinbar sei, einen gesetzlich Krankenversicherten, für dessen lebensbedrohliche oder regelmäßig tödliche Erkrankung eine allgemein anerkannte, dem medizinischem Standard entsprechende Behandlung nicht zur Verfügung stehe, von der Leistung einer von ihm gewählten, ärztlich angewandten Behandlungsmethode auszuschließen, wenn eine nicht ganz entfernt liegende Aussicht auf Heilung oder auf eine spürbare positive Einwirkung auf den Krankheitsverlauf bestehe.[605] Die bisherige diesbezügliche Auslegung des Leistungsrechts durch das BSG wurde durch den „Nikolausbeschluss" vom BVerfG als mit Art. 2 Abs. 1 GG i.V.m. dem Sozialstaatsprinzip und Art. 2 Abs. 2 Satz 1 GG für nicht vereinbar erklärt.

Hintergrund für die grundrechtsorientierte Auslegung der leistungsrechtlichen Normen in Fällen lebensbedrohlicher oder regelmäßig tödlicher Erkrankung ist nach Ausführungen des BVerfG, dass der Staat, wenn er mit dem System der gesetzlichen

---

dieses Schutzes geregelt hat (vgl. BVerfGE 68, 193 <209>). In Konkretisierung des Sozialstaatsprinzips richtet er die Beiträge an der – regelmäßig durch das Arbeitsentgelt oder die Rente bestimmten – wirtschaftlichen Leistungsfähigkeit des einzelnen Versicherten (§ 226 SGB V) und nicht am individuellen Risiko aus (vgl. BVerfGE 103, 172 <185>), ist ferner auf Stabilität der Beitragssätze bedacht (§ 71 SGB V), wirkt auf Beitragssenkungen hin (§ 220 Abs. 4 SGB V) und nimmt auch bei der Ausgestaltung der Verpflichtung zur Erbringung von Zuzahlungen zu gesetzlichen Leistungen (vgl. § 61 SGB V) auf die soziale Situation des Einzelnen Rücksicht (§ 62 SGB V). Damit geht der Gesetzgeber davon aus, dass den Versicherten regelmäßig erhebliche finanzielle Mittel für eine zusätzliche selbständige Vorsorge im Krankheitsfall und insbesondere für die Beschaffung von notwendigen Leistungen der Krankenbehandlung außerhalb des Leistungssystems der gesetzlichen Krankenversicherung nicht zur Verfügung stehen. 53 In der sozialen Krankenversicherung sind abhängig Beschäftigte mit mittleren und niedrigen Einkommen sowie Rentner pflichtversichert (vgl. BVerfGE 103, 172 <185>). Die gesetzliche Krankenversicherung erfasst nach der gesetzlichen Typisierung jedenfalls die Personengruppen, die wegen ihrer niedrigen Einkünfte eines Schutzes für den Fall der Krankheit bedürfen, der durch Zwang zur Eigenvorsorge erreicht werden soll (vgl. BVerfGE 102, 68 <89>). Mit dieser Versicherungsform wird auch einkommensschwachen Bevölkerungsteilen ein voller Krankenversicherungsschutz zu moderaten Beiträgen ermöglicht (vgl. BVerfGE 103, 172 <185>). Es bedarf daher einer besonderen Rechtfertigung vor Art. 2 Abs. 1 GG in Verbindung mit dem Sozialstaatsprinzip, wenn dem Versicherten Leistungen für die Behandlung einer Krankheit und insbesondere einer lebensbedrohlichen oder regelmäßig tödlichen Erkrankung durch gesetzliche Bestimmungen oder durch deren fachgerichtliche Auslegung und Anwendung vorenthalten werden.

604 Steiner, selber Mitglied des entscheidenden Senats des BVerfG, führt hierzu aus: „Die allgemeine Handlungsfreiheit in Verbindung mit dem Sozialstaatsprinzip und mit der Schutzpflicht des Staates für das Leben seiner Bürger aus Art. 2 Abs. 2 Satz 1 GG zu kombinieren, ist in unserer Rechtsprechung sicherlich ein innovativer Schritt, revolutionär ist er nicht." Steiner, Das Bundesverfassungsgericht und die Gesundheit der Deutschen in: Kingreen /Laux (Hrsg.), Gesundheit und Medizin, S. 129 ff., 140.

605 BVerfG Beschluss vom 06.12.2005 – 1 BvR 347/98, „Nikolausbeschluss", Leitsatz.

Krankenversicherung Verantwortung für Leben und körperliche Unversehrtheit der Versicherten übernimmt, die Versorgung in Fällen einer lebensbedrohlichen oder regelmäßig tödlichen Erkrankung unter den genannten Voraussetzungen zum Kernbereich der Leistungspflicht und der von Art. 2 Abs. 2 Satz 1 GG geforderten Mindestversorgung gehört.[606] Denn es sei mit Art. 2 Abs. 1 GG in Verbindung mit dem grundgesetzlichen Sozialstaatsprinzip nicht vereinbar, den Einzelnen unter den Voraussetzungen des § 5 SGB V einer Versicherungspflicht in der gesetzlichen Krankenversicherung zu unterwerfen und für seine an der wirtschaftlichen Leistungsfähigkeit ausgerichteten Beiträge die notwendige Krankheitsbehandlung gesetzlich zuzusagen, ihn andererseits aber, wenn er an einer lebensbedrohlichen oder sogar regelmäßig tödlichen Erkrankung leidet, für die schulmedizinische Behandlungsmethoden nicht vorliegen, von der Leistung einer bestimmten Behandlungsmethode durch die Krankenkasse auszuschließen und ihn auf eine Finanzierung der Behandlung außerhalb der gesetzlichen Krankenversicherung zu verweisen.[607]

Der „Nikolausbeschluss" führte zu einer Rechtsprechungsänderung der BSG Rechtsprechung[608] und war insbesondere auch ausschlaggebend für die Änderung der leistungsrechtlichen Regelung in § 2 SGB V[609] durch das am 01.01.2012 in Kraft getretene Versorgungsstrukturgesetz[610].

Zur Systematisierung der einzelnen Konstellationen, in denen Patienten einen unmittelbaren Anspruch auf die Behandlung mit einer konkreten NUB-Methode haben, wurden von Rechtsprechung und Literatur mittlerweile Fallgruppen entwickelt[611].

8.2.1 Systemversagen bzw. „Systemmangel"[612]

Der Darstellung des „Systemversagens" bzw. des Systemmangels ist voraus zu schicken, dass diese Konstellation aufgrund der für die Erbringung einer NUB-Methode im stationären Bereich nicht erforderlichen präventiven Erlaubnis durch den G-BA nur für den ambulanten Bereich eine „Leistungserweiterung" des

---

606 BVerfG Beschluss vom 06.12.2005 – 1 BvR 347/98, „Nikolausbeschluss".

607 Vgl. BVerfG Beschluss vom 06.12.2005 – 1 BvR 347/98, „Nikolausbeschluss", Rn. 49.

608 Ausführlich hierzu Nimis, Der Anspruch des Patienten auf neue Untersuchungs- und Behandlungsmethoden in der gesetzlichen Krankenversicherung, S. 200 ff.

609 Vgl. Schmidt-De Caluwe; Anmerkung zu dem Beschluss des BVerfG vom 06.12.2005 – 1 BvR 347/98; SGB 2006, 619, 621, der, sollte das BVerfG den Anspruch als „übergesetzlichen", verfassungsimmanenten Anspruch geschaffen habe, im Sinne der Gewaltenteilung eigentlich Handlungs- und Nachbesserungsbedarf des Gesetzgebers sah.

610 Gesetz zur Verbesserung der Versorgungsstrukturen in der gesetzlichen Krankenversicherung (GKV-Versorgungsstrukturgesetz – GKV-VStG) vom 22.12.2011, BGBl I Nr. 70 S. 2983.

611 Ein komprimierter Überblick hierzu findet sich auch bei Ihle in: jurisPK-SGB V § 135 SGB V Rn. 25 ff.

612 Vgl. hierzu BSG Urteil vom 26.09.2006 – B 1 KR 3/06 („neuropsychologische Therapie"), Rn. 24 m.w.N.

Leistungsspektrums mit sich bringt und somit Versicherten nur für diesen Sektor als das Leistungsspektrum erweiternde Anspruchskonstellation dienen kann.

Von einem Systemversagen bzw. einem Systemmangel, der dazu führt, dass gesetzlich Versicherte Anspruch auf medizinische Versorgung unter Anwendung der NUB-Methode haben, ist auszugehen, wenn die fehlende Anerkennung der NUB-Methode auf einem Mangel des gesetzlichen Leistungssystems beruht. Dies ist insbesondere der Fall, wenn die fehlende Anerkennung einer NUB-Methode darauf zurück zu führen ist, dass das Verfahren vor dem G-BA trotz Erfüllung der für eine Überprüfung erforderlichen formalen und inhaltlichen Voraussetzungen nicht oder nicht zeitgerecht durchführt wurde und somit „willkürlich", „sachwidrig", „blockiert" oder „verzögert" worden ist.

Denn, wie die ausdrückliche Erwähnung des wissenschaftlichen Fortschritts in § 2 Abs. 1 Satz 3 SGB V belegt, gehören auch neue Methoden zum Leistungsumfang der gesetzlichen Krankenversicherung, soweit sie sich als zweckmäßig und wirtschaftlich erweisen. Eine (weiterhin) bestehende Negativrichtlinie wird in einem solchen Fall nicht einer den Anforderungen des § 2 Abs. 1 Satz 3 SGB V genügenden Krankenbehandlung gerecht und verstößt daher gegen höherrangiges Recht.

Hierzu hat sich das BSG in einem Urteil vom 07.05.2013[613] folgendermaßen geäußert[614]: In dem streitgegenständlichen Fall war die NUB-Methode (Behandlung mit hyperbarem Sauerstoff – „adjuvante HBO-Therapie") im ambulanten Bereich umfassend gem. § 135 SGB V von der Versorgung zulasten der gesetzlichen Krankenkasse ausgeschlossen, während sie im stationären Sektor trotz eines grundsätzlichen Verbots gem. § 137 c SGB V für bestimmte Konstellationen – wie die der Klägerin – ausnahmsweise erlaubt war. Mangels Erfordernis einer stationären Behandlung gem. § 39 SGB V beantragte die Klägerin die Kostenübernahme für die ambulant durchgeführte adjuvante HBO-Therapie. Das BSG urteilte, dass die gem. § 135 SGB V ausdrücklich aus der ambulanten Versorgung ausgeschlossene adjuvante Behandlung des diabetischen Fußsyndroms im Stadium ab Wagner III ohne angemessene Heilungstendenz nach Ausschöpfung der Standardtherapie mit HBO im Jahre 2009 als Ausnahmefall wegen Systemversagens auch in der ambulanten Versorgung in den GKV-Leistungskatalog einbezogen sei, ohne dass es einer positiven Empfehlung des G-BA und einer Aufnahme der Methode in den EBM bedürfe. Eine Leistungspflicht der Krankenkasse wegen Systemversagens könne nach der Rechtsprechung des erkennenden Senats ausnahmsweise ungeachtet des in § 135 Abs. 1 SGB V aufgestellten Verbots mit Erlaubnisvorbehalt dann bestehen, wenn die fehlende Anerkennung einer neuen Untersuchungs- oder Behandlungsmethode darauf zurückzuführen sei, dass das Verfahren vor dem G-BA trotz Erfüllung der für eine Überprüfung notwendigen formalen und inhaltlichen Voraussetzungen nicht oder nicht zeitgerecht durchgeführt worden sei. Diese Durchbrechung beruhe darauf, dass in solchen Fällen die in § 135 Abs. 1 SGB V

613 BSG Urteil vom 07.05.2013 – B 1 KR 44/12 R („adjutante HBO-Therapie").

614 Ausführlicher zum zugrunde liegenden Sachverhalt unter B.3.9.

vorausgesetzte Aktualisierung der Richtlinien rechtswidrig unterblieben sei und deshalb die Möglichkeit bestehen müsse, das Anwendungsverbot erforderlichenfalls auf andere Weise zu überwinden.[615] Das BSG kam zu dem Ergebnis, dass der G-BA gegen höherrangiges Recht verstieß, weil er objektiv willkürlich das sektorenübergreifende Prüfverfahren 2008 nicht auf eine Empfehlung dieser Methode bei der genannten Indikation für die vertragsärztliche Versorgung erstreckte, weswegen die Methode als Ausnahmefall wegen Systemversagens in den GKV-Leistungskatalog einbezogen sei, ohne dass es einer positiven Empfehlung des G-BA und einer Aufnahme der Methode in den EBM bedürfe.[616] Das BSG führte aus, dass es zu einem Systemversagen kommen könne, wenn das Verfahren vor dem G-BA von den antragsberechtigten Stellen oder dem G-BA selbst überhaupt nicht, nicht zeitgerecht oder nicht ordnungsgemäß betrieben werde und dies auf eine willkürliche oder sachfremde Untätigkeit oder Verfahrensverzögerung zurückzuführen sei.[617] In einem derartigen Fall widersprechen die einschlägigen RL einer den Anforderungen des Qualitätsgebots (§ 2 Abs. 1 Satz 3 SGB V) genügenden Krankenbehandlung.[618] Im konkreten Fall, in dem der G-BA zu dem Ergebnis gekommen war, dass die Methode im stationären Bereich teilweise nicht verboten ist, hätte der G-BA diese Erkenntnisse aus dem Verfahren nach § 137 c SGB V zusätzlich auch im Rahmen des § 135 Abs. 1 SGB V nutzen müssen. Der G-BA hätte insoweit folgerichtig eine Empfehlung nach § 135 Abs. 1 SGB V aussprechen müssen. Er hätte berücksichtigen müssen, dass es nach den Erkenntnissen der medizinischen Wissenschaft keine durchgreifenden Gründe dafür gibt, die HBO bei dem genannten Indikationsspektrum lediglich stationär anzuwenden. Zugleich hätte er in den Blick nehmen müssen, dass er ohne die Empfehlung nach § 135 Abs. 1 SGB V eine mit dem Qualitätsgebot unvereinbare Therapielücke schafft.[619] Das Unterlassen der Empfehlung nach § 135 Abs. 1 SGB V mit Inkrafttreten der Änderung der Richtlinie Methoden Krankenhausbehandlung am 13.11.2008 widerspreche höherrangigem Recht, nämlich dem Willkürverbot (Art. 3 Abs. 1 GG). Der G-BA handele willkürlich, wenn er grundlos untätig bleibe[620] und jede andere Entscheidung als die des

615 BSG Urteil vom 07.05.2013 – B 1 KR 44/12 R („adjutante HBO-Therapie") Rn. 17.

616 BSG Urteil vom 07.05.2013 – B 1 KR 44/12 R („adjutante HBO-Therapie") Rn. 16.

617 BSG Urteil vom 07.05.2013 – B 1 KR 44/12 R („adjutante HBO-Therapie") Rn. 18 m.w.N.

618 BSG Urteil vom 07.05.2013 – B 1 KR 44/12 R („adjutante HBO-Therapie") Rn. 18.

619 Denn Krankenhausbehandlung sei nicht bereits deshalb erforderlich i.S. von § 39 SGB V, weil eine bestimmte Leistung nach den Regeln der ärztlichen Kunst zwar ambulant erbracht werden könne, vertragsärztlich aber mangels positiver Empfehlung des G-BA nicht zulasten der GKV geleistet werden dürfe. (BSG Urteil vom 07.05.2013 – B 1 KR 44/12 R („adjutante HBO-Therapie") Rn. 27) – Siehe hierzu unter B.3.9.

620 Für eine Überprüfungspflicht von Amts wegen auch: Schmidt-De Caluwe in: Becker/Kingreen (Hrsg.), SGB V, § 135 Rn 25.

Tätigwerdens unvertretbar wäre. Weder der medizinische Forschungsstand noch das gesetzliche Regelungssystem rechtfertigen die Beschränkung des HBO-Einsatzes bei der betroffenen Indikation auf den Krankenhaussektor.[621]

8.2.2 Extrem seltene Erkrankung[622]

Auch der Anspruch von Versicherten auf Behandlung mit einer NUB-Methode außerhalb des regulären Leistungsspektrums der gesetzlichen Krankenversicherung im Falle des Vorliegens einer extrem seltenen, singulären Erkrankung ist letztendlich ein Fall des „Systemversagens". Dieser Fall des „Systemversagens" ist aber nicht mit dem eben beschriebenen vergleichbar, da er nicht aufgrund „vorwerfbaren Verhaltens" seitens des G-BA (noch) vom Leistungsspektrum ausgeschlossen ist.

Vielmehr beruht im Fall von extrem seltenen Erkrankungen das „Systemversagen", das „Durchs-System-Fallen" darauf, dass sich diese Methoden aufgrund der quantitativ geringen Anwendung einer systematischen wissenschaftlichen Erforschung und damit der auf den Grundsätzen der evidenzbasierten Medizin basierenden Nutzenbewertung und Heranbildung und Abbildung eines „allgemein anerkannten Standes der medizinischen Erkenntnisse" entziehen. Denn die dem G-BA auferlegte Nutzenbewertung auf den Grundlagen der evidenzbasierten Medizin ist nicht möglich, wenn mangels Anwendungsfällen kein i.S.d. ebM belastbares Bewertungsmaterial existiert und aus dem gleichen Grund mangels zahlenmäßig suffizienter potentieller Studienfälle mit großer Wahrscheinlichkeit auch zukünftig nicht existieren wird.

Diese extrem seltenen (und hinreichend schweren) Erkrankungen rechtfertigen den Einsatz von NUB-Methoden außerhalb des schon anerkannten Leistungsspektrums[623], wenn sie eine notstandsähnliche Situation auslösen.

Nach der Rechtsprechung des BSG setzen „Seltenheitsfälle" voraus, dass eine Krankheit weltweit nur „extrem selten" auftrete und deshalb im nationalen wie im internationalen Rahmen „weder systematisch erforscht noch systematisch

---

621 BSG Urteil vom 07.05.2013 – B 1 KR 44/12 R („adjutante HBO-Therapie") Rn. 28.

622 Hierzu auch Ihle in: jurisPK-SGB V § 135 SGB V Rn. 27.

623 Wegweisend für diese Konstellationen: BSG Urteil vom 19.10.2004 – B 1 KR 27/02 R, („Visudyne"); vgl. hierzu auch BVerfG Beschluss vom 06.12.2005 – 1 BvR 347/98, „Nikolausbeschluss" Rn. 67: Auch das Bundessozialgericht hat sich in seiner jüngeren Rechtsprechung bei einer Krankenbehandlung mit Arzneimitteln einer Einzelfallbetrachtung unter bestimmten Voraussetzungen nicht verschlossen. Nach seiner [BSG] Auffassung sind Maßnahmen zur Behandlung einer Krankheit, die so selten auftritt, dass ihre systematische Erforschung praktisch ausscheidet, vom Leistungsumfang der gesetzlichen Krankenversicherung nicht allein deshalb ausgeschlossen, weil der zuständige Bundesausschuss dafür keine Empfehlung abgegeben hat (vgl. BSGE 93, 236 <244 ff.> = BSG Urteil vom 19.10.2004 – B 1 KR 27/02 R, („Visudyne")).

behandelt" werden könne.[624] Für Arzneimittel hat sich für diese Konstellationen der Begriff „orphan drugs" etabliert.

Zum Schutz der Patienten und der Stabilität des Krankenversicherungssystems umfasst die Leistungspflicht der Krankenkassen auch in derartigen Einzelfällen keine ärztlichen Maßnahmen, die „nur ungenügende Erfolgsaussichten bieten" – auch dieser Anspruch setzt vielmehr ein Mindestmaß an Arzneimittel- und Behandlungsqualität voraus. Anders als nach den Grundsätzen für den off-label-use, kann jedoch bei einer unerforschbaren singulären Erkrankung nicht gefordert werden, dass positive Forschungsergebnisse oder einem gewissen Standard entsprechende wissenschaftliche Fachveröffentlichungen vorliegen. Als Garantie eines Mindestqualitätstandards kann und sollte nach der Darstellung von Nimis zumindest gefordert werden, dass die im Zeitpunkt der Behandlung verfügbaren wissenschaftlichen Erkenntnisse die Annahme rechtfertigen, dass der voraussichtliche Nutzen der Maßnahme die möglichen mit ihr verbundenen Risiken und Nebenwirkungen überwiegt.[625]

8.2.3 Off-label-use bei Schwerwiegenden Erkrankungen[626]

Eine weitere Konstellation, in der Versicherte Anspruch auf bisher nicht vom Leistungsspektrum der gesetzlichen Krankenkasse umfasste Behandlungsmethoden haben, ist insbesondere[627] die Anwendung von Arzneimitteln jenseits ihres Zulassungsbereichs zur Behandlung von „schwerwiegenden Erkrankungen", wenn keine andere Therapie verfügbar ist und eine begründete Hoffnung besteht, dass gerade mit dem entsprechenden Präparat ein Behandlungserfolg erzielt werden kann.[628] Auch diese Konstellation könnte mit dem „Überbegriff" Systemmangel beschrieben werden. Hier liegt die Ursache für den Systemmangel bzw. das Systemversagen aber nicht in der Untätigkeit des G-BA, sondern vielmehr darin, dass die Pharmaindustrie es aus wirtschaftlichen oder haftungsrechtlichen Gründen unterlässt beispielsweise für die Anwendung eines bestimmten Medikaments klinische Studien unter Einbeziehung von Kindern durchzuführen, um schließlich

624 Zuletzt BSG Urteil vom 21.03.2013 – B 3 KR 2/12 R („in-vitro Aufbereitung"), Rn. 25 m.w.N.

625 Vgl. hierzu Nimis, Der Anspruch des Patienten auf neue Untersuchungs- und Behandlungsmethoden in der gesetzlichen Krankenversicherung.

626 Die Verfassungsmäßigkeit der hierzu vom BSG entwickelten Kriterien wurde vom BVerfG in seinem Nichtannahmebeschluss vom 30.06.2008 – 1 BvR 1665/07 bestätigt.

627 Nach der Darstellung von Nimis (S. 264 f.) kommt daneben eine Anwendung eines Arzneimittels außerhalb des eigentlichen Zulassungsbereichs in den Sonderfällen gem. §30 AM-RL i.V.m. § 35 b Abs. 3 S. 1 SGB V und § 31 AM-RL i.V.m. § 35 c SGB V in Betracht.

628 Grundsatzurteil zu dieser Thematik: BSG Urteil vom 19.03.2002 – B 1 KR 37/00 R („Sandoglobuline").

auch für diesen Patientenkreis eine Zulassung zu beantragen. Nach der Darstellung von Nimis[629] ist eine Krankheit „schwerwiegend", wenn sie lebensbedrohlich ist oder aufgrund der Schwere der durch sie verursachten Gesundheitsstörung die Lebensqualität auf Dauer nachhaltig beeinträchtigt wird, wobei nach seiner Analyse die vom BSG angelegten Kriterien weniger streng sind, als die des BVerfG im „Nikolausbeschluss"[630] im Zusammenhang mit dem Anspruch auf Behandlung in Fällen „lebensbedrohlicher oder regelmäßig tödlich verlaufender Krankheiten" entwickelten Kriterien. Eine Verwendung eines Medikaments im off-label-use ist weiter nur zulässig, wenn es im System der gesetzlichen Krankenversicherung keine andere Therapie gibt, die Gleiches zu leisten verspricht und die konkrete Therapie im off-label-use hinreichende Erfolgsaussichten verspricht. Von letzterem ist nur dann auszugehen, wenn aufgrund der Datenlage die begründete Aussicht besteht, dass mit dem Präparat ein kurativer oder palliativer Behandlungserfolg erzielt werden kann. Nach Nimis sind die Anforderungen, die an die Qualität der wissenschaftlichen Erkenntnisse für eine zulassungsüberschreitende Pharmakotherapie über den Behandlungserfolg zu stellen sind, identisch mit den Anforderungen für den Nachweis der Zulassungsreife des Arzneimittels im entsprechenden Indikationsbereichs[631] – alleine die Zulassung und die ihr notwendigerweise vorausgehenden klinischen Studien werden aus Kostengründen aufgrund des aus Perspektive der Pharmaindustrie oft kleinen hoch spezialisierten Marktsegments und schlechten Aussichten auf eine Ausdehnung des Anwendungsbereiches von der Pharmaindustrie nicht durchgeführt.

8.2.4 Lebensbedrohliche oder regelmäßig tödliche Erkrankungen

Die vierte Konstellation, in der Versicherte außerhalb des regulären Leistungsspektrums Anspruch auf Behandlung mit einer NUB-Methode haben, basiert unmittelbar auf der Rechtsprechung des BVerfG, dem „Nikolausbeschluss"[632], und der in Bezug

---

629 Nimis, Der Anspruch des Patienten auf neue Untersuchungs- und Behandlungsmethoden in der gesetzlichen Krankenversicherung, S. 265.

630 BVerfG Entscheidung vom 06.12.2005 – 1 BvR 347 („Nikolausbeschluss").

631 Erforderlich ist nach Nimis (S. 266), dass die existierenden Forschungsergebnisse erwarten lassen, dass das (konkrete) Arzneimittel für die betreffende Indikation zugelassen werden kann, weil entweder die Erweiterung der Zulassung bereits beantragt ist und die Ergebnisse einer kontrollierten klinischen Prüfung der Phase III (gegenüber Standard oder Placebo) veröffentlicht sind und eine klinisch relevante Wirksamkeit respektive einen klinisch relevanten Nutzen bei vertretbaren Risiken belegen oder außerhalb eines Zulassungsverfahrens gewonnene Erkenntnisse veröffentlicht sind, die über Qualität und Wirksamkeit des Arzneimittels in dem neuen Anwendungsgebiet zuverlässige, wissenschaftlich nachprüfbare Aussagen zulassen und aufgrund derer in den einschlägigen Fachkreisen Konsens über einen voraussichtlichen Nutzen in dem vorgenannten Sinne besteht.

632 BVerfG Entscheidung vom 06.12.2005 – 1 BvR 347/98 („Nikolausbeschluss").

hierauf ergangenen Rechtsprechung.[633] Für diese Konstellation findet sich seit dem 01.01.2012 eine unmittelbare Anspruchgrundlage im SGB V:

8.3 Gesetzliche Neuregelung: § 2 Abs. 1 a SGB V – Reaktion des Gesetzgebers auf den „Nikolausbeschluss“ des BVerfG

Mittlerweile[634], seit dem Inkrafttreten des Versorgungsstrukturgesetzes am 01.01.2012, trifft auch das SGB V in Umsetzung der durch den „Nikolausbeschluss“ des BVerfG eingeleiteten Rechtsprechung unmittelbar auf gesetzlicher Ebene in § 2 Abs. 1 a SGB V eine Regelung zum Anspruch Versicherter auf Behandlung mit NUB-Methoden, die systematisch noch außerhalb des Leistungsspektrums der gesetzlichen Krankenversicherung liegen. Hiernach können „Versicherte mit einer lebensbedrohlichen oder regelmäßig tödlichen Erkrankung oder mit einer zumindest wertungsmäßig vergleichbaren Erkrankung, für die eine allgemein anerkannte, dem medizinischen Standard entsprechende Leistung nicht zur Verfügung steht, auch eine von § 2 Abs. 1 Satz 3 SGB V abweichende Leistung beanspruchen, wenn eine nicht ganz entfernt liegende Aussicht auf Heilung oder auf eine spürbare positive Einwirkung auf den Krankheitsverlauf besteht.“

Nach den Gesetzesmaterialien soll durch die Einführung des neuen § 2 Abs. 1 a SGB V lediglich der schon durch das BVerfG aufgrund verfassungskonformer Auslegung des SGB V identifizierte Anspruch auf Behandlung mit NUB-Methoden „gesetzlich klargestellt“[635] werden. In den Gesetzesmaterialien weist der Gesetzgeber nochmals ausdrücklich darauf hin, dass der Anspruch der Versicherten in dem vom „Nikolausbeschluss“ fixierten Umfang auch durch Verbotsrichtlinien des G-BA nicht verkürzt wird und fordert den G-BA auf explizite Ausnahmeregelungen in seine Ausschlussentscheidungen aufzunehmen, wenn ihm für Patientengruppen, die sich aufgrund von gemeinsamen charakterisierenden Eigenschaften hinreichend klar beschreiben lassen, entsprechende Erkenntnisse vorliegen, dass die Kriterien des „Nikolausbeschluss“es bei der Patientengruppe vorliegen.[636] Der Gesetzgeber betont, dass über die Beschlüsse des G-BA nunmehr gesetzlich klargestellt sei, dass der Anspruch der Patienten nach dem „Nikolausbeschluss“ als eine Ausnahme von § 2 Abs. 1 Satz 3 SGB V im Leistungsrecht der gesetzlichen Krankenkasse insgesamt gelte. Durch den Anspruch aufgrund der neuen Regelung würden jedoch keine neuen Leistungen eingeführt; es würden vielmehr lediglich

---

633 Zu den einzelnen Kriterien ausführlich Nimis, Der Anspruch des Patienten auf neue Untersuchungs- und Behandlungsmethoden in der gesetzlichen Krankenversicherung S. 181 ff.; 269 ff.

634 Die Arbeit von Nimis ist laut Information des Vorwortes auf dem Stand Wintersemester 2010/2011 und hat daher die Gesetzesänderung durch das zum 01.01.2012 in Kraft getretene Versorgungsstrukturgesetz noch nicht eingearbeitet.

635 Begründung des Gesetzentwurfes BTDrs. 17/6906 S. 84 und des Ausschusses für Gesundheit (14. Ausschuss) 17/8005 S. 137.

636 Begründung des Gesetzentwurfes BTDrs. 17/6906 S. 84.

die bereits geltenden Anspruchsvoraussetzungen gemäß grundrechtskonformer Auslegung des Leistungsrechts ins Gesetz übernommen.

Zu den einzelnen Voraussetzungen führt der Gesetzgeber in der Gesetzesbegründung[637] Folgendes aus: Die lebensbedrohliche oder regelmäßig tödliche bzw. die zumindest wertungsmäßig vergleichbare Erkrankung müsse für den betroffenen Versicherten eine „notstandsähnliche Situation" darstellen. Dies kann nach Vorstellung des Gesetzgebers dann der Fall sein, wenn nach den konkreten Umständen des Einzelfalls droht, dass sich der tödliche Krankheitsverlauf bzw. der nicht kompensierbare Verlust eines wichtigen Sinnesorgans oder einer herausgehobenen Körperfunktion innerhalb eines kürzeren, überschaubaren Zeitraums wahrscheinlich verwirklichen wird.

Hinsichtlich der Anspruchsvoraussetzung, dass „eine allgemein anerkannte, dem medizinischen Standard entsprechende Leistung nicht zur Verfügung steht" konkretisiert der Gesetzgeber in den Gesetzgebungsmaterialien, dass auch ausreichend sei, wenn zwar eine solche existiert, diese aber im konkreten Fall nicht angewendet werden kann. Einschränkend gelte für auf Arzneimitteln beruhende NUB-Methoden, dass ein Anspruch über § 2 Abs. 1 a SGB V hier nur bestehen soll, wenn die NUB-Methode auch nicht im Rahmen einer klinischen Prüfung oder im Rahmen eines Härtefallprogramms („Compassionate use"-Programm) und somit ohne dass es der Ausnahmeregelung über § 2 Abs. 1 a SGB V bedarf, angewendet werden kann.

Nach Vorstellung des Gesetzgebers muss sich die „nicht ganz entfernt liegende Aussicht auf Heilung oder auf eine spürbare positive Einwirkung auf den Krankheitsverlauf" durch Indizien stützen lassen.[638] Der Gesetzgeber führt hierzu weiter aus: Die Anforderungen an derartige ernsthafte Hinweise sind im Lichte des „Nikolausbeschluss"es des BVerfG umso geringer, je schwerwiegender die Erkrankung und hoffnungsloser die Situation des Betroffenen im konkreten Fall ist.

Im Rahmen der Neuregelung des § 2 Abs. 1 a SGB V hat der Gesetzgeber auf Anregung des Ausschusses für Gesundheit[639] zudem in § 2 Abs. 1 a Satz 2 und 3 SGB V und somit unmittelbar im SGB V eine Regelung zur Kostentragung getroffen, die jedoch eher deklaratorisch als konstitutiv ist. Denn sie erklärt lediglich, dass der jeweilige Versicherte oder der behandelnde Leistungserbringer vor Beginn der Behandlung bei der zuständigen Krankenkasse eine Kostenübernahmeerklärung[640] der Krankenkasse beantragen kann, durch welche die Abrechnungsmöglichkeit der

---

637 Begründung des Gesetzentwurfes BTDrs. 17/6906.

638 Vgl. hierzu die entsprechende Passage aus dem „Nikolausbeschluss" (BVerfG Entscheidung vom 06.12.2005 – 1 BvR 347/98 Rn. 64): Dabei muss allerdings die vom Versicherten gewählte andere Behandlungsmethode eine auf Indizien gestützte, nicht ganz fern liegende Aussicht auf Heilung oder wenigstens auf eine spürbare positive Einwirkung auf den Krankheitsverlauf versprechen.

639 Beschlussempfehlung und Bericht des Ausschusses für Gesundheit (14. Ausschuss) BTDrs. 17/8005 S. 14.

640 Von Scholz als „konstitutives verwaltungsrechtliches Schuldanerkenntnis" qualifiziert. Vgl. Scholz in: Becker/Kingreen (Hrsg.), SGB V § 2, (D. 4.) Rn. 8.

Leistung festgestellt wird. Ob aufgrund der für die Anwendung von § 2 Abs. 1 a Satz 1 SGB V erforderlichen notstandsähnlichen Situation des Patienten vor Behandlungsbeginn die Entscheidung der Krankenkasse über die potentielle Übernahmeerklärung abgewartet werden kann oder wird, ist fraglich und wird insbesondere von der „Bescheidungsgeschwindigkeit" der jeweiligen Krankenkasse abhängen. Ebenfalls durch das Versorgungsstrukturgesetz wurde § 13 SGB V um einen neuen Absatz, § 13 Abs. 3 a SGB V[641], ergänzt, der aufgrund einer gesetzlichen Genehmigungsfiktion die Krankenkassen zum zügigen Bearbeiten der Kostenübernahmeanträgen von Versicherten zwingt. Denn bei Untätigkeit der Krankenkasse vermittelt § 13Abs. 3 a SGB V dem Versicherten unmittelbar einen Anspruch auf Kostenübernahme.

8.3.1 Stellungnahme

Aufgrund der existentiellen Bedeutung, die eine i.S.d. § 2 Abs. 1 a SGB V als Kassenleistung erbrachte NUB-Leistung für den jeweiligen Betroffenen hat, ist es begrüßenswert, dass der Gesetzgeber den neuen § 2 Abs. 1 a SGB V direkt ins SGB V aufgenommen hat. Da es sich nicht um eine systematische Regelung zur Anwendung von NUB-Methoden handelt, sondern die Regelung eine systemwidrige, grundrechtsorientierte einzelfallbezogene Ausnahmeregelung darstellt, ist auch ihre Verortung unmittelbar im Leistungsrecht, auch in Anbetracht der Normkonkretisierungsrechtsprechung des BSG, nachvollziehbar.

Der Gesetzgeber hat sechs Jahre nach dem wegweisenden „Nikolausbeschluss" des Bundesverfassungsgerichts inhaltlich nahezu ohne Änderung den verfassungsrichterlichen Leitsatz in Gesetzesform gegossen. Für die Auslegung der einzelnen der drei Merkmale wird man auch weiterhin auf die zahlreichen zu dieser Thematik ergangenen Einzelurteile zurückgreifen und zurückgreifen müssen. Dies bringt mit sich, dass die Regelung des § 2 Abs. 1 a SGB V an sich für die betroffenen Versicherten unmittelbar nur wenig Klarheit bringt.

---

641 § 13Abs. 3 a SGB V (Auszug): Die Krankenkasse hat über einen Antrag auf Leistungen zügig, spätestens bis zum Ablauf von drei Wochen nach Antragseingang oder in Fällen, in denen eine gutachtliche Stellungnahme, insbesondere des Medizinischen Dienstes der Krankenversicherung (Medizinischer Dienst), eingeholt wird, innerhalb von fünf Wochen nach Antragseingang zu entscheiden. Wenn die Krankenkasse eine gutachtliche Stellungnahme für erforderlich hält, hat sie diese unverzüglich einzuholen und die Leistungsberechtigten hierüber zu unterrichten. Der Medizinische Dienst nimmt innerhalb von drei Wochen gutachtlich Stellung. Kann die Krankenkasse Fristen nach Satz 1 oder Satz 4 nicht einhalten, teilt sie dies den Leistungsberechtigten unter Darlegung der Gründe rechtzeitig schriftlich mit. Erfolgt keine Mitteilung eines hinreichenden Grundes, gilt die Leistung nach Ablauf der Frist als genehmigt. Beschaffen sich Leistungsberechtigte nach Ablauf der Frist eine erforderliche Leistung selbst, ist die Krankenkasse zur Erstattung der hierdurch entstandenen Kosten verpflichtet.

Nicht nachvollziehbar und verbesserungsfähig ist folgende in § 2 Abs. 1 a Satz 1 SGB V gewählte Formulierung: „für die eine allgemein anerkannte, dem medizinischen Standard entsprechende Leistung nicht zur Verfügung steht". Denn der Begriff des „Standards" ist nicht gleichbedeutend mit dem in § 2 Abs. 1 Satz 3 SGB V verwendeten Begriff des „allgemein anerkannten Standes der medizinischen Erkenntnisse"[642]. Hier wäre es aus systematischer Sicht terminologisch treffender, die in § 2 Abs. 1 Satz 3 SGB V verwendete Formulierung unmittelbar aufzugreifen, anstelle ohne erkennbaren Mehrwert einen „neuen Begriff", eine davon abweichende Formulierung, zu verwenden.

8.3.2 Auswirkung des neuen § 2 Abs. 1 a SGB V auf die anderen anerkannten Fallgruppen

In seiner Begründung hat der Gesetzgeber klargestellt, dass durch die Regelung des § 2 Abs. 1 a SGB V die vom Bundesverfassungsgericht durch seinen Nichtannahmebeschluss vom 30.06.2007[643] als verfassungsgemäß erklärte Rechtsprechung des BSG zum Anspruch von Versicherten auf medikamentöse Behandlung im Rahmen des off-label-uses[644] weiterhin Gültigkeit behalten soll.[645] Was die Einführung des § 2 Abs. 1 a SGB V für die anderen richterrechtlich anerkannten Fallgruppen (Systemmangel und Singularerkrankungen s.o.) bedeutet, thematisiert der Gesetzgeber in den Gesetzgebungsmaterialien nicht. Es ist jedoch nicht davon auszugehen und wäre aus Gesichtspunkten einer verfassungskonformen Auslegung des Leistungsrechts nicht vertretbar, wenn der Gesetzgeber durch sein Schweigen zu diesen Konstellationen ihre Existenz und Rechtfertigung in Frage stellen wollte. Es ist daher davon auszugehen, dass sie weiter in dem bisher durch Richterrecht ausgebildetem Umfang fortbestehen.

8.3.3 Auswirkungen des „Nikolausbeschluss" und der Neuregelung in § 2 Abs. 1 a SGB V auf die (systematische) Einführung von NUB-Methoden ins System der gesetzlichen Krankenversicherung

Durch den „Nikolausbeschluss", die Folgerechtsprechung und schließlich die Neuregelung in § 2 Abs. 1 a SGB V durch das Versorgungsstrukturgesetz[646] wurde der Anspruch des einzelnen Patienten in Ausnahmefällen auf Behandlung mit NUB-Methoden, auch wenn diese noch nicht systematisch zum Leistungsspektrum der gesetzlichen Krankenversicherung zählen, gestärkt. Krankenhäuser haben daher,

---

642 Vgl. A.4.6., A.4.6.1.

643 BVerfG Nichtannahmebeschluss vom 30.06.2008 – 1 BvR 1665/07, Rn. 10.

644 Siehe hierzu die dritte beschriebene, von Nimis (s.o.) identifizierte Konstellation.

645 Gesetzesbegründung BTDrs. 17/6906 S. 85.

646 Gesetz zur Verbesserung der Versorgungsstrukturen in der gesetzlichen Krankenversicherung (GKV-Versorgungsstrukturgesetz – GKV-VStG) vom 22.12.2011, BGBl I Nr. 70 S. 2983.

wenn im konkreten Behandlungsfall weder eine erfolgsversprechende Standardtherapie, noch eine über §§ 137 c, 137 e SGB V systematisch anwendbare NUB-Methode zur Verfügung steht, regelmäßig zu prüfen, ob die Voraussetzungen für die Anwendung der/einer konkreten alternativen Behandlungsmethode als „Ausnahmeregelung" über § 2 Abs. 1 a SGB V bzw. die anderen richterrechtlich anerkannten Fallgruppen möglich ist. Denn das Vorliegen der Voraussetzungen eines Ausnahmetatbestandes wirkt sich dahingehend aus, dass das Leistungsspektrum der gesetzlichen Krankenversicherung bezogen auf diesen Einzelfall – in Durchbrechung des Normkonkretisierungskonzeptes – erweitert wird, mit der Folge, dass der konkrete Patient ausnahmsweise einen Anspruch auf die konkrete Behandlung hat. In diesem Sinne ist auch der Hinweis des Gesetzgebers in den Gesetzgebungsmaterialien zum Versorgungsstrukturgesetz zu verstehen[647], der betonte, dass der Anspruch der Versicherten in dem vom „Nikolausbeschluss" fixierten Umfang auch durch Verbotsrichtlinien des G-BA nicht verkürzt werde, und der G-BA vielmehr in ersichtlichen Fällen schon Ausnahmekonstellationen in Verbotsrichtlinien benennen soll. In wieweit sich diese Anregung tatsächlich in die Praxis umsetzen lässt, zumal es sich lediglich eine in den Gesetzgebungsmaterialien kund getane Anregung handelt, wird zu beobachten sein.

Um diesem, dem einzelnen Versicherten bei Vorliegen der speziellen Anspruchsvoraussetzungen zustehenden Recht gerecht zu werden, prüft die Rechtsprechung in Urteilen, die sich mit §§ 135, 137 c SGB V auseinander setzen, nach Verneinen des systematischen Anspruches regelmäßig, ob die Voraussetzungen eines Einzelfall-Ausnahme-Tatbestandes erfüllt sind.

Zudem hat der Gesetzgeber durch die Regelung des § 2 Abs. 1 a SGB V verdeutlicht, dass nur ausnahmsweise (NUB-) Methoden auf Kosten der gesetzlichen Krankenkassen angewendet werden dürfen, die noch nicht den anzulegenden Qualitätsmaßstäben genügen. Hieraus ergibt sich im Umkehrschluss deutlich, dass die Regelung des § 137 c SGB V, die die Spezialvorschrift für die Anwendung von NUB-Methoden im Rahmen einer Krankenhausbehandlung darstellt, nicht dahingehend ausgelegt werden kann, dass im stationären Sektor vor der Durchführung eines Nutzenbewertungsverfahrens durch den G-BA „alles erlaubt ist", was nicht verboten wurde, denn ansonsten ist nicht ersichtlich, inwiefern durch die Regelung des § 2 Abs. 1 a SGB V, die aufgrund der engen Kriterien deutlich als „Einzelfall-Ausnahmeregelung" ausgestaltet ist, eine Erweiterung des Leistungsspektrums erreicht werden sollte.

647 Begründung des Gesetzentwurfes BTDrs. 17/6906 S. 84.

B. § 137 c SGB V und § 137 e SGB V – Die spezifischen Regelungen für die Einführung von NUB-Methoden im Rahmen der stationären Krankenhausbehandlung[648]

1. Gesetzliche Entstehungsgeschichte/Textgeschichte

1.1 § 137 c SGB V

Die Regelung des § 137 c SGB V wurde mit dem Gesetz zur Reform der gesetzlichen Krankenversicherung ab dem Jahr 2000 (GKV-Gesundheitsreformgesetz 2000 – GKV-RefG 2000) vom 22.12.1999[649] eingeführt, durch das die Qualitätssicherungsvorschriften des SGB V eine erhebliche Änderung erfuhren.[650] § 137 c SGB V trat am 01.01.2000 in Kraft[651] und wurde seitdem durch fünf Gesetze geändert. Abgesehen von der jüngsten Änderung durch das Versorgungsstrukturgesetz vom 22.12.2011, durch das erstmals die Möglichkeit des Erlasses einer „Richtlinie zur Erprobung

648 Hinweis auf mögl. Änderung durch GKV-VSG (Gesetzentwurf der Bundesregierung des Gesetzes zur Stärkung der Versorgung in der gesetzlichen Krankenversicherung (GKV-VSG, BTDrs. 18/4095) i.d.F. der Beschlussempfehlung des Ausschusses für Gesundheit (BTDrs. 18/5123)): Mit einem neuen § 137 h SGB V soll für NUB-Methoden, die maßgeblich auf dem Einsatz eines Medizinproduktes mit i.S.d. § 137 h Abs. 2 SGB V (neu) hoher Risikoklasse beruhen und die ein neues theoretisch-wissenschaftliches Konzept aufweisen, ein von den Krankenhäusern im Benehmen mit den jew. Medizinproduktherstellern parallel zur Einleitung des NUB-Verfahrens einzuleitendes, vom G-BA durchzuführendes „frühes Nutzenbewertungsverfahren“ eingeführt werden. Zudem soll § 137 c SGB V um einen Abs. 3 ergänzt werden, der unmittelbar regelt, unter welchen Voraussetzungen Krankenhäuser NUB-Methoden zulasten der gesetzlichen Krankenkassen erbringen dürfen. Vgl. perspektivische Erstbewertung der voraussichtlichen Änderungen der Gesetzeslage durch das GKV-VSG am Ende der Arbeit unter G.

649 § 137 c SGB V wurde eingeführt durch Art. 1 Nr. 57 Gesetz v. 22.12.1999 mit Wirkung zum 01.01.2000, BGBl I 1999, 2626, 2639, 2655.

650 Vgl. Schöning, Öffentlich-rechtliche Instrumente der Qualitätssicherung im stationären Sektor, S. 71, 81 ff.

651 Hinsichtlich der vor der Einführung des § 137 c SGB V geltenden Rechtslage ist insbesondere auf folgende beiden Werke hinzuweisen: Schmidt-Rögnitz, Die Gewährung von alternativen sowie neuen Untersuchungs- und Behandlungs- und Heilmethoden durch die gesetzliche Krankenversicherung, mit ausführlicher historischer Darstellung S. 52 ff.; Steck, „Strittige“ Behandlungsmethoden in der gesetzlichen Krankenversicherung nach dem 2. GKV-Neuordnungsgesetz (2. GKV-NOG), jedoch stark auf den vertragsärztlichen Sektor fokussiert.

nach § 137 e SGB V[652]" ins Gesetz aufgenommen wurde, was auch zu nicht unerheblichen inhaltlichen Änderungen in § 137 c SGB V führte, betrafen die Änderungen nicht die grundsätzliche Regelungssystematik und die in § 137 c Abs. 1 Satz 1 und 2 SGB V normierten inhaltlichen Qualitätskriterien. Vielmehr hatten die vorausgegangenen Änderungen entweder nur redaktionellen Charakter[653] oder reagierte der Gesetzgeber durch die Gesetzesänderungen auf die Gründung des G-BA, dem durch das „Gesundheitsmodernisierungsgesetz" (GMG) vom 14.11.2003 mit Wirkung zum 01.01.2004 die Aufgaben des „Ausschuss Krankenhaus"[654] übertragen wurden.[655]

Während vor der Einführung des § 137 c SGB V mangels vergleichbarer Regelung die Sozialgerichte abschließend über die Wirksamkeit und Zweckmäßigkeit der jeweiligen Behandlung im Krankenhaus zu entscheiden hatten[656], sollte durch die Einführung des § 137 c SGB V, in Anlehnung an die Regelung im ambulanten Sektor, die abschließende inhaltliche Entscheidung über die Bestimmung des Leistungsumfanges bzw. der nicht mehr von ihm umfassten Methoden auf ein Fachgremium übertragen werden.

Die nicht unerheblichen Gesetzesänderungen des § 137 c SGB V durch das Versorgungsstrukturgesetz sollen nach der Begründung des Regierungsentwurfes[657] insbesondere der Tatsache Rechnung tragen, dass die bisherige Rechtslage nicht hinreichend den besonderen Bedarf nach – bisher noch nicht auf hohem [wissenschaftlichem][658] Niveau belegten – Behandlungsalternativen in der Versorgung von

652 Hierzu ausführlich unter B.4.

653 Änderung der Bezeichnung des zuständigen Ministeriums von „Bundesministerium für Gesundheit und Soziale Sicherung" zu „Bundesministerium für Gesundheit" durch Art. 256 Nr. 1 vom 31. 10.2006 mit Wirkung zum 08.11.2006; Änderung der Bezeichnung des heutigen „Spitzenverbandes Bund der Krankenkassen" durch Art. 1 Nr. 112 des Gesetzes vom 26.03.2007 mit Wirkung zum 01.07.2008.

654 Dessen Besetzung war durch Art. 1 Nr. 6 des Gesetzes vom 23.04.2002 (Fallpauschalengesetz – FPG; BGBl I 2002, 1412, 1413) mit Wirkung zum 01.01.2003 geändert worden.

655 Mit Wirkung zum 01.01.2004 wurde der Ausschuss Krankenhaus durch Art. 1 Nr. 106 i.V.m. Art. 37 Abs. 1 des Gesetzes zur Modernisierung der gesetzlichen Krankenversicherung (GKV-Modernisierungsgesetz – GMG) vom 14.11.2003 aufgelöst, da der G-BA gem. Art. 35 § 6Abs. 1 GMG zeitgleich die Rechtsnachfolge der bisherigen Normsetzungsgremien der gemeinsamen Selbstverwaltung (des Ausschusses Krankenhaus, der Bundesausschüsse und des Koordinierungsausschusses) übernommen hat (vgl. hierzu Ihle in jurisPK-SGB V, 2. Aufl. 2012, § 137 c SGB V, Rn. 1).

656 Felix, Rechtliche Rahmenbedingungen der Finanzierung innovativer Medizin aus Sicht der Leistungserbringer und der Patienten – taugen die gesetzlichen Vorgaben? in: Felix/Schütte S. 61 Fußnote 17.

657 Gesetzentwurf der Bundesregierung BTDrs. 17/6906 S. 86.

658 Ergänzung in eckiger Klammer durch die Verfasserin.

stationär behandlungsbedürftigen und daher typischerweise schwerer erkrankten Versicherten berücksichtigt.[659]

Diese ausdrücklich geäußerte Motivation der Bundesregierung, die sich das Parlament durch die unveränderte Verabschiedung des Gesetzes zu eigen gemacht hat, ist, insbesondere, da die Gesetzesänderungen erst wenige Monate zurück liegen, bei der Auslegung der §§ 137 c, 137 e SGB V gebührend zu beachten.

1.2 § 137 e SGB V

Der jetzige § 137 e SGB V wurde durch das Versorgungsstrukturgesetz[660] vom 22.12.2011 mit Wirkung zum 01.01.2012 neu eingeführt. Eine inhaltlich vergleichbare Regelung gab es davor nicht. Abgesehen von der Ergänzung des § 137 e Abs. 4 Satz 2 SGB V um die klarstellende Bezugnahme auf die Bundespflegesatzverordnung, neben der schon vorgesehenen Vergütungsabwicklung über §§ 17b, 17 d KHG, erfuhr der Gesetzentwurf der Bundesregierung keine Änderungen durch die Beratung des Ausschusses für Gesundheit[661].

Nach dem Regierungsentwurf[662] soll der G-BA durch die Einführung der „Richtlinien zur Erprobung“ gem. § 137 e SGB V zur Verbesserung der Bewertung innovativer Behandlungsmethoden ein „neues Instrument“ für die Erprobung von Methoden mit Potenzial bekommen, deren Nutzen noch nicht mit hinreichender Evidenz belegt ist. Motivation für die Neuregelung war[663], dass der G-BA vor der Einführung des § 137 e SGB V bei NUB-Methoden, für deren Nutzen noch nicht ausreichend Belege für eine positive Nutzenbewertung vorlagen, bisher nur die Möglichkeit hatte die Methode unmittelbar auszuschließen oder das Bewertungsverfahren auszusetzen: Der G-BA hatte aber keine Möglichkeit selber auf die Beseitigung der unzureichenden Evidenzlage Einfluss zu nehmen. Dies sollte durch die Regelung des § 137 e SGB V geändert werden. Interessant ist, dass dem Gesetzentwurf zu entnehmen ist[664], dass die Regierung davon ausgeht, dass die Richtlinien zu Erprobung im Ergebnis zu einer wesentlichen Verkürzung der Bewertungsverfahren im Bereich der Methodenbewertung führen werden, da die neue Möglichkeit des Erlasses einer Richtlinie zur Erprobung den Beteiligten im G-BA im Falle eines noch nicht hinreichend belegten Nutzens die Entscheidung erleichtert.

---

659 Gesetzentwurf der Bundesregierung BTDrs. 17/6906 S. 86.

660 Gesetz zur Verbesserung der Versorgungsstrukturen in der gesetzlichen Krankenversicherung (GKV-Versorgungsstrukturgesetz – GKV-VStG) vom 22.12.2011, BGBl I Nr. 70 S. 2983.

661 Beschlussempfehlung und Bericht des Ausschusses für Gesundheit (14. Ausschuss) BTDrs. 17/8005 S. 74 ff.

662 Gesetzentwurf der Bundesregierung BTDrs. 17/6906 S. 3.

663 Gesetzentwurf der Bundesregierung BTDrs. 17/6906 S. 87.

664 Gesetzentwurf der Bundesregierung BTDrs. 17/6906 S. 87.

Auch der Bundesrat begrüßte die Neuregelung grundsätzlich. Er regte jedoch an, in § 137 e Abs. 1 SGB V eine Definition einer „Methode mit Potenzial“[665] aufzunehmen, die Anwendung von Methoden im Rahmen der Erprobung auf Krankenhäuser zu beschränken, die mit der entsprechenden wissenschaftlichen Begleitung i.S.d. jeweiligen Erprobungsrichtlinie an der Erprobung teilnehmen, die Kostenbeteiligung der Medizinproduktthersteller in § 137 e Abs. 6 SGB V nicht auf eine Beteiligung „in angemessenem Umfang“ zu beschränken und den Einfluss der Medizintechnischen Branche durch die Streichung der geplanten § 137 e Abs. 7 und 8 SGB V zu minimieren.[666] Grund für diese angeregten Änderungsvorschläge, denen die Bundesregierung vollumfänglich nicht folgte, waren Bedenken seitens des Bundesrates, der die Ausgestaltung der Erprobungsregelung als inkonsistent und zulasten der Patientensicherheit zu sehr an den Interessen der Industrie orientiert sah. Die Bundesregierung versuchte die Bedenken zu entkräften, indem sie vortrug[667] der Vorschlag des Bundesrates ziele auf eine Verengung des Zugangs zu Innovationen und werde dem Ziel, dass alle GKV-Versicherten gleichermaßen und zeitnah vom medizinischen Fortschritt profitieren sollen, nicht gerecht. Dem wichtigsten Anliegen, dass nämlich neue Methoden ihren patientenrelevanten Nutzen belegen, entspreche bereits das im Regierungsentwurf vorgelegte ausgewogene Gesamtkonzept zur Erprobung von Untersuchungs- und Behandlungsmethoden mit Potenzial. Es fokussiere auf den Nutzenbeleg, ermögliche aber gleichzeitig den schwer kranken Patientinnen und Patienten im Krankenhaus weiterhin den Zugang zu vielversprechenden innovativen Methoden und damit die Teilhabe am Fortschritt.

Es wird vertreten, dass durch die Einführung der Erprobungsregelung gem. § 137 e SGB V ein „neuer Weg eingeschlagen“[668] wurde, wodurch dem Gesetzgeber eine „regulatorische Innovation gelungen“[669] sei.

2. Systematische Einordnung der Normen

Die spezifischen Regelungen des Leistungserbringerrechts, die definieren, nach welchen Maßstäben und in welchem Umfang Leistungserbringer neue Untersuchungs- und Behandlungsmethoden (NUB-Methoden) im Rahmen einer stationären

---

665 BTDrs. 17/7274, Der Formulierungsvorschlag, der sich laut der Gesetzgebungsmaterialien an einem Vorschlag des Vorsitzenden des G-BA orientiert, lautet folgendermaßen: „Eine Methode mit dem Potenzial einer erforderlichen Behandlungsalternative, deren Nutzen aber noch nicht hinreichend belegt ist, liegt dann vor, wenn es zumindest Hinweise aus ersten klinischen Studien auf einen Nutzen gibt oder es absehbar ist, dass der Nutzen prinzipiell in Studien darstellbar ist.“.

666 BTDrs. 17/7274.

667 BTDrs. 17/7274 S. 30 ff.

668 Rosery, Der Sprung von der Technologiebewertung zur Studiengestaltung, MPJ 2013, 184.

669 Roters/Propp, Die Erprobung von Methoden nach § 137 e SGB V, MPR 2013, 37.

Behandlung zulasten der gesetzlichen Krankenkassen erbringen dürfen, finden sich in §§ 137 c, 137 e SGB V.[670]

2.1 Allgemeine Einordnung

Die Regelungen stehen im vierten Kapitel des SGB V, welches die Paragraphen §§ 69–140 h SGB V umfasst und seiner Überschrift zufolge die „Beziehungen der Krankenkassen zu den Leistungserbringern" regelt. Innerhalb des vierten Kapitels sind §§ 137 c, 137 e SGB V Teil des neunten Abschnitts (§§ 135–139 c SGB V) und somit Teil der Regelungen zur „Sicherung der Qualität der Leistungserbringung", was sich dadurch erklären lässt, dass Innovationen nicht nur Nutzen, sondern auch erheblichen Schaden für den Patienten mit sich bringen können[671]. Insbesondere aus diesem Grund gehört der Umgang mit medizinischen Innovationen nach der Einschätzung von Huster auch zu den zentralen Herausforderungen öffentlich finanzierter Gesundheitssysteme.[672]

Wie die Regelungen der §§ 135 – 139 c SGB V zeigen, zielt der Begriff der „Qualitätssicherung" in diesem Zusammenhang einerseits darauf, ein hohes Leistungsniveau zu Gunsten der behandelten Versicherten zu erreichen und andererseits aus finanziellen und wirtschaftlichen Gesichtspunkten bezüglich des Aspekts der solidarisch organisierten gesetzlichen Krankenkassen ein gutes „Preis-Leistungs-Verhältnis" zu gewährleisten. § 137 c SGB V ist mit „Bewertung von Untersuchungs- und Behandlungsmethoden im Krankenhaus" überschrieben. Die Überschrift lässt daher nicht unmittelbar erkennen oder erahnen, dass es sich um die zentrale Regelung handelt, die ausschlaggebend für den Zugang im Rahmen einer Krankenhausbehandlung angewendeter, innovativer, neuer Methoden in den stark reglementierten öffentlichen Gesundheitsmarkt ist.[673]

Für den G-BA konkretisieren die Regelungen der §§ 137 c, 137 e SGB V § 92 Abs. 1 Nr. 5 SGB V, wonach der G-BA insbesondere Richtlinien über die „Einführung neuer Untersuchungs- und Behandlungsmethoden" beschließen soll. Denn

---

670 Hinweis auf mögl. Änderung durch GKV-VSG (Gesetzentwurf der Bundesregierung des Gesetzes zur Stärkung der Versorgung in der gesetzlichen Krankenversicherung (GKV-VSG, BTDrs. 18/4095) i.d.F. der Beschlussempfehlung des Ausschusses für Gesundheit (BTDrs. 18/5123)): Ggf. Einführung eines neuen § 137 h SGB V, der eine „frühe Nutzenbewertung" durch den G-BA für NUB-Methoden, die maßgeblich auf dem Einsatz eines Medizinproduktes mit i.S.d. § 137 h Abs. 2 SGB V (neu) hoher Risikoklasse beruhen und die ein neues theoretisch-wissenschaftliches Konzept aufweisen, vorsieht. Vgl. perspektivische Erstbewertung der voraussichtlichen Änderungen der Gesetzeslage durch das GKV-VSG am Ende der Arbeit unter G.

671 Huster, Krankenhausrecht und SGB V – Medizinische Innovationen im stationären Sektor; GesR 2010, 337, 339.

672 Huster, Krankenhausrecht und SGB V – Medizinische Innovationen im stationären Sektor; GesR 2010, 337, 339.

673 Siehe hierzu unter B.5.

die §§ 137 c, 137 e SGB V treffen für die Anwendung neuer Untersuchungs- und Behandlungsmethoden im stationären Bereich nähere Regelungen zum Prüfungsmaßstab[674], dem Verfahren und den dem G-BA zu Verfügung stehenden Regelungsinstrumenten.

Während es zu auf § 137 e SGB V basierenden Sachverhalten aufgrund der nur kurze Zeit zurück liegenden Einführung insbesondere noch keine Rechtsprechung gibt, zeigt die Entwicklung der vergangenen Jahre jedoch, dass es hinsichtlich der Auslegung des § 137 c SGB V erhebliche Meinungsverschiedenheiten gab und gibt. Insbesondere besteht, gerade in der Judikative, eine Tendenz zu einer innovationsbremsenden Auslegung, die nur schwer mit dem Wortlaut und mit der gesetzlichen, durch das Versorgungsstrukturgesetz bekräftigten Grundentscheidung, neue, innovative Methoden im stationären Bereich zu fördern, zu vereinbaren ist[675] – weswegen die Rechtsprechung diesbezüglich, wie Felix anmerkt, „mehr Fragen als Antworten aufwirft“[676].

2.2 Strukturelle Unterschiede im stationären und ambulanten Sektor: Erlaubnis mit Verbotsvorbehalt (§ 137 c SGB V) – Verbot mit Genehmigungsmöglichkeit (§ 135 SGB V)

Die Regelung des § 137 c SGB V ist die Parallelregelung zu § 135 SGB V, der für die vertragsärztliche Versorgung festlegt, unter welchen Voraussetzungen neue Methoden zulasten der Krankenkassen erbracht werden dürfen.

Es handelt sich jedoch hinsichtlich der Regelungssystematik nicht um parallele, spiegelbildliche Normen[677]. Im ambulanten Sektor ist die Erbringung neuer Methoden solange zulasten der gesetzlichen Krankenkassen verboten, bis der G-BA die Erbringung durch eine positive Richtlinie gem. §§ 92, 135 Abs. 1 SGB V ausdrücklich erlaubt hat (Verbot mit Erlaubnisvorbehalt). Hier schreibt der Gesetzgeber eine zwingend durchzuführende präventive Prüfung und das Erfordernis einer ausdrücklichen Erlaubnis vor. Teilweise wird gesagt, im stationären Bereich gelte im Gegensatz hierzu eine „Erlaubnis mit Verbotsmöglichkeit“. Diese auf den stationären Sektor bezogene Darstellung ist jedoch zu plakativ, greift zu kurz. Es ist

674 Zu der Problematik, ob § 137 c SGB V unmittelbar die Voraussetzungen für die Anwendung nicht ausgeschlossener NUB-Methoden im stationären Bereich regelt, siehe unter B.5.

675 Auseinandersetzung hiermit ausdrücklich in den Gesetzgebungsmaterialien des GKV-VSG und Motivation des Gesetzgebers für den durch das GKV-VSG neu hinzuzufügenden § 137 c Abs. 3 SGB V. Vgl. perspektivische Erstbewertung der voraussichtlichen Änderungen der Gesetzeslage durch das GKV-VSG am Ende der Arbeit unter G.

676 Felix, Innovative Medizin im ambulanten und stationären bereich „Bekannte Akteure – neue Fragen“, MedR 2011, 67.

677 Zur systematischen Abgrenzung und Einordnung beider Normen siehe auch: Flint in Hauck/Noftz (Hrsg.), SGB V K § 135 Rn. 7 ff.

zwar zutreffend, dass im stationären Bereich keine präventive „formale" Zulassung oder Erlaubnis durch den G-BA erforderlich ist, während dies im ambulanten Sektor der Fall ist. Im stationären Sektor gelten aber auch ohne das Erfordernis einer präventiven zentralen Prüfung durch den G-BA Qualitätskriterien[678], weswegen auch im stationären Bereich eine NUB-Methode nicht grundsätzlich (unbedingt) erlaubt ist, solange es keine die Erbringung der konkreten Methode verbietende Richtlinie des G-BA gibt.

Becker kommentiert[679], § 137 c SGB V enthalte keinen Anerkennungsvorbehalt, sondern eine Ausschlusskompetenz[680]. Oder wie von Ihle kommentiert, ist eine positive Bewertung einer NUB-Methode durch den G-BA, anders als nach § 135 Abs. 1 SGB V, nicht Abrechungsvoraussetzung[681], weswegen es in Verfahren nach § 137 c SGB V nicht um die Anerkennung, sondern die Aberkennung der Abrechungsbefugnis[682] zulasten der gesetzlichen Krankenkassen gehe.

Den Krankenhäusern kommt im Rahmen innovativer Medizin eine gänzlich andere Rolle zu, als den Leistungserbringern im ambulanten Bereich.[683] Sie sind das „Tor für Innovationen in Diagnose und Therapie"[684]. Andererseits sind Innovationen auch ein wichtiger Faktor für die Wettbewerbsfähigkeit eines Krankenhauses.[685] Brase betont, dass neben medizinischer Qualität und Service der bauliche Zustand sowie das medizinische Leistungsangebot, somit auch der Zugang zu innovativen medizinischen Verfahren, Wettbewerbsfaktoren mit starkem Einfluss auf die Patientenauswahlentscheidung sind.[686]

Aus den Gesetzesmaterialien ist nachzuvollziehen, dass der Gesetzgeber ein höheres Vertrauen in die Fachkompetenz von Krankenhäusern hat, und davon ausging, dass die Gefahr des Einsatzes zweifelhafter oder unwirksamer Methoden wegen der internen Kontrollmechanismen und der anderen Vergütungsstrukturen im stationären Sektor geringer einzustufen sei, als bei der Behandlung durch

---

678 Siehe hierzu unter B.5., insbes. B.5.2.

679 Becker in Becker/Kingreen, SGB V § 137 c Rn. 1.

680 So auch Pütter in: Dettling/Gerlach (Hrsg.), Krankenhausrecht, Kommentar, SGB V § 137 c Rn. 2.

681 Ihle in jurisPK-SGB V, 2. Aufl. 2012, § 137 c SGB V, Rn. 6.

682 Roters in Kasseler Kommentar, SGB V, § 137 c Rn. 3.

683 Felix, Deister, Innovative Medizin im Krankenhaus – erfordert das Versorgungsstrukturgesetz eine grundlegende Neubewertung?; NZS 2013, 81, 87.

684 Bormann, René et al., Zukunft der Krankenhäuser, Mehr Qualität, flächendeckende Versorgung und gerechte Finanzierung; Positionspapier der Arbeitsgruppe „Stationäre Versorgung" der Friedrich-Ebert Stiftung, S. 15.

685 Brase; Zukunftsfähige Innovationsfinanzierung aus Sicht der Krankenhäuser in: Felix/Schütte (Hrsg.), Medizinische Innovationen im Krankenhaus, Steuerung und Finanzierung S. 21.

686 Brase; Zukunftsfähige Innovationsfinanzierung aus Sicht der Krankenhäuser in: Felix/Schütte (Hrsg.), Medizinische Innovationen im Krankenhaus, Steuerung und Finanzierung S. 21.

einzelne Vertragsärzte im Rahmen der ambulanten Versorgung.[687] Diese Einschätzung wurde auch vom BSG geteilt.[688]

Dies ist auch gut nachvollziehbar[689], denn im Krankenhaus arbeiten zahlreiche Ärzte verschiedener Fachrichtungen und Spezialisierungen in „Teams gebündelter Expertise“[690] auf engstem Raum an einem und demselben Behandlungsfall. Zudem gibt es insbesondere in den universitären (Lehr-)Krankenhäusern regelmäßig interdisziplinäre Fallbesprechungen und Vorträge. Auch werden nicht selten für spezielle komplexe Krankheitsbilder von krankenhausinternen multidisziplinären Expertengruppen ausgehend von den jeweils aktuellen Leitlinien und unter Beachtung der jeweiligen Abrechungsregelungen (z.B. OPS-Kodes) „Behandlungspfade“ ausgearbeitet und ständig weiterentwickelt und überarbeitet. Durch diese „Behandlungspfade“ soll durch Planung und Standardisierung der Behandlungsabläufe die Qualität der Behandlung optimiert werden. Durch all diese Aspekte findet in Krankenhäusern unumgänglich ein hohes Maß an Austausch, gegenseitiger Fort- und Weiterbildung und alltäglicher Qualitätssicherung und Kontrolle statt.[691] Auch in der ambulanten Versorgung sind zahlreiche Ärzte an einer engen interdisziplinären Vernetzung und der Teilnahme an Qualitätszirkeln interessiert. Aufgrund der nicht vergleichbaren Versorgungsstruktur sowie anderer Zielsetzungen und Aufgaben kann im ambulanten Sektor (auch nicht durch die Gründung von fachübergreifenden, interdisziplinären medizinischen Versorgungszentren (MVZ) i.S.d. § 95 ff SGB V) nicht flächendeckend ein im stationären Bereich vorzufindendes, interdisziplinäres Umfeld in der gleichen Intensität, mit den gleichen internen Qualitätskontroll- und zugleich Fortbildungsmechanismen vorgefunden oder nachgebildet werden. All diese im stationären Sektor vorzufindenden Faktoren sind sehr zuträgliche Voraussetzungen, um „allgemein anerkannte“ Standardmethoden in einem sehr fruchtbaren und fachlich prädestinierten Umfeld stetig zu neuen

687 BTDrs. 14/1245 S. 90.

688 Vgl. BSG Urteil vom 19.02.2003 – B 1 KR 1/02 R – siehe Rechtsprechungsübersicht.

689 Vgl. hierzu auch Hauck; Medizinische Innovationen im Krankenhaus, Aktuelle Rechtsfragen aus der Sicht der Rechtsprechung, GesR 2014, 257: „Krankenhäuser, insbesondere Hochschulkliniken, bieten institutionell in vielen Bereichen der Medizin die besten Voraussetzungen, um Innovationen unter kontrollierten, möglichst sicheren Bedingungen im Interesse der Patienten und der allgemeinen Versorgungsqualität, der Wissenschaft und der betroffenen Medizin-Wirtschaftszweige zu entwickeln, zu erproben und zuerst einzusetzen.“

690 Bormann, René et al., Zukunft der Krankenhäuser, Mehr Qualität, flächendeckende Versorgung und gerechte Finanzierung; Positionspapier der Arbeitsgruppe „Stationäre Versorgung“ der Friedrich-Ebert Stiftung, S. 15.

691 Zu dieser Thematik auch Felix, Innovative Medizin im ambulanten und stationären Bereich „Bekannte Akteure – neue Fragen“, MedR 2011, 67, 68; Vgl. hierzu auch Hauck, Medizinischer Fortschritt im Dreieck IQWiG, G-BA und Fachgesellschaften: Wann wir eine innovative Therapie zur notwendigen medizinischen Maßnahme? Rechtsgrundlagen und Rechtsprechung, NZS 2007, 461, 466.

Methoden fortzuentwickeln und neue, innovative Methoden i.S.d. § 137 c SGB V ohne Erfordernis einer zentralen präventiven Erlaubnis anzuwenden.

2.3 Innovationsförderung im stationären Bereich

Der Gesetzgeber hat sich durch die grundsätzliche Erlaubnis der Erbringung neuer Untersuchungs- und Behandlungsmethoden im Rahmen einer Krankenhausbehandlung unter Einhaltung der Qualitätskriterien des § 137 c SGB V, ohne Erfordernis eines zentralen präventiven Genehmigungsverfahrens, für eine starke Innovationsförderung im stationären Bereich entschieden.[692] Denn Krankenhäuser müssen hierdurch für die reguläre Anwendung einer NUB-Methode nicht (jahrelang) abwarten, bis eine neue Methode das Bewertungsverfahren des G-BA durchlaufen hat, sondern sollen die neue Methode, wenn sie ihrer Einschätzung zufolge den Voraussetzungen des § 137 c SGB V entspricht[693], unmittelbar zu Gunsten der Patienten erbringen und die Behandlungskosten der jeweils zuständigen gesetzlichen Krankenkasse in Rechnung stellen können. Durch diese, eine zeitnahe Erbringung neuer Methoden ermöglichende, unbürokratische Regelung des Leistungserbringerrechts findet der medizinische Fortschritt i.S.d. § 2 Abs. 1 Satz 3 SGB V bei der Leistungserbringung neuer Methoden im Rahmen einer stationären Behandlung Berücksichtigung. Durch die unterschiedliche Ausgestaltung der §§ 135, 137c SGB V soll das Tor für Innovationen im Krankenhaus offen gehalten werden[694]. Roters betont Bezug nehmend auf die Regelung des § 137 c SGB V ausdrücklich, dass zum Schutz innovativer Methoden die Voraussetzungen für einen Ausschluss eng gefasst sind.[695] Diese gesetzliche Entscheidung sollte auch von der Rechtsprechung i.S.d. Gewaltenteilung respektiert und akzeptiert werden.

Trotz immer wieder aufkommender Kritik an dieser sektoral uneinheitlichen Lösung, einer tendenziell innovationsbremsenden Rechtsprechung auf Bundesebene und der stetigen Tendenz der letzten Jahre auch im deutschen Gesundheitssystem die Grenzen zwischen ambulanter und stationärer Versorgung zu lockern, hat der Gesetzgeber bisher zu Gunsten der Innovationsförderung im stationären Sektor an der zwischen den beiden Sektoren differenzierenden Lösung festgehalten[696]

692 So auch Altmiks in Bergmann/Pauge/Steinmeyer, Gesamtes Medizinrecht § 137 SGB V Rn. 3; Pütter in: Dettling/Gerlach (Hrsg.), Krankenhausrecht, Kommentar, SGB V § 137 c Rn. 6; Tuschen/Trefz; Krankenhausentgeltgesetz § 6 S. 281.

693 Zur Beschäftigung mit dem Thema, welchen Regelungsgehallt die Regelung des § 137 c SGB V hat bzw. welche Konsequenzen die Regelung des § 137 c SGB V für den Einzelfall im Krankenhausalltag mit sich bringt, siehe unter B.5.

694 BT Drucks. 14/1245 S. 90.

695 Roters in: Kasseler Kommentar Sozialversicherungsrecht, SGB V, § 137 c Rn. 2.

696 Vgl. Flint in Hauck/Noftz (Hrsg.), SGB V K § 135 Rn. 14. So auch ausdrücklich im Rahmen des Gesetzgebungsverfahrens des GKV-VSG. Vgl. Gesetzentwurf der Bundesregierung des Gesetzes zur Stärkung der Versorgung in der gesetzlichen Krankenversicherung (GKV-VSG, BTDrs. 18/4095) i.d.F. der Beschlussempfehlung

und die Reglung durch die Einführung des § 137 e SGB V durch das Versorgungsstrukturgesetz zugunsten der Innovationsförderung noch weiter ausdifferenziert. Die für den stationären Bereich gem. § 137 c SGB V geltende Systematik der „präventiven Erlaubnis mit Verbotsvorbehalt" wurde sogar in § 116 b SGB V im Rahmen der Regelung der „Ambulanten spezialfachärztlichen Versorgung" partiell für den ambulanten Bereich ausgedehnt.[697] Denn gem. § 116 b Abs. 2 Satz 1 SGB V können sowohl an der vertragsärztlichen Versorgung teilnehmende (ambulante) Leistungserbringer, als auch nach § 108 SGB V zugelassene Krankenhäuser an der „Ambulanten spezialfachärztlichen Versorgung" teilnehmen, wenn sie hierfür jeweils die persönlichen und fachlichen Voraussetzungen erfüllen. Neue Untersuchungs- und Behandlungsmethoden können aber, obwohl es sich nach der gesetzlichen Systematik um „ambulante" spezialfachärztliche Versorgung handelt, gem. § 116 b Abs. 1 Satz 3 SGB V unabhängig davon, ob sie von einem ambulanten oder einem stationären Leistungserbringer erbracht werden, Gegenstand des Leistungsumfanges der „ambulanten spezialfachärztlichen Versorgung" sein, „soweit der G-BA im Rahmen der Beschlüsse nach § 137c [SGB V] für die Krankenhausbehandlung keine ablehnende Entscheidung getroffen hat".

Diese von der Legislative auf gesetzlicher Ebene getroffene Grundentscheidung der Berücksichtigung des medizinischen Fortschritts gem. § 2 Abs. 1 Satz 3 SGB V und der Innovationsförderung[698] darf bei der unmittelbaren Auslegung der Qualitätskriterien der §§ 137 c, 137 e SGB V sowie bei der Auslegung der vergütungsrechtlichen Vorschriften insbesondere von den Krankenhäusern, den Krankenkassen und dem MDK sowie der in Verfahren vor den Sozialgerichten mit der Auslegung der Normen befassten Judikative nicht ungeachtet bleiben.

3. Überblick über die Entwicklung der Rechtsprechung des BSG zu § 137 c SGB V

Bei der Beschäftigung mit § 137 c SGB V und der hierzu ergangenen Rechtsprechung sowie der Bezugnahme auf sie in späteren Urteilen oder in der Literatur fällt auf, dass nicht selten ausgehend von isoliert zitierten Sätzen teilweise zweifelhafte ((ver-)allgemeine(-rnde)) Schlüsse gezogen werden, die sich nicht (zwingend) im ursprünglichen Urteilstext wiederfinden – zumindest, wenn man den Gesamttext betrachtet und nicht lediglich aus dem Zusammenhang gerissene, ggf. mit einer anderen Färbung oder Auslegung versehene, Einzelzitate.

---

des Ausschusses für Gesundheit (BTDrs. 18/5123). Perspektivische Erstbewertung der voraussichtlichen Änderungen der Gesetzeslage durch das GKV-VSG am Ende der Arbeit unter G.

697 Zu der diesbezüglichen Geltung des § 137 c SGB V siehe auch Ullrich, Finanzierungslücken bei medizinischen Innovationen? S. 244 f.

698 So auch Felix, Innovative Medizin im ambulanten Bereich – „Bekannte Akteure – Neue Fragen", MedR 2011, 67, 68.

Anliegen der folgenden Rechtsprechungsübersicht ist es daher, zum einen die Entscheidungen nicht losgelöst von dem ihnen zugrunde liegenden Sachverhalt darzustellen. Zum anderen sollen die entscheidenden Urteilspassagen nicht maximal reduziert, sondern tendenziell ausführlich zitiert werden. Hintergrund dieser Vorgehensweise ist auch, dass Anlass für die Urteile des BSG nicht selten höchst fragliche NUB-Methoden oder Umstände sind, weswegen es vorsichtig formuliert nicht zwingend erscheint, die hier aus dem Einzelfall gezogenen Schlüsse und Konsequenzen mit „systematischer Wirkung" unmittelbar auch im Hinblick auf beispielsweise von Universitätskliniken angewendete hoch seriöse NUB-Methoden zu ziehen.

3.1 BSG Urteil vom 19. Februar 2003 – B 1 KR 1/02 R

Das BSG hatte im Jahr 2003 darüber zu entscheiden, ob die beklagte Krankenkasse die Kosten der bei ihr versicherten Klägerin bei einem BMI von 39 für den chirurgischen Einsatz eines Magenbandes zur Verkleinerung des Magens zu tragen hat.

Das BSG nutzte die Gelegenheit, die vor der Einführung des § 137 c SGB V bis zum 31.12.1999 geltende Rechtslage darzustellen, um anschließend ausgehend hiervon die neue Rechtslage zu erläutern.

Zu der überholten Rechtslage führte es aus[699], dass in den §§ 137 bis 137b SGB V zwar Maßnahmen zur Qualitätssicherung in der stationären Versorgung vorgesehen waren, die sich auf die Qualität der Behandlung, der Versorgungsabläufe und der Behandlungsergebnisse zu erstrecken hatten. Es habe aber – anders als für vertragsärztliche Leistungen – keine Regelung gegeben, die eine für Krankenhäuser, Kassen und Versicherte verbindliche Entscheidung über den diagnostischen und therapeutischen Nutzen sowie die Zweckmäßigkeit und Wirtschaftlichkeit einer im Krankenhaus praktizierten Untersuchungs- oder Behandlungsmethode und damit über deren Zugehörigkeit zum Leistungsspektrum der Krankenversicherung ermögliche. Im Streitfall hätten deshalb die Gerichte der Sozialgerichtsbarkeit über die Wirksamkeit und Zweckmäßigkeit der jeweiligen Behandlungsweise zu befinden gehabt, indem sie ermittelten, ob hierüber in den ärztlichen Fachkreisen ein durch wissenschaftliche Studien hinreichend untermauerter Konsens bestand[700].

Anders stelle sich dies nach Darstellung des BSG seit Einführung des § 137 c SGB V aufgrund der neuen Rechtslage dar: Die Prüfung und Entscheidung darüber, ob eine im Krankenhaus angewandte Untersuchungs- oder Behandlungsmethode nach dem allgemein anerkannten Stand der medizinischen Erkenntnisse als wirksam und zweckmäßig einzuschätzen sei und damit dem geforderten

---

699 Urteil des BSG vom 19. Februar 2003 – Az: B 1 KR 1/02 R.

700 Beispielhaft wird vom BSG anschließend auf folgende Urteile verwiesen: Senatsurteil vom 19. Februar 2002 – B 1 KR 16/00 R – SozR 3–2500 § 92 Nr 12 S 71 f – Colon-Hydro-Therapie; Urteil des 3. Senats des BSG vom 19. November 1997 – 3 RK 6/96 – BSGE 81, 182, 187 = SozR 3–2500 § 109 Nr 5 S 187 – Hyperthermiebehandlung

Versorgungsstandard entspreche, obliege nicht der Krankenkasse oder den Gerichten, sondern dem dafür nach § 137 c SGB V eingerichteten Ausschuss Krankenhaus[701]. Dieses mit Vertretern der Ärzteschaft, der Krankenhäuser und der Krankenkassen sachkundig besetzte Gremium solle – ähnlich wie im Bereich der ambulanten vertragsärztlichen Versorgung der Bundesausschuss der Ärzte und Krankenkassen – bei Bedarf die Frage der Zugehörigkeit einer Untersuchungs- oder Behandlungsmethode zum Leistungskatalog der Krankenversicherung für Leistungsanbieter, Kostenträger und Versicherte verbindlich klären.[702] Die Rechtslage habe sich in diesem Punkt durch das Gesetz zur Reform der gesetzlichen Krankenversicherung ab dem Jahr 2000 (GKVRefG 2000) vom 22. Dezember 1999 (BGBl I 2626) entscheidend geändert.[703] Der seit 1. Januar 2000 geltende § 137 c SGB V bestimme nunmehr, dass der von der Bundesärztekammer, den Bundesverbänden der Krankenkassen, der Bundesknappschaft, den Verbänden der Ersatzkassen und der Deutschen Krankenhausgesellschaft gebildete Ausschuss Krankenhaus[704], dem als „neutrales" Mitglied kraft Gesetzes der unparteiische Vorsitzende des Bundesausschusses der Ärzte und Krankenkassen angehört, auf Antrag eines Spitzenverbandes der Krankenkassen, der Deutschen Krankenhausgesellschaft oder eines Bundesverbandes der Krankenhausträger Untersuchungs- und Behandlungsmethoden, die zu Lasten der gesetzlichen Krankenkassen im Rahmen einer Krankenhausbehandlung angewandt werden oder angewandt werden sollen, daraufhin überprüfe, ob sie für eine ausreichende, zweckmäßige und wirtschaftliche Versorgung der Versicherten unter Berücksichtigung des allgemein anerkannten Standes der medizinischen Erkenntnisse erforderlich sind. Ergebe die Überprüfung, dass die Methode den genannten Kriterien nicht entspreche, dürfe sie im Rahmen einer Krankenhausbehandlung zu Lasten der Krankenkassen nicht erbracht werden.[705] Erklärte Absicht des Gesetzgebers sei es gewesen, mit dieser Regelung auch für den Krankenhausbereich ein Verfahren zur verbindlichen Bewertung von Untersuchungs- und Behandlungsmethoden durch die an der Leistungserbringung beteiligten Ärzte, Krankenhäuser und Krankenkassen zu etablieren. Vergleichbar dem Bundesausschuss der Ärzte und Krankenkassen sollte ein Gremium geschaffen werden, das Art und Qualität der in der Krankenhausbehandlung erbrachten Leistungen nach den Maßstäben und Kriterien evidenz-basierter Medizin[706] daraufhin prüfe, ob sie für eine ausreichende, zweckmäßige und wirtschaftliche Versorgung der Versicherten unter Berücksichtigung des allgemein anerkannten Standes der medizinischen Erkenntnisse erforderlich sind (BTDrs. 14/1245 S 90). Die Prüfung und Bewertung

701 Heute: G-BA.
702 Urteil des BSG vom 19.02.2003 – B 1 KR 01/02, Rn. 13.
703 Urteil des BSG vom 19.02.2003 – B 1 KR 01/02, Rn. 14.
704 Dessen Aufgabe mittlerweile vom G-BA übernommen wird.
705 Urteil des BSG vom 19.02.2003 – B 1 KR 01/02, Rn. 14.
706 Das BSG nennt hier als Maßstab unmittelbar die „Kriterien der evidenz-basierten Medizin" – jedoch „lediglich" im Rahmen eines Zitates aus den Gesetzgebungsmaterialien.

von Untersuchungs- und Behandlungsmethoden durch den Ausschuss Krankenhaus solle die Qualität der medizinischen Versorgung sichern und verhindern, dass fragwürdige Leistungen zu Lasten der gesetzlichen Krankenversicherung erbracht würden. Stelle der Ausschuss fest, dass Wirksamkeit und Nutzen einer Untersuchungs- oder Behandlungsmethode nicht hinreichend belegt seien und die Methode deshalb nicht, noch nicht oder nicht mehr dem aktuellen medizinischen Standard entspreche, habe das nach § 137 c Abs. 1 Satz 2 SGB V zur Folge, dass ihre Anwendung bei Versicherten der gesetzlichen Krankenkassen ausgeschlossen sei. Dem Votum des Ausschusses Krankenhaus komme danach in gleicher Weise wie dem Ergebnis der Überprüfung durch den Bundesausschuss der Ärzte und Krankenkassen nach § 135 Abs. 1 Satz 2 SGB V normative Wirkung zu, ohne dass an dieser Stelle zu untersuchen sei, welche Rechtsqualität die Entschließungen des Ausschusses hätten und wie die vom Gesetzgeber gewählte Konstruktion verfassungsrechtlich zu bewerten sei.[707] Im Unterschied zur Rechtslage in der ambulanten vertragsärztlichen Versorgung verzichte das Gesetz bei Krankenhausleistungen allerdings auf einen Erlaubnisvorbehalt für neue Untersuchungs- und Behandlungsmethoden mit der Konsequenz, dass im klinischen Bereich neuartige Verfahren vor einem Einsatz in der Krankenversicherung nicht automatisch einer Überprüfung und Bewertung im Hinblick auf die Erfüllung der geforderten Versorgungsstandards unterzogen würden. Das ändere aber nichts daran, dass nach dem gesetzgeberischen Konzept die Frage des medizinischen Nutzens und der wissenschaftlichen Akzeptanz von Untersuchungs- und Behandlungsmethoden auch im Krankenhausbereich durch einen sachverständigen Ausschuss abschließend und verbindlich geklärt und nicht von Fall zu Fall einer Entscheidung durch die Krankenkasse oder das Gericht überlassen werden solle.[708]

Durch diese Ausführungen hat sich das BSG eindeutig für einen Beurteilungsspielraum der Krankenhäuser hinsichtlich der Frage, ob die Methode schon zum Leistungsspektrum der gesetzlichen Krankenkassen gehört, ausgesprochen.

Das BSG führt fort, die Regelung in § 137 c SGB V orientiere sich am Vorbild des § 135 Abs. 1 SGB V. Nach der Begründung zum Fraktionsentwurf des GKVRefG 2000 sollte das aus der ambulanten Versorgung bekannte Verfahren der Überprüfung und Bewertung von Untersuchungs- und Behandlungsmethoden in abgewandelter Form auf den stationären Bereich übertragen werden, um so auch die Qualität der Leistungserbringung im Krankenhaus zu sichern (BTDrs 14/1245 S 90). Mit der Angleichung der Entscheidungsstrukturen korrespondiere die Verpflichtung der Beteiligten zur Koordination der Entscheidungsinhalte durch die in § 135 Abs. 1 Satz 4 und § 137 c Abs. 1 Satz 3 SGB V vorgeschriebene Abstimmung der Arbeitspläne und Bewertungsergebnisse zwischen dem Ausschuss Krankenhaus und dem Bundesaus-

707 Urteil des BSG vom 19.02.2003 – B 1 KR 01/02, Rn. 16.
708 Urteil des BSG vom 19.02.2003 – B 1 KR 01/02, Rn. 17.

schuss der Ärzte und Krankenkassen sowie die Möglichkeit sektorenübergreifender Empfehlungen durch den Koordinierungsausschuss nach § 137 e Abs. 4 SGB V[709].[710]

Dass § 137 c SGB V ebenso wie § 135 Abs. 1 i.V.m. § 92 Abs. 1 Satz 2 Nr. 5 SGB V eine abschließende Zuständigkeit für die Bewertung der Qualität von Untersuchungs- und Behandlungsmethoden begründen wolle, folge letztlich aus der im Kern übereinstimmenden Zielsetzung beider Vorschriften. Die Gründe für die Schaffung des Ausschusses Krankenhaus seien dieselben, die für die Übertragung der Richtlinienbefugnisse auf den Bundesausschuss der Ärzte und Krankenkassen im Bereich der vertragsärztlichen Versorgung angeführt worden seien: Über die Zugehörigkeit einer Untersuchungs- oder Behandlungsmethode zum Leistungskatalog der Krankenversicherung könne nicht in jedem Einzelfall neu, womöglich mit unterschiedlichen Ergebnissen, entschieden werden.[711] Auch hierdurch bekräftigt das BSG die Bedeutung eines den Krankenhäusern einzuräumenden Beurteilungsspielraums.

Es bedürfe vielmehr einer einheitlichen Festlegung, die den Leistungsumfang für die Betroffenen (Leistungsanbieter, Kostenträger, Versicherte) verbindlich regele. Die Entscheidungszuständigkeit solle bei einem sachverständigen Gremium aus dem Bereich der Betroffenenselbstverwaltung bzw. aus dem Kreis der am Leistungsgeschehen unmittelbar beteiligten Leistungserbringer und Kostenträger liegen, damit einerseits die nötige Flexibilität gewährleistet und zeitnahe, sachgerechte Entscheidungen ermöglicht und zum anderen Details der medizinischen Versorgung unmittelbar auf Expertenebene geregelt würden.[712] Das Fehlen eines Erlaubnisvorbehalts in § 137 c SGB V habe zur Folge, dass im Krankenhaus grundsätzlich auch neuartige Verfahren keiner vorherigen Zulassung bedürften, sondern zu Lasten der Krankenversicherung angewendet werden könnten, solange der Ausschuss Krankenhaus sie nicht ausgeschlossen habe. Die Gefahr, dass deshalb zweifelhafte oder unwirksame Maßnahmen zum Einsatz kämen, sei im Krankenhaus schon wegen der internen Kontrollmechanismen und der anderen Vergütungsstrukturen geringer als bei der Behandlung durch einzelne niedergelassene Ärzte.

Durch diese Ausführungen hat das BSG, anders als teilweise dargestellt, nicht entschieden, dass im stationären Bereich ohne Geltung jeglicher Qualitätskriterien bis zu einem Verbot „alles-erlaubt“ sei, was noch nicht ausdrücklich verboten wurde.

Das BSG ging auch in dieser Entscheidung, anders als oft verkürzt zitiert, davon aus, dass auch im stationären Sektor NUB-Methoden Qualitätsanforderungen entsprechen müssten, denn es führte ausdrücklich aus, dass „neue, noch nicht ausreichend gesicherte Diagnose- und Behandlungsmethoden im Krankenhaus im Rahmen klinischer Studien erprobt werden könnten, die in § 137 c Abs. 1 Satz 2 SGB V vom

---

709 § 137 e SGB V a.F. – Vgl. Darstellung und Auseinandersetzung mit dem Koordinierungsausschuss bei Seeringer, Der Gemeinsame Bundesausschuss nach dem SGB V; Rechtliche Form, normative Befugnisse und Steuerung der Qualität der medizinischen Versorgung.

710 Urteil des BSG vom 19.02.2003 – B 1 KR 01/02, Rn. 17.

711 Urteil des BSG vom 19.02.2003 – B 1 KR 01/02, Rn. 18.

712 Urteil des BSG vom 19.02.2003 – B 1 KR 01/02, Rn. 18.

Anwendungsbereich der Vorschrift ausdrücklich ausgenommen seien. Da den Krankenkassen hinsichtlich einzelnen Methoden im einzelnen Behandlungsfalls aufgrund des den Krankenhäusern i.S.d. § 137 c SGB V zustehenden Beurteilungsspielraums kein Überprüfungsrecht zustehe, betonte das BSG in den folgenden Ausführungen die gesetzlich vorgesehene Möglichkeit seitens der Krankenkassen bei Zweifeln an dem belegten Nutzen einer Methode ein Nutzenbewertungsverfahren beim G-BA einzuführen:

Bei Zweifeln am medizinischen Nutzen einer neuen Behandlung habe die Krankenkasse – wie im Übrigen bei allen etablierten Methoden, die weder im ambulanten noch im stationären Bereich einer automatischen Überprüfung unterliegen – die Möglichkeit, über ihren Spitzenverband eine Beurteilung durch den Ausschuss Krankenhaus zu veranlassen und gegebenenfalls auf diesem Wege eine Ausgrenzung zu erreichen.[713] Entgegen der Auffassung des LSG könne der Klägerin auch nicht entgegengehalten werden, die chirurgische Therapie der Adipositas sei generell keine Leistung der Krankenversicherung, weil sie (noch) nicht ausreichend erprobt sei und es weder definierte Behandlungsstandards noch ausreichende Erkenntnisse über den langfristigen Erfolg einer derartigen Behandlung gebe.[714]

Stellungnahme: Anlässlich dieses Urteils hatte das BSG erstmals die Gelegenheit sich aufgrund der Neueinführung des § 137 c SGB V mit der Auslegung dieser Norm zu befassen. Das BSG hat „anerkannt“, dass sich die Rechtslage durch die Einführung des § 137 c SGB V insofern geändert hat, als nun auch im stationären Sektor die jeweilige Entscheidung über die Frage, ob der Nutzen einer konkreten NUB-Methode schon hinreichend belegt ist, oder nicht, im Einzelfall von den Krankenhäusern zu prüfen und zu beantworten ist. Bei Uneinstimmigkeiten zwischen den Krankenhäusern und Krankenkassen über die von den Krankenhäusern gefundene Antwort soll die Frage der Nutzenbewertung aufgrund des den Krankenhäusern zustehenden Beurteilungsspielraums nicht mehr in Einzelprozessen thematisiert und entschieden werden, sondern vielmehr sollen die Krankenkassen in diesen Fällen von ihrem Recht Gebrauch machen, ein zentrales Nutzenbewertungsverfahren einzuleiten, welches heute gem. § 137 c SGB V wie im ambulanten Bereich vom G-BA durchgeführt wird. Im Sinne der Gewährleistung einer hohen Patientensicherheit und dem Schutz des gesetzlichen Krankenversicherungssystems vor der Finanzierung unnützer, gar schädlicher Methoden i.S. der Wahrung der wirtschaftlichen Stabilität des Krankenversicherungssystems, ist in dem den Krankenkassen gem. § 137c SGB V eingeräumten Recht bei bestehenden Zweifeln seitens der Krankenkassen sogar eine Pflicht zur Einleitung eines Nutzenbewertungsverfahrens zu sehen.

Diese vom BSG getroffene Auslegung des neu eingeführten § 137 c SGB V ist aufgrund des Wortlauts des § 137 c SGB V, der unterschiedlichen Regelungssystematik der §§ 135, 137 c SGB V und gerade auch aufgrund der vom Gesetzgeber in den Gesetzgebungsmaterialien niedergelegten Erwägungen nachvollziehbar und zu befürworten.

---

713 Urteil des BSG vom 19.02.2003 – B 1 KR 01/02, Rn. 19.

714 Urteil des BSG vom 19.02.2003 – B 1 KR 01/02, Rn. 13.

3.2 BSG Urteil vom 22. Juli 2004 – B 3 KR 21/03 R

In diesem Urteil hat sich das BSG mit dem Verhältnis „klinische Studien" und „Qualitätsgebot" unter Gesichtspunkten der Kostentragung der neuen Methode auseinander gesetzt. Fraglich war, ob eine Leistungspflicht der GKV hinsichtlich Kosten stationärer Krankenhausbehandlungen – namentlich um eine Vergütung der Pflegesätze – bestehe, wenn im Rahmen der Behandlung eine klinische Prüfung von Arzneimitteln an Patienten durchgeführt wurde. Das BSG entschied, dass allein aus der Tatsache, dass im Rahmen der Behandlung klinische Studien durchgeführt worden seien, nicht die Schlussfolgerung gezogen werden könne, diese Behandlung habe nicht dem anerkannten Stand der medizinischen Erkenntnisse iS von § 2 Abs. 1 Satz 3 SGB V entsprochen und hätte schon deshalb nicht zu Lasten der beklagten Krankenkasse abgerechnet werden dürfen. Zwar sei es grundsätzlich zutreffend, dass Grundlagenforschung und klinische Studien nicht zu Lasten der GKV durchgeführt werden sollten (BTDrs. 11/2237 S 157 und 12/7572 S 6). Der Gesetzgeber habe aber an verschiedenen Stellen durchaus die Beteiligung der GKV an der Entwicklung neuer Behandlungsmethoden vorgesehen – so etwa in § 63 ff SGB V (Durchführung und Vereinbarung von Modellvorhaben), oder in § 137 c Abs. 1 Satz 2 (2. Halbsatz) SGB V i.d.F. des GKV-Reformgesetzes 2000 vom 22. Dezember 1999 – BGBl I S 2626 (Durchführung klinischer Studien). Für klinische Studien gelte, dass sie vom üblichen Behandlungsmuster abwichen und in der Regel einen systematischen Heilbehandlungsversuch darstellten, bei dem die Untersuchungs- und/oder Behandlungsmethoden mit wissenschaftlicher Begleitung geprüft würden. Der klinische Versuch sei also dadurch gekennzeichnet, dass er gerade nicht die Standardbehandlung sei und folglich auch nicht dem Maßstab des § 2 Abs. 1 Satz 3 SGB V entsprechen könne. Unterstützt und fördert der Gesetzgeber aber die Beteiligung der GKV auch an klinischen Studien (vgl. BTDrs. 14/1245 S 90), dann könne der Leistungspflicht der GKV nicht schon mit dem Argument begegnet werden, die Studie entspreche nicht dem anerkannten Stand der medizinischen Erkenntnisse i.S. von § 2 Abs. 1 Satz 3 SGB V.[715] [716]

Durch dieses Urteil hat das BSG die Geneigtheit des gesetzlichen Krankenversicherungsrechts gegenüber der Einführung fortschrittlicher Methoden gerade im stationären Bereich ausgehend von der Perspektive des „klinischen Versuchs" und

715 BSG Urteil vom 22.07.2004 – B 3 KR 21/03 R, Rn. 18.

716 Hinsichtlich der konkreten streitbefangenen klinischen Studien kam das BSG (Rn. 28 ff.) aber zu dem Ergebnis, dass es sich nicht um klinische Studien i.S.d. § 137 c SGB V handele, da die versuchsweise durchgeführte Behandlung mit den nicht zugelassenen Arzneimitteln anderer Qualität sei, als eine Behandlung mit zugelassenen und bereits erprobten Arzneimitteln, weil sie in Kauf nehme, dass die Behandlung wirkungslos sei oder sogar den Patienten schade, weswegen die streitbefangenen klinischen Studien aus diesem Grund nicht von der gesetzlichen Krankenkasse zu finanzieren seien.

seinem „Verhältnis“ zum „allgemein anerkannten Stand der medizinischen Erkenntnisse“ i.S.d. § 2 Abs. 1 Satz 3 SGB V deutlich betont.

3.3 BSG Urteil vom 28. Juli 2008 – B 1 KR 5/08 R[717]

Anlass des Rechtsstreits war die Klage einer insolventen Privatklinik mit dem Ziel des Abschlusses eines Versorgungsvertrages gem. § 109 SGB V. Die Privatklinik, die hauptsächlich abseits der Schulmedizin liegende Therapien zur Krebsbehandlung anbot, verfügte über keinen Versorgungsvertrag gem. § 109 SGB V. Dennoch hatte sie in großem Umfang gesetzlich versicherte Patienten behandelt, ohne diese darüber zu informieren, dass sie nicht über die öffentlich-rechtliche Zulassung verfügte und deshalb regelmäßig nicht berechtigt war, die anfallenden Kosten gegenüber der gesetzlichen Krankenkasse abzurechnen. Da sich die gesetzlichen Kassen weigerten, die Kosten dennoch zu tragen, da sie aufgrund der Krankenhausplanung grundsätzlich verpflichtet sind die erforderlichen Leistungen vorrangig durch zugelassene, in der Krankenhausplanung berücksichtigte Leistungserbringer zu erbringen, kam die Privatklinik in Liquiditätsschwierigkeiten, die letztendlich in ihrer Insolvenz mündeten. Die Uneinbringlichkeit dieser vermeintlichen Forderungen war wesentliche Ursache[718] dafür, dass ein Insolvenzverfahren mangels Masse nicht eröffnet wurde.[719] Wie jedoch das BSG in seiner Entscheidung ausdrücklich bemerkte[720], beruhte die Situation der Privatklinik in erster Linie darauf, dass sie von vornherein durch ihr Verhalten verdeutlicht hat, dass sie nicht gewillt ist, sich den Regeln der GKV zu unterwerfen.

Da die Privatklinik hauptsächlich (neue) Therapien anbot, die außerhalb des schulmedizinischen Behandlungsspektrums lagen, und bei denen sich zentral die

---

717 Diese Rechtsprechungsänderung wurde von Hauck schon im Jahr 2007 in seinem Aufsatz „Medizinischer Fortschritt im Dreieck IQWiG, G-BA und Fachgesellschaften: Wann wir eine innovative Therapie zur notwendigen medizinischen Maßnahme? Rechtsgrundlagen und Rechtsprechung“ (NZS 2007, 461, 468) angeregt: „Die bisherige BSG-Rechtsprechung zum Entscheidungsmonopol von Richtlinien nach § 137 c SGB V bei stationärer Behandlung bedarf der Überprüfung“.

718 BSG Urteil vom 28.07.2008 – B 1 KR 5/08 R, Rn. 47: Hinzu treten vermeintliche Ansprüche wegen angeblicher Notfallbehandlungen von GKV-Patienten, die sich über viele Tage hinzogen. Insoweit findet keine Beachtung, dass zwar auch eine Notfallbehandlung eines Versicherten in einem nicht zugelassenen Krankenhaus vergütungsfähig sein kann, eine Vergütung aber allein für die Notfallbehandlung als solche – also bis zur umgehenden Verlegung des Patienten zu einem zugelassenen Leistungserbringer – zulässig. Die Klägerin hat mit ihrer geradezu klassischen „Flucht in den Notfall“ durch vieltägige Behandlung von GKV-Patienten in großem Umfang ebenfalls systemwidrig versucht, sich den Systemgrenzen zu entziehen, die voraussetzen, dass grundsätzlich nur zugelassene Leistungserbringer GKV-Patienten behandeln dürfen.

719 BSG Urteil vom 28.07.2008 – B 1 KR 5/08 R, Rn. 47.

720 BSG Urteil vom 28.07.2008 – B 1 KR 5/08 R, Rn. 40.

Frage stellte, inwiefern sie mit dem Qualitätsgebot des gesetzlichen Krankenversicherungsrechts vereinbar sind, spielte die Frage, ob dies von den Krankenkassen und den Gerichten im Rahmen des Verfahrens über den Abschluss des Versorgungsvertrages überprüft werden darf, oder den letztgenannten aufgrund der Systematik des § 137 c SGB V eine Prüfung nicht möglich ist, eine zentrale Rolle.

In Bezug auf das Qualitätsgebot bestätigte des BSG die Entscheidung der Vorinstanz[721], die die Voraussetzungen des Anspruchs auf Abschluss eines Versorgungsvertrags insbesondere auch nicht erfüllt sah, weil die Klägerin nicht die Gewähr für eine leistungsfähige Krankenhausbehandlung böte, weil das von ihr verfolgte Behandlungskonzept nach den Feststellungen des LSG nicht dem jeweiligen Stand der medizinischen Erkenntnisse entspreche. Es genüge den Anforderungen des Qualitätsgebots (§ 2 Abs. 1 Satz 3 SGB V) auch unter Berücksichtigung grundrechtskonformer Auslegung nicht, sondern lege einen Schwerpunkt auf solche so genannte Außenseitermethoden, die nicht in die Leistungspflicht der GKV fallen. Der Abschluss von Versorgungsverträgen mit derartigen Einrichtungen sei grundsätzlich ausgeschlossen.[722]

Die Privatklinik hatte vorgetragen, aufgrund der Systematik des § 137 c SGB V dürfte auch bei den Verhandlungen über den Abschluss eines Versorgungsvertrages die Vereinbarkeit der geplanten Therapien mit dem Qualitätsgebot nicht geprüft werden. Hierzu entschied das BSG[723], dass die Regelung [des § 137 c SGB V] nicht im Sinne einer generellen Erlaubnis aller beliebigen Methoden für das Krankenhaus mit Verbotsvorbehalt ausgelegt werden dürfe.

Dem BSG ist hier insoweit zuzustimmen, als auch im stationären Bereich angewendete NUB-Methoden den in § 137 c SGB V normierten Qualitätskriterien genügen müssen und somit nur angewandt werden dürfen, wenn ihr Nutzen hinreichend belegt ist und sie für eine ausreichende, zweckmäßige und wirtschaftliche Versorgung der Versicherten unter Berücksichtigung des allgemein anerkannten Standes der medizinischen Erkenntnisse erforderlich sind.

Anschließend führt das BSG aus[724], die Regelung des § 137 c SGB V setze die Geltung des Qualitätsgebots aus § 2 Abs. 1 Satz 3 SGB V auch im stationären Bereich nicht außer Kraft. Gegenteiliges bedeute, die Einheit der Rechtsordnung zu gefährden. Eine Krankenhausbehandlung, die nicht nach den Regeln der ärztlichen Kunst erfolge und deshalb für den Patienten Schadensersatzansprüche sowie für den Krankenhausarzt strafrechtliche Konsequenzen nach sich ziehe, müsse nicht von den Krankenkassen bezahlt werden.

---

721 Hessisches Landessozialgericht Urteil vom 17. Dezember 2007 – L 1 KR 62/04.
722 BSG Urteil vom 28.07.2008 – B 1 KR 5/08 R, Rn. 48.
723 BSG Urteil vom 28.07.2008 – B 1 KR 5/08 R, Rn. 52.
724 BSG Urteil vom 28.07.2008 – B 1 KR 5/08 R, Rn. 52.

Dieser auf den ersten Blick scheinbar einleuchtende zuletzt zitierte Absatz, missachtet zum einen die im Wortlaut des § 2 Abs. 1 Satz3 SGB V angelegte Differenzierung[725] als auch die vom Gesetzgeber gewählte, speziellere, ausdrücklich von der Formulierung des § 2 Abs. 1 Satz 3 SGB V abweichende Formulierung in § 137 c SGB V[726]. Zudem vermischt er zwei unterschiedliche Prüfungsebenen dahingehend, dass für den stationären Bereich mangels „Positivliste" i.S.d. § 135 SGB V die Leistungserbringer auf einer ersten Stufen der Prüfung anhand der Kriterien des § 137 c SGB V – wie der G-BA – prüfen und entscheiden müssen, ob eine konkrete NUB-Methode im vorgesehenen Behandlungszeitpunkt (schon) zum Leistungsspektrum der gesetzlichen Krankenassen gehört[727], um, wenn diese Frage positiv beantwortet wird, in einem zweiten und dritten Schritt zu prüfen, ob diese NUB-Methode von ihrem Versorgungsumfang umfasst ist[728] und bezogen auf den konkreten Patienten die allgemeinen krankenversicherungsrechtlichen Voraussetzungen für eine stationäre Behandlung mittels der konkreten anvisierten Methode insbesondere i.S.d. §§ 2, 12, 27, 39 SGB V erfüllt sind[729]. Da durch den ersten Schritt ausgehend von § 137 c SGB V die Frage, ob die konkrete NUB-Methode schon zum Leistungsspektrum der gesetzlichen Krankenkassen gehört, oder nicht, schon geklärt ist, steht für die dritte Stufe der Prüfung bezogen auf den individuellen Behandlungsfall fest, dass die NUB-Methode nicht wegen Unvereinbarkeit mit § 2 Abs. 1 Satz 3 SGB V „bemängelt" werden kann.[730]

Angesichts der Vorgehensweise des BSG scheint die vom BSG angeführte „Einheit der Rechtsordnung" eher durch eine stark ergebnisorientierte, den Wortlaut missachtende und somit vom Gesetzestext losgelöste Gesetzesanwendung „in Gefahr", als durch eine im Gesetzestext angelegte Differenzierung. Darüber hinaus ist der letzt zitierte Satz, der seitdem oft formelhaft in Urteilen übernommen und zitiert wurde, unscharf, wenn nicht sogar falsch und jedenfalls sehr emotional gefärbt. Denn er suggeriert, dass für die Bestimmung der Leistungen, die zum Leistungsspektrum der gesetzlichen Krankenkassen gehören, der gleiche Maßstab anzulegen sei, wie für die Begutachtung, ob eine Behandlung mittels einer NUB-Methode im zivilrechtlichen Sinn einen Behandlungsfehler darstellt und im strafrechtlichen Sinne als Körperverletzung zu qualifizieren sei. Zwar steht außer Diskussion, dass eine NUB-Methode, deren Anwendung aus zivilrechtlicher Betrachtung i.S.d. § 823 BGB einen Behandlungsfehler darstellt und strafrechtlich gem. §§ 223 ff. StGB den objektiven Tatbestand einer Körperverletzung erfüllt, nicht zum Leistungsspektrum der gesetzlichen Krankenkassen gehören soll und kann und somit nicht zulasten der gesetzlichen Krankenkassen erbracht werden darf. Die

725 Siehe hierzu unter A.4.6., insbes. A.4.6.3.
726 Siehe hierzu unter B.5.6.
727 Vgl. hierzu unter B.5.1.1.
728 Vgl. hierzu unter B.5.1.2.
729 Vgl. hierzu unter B.5.1.3.
730 Kritisch zu der Vorgehensweise des BSG auch Felix, Urteilsanmerkung zu BSG Urteil vom 28.07.2008 – B 1 KR 5/08 R, SGb 2009, 367, 369.

Formulierung der §§ 2 Abs. 1 Satz 3, 137 c SGB V sowie die Existenz der Regelung des § 2 Abs. 1 a SGB V veranschaulichen jedoch, dass der umgekehrte Schluss kein Automatismus ist. Insbesondere auch deswegen, weil die Frage, ob eine NUB-Methode (schon) zum Leistungsspektrum der gesetzlichen Krankenkassen gehört, neben der Frage des hinreichend belegten konkreten medizinischen Nutzens nicht unwesentlich von der im Rahmen der Gesamtbetrachtung mit einzubeziehenden Erwägungen der Wirtschaftlichkeit (vgl. § 137 c SGB V „für eine ausreichende, zweckmäßige und wirtschaftliche Versorgung der Versicherten unter Berücksichtigung des allgemein anerkannten Standes der medizinischen Erkenntnisse erforderlich") geprägt wird. Das BSG erweckt jedoch den Anschein, dass die Anwendung einer NUB-Methode, die nicht dem „anerkannten Stand der medizinischen Erkenntnisse entspricht", automatisch nicht den Regeln der Ärztlichen Kunst entsprechen würde, und deshalb sowohl zivilrechtlich Schmerzensgeldansprüche entstehen ließe sowie strafrechtliche Konsequenzen nach sich ziehen würde. Dem kann nicht gefolgt werden.[731]

Das BSG führte fort[732], dass § 137 c SGB V vor diesem Hintergrund lediglich bewirke, dass – anders als für den Bereich der vertragsärztlichen Leistungen – nicht in einem generalisierten, zentralisierten formellen Prüfverfahren vor Einführung neuer Behandlungsmethoden im Krankenhaus deren Eignung, Erforderlichkeit und Wirtschaftlichkeit formalisiert überprüft würde, sondern die Prüfung der eingesetzten Methoden im zugelassenen Krankenhaus grundsätzlich präventiv durch das Krankenhaus selbst und retrospektiv lediglich im Einzelfall anlässlich von Beanstandungen ex post erfolge. Umso wichtiger sei es dann aber, bereits auf der Ebene der Zulassung als Vertragskrankenhaus darauf zu achten, dass das Krankenhaus nach seiner Konzeption den Anforderungen des Qualitätsgebots gemäß § 2 Abs. 1 Satz 3 SGB V genüge.[733]

Diesbezüglich ist dem BSG insofern vollumfänglich zuzustimmen, als es gerade wegen des Erlaubnisvorbehaltes in § 137 c SGB V erforderlich ist, dass auf der Stufe der Zulassung eines (neuen) Krankenhauses als einem (potentiellen) Leistungserbringer auf dem öffentlichen Gesundheitsmarkt, der Patienten zulasten der gesetzlichen Krankenkassen behandeln darf, das von ihm geplante Leistungsspektrum auf die Vereinbarkeit bzw. auf bestehende Schnittmengen mit dem gesetzlich Versicherten zur Verfügung stehenden Leistungsspektrum überprüft wird.[734] Nur dann ist der gegenüber Krankenhäusern gesetzlich angelegte Vertrauensvorschuss sachlich zu rechtfertigen.

Ausdrücklich erklärte der erkennende Senat im Anschluss an den letztzitierten Absatz, er gebe [hierdurch] seinen hiervon abweichenden früheren Standpunkt

---

731 Kritisch hierzu auch Ullrich; Finanzierungslücken bei medizinischen Innovationen? Rechtliche Rahmenbedingungen der Finanzierung neuer Untersuchungs- und Behandlungsmethoden sowie innovativer Arzneimittel, S. 138.

732 BSG Urteil vom 28.07.2008 – B 1 KR 5/08 R, Rn. 52.

733 BSG Urteil vom 28.07.2008 – B 1 KR 5/08 R, Rn. 53.

734 Vgl. hierzu auch unter B.6., insbes. B.6.2.

auf, dass die Prüfung, ob eine im Krankenhaus angewandte Untersuchungs- oder Behandlungsmethode die vom Gesetz geforderten Qualitätsstandards erfüllt, ausschließlich dem G-BA obliege. Darauf, dass diese Frage nicht Verfahrensgegenstand war und dass dieser – oben dargestellten – Entscheidung ein ganz anderer, nicht vergleichbarer Sachverhalt zugrunde lag, ging er nicht ein. Zudem erscheint es in höchstem Maße fraglich, diese Entscheidung anlässlich und anhand solch eines Negativbeispiels, einer Einrichtung, die offensichtlich kein Interesse daran hat, den vom gesetzlichen Krankenversicherungsrecht geforderten Qualitätsstandards zu genügen und die möglicherweise nach der Legaldefinition eines Krankenhauses i.S.d. § 107 SGB V nicht einmal als Krankenhaus einzustufen wäre[735], zu treffen. Dies ist gerade aus der Perspektive von Krankenhäusern, wie beispielsweise Universitätskliniken, besonders schwer nachvollziehbar.

3.4 BSG Urteil vom 16. Dezember 2008 – B 1 KR 2/08 R

Nach der Darstellung, unter welchen Voraussetzungen Versicherte im Rahmen der ambulanten Behandlung Anspruch auf die Behandlung mit NUB-Methoden, hier konkrete auf eine Magenbandoperation (laparoskopisches Gastric-Banding) zur Gewichtsreduktion und Therapie von Folgeleiden haben[736], führte das BSG in diesem Urteil aus, dass – vorausgesetzt, die streitige Maßnahme entspreche dem allgemein anerkannten Stand der medizinischen Erkenntnisse – nach § 137 c SGB V die Befugnis für das Krankenhaus bestünde, Untersuchungs- und Behandlungsmethoden auf Kosten der Krankenkassen anzuwenden, bis der G-BA eine negative Beurteilung abgegeben habe. Ein solches Negativvotum existiere für die Magenbandoperation

735 Vgl. hierzu unter A.2.1.

736 BSG Urteil vom 16. Dezember 2008, Az: B 1 KR 2/08 R, („laparoskopisches Gastric-Banding"), Rn. 20: Der Anspruch eines Versicherten auf Behandlung nach § 27 Abs 1 Satz 2 Nr 1 SGB V unterliegt den sich aus § 2 Abs 1 und § 12 Abs 1 SGB V ergebenden Einschränkungen. Er umfasst folglich nur solche Leistungen, die zweckmäßig und wirtschaftlich sind und deren Qualität und Wirksamkeit dem allgemein anerkannten Stand der medizinischen Erkenntnisse entsprechen. Dies ist bei neuen Untersuchungs- und Behandlungsmethoden in der vertragsärztlichen Versorgung gemäß § 135 Abs 1 Satz 1 SGB V nur dann der Fall, wenn der G-BA in Richtlinien nach § 92 Abs 1 Satz 2 Nr 5 SGB V eine positive Empfehlung über den diagnostischen und therapeutischen Nutzen der Methode abgegeben hat. Durch Richtlinien nach § 92 Abs 1 Satz 2 Nr 5 iVm § 135 Abs 1 SGB V wird nämlich nicht nur geregelt, unter welchen Voraussetzungen die zur vertragsärztlichen Versorgung zugelassenen Leistungserbringer (Ärzte, Zahnärzte usw) neue Untersuchungs- und Behandlungsmethoden zu Lasten der KKn erbringen und abrechnen dürfen. Vielmehr wird durch diese Richtlinien auch der Umfang der den Versicherten von den KKn geschuldeten ambulanten Leistungen verbindlich festgelegt. „Neu" ist eine Methode, wenn sie – wie die Magenbandoperation – nicht als abrechnungsfähige ärztliche Leistung im Einheitlichen Bewertungsmaßstab für vertragsärztliche Leistungen (EBM-Ä) enthalten war. Das ist hier anzunehmen.

nicht.[737] Um jedoch eine abschließende Entscheidung darüber zu treffen, ob die Klägerin eine Magenbandoperation in Form einer (stationären) Krankenhausbehandlung beanspruchen konnte, fehlte es an hinreichenden Tatsachenfeststellungen des LSG hinsichtlich der Notwendigkeit der stationären Behandlung, weswegen die Sache vom BSG zur Entscheidung zurück an das LSG verwiesen wurde.

Das BSG bestätigte durch dieses Urteil seine Meinung, dass das Qualitätsgebot des § 2 Abs. 1 Satz 2 SGB V uneingeschränkt auch auf NUB-Methoden anzuwenden ist – erneut ohne auf die im Wortlaut des § 2 Abs. 1 Satz 3 SGB V und in der vom Gesetzgeber gewählten, von der Formulierung des § 2 Abs. 1 Satz 3 SGB V abweichenden Formulierung in § 137 c SGB V einzugehen. Es äußerte sich jedoch nicht ausdrücklich dazu, wer dies im Einzelfall mit welcher Konsequenz überprüfen dürfte.

3.5 BSG Urteil vom 16. Dezember 2008 – B 1 KR 11/08 R

Auch in diesem parallel entschiedenen Fall ging es um den Anspruch einer gesetzlich Versicherten unter Anwendung einer NUB-Methode (Liposuktion = Absaugungen von Fettdepotansammlungen), hinsichtlich der der G-BA noch keine Nutzenbewertung vorgenommen hatte. Anders als im vorausgegangenen Fall lagen hier nach Einschätzung des BSG ausreichend Angaben vor, sodass das BSG in der Sache über die Notwendigkeit der Krankenhausbehandlung und somit über die potentielle Anwendbarkeit des § 137 c SGB V entscheiden konnte. Zwar wäre nach den Ausführungen des BSG ein Anspruch auf die Anwendung der NUB-Methode nicht schon wegen des Fehlens einer positiven Empfehlung des G-BA zu verneinen. Denn insofern schließe § 137 c SGB V grundsätzlich (auch neue) Untersuchungs- und Behandlungsmethoden nicht aus, solange der G-BA kein Negativvotum ausgesprochen hat. Ein solches Negativvotum existierte für die Liposuktion nicht. Das BSG kam jedoch zu dem Ergebnis, dass die Klägerin keinen Anspruch auf eine Krankenhausbehandlung hatte, weil eine solche nach seiner Einschätzung nicht im Rechtssinne notwendig bzw. erforderlich war (§ 12 Abs. 1, § 27 Abs. 1 Satz 1, § 39 Abs. 1 Satz 2 SGB V), weswegen die Klägerin die Liposuktion auch nicht in Form einer Krankenhausbehandlung als Naturalleistung beanspruchen konnte.[738]

Ohne diese Begriffe zu benutzen zeigen die Ausführungen des BSG zu § 137 c SGB V in Abgrenzung zu § 135 SGB V in den letzen beiden zitierten Urteilen, dass auch aus Sicht des BSG die Systematik der Erlaubnis mit Verbotsvorbehalt für den stationären Bereich aufgrund von § 137 c SGB V aufrechtzuerhalten ist und § 137 c SGB V nicht nur für den G-BA, sondern auch für den einzelnen Behandlungsfall die einschlägige Norm ist.[739]

737 BSG Urteil vom 16. Dezember 2008, Az: B 1 KR 2/08 R, („laparoskopisches Gastric-Banding“), Rn. 22.

738 Urteil vom 16.12.2008 – B 1 KR 11/08 R, („Liposuktion“).

739 Vgl. hierzu unter B.5., insbes. B.5.3.

3.6 BSG Urteil vom 06. Mai 2009 – B 6 A 1/08 R

In diesem Fall wehrte sich der G-BA erfolgreich gegen aufsichtsrechtliche Maßnahmen des Bundesministeriums für Gesundheit gegenüber einem vom G-BA gefassten Richtlinienbeschluss, durch den er eine NUB-Methode gem. § 137 c SGB V aus dem Leistungsspektrum der gesetzlichen Krankenversicherung ausschloss. Im streitgegenständlichen Beschluss hatte der G-BA entschieden, dass die Protonentherapie bei der Indikation „Mammakarzinom" – anders als z.B. bei Augentumoren und Prostatakarzinomen – derzeit weder allein noch in Kombination mit einer anderen Therapie die Kriterien des § 137 c Abs. 1 SGB V erfülle und deshalb nicht als Krankenhausbehandlung zu Lasten der gesetzlichen Krankenkassen erbracht werden dürfe.[740] Das Bundesministerium für Gesundheit der beklagten Bundesrepublik Deutschland beanstandete diesen ihm am 25.11.2004 zugeleiteten Beschluss gemäß § 94 Abs. 1 Satz 2 SGB V wegen „erheblicher Bewertungsfehler", da der G-BA insbesondere Ausgangspunkt und Grundlage seiner Methodenbewertung nicht hinreichend transparent dargelegt habe.[741]

Das BSG führte in seinem Urteil aus, dass das GMG[742] die zuvor durch verschiedene Ausschüsse (Bundesausschüsse der Ärzte bzw. Zahnärzte und Krankenkassen, Ausschuss Krankenhaus und Koordinierungsausschuss gemäß § 91, § 137 c und § 137 e SGB V idF des GKV-Gesundheitsreformgesetzes 2000 vom 22.12.1999, BGBl I 2626) wahrgenommene Steuerungsfunktion für die ambulante und stationäre medizinische Versorgung der Versicherten der gesetzlichen Krankenversicherung insgesamt dem G-BA als eigenständiger rechtsfähiger Selbstverwaltungskörperschaft übertragen habe (§ 91 Abs. 1 Satz 2 SGB V idF des GMG sowie § 6 Abs. 1 Satz 2 des Gesetzes zu Übergangsregelungen zur Neuorganisation der vertragsärztlichen Selbstverwaltung und Organisation der Krankenkassen, verkündet als Art. 35 GMG). Der G-BA solle im Interesse der Gleichbehandlung der Versicherten sowie der Qualität und Wirtschaftlichkeit der Leistungserbringung im Rahmen einer beitragsfinanzierten Zwangsversicherung einheitlich für das ganze Bundesgebiet die maßgeblichen normativen Vorgaben zur Konkretisierung der in den §§ 27 ff. SGB V begründeten leistungsrechtlichen Rahmenrechte treffen. Zur Erreichung dieser Ziele habe der G-BA u.a. Untersuchungs- und Behandlungsmethoden nach den Vorgaben in § 135 Abs. 1, § 137 c Abs. 1 SGB V zu bewerten.[743]

Das BSG betrachtete die folgende, auf der Grundlage der VerfO des Ausschusses Krankenhaus vorgenommene Methodenbewertung als rechtmäßig.[744] Als Erstes würden Nachweise zur Wirksamkeit der Methode bei der beanspruchten Indikation geprüft. Danach sei eine Methode nur dann entsprechend dem allgemein

740 BSG Urteil vom 06.05.2009 – B 6 A 1/08 R, („Protonentherapie"), Rn. 2.
741 BSG Urteil vom 06.05.2009 – B 6 A 1/08 R, („Protonentherapie"), Rn. 2.
742 Gesetz zur Modernisierung der gesetzlichen Krankenversicherung, (GKV-Modernisierungsgesetz (GMG)) vom 14. November 2003 (BGBl. I S. 2190).
743 BSG Urteil vom 06.05.2009 – B 6 A 1/08 R, („Protonentherapie"), Rn. 45.
744 BSG Urteil vom 06.05.2009 – B 6 A 1/08 R, („Protonentherapie"), Rn. 56.

anerkannten Stand der medizinischen Erkenntnisse erforderlich, wenn ihr Nutzen und die medizinische Notwendigkeit der Methode belegt sei. Fehlten solche Belege für die therapeutische Wirksamkeit eines Behandlungskonzepts, so endete die Methodenbewertung bereits auf dieser ersten Stufe mit einem negativen Ergebnis, weil dann eine rationale Basis für die Einschätzung einer Leistung als wirksam (§ 2 Abs. 1 Satz 3, Abs. 4 SGB V) vollständig fehle. Diese Vorgaben entsprächen denjenigen zur Methodenbewertung in der ambulanten vertragsärztlichen Versorgung nach Maßgabe der hierzu vom Bundesausschuss der Ärzte und Krankenkassen erlassenen „Richtlinien über die Bewertung ärztlicher Untersuchungs- und Behandlungsmethoden gemäß § 135 Abs. 1 SGB V" (BUB-Richtlinien, hier idF vom 1.12.2003, BAnz 2004 S. 5678, s dort § 7 Abs. 2, 3 und 5, § 8 Abs. 2 Nr. 1 und § 9 Abs. 3, deren Regelungen mit denen der VerfR-KH weitgehend übereinstimmten). Diese parallel zur Methodenbewertung im ambulanten vertragsärztlichen Bereich ausgestaltete Vorgehensweise bei der Bewertung von Methoden im Krankenhaus stünde nicht im Widerspruch zu den gesetzlichen Vorgaben in § 137 c Abs. 1 SGB V. Dies gelte insbesondere auch für die Entscheidung, eine Methode für die weitere voraussetzungslose („flächendeckende") Anwendung im Krankenhaus bereits dann auszuschließen, wenn ihre Wirksamkeit bzw. ihr Nutzen nicht belegt sei.

Das BSG nahm anschließend Stellung zur vorzunehmenden Nutzenbewertung hinsichtlich der systematisch unterschiedlich ausgestalteten und unterschiedlich formulierten §§ 135, 137 c SGB V: Die rechtstechnisch unterschiedliche Gestaltung einerseits von § 135 Abs. 1 SGB V als „Verbot mit Erlaubnisvorbehalt" für die ambulante vertragsärztliche Versorgung und andererseits von § 137 c Abs. 1 SGB V als „Erlaubnis mit Verbotsvorbehalt" für die stationäre Versorgung im Krankenhaus sowie Wortlaut und Regelungszweck von § 137 c Abs. 1 SGB V gebieteten es nicht, bereits auf dieser ersten Stufe der Methodenbewertung unterschiedliche Maßstäbe zur Beurteilung der therapeutischen Wirksamkeit einer Behandlungsmethode im ambulanten oder stationären Versorgungsbereich zur Anwendung zu bringen.[745] Hierdurch bestätigte das BSG die sektorübergreifende Nutzenbewertung.

Trotz der andersartigen Normstruktur und des unterschiedlichen Wortlauts von § 135 Abs. 1, § 137 c Abs. 1 SGB V sei die Methodenbewertung im SGB V prinzipiell bereichsübergreifend angelegt. Der Auftrag zu einer sektorenübergreifenden Betrachtung sei dem Ausschuss Krankenhaus schon bei Einführung des Instruments des § 137 c SGB V „in Anlehnung an die in der ambulanten Versorgung etablierten Verfahren" vorgegeben worden. Das GMG habe mit der Zusammenfassung der bislang getrennten Entscheidungsgremien zum G-BA und durch weitere Regelungen diese Verpflichtung zur sektorenübergreifenden Bewertung normativ verstärkt. Dem G-BA sei – wie bereits erwähnt – in § 91 Abs. 3 S. 1 Nr. 1 SGB V (ab 1.7.2008: § 91 Abs. 4 SGB V i.d.F. von Art. 2 Nr. 14 GKV-WSG) die Schaffung einer einheitlichen VerfO u.a. zur Definition der Anforderungen an eine „wissenschaftliche sektorenübergreifende Bewertung des Nutzens, der Notwendigkeit und

745 BSG Urteil vom 06.05.2009 – B 6 A 1/08 R, („Protonentherapie"), Rn. 57.

der Wirtschaftlichkeit von Maßnahmen als Grundlage für Beschlüsse" aufgetragen worden. Dazu habe die VerfO „insbesondere Regelungen zur Operationalisierung des für alle Versorgungsbereiche geltenden Wirtschaftlichkeitsgebotes nach § 12 SGB V zu enthalten; hierbei könne an die in den BUB-Richtlinien niedergelegten Anforderungen angeknüpft werden". Eine noch weitergehende Betonung der sektorenübergreifenden Arbeit des G-BA habe schließlich dessen Neuorganisation – Bildung eines einheitlichen Beschlussgremiums (§ 91 Abs. 2 S. 1 SGB V) und Einrichtung sektorenübergreifender Unterausschüsse (§ 91 Abs. 4 S. 1 Nr. 2 SGB V) – durch das GKV-WSG mit sich gebracht. Die sektorenübergreifende Bedeutung der Methodenbewertungen werde schließlich auch in den Regelungen zur integrierten Versorgung deutlich.[746]

Die genannten Bestimmungen zeigten, dass die vom G-BA zu treffenden Versorgungsentscheidungen dazu dienen sollen, versorgungsbereichsübergreifend eine gleichmäßige, an objektiven Maßstäben orientierte Praxis der Leistungsgewährung zu erreichen. Dies trüge dem Umstand Rechnung, dass der vom Leistungsrecht des SGB V – insbesondere in § 2 Abs. 1 S. 3 und Abs. 4 sowie in § 12 Abs. 1 SGB V – gesetzlich vorgegebene Versorgungsstandard für alle Leistungsbereiche grundsätzlich einheitlich gelte. Ausnahmen würden nur dann eingreifen, wenn diese ausdrücklich im Gesetz zugelassen seien. Eine solche Ausnahmeregelung enthalte beispielsweise § 137 c Abs. 2 Satz 2 (Halbsatz 2) SGB V, der gestatte, dass die Krankenkassen jedenfalls die notwendige stationäre Versorgung derjenigen Patienten vergüten, die in eine klinische Studie zu einer an sich aus dem Leistungskatalog ausgeschlossenen Methode einbezogen seien. Hingegen stelle allein der Umstand, dass eine prinzipiell auch ambulant erbringbare, aber nicht den allgemeinen Qualitätsanforderungen in § 2 SGB V und § 12 SGB V entsprechende Methode im stationären Sektor angewandt werde, kein sachlich tragfähiges Kriterium zur unterschiedlichen Ausgestaltung des zulässigen Leistungsspektrums dar.[747]

Ausgehend vom Grundsatz der sektorübergreifenden einheitlichen Nutzenbewertung hat das BSG anschließend ausdrücklich ausgeführt, wie sich die unterschiedliche rechtstechnische Ausgestaltung von § 135 Abs. 1 SGB V bzw. § 137 c Abs. 1 SGB V als Verbot mit Erlaubnisvorbehalt bzw. Erlaubnis mit Verbotsvorbehalt dennoch auswirkt, nämlich dadurch, dass neue Behandlungsmethoden in der Breite der ambulanten vertragsärztlichen Versorgung erst nach „Freigabe" durch den G-BA zur Verfügung stünden, während Innovationen im stationären Bereich so lange zulässigerweise zum Einsatz kommen könnten, bis dies durch ein negatives Votum des G-BA ausgeschlossen würden. Dieser differenzierte Modus zum rechtlich zulässigen Einsatz von Innovationen im ambulanten bzw. stationären Bereich in zeitlicher Hinsicht solle gewährleisten, dass der medizinische Fortschritt in den Krankenhäusern nicht unterbunden werde. Dabei sei es unter dem Blickwinkel des Patientenschutzes nicht zu beanstanden, dass der Gesetzgeber die bei Innovationen

---

746 BSG Urteil vom 06.05.2009 – B 6 A 1/08 R, („Protonentherapie"), Rn. 58.
747 BSG Urteil vom 06.05.2009 – B 6 A 1/08 R, („Protonentherapie"), Rn. 59.

stets auch gegebene Gefahr des Einsatzes unwirksamer oder gar schädlicher Maßnahmen wegen der internen Kontrollmechanismen und der anderen Vergütungsstrukturen im Krankenhausbereich geringer eingestuft habe, als bei der Behandlung durch niedergelassene Vertragsärzte; die großzügigere Freigabe von Innovationen im stationären Bereich werde hierdurch gerechtfertigt.

Den oft zusammenhangslos zitierten, folgenden, auf den ersten Blick, einschränkenden Satz „Eine über die Differenzierung in zeitlicher Hinsicht hinausgehende Bedeutung komme der unterschiedlichen Regelungstechnik in § 135 Abs. 1 bzw. § 137 c Abs. 1 SGB V jedoch nicht zu“[748] verliert viel an seiner „Durchschlagskraft“, wenn man ihn im Gesamtkontext der eben zitierten Urteilspassagen sieht.

Das BSG geht anschließend auf das Verhältnis zu gem. § 137 c SGB V ausgeschlossenen NUB-Methoden und deren weiterer Anwendung in klinischen Prüfungen ein und führt hierzu aus, dass die gesetzliche Regelung vielmehr erkennen lasse, dass in einer solchen Situation der Weiterentwicklung der Medizin dadurch Rechnung zu tragen sei, dass die Durchführung kontrollierter klinischer Studien ermöglicht werde (§ 137 c Abs. 2 Satz 2 (Halbsatz 2) SGB V). Hierzu werde in den Materialien zum Gesetzgebungsverfahren des GKV-GRG 2000 ausgeführt, dass die Krankenkassen auch dann die stationäre Versorgung von Versicherten zu vergüten hätten, wenn diese in eine klinische Studie zur Prüfung einer Methode einbezogen seien, die zuvor der Ausschuss Krankenhaus aufgrund der zum Zeitpunkt seiner Entscheidung vorliegenden Erkenntnisse als nicht den Kriterien des § 137 c Abs. 1 Satz 1 SGB V entsprechend von der Versorgung ausgeschlossen habe; das – negative – Votum des Ausschusses entfalte keine Sperrwirkung, die eine „kontrollierte Weiterentwicklung der Medizin“ behindere (BTDrs. 14/1245 S 90 – zu § 137c).

Im folgenden Passus legt das BSG durch seine Ausführungen indirekt den „Grundstein“ für die gut drei Jahre nach dem Urteil durch das GKV-VStG neu eingeführte Erprobungsregelung gem. § 137 e SGB V bzw. initiiert indirekt deren Einführung. Denn das BSG „bemängelte“, dass dem G-BA aufgrund der damaligen Regelung des § 137 c SGB V trotz offensichtlichen Potenzials einer NUB-Methode, das aber noch nicht die „Schwelle“ des Nutzenbelegs „überschritten hat“, mangels differenzierten Regelungsmechanismen nur der Ausschluss der Methode mit dem Verweis auf die weiter bestehende Möglichkeit der Durchführung klinischer Studien verbleibe.

Das BSG legt dar, dass, wenn die Ansicht der Beklagten zutreffend wäre, dass auf der Grundlage von § 137 c Abs. 1 SGB V nur solche Methoden aus der Versorgung ausgeschlossen werden dürften, die „erkennbar kein Potenzial zur Überwindung der bestehenden Defizite“ haben, die Regelung zur Durchführung klinischer Studien auch nach einem vom G-BA verfügten Ausschluss einer Methode zur Anwendung im Krankenhaus keinen sinnvollen Anwendungsbereich hätte. Denn es könne in einem Krankenversicherungssystem, das sich aus Zwangsabgaben finanziert, nicht hingenommen werden, dass eine Methode, die keinerlei positives Potenzial erkennen lasse, auf Kosten der Krankenkassen weiterhin erforscht werde. Zudem

748 BSG Urteil vom 06.05.2009 – B 6 A 1/08 R, („Protonentherapie“), Rn. 60.

bestehe so lange, wie der Einsatz von Innovationen in allen Krankenhäusern vor einer Ausschluss-Entscheidung des G-BA ohne Weiteres statthaft sei, für die Anbieter der Methode (Gerätehersteller, Heilmittel- und Hilfsmittelanbieter etc.) keinerlei Anreiz und keine Notwendigkeit, Aufwendungen zur Evaluierung der neuen Methode in kontrollierten Studien zu tätigen. Solche Studien unterblieben deshalb oftmals, wie in der mündlichen Verhandlung berichtet worden sei. Eine tendenziell dauerhafte Einbeziehung nicht qualitätsgesicherter Methoden zumindest in die stationäre Versorgung wäre jedoch mit der Regelung in § 137 c Abs. 2 S. 2 (2. HS) SGB V zur Durchführung klinischer Studien und ebenso mit den Vorgaben in § 2 Abs. 1 und 4 sowie in § 12 Abs. 1 SGB V nicht vereinbar. Der Ausschluss neuer Behandlungsmethoden mit noch nicht hinreichendem Wirksamkeitsnachweis von der allgemeinen Anwendung im Krankenhaus führe bei gleichzeitiger Eröffnung der Möglichkeit zur Durchführung klinischer Studien hingegen dazu, dass Heilversuchsbehandlungen kontrolliert und dokumentiert stattfinden und eine transparente Versorgungsforschung ermöglicht werde.[749]

Das BSG betont hierdurch ausdrücklich die Bedeutung der Durchführung von klinischen Studien zu Methoden, hinsichtlich derer der G-BA aufgrund der Durchführung eines Nutzenbewertungsverfahrens zu dem Ergebnis kam, dass im Zeitpunkt des Nutzenbewertungsverfahrens noch nicht ausreichende Daten vorhanden waren, die aufgrund der Grundsätze der ebM die Annahme eines hinreichend belegten Nutzens rechfertigen würden.

Vor dem Hintergrund dieser Ausführungen des BSG bleibt abzuwarten, wie das BSG den diesbezüglichen Wortlaut des § 137 c Abs. 2 Satz 2 SGB V seit der Gesetzesänderung durch das Versorgungsstrukturgesetz[750] kommentieren und auslegen wird!

Dem steht aus Sicht das BSG nicht entgegen, dass § 137 c SGB V keinen ausdrücklichen Regelungsmechanismus bereithält, um im Falle zukünftig vorliegender positiver Studien zur Wirksamkeit einer ausgeschlossenen Methode deren erneute Einbeziehung in die Versorgung zu ermöglichen.

Vielmehr obliege dem G-BA aus Sicht des BSG eine stetige Beobachtungs-, Überprüfungs- und Reaktionsverpflichtung: Es sei nicht gerechtfertigt, aus diesem Umstand [fehlender ausdrücklicher Regelungsmechanismus] den Schluss zu ziehen, der Ausschluss einer Methode gemäß § 137 c Abs. 1 Satz 2, Abs. 2 Satz 2 SGB V sei „ewigkeitsfest" und dürfe deshalb nur ausnahmsweise bei deren nachgewiesener Unwirksamkeit erfolgen. Selbstverständlich müsse der G-BA auch nach Erlass einer Richtlinie zum Ausschluss einer Methode prüfen, ob neuere wissenschaftliche Erkenntnisse – etwa aus klinischen Studien gemäß § 137 c Abs. 2 S. 2 SGB V – diese Entscheidung noch rechtfertigen. Ihm obliege – wie jedem Normgeber – eine

749 BSG Urteil vom 06.05.2009 – B 6 A 1/08 R, („Protonentherapie"), Rn. 61.

750 Gesetz zur Verbesserung der Versorgungsstrukturen in der gesetzlichen Krankenversicherung (GKV-Versorgungsstrukturgesetz – GKV-VStG) vom 22.12.2011, BGBl I Nr. 70 S. 2983.

Beobachtungspflicht dahingehend, ob das von ihm verfolgte Ziel der Gewährleistung einer Krankenbehandlung entsprechend dem allgemein anerkannten Stand der medizinischen Erkenntnisse bei Fortgeltung der Ausschluss-Entscheidung noch erreicht werde. Ist das offenkundig nicht mehr der Fall, muss er nachbessern, d.h. den Ausschluss einer nunmehr als den Kriterien des § 137 c Abs. 1 SGB V entsprechend erkannten Methode wieder aufheben. Die erneute Prüfungsmöglichkeit hinsichtlich bereits ausgeschlossener Methoden ergebe sich zudem unmittelbar aus § 137 c Abs. 1 Satz 1 SGB V. Hiernach seien nicht nur Methoden zu prüfen, die im Rahmen einer Krankenhausbehandlung angewandt werden, sondern auch solche, die künftig „angewandt werden sollen"; das können auch früher aufgrund fehlenden Wirksamkeitsnachweises ausgeschlossene Methoden sein, zu denen neue Erkenntnisse vorliegen. Ein entsprechendes Verfahren sei bereits in Nr. 2.5 VerfR-KH vorgesehen gewesen und sei nunmehr in § 7 Abs. 4 VerfO normiert. Danach solle der G-BA begründeten Hinweisen nachgehen, dass seine Entscheidungen nicht mehr mit dem allgemein anerkannten Stand der medizinischen Erkenntnisse übereinstimmten. Dem von der Beklagten angeführten Gesichtspunkt, dass den Leistungserbringern und den Patienten hierfür kein Antragsrecht zustehe, komme angesichts der ausdrücklich normierten Antragsberechtigung der DKG und der Bundesverbände der Krankenhausträger sowie im Hinblick auf die Möglichkeiten der Staatsaufsicht, auf die Einhaltung der gesetzlichen Bestimmungen und der VerfO hinzuwirken, keine maßgebliche Bedeutung zu.[751]

Auch der unterschiedliche Wortlaut der einzelnen Tatbestandsvoraussetzungen in § 137 c Abs. 1 S. 1 SGB V bzw. in § 135 Abs. 1 S. 1 SGB V zwinge nicht zu der Annahme, dass bei der Bewertung von im Krankenhaus erbrachter Methoden ein grundsätzlich anderer – großzügigerer – Maßstab anzuwenden sei. § 137 c Abs. 1 S. 1 SGB V ordne eine Prüfung an, ob eine Untersuchungs- oder Behandlungsmethode „für eine ausreichende, zweckmäßige und wirtschaftliche Versorgung der Versicherten unter Berücksichtigung des allgemein anerkannten Standes der medizinischen Erkenntnisse erforderlich" sei. In § 135 Abs. 1 S. 1 Nr. 1 SGB V sei vorgesehen, dass der G-BA Empfehlungen abgibt zur „Anerkennung des diagnostischen und therapeutischen Nutzens der neuen Methode sowie deren medizinische Notwendigkeit und Wirtschaftlichkeit ... nach dem jeweiligen Stand der wissenschaftlichen Erkenntnisse in der jeweiligen Therapierichtung". Beiden Regelungen gemeinsam sei durch das GMG in § 92 Abs. 1 S. 1 (3.HS) SGB V eine Präzisierung des Normsetzungsprogramms des G-BA vorangestellt worden (so BT-Drucks 15/1525, S 107 – zu Nr. 71, zu Buchst a, zu Doppelbuchst bb). Danach könne der G-BA die Erbringung und Verordnung von Leistungen oder Maßnahmen einschränken oder ausschließen, „wenn nach dem allgemein anerkannten Stand der medizinischen Erkenntnisse der diagnostische oder therapeutische Nutzen, die medizinische Notwendigkeit oder die Wirtschaftlichkeit nicht nachgewiesen sind". Unter Berücksichtigung dieser engmaschigeren gesetzlichen Vorgaben auch zu Inhalt, Zweck und Ausmaß

751 BSG Urteil vom 06.05.2009 – B 6 A 1/08 R, („Protonentherapie"), Rn. 62.

der Entscheidungen nach § 137 c SGB V sei jedenfalls seit dem 1.1.2004 für die Annahme, bei Bewertungen nach § 137 c SGB V sei ein grundlegend anderer Maßstab anzuwenden, kein Raum mehr. Mithin sei auch die Überprüfung von Behandlungsmethoden im Krankenhaus maßstäblich daran auszurichten, ob die medizinische Wirksamkeit und der Nutzen dieser Methode belegt sei (Nr 5.4 VerfR-KH, nunmehr § 28 VerfO). Die bloße Annahme, es sei für eine Methode nicht auszuschließen, dass sie im Einzelfall einen potenziell spürbaren positiven Einfluss auf die Entwicklung einer Krankheit nehmen könne, sei kein hinreichender Wirksamkeitsbeleg im Rahmen einer generalisierenden Entscheidung zur Ausgestaltung des Versorgungssystems.[752]

Bezugnehmend auf die hinsichtlich der streitgegenständlichen Methode durchgeführte Bewertung bestätigte das BSG anschließend die Rechtmäßigkeit der vom G-BA vorgenommenen Prüfschritte. Dieser sei nach Maßgabe der in den VerfR-KH vorgegebenen Prüfungsschritten bereits auf der ersten Stufe zu dem Ergebnis gelangt, dass keinerlei Beleg in Form klinischer Daten für die therapeutische Wirksamkeit der Protonentherapie beim Mammakarzinom vorlägen. Wegen des deshalb nicht belegten klinischen Nutzens der Methode musste er sich nach der Beurteilung des BSG mit Erwägungen und Ermittlungen zu allen nachfolgenden Bewertungsschritten (Abwägung des Nutzens gegen die Risiken, Bewertung der erwünschten und der unerwünschten Folgen, Bewertung des Nutzens der Methode im Vergleich zu anderen Methoden gleicher Zielsetzung) zu Recht nicht mehr befassen.[753]

Anlässlich der Auseinandersetzung mit der Frage, ob der G-BA „die Erforderlichkeit der Behandlungsmethode unter unzulässiger Verkürzung der Grundsätze evidenzbasierter Medizin bewertet habe, weil er Kriterien der „internen Evidenz“ wie den theoretischen Wirkansatz, die Schwere und Seltenheit der Erkrankungen, die Erfolgsaussichten der Therapie, die Therapieplanung und die therapeutische Praxis unberücksichtigt gelassen habe“[754], hat das BSG im konkreten Fall kein Ermittlungsdefizit festgestellt, jedoch ausdrücklich darauf hingewiesen, dass ein solches anzunehmen sei, wenn der G-BA vorhandene klinische Erfahrungsberichte, die nicht der obersten Evidenzstufe entsprechen, allein aus diesem Grund völlig außer Acht gelassen hätte (vgl. Nr. 7.1 Stufe III VerfR-KH). Hierdurch hat das BSG ausdrücklich klargestellt, dass der Nachweis des medizinischen Nutzens einer NUB-Methode nicht davon abhängt, dass es hinsichtlich der konkreten Methode klinische Erfahrungsberichte und Studien der höchsten Evidenzstufe gibt. Nichts anderes kann für die Auseinandersetzung damit gelten, ob eine NUB-Methode „den allgemein anerkannten Stand der medizinischen Erkenntnisse „berücksichtigt“ bzw. ihm „entspricht“.

Stellungnahme: Das Urteil ist aus zahlreichen Aspekten wegweisend. In Bezug auf das Thema der gegenständlichen Arbeit insbesondere durch die Bestätigung der

752 BSG Urteil vom 06.05.2009 – B 6 A 1/08 R, („Protonentherapie“), Rn. 63.
753 BSG Urteil vom 06.05.2009 – B 6 A 1/08 R, („Protonentherapie“), Rn. 70.
754 BSG Urteil vom 06.05.2009 – B 6 A 1/08 R, („Protonentherapie“), Rn. 71.

Rechtmäßigkeit der gesetzlich vorgesehenen Innovationsförderung im stationären Bereich. Das BSG hat ausdrücklich betont, dass der medizinische Fortschritt durch die gewählte Regelungssystematik (§ 135 SGB V: Verbotsvorbehalt mit Erlaubnismöglichkeit im ambulanten Bereich – § 137 c SGB V Erlaubnis mit Verbotsmöglichkeit im stationären Sektor) im Krankenhaus nicht unterbunden werden soll und dass eine hiermit verbundene großzügige Freigabe von Innovationen gerade auch und ausdrücklich im Hinblick auf Gesichtspunkte der Patientensicherheit aufgrund der speziellen Versorgungsstruktur in Krankenhäusern gerechtfertigt ist. Ausdrücklich betont und damit die Rechtmäßigkeit dieses Vorgehens bestätigt hat das BSG zudem, dass im Rahmen der Nutzenbewertung aufgrund der Grundsätze der ebM bei Fehlen von Daten aufgrund höherstufiger Evidenzlevel gerade auch Daten niedriger Evidenzstufen ausschlaggebend sein können.

Spannend ist, dass der viel, jedoch regelmäßig zusammenhangslos, zitierte Satz „Eine über die Differenzierung in zeitlicher Hinsicht hinausgehende Bedeutung komme der unterschiedlichen Regelungstechnik in § 135 Abs. 1 SGB V bzw. § 137 c SGB V jedoch nicht zu“[755] bei genauer Betrachtung im Urteilskontext diese innovationsfreundliche Gesetzesauslegung nicht einschränkt oder einschränken soll. Er bezieht sich lediglich klarstellend darauf, dass das BSG im Urteil in den vorausgehenden Absätzen zum einen klargestellt hat, dass trotz des „missverständlichen Wortlautes“ des § 137 c SGB V auch hinsichtlich § 137 c SGB V der positive Nutzen und nicht der fehlende Nutzen Prüfungsmaßstab ist. Zum anderen hat das BSG hieran anknüpfend die Rechtmäßigkeit der sektorübergreifenden Nutzenbewertung trotz der insofern differierenden Wortlaute[756] der §§ 135, 137 c SGB V bestätigt.

3.7 BSG Urteil vom 17. Februar 2010 – B 1 KR 10/09 R

In dieser Entscheidung, in der es konkret um die Kostentragung der entstandenen Kosten für die Lagerung von Eierstockgewebe durch Kryokonservierung[757] ging, äußerte sich das BSG folgendermaßen zu den Voraussetzungen, unter denen ein Versicherter Anspruch (auf Kostenerstattung gem. § 13 Abs. 3 SGB V) auf eine im Rahmen einer stationären Behandlung erbrachte innovative NUB-Methode hat:

Für den (alternativ in Betracht kommenden) Anspruch der Klägerin auf Reimplantation des Gewebes in Form einer Krankenhausbehandlung stehe nicht fest, dass die Behandlungsmethode dem allgemein anerkannten Stand der medizinischen Erkenntnisse entspreche (§ 2 Abs. 1 S. 3; § 12 Abs. 1, § 27 Abs. 1 S. 1, § 39 Abs. 1 S. 2 SGB V). Dies sei zweifelhaft. So werde die Methode der fertilitätserhaltenden Kryokonservierung von dem Universitätsklinikum Erlangen „immer noch als experimentell“ eingestuft. Der Anspruch auf Krankenhausbehandlung

755 BSG Urteil vom 06.05.2009 – B 6 A 1/08 R, („Protonentherapie“), Rn. 60.

756 In Bezug auf die sektorübergreifende positiven Nutzenbewertung hat auf Ebene des Gesetzestextes durch das Versorgungsstrukturgesetz eine gewisse Harmonisierung der Vorschriften stattgefunden.

757 BSG Urteil vom 17. Februar 2010 – B 1 KR 10/09 R („Kryokonservierung“).

setze zwar keine positive Empfehlung des G-BA voraus, erfordere aber dennoch abgesehen von den hier nicht einschlägigen Fällen eines Negativvotums des G-BA nach § 137 c SGB V, dass die streitige Maßnahme nach Überprüfung im Einzelfall dem allgemein anerkannten Stand der medizinischen Erkenntnisse entspreche.[758]

Anmerkung: Durch dieses Urteil hat das BSG aufgrund einer leistungsrechtlichen Konstellation seine Rechtsprechung bekräftigt, derzufolge das Qualitätsgebot des § 2 Abs. 1 S. 3 SGB V für im stationären Rahmen erbrachte NUB-Methoden unmittelbar gilt. Wie bereits angedeutet spricht für die Beantwortung der Frage, um die es hier geht, ob nämlich eine NUB-Methode schon zum Leistungsspektrum der im Rahmen einer Krankenhausbehandlung anzuwendenden Methoden gehört, aufgrund der Gesetzessystematik und der Einheit der Rechtsordnung viel dafür, hier unmittelbar die in § 137 c SGB V normierten Kriterien anzuwenden, die insoweit es eine „Kollision" mit der Formulierung des § 2 Abs. 1 Satz 3 SGB V gibt, entweder dieses i.S.d. Grundsatzes „lex specialis derogat legi generali" verdrängt[759], oder den Wortlaut des § 2 Abs. 1 Satz 3 SGB V modifiziert[760]. Der Meinung Husters[761], durch dieses Urteil hätte das BSG darüber hinaus entschieden und „gebilligt", dass der Regelungsgehalt des § 137 c SGB V so zu verstehen sei, dass der G-BA für den stationären Bereich nicht ein Monopol" für den Ausschluss von Leistungen habe, sondern lediglich, anders als in vertragsärztlicher Versorgung, kein Monopol für ihre Zulassung, mit der zusätzlichen Folge, dass hierdurch zudem feststehe, dass Einzelbewertungen von NUB-Methoden im Rahmen der Entgeltverhandlungen rechtmäßig seien, kann hinsichtlich des letztgenannten Aspektes nicht gefolgt werden. Vielmehr hatte sich das BSG bis zu diesem Zeitpunkt weder direkt noch indirekt zu der Frage eines den Krankenhäusern zuzugestehenden oder nicht einzuräumenden Beurteilungsspielraumes hinsichtlich der Einschätzung, ob eine NUB-Methode – i.S.d. BSG – dem anzulegenden Qualitätsmaßstab entspricht oder nicht, geäußert.

Diese Frage war jedoch Gegenstand der folgendem Urteil zugrunde liegenden Revision:

3.8 BSG Urteil vom 21. März 2013 – B 3 KR 2/12 R

In dem Verfahren wendete sich ein Universitätsklinikum, letztendlich erfolglos, gegen eine durch eine gesetzliche Krankenkasse vorgenommene Rechnungskürzung. Das Universitätsklinikum hatte ein Kind mittels einer NUB-Methode behandelt hinsichtlich derer die Krankenkasse die Kostentragung verweigerte, da die Methode angeblich nicht dem Qualitätsgebot entspreche. Da es für die entsprechende NUB-Methode eine DRG-Fallpauschale gab, durch die die angefallenen Kosten

758 BSG Urteil vom 17. Februar 2010 – B 1 KR 10/09 R, Rn. 23 („Kryokonservierung").
759 Vgl. hierzu unter B.5.6.1.2.
760 Vgl. hierzu unter B.5.6.1.3.
761 Huster, Krankenhausrecht und SGB V – Medizinische Innovationen im stationären Sektor, GesR 2010, 337, 342.

sachgerecht abgedeckt wurden, war das Krankenhaus im streitgegenständlichen Fall nicht auf die Vereinbarung eines NUB-Entgeltes gem. § 6 Abs. 2 Satz 1 KHEntgG angewiesen.

Zentrale Aspekte des Verfahrens waren daher die Auseinandersetzung mit der Frage, ob und falls ja, mit welchen Konsequenzen die Krankenkassen hinsichtlich NUB-Methoden insbesondere auch gegenüber einer Hochschulklinik, die gerade in dem hier fraglichen Behandlungsbereich der Versorgung pädiatrischer onkologischer Krankheitsbilder über eine unbestritten international anerkannte Erfahrung verfüge, die Einhaltung des Qualitätsgebots prüfen dürfen.

Das Sozialgericht hatte der Klage stattgegeben, weil die streitige Behandlung zum Zeitpunkt ihrer Anwendung nicht nach § 137 c SGB V ausgeschlossen und jedenfalls vertretbar gewesen sei.[762] Auf die Berufung der Beklagten hat das LSG die Entscheidung des SG geändert und die Klage abgewiesen.[763] Der vom Kläger geltend gemachte restliche Vergütungsanspruch bestehe nicht, da die ihm zugrunde liegende Behandlung bereits zum Zeitpunkt ihrer Anwendung nicht mehr den Qualitätsanforderungen des SGB V entsprochen habe.

Das BSG hat in diesem Urteil bezugnehmend auf vorausgegangene Rechtsprechung nochmals darauf hingewiesen, dass die Leistungspflicht der GKV grundsätzlich nicht uneingeschränkt für jede Art von medizinischer Versorgung bestehe, vielmehr müssten alle Behandlungsformen, auch solche im Krankenhaus, den in § 2 Abs. 1 SGB V, 12 Abs. 1 SGB V und 28 Abs. 1 SGB V für die gesamte GKV festgelegten Qualitäts- und Wirtschaftlichkeitskriterien genügen.[764]

Verhältnismäßig ausführlich hat sich das BSG anschließend damit auseinander gesetzt, wann eine Behandlung den Qualitätskriterien des § 2 Abs. 1 Satz 3 SGB V entspreche[765]. Dies ist hiernach dann der Fall, wenn die „große Mehrheit der einschlägigen Fachleute (Ärzte, Wissenschaftler)" die Behandlungsmethode befürworte und von einzelnen, nicht ins Gewicht fallenden Gegenstimmen abgesehen, über die Zweckmäßigkeit der Therapie Konsens bestehe. Dieses setze im Regelfall voraus, dass über Qualität und Wirksamkeit der Methode zuverlässige, wissenschaftlich nachprüfbare Aussagen gemacht werden könnten. Der Erfolg müsse sich aus wissenschaftlich einwandfrei durchgeführten Studien über die Zahl der behandelten Fälle und die Wirksamkeit der Methode ablesen lassen. Die Therapie müsse in einer für die sichere Beurteilung ausreichenden Zahl von Behandlungsfällen erfolgreich gewesen sein. Als Basis für die Herausbildung eines Konsenses könnten alle international zugänglichen einschlägigen Studien dienen; in ihrer Gesamtheit kennzeichneten sie den Stand der medizinischen Erkenntnisse.[766]

---

762 SG Reutlingen Urteil vom 23.11.2009 – S 1 KR 4886/06.

763 LSG Baden-Württemberg Urteil vom 27.01.2012 – L 4 KR 2272/10.

764 BSG Urteil vom 21.03.2013 – B 3 KR 2/12 R („in-vitro Aufbereitung"), Rn. 11 m.w.N.

765 Vgl. BSG Urteil vom 21.03.2013 – B 3 KR 2/12 R („in-vitro Aufbereitung"), Rn. 12.

766 BSG Urteil vom 21.03.2013 – B 3 KR 2/12 R („in-vitro Aufbereitung"), Rn. 12.

In der Entscheidung hat sich das BSG anschließend damit auseinander gesetzt, ob und inwiefern das Qualitätsgebot für im stationären Rahmen erbrachte NUB-Methoden trotz des grundsätzlichen Erlaubnisvorbehaltes gem. § 137 c SGB V und der „Sonderstellung" des medizinischen Fortschritts in § 2 Abs. 1 Satz 3 SGB V gilt und inwieweit seine Einhaltung im Einzelfall einer gerichtlichen Kontrolle zugänglich ist.

Die Klägerseite hatte vorgetragen, dass es für die Beurteilung der NUB-Methoden auf den allgemein anerkannten Stand der medizinischen Erkenntnisse vorliegend nicht ankomme und weder die Beklagte noch das Sozialgericht berechtigt seien, die Einhaltung des Qualitätsgebots zu überprüfen, da die streitige Behandlungsmethode vom G-BA nicht nach § 137 c SGB V als Leistung der GKV ausgeschlossen worden sei. Etwas anderes könne nur für solche Behandlungen gelten, die offensichtlich nicht dem Stand der medizinischen Erkenntnisse entsprächen, was auf die streitige Behandlung hier nicht zutreffe.

Entgegen der Entscheidung der ersten Instanz sowie des Klägervortrags entschied das BSG, dass sich aus seiner Sicht, für diese Sicht der Dinge, „keine Stütze im Gesetz finde"[767] und sie zudem dem aus den Gesetzesmaterialien ableitbaren Gesetzeszweck widersprächen[768].

§ 137 c SGB V [in der hier maßgeblichen Fassung des Art 1 Nr. 106 Gesetz vom 14.11.2003, BGBl I 2190] regele ausdrücklich ausschließlich die Voraussetzungen, unter denen der G-BA die Anwendung von Methoden im Rahmen einer Krankenhausbehandlung zu Lasten der Krankenkassen ausschließen könne. Welche Voraussetzungen gegeben sein müssten, damit die stationäre Behandlung eines Versicherten zu Lasten der GKV erbracht werden dürfe, sei für den Fall des Fehlens eines Negativvotums allein dem Wortlaut der Vorschrift nicht zu entnehmen und mithin durch Auslegung zu ermitteln.[769]

Dem BSG ist insofern zuzustimmen, dass auch für die Anwendung von NUB-Methoden im Rahmen einer Krankenhausbehandlung im Einzelfall das „allgemeine Krankenversicherungsrecht", hier insbesondere i.S. der Vorschriften der §§ 2, 12, 27, 39 SGB V, grundsätzlich zu beachten ist. Aufgrund der allgemeinen Gesetzessystematik und der allgemeinen Auslegungsmethoden kann dies jedoch nur bzw. nur soweit zur Anwendung kommen, als es insbesondere nicht durch speziellere Vorschriften verdrängt wird. Bemerkenswert ist, dass das BSG bei seiner anschließenden bzw. „ausbleibenden" angekündigten Auslegung letztendlich gar nicht darauf eingeht, welche inhaltlichen Kriterien sich aus § 137 c SGB V ergeben und wie sich die inhaltlichen „Doppelungen" und „Differenzen" zwischen § 137 c SGB V und den allgemeinen Regelungen auf die Auslegung auswirken. Vielmehr spielt § 137 c SGB V als „Positivregelung" an sich in der weiteren Auslegung des BSG keine Rolle mehr. Gerade im Sinne der Einheit der Rechtsordnung und

767 BSG Urteil vom 21.03.2013 – B 3 KR 2/12 R („in-vitro Aufbereitung"), Rn. 17.
768 BSG Urteil vom 21.03.2013 – B 3 KR 2/12 R („in-vitro Aufbereitung"), Rn. 21 m.w.N
769 BSG Urteil vom 21.03.2013 – B 3 KR 2/12 R („in-vitro Aufbereitung"), Rn. 19.

eines einheitlichen Maßstabes vor und nach einer potentiellen Nutzenbewertung durch den G-BA spricht jedoch viel dafür, dem Wortlaut des § 137 c SGB V, als lex specialis, und den sich hieraus ergebenden positiven Kriterien auch bezogen auf den Einzelfall eine zentrale Rolle einzuräumen, um zu bestimmen, ob eine konkrete NUB-Methode im Behandlungszeitpunkt, losgelöst vom speziellen Behandlungsfall, schon zum Leistungsspektrum der gesetzlichen Krankenkassen gehört[770]. Die allgemeinen Regelungen kommen daneben und darüber hinaus für die Frage der Bestimmung des Leistungsspektrums nur insoweit zur Anwendung, als es keine inhaltlichen Kollisionen mit der Spezialregelung des § 137 c SGB V gibt.[771]

Das BSG fährt fort, der Kläger gehe davon aus, dass aus der ausdrücklichen Regelung in § 137 c SGB V, wann eine Methode im Rahmen der Krankenhausbehandlung ausgeschlossen sei, zu schlussfolgern sei, dass nicht ausgeschlossene Methoden ohne weitere Prüfung zu Lasten der Krankenkassen erbracht werden dürften. Dies widerspreche der Systematik des Gesetzes, die eine Leistungspflicht der GKV gerade nicht uneingeschränkt für jede Art von medizinischer Versorgung vorsehe. Vielmehr unterlägen alle Behandlungsformen, auch solche im Krankenhaus, den in § 2 Abs. 1 SGB V, § 12 Abs. 1 SGB V und § 28 Abs. 1 SGB V für die gesamte GKV festgelegten Qualitäts- und Wirtschaftlichkeitsanforderungen. Diese Anforderungen gälten uneingeschränkt auch für den Bereich des Leistungserbringerrechts. Der Ansatz des Klägers, die Beklagte sei wegen des Fehlens eines Negativvotums nach § 137 c Abs. 2 S. 2 SGB V von einer Prüfung des Falles ausgeschlossen, widerspräche zudem der gesetzlichen Verpflichtung der Krankenkassen, auch Krankenhausabrechnungen beim Vorliegen von Auffälligkeiten [§ 275 Abs. 1 Nr. 1 SGB V] zu überprüfen.[772]

Der Kläger könne seine Auslegung schließlich weder auf die Antwort der Bundesregierung auf die Kleine Anfrage „Nutzenbewertung von nichtmedikamentösen Untersuchungs- und Behandlungsmethoden“ vom 1.7.2011[773] noch auf die Gesetzesmaterialien zum GKV-Modernisierungsgesetz – GMG – vom 14.11.2003[774] und zum GKV-Versorgungsstrukturgesetz – GKV-VStG – vom 22.12.2011[775] stützen.

Anschließend setzt sich das BSG ausdrücklich über den, nach seiner Darstellung, den Gesetzesmaterialien zu entnehmenden Willen des Gesetzgebers hinweg und dies ungeachtet der Tatsache, dass es sich bei den konkreten Gesetzesmaterialien allesamt um „junge“ Gesetzesmaterialien handelt. Ohne den verfassungsrechtlichen Grundsatz der Gewaltenteilung auch nur ansatzweise in Frage stellen zu wollen ist die hierdurch zu Tage tretende Sicht der Dinge zumindest überraschend, zumal

770 Vgl. hierzu unter B.5., insbes. B.5.3.
771 Vgl. hierzu unter B.5.4, B.5.5.
772 BSG Urteil vom 21.03.2013 – B 3 KR 2/12 R („in-vitro Aufbereitung“), Rn. 20 m.w.N.
773 BTDrs. 17/6397, insbesondere S 6 und 7.
774 BTDrs. 15/1525 S 126.
775 BTDrs. 17/6906 S 86 und S 88.

wenn der Gesetzestext und somit eine textorientierte Auslegung, ohne Probleme mit dem den Gesetzesmaterialien zu entnehmenden gesetzgeberischen Willen in Einklang zu bringen ist.[776]

Denn das BSG stellt anschließend ausdrücklich dar, dass seine Auslegung nicht mit der vom Gesetzgeber in den Gesetzesmaterialien kund getanen Vorstellung und Meinung in Übereinstimmung zu bringen sei. Das BSG führt fort, dass den vom Kläger eingebrachten Parlamentsdokumenten und Gesetzesmaterialien zwar zu entnehmen sei, dass dort für den stationären Bereich von einer „Erlaubnis mit Verbotsvorbehalt" ausgegangen werde, so dass erst ein negatives Votum den Einsatz einer Methode zu Lasten der GKV in den Krankenhäusern ausschließe. Hierbei handele es sich allerdings methodisch um eine sog. authentische Interpretation, an die der Senat nicht gebunden sei. Sie schränke die Kontrollrechte und -pflichten der Fachgerichte nicht ein. Denn zur verbindlichen Auslegung einer Norm sei letztlich allein die rechtsprechende Gewalt berufen, die nach Art. 92 GG den Richtern anvertraut sei.[777] Dies werde schließlich auch dann übersehen, wenn mit Blick auf die zum 1.1.2012 mit dem GKV-VStG in Kraft getretene Änderung des § 137 c SGB V gefordert werde, nunmehr die Rechtsprechung entsprechend der Ausführungen in den dortigen Materialien anzupassen[778]. Denn zum einen habe die zum 1.1.2012 in Kraft getretene Änderung des § 137 c SGB V an der für die hier streitige Frage maßgeblichen Grundkonzeption des § 137 c SGB V nichts geändert. [...] Zur Anwendung des Qualitätsgebots bei einzelnen Krankenhausbehandlungen treffe § 137 c SGB V aber weiter keine Regelung.[779]

Dem kann aufgrund der sowohl im Wortlaut des § 2 Abs. 1 Satz 3 SGB V[780] sowie im Verhältnis des Wortlauts des § 2 Abs. 1 Satz 3 SGB V zu der vom Gesetzgeber gewählten Formulierung in § 137 c SGB V[781] nicht gefolgt werden. Vielmehr sind die in § 137 c SGB V genannten Kriterien im Sinne der Einheit der Rechtsordnung und angesichts eines durchweg einheitlich geltenden Qualitätsmaßstabs – auch und gerade bei der Betrachtung eines Einzelfalls – vom jeweiligen Krankenhaus[782] heranzuziehen, um zu prüfen und zu entscheiden, ob die konkrete NUB-Methode schon zum Leistungsspektrum der gesetzlichen Krankenkassen gehört. Das BSG sagt selber, dass der Unterschied zwischen den §§ 135, 137 c SGB V nur ein

776 Kritisch zur Herangehensweise der Rechtsprechung in Bezug auf Gesetzestext und Gesetzesmaterialien siehe auch Bender; Finanzierung neuer Untersuchungs- und Behandlungsmethoden (NUB) im Krankenhaus; NZS 2012, 761, 767; Schwarz, Neue Untersuchungs- und Behandlungsmethoden im Krankenhaus, Das Krankenhaus 2013, 1323, 1324.

777 BSG Urteil vom 21.03.2013 – B 3 KR 2/12 R („in-vitro Aufbereitung"), Rn. 22.

778 So insbesondere Felix, NZS 2013, 81 ff.

779 BSG Urteil vom 21.03.2013 – B 3 KR 2/12 R („in-vitro Aufbereitung"), Rn. 22.

780 Siehe hierzu unter A.4.6.3.

781 Siehe hierzu unter B.5.6.

782 und wenn man einen Beurteilungsspielraum der Krankenhäuser verneint auch von den Gerichten.

Unterschied in zeitlicher Hinsicht[783] ist. Dieser Unterschied in zeitlicher Hinsicht bezieht sich ausschließlich auf das zwingende Erfordernis und den Zeitpunkt der Durchführung einer vom G-BA durchzuführenden Nutzenbewertung. Dies konsequent weitergedacht führt dazu, dass die in § 137 c SGB V normierten Qualitätskriterien unabhängig davon, ob oder wann eine Nutzenbewertung einer konkreten Methode durch den G-BA durchgeführt wird, in jedem Fall gelten, um die Frage zu beantworten, ob die konkrete NUB-Methode (schon) zum Leistungsspektrum (im stationären Bereich) der gesetzlichen Krankenkassen gehört, oder nicht.

Das BSG fährt fort, die Anwendung der Neuregelung des § 137 c SGB V auf den vorliegenden Streitfall würde zum anderen die Annahme bedingen, dass der Gesetzgeber neben einer Gesetzesänderung für die Zukunft gleichzeitig im Wege einer Rechtsfortschreibung ohne Textänderung für die Vergangenheit angeordnet habe, den unveränderten Wortlaut des bisherigen § 137 c Abs. 1 S. 2 und Abs. 2 S. 2 SGB V von Anfang an so zu verstehen, als habe er den vom Kläger gewünschten und allein in den Gesetzesmaterialien verlautbarten Inhalt auch schon früher gehabt. Diese Annahme lasse sich aber mit keiner der zur Verfügung stehenden Auslegungsmethoden begründen.[784]

Durch die letztgenannten Ausführungen lässt sich das BSG formal zumindest für zukünftige Entscheidungen, mit Behandlungsbeginn nach In-Kraft-Treten des Versorgungsstrukturgesetzes „eine Hintertür offen“, um ohne zu große Kehrtwendungen bei der Gesetzesauslegung künftig dem gesetzgeberischen Willen mehr Gewicht zu geben.

Daneben können die Ausführungen des BSG auch als Aufforderung an den Gesetzgeber verstanden werden, die sich nach Darstellung des BSG eindeutig aus den Gesetzesmaterialien ergebenden gesetzgeberischen Willen durch eine weitere Gesetzesänderung noch deutlicher im Gesetzestext abzubilden.

Hinsichtlich des vom Kläger in die Argumentation eingebrachten § 6 Abs. 2 KHEntgG (idF des Art 2 Nr 4 Buchst b des Fallpauschalenänderungsgesetzes – FPÄndG – vom 17.7.2003, BGBl I 1461) entschied das BSG, dass auch dieser die Auffassung des Klägers nicht stützen könne, da er keine Aussage zu der hier streitigen Frage, ob eine Behandlungsmethode zu Lasten der GKV erbracht werden dürfe, erkennen ließe; diese Frage sei vielmehr ausschließlich anhand des SGB V zu beantworten. Zudem schließe § 6 Abs. 2 KHEntgG die Anwendung des Qualitätsgebots auf neue stationäre Behandlungsmethoden nicht aus, sondern sei für dessen Berücksichtigung im Rahmen der Auslegung völlig offen.[785]

Zum Verhältnis des „Qualitätsgebots“ und des „medizinischen Fortschritts“ führte das BSG in dem Urteil aus, dass das Tatbestandsmerkmal der „Berücksichtigung des medizinischen Fortschritts“ gerade nicht bedeute, dass Anspruch auch auf solche Behandlungen bestehe, deren Wirksamkeit und Zweckmäßigkeit noch erforscht

783 Vgl. BSG Urteil vom 09.05.200 („Protonentherapie“).

784 BSG Urteil vom 21.03.2013 – B 3 KR 2/12 R („in-vitro Aufbereitung“), Rn. 22.

785 BSG Urteil vom 21.03.2013 – B 3 KR 2/12 R („in-vitro Aufbereitung“), Rn. 23.

werde, über die somit noch keine gesicherten medizinischen Erkenntnisse vorlägen. Vielmehr werde damit nur klargestellt, dass die Versicherten in der GKV am medizinischen Fortschritt teilhaben und grundsätzlich ohne Rücksicht auf die Kosten Anspruch auf diejenige Behandlung hätten, die dem neuesten Stand der medizinischen Erkenntnisse entspricht.[786]

Auf die modellierte Formulierung des Qualitätsgebots im Wortlaut des § 137 c SGB V geht das BSG nicht ein.

Bezug nehmend auf die Rechtsprechung des 1. Senats stellte der erkennende Senat in dem Urteil weiter klar, dass er sich nach eigener Prüfung durch dieses Urteil insgesamt der Rechtsprechung des 1. Senats des BSG anschließe, wonach § 137 c SGB V nicht im Sinne einer generellen Erlaubnis aller beliebigen Methoden für das Krankenhaus mit Verbotsvorbehalt ausgelegt werden dürfe. Die Vorschrift setze die Geltung des Qualitätsgebots auch im stationären Bereich nicht außer Kraft.

Anschließend zitiert das BSG den oft zitierten, in dieser Undifferenziertheit nicht zutreffenden und emotional gefärbten, formelhaften Absatz: Andernfalls würde die aufgezeigte Systematik des SGB V durchbrochen und die Einheit der Rechtsordnung gefährdet. Denn eine Krankenhausbehandlung, die nicht nach den Regeln der ärztlichen Kunst erfolge und deshalb für den Patienten Schadensersatzansprüche sowie für den Krankenhausarzt strafrechtliche Konsequenzen nach sich ziehen könne, müsse nicht von den Krankenkassen bezahlt werden.

Das BSG führte fort, § 137 c SGB V bewirke vor diesem Hintergrund lediglich, dass – anders als für den Bereich der vertragsärztlichen Versorgung – nicht in einem generalisierten, zentralisierten formellen Prüfverfahren vor Einführung neuer Behandlungsmethoden im Krankenhaus deren Eignung, Erforderlichkeit und Wirtschaftlichkeit formalisiert überprüft werde, sondern die Prüfung der eingesetzten Methoden im zugelassenen Krankenhaus grundsätzlich prospektiv durch das Krankenhaus selbst und retrospektiv lediglich im Einzelfall anlässlich von Beanstandungen ex post erfolge. Erst ein generalisiertes, zentralisiertes Prüfverfahren nach § 137 c SGB V schaffe über den Einzelfall hinaus Regelungsklarheit, so dass es insoweit keiner Einzelfallprüfung mehr bedürfe. Der 1. Senat des BSG habe schließlich auch schon entschieden, dass diese Rechtsauslegung nicht nur im Rahmen von Zulassungsverfahren nach § 109 SGB V maßgeblich sei, sondern ebenso bei der Bewertung des – für den Entgeltanspruch des Krankenhauses maßgeblichen – Leistungsanspruchs des Versicherten nach § 39 SGB V zu berücksichtigen sei. Hieran vermöge die Stellung des Klägers als Universitätsklinikum nichts zu ändern, da das Wirtschaftlichkeitsgebot (§ 12 SGB V) auch hier gelte.[787]

Das BSG nahm im Revisionsverfahren aufgrund der vorgetragenen Informationen eine eigene inhaltliche Bewertung hinsichtlich der Frage vor, ob die streitige Methode zum Behandlungszeitpunkt dem „allgemein anerkannten Stand der

786 BSG Urteil vom 21.03.2013 – B 3 KR 2/12 R („in-vitro Aufbereitung“), Rn. 15.
787 BSG Urteil vom 21.03.2013 – B 3 KR 2/12 R („in-vitro Aufbereitung“), Rn. 24.

wissenschaftlichen Erkenntnisse" entsprach und billigte dem Krankenhaus dadurch zumindest keinen umfassenden Beurteilungsspielraum zu.[788]

Aufgrund des Gesetzestextes des SGB V und insbesondere der speziellen Formulierung des einschlägigen § 137 c SGB V wäre es hinsichtlich des zitierten, vorausgegangenen Absatzes zutreffender, als Prüfungsmaßstab, wenn man den Krankenhäusern diesbezüglich keinen Beurteilungsspielraum einräumt, nicht den „allgemein anerkannten Stand der wissenschaftlichen Erkenntnisse" zu nennen, sondern sich unmittelbar an der Formulierung des § 137 c SGB V zu orientieren.

Stellungnahme: Auch wenn das konkrete Ergebnis der Entscheidung auf den ersten Blick sehr innovationsbremsend erscheint, so bietet die Entscheidung zumindest viel Spielraum für die Auseinandersetzung, was hinsichtlich des streitigen Beurteilungsspielraums für im stationären Rahmen erbrachte NUB-Methoden nun als

---

788 Inhaltlich kam das BSG zu dem Ergebnis, dass die streitige in-vitro Aufbereitung zum hier maßgeblichen Zeitpunkt April/Mai 2004 den von ihm für die Bewertung entscheidenden Anforderungen nicht gerecht wurde. Wobei dahingestellt bleiben könne, ob der Versicherte nach dem allgemein anerkannten Stand der medizinischen Erkenntnisse wie ein Kind oder wie ein Erwachsener zu behandeln war. Denn gesicherte Erkenntnisse über die Wirksamkeit und Zweckmäßigkeit der streitigen in-vitro Aufbereitung seien in beiden Fällen weder vom Kläger benannt worden noch hätten sich dafür im Laufe der Verfahrens andere Anhaltspunkte ergeben. Die vom Kläger benannten Studien bzw. Veröffentlichungen dokumentierten zwar in Einzelfällen Überlebensvorteile bei Patienten mit in-vitro gereinigten Transplantaten bzw. mit Transplantaten ohne Tumorzellen. Dieselben Studien stellten allerdings gleichzeitig fest, dass die Ursache hierfür unklar bzw. dieses Ergebnis in anderen Studien unbestätigt geblieben sei. Auch soweit in der Studie „Granena et alt 1999" ein signifikanter Überlebensvorteil für Hochrisiko-Patienten mit akuter lymphatischer Leukämie nach Behandlung mit in-vitro gereinigtem Transplantat festgestellt werde, forderten die Verfasser im Anschluss gleichwohl die Durchführung einer Studie der Phase III, sähen selbst also ebenfalls noch keine gesicherte Wirksamkeit der Methode. Wie das LSG im Einzelnen ausführlich dargelegt habe, was im Revisionsverfahren nicht mit Verfahrensrügen angegriffen worden und deshalb für den Senat verbindlich (§ 163 SGG) festgestellt sei, fänden sich weitere Studien und Veröffentlichungen, die keine verlässlichen Aussagen über die Wirksamkeit der streitigen in-vitro Aufbereitung hinsichtlich Überlebensvorteil oder Rezidivfreiheit zuließen, so dass beim Vergleich von Patienten mit und ohne in-vitro Aufbereitung signifikante und statistisch aussagekräftige Unterschiede im Hinblick auf Rezidivrate, rezidivfreie Überlebenszeit oder Gesamtüberlebenszeit gerade nicht festgestellt werden könnten. Nach der zum Zeitpunkt der Behandlung bestehenden Studienlage ergebe sich damit kein wissenschaftlicher Konsens über die Wirksamkeit der in-vitro Aufbereitung. Dies werde schließlich auch vom Kläger selbst eingeräumt, wenn er selbst für den aus seiner Sicht allein maßgeblichen pädiatrischen Bereich auf eine damals nicht einheitliche Datenlage verweise. (BSG Urteil vom 21.03.2013 – B 3 KR 2/12 R („in-vitro Aufbereitung"), Rn. 13).

höchstrichterlich entschieden betrachtet werden muss[789] und eröffnet ein „weites Feld“ zur argumentativen Auseinandersetzung mit dem Thema NUB-Methoden und Qualitätsgebot im Allgemeinen[790]! Bemerkenswert ist darüber hinaus die sich über den Wortlaut und die diesen erläuternden Ausführungen der Legislative in den Gesetzesmaterialien ausdrücklich hinwegsetzende rechtsgestaltende Gesetzesauslegung des BSG.

3.9 BSG Urteil vom 07. Mai 2013 – B 1 KR 44/12 R

Grundlage der Entscheidung war ein Kostenerstattungsanspruch bzw. Freistellungsanspruch gem. § 13 Abs. 3 S. 1 (2.Alt) SGB V einer gesetzlich versicherten Patientin gegenüber ihrer Krankenkasse für eine ambulante HBO-Therapie. Die Klägerin litt an Diabetes-melitus Typ I. Anlass für die erfolgte ambulante adjuvante HBO-Behandlung war ein diabetisches Fußsyndrom im Stadium Wagner III ohne angemessene Heilungstendenz nach Ausschöpfung der antibiotischen Standardtherapie.

Interessanter Weise war die HBO-Therapie im entscheidungserheblichen Zeitraum gem. § 135 SGB V für die ambulante Behandlung umfassend ausgeschlossen, während sie im Rahmen einer stationären Behandlung grundsätzlich ebenfalls gem. § 137 c SGB V ausgeschlossen war, jedoch in speziellen Konstellationen, unter die der Fall der Klägerin unstreitig fiel, zulasten der gesetzlichen Krankenkassen erbracht werden konnte. Die Beklagte hatte daher die Kosten für die im Rahmen eines stationären Aufenthaltes im selben HBO-Zentrum durchgeführte HBO-Therapie vollumfänglich übernommen. Aufgrund des guten Allgemeinzustandes der Klägerin bedurfte sie jedoch nicht dauerhaft einer stationären Behandlung, weswegen ein Grossteil der HBO-Therapie unabhängig von einem stationären Aufenthalt, ambulant durchgeführt worden war.

Mit ihrer Revision rügte die Klägerin die Verletzung des Art. 2 Abs. 1 GG i.V.m. dem Sozialstaatsprinzip und des Grundsatzes der Einheit der Rechtsordnung aus Art. 20 Abs. 3 GG. Eine stationäre Behandlung sei in ihrem Falle nicht medizinisch notwendig. Ihr sei auch ein Abwarten nicht zuzumuten, bis eine Verschlimmerung eingetreten sei, die eine stationäre Behandlung erfordere. § 226 Abs. 1 StGB belege, dass der drohende Verlust eines Fußes – als wichtiges Körperglied – wertungsmäßig mit einer drohenden Erblindung gleichzustellen sei, die zu einer grundrechtsorientierten Auslegung führe.

Der G-BA hatte auf Befragung durch das BSG ausgeführt, die in Rede stehende Ausnahme von einem Verbot nach § 137 c SGB V für die adjuvante Anwendung der HBO-Therapie bei Patienten mit diabetischem Fußsyndrom im Stadium größer/gleich Wagner III ohne angemessene Heilungstendenz nach Ausschöpfung der

789 Vgl. hierzu Willhöft, Rechtsanspruch der Krankenhausträger auf Vereinbarung eines krankenhausindividuellen (Zusatz-)Entgeltes für Medizintechnologie mit „Status 1“, Das Krankenhaus 2013, 934.

790 Vgl. hierzu unter B.5.

Standardtherapie führe nach § 137 c SGB V zur Erlaubnis im stationären Bereich, nicht aber nach § 135 SGB V für die vertragsärztliche Versorgung. Dies sei Folge des gesetzlichen Regelungsansatzes.

Nachdem die Instanzengerichte die Klage abgewiesen hatten, gab das BSG der Klägerin vollumfänglich Recht und verurteilte die Beklagte zur Kostenübernahme für die ambulant erbrachte HBO-Therapie. Das BSG betonte, dass die Krankenkassen nicht bereits dann leistungspflichtig seien, wenn eine begehrte Therapie nach eigener Einschätzung der Klägerin oder des behandelnden Arztes positiv verlaufen sei oder einzelne Ärzte die Therapie befürwortet haben. Vielmehr müsse die betreffende Therapie rechtlich von der Leistungspflicht der GKV umfasst sein. Dies sei bei – wie hier – neuen Untersuchungs- und Behandlungsmethoden in der vertragsärztlichen Versorgung gemäß § 135 Abs. 1 S. 1 SGB V grundsätzlich nur dann der Fall, wenn zunächst der G-BA in Richtlinien nach § 92 Abs. 1 S. 2 Nr. 5 SGB V eine positive Empfehlung über den diagnostischen und therapeutischen Nutzen der Methode abgegeben habe und der Bewertungsausschuss sie zudem zum Gegenstand des einheitlichen Bewertungsmaßstabs für vertragsärztliche Leistungen (EBM) gemacht habe.[791] Als nicht vom G-BA empfohlene neue – sogar durch Beschluss vom 10.4.2000 (BAnz Nr. 128 vom 12.7.2000, S 13396, und BAnz Nr. 22 vom 1.2.2001, S 1505) explizit von der vertragsärztlichen Versorgung ausgeschlossene – Methode sei die ambulante HBO-Therapie grundsätzlich kein Leistungsgegenstand der GKV.[792] Die ambulante adjuvante Behandlung des diabetischen Fußsyndroms im Stadium ab Wagner III ohne angemessene Heilungstendenz nach Ausschöpfung der Standardtherapie mit HBO im Jahre 2009 sei aber als Ausnahmefall wegen Systemversagens[793] in den GKV-Leistungskatalog einbezogen, ohne dass es einer positiven Empfehlung des G-BA und einer Aufnahme der Methode in den EBM bedürfe. Der G-BA verstoße gegen höherrangiges Recht, weil er objektiv willkürlich das sektorenübergreifende Prüfverfahren 2008 nicht auf eine Empfehlung dieser Methode bei der genannten Indikation für die vertragsärztliche Versorgung erstrecke.[794] Das BSG erweiterte hierdurch die bisher anerkannten Konstellationen des Systemversagens, indem es entschied, dass die Grundsätze, die die Rechtsprechung für ein Systemversagen entwickelt habe, ergänzend zur gesetzlichen Regelung bei verzögerter Bearbeitung eines Antrags auf Empfehlung einer neuen Methode eingriffen.[795]

Bezug nehmend auf § 137 c SGB V und insbesondere sein Verhältnis zum allgemeinen Qualitätsgebot urteilte das BSG, dass die Regelung des § 137 c SGB V nicht über ihren Wortlaut hinaus im Sinne einer generellen Erlaubnis aller beliebigen Methoden für das Krankenhaus bis zum Erlass eines Verbots nach § 137 c SGB V ausgelegt werden dürfe. Sie normiere vielmehr einen bloßen Verbotsvorbehalt. Sie

791 BSG Urteil vom 07.05.2013 – B 1 KR 44/12 R („adjutante HBO-Therapie") Rn. 13.
792 BSG Urteil vom 07.05.2013 – B 1 KR 44/12 R („adjutante HBO-Therapie") Rn. 15.
793 Siehe hierzu A.8.2.1.
794 BSG Urteil vom 07.05.2013 – B 1 KR 44/12 R („adjutante HBO-Therapie") Rn. 16.
795 BSG Urteil vom 07.05.2013 – B 1 KR 44/12 R („adjutante HBO-Therapie") Rn. 16.

setze die Geltung des alle Naturalleistungsbereiche erfassenden Qualitätsgebots (§ 2 Abs. 1 S. 3 SGB V) auch im stationären Bereich nicht außer Kraft. Gegenteiliges bedeutete, unter Missachtung des Zwecks der GKV (vgl. § 1 S. 1 SGB V) die Einheit der Rechtsordnung zu gefährden. Eine Krankenhausbehandlung, die nicht nach den Regeln der ärztlichen Kunst erfolge und deshalb für den Patienten Schadensersatzansprüche sowie für den Krankenhausarzt strafrechtliche Konsequenzen nach sich ziehe, müsse nicht von den Krankenkassen bezahlt werden.[796]

Hinsichtlich der Überprüfung der Kriterien des § 137 c SGB V führt das BSG aus, dass § 137 c SGB V vor diesem Hintergrund lediglich bewirke, dass – anders als für den Bereich der vertragsärztlichen Leistungen – der G-BA nicht in einem generalisierten, zentralisierten formalisierten Prüfverfahren vor Einführung neuer Behandlungsmethoden im Krankenhaus deren Eignung, Erforderlichkeit und Wirtschaftlichkeit überprüfe. Die Prüfung der eingesetzten Methoden im zugelassenen Krankenhaus erfolge vielmehr bis zu einer Entscheidung des G-BA nach § 137 c SGB V individuell, grundsätzlich also zunächst präventiv im Rahmen einer Binnenkontrolle durch das Krankenhaus selbst, sodann retrospektiv im Wege der Außenkontrolle lediglich im Einzelfall anlässlich von Beanstandungen ex post durch die Krankenkassen und anschließender Prüfung durch die Gerichte.[797]

Daneben forderte es die hierzu gesetzlich berechtigten – und aus Sicht der Verfasserin zum Schutz der Patienten und des öffentlichen Gesundheitssystems vor der Finanzierung unnützer oder gar schädlicher Methoden sogar verpflichteten – Krankenkassen indirekt auf bei fraglichen NUB-Methoden Prüfverfahren gem. § 137 c SGB V vor dem G-BA einzuleiten, indem es darauf hinwies, dass erst ein generalisiertes, zentralisiertes und formalisiertes Verfahren nach § 137 c SGB V über den Einzelfall hinaus Regelungsklarheit im Interesse der Gleichbehandlung der Versicherten schaffe[798].

Anschließend nahm das BSG dazu Stellung, ob seine bisherige, seit der Rechtsprechungsänderung im Jahr 2008 entwickelten, Auslegung des § 137 c SGB V aufgrund der Änderung des § 137 c SGB V durch die Einführung des § 137 e SGB V zu ändern sei. Hier kommt es zu dem Schluss, dass das GKV-VStG an dieser Grundkonzeption, die der Senat in ständiger Rechtsprechung anwende, nichts geändert habe. Es schaffe lediglich Raum für den G-BA, Richtlinien zur Erprobung nach § 137 e SGB V zu beschließen, wenn die Überprüfung im Rahmen des § 137 c SGB V ergebe, dass der Nutzen einer Methode noch nicht hinreichend belegt sei, sie aber das Potenzial einer erforderlichen Behandlungsalternative biete. Nach Abschluss der Erprobung erlasse der G-BA eine Richtlinie, wonach die Methode im Rahmen einer Krankenhausbehandlung nicht mehr zulasten der Krankenkassen erbracht werden dürfe, wenn die Überprüfung unter Hinzuziehung der durch die Erprobung gewonnenen Erkenntnisse ergebe, dass die Methode nicht den Kriterien nach § 137 c Abs. 1 S. 1 SGB V

796 BSG Urteil vom 07.05.2013 – B 1 KR 44/12 R („adjutante HBO-Therapie") Rn. 22.
797 BSG Urteil vom 07.05.2013 – B 1 KR 44/12 R („adjutante HBO-Therapie") Rn. 24.
798 BSG Urteil vom 07.05.2013 – B 1 KR 44/12 R („adjutante HBO-Therapie").

entspreche (vgl. § 137 c Abs. 1 S. 4 SGB V). Abgesehen von der speziell geregelten, vorübergehenden Modifizierung durch die Erprobung (§ 137 e SGB V) verbleibe es auch im stationären Sektor beim Qualitätsgebot.[799](§ 2 Abs. 1 S. 3 SGB V; aA Felix/ Deister, NZS 2013, 81, 87 f).

Zu der gesetzlichen Änderung durch das Versorgungsstrukturgesetz und seinen Folgen hinsichtlich der Zulässigkeit klinischer Studien nach einem Ausschluss einer Methode gem. § 137 c Abs. 1 Satz 2 SGB V bzw. § 137 c Abs. 1 Satz 4 SGB V i.V.m. § 137 c Abs. 2 Satz 2 SGB V äußerte sich das BSG nicht.

Anlässlich der konkreten Konstellation, nutzte das BSG jedoch die Möglichkeit auch noch zu der Thematik Stellung zu nehmen, inwiefern Erkenntnisse aus Verfahren nach § 135 und § 137c SGB V geeignet sein können, sektorenübergreifend zu wirken. Anknüpfend an frühere Entscheidungen äußerte der erkennende Senat des BSG, dass es keinen durchgreifenden Bedenken begegnet, Beurteilungen des G-BA aus dem Bereich der vertragsärztlichen Versorgung im Rahmen des § 135 Abs. 1 SGB V auch für die Bewertung von Untersuchungs- und Behandlungsmethoden im Bereich der stationären Behandlung heranzuziehen, wenn diese Beurteilungen gebietsübergreifende Aussagen beinhalteten. Sie seien mithin zu berücksichtigen, wenn sie sachliche Geltung nicht nur für die Behandlung in ambulanter, sondern auch in stationärer Form beanspruchten, etwa weil das aufbereitete wissenschaftliche Material generelle Bewertungen enthalte. Das müsse naturgemäß auch in umgekehrter Richtung gelten: Einschlägige Erkenntnisse aus einem Verfahren nach § 137 c SGB V seien auch im Rahmen des § 135 Abs. 1 SGB V zu nutzen.[800]

3.10 BSG Urteil vom 17. Dezember 2013 – B 1 KR 70/12 R

Diesem Urteil lag ein vergleichbarer Sachverhalt zugrunde, wie dem letzt dargestellten, von der dritten Kammer entschiedenen Urteil: streitig war der Vergütungsanspruch eines Universitätsklinikums in Höhe von 116.428,57 EUR für eine im Jahr 2004 bei einer 1988 geborenen, bei der beteiligten Krankenkasse versicherten Patientin durchgeführte allogene Stammzelltransplantation. Diese war durchgeführt worden, nachdem es bei der zuvor durchgeführten immunsuppressiven Therapie zu mehrfachen Infektionen gekommen war. Die Therapie der allogenen Stammzelltransplantation war im Behandlungszeitpunkt nicht gem. § 137 c SGB V vom Leistungsspektrum der gesetzlichen Krankenversicherung ausgeschlossen – das Universitätsklinikum hatte die Behandlung nicht im Rahmen einer klinischen Studie, sondern als eine zum regulären Leistungsspektrum gehörende NUB-Methode durchgeführt. Streitig war, ob die NUB-Methode schon als solche erbracht werden

799 BSG Urteil vom 07.05.2013 – B 1 KR 44/12 R („adjutante HBO-Therapie“) Rn. 24.; a.A. Felix/Deister, Innovative Medizin im Krankenhaus – erfordert das Versorgungsstrukturgesetz eine grundlegende Neubewertung? NZS 2013, 81, 87 f.

800 BSG Urteil vom 07.05.2013 – B 1 KR 44/12 R („adjutante HBO-Therapie“) Rn. 25.

durfte. Der G-BA hat hinsichtlich der verfahrensgegenständlichen NUB-Methode nach Klageerhebung entschieden, dass es sich um eine NUB-Methode handelt, die für die Versorgung erforderliche ist (Beschluss vom 28.05.2009).

Das SG und das LSG hatten die Rechtmäßigkeit der durchgeführten Behandlung sowie der in Rechnung gestellten Vergütung bestätigt. Das BSG hat das Urteil des LSG wegen Verletzung materiellen Rechts aufgehoben und die Sache zur erneuten Verhandlung ans LSG zurück verwiesen.

In Bezug auf das allgemeine Qualitätsgebot hat das BSG entschieden, dass Krankenhausbehandlung im Sinne des Regelungssystems von § 109 Abs. 4 Satz 3 SGB V und § 39 SGB V grundsätzlich nur dann erforderlich sei, wenn die Behandlung dem allgemein anerkannten Stand der medizinischen Erkenntnisse entspreche und notwendig sei.[801]

Auch die u.a. von § 17 b KHG erfassten Leistungen müssten nach der Rechtsprechung des erkennenden Senats grundsätzlich dem Qualitätsgebot genügen, um überhaupt zulasten der GKV anrechenbar zu sein. Eine Abmilderung des Qualitätsgebots könne sich insbesondere daraus ergeben, dass auch bei der Beurteilung der Behandlungsmethoden im Krankenhaus in einschlägigen Fällen eine grundrechtsorientierte Auslegung der Grenzmaßstäbe nach Maßgabe der Rechtsprechung des BVerfG stattzufinden habe.[802]

Das BSG führt fort, dieser Maßstab liege auch der Regelungskonzeption des § 137 c SGB V zugrunde.[803] Die Regelung des § 137 c SGB V dürfe nicht über ihren Wortlaut im Sinne einer generellen Erlaubnis aller beliebigen Methoden für das Krankenhaus bis zum Erlass eines Verbots nach § 137 c SGB V ausgelegt werden. Sie normiere vielmehr einen bloßen Verbotsvorbehalt. Sie setze die Geltung des alle Naturalleistungsbereiche erfassenden Qualitätsgebots (§ 2 Abs. 1 Satz 3 SGB V) auch im stationären Bereich nicht außer Kraft. Gegenteiliges bedeute unter Missachtung des Zwecks der GKV die Einheit der Rechtsordnung zu gefährden.

3.11 Abschließende Stellungnahme

Eine auf die Auslegung des § 137 c SGB V fokussierte Betrachtung und Analyse der Rechtsprechung des BSG seit der Einführung des § 137 c SGB V vor 14 Jahren zeigt, dass die Urteile bezogen auf den stationären Bereich deutlich innovationsfreundlicher sind, als „ihr Ruf", der stark durch polarisierende Darstellungen und aus dem Zusammenhang gerissene Zitate geprägt wird.

Bemerkenswert ist, dass weichenstellende Äußerungen in dem jeweiligen zu entscheidenden streitgegenständlichen Verfahren nicht entscheidungserheblich

801 BSG Urteil vom 17.12.2013 – B 1 KR 70/12 R, („allogene Stammzelltransplantation"), Rn. 14.

802 BSG Urteil vom 17.12.2013 – B 1 KR 70/12 R, („allogene Stammzelltransplantation"), Rn. 15.

803 BSG Urteil vom 17.12.2013 – B 1 KR 70/12 R, („allogene Stammzelltransplantation"), Rn. 16.

waren, sondern vielmehr häufig als „obiter dictum" erfolgten. Das ist insbesondere die „Rechtsprechungsaufgabe" im Urteil vom 28.07.2008[804] und zum anderen die Andeutung zur gerichtlichen Überprüfung der Frage, ob eine konkrete Methode schon zum Leistungsspektrum der gesetzlichen Krankenkassen gehört, im Urteil vom 17.02.2010[805].

Die Rechtsprechung erscheint insofern „unsystematisch", als bei der Beschäftigung mit der Frage von NUB-Methoden im Rahmen einer stationären Behandlung durch eine formelhaft zitierte Passage suggeriert wird, die Anwendung einer NUB-Methode, die nicht i.S.d. § 2 Abs. 1 Satz 3 SGB V „dem allgemein anerkannten Stand der medizinischen Erkenntnisse entspricht" sei automatisch, bei zivilrechtlicher Betrachtung, ein Behandlungsfehler i.S.d. § 823 Abs. 1 BGB und erfülle im strafrechtlichen Sinn den Tatbestand einer Körperverletzung gem. §§ 223 ff StGB. Dem kann nicht gefolgt werden. Dies zeigt zum einen unmittelbar der Wortlaut des oft unvollständig zitierten Qualitätsgebots i.S.d. § 2 Abs. 1 Satz 3 SGB V sowie der Wortlaut des § 137 c SGB V, der Spezialregelung für die Frage der an NUB-Methoden im stationären Sektor zu stellenden Qualitätsanforderungen. Zudem zeigt die Regelung des § 2 Abs. 1 a SGB V unmittelbar, dass dieser Schluss als Automatismus nicht zutreffend ist, sondern letztendlich eine emotional gefärbte, nahezu unsachliche Auseinandersetzung mit der Thematik darstellt.

Auch ist erstaunlich, dass die Rechtsprechung nicht auf die voneinander abweichenden Wortlaute der §§ 2 Abs. 1 Satz 3, 137 c Abs. 1 SGB V eingeht.

Aus systematischer Betrachtung ist eine strikte Trennung der Frage, ob eine konkrete NUB-Methode zu einem konkreten (Behandlungs-)Zeitpunkt schon zum Leistungsspektrum der gesetzlichen Krankenkassen gehört (§ 137 c SGB V als lex specialis) von der Frage, ob bezogen auf einen konkreten Behandlungsfall, einen konkreten Patienten, zum einen der Leistungserbringer die krankenversicherungsrechtlichen Voraussetzungen für die konkrete Behandlung erfüllte (insbesondere § 109 Abs. 4 SGB V), als auch ob bezogen auf einen konkreten Behandlungsfall, einen konkreten Patienten die krankenversicherungsrechtlichen Voraussetzungen für eine stationäre Behandlung mittels dieser konkreten NUB-Methode im Behandlungszeitpunkt erfüllt sind bzw. waren (§§ 2, 12, 27, 39 SGB V), empfehlenswert. In dieser Deutlichkeit hat das BSG dies erstmals im Urteil vom 17.12.2013[806] dem LSG als zu beachtende Prüfungsreihenfolge aufgegeben.

§ 137 c SGB V impliziert nicht, dass im stationären Sektor bis zu einem Verbot „alles erlaubt" ist. Vielmehr dürfen von den Krankenhäusern im Sinne der oft angeführten „Einheit der Rechtsordnung" sowie der nach der Rechtsprechung des BSG entwickelten These, dass die §§ 135, 137c SGB V nur zu einer Unterscheidung in zeitlicher Hinsicht führen, nur solche NUB-Methoden zulasten der Krankenkassen

804 BSG Urteil vom 28. Juli 2008 – B 1 KR 5/08 R.

805 BSG Urteil vom 17. Februar 2010 – B 1 KR 10/09 R.

806 BSG Urteil vom 17.12.2013 – B 1 KR 70/12 R, („allogene Stammzelltransplantation"), Rn. 24.

angewendet werden, deren Nutzen nach Überzeugung des jeweiligen Krankenhauses bzw. der dort tätigen behandelnden Ärzte i.S.d. Grundsätze der ebM bereits „hinreichend belegt“ ist und die daher die Kriterien des § 137 c SGB V erfüllen. Allerdings erfordert dies nicht, dass hierfür immer erforderlich ist, dass die NUB-Methode beispielsweise in Leitlinien (S3)[807] als Methode der Wahl empfohlen wird.[808]

Für die vom Gesetzgeber im Gesetzestext angelegte und intendierte Innovationsfreundlichkeit des Krankenversicherungsrechts ist letztendlich in tatsächlicher Hinsicht im Krankenhausalltag, insbesondere in Bezug auf die Frage der Vergütung von NUB-Methoden, der „springende Punkte“, ob den Krankenhäusern hinsichtlich der Frage, ob eine konkrete NUB-Methode im Behandlungszeitpunkt i.S.d. § 137 c SGB V (schon) zum regulären Leistungsspektrum der gesetzlichen Krankenkassen gehört, bis zu einer abschließenden Entscheidung des G-BA ein der Kontrolle durch die Krankenkassen, den MDK und Gerichte entzogener Beurteilungsspielraum eingeräumt wird, oder nicht. Das BSG hat sich durch die Urteile vom 21.03.2013[809] (3. Senat) und 17.12.2013[810] (1. Senat) gegen einen solchen entschieden. Es spricht jedoch viel dafür, dies anders zu sehen. Hinzuweisen ist an dieser Stelle auf die den Krankenhäusern im Vergleich zu den ambulanten Leistungserbringern eingeräumte, vom BSG ausdrücklich bestätigte, Sonderstellung als prädestiniertem Ort für die systematische Anwendung innovativer Methoden, das präventive Erfordernis der Zulassung der Leistungserbringer zur Versorgung von Patienten zulasten der gesetzlichen Krankenkassen i.S.d. § 108 SGB V als qualitätssicherndes Kriterium, die im Gesetz angelegte unterschiedliche Systematik der §§ 135, 137 c SGB V und insbesondere die mögliche abschließende Entscheidung des G-BA gem. § 137 c SGB V, die von den Krankenkassen bei Bedenken und Zweifeln durch Einleitung eines Nutzenbewertungsverfahrens herbeigeführt werden soll und i.S.d. Patientensicherheit und dem Schutz des gesetzlichen Krankenversicherungssystems vor der Finanzierung unnützer oder gar schädlicher Methoden, sogar herbeigeführt werden muss.

Der den Krankenhäusern in Bezug auf die Anwendung von NUB-Methoden durch die gesetzliche Systematik eingeräumte Vertrauensvorschuss, der vom BSG als sachlich gerechtfertigt betrachtet wurde, sollte aufgrund der von der Legislative gewollten Sonderkonstellation im stationären Sektor durch § 137 c SGB V und der inhaltlichen Letztentscheidungskompetenz des G-BA i.S.d. Rechtsprechung des BSG aus dem Jahr 2003 konsequenterweise auf prozessualer Ebene durch die Einräumung eines Beurteilungsspielraums fort- und umgesetzt werden.

807 Vgl. hierzu Seeringer, Der Gemeinsame Bundesausschuss nach dem SGB V; S. 282, 284.

808 Siehe unter A.4.6.1.5.

809 BSG Urteil vom 21.März.2013 – B 3 KR 2/12 R.

810 BSG Urteil vom 17.Dezember.2013 – B 1 KR 70/12 R.

4. Zur den Regelungen der §§ 137 c, 137 e SGB V im Einzelnen

Vor dem Hintergrund der Rechtsprechungsentwicklung des BSG zu § 137c SGB V folgt ausgehend von der aktuellen Gesetzeslage eine Darstellung und Analyse der Regelungen der §§ 137 c, 137 e SGB V.

4.1 Anwendungsbereich

4.1.1 § 137 c SGB V

Der Anwendungsbereich des § 137 c SGB V beschränkt sich nicht auf „neue" Methoden, sondern § 137 c SGB V regelt vielmehr umfassend die gesetzlichen Qualitätsanforderungen für alle im stationären Bereich erbrachten Untersuchungs- und Behandlungsmethoden[811]. Über § 137 c SGB V kann somit auch die Überprüfung einer schon lange angewendeten Methode angeregt und ggf. ihr Ausschluss aus dem Leistungsspektrum der gesetzlichen Krankenkassen bewirkt werden, wenn beispielsweise die bisherige „Standardmethode" aufgrund der Entwicklung einer NUB-Methode mit viel höherem Nutzen, geringeren Nebenwirkungen und besserer „wirtschaftlicher Bilanz" i.S.d. § 12 SGB V nicht mehr dem „allgemein anerkannten Stand der medizinischen Erkenntnisse" entspricht. Jedoch hat § 137 c SGB V als Regelung der Voraussetzungen für die Erbringung neuer Methoden auf dem stark reglementierten stationären öffentlichen Gesundheitsmarkt für die Anwendung „neuer" Untersuchungs- und Behandlungsmethoden bzw. ihres „Ausschlusses„ eine besonders herausragende Bedeutung.

4.1.2 § 137 e SGB V

Der Anwendungsbereich des § 137 e SGB V ist noch weiter als der des § 137 c SGB V. Denn Richtlinien zur Erprobung gem. § 137 e SGB V können nicht nur hinsichtlich i.S.d. § 137 c SGB V stationär erbrachter NUB-Methoden ergehen, sondern auch hinsichtlich ambulant erbrachter NUB-Methoden, wenn der G-BA anlässlich einer Prüfung gem. § 135 Abs. 1 Nr. 1 SGB V zu dem Ergebnis kommt, dass die Methode „das Potenzial einer Behandlungsalternative bietet, ihr Nutzen aber noch nicht hinreichend belegt ist" (§ 137 e Abs. 1 Satz 1 SGB V). Aufgrund des für den ambulanten Sektor geltenden primären Verbots i.S.d. § 135 SGB V haben „Richtlinien zur Erprobung" für den ambulanten Bereich eine noch viel größere Wirkung aufgrund der signifikanten Erweiterung des Leistungsspektrums.

---

811 Hierzu auch: Dietz/Bofinger, KHG u.a.; § 6 KHEntgG Anmerkung III 12; Felix, Innovative Medizin im ambulanten Bereich – „Bekannte Akteure – Neue Fragen", MedR 2011, 67, 68.

4.2 Antragserfordernis und Antragsberechtigte

4.2.1 § 137 c SGB V

Der G-BA kann und darf nicht alleine auf eigene Initiative eine konkrete Methode daraufhin überprüfen, ob sie den Voraussetzungen des § 137 c SGB V entspricht. Für die Einleitung eines Überprüfungsverfahrens ist vielmehr gem. § 137 c Abs. 1 Satz 1 SGB V ein Antrag des Spitzenverbandes Bund der Krankenkassen, der Deutschen Krankenhausgesellschaft, oder eines Bundesverbandes der Krankenhausträger erforderlich. Durch die gesetzlich vorgesehenen Antragsberechtigten werden sowohl die Krankenhäuser als Leistungserbringer als auch die Krankenkassen repräsentiert.

§ 6 Abs. 2 Satz 8 KHEntgG räumt den „Vertragsparteien nach § 9 KHEntgG" das Recht ein, eine Bewertung „der" Untersuchungs- und Behandlungsmethode gem. § 137 c SGB V zu veranlassen. Hierdurch wird der Kreis der Berechtigten, die ein Bewertungsverfahren nach § 137 c SGB V einleiten können, erweitert.[812] Denn die „Vertragsparteien nach § 9 KHEntgG" sind die „Vertragsparteien auf Bundesebene", die sich gem. § 9 KHEntgG aus dem Spitzenverband Bund der Krankenkassen und dem Verband der privaten Krankenversicherung[813] (gemeinsam) sowie der Deutschen Krankenhausgesellschaft zusammensetzen. Der Verband der privaten Krankenversicherung bekommt somit über § 6 Abs. 2 Satz 8 KHEntgG konstitutiv die Möglichkeit auf die Einleitung eines Bewertungsverfahrens nach § 137 c SGB V Einfluss zu nehmen, während den anderen beiden Parteien schon direkt über § 137 c SGB V ein unmittelbares Antragsrecht zusteht.

Die Formulierung des § 6 Abs. 2 Satz 8 KHEntgG zeigt jedoch, dass den „Vertragsparteien auf Bundesebene" das Recht nicht generell hinsichtlich jeder beliebigen NUB-Methode zusteht. Sondern es besteht nur hinsichtlich NUB-Methoden, für die von den „Vertragsparteien vor Ort" individuelle NUB-Entgelte gem. § 6 Abs. 2 Satz 1 KHEntgG vereinbart worden sind. Gem. § 6 Abs. 2 Satz 7 KHEntgG sind die an einer entsprechenden Vereinbarung beteiligten gesetzlichen Krankenkassen verpflichtet, Art und Höhe des Entgeltes sowie die der Vereinbarung zugrunde liegenden Kalkulationsunterlagen und insbesondere auch die vom Krankenhaus vorzulegende ausführliche Beschreibung der Methode an die „Vertragsparteien auf Bundesebene" zu übermitteln. Nur hinsichtlich NUB-Methoden, hinsichtlich derer die „Vertragsparteien auf Bundesebene" auf diesem Weg Kenntnis erlangt haben, können sie eine Bewertung gem. § 137 c SGB V veranlassen.

Die Versicherten sind im Kreis der unmittelbar nach § 137 c SGB V Antragsberechtigten nicht repräsentiert. Und dies, obwohl die Richtlinien des G-BA aufgrund des nach der herrschenden Meinung und Rechtsprechung geltenden

812 In diesem Sinne auch Flint in: Hauck/Noftz (Hrsg.), SGB V K § 137 c Rn. 34.

813 Auseinandersetzung mit der Tatsache, dass über § 9 KHEntgG der Verband der privaten Krankenkassen Einfluss und Gestaltungsmöglichkeiten hinsichtlich des Rechts der gesetzlichen Krankenversicherung bekommt, unter E.2.7.1.1.3.

Normkonkretisierungskonzeptes[814], nachdem der Leistungsanspruch der Versicherten im SGB V lediglich als Rahmenrecht geregelt ist und unmittelbar durch die gesetzlichen Regelungen des Leistungserbringerrechts sowie durch die Richtlinien des G-BA gestaltet und konkretisiert wird, unmittelbare Geltung gegenüber den Versicherten entfalten.[815]

Es ist umstritten, ob sich das Recht ein Prüfungsverfahren gem. § 137 c SGB V einzuleiten für die Versicherten/Patienten aus § 140 f Abs. 2 Satz 5 SGB V ergibt[816]. Es ist nicht zwingend, dass solchen Patientenorganisationen, die aufgrund der Verordnung gem. § 140 d SGB anerkannt sind, im Sinne der Interessenvertretung der Patienten auch im Fall von Beschlüssen des G-BA nach § 137 c SGB V ein Recht eingeräumt wird, Anträge zu stellen, um inhaltlich auf den Beschluss des G-BA Einfluss zu nehmen, oder gar Verfahren nach § 137 c SGB V einzuleiten. Die Stimmen, die aufgrund der bisherigen Gesetzeslage noch keine Rechtsgrundlage für ein unmittelbares Antragsrecht sehen, sprechen sich zum Teil dafür aus, eine Rechtsgrundlage zu schaffen, um den Patientenvertretern ein unmittelbares Antragsrecht einzuräumen.[817] Andere Stimmen sehen die Patientenvertreter durch die Regelung in § 140 f Abs. 2 Satz 5 SGB V und der VerfO des G-BA schon jetzt wirksam unmittelbar antragsberechtigt.[818]

Aufgrund der Regelung des § 137 c SGB V, derzufolge NUB-Methoden, die die in § 137c SGB V genannten Voraussetzungen erfüllen, anders als im ambulanten Bereich gem. § 135 SGB V, ohne vorherige positive Bestätigung oder Genehmigung des G-BA von den Krankenhäusern im Rahmen der stationären Behandlung zulasten der Krankenkassen erbracht werden dürfen, sind die den stationären Sektor betreffenden im Zusammenhang mit § 137 c SGB V erlassenen Richtlinien des G-BA

814 Siehe unter A.7.1.

815 Vießmann fordert aufgrund dieser Auswirkung sogar ein „Mitentscheidungsrecht" der Versicherten; vgl. Vgl. Auseinandersetzung mit „Problem hinreichender normativer Vorgaben" bei Vießmann, Die demokratische Legitimation des Gemeinsamen Bundesausschusses zu Entscheidungen nach § 135 Abs. 1 Satz 1 SGB V, S. 265.

816 Dagegen: Becker in: Becker/Kingreen, SGB V, § 137 c SGB V Rn. 4; Pütter in: Dettling/Gerlach (Hrsg.), Krankenhausrecht, Kommentar, SGB V § 137 c Rn. 14 Dafür: Altmiks in Bergmann/Pauge/Steinmeyer, Gesamtes Medizinrecht § 137 c SGB V Rn. 4; Ihle in: jurisPK-SGB V § 137 c SGB V Rn. 14; Schmidt-De Caluwe in: Becker/Kingreen, SGB V, § 135 SGB V Rn. 16 (in Abweichung zu Vorgängerauflage); Vießmann in Spickhoff Medizinrecht, SGB V § 135 Rn. 31, er geht von bestehendem Antragsrecht aus, sieht dies aber als unzureichend an, vielmehr sei ein Mitentscheidungsrecht geboten.

817 Vgl. Schmidt-De Caluwe in: Becker/Kingreen, SGB V, § 135 SGB V (bis 3. Auflage 2012).

818 Altmiks in Bergmann/Pauge/Steinmeyer, Gesamtes Medizinrecht § 137 c SGB V Rn. 4; Vießmann in Spickhoff Medizinrecht, SGB V § 135 Rn. 31, er geht von bestehendem Antragsrecht aus, sieht dies aber als unzureichend an, vielmehr sei ein Mitentscheidungsrecht geboten.

nicht erforderlich, um das Leistungsspektrum der Versicherten zu erweitern. Im Gegenteil, durch die aufgrund von § 137 c SGB V erlassenen Verbotsrichtlinien gem. § 137 c Abs. 1 Satz 2 SGB V wird das Leistungsspektrum lediglich verkleinert. Hinsichtlich der aufgrund von § 137 c SGB V erlassenen Verbotsrichtlinien ist es daher rechtlich nicht zu beanstanden, wenn die Patientenorganisationen über kein eigenes Recht verfügen, um ein Überprüfungsverfahren einzuleiten. Denn, da die Durchführung der Überprüfungsverfahren des G-BA in der Regel nicht unerheblich lange Zeit erfordert, ist die Einleitung eines Überprüfungsverfahrens gem. § 137 c SGB V auch kein probates Mittel, kein tauglicher schneller Schutzmechanismus, um Patienten kurzfristig wirksam vor der Behandlung mit einer aus Sicht einer Patientenorganisation „gefährlichen Methode“ zu schützen.[819]

Es ist daher im Ergebnis bezüglich des Erlasses von Verbotsrichtlinien gem. § 137 c SGB V nicht zu kritisieren, wenn die Patienten/Versicherten im Kreis der nach § 137 c SGB V Antragsberechtigten (bisher) nicht unmittelbar berücksichtigt sind.

Dies könnte jedoch im Hinblick auf die neu ins Gesetz aufgenommenen „Richtlinien zur Erprobung“ gem. § 137 e SGB V anders zu beurteilen sein: auch für die „Richtlinien zur Erprobung“ gem. § 137 e SGB V ist die Regelung in § 137 c SGB V hinsichtlich der Bestimmung des Kreises der Berechtigten, die ein Überprüfungsverfahren einleiten können, entscheidend. Denn abgesehen von der Sonderregelung in § 137 e Abs. 7 SGB V, die Herstellern von Medizinprodukten unter bestimmten Bedingungen ein isoliertes Recht einräumt, unabhängig von einem Bewertungsverfahren nach § 137 c SGB V beim G-BA den Erlass einer Richtlinie zur Erprobung zu veranlassen, kann der Erlass einer Richtlinie zur Erprobung nicht isoliert beim G-BA „beantragt“ werden. Sondern der G-BA erlässt anlässlich eines Überprüfungsverfahrens nach § 137 c SGB V eine „Richtlinien zur Erprobung“ gem. § 137 e SGB V, wenn die Voraussetzungen gem. §§ 137 c, 137 e SGB V hierfür vorliegen.

Sollte sich herausstellen[820], dass neue Methoden, hinsichtlich derer der G-BA eine „Richtlinie zur Erprobung“ gem. § 137 e SGB V erlassen hat, quantitativ viel mehr erbracht werden, als neue Methoden, die zwar nicht verboten sind, hinsichtlich derer es aber keine „Richtlinien zur Erprobung“ gem. § 137 e SGB V gibt, bzw. sollte die Verbreitung einer neue Methode nach dem Erlass einer „Richtlinien zur Erprobung“ gem. § 137 e SGB V signifikant steigen, so wäre die Frage, ob den Patientenorganisationen nicht auch im Rahmen von § 137 c SGB V bzw. § 137 e SGB V ein eigenes Recht zur Einleitung eines Prüfungsverfahrens eingeräumt werden müsste, erneut zu prüfen. Denn da die „Richtlinien zur Erprobung“ gem. § 137 e SGB V letztendlich

819 Zumal ein Verbot gem. § 137 c SGB V nur die Erbringung zulasten der gesetzlichen Krankenkassen verbietet, nicht jedoch die grundsätzliche Erbringung einer neuen Methode. Den Krankenhäusern bleibt es daher vorbehalten auch neue Methoden, hinsichtlich derer der G-BA eine Verbotsrichtlinie erlassen hat, als Privatleistung auf eigene Rechnung der Patienten weiterhin anzubieten.

820 Da die Regelung des § 137 e SGB V erst zum 01.01.2012 in Kraft getreten ist, sind noch keine statistisch validen Informationen über die Akzeptanz und Auswirkung bekannt.

doch den Charakter einer zwar vorübergehenden, aber dennoch positiven Richtlinie darstellt, die auch noch in § 137 e Abs. 4 Satz 3 SGB V auf der Vergütungsebene mit Sonderregelungen flankiert wird (Vereinbarung des NUB-Entgeltes gem. § 6 Abs. 2 Satz 1 KHEntgG für gesamten Erprobungszeitraum und nicht nur für jeweiliges Abrechnungsjahr gem. § 11 Abs. 2 KHEntgG; Festsetzung des NUB-Entgeltes durch die Schiedsstelle nach erfolglosem Ablauf von drei Monaten ohne erfolgreiche Vereinbarung eines NUB-Entgeltes), und die Richtlinien die Leistungsansprüche der Versicherten/Patienten unmittelbar gestalten, wäre es sachgerecht ihnen, insbesondere im Hinblick auf den ambulanten Sektor, auch die Möglichkeit einzuräumen, den Erlass einer „Richtlinien zur Erprobung“ gem. § 137 e SGB V durch die Einleitung eines Verfahrens gem. § 137 c SGB V zu katalysieren.

4.2.2 § 137 e SGB V

Rein formal betrachtet räumt das Gesetz den nach §§ 135, 137 c SGB V zur Einleitung eines Bewertungsverfahrens Antragsberechtigten kein ausdrückliches Recht ein, ein Beratungsverfahren mit dem unmittelbaren Ziel des Erlasses einer Richtlinie zur Erprobung gem. § 137 e SGB V zu initiieren. Dies ist aus der Perspektive des ambulanten Sektors weniger bedeutsam, da hier das Bewertungsverfahren aufgrund des präventiven Verbotes mit dem Ziel der Zulassung der Methode zulasten der Gesetzlichen Krankenkasse eingeleitet wird. Der Erlass einer Richtlinie zur Erprobung gem. § 137 e SGB V ist somit im Vergleich zu dem durch einen Antrag gem. § 135 Abs. 1 SGB V eingeleiteten Verfahren angestrebten positiven Richtlinienbeschlusses ein „wesensgleiches Minus“, da die Erprobungsregelung, ggf. befristet und unter Auflagen, die Erbringung und Abrechnung der NUB-Methode im ambulanten Sektor zulasten der gesetzlichen Krankenkassen erstmals rechtmäßig ermöglicht.

Anders ist dies aus der Perspektive des stationären Sektors. Aufgrund der grundsätzlichen Erlaubnis hinsichtlich der Erbringung von NUB-Methoden, die die sachlichen Voraussetzungen des § 137 c SGB V erfüllen, werden Anträge nach § 137 c SGB V regelmäßig mit dem Ziel gestellt, die Erbringung der Methode aus dem Leistungsspektrum der gesetzlichen Krankenkassen auszuschließen. Ein potentieller Antragsteller, der die Verbreitung einer stationär erbrachten NUB-Methode fördern möchte und der sich von dem Erlass einer „Richtlinie zur Erprobung“ gem. § 137 e SGB V aufgrund der Aussage, dass der G-BA hinsichtlich der Methode (zumindest) das „Potenzial einer erforderlichen Behandlungsalternative“ sieht, (§ 137 e Abs. 4 SGB V) eine flächendeckendere Anwendung und Verbreitung (gerade auch aufgrund der die Anwendung konkretisierenden flankierenden Erbringungs- (§ 137 e Abs. 1 SGB V) und Finanzierungsregelungen) erhofft, wird daher keinen Antrag auf Einleitung eines Verfahrens nach § 137 c SGB V stellen.

Es wäre daher begrüßenswert den Antragsberechtigten nach § 137 c SGB V – sowie den Vertretern der Patienteninteressen – ausdrücklich ein unmittelbares Recht zur Einleitung eines Bewertungsverfahrens mit dem Ziel des Erlasses einer „Richtlinie zur Erprobung“ gem. § 137 e SGB V einzuräumen.

Ein von der Einleitung eines Bewertungsverfahren nach §§ 135, 137 c SGB V unabhängiges Antragsrecht sieht § 137 e Abs. 7 SGB V seit seiner Einführung durch das Versorgungsstrukturgesetz[821] zugunsten von „Herstellern eines Medizinproduktes“ und sonstiger „Unternehmen als Anbieter einer NUB-Methode“ vor.[822] Wie auch durch die ebenfalls durch das Versorgungsstrukturgesetz eingeführte neue Regelung des § 92 Abs. 7d SGB V, der insbesondere Medizinproduktherstellern und deren Spitzenorganisationen ausdrückliche Stellungnahmerechte vor Abschluss des Bewertungsverfahrens über NUB-Methoden gem. §§ 135, 137 c, 137 e SGB V einräumt, wird durch diese Regelung die unmittelbare direkte Einflussnahmemöglichkeit für die eben genannten stark erweitert.

Dies ist insbesondere insofern sachlich nachvollziehbar, als NUB-Methoden sehr oft auf neuen, innovativen Medizinprodukten beruhen und durch diese katalysiert werden, weswegen die Hersteller der Medizinprodukte über elementare Informationen und elementares Detailwissen für die Bewertung des medizinischen Nutzens der NUB-Methode verfügen.

Die Landschaft der medizintechnischen Unternehmen in Deutschland zeichnet sich gerade auch durch eine sehr große Vielfalt aus und dadurch, dass es neben wenigen großen marktbeherrschenden Unternehmen zahlreiche Kleinstunternehmen gibt, die sich nicht selten auf ein Produkt spezialisiert haben und (bisher) nur mit diesem am Markt vertreten sind. Dass diese Einzelunternehmen, deren Existenz ggf. von der Erbringung der NUB-Methode abhängt, und die Medizintechnikbranche als Ganzes ein großes Eigeninteresse an der Verbreitung von medizintechnischen NUB-Methoden haben, steht außer Frage. Aufgrund der Tatsache, dass in Deutschland ca. 90 % der Versicherten gesetzlich versichert sind[823], hängt die quantitativ entscheidende Verbreitung jedoch davon ab, ob die konkrete NUB-Methode vom Leistungsspektrum der gesetzlichen Krankenkassen umfasst ist und somit von den Krankenhäusern zulasten der gesetzlichen Krankenkassen erbracht werden kann. Einzelne Medizintechnikunternehmen werden und die Medizintechnikbranche durch ihre Spitzenverbände wird daher versuchen größt möglichen Einfluss auf die Bewertungsverfahren des G-BA zu nehmen. Wenn den Einzelunternehmen und den Spitzenorganisationen dazu keine unmittelbaren eigenen Beteiligungsrechte zustehen, wird diese Einflussnahme ausschließlich durch Lobbyisten und somit ausschließlich mittelbar erfolgen mit der Konsequenz, dass der ausgeübte Einfluss

---

821 Gesetz zur Verbesserung der Versorgungsstrukturen in der gesetzlichen Krankenversicherung (GKV-Versorgungsstrukturgesetz – GKV-VStG) vom 22.12.2011, BGBl I Nr. 70 S. 2983.

822 Kritisch zu der früheren Situation ohne jegliche Beteiligungsmöglichkeiten: Buchner/Krane, BUB-Richtlinien des Bundesausschusses der Ärzte und Krankenkassen i.S. des § 135 SGB V und Rechte der Arzneimittel- und Medizinproduktehersteller; NZS 2002, 65, 67.

823 http://www.bmg.bund.de/krankenversicherung/grundprinzipien/aufgaben-und-organisation-der-gkv.html, abgerufen am 18.09.2014.

überhaupt nicht oder zumindest viel schwerer nachvollziehbar und fassbar ist, was wiederum einer neutralen Nutzenbewertung nicht zuträglich ist.

Ein offenes Beiteiligungssystem durch die Einräumung von Antrags- und Stellungnahmerechten ist daher besser, als ausschließliche Einflussnahme durch „versteckten Lobbyismus", zumal die einzelnen Hersteller und Unternehmen über für das Bewertungsverfahren zentrale technische Daten und Anwendungsinformationen verfügen.

Nach der Konkretisierung des Herstellerbegriffs durch den G-BA in seiner VerfO (2. Kapitel § 17 Abs. 3 VerfO) ist antragsberechtigter „Hersteller" i.S. von § 137 e Abs. 7 SGB V das Unternehmen, das die „Verantwortung für die Produktion des maßgeblichen Medizinproduktes trägt".

Die darüber hinaus i.S. von § 137 e Abs. 7 SGB V berechtigten Unternehmen können gem. 2. Kapitel § 17 Abs. 3 VerfO „natürliche oder juristische Personen oder rechtsfähige Personengesellschaften sein, welche eine wirtschaftliche Tätigkeit ausüben".

Hinsichtlich der Definition des „Anbieters einer NUB-Methode am Markt" stellt die VerfO (2. Kapitel § 17 Abs. 6 VerfO) darauf ab, ob das Unternehmen diejenigen Leistungen zur Verfügung stellt, welche neben anderen nicht maßgeblichen, aber frei auf dem Markt verfügbaren Leistungen zur Durchführung einer neuen Methode benötigt werden. Soweit nur verschiedene Unternehmen gemeinsam den Anforderungen genügen, gelten sie gem. (2. Kapitel § 17 Abs. 6 VerfO) gemeinsam als Anbieter.

Entsprechend der Regelung in der VerfO des G-BA (2. Kapitel § 17 Abs. 3 VerfO) „beruht eine technische Anwendung einer Methode maßgeblich auf einem Medizinprodukt, wenn ohne dessen Einbeziehung (technische Anwendung) die Methode bei der jeweiligen Indikation ihr, sie von anderen Vorgehensweisen unterscheidendes, theoretisch-wissenschaftliches Konzept verlieren würde".

4.3 Bewertungsverfahren des G-BA: Sektorübergreifende Nutzenbestimmung, sektorspezifische Wirtschaftlichkeitsbestimmung – Einschaltung des IQWiG

Das Bewertungsverfahren wird vom G-BA[824] unter Einbeziehung wissenschaftlicher Institute und Sachverständiger, insbesondere unter Einbeziehung des IQWiG aufgrund der gesetzlichen Regelungen der §§ 91 ff. SGB V und der vom G-BA erarbeiteten, vom Bundesministerium für Gesundheit genehmigten Geschäfts- und Verfahrensordnung durchgeführt. Charakteristisch für das Bewertungsverfahren des G-BA ist, dass es sich – wie der Begriff „Bewertungsverfahren" schon suggeriert – nicht um ein experimentelles Verfahren handelt, für dessen Durchführung der G-BA selber wissenschaftliche Studien durchführt bzw. durchführen lässt, sondern der G-BA „bewertet" bzw. lässt die aktuelle Studienlage „bewerten" und zieht hieraus

824 Vgl. hierzu unter A.6.1.9.

sektorübergreifend seine Schüsse hinsichtlich des spezifischen Nutzens der NUB-Methode und führt anschließend sektorspezifisch eine gesundheitsökonomische Betrachtung durch. Anlässlich eines aktuellen Urteils des BSG[825] wird kritisiert[826], dass der G-BA im Rahmen der Bewertung teilweise eigenmächtig eine Umstufung des „Evidenz-Levels" von Studien vorgenommen hat, wodurch die entsprechenden Studienergebnisse in der Gesamtbewertung des G-BA anschließend (meist) eine viel geringere Bedeutung erlangten, als sie es aufgrund des „ursprünglichen" Evidenz-Levels gehabt hätten. Kritisiert wird insbesondere, dass diese vom G-BA vorgenommene Umstufung keiner gerichtlichen Kontrolle unterliegt.

Seit der Änderung des SGB V durch das Versorgungsstrukturgesetz (GKV-VStG) steht der Ausschluss einer Methode durch den G-BA aus der Anwendung im Rahmen einer stationären Behandlung vor einer noch höheren Hürde als zuvor. Denn zum einen gibt es bei noch nicht ausreichend belegtem Nutzen nicht nur die Möglichkeit des Erlasses einer Verbotsrichtlinie, sondern kann der G-BA gem. § 137 e SGB V die Anwendung unter den zu beachtenden Anforderungen einer Erprobungsrichtlinie, im ambulanten sowie im stationären Sektor, zulassen. Zum andere bedürfen Ausschlussentscheidungen mit sektorübergreifender Wirkung seit der Gesetzesänderung durch das Versorgungsstrukturgesetz[827] der qualifizierten Mehrheit von neun Stimmen § 91 Abs. 7 Satz 3 SGB V. Die einfache Mehrheit der Mitglieder des Beschlussgremiums ist somit hierfür nicht mehr ausreichend. Zudem wurde durch die Einführung des § 92 Abs. 7 d SGB V durch das Versorgungsstrukturgesetz (GKV-VStG) in Bezug auf Richtlinienverfahren über NUB-Methoden (§§ 137 c, 137 e, 135 SGB V) durch die ausdrückliche Regelung von abschließenden Stellungnahmerechten von medizinischen Fachgesellschaften und – bei entsprechendem Bezug – der medizintechnischen Branche (Spitzenorganisationen der Medizinprodukteherstellern und den jeweiligen Herstellern des jeweiligen Medizinprodukts), das Gewicht der letztgenannten im Nutzenbewertungsverfahren erheblich verstärkt.

4.4 Aufsicht des BMG

Die Bezugnahme auf § 94 Abs. 1 Satz 2 SGB V in § 137 c Abs. 2 Satz 1 SGB V stellt klar, dass auch die aufgrund von § 137 c Abs. 1 SGB V erlassenen Richtlinien (§§137c, 137 e SGB V) dem Bundesministerium für Gesundheit (BMG) vorzulegen sind und dass das BMG über ein Beanstandungsrecht verfügt. Die aufsichtsrechtlichen

825 BSG Urteil vom 21.03.2012 – B 6 KA 16/11 R.

826 Wigge, Neue Aspekte der Methodenbewertung nach § 135 Abs. 1 SGB V – am Beispiel der hyperbaren Sauerstofftherapie (HBO); Anmerkung zu BSG, Urteil vom 21.03.2012 – B 6 KA 16/11 R MPR 2013, 1, 6.

827 Gesetz zur Verbesserung der Versorgungsstrukturen in der gesetzlichen Krankenversicherung (GKV-Versorgungsstrukturgesetz – GKV-VStG) vom 22.12.2011, BGBl I Nr. 70 S. 2983.

Mittel des Bundesministerium für Gesundheit werden aber darüber hinaus durch § 137 c Abs. 2 Satz 1 SGB V erweitert[828], indem dem Bundesministerium für Gesundheit das Recht eingeräumt wird, im Wege einer Ersatzvornahme[829] selber eine Richtlinie zu erlassen, wenn der G-BA infolge einer Beanstandung in der ihm vom BMG gesetzten Frist die Beanstandungen nicht behoben hat.

4.5 Gesetzlich vorgesehenes Handlungsinstrumentarium und Rechtsfolgen

§ 137 c SGB V sieht für unterschiedliche Konstellationen unterschiedliche Handlungsmöglichkeiten vor. Ein laufendes Bewertungsverfahren entfaltet noch keine Sperrwirkung.[830]

4.5.1 Rückblick: Rechtslage vor Inkrafttreten des GKV-Versorgungsstrukturgesetzes

Bis zur Gesetzesänderung durch das Versorgungsstrukturgesetz[831], in Kraft getreten am 01.01.2012, regelte § 137 c SGB V, dass der G-BA in Folge der von ihm durchgeführten Methodenbewertung eine die Erbringung der neuen Methode verbietende Richtlinie erlässt, wenn die Überprüfung ergibt, dass die Methode nicht den Kriterien des § 137 c Abs. 1 Satz 1 SGB V entspricht. Die in § 137 c Abs. 1 Satz 1 SGB V normierten Qualitätskriterien waren, dass die NUB-Methode „für eine ausreichende, zweckmäßige und wirtschaftliche Versorgung der Versicherten unter Berücksichtigung des allgemein anerkannten Standes der medizinischen Erkenntnisse erforderlich„ sein musste. Auch wenn im Wortlaut des § 137 c Abs. 1 Satz 1 SGB V der Begriff des „Nutzens“ bis zur Änderung durch das Versorgungsstrukturgesetz nicht vorkam und sich die Formulierung des § 137 c Abs. 1 Satz 1 SGB V von der Formulierung der Prüfkriterien für NUB-Methoden im ambulanten Sektor unterschied[832], wurde aufgrund des sektorübergreifenden Ansatzes im ambulanten und

---

828 In diesem Sinne auch Flint in: Hauck/Noftz (Hrsg.), SGB V K § 137 c Rn. 45: „Die gesondert geregelte Ersatzvornahmemöglichkeit geht über die des § 94 Abs. 1 Satz 5 SGB V hinaus.“.

829 Atmiks in Bergmann/Pauge/Steinmeyer, Gesamtes Medizinrecht § 137 c SGB V Rn. 6.

830 Flint in: Hauck/Noftz (Hrsg.), SGB V K § 137 c Rn. 49.

831 Art. 1 Nr. 54 Buchstabe a DBuchstabe b des Gesetzes vom 22.12.2011 mit Wirkung zum 01.01.2012.

832 § 135 ABs. 1 Satz 1 Nr. 1 SGB V (Formulierung wurde durch GKV-VStG nicht geändert): „die Anerkennung des diagnostischen und therapeutischen Nutzens der neuen Methode sowie deren medizinische Notwendigkeit und Wirtschaftlichkeit – auch im Vergleich zu bereits zulasten der Krankenkassen erbrachte Methoden – nach dem jeweiligen Stand der wissenschaftlichen Erkenntnisse in der jeweiligen Therapierichtung“.

stationären Sektor hinsichtlich der vom G-AB durchzuführenden Nutzenbewertung schon vor der Änderung des § 137 c SGB V durch das Versorgungsstrukturgesetz i.S.d. VerfO des G-BA eine einheitliche „Nutzenbewertung" vorgenommen. Das BSG hatte dieses Vorgehen, trotz des differierenden Gesetzeswortlautes, in seinem Urteil zur „Protonentherapie" ausdrücklich bestätigt.[833]

Rein formal hatte der G-BA vor der Einführung des § 137 e SGB V nur die Wahl zwischen einem mit Bekanntgabe der Richtlinie sofort wirksamem Verbot, oder – mangels Erlass einer Verbotsrichtlinie – der weiteren Duldung bzw. Unterstützung der Erbringung der NUB-Methode im stationären Sektor.[834] Aufgrund der Regelungen in der VerfO hatte der G-BA seine Handlungsinstrumente, mit Genehmigung gem. § 91 Abs. 4 Satz 2 SGB V durch das Bundesministerium für Gesundheit, um die Möglichkeit der Aussetzung eines Verfahrens erweitert. Dies hatte zur Folge, dass die konkrete Methode, mangels Verbotsrichtlinie, rechtlich im Rahmen einer stationären Behandlung grundsätzlich weiter in rechtmäßiger Weise zulasten der Krankenkassen erbracht werden konnte.[835]

4.5.2 Rechtslage seit Einführung der Erprobungsregelung gem. § 137 e SGB V

Die Einführung des § 137 e SGB V, die letztendlich vom BSG in seinem Urteil zur Protonentherapie nahezu angeregt wurde[836], hat sich auch unmittelbar auf § 137 c SGB V ausgewirkt, der dem G-BA nun drei „Handlungsvarianten" eröffnet: den Erlass einer Verbotsrichtlinie gem. § 137 c Abs. 1 Satz 2 SGB V, den Erlass einer zeitlich zu befristenden Richtlinie zur Erprobung gem. § 137 c Abs. 1 Satz 3 SGB V i.V.m. § 137 e SGB V oder die „Untätigkeit", mit der Folge, dass die Methode weiterhin im stationären Sektor erbracht werden kann. Roters betont ausdrücklich, dass zum Schutz innovativer Methoden die Voraussetzungen für einen Ausschluss eng gefasst sind.[837] Welche Variante dem G-BA im Einzelfall zur Verfügung steht, hängt vom Ergebnis der durchgeführten Nutzenbewertung ab:

---

833 BSG Urteil vom 06.05.2009 – B 6 A 1/08 R, („Protonentherapie"), Rn. 57 ff.

834 Kritisch hierzu: BSG Urteil vom 06.05.2009 – B 6 A 1/08 R, („Protonentherapie"), Rn. 61; ausführliche Darstellung unter B.3.6.

835 Es ist jedoch davon auszugehen, dass die Verhandlungsbereitschaft der Krankenkassen über NUB-Entgelte gem. § 6 Abs. 2 Satz 1 KHEntgG hinsichtlich Methoden, deren Bewertungsverfahren ausgesetzt war, sehr zurückhaltend war, was sich auf tatsächlicher Ebene dadurch auswirkte, dass die Methoden wegen Finanzierungsproblemen von den Krankenhäusern deutlich weniger erbracht wurden.

836 Vgl.: BSG Urteil vom 06.05.2009 – B 6 A 1/08 R, („Protonentherapie"), Rn. 61; ausführliche Darstellung unter B.3.6.

837 Roters in Kasseler Kommentar Sozialversicherungsrecht, SGB V, § 137 c Rn. 2.

4.5.2.1 Nachgewiesene Unwirksamkeit oder Schädlichkeit der Methode

Kommt der G-BA zu dem Ergebnis, dass die bewertete Methode unwirksam oder sogar schädlich ist, so ist die Methode zum Schutz der Patienten durch eine Verbotsrichtlinie gem. § 137 c SGB V für den stationären Sektor ausdrücklich aus dem Leistungsspektrum der gesetzlichen Krankenkassen auszuschließen.[838] Dies hat zur Folge, dass die Methode bis zu einer gegenläufigen Entscheidung des G-BA nicht zulasten der gesetzlichen Krankenkasse erbracht werden darf. Roters spricht daher von einem „Abrechnungsausschluss"[839], Pütter von einer fehlenden „Abrechnungsbefugnis"[840]. Hinsichtlich dieser Methoden ist nach Ansicht von Heil auch die Vereinbarung von Wahlleistungsvereinbarungen gem. § 17 KHEntgG unzulässig.[841] Und gem. § 137 c Abs. 2 Satz 2 (2. HS) SGB V dürfen hinsichtlich dieser Methoden keine klinischen Prüfungen mehr durchgeführt werden.

4.5.2.2 „Nutzen nicht hinreichend belegt"

In Fällen, in denen der G-BA zu dem Ergebnis kommt, dass der Nutzen der konkreten Methode aufgrund der bisherigen Erkenntnisse (noch) nicht hinreichend belegt ist[842], kommen drei Varianten in Frage:

4.5.2.2.1 Variante 1: kein „Potenzial einer erforderlichen Behandlungsalternative"[843]

Wenn der G-BA hinsichtlich der NUB-Methode neben dem (noch) nicht hinreichend belegten Nutzen auch kein „Potenzial einer erforderlichen Behandlungsalternative" sieht, so sieht das SGB V den Erlass einer Verbotsrichtlinie gem. § 137 c SGB V mit den bereits geschilderten Rechtsfolgen vor.[844]

---

838 Rein formal bedarf es für den ambulanten Sektor in diesem Fall keiner formalen negativen Entscheidung, da hier NUB-Methoden aufgrund des „Verbots mit Erlaubnisvorbehalt" gem. § 135 SGB V bis zu einer positiven Entscheidung grundsätzlich von der Erbringung zulasten der gesetzlichen Krankenkassen ausgeschlossen sind.

839 Roters in: Kasseler Kommentar Sozialversicherungsrecht, SGB V, § 137 c Rn. 13.

840 Pütter in: Dettling/Gerlach (Hrsg.), Krankenhausrecht, Kommentar, SGB V §137c Rn. 26.

841 So auch Heil, Abrechnung von innovativen Medizinprodukten als Wahlleistungen oder IGeL, MPR 2013, 109, 114.

842 Die Frage, ob i.R.d. § 137 c SGB V der Nutzen belegt, oder die Unwirksamkeit dargelegt werden muss, wurde durch der 6. Senat des BSG mit seinem Urteil vom 06.05.2009 (B 6 A 1/08 R) zugunsten einer sektorübergreifenden NUTZEN-Bewertung entschieden.

843 Auseinandersetzung mit dem neu eingeführten Begriff des „Potenzials einer erforderlichen Behandlungsalternative" unter B.4.7.1.

844 Auseinandersetzung mit der Frage, welche Auswirkung ein Ausschluss für den Anspruch eines Einzelnen auf Behandlung mit einer konkreten NUB-Methode i.S.

4.5.2.2.2 Variante 2: „Potenzial einer erforderlichen Behandlungsalternative“[845]

Für Konstellationen, in denen der G-BA zu dem Ergebnis kommt, dass der Nutzen der bewerteten Methode zwar (noch) nicht hinreichend belegt ist, der G-BA aber in der NUB-Methode das „Potenzial einer erforderlichen Behandlungsalternative“ sieht, erweckt der Gesetzeswortlaut des § 137 c Satz Abs. 1 Satz 3 SGB V den Eindruck („beschließt der G-BA“), als müsse der G-BA dann zwingend gem. § 137 e SGB V eine Richtlinie zur Erprobung mit zeitlich befristeter Gültigkeit erlassen[846]. Jedenfalls während einer laufenden Erprobung können die Krankenkassen die Vereinbarung von NUB-Entgelten gem. § 6 Abs. 2 KHEntgG bzw. eine Zahlung der Behandlungskosten nicht mit dem Argument verweigern, die Methode dürfe grundsätzlich noch nicht zulasten der gesetzlichen Krankenkassen erbracht werden.[847]

Überraschenderweise hat sich der Gesetzgeber bei der Formulierung des § 137 e Abs. 1 Satz 1 SGB V dafür entschieden nach Aufzählung derselben Voraussetzungen wie in § 137 c Abs. 1 Satz 3 SGB V den Erlass einer Richtlinie zur Erprobung ins Ermessen des G–BA zu stellen („kann der G-BA“). Hierdurch könnte er die Entscheidung über den Erlass einer Erprobungsrichtlinie grundsätzlich ins Ermessen des G-BA gestellt haben.[848] Die Gesetzesmaterialien liefern zu dieser Frage keine weiteren Erkenntnisse. Die krankenversicherungsrechtliche Grundsatzentscheidung der Teilhabe aller Versicherten am medizinischen Fortschritt gem. § 2 Abs. 1 Satz 3 SGB V in Verbindung mit dem Grundsatz der Innovationsförderung im stationären Sektor und der Formulierung in § 137 c Abs. 1 Satz 3 SGB V als der spezifisch für den stationären Sektor geltenden Regelung, sprechen jedoch dafür, zumindest für den stationären Sektor[849] bei Vorliegen des „Potenzials einer

---

eines „Nikolausfalls“ hat, siehe bei Saalfrank/ Wesser; Die Pflicht der Gesetzlichen Krankenversicherung zur Leistung neuer Behandlungsmethoden – Zugleich eine Anmerkung zum LITT-Urteil des Bundessozialgerichts vom 7. 11. 2006 – B 1 KR 24/05 R; NZS 2008, 17, 18 (jedoch vor Einführung des § 2 Abs. 1 a SGB V durch das VStG); Pütter betont, dass das Abrechnungsverbot – jedenfalls dem gesetzlichen Wortlaut nach – nicht zu einem Anwendungsverbot führe. Pütter in: Dettling/ Gerlach (Hrsg.), Krankenhausrecht, Kommentar, SGB V § 137 c Rn. 26.

845 Auseinandersetzung mit dem neu eingeführten Begriff des „Potenzials einer erforderlichen Behandlungsalternative“ unter B.4.7.1.

846 So auch: Ihle in: jurisPK-SGB V, 2. Aufl. 2012, § 137c SGB V Rn. 7.

847 In diesem Sinne, fokussiert auf das Wirtschaftlichkeitskriterium auch Ullrich; Finanzierungslücken bei medizinischen Innovationen? Rechtliche Rahmenbedingungen der Finanzierung neuer Untersuchungs- und Behandlungsmethoden sowie innovativer Arzneimittel, S. 141.

848 So Hauck; Medizinische Innovationen im Krankenhaus, Aktuelle Rechtsfragen aus der Sicht der Rechtsprechung, GesR 2014, 257, 260, 262.

849 Kritisch zu der Differenzierung: Stallberg, Das GKV-Versorgungsstrukturgesetz aus Sicht der Medizinprodukteindustrie – Erleichterung des Marktzugangs innovativer Produkte?, MPR 2011, 185, 189.

NUB-Methode als erforderliche Behandlungsalternative" von einer gebundenen Entscheidung des G-BA zugunsten des Erlasses einer Richtlinie zur Erprobung auszugehen.[850]

In diesem Sinne wurde das SGB V auch vom G-BA ausgelegt, der in seiner VerfO (2. Kapitel § 14 Abs. 2 Satz 2 VerfO) hierzu regelt, dass das dem Gemeinsamen Bundesausschuss in § 137 e Abs. 1 SGB V grundsätzlich eingeräumte Ermessen, hinsichtlich der Frage, ob er in diesen Fällen eine Richtlinie zur Erprobung beschließt, für Methodenbewertungen nach § 137 c SGB V nicht gilt.

Diese Rechtsfolge gilt jedoch „unbedingt" nur für NUB-Methoden, die nicht auf einer technischen Anwendung beruhen, die ihrerseits maßgeblich auf dem Einsatz eines Medizinproduktes beruht. Denn § 137 c Abs. 1 Satz 5 SGB V verdeutlicht, dass jedenfalls in Fällen, in denen die NUB-Methode i.S.d. § 137 e Abs. 6 SGB V die eben genannten Voraussetzunge erfüllt, der Erlass einer Richtlinie zur Erprobung in jedem Fall unter der Bedingung steht, dass sich der Hersteller dieses Medizinprodukts oder die Unternehmen, die in sonstiger Weise als Anbieter der Methode ein wirtschaftliches Interesse an einer Erbringung zulasten der Krankenkassen haben, zuvor durch eine Erklärung gegenüber dem G-BA dazu verpflichtet haben, die für die wissenschaftliche Begleitung und Auswertung entstehenden Kosten (gem. § 137 e Abs. 5 SGB V) „in angemessenem Umfang" zu übernehmen.[851] Wenn bei auf technischen Anwendungen beruhenden NUB-Methoden auch diese weitere Voraussetzung erfüllt ist, erlässt der G-BA unter Beachtung der spezifischen Voraussetzungen des § 137 e SGB V eine zeitlich befristete Richtlinie zur Erprobung gem. § 137 e SGB V.

Die NUB-Methode darf dann unter Beachtung der in der Erprobungsrichtlinie gem. § 137 e Abs. 2 Satz 1 SGB V festgelegten sächlichen, personellen und ggf. sonstigen Anforderungen von allen gem. §§ 107, 108 SGB V zur Versorgung gesetzlich Versicherter zugelassenen Krankenhäusern erbracht und zulasten der gesetzlichen Krankenkassen abgerechnet werden. Eine Richtlinie i.S.d. § 137 e SGB V erhöht dadurch die finanzielle Sicherheit der Krankenhäuser, da die Kostenträger die Frage, ob die NUB-Methode grundsätzlich angewendet werden darf (1. Ebene[852]), nicht ernsthaft in Frage stellen können.

Im Anschluss, nach Fristablauf der Erprobungsphase, entscheidet der G-BA, unter Hinzuziehung der durch die Erprobung gewonnenen Erkenntnisse, darüber, ob er eine Verbotsrichtlinie i.S.d. § 137 c SGB V erlässt oder nicht bzw. ob er im Hinblick auf den ambulanten Bereich einen positiven Richtlinienbeschluss i.S.d. § 135 SGB V fasst.

---

850 So auch Pütter in: Dettling/Gerlach (Hrsg.), Krankenhausrecht, Kommentar, SGB V § 137 c Rn. 11.

851 Ihle in: jurisPK-SGB V § 137 c SGB V Rn. 7; Stallberg spricht von einer „conditio sine qua non" Stallberg, Das GKV-Versorgungsstrukturgesetz aus Sicht der Medizinprodukteindustrie – Erleichterung des Marktzugangs innovativer Produkte?, MPR 2011, 185, 188.

852 Zu dieser Differenzierung siehe unter B.5.1.1.

4.5.2.2.3 Rechtsfolge bei fehlender erforderlicher finanzieller Verpflichtungserklärung

Bei i.S.d. § 137 e Abs. 6 SGB V erforderlicher, aber fehlender finanzieller Verpflichtungserklärung verweist § 137 c Abs. 1 Satz 5 SGB V nicht auf die Rechtsfolge des § 137 c Abs. 1 Satz 2 SGB V, sondern auf § 137 c Abs. 1 Satz 4 SGB V. Dies bedeutet, dass der G-BA aufgrund des von ihm angenommenen Potenzials der NUB-Methode, trotz des (noch) nicht hinreichend belegten Nutzens, aufgrund der aktuellen Gesetzeslage bei fehlender Kostenübernahmezusage durch die Medizintechnikbranche in diesen Fällen nicht zwingend eine Verbotsrichtlinie erlassen muss. Der G-BA hat vielmehr aufgrund der bestehenden Nutzenbelege eine Entscheidung zu treffen.[853] Denn aufgrund des Verweises in § 137 c Abs. 1 Satz 4 SGB V auf § 137 c Abs. 1 Satz 1 SGB V richtet sich die Entscheidung des G-BA darüber, ob er nun unmittelbar eine Verbotsrichtlinie erlässt oder keinen Handlungsbedarf sieht, mit der Folge, dass die NUB-Methode weiterhin zulasten der gesetzlichen Krankenkassen erbracht werden darf, (wie vor der Änderung des § 137 c SGB V durch das Versorgungsstrukturgesetz) danach, ob die NUB-Methode „für eine ausreichende, zweckmäßige und wirtschaftliche Versorgung der Versicherten unter Berücksichtigung des allgemein anerkannten Standes der medizinischen Erkenntnisse erforderlich" ist.

Der Verweis auf § 137 c Abs. 1 Satz 1 SGB V (über § 137 c Abs. 1 Satz 5 SGB V i.V.m. § 137 c Abs. 1 Satz 4 SGB V) (und nicht auf § 137 c Abs. 1 Satz 2 SGB V) hat für diese NUB-Methoden jedenfalls die Folge, dass sie, auch wenn sich der G-BA für den Erlass einer Verbotsrichtlinie entscheidet, aufgrund der Regelung in der „Studienklausel" gem. § 137 c Abs. 2 Satz 2 (2. HS) SGB V weiterhin Gegenstand klinischer Studien sein können. Dies ist insofern schlüssig, als der G-BA hinsichtlich dieser Methoden ausdrücklich das „Potenzial einer erforderlichen Behandlungsalternative" gesehen hatte.

Ob der Gesetzgeber dadurch, dass er in § 137 c Abs. 1 Satz 4 SGB V als Prüfungsmaßstab auf die in § 137 c Abs. 1 Satz 1 SGB V ausformulierten Kriterien verwies und nicht, wie seit der Gesetzesänderung durch das Versorgungsstrukturgesetz in § 137 c Abs. 1 Satz 2 SGB V formuliert, unmittelbar darauf abstellte, ob der „Nutzen" – aufgrund der neuen Erkenntnisse – „hinreichend belegt ist", dem G-BA einen größeren Entscheidungsspielraum geben wollte, ist fraglich. Zumal mangels zustande gekommener Erprobungsrichtlinie in diesen Konstellationen auch keine neuen Erkenntnisse aus einer Erprobungsphase vorliegen.

Die Frage ist aber insofern rechtstheoretischer Natur, als auch aufgrund der Formulierung vor der Änderung des § 137 c SGB V durch das Versorgungsstrukturgesetz trotz der unterschiedlichen Maßstäbe in § 135 Abs. 1 Satz 1 Nr. 1 SGB V

853 Roters, Dominik in Kasseler Kommentar Sozialversicherungsrecht, SGB V, § 137 c Rn. 10; a.A. Hess; Die Dynamik des medizinischen Wissens und die Anforderungen an die Institutionen des Gesundheitsversorgungssystems, GesR 2012, 591, 594, der in dieser Situation vertritt, dass der G-BA ein „negatives Ergebnis zu unterstellen" hat.

und § 137 c Abs. 1 Satz 1 SGB V a.F. mit dem Argument der „Einheit der Rechtsordnung“ und aufgrund des sektorübergreifenden Ansatzes der Methodenbewertung durch den G-BA nach den Regelungen der VerfO des G-BA, losgelöst von den Formulierungen des SGB V, eine einheitliche Nutzenbewertung durchgeführt wurde.

4.5.2.2.4 Variante 3: Aussetzung des Verfahrens

Neben den sich unmittelbar aus dem Gesetz ergebenden Handlungsalternativen besteht, insbesondere, wenn einerseits aus laufenden Studien die für die Bewertung des Nutzens erforderlichen Erkenntnisse in absehbarer Zeit zu erwarten sind und andererseits das Anstoßen weiterer begleiteter Forschung über § 137 e SGB V nicht sinnvoll erscheint, weiterhin die Möglichkeit, keine Richtlinie zu erlassen, sondern gemäß der Regelung in der VerfO (2. Kapitel § 14 Abs. 3 VerfO) das Verfahren vorübergehend auszusetzen.[854] Im Rahmen einer Krankenhausbehandlung darf die NUB-Methode dann weiterhin erbracht werden.

4.5.2.3 Nutzen hinreichend belegt

Wenn der G-BA nach Durchführung des Nutzenbewertungsverfahrens zu dem Ergebnis kommt, dass der Nutzen der NUB-Methode hinreichend belegt ist, so bedeutet dies für den stationären Sektor, dass seitens des G-BA kein Richtlinienerlass erfolgt, während der G-BA bei Relevanz der konkreten NUB-Methode für den ambulanten Bereich eine positive Richtlinie gem. § 135 SGB V erlässt und unter Beachtung der Rechtsprechung des BSG[855] erlassen muss, sodass die Methode zukünftig, nach Abbildung im EBM, zulasten der gesetzlichen Krankenkasse erbracht werden darf.

4.6 NUB-Methoden in klinischen Studien – vor und nach einer Nutzenbewertung

4.6.1 Vor Durchführung eines Nutzenbewertungsverfahrens gem. § 137c SGB V

Bevor der G-BA hinsichtlich einer konkreten NUB-Methode ein Nutzenbewertungsverfahren durchgeführt hat, dürfen NUB-Methoden unter Beachtung der für klinische Studien geltenden rechtlichen Regeln und ethischen Grundsätzen, regelmäßig durchgeführt werden. Denn Daten, die auf der Durchführung klinischer Studien basieren, sind zentrale Grundlage für eine vom G-BA unter Einbeziehung des IQWiG vorgenommenen Nutzenbewertung gem. § 137 c SGB V.

---

854 Vgl. BTDrs. 17/6906 S. 87; in diesem Sinne auch Flint in: Hauck/Noftz (Hrsg.), SGB V K § 137 c Rn. 51; Roters in: Kasseler Kommentar Sozialversicherungsrecht, SGB V, § 137 c Rn. 7.

855 BSG Urteil vom 07.05.2013 – B 1 KR 44/12 R.

4.6.2 *Nach Durchführung eines Nutzenbewertungsverfahrens gem. § 137 c SGB V*

Anders gestaltet sich die Rechtslage, nachdem der G-BA hinsichtlich einer konkreten NUB-Methode ein Nutzenbewertungsverfahren gem. § 137 c SGB V durchgeführt hat. Hier sieht der Gesetzestext seit der Gesetzesänderung durch das Versorgungsstrukturgesetz folgende Differenzierung vor:

4.6.2.1 *Ausschluss nach durchgeführter Erprobung (§ 137 c Abs. 1 Satz 4, Abs. 2 Satz 2 SGB V)*

Wenn der G-BA nach der Durchführung einer Erprobung zu dem Ergebnis kommt, dass die Methode auch unter Hinzuziehung der aus der Erprobung gewonnenen Erkenntnisse nicht den Kriterien des § 137 c Abs. 1 Satz 1 SGB V entspricht, so erlässt er eine Verbotsrichtlinie mit der Rechtsfolge, dass die ausgeschlossene NUB-Methode gem. § 137 c Abs. 2 Satz 2 SGB V ab dem Tag des Inkrafttretens der Richtlinie nicht mehr im Rahmen einer Krankenhausbehandlung zulasten der Krankenkassen erbracht werden darf.

Von diesem Verbot unberührt bleibt aber gem. § 137 c Abs. 2 Satz 2 (2. Halbsatz) SGB V ausdrückliche ihre weitere Anwendung und Erforschung im Rahmen von klinischen Studien. Auch insofern unterscheiden sich die Regelungen für den ambulanten und den stationären Sektor.[856]

Im Sinne der Weiterentwicklung der Medizin und der in diesem Zusammenhang auch vom BSG betonten Bedeutung der wissenschaftlichen Forschung[857] sind

---

856 Vgl. Roters in: Kasseler Kommentar Sozialversicherungsrecht, SGB V, § 137 c Rn. 14.

857 Vgl. BSG Urteil vom 06.05.2009 – B 6 A 1/08 R, („Protonentherapie"), Rn. 61: Das BSG geht hier auf das Verhältnis zu gem. § 137 c SGB V ausgeschlossenen NUB-Methoden und deren weiterer Anwendung in klinischen Prüfungen ein und führt hierzu aus, dass die gesetzliche Regelung vielmehr erkennen lasse, dass in einer solchen Situation der Weiterentwicklung der Medizin dadurch Rechnung zu tragen sei, dass die Durchführung kontrollierter klinischer Studien ermöglicht werde (§ 137c Abs 2 Satz 2 HalbSatz 2 SGB V). Hierzu werde in den Materialien zum Gesetzgebungsverfahren des GKV-GRG 2000 ausgeführt, dass die Krankenkassen auch dann die stationäre Versorgung von Versicherten zu vergüten hätten, wenn diese in eine klinische Studie zur Prüfung einer Methode einbezogen seien, die zuvor der Ausschuss Krankenhaus aufgrund der zum Zeitpunkt seiner Entscheidung vorliegenden Erkenntnisse als nicht den Kriterien des § 137 c Abs. 1 Satz 1 SGB V entsprechend von der Versorgung ausgeschlossen habe; das – negative – Votum des Ausschusses entfalte keine Sperrwirkung, die eine „kontrollierte Weiterentwicklung der Medizin" behindere (BTDrs. 14/1245 S 90 – zu § 137c). Später fährt das BSG fort, dass der Ausschluss neuer Behandlungsmethoden mit noch nicht hinreichendem Wirksamkeitsnachweis von der allgemeinen Anwendung im Krankenhaus bei gleichzeitiger Eröffnung der Möglichkeit zur Durchführung klinischer

daher klinische Studien auch hinsichtlich NUB-Methoden weiterhin erlaubt, die infolge einer Erprobungsphase i.S.d. § 137 e SGB V mangels während der Erprobung gewonnener ausreichender Erkenntnisse zum hinreichend belegten Nutzen gem. § 137 c Abs. 1 Satz 4 SGB V – bis ggf. irgendwann ausreichende Belege i.S.d. ebM vorliegen – von der regulären Anwendung zulasten der gesetzlichen Krankenkassen ausgeschlossen wurden.[858]

4.6.2.2 Unmittelbarer Ausschluss wegen fehlenden Erprobungspotenzials und nicht hinreichend belegten Nutzens (§ 137 c Abs. 1 Satz 2, Abs. 2 Satz 2 SGB V)

Nach dem Gesetzestext dürfen hinsichtlich NUB-Methoden, die nach einer Nutzenbewertung direkt gem. § 137 c Abs. 1 Satz 2 SGB V ausgeschlossen wurden, ohne dass zuvor eine Erprobungsrichtlinie erlassen wurde, seit Änderung des Gesetzestextes durch das Versorgungsstrukturgesetz[859] keine klinischen Studien zulasten der gesetzlichen Krankenkassen mehr durchgeführt werden.[860] Denn gem. § 137 c Abs. 2 Satz 2 SGB V bleibt die Durchführung klinischer Studien ausdrücklich nur hinsichtlich eines Ausschlusses nach § 137 c Abs. 1 Satz 4 SGB V unberührt, weswegen davon auszugehen ist, dass der Gesetzgeber in anderen Fällen jegliche Anwendung zulasten der gesetzlichen Krankenkassen ausschließen wollte. Hauck[861] geht soweit anzunehmen, dass der „Ausschluss grundsätzlich auch Fälle der grundrechtsorientierten Leistungsauslegung erfasst, da das Fehlen von Potenzial regelmäßig eine generell negative Risikoprognose begründen wird".

4.6.3 Stellungnahme

In seinem Urteil zur Protonentherapie[862], dem noch die Gesetzeslage von vor der Änderung durch das Versorgungsstrukturgesetz zugrunde lag, hatte das BSG ausdrücklich betont, dass es im Sinne der Weiterentwicklung der Medizin wichtig sei,

---

Studien hingegen dazu führe, dass Heilversuchsbehandlungen kontrolliert und dokumentiert stattfinden und eine transparente Versorgungsforschung ermöglicht werde. Vgl. ausführliche Darstellung des Urteils unter B.3.6.

858 So auch Hauck; Medizinische Innovationen im Krankenhaus, Aktuelle Rechtsfragen aus der Sicht der Rechtsprechung, GesR 2014, 257, 264.

859 Gesetz zur Verbesserung der Versorgungsstrukturen in der gesetzlichen Krankenversicherung (GKV-Versorgungsstrukturgesetz – GKV-VStG) vom 22.12.2011, BGBl I Nr. 70 S. 2983.

860 So auch Roters in: Kasseler Kommentar Sozialversicherungsrecht, SGB V, § 137 c Rn. 14; Hauck; Medizinische Innovationen im Krankenhaus, Aktuelle Rechtsfragen aus der Sicht der Rechtsprechung, GesR 2014, 257, 264; nicht nachvollziehbar insofern Flint in: Hauck/Noftz (Hrsg.), SGB V K § 137 c Rn. 49; Ihle in: jurisPK-SGB V § 137 c SGB V Rn. 7.

861 Hauck; Medizinische Innovationen im Krankenhaus, Aktuelle Rechtsfragen aus der Sicht der Rechtsprechung, GesR 2014, 257, 262.

862 Siehe ausführliche Darstellung unter B.3.6.

dass klinische Forschung auch hinsichtlich Methoden erfolgt, deren Nutzen im Zeitpunkt einer stattgefundenen Nutzenbewertung durch den G-BA (noch) nicht hinreichend belegt war. Zudem hatte das BSG die Beobachtungspflicht des G-BA betont, dem vergleichbar einem Gesetzgeber, die Pflicht zukommt nach dem Ausschluss einer NUB-Methode die zukünftige Datenlage auch im Blick zu behalten und bei Geänderter Datenlage i.S. eines „hinreichend belegten Nutzens" das ausgesprochene Verbot aufzuheben. Damals stand dem G-BA noch nicht das Handlungsinstrument der „Richtlinie zur Erprobung" i.S.d. § 137 e SGB V zur Verfügung, sondern er konnte, wie vom BSG bemängelt, nur mittels einer Richtlinie gem. § 137 c SGB V ein Verbot aussprechen oder durch Untätigkeit die weitere Anwendung der NUB-Methode „zulassen" bzw. „dulden".

Sinn und Zweck des neu eingeführten Instruments der Erprobungsrichtlinie gem. §§ 137 c Abs. 1 Satz 3, 137 e SGB V ist, dem G-BA für Zweifelsfälle mit Potenzial als „Zwischenstufe/Zwischenschritt" ein Handlungsinstrument mit befristeter Wirkung, ein „vorübergehendes Handlungsinstrument" zur Verfügung zu stellen.

Es ist nicht nachvollziehbar, aus welchen inhaltlichen Gründen der Gesetzgeber die nun gesetzlich vorgesehene Differenzierung vorgenommen hat.

Denn ein ausgesprochenes Verbot gem. § 137 c SGB V muss nicht zwingend heißen, dass die Methode aus Sicht des G-BA "unwirksam" oder gar „schädlich" ist. Dies sind nur die Extremfälle. Sondern der Erlass einer Verbotsrichtlinie gem. § 137 c Abs. 1 Satz 2 SGB V kann auch dadurch begründet sein, dass die Nutzenbewertung „zu früh" durchgeführt wurde, insofern als sie zu einem Zeitpunkt stattfand, in dem es noch kein ausreichendes Datenmaterial gab, um aufgrund der Grundsätze der EbM den Nutzen als hinreichend belegt oder zumindest das Potenzial einer erforderlichen Behandlungsalternative zu sehen. Ein für die Zukunft geltendes „automatisches" gesetzliches Verbot hinsichtlich der Durchführung klinischer Studien erscheint daher nur in Fällen, in denen der G-BA zu dem Ergebnis kam, dass die Methode schädlich ist, mit dem auch vom BSG betonten Grundsatz der Weiterentwicklung der Medizin vereinbar. Es erscheint nicht sachgerecht für NUB-Methoden, hinsichtlich derer der G-BA „lediglich" ein Verbot erließ, da im „Moment" der Bewertung, im Bewertungszeitpunkt, i.S.d. ebM noch kein ausreichendes Datenmaterial vorhanden war, ein automatisches Forschungsverbot auszusprechen. Es bleibt daher abzuwarten, wie das BSG auf die Gesetzesänderung reagieren wird.

Es wäre empfehlenswert und sachgerecht dem G-BA über die gesetzliche Regelung des § 137 c SGB V aufzugeben im Rahmen des Richtlinienerlasses im Einzelfall zu entscheiden, ob und ggf. in Bezug auf welche Einzelkomponente der NUB-Methode in Zukunft weiterhin die Durchführung klinischer Studien zulässig ist bzw. in Bezug auf welche Komponenten sie ausdrücklich nicht zulässig sein soll.

4.7 Besonderheiten der neuen Erprobungsregelung gem. § 137 e SGB V

4.7.1 *"Potenzial einer erforderlichen Behandlungsalternative"*

Durch das Versorgungsstrukturgesetz wurde neben dem ebenfalls unbestimmten Begriff des „hinreichend belegten Nutzens" (vgl. § 137 c Abs. 1 Satz 2 SGB V, 135 Abs. 1 Nr. 1 SGB V) einer NUB-Methode, als Maßstab für deren flächendeckende Anwendung zulasten der gesetzlichen Krankenkassen, der neue Begriff des "Potenzials einer erforderlichen Behandlungsalternative" eingeführt.

4.7.1.1 Keine Legaldefinition des Begriffs

Der Bundesrat hatte in Anlehnung an einen Vorschlag des G-BA Vorsitzenden angeregt[863] eine Definition mit dem folgenden Wortlaut ins Gesetze aufzunehmen: „Eine Methode mit dem Potenzial einer erforderlichen Behandlungsalternative, deren Nutzen aber noch nicht hinreichend belegt ist, liegt dann vor, wenn es zumindest Hinweise aus ersten klinischen Studien auf einen Nutzen gibt oder es absehbar ist, dass der Nutzen prinzipiell in Studien darstellbar ist."

Diese Anregung wurde von der den Gesetzentwurf ausarbeitenden Bundesregierung nicht aufgegriffen. Zwar finden sich in der Gesetzesbegründung folgende Ausführungen: Ein Potenzial für die Erforderlichkeit einer Behandlungsmethode könne sich etwa daraus ergeben, dass die Methode aufgrund ihres Wirkprinzips und der bisher vorliegenden Erkenntnisse mit der Erwartung verbunden werde, dass andere aufwändigere, für den Patienten invasivere oder bei bestimmten Patienten nicht erfolgreiche Methoden ersetzt werden könnten, die Methode weniger Nebenwirkungen habe, sie eine Optimierung der Behandlung bedeute oder die Methode in sonstiger Weise eine effektivere Behandlung ermöglichen könne.[864] Unmittelbar in den Gesetzestext wurde jedoch keine Legaldefinition des Begriffs aufgenommen.

4.7.1.2 Einordnung des Begriffs ausgehend von den bisher entwickelten/ dargestellten krankenversicherungsrechtlichen Grundsätzen

Ausgehend vom Wortlaut, sowie bei systematischer Betrachtung („hinreichend belegter Nutzen" – „Potenzial einer Behandlungsalternative") liegt die Schwelle, die eine NUB-Methode erfüllen muss, um über das erforderliche „Potenzial einer Behandlungsalternative" zu verfügen, jedenfalls niedriger, als die Anforderungen, die an den Nachweis des „hinreichend belegten Nutzens" zu stellen sind. Jedenfalls kein Potenzial ist anzunehmen, wenn eine Methode i.S.d. § 137 c Abs. 1 Satz 2 SGB V nachweislich „schädlich" oder „unwirksam" ist, wobei Roters darauf hinweist, dass

863 Entwurf eines Gesetzes zur Verbesserung der Versorgungsstrukturen in der gesetzlichen Krankenversicherung (GKV-Versorgungsstrukturgesetz – GKV-VStG – Drucksache 17/6906) – Stellungnahme des Bundesrates BTDrs 17/7274 S. 10.

864 BTDrs. 17/6906, S. 87 f.

entsprechende Belege in aller Regel nicht vorliegen werden, weil Studien, in denen sich diese Erkenntnisse abzeichnen aus ethischen oder ökonomischen Gründen in der Regel abgebrochen werden[865].

Andererseits können nicht ohne Weiteres die Qualitätskriterien herangezogen werden, die eine NUB-Methode erfüllen muss, um „im Einzelfall" außerhalb des regulären Leistungsspektrums zulasten der gesetzlichen Krankenkasse angewendet werden zu dürfen[866], da es anders als bei der Auseinandersetzung mit dieser Frage, bei der Bestimmung des „Potenzials" i.S.d. § 137 e SGB V um eine systematische Anwendung der Methode, losgelöst vom jeweiligen einzelnen Behandlungsfall geht. Die für Einzelfälle entwickelten Kriterien liegen somit „unterhalb" der für die Bestimmung des „Potenzials als erforderliche Behandlungsalternative" anzulegenden Kriterien.

Die an die Auslegung des Begriffs des „Potenzials als erforderliche Behandlungsalternative" zu stellenden Anforderungen bewegen sich zwischen den für Einzelfälle entwickelten Kriterien, als Untergrenze, und den Kriterien, die erfüllt sein müssen, um von einem „hinreichend belegten Nutzen" auszugehen, als Obergrenze.

Becker umschreibt das erforderliche „Potenzial", indem er davon ausgeht, dass ein solches anzunehmen ist, wenn es ausreichende Hinweise dafür gibt, dass durch die Erprobung Nachweise über die Wirksamkeit der Methode gewonnen werden können.[867] Übersteigen die erwarteten Risiken den zu erwartenden Nutzen, ist das

---

865 Roters in Kasseler Kommentar Sozialversicherungsrecht, SGB V, § 137 c Rn. 6.

866 Beispielsweise: BVerfG 1 BvR 347/98 („Nikolausbeschluss") Rn. 66: Die im Streitfall vom Versicherten angerufenen Sozialgerichte haben in solchen Fällen, gegebenenfalls mit sachverständiger Hilfe, zu prüfen, ob es für die vom Arzt nach gewissenhafter fachlicher Einschätzung vorgenommene oder von ihm beabsichtigte Behandlung **ernsthafte Hinweise auf einen nicht ganz entfernt liegenden Erfolg der Heilung oder auch nur auf eine spürbare positive Einwirkung auf den Krankheitsverlauf im konkreten Einzelfall gibt** (vgl. auch Schulin, in: Schulin <Hrsg.>, Handbuch des Sozialversicherungsrechts, Bd. 1: Krankenversicherungsrecht, 1994, – Seite 18 von 18 – § 6 Rn. 22). Solche **Hinweise auf einen individuellen Wirkungszusammenhang** können sich aus dem **Gesundheitszustand des Versicherten im Vergleich mit dem Zustand anderer, in gleicher Weise erkrankten, aber nicht mit der in Frage stehenden Methode behandelter Personen ergeben sowie auch mit dem solcher Personen, die bereits auf diese Weise behandelt wurden oder behandelt werden**. Insbesondere bei einer länger andauernden Behandlung können derartige Erfahrungen Folgerungen für die Wirksamkeit der Behandlung erlauben. Weitere Bedeutung kommt der **fachlichen Einschätzung der Wirksamkeit der Methode im konkreten Einzelfall durch die Ärzte des Erkrankten zu, die die Symptome seiner Krankheit behandeln.** Hinweise auf die Eignung der im Streit befindlichen Behandlung können sich auch aus der **wissenschaftlichen Diskussion** ergeben; in Bezug auf die Duchenne'sche Muskeldystrophie liegen inzwischen weltweit Beiträge vor.

867 Becker in: Becker/Kingreen, Kommentar zum SGB V § 137 e Rn. 3.

Potenzial im Hinblick auf den Zweck der Vorschrift, die Qualität der Krankenhausversorgung zu sichern und die Erbringung fragwürdiger Leistungen zulasten der GKV zu vermeiden, abzulehnen.[868] Darüber hinaus kann nach Darstellung von Ihle das Potenzial einer erforderlichen Behandlungsalternative auch deshalb entfallen, weil bereits feststeht, dass die Methode nicht notwendig oder unwirtschaftlich ist.[869] Dem ist aus systematischen Gesichtspunkten zuzustimmen – ob eine solche Konstellation in der Praxis vorkommen wird, wird zu beobachten sein.

Becker[870] regt an, dass dem G-BA hinsichtlich der Auslegung und Anwendung des Begriffs des „ErprobungsPotenzials" i.S.d. § 137 e SGB V eine Einschätzungsprärogative zuzugestehen ist.

4.7.1.3 Definition des G-BA

Der G-BA hat als Reaktion auf die Einführung des § 137 e SGB V zahlreiche Änderungen an seiner VerfO vorgenommen und insbesondere auch den Versuch unternommen die Kriterien, in Anlehnung an die Gesetzesmaterialien[871], schriftlich festzuhalten:

Gem. 2. Kapitel § 15 Abs. 3 Satz 1 VerfO G-BA kann sich das „Potenzial einer erforderlichen Behandlungsalternative" etwa ergeben, wenn sie „aufgrund ihres Wirkprinzips und der bisher vorliegenden Erkenntnisse mit der Erwartung verbunden ist, dass andere aufwändigere, für den Patienten invasivere oder bei bestimmten Patienten nicht erfolgreich einsetzbare Methoden ersetzt werden können, die Methode weniger Nebenwirkungen hat, sie eine Optimierung der Behandlung bedeutet oder die Methode in sonstiger Weise eine effektivere Behandlung ermöglichen kann". Darüber hinaus ergibt sich das Potenzial einer Erprobung gem. 2. Kapitel § 15 Abs. 4 VerfO „insbesondere dann, wenn zumindest so aussagefähige wissenschaftliche Unterlagen vorliegen, dass auf dieser Grundlage eine Studie geplant werden kann, die eine Bewertung des Nutzens der Methode auf einem ausreichend sicheren Erkenntnisniveau erlaubt".[872]

868 Vgl. Ihle in: jurisPK-SGB V § 137 c SGB V Rn. 22.
869 Vgl. Ihle in: jurisPK-SGB V § 137 c SGB V Rn. 23.
870 Becker in: Becker/Kingreen, Kommentar zum SGB V § 137 e Rn. 3.
871 BTDrs. 17/6906 S. 87.
872 In 2. Kapitel § 15 Abs. 3 Satz 2 VerfO hat der G-BA ausgeführt, dass andererseits von fehlendem Potenzial insbesondere dann auszugehen ist, wenn der G-BA auf Grundlage der vorliegenden Evidenz positiv feststellt, dass sie schädlich oder unwirksam ist. Hierbei handelt es sich aber höchstenfalls um eine Klarstellung, nicht jedoch um eine weiterführende Regelung; hierzu auch Roters/Propp, Die Erprobung von Methoden nach § 137 e SGB V, MPR 2013, 37, 40.

4.7.2 *Eigenes unmittelbares Antragsrecht der Medizintechnikbranche (§ 137 e Abs. 7 Satz 1 SGB V)*

Wie im Zusammenhang mit der Thematik der Antragsberechtigten[873] dargestellt, räumt das SGB V erstmals Vertretern der Medizintechnikbranche, namentlich „den Herstellern eines Medizinprodukts, auf dessen Einsatz die technische Anwendung einer neuen Untersuchungs- und Behandlungsmethode maßgeblich beruht" sowie „Unternehmen, die in sonstiger Weise als Anbieter einer neuen Methode ein wirtschaftliches Interesse an einer Erbringung zulasten der Krankenkassen haben", ein eigenes Antragsrecht ein, welches unmittelbar auf den Erlass einer Erprobungsrichtlinie abzielt[874].[875]

Hervorzuheben ist, dass diese Verfahren unabhängig von einem Bewertungsverfahren gem. §§ 137 c, 135 SGB V initiiert und durchgeführt werden (können), wobei Voraussetzung ist, dass der Antragsteller mit der Antragstellung eine Verpflichtungserklärung hinsichtlich der Kostenübernahme abgibt und das „hinreichende Potenzial der Methode" durch aussagekräftige Unterlagen „belegt".

4.7.3 *Kostenübernahme durch Industrie (§ 137 e Abs. 6 SGB V)*

Als „Ausgleich" für die der Medizintechnikbranche erstmals aufgrund des Versorgungsstrukturgesetzes gegebenen Einflussmöglichkeit (durch das Recht, unmittelbar und eigenständig mit dem Ziel des Erlasses einer Erprobungsregelung ein Verfahren vor dem G-BA einzuleiten), sieht das SGB V eine weitere Neuregelung vor, durch die die Medizintechnikbranche unmittelbar in die finanzielle Verantwortung genommen wird: Die Neuregelung besteht in der Pflicht seitens der Medizinproduktthersteller bzw. der sonst i.S.d. § 137 e Abs. 6 SGB V Antragsberechtigten, die für die wissenschaftliche Begleitung und Auswertung entstehenden Kosten in angemessenem Umfang zu übernehmen.[876] Auch hinsichtlich der Ausgestaltung dieses Punktes hat der vom Bundestag angenommene Regierungsentwurf die Anregung des Bundesrates, die Kostenbeteiligung durch die Industrie nicht auf eine

---

873 Siehe unter B.4.2.2.

874 Der Bundesrat hatte im Gesetzgebungsverfahren angeregt, diese im Regierungsentwurf vorgesehene Neuregelung ersatzlos zu streichen. Vgl. Entwurf eines Gesetzes zur Verbesserung der Versorgungsstrukturen in der gesetzlichen Krankenversicherung (GKV-Versorgungsstrukturgesetz – GKV-VStG – Drucksache 176/6906) – Stellungnahme des Bundesrates BTDrs 17/7274 S. 10 f.

875 Hierzu auch Roters/Propp, Die Erprobung von Methoden nach § 137 e SGB V, MPR 2013, 37, 38 f.; Auseinandersetzung mit dem Begriff des „Herstellers" ausgehend von § 139 SGB V vgl. Göttschkes, Kommentar zur Entscheidung des BSG vom 15.03.2012 – B 3 KR 6/11 R; MPJ, 2012, 184, 185.

876 Auseinandersetzung mit der Frage des Umfangs der Verpflichtung bei Roters/Propp, Die Erprobung von Methoden nach § 137 e SGB V, MPR 2013, 37, 43: z.B. Kostenteilung bei Beteiligung mehrerer Unternehmen.

Kostenbeteiligung „im angemessenen Umfang“ zu beschränken, nicht aufgegriffen.[877] Der Bundesrat hatte seinen Änderungsvorschlag damit begründet, dass es in ihrem wirtschaftlichen Interesse liege, die noch nicht erwiesene Wirksamkeit der von ihnen angebotenen Methode mit dem Ziel der dauerhaften Finanzierung zulasten der Kassen im Rahmen der Erprobung nachzuweisen. Ihr Interesse an einer wirtschaftlichen Durchführung der Studie sei ausreichend dadurch gewährleistet, dass nach § 137 e Abs. 6 Satz 2 SGB V die Kostenübernahme im Rahmen einer Vereinbarung mit der vom Gemeinsamen Bundesausschuss beauftragten Institution erfolge. Hierbei verkennt der Bundesrat jedoch, dass ein Interesse an der Durchführung einer Erprobungsrichtlinie bei weitem nicht nur bei den wenigen, großen marktführenden Medizinproduktherstellern liegt, die ohne größere finanzielle Probleme die gesamten Kosten tragen könnten. Gerade im Hinblick auf die in Deutschland zahlreich vertretenen Kleinstunternehmen erscheint jedoch eine flexible finanzielle Beteiligung „im angemessenen Umfang“ sachgerecht und angemessen.

4.7.4 Gesetzliche Entscheidungsfrist (§ 137 e Abs. 7 SGB V)

Bemerkenswert ist, dass der Gesetzgeber dem G-BA für die Bearbeitung der Anträge auf Erlass einer Richtlinie zur Erprobung gem. § 137 e Abs. 7 SGB V unmittelbar eine Bescheidungsfrist[878] setzt.[879] Denn nach dieser Regelung ist der G-BA verpflichtet innerhalb von drei Monaten nach Antragstellung auf der Grundlage der vom Antragsteller zur Begründung seines Antrags vorgelegten Unterlagen über den Antrag zu entscheiden. Dies erscheint aufgrund der sonst ungleich länger dauernden Bewertungsverfahren eine ambitionierte Vorgabe. Zwar muss der G-BA im Rahmen der Entscheidung über den Erlass einer Erprobungsrichtlinie nicht (abschließend) über die Nutzenbewertung entscheiden. Er muss jedoch prüfen und entscheiden, ob die Methode über das „Potenzial einer erforderlichen Behandlungsalternative“ verfügt, was auch eine intensive inhaltliche Auseinandersetzung mit der NUB-Methode und dem erwarteten Nutzen und dem ggf. zu beachtenden RisikoPotenzial erfordert. Die Brisanz der gesetzlichen Fristenregelung wird jedoch dadurch geschwächt,

---

877 Entwurf eines Gesetzes zur Verbesserung der Versorgungsstrukturen in der gesetzlichen Krankenversicherung (GKV-Versorgungsstrukturgesetz – GKV-VStG – Drucksache 176/6906) – Stellungnahme des Bundesrates BTDrs 17/7274 S. 10.

878 So auch Roters/Propp, Die Erprobung von Methoden nach § 137 e SGB V, MPR 2013, 37, 39.

879 Hinweis auf GKV-VSG (Gesetzentwurf der Bundesregierung des Gesetzes zur Stärkung der Versorgung in der gesetzlichen Krankenversicherung (GKV-VSG, BTDrs. 18/4095) i.d.F. der Beschlussempfehlung des Ausschusses für Gesundheit (BTDrs. 18/5123)): Hier finden sich weitere, nicht selten kurzfristige Vorgaben für die Arbeit des G-BA (vgl. § 137 c Abs. 1 SGB V, § 137 h Abs. 1, 4, 5 SGB V, § 91 Abs. 11 SGB V). Perspektivische Erstbewertung der voraussichtlichen Änderungen der Gesetzeslage durch das GKV-VSG am Ende der Arbeit unter G.

dass der Gesetzgeber (bisher) davon abgesehen hat das fruchtlose Fristverstreichen seitens des G-BA unmittelbar zu sanktionieren.

In der VerfO (2. Kapitel § 20 Abs. 1 VerfO) hat der G-BA – zu seiner „Entlastung“ – klargestellt, dass die Frist erst bei Vorliegen der vollständigen Unterlagen beginnt und dass der Lauf der Frist bis zur Einreichung der Unterlagen gehemmt ist, wenn der G-BA zur Begründung des Antrags Unterlagen oder Angaben nachfordert.

Die VerfO des G-BA regelt ausdrücklich, dass mit der Annahme des Antrags durch den G-BA, gem. 2. Kapitel § 20 Abs. 3 VerfO, das Potenzial einer Erprobung festgestellt ist. Unter Berücksichtigung der gesetzlichen Verpflichtung zum Erlass einer Erprobungsrichtlinie gem. § 137 c Abs. 1 Satz 3 SGB V bei festgestelltem Potenzial überrascht die im folgenden Absatz der VerfO stehende Regelung, der zufolge das „festgestellte Potenzial“ nicht bedeutet, (2. Kapitel § 20 Abs. 4 VerfO), dass der Antragsteller hierdurch einen Anspruch auf Durchführung einer Erprobung hat.

4.7.5 Beratung durch G-BA (§ 137 e Abs. 8 SGB V)

Eine gesetzliche Neuregelung ist auch die in § 137 e Abs. 8 SGB V normierte präventive Beratungspflicht des G-BA gegenüber zur Antragstellung berechtigten Medizinproduktherstellern und sonstigen i.S.d. § 137 e Abs. 7 SGB V Antragsberechtigten.[880] [881]Gegenstand der (gebührenpflichtigen[882]) Beratung sollen die Voraussetzungen der Erbringung einer Untersuchungs- oder Behandlungsmethode zulasten der Krankenkassen sein. Zentrale Aufgabe der Beratung ist daher die Frage der Erstattungsfähigkeit zulasten der gesetzlichen Krankenkasse und somit die Frage des Zugangs auf den dicht reglementierten öffentlich-rechtlichen Gesundheitsmarkt. Hier wird aus Sicht der Beratung Suchenden bezogen auf den stationären Sektor von großem Interesse sein zu erfahren, ob sich die Methode schon sachgerecht durch definierte Fallpauschalen und Zusatzentgelte abbilden lässt. Sollte dies (noch) nicht der Fall sein, wird zum einen von Interesse sein, wie die Beratung Suchenden auf eine

---

880 Auch hinsichtlich dieser Regelung hatte sich der Bundesrat im Gesetzgebungsverfahren für eine ersatzlose Streichung ausgesprochen. Entwurf eines Gesetzes zur Verbesserung der Versorgungsstrukturen in der gesetzlichen Krankenversicherung (GKV-Versorgungsstrukturgesetz – GKV-VStG – Drucksache 176/6906) – Stellungnahme des Bundesrates BTDrs 17/7274 S. 10 f.

881 Hinweis auf GKV-VSG (Gesetzentwurf der Bundesregierung des Gesetzes zur Stärkung der Versorgung in der gesetzlichen Krankenversicherung (GKV-VSG, BTDrs. 18/4095) i.d.F. der Beschlussempfehlung des Ausschusses für Gesundheit (BTDrs. 18/5123)): Hiernach soll in § 137 h Abs. 6 SGB V eine weitere gesetzlich vorgesehene Beratungspflicht des G-BA im Zusammenhang mit dem „frühen Nutzenbewertungsverfahren“ normiert werden. Perspektivische Erstbewertung der voraussichtlichen Änderungen der Gesetzeslage durch das GKV-VSG am Ende der Arbeit unter G.

882 So Roters/Propp, Die Erprobung von Methoden nach § 137 e SGB V, MPR 2013, 37, 45.

baldige Abbildung der entstehenden Kosten im DRG-System hinwirken können und andererseits, wie die Methode in der Zwischenzeit kostendeckend erbracht werden kann. Hier ist über die Voraussetzungen für die Vereinbarung von NUB-Entgelten gem. § 6 Abs. 2 Satz 1 KHEntgG und insbesondere die „Unabwägbarkeiten", Hürden und Klippen des NUB-Verfahrens[883] § 6 Abs. 2 Satz 1 KHEntgG aufzuklären und zu informieren.[884]

4.7.6 Wissenschaftliche Begleitung und Evaluation (§ 137 e Abs. 2,3,5 SGB V)

Nach der gesetzlichen Regelung muss der G-BA im Rahmen des Erlasses der Erprobungsrichtlinie nicht nur die in die Erprobung einbezogenen Indikationen und die sächlichen, personellen und sonstigen Anforderungen an die Qualität der Leistungserbringung im Rahmen der Erprobung definieren, sondern gem. § 137 e Abs. 2 Satz 1 SGB V unmittelbar in der Richtlinie Anforderungen an die Durchführung, die wissenschaftliche Begleitung und die Auswertung der Erprobung festlegen. Die hierfür anfallenden „Overhead-Kosten"[885], wie beispielsweise Projektmanagement, Monitoring, Datenmanagement[886], sollen, sofern kein Fall des § 137 e Abs. 6 SGB V vorliegt, über den Systemzuschlag gem. § 137 c SGB V erfolgen.

Die wissenschaftliche Begleitung und Auswertung der Erprobung wird nicht selber vom G-BA durchgeführt, sondern vielmehr soll der G-BA hiermit eine „unabhängige wissenschaftliche Institution" beauftragen. Becker weist unter Bezugnahme auf die Gesetzesmaterialien[887] darauf hin, dass für die Auswahl der „wissenschaftlichen Institution" eine Ausschreibung unter Beachtung des Transparenzgebotes und des Diskriminierungsverbotes erforderlich ist.[888] Der G-BA hat diese Aufgabe durch einen „Generalauftrag" dem IQWiG übertragen[889].

Leistungserbringern steht es offen zu entscheiden, ob sie formal an der Erprobung teilnehmen wollen, oder nicht. Wenn sie sich für eine Teilnahme an der Erprobung entscheiden, so sind sie gesetzlich verpflichtet – unter Beachtung der datenschutzrechtlichen Bestimmungen –, die für die wissenschaftliche Begleitung und Auswertung erforderlichen Daten zu dokumentieren und der beauftragten Institution zur Verfügung zu stellen.

---

883 Hierzu ausführlich unter E.

884 Zur Frage der Verbindlichkeit der Beratungsergebnisse und möglichen staatshaftungsrechtlichen Folgen siehe Stallberg, Das GKV-Versorgungsstrukturgesetz aus Sicht der Medizinprodukteindustrie – Erleichterung des Marktzugangs innovativer Produkte?, MPR 2011, 185, 190.

885 Murawski in Hänlein/Kruse/Schuler (Hrsg.), Sozialgesetzbuch V, § 137 e Rn. 6.

886 Murawski in Hänlein/Kruse/Schuler (Hrsg.), Sozialgesetzbuch V, § 137 e Rn. 6.

887 BT-Ds. 17/6906 S. 89.

888 Becker in: Becker/Kingreen, Kommentar zum SGB V § 137 e Rn. 8.

889 Vgl. https://www.g-ba.de/institution/presse/pressemitteilungen/491/; https://www.g-ba.de/informationen/beschluesse/1715/; abgerufen am 16.09.2014.

Um den datenschutzrechtlichen Bestimmungen gerecht zu werden, müssen die an der Erprobung teilnehmenden Leistungserbringer ggf., sofern im Rahmen der Dokumentation personenbezogene Daten der Versicherten benötigt werden, i.S.d. § 137 e Abs. 5 Satz 3 SGB V vorher deren Einwilligung einholen.

4.7.7 Keine Begrenzung auf Krankenhäuser, die an „Erprobung teilnehmen" (§ 137 e Abs. 2 Satz 3 SGB V)

Der Gesetzgeber hat sich, entgegen der Anregung des Bundesrates[890], dagegen entschieden, im Falle des Erlasses einer Erprobungsrichtlinie während deren Gültigkeit die Erbringung der konkreten NUB-Methode auf Krankenhäuser zu beschränken, die i.S.d. § 137 e Abs. 3, 108 SGB V als zugelassene Krankenhäuser an der Erprobung teilnehmen.[891] Denn § 137 e Abs. 2 Satz 3 SGB V weist ausdrücklich darauf hin, dass der G-BA für Krankenhäuser, die nicht an der Erprobung teilnehmen, optional nach § 137 SGB V Anforderungen an die Qualität der Leistungserbringung festlegen kann.[892]

---

890 Entwurf eines Gesetzes zur Verbesserung der Versorgungsstrukturen in der gesetzlichen Krankenversicherung (GKV-Versorgungsstrukturgesetz – GKV-VStG – Drucksache 176/6906) – Stellungnahme des Bundesrates BTDrs 17/7274 S. 10: Der Bundesrat hatte vorgeschlagen § 137 e Abs. 2 Satz 3 SGB V wie folgt zu fassen: „Krankenhäuser, die nicht an der Erprobung teilnehmen, dürfen die Leistung nicht erbringen."

891 So auch Stallberg, Das GKV-Versorgungsstrukturgesetz aus Sicht der Medizinprodukteindustrie – Erleichterung des Marktzugangs innovativer Produkte?, MPR 2011, 185, 190. Hinweis auf GKV-VSG (Gesetzentwurf der Bundesregierung des Gesetzes zur Stärkung der Versorgung in der gesetzlichen Krankenversicherung (GKV-VSG, BTDrs. 18/4095) i.d.F. der Beschlussempfehlung des Ausschusses für Gesundheit (BTDrs. 18/5123)): Jedenfalls für NUB-Methoden, die unter den Anwendungsbereich des zukünftigen § 137 h SGB V fallen, hat sich der Gesetzgeber nun dafür entschieden, dass für die weitere Anwendung der konkreten NUB-Methode nach einer „frühen Nutzenbewertung" während einer laufenden Erprobung eine Teilnahmepflicht besteht. Vgl. perspektivische Erstbewertung der voraussichtlichen Änderungen der Gesetzeslage durch das GKV-VSG am Ende der Arbeit unter G.

892 In seiner Stellungnahme zum Versorgungsstrukturgesetz führt der Bundesrat hierzu aus (BTDrs 17/7274 S. 10): „Die im Gesetzentwurf vorgesehene Kann-Regelung, wonach auch an der Erprobung nicht beteiligte Krankenhäuser die Leistung weiterhin erbringen können und der Gemeinsame Bundesausschuss lediglich vorsehen kann, dass die in der Richtlinie vorgesehenen Anforderungen an die sächlichen, personellen und sonstigen Anforderungen an die Qualität der Leistungserbringung erfüllt werden müssen, ist hierfür nicht ausreichend und birgt nicht nur die Gefahr, dass Leistungen, deren Nutzen nicht erwiesen ist, ohne die erforderliche Qualität erbracht werden, sondern führt auch zu Fehlanreizen bei den Krankenhäusern, da es wirtschaftlich attraktiver ist, sich nicht an der Erprobung mit ihren Qualitätsanforderungen und den zusätzlichen Anforderungen an die wissenschaftliche Dokumentation zu beteiligen."

Die konkrete Methode darf nach der gesetzlichen Konzeption des § 137 e Abs. 2 Satz 3 SGB V aufgrund des Erlaubnisvorbehaltes i.S.d. § 137 c SGB V vielmehr auch während einer laufenden Erprobung mangels Verbots weiterhin von allen zugelassenen Krankenhäusern im Rahmen einer stationären Behandlung zulasten der gesetzlichen Krankenkassen erbracht werden[893]. In ihrer Erwiderung zu der Stellungnahme des Bundesrates hat die Bundesregierung bekräftigt[894], dass der Vorschlag des Bundesrates auf eine Verengung des Zugangs zu Innovationen ziele und dem Ziel, dass alle GKV-Versicherten gleichermaßen und zeitnah vom medizinischen Fortschritt profitieren sollen, nicht gerecht werde. Sie betonte, dass dem wichtigen Anliegen, dass neue Methoden ihren patientenrelevanten Nutzen belegen, bereits das in dem Regierungsentwurf vorgelegte ausgewogene Gesamtkonzept zur Erprobung von Untersuchungs- und Behandlungsmethoden mit Potenzial entspreche. Es fokussiere auf den Nutzenbeleg, ermögliche aber gleichzeitig den schwer kranken Patientinnen und Patienten im Krankenhaus weiterhin den Zugang zu vielversprechenden innovativen Methoden und damit die Teilhabe am Fortschritt. Dies ist insofern bemerkenswert, als es sich um NUB-Methoden handelt, hinsichtlich der der G-BA zu dem Ergebnis kam, dass ihr Nutzen i.S.d. § 137 c SGB V noch nicht hinreichend belegt ist. Durch diese Sicht der Dinge wird daher die für die Anwendung von NUB-Methoden im stationären Bereich zu überwindende Schwelle herabgesenkt, insofern, als schon Methoden mit dem Potenzial als erforderliche Behandlungsalternative systematisch angewendet werden dürfen, auch wenn ihr Nutzen noch nicht hinreichend belegt ist.[895]

Um trotz der nicht zwingenden Notwendigkeit der Teilnahme an der Erprobung und den hohen Dokumentationsanforderungen die Teilnahme an der Erprobung attraktiv(er) zu machen, sollen die an der Erprobung teilnehmenden Krankenhäuser gem. § 137 e Abs. 5 Satz 4 SGB V für den zusätzlichen Aufwand im Zusammenhang mit der Durchführung der Erprobung vom IQWiG als der „beauftragten Institution“, eine angemessene Aufwandsentschädigung erhalten.

Es bleibt abzuwarten, ob die vom Bundesrat geäußerten Bedenken, die Kann-Regelung „führe zu Fehlanreizen bei den Krankenhäusern, da es wirtschaftlich attraktiver sei, sich nicht an der Erprobung mit ihren Qualitätsanforderungen und

893 Dies ist so nur „vertretbar“, wenn man entweder die Ansicht vertritt, dass bis zu einem Verbot gem. § 137 c SGB V im stationären Bereich alles erlaubt ist, oder man vertritt, dass der Maßstab durch die Einführung des § 137 e SGB V herab gesetzt wurde, dass nämlich nun nicht nur Methoden angewendet werden dürfen, deren Nutzen nach Ansicht der Krankenhäuser hinreichend belegt ist, sondern dass ausreichend ist, wenn Krankenhäuser hinsichtlich der konkreten Methode das Potenzial einer erforderlichen Behandlungsalternative sehen.

894 Entwurf eines Gesetzes zur Verbesserung der Versorgungsstrukturen in der gesetzlichen Krankenversicherung (GKV-Versorgungsstrukturgesetz – GKV-VStG – Drucksache 176/6906) – Erwiderung der Bundesregierung auf die Stellungnahme des Bundesrates BTDrs 17/7274 S. 30.

895 Vgl. hierzu B.5.5.1.

den zusätzlichen Anforderungen an die wissenschaftliche Dokumentation zu beteiligen"[896], berechtigt waren, oder ob an der systematischen Weiterentwicklung der Medizin und des DRG-Systems[897] interessierte Krankenhäuser unabhängig davon ein Interesse daran haben werden an der Erprobung teilzunehmen. Möglicherweise könnte auch die nur für an der Erprobung teilnehmenden Krankenhäuser geltende flankierende Vergütungsregelung des § 137 e Abs. 4 SGB V ausreichender Anreiz für eine Teilnahme an der Erprobung sein.

4.7.8 Spezielle Vergütungsregelung unmittelbar im SGB V (§ 137 e Abs. 4 SGB V)

Bemerkenswert ist auch, dass der Gesetzgeber die im Rahmen einer Erprobung erbrachten NUB-Methoden unmittelbar im SGB V und somit im „materiellen Krankenversicherungsrecht" mit konkreten Vergütungsregelungen, die teilweise im Sinne der Innovationsförderung die sonst geltenden Regelungen abändern, flankiert.

Gem. § 137 e Abs. 4 Satz 1 SGB V werden die von den an der Erprobung teilnehmenden Leistungserbringern im Rahmen der Erprobung erbrachten und verordneten Leistungen unmittelbar von den Krankenkassen vergütet. Jedenfalls hinsichtlich dieser NUB-Methoden dürfen die Krankenkassen aufgrund dieser Regelung gegenüber den an der Erprobung teilnehmenden Leistungserbringern daher nicht mehr in Frage stellen, ob die konkrete NUB-Methode den an NUB-Methoden zu stellenden Qualitätsanforderungen des gesetzlichen Krankenversicherungsrechts genügt.

Im Rahmen einer Krankenhausbehandlung erbrachte NUB-Methoden sollen gem. § 137 e Abs. 4 Satz 2 SGB V grundsätzlich durch Fallpauschalen und bundeseinheitlich definierte Zusatzentgelte im Rahmen des DRG-Systems (Entgelte nach § 17 b KHG oder § 17 d KHG) vergütet werden. Für Fälle, in denen die NUB-Methode hierdurch noch nicht sachgerecht vergütet werden kann, verweist § 137 e Abs. 4 Satz 3 SGB V auf die „Innovationsklausel", den § 6 Abs. 2 Satz 1 KHEntgG[898], wonach in diesen Fällen die Vergütung über krankenhausindividuell vereinbarte NUB-Entgelte erfolgen soll.

Der Gesetzgeber verweist jedoch nicht nur auf die NUB-Entgeltregelung in § 6 Abs. 2 Satz 1 KHEntgG, sondern trifft in § 137 e Abs. 4 Satz 3 SGB V darüber hinaus eine eigene Regelung. Denn während NUB-Entgelte gem. § 6 Abs. 2 Satz 1 KHEntgG – bisher- jeweils nur für ein Jahr vereinbart werden, sieht der Gesetzgeber in § 137 e Abs. 4 Satz 3 SGB V ausdrücklich vor, dass die Vertragspartner eine sich auf den gesamten Erprobungszeitraum beziehende NUB-Vereinbarung treffen. Dies ist aus finanzieller Sicht für die Krankenhäuser eine sehr positive Regelung, da sie ihnen über den gesamten Erprobungszeitraum – und nicht jeweils nur für das laufende

---

896 Entwurf eines Gesetzes zur Verbesserung der Versorgungsstrukturen in der gesetzlichen Krankenversicherung (GKV-Versorgungsstrukturgesetz – GKV-VStG – Drucksache 176/6906) – Stellungnahme des Bundesrates BTDrs 17/7274 S. 10.

897 Siehe hierzu D.2.2.

898 Ausführlich hierzu unter D.4.

Haushaltsjahr – finanzielle Sicherheit hinsichtlich der Vergütung der konkreten NUB-Methode gibt.

Wenn es nicht gelingt eine solche, den ganzen Zeitraum umfassende Vereinbarung, innerhalb von drei Monaten nach Erteilung des Auftrags zur wissenschaftlichen Begleitung durch den G-BA an das IQWiG zu vereinbaren, so sieht § 137 e Abs. 4 Satz 3 SGB V für stationär erbrachte NUB-Methoden eine Festsetzung des Inhalts durch die Schiedsstelle[899] nach § 13 KHEntgG[900] vor.

4.7.9 Prozessuale Regelung (§ 137 e Abs. 4 Satz 6 SGB V)

Abschließend ist auf die prozessuale Regelung in § 137 e Abs. 4 Satz 6 SGB V hinzuweisen, die der raschen Umsetzung von Erprobungen dienen soll[901]. Ihr zufolge sind Klagen gegen die Festlegung des Vertragsinhalts durch die Schiedsstelle möglich. Diese sind daher ausdrücklich unmittelbar rechtsmittelfähig, jedoch haben mögliche Klagen gem. § 137 e Abs. 4 Satz 6 SGB V keine aufschiebende Wirkung.

4.7.10 Allgemeine Kritik an der Neuregelung des § 137 e SGB V

Kritisiert wird insbesondere, dass der Gesetzgeber davon ausging, dass ggf. von der „wissenschaftlichen Institution", die die Erprobung begleitet, eine Auswahlentscheidung über die Teilnahme an der Erprobung zu treffen ist, wer letztendlich an der Erprobung teilnehmen darf, ohne dass § 137 e SGB V, insbesondere auch nicht § 137 e Abs. 3 SGB V die für eine solche Entscheidung auf gesetzlicher Ebene notwendigen „rechtsstaatlichen Mindestvoraussetzungen"[902] regelt. Hier wird bemängelt, dass es für eine Beleihung der die Auswahl treffenden Institution keine Anhaltspunkte im Gesetz gibt, das Gesetz die Auswahlkriterien und das Auswahlverfahren nicht näher regelt und auch keine ausdrückliche Regelung zum Rechtsschutz trifft.[903] Spannend bleibt auch der Umgang des G-BA mit der von ihm festzusetzenden Dauer der jeweiligen Erprobung gem. § 137 e Abs. 1 Satz 2 SGB V. Hierzu findet sich keine weitere Konkretisierung im Gesetz. Becker weist darauf hin, dass sich die vom G-BA jeweils festgesetzte Dauer dahingehende in einem Spannungsfeld findet, als sie einerseits so lange sein muss, dass ausreichende

---

899 Vgl. hierzu Clemens; Grundlegende Fragen des Schiedsverfahrens nach dem KHG – Amtsermittlung/Beibringungsgrundsatz/NUB-Entgelte/Qualitätsprüfung durch Schiedsstelle/behördliche Genehmigung der Schiedssprüche; MedR 2012, 769 ff., der die Schiedsstellenverfahren eher einer Mediation gleichsetzt, als einem Gerichtsverfahren.

900 bzw. nach § 13 BPflVO.

901 Murawski in Hänlein/Kruse/Schuler (Hrsg.), Sozialgesetzbuch V, § 137 e Rn. 5.

902 Becker in: Becker/Kingreen, Kommentar zum SGB V § 137 e Rn. 5.

903 Vgl. Becker in: Becker/Kingreen, Kommentar zum SGB V § 137 e Rn. 5.

Erkenntnisse gesammelt werden können, andererseits aber nicht zu einer faktischen Dauerlösung führt.[904]

5. Einsatz von NUB-Methoden im Krankenhaus – Qualitätskriterien und Prüfungsmaßstab

Die Frage, welchen konkreten Anforderungen eine konkrete, noch nicht vom G-BA durch eine Verbotsrichtlinie gem. § 137 c SGB V ausgeschlossene, NUB-Methode, die in einem Krankenhaus im Rahmen einer stationären Behandlung angewendet wird bzw. werden soll, genügen muss, um als Teil des regulären Leistungsspektrums betrachtet zu werden und somit zulasten der gesetzlichen Krankenkasse abgerechnet werden zu können und dürfen, ist aus Patientenperspektive eine zentrale Frage und hat für die Krankenhäuser eine erhebliche Bedeutung, da sie wirtschaftlich darauf angewiesen sind, regelmäßig nur solche Methoden anzuwenden, deren Kosten sie auch anschließend von den Krankenkassen erstattet bekommen. Welche Voraussetzungen das Krankenhaus somit prüfen und erfüllen muss, um eine neue Methode zugunsten eines Patienten zulasten seiner gesetzlichen Krankenkasse erbringen zu dürfen, ist Gegenstand der folgenden Untersuchung.

Insbesondere soll Ziel der Untersuchung sein zu prüfen und darzustellen, welche Kriterien zur inhaltlichen Überprüfung durch Krankenkassen und Gerichte verbleiben, wenn Krankenhäusern aufgrund der gesetzlichen Systematik der §§ 135, 137 c SGB V hinsichtlich der Beurteilung der Frage, ob eine konkrete NUB-Methode die speziellen Anforderungen des Qualitätsgebots erfüllt, ein Beurteilungsspielraum eingeräumt wird.

Da es im stationären Bereich, anders als in der ambulanten Versorgung i.S.d. § 135 SGB V, für die Erbringung einer NUB-Methode keiner präventiven ausdrücklichen Aufnahme der konkreten NUB-Methode ins Leistungsspektrum der gesetzlichen Krankenversicherung durch den G-BA bedarf, es keinen formal abgeschlossenen Leistungskatalog gibt, ist diese Frage für den stationären Bereich, sowohl aus Sicht der Leistungserbringer als auch aus Sicht der Krankenkassen als Kostenträger, schwerer zu beantworten, als im Bereich der ambulanten Versorgung, wo die abstrakte Frage des zur Verfügung stehenden Leistungsspektrums durch die Positivliste des G-BA i.S.d. § 135 SGB V und die anschließende Aufnahme der NUB-Methode durch den Bewertungsausschuss in den EBM gem. § 87 SGB V[905] nicht von den Leistungserbringern selber zu be- und verantworten ist.[906]

---

904 Becker in: Becker/Kingreen, Kommentar zum SGB V § 137 e Rn. 4.

905 Vgl. hierzu Hauck, Medizinischer Fortschritt im Dreieck IQWiG, G-BA und Fachgesellschaften: Wann wir eine innovative Therapie zur notwendigen medizinischen Maßnahme? Rechtsgrundlagen und Rechtsprechung; NZS 2007, 461, 464.

906 Dies stellt natürlich auf der Kehrseite eine sehr große Einschränkung für die niedergelassenen Ärzte dar und bringt eine erhebliche zeitliche Verzögerung der Einführung von innovativen Methoden im ambulanten Bereich mit sich.

Bei der Beschäftigung mit der Thematik der Einführung und Anwendung neuer Untersuchungs- und Behandlungsmethoden ist der Eindruck entstanden, dass nicht scharf genug zwischen der abstrakten, patientenunabhängigen Frage, ob eine konkrete NUB-Methode (schon) zum regulären Leistungsspektrum gehört, oder nicht und der Frage, ob, wenn die erste Frage positiv beantwortet wurde, diese Methode vom konkreten Leistungserbringer im konkreten Behandlungsfall zulasten der gesetzlichen Krankenkassen erbracht werden darf bzw. durfte, getrennt wird. Auch wenn Thema der vorliegenden Arbeit streng genommen eigentlich nur die Beschäftigung mit der ersten Frage umfasst, da die rechtlichen Regelungen der systematischen Einführung von NUB-Methoden untersucht wird, erscheint es erforderlich und sachdienlich, an dieser Stelle ausdrücklich auf das Erfordernis dieser Trennung hinzuweisen, insbesondere auch, da sie sich auch maßgeblich bei der Beschäftigung mit der Frage des den Krankenhäusern einzuräumenden oder nicht einzuräumenden Beurteilungsspielraums auswirkt. Zudem erscheint zur Versachlichung der Diskussion der Einführung von NUB-Methoden im stationären Sektor eine Grobskizze der auf der zweiten Ebene ausschlaggebenden krankenhausspezifischen und patientenbezogenen, behandlungsfallspezifischen Kriterien erforderlich:

5.1 Trennung der drei Prüfungsebenen

Erste Prüfungsebene: Bestimmung des Leistungsspektrums (methodenbezogen). Zweite Prüfungsebene: Anwendung einer NUB-Methode aus dem Leistungsspektrum durch den konkreten Leistungserbringer (leistungserbringerbezogen). Dritte Prüfungsebene: Medizinisch und krankenversicherungsrechtliche Indikation im konkreten Behandlungsfall (patientenbezogen)

5.1.1 Erste Prüfungsebene – Methodenbezogen

Die erste Ebene bezieht sich auf die patientenunabhängige Beantwortung der Frage, ob eine konkrete NUB-Methode im Zeitpunkt der vorgesehenen Behandlung (schon) zum Leistungsspektrum der gesetzlichen Krankenkassen gehört. Denn die gesetzliche Krankenversicherung hat den Versicherten nur das zu leisten, was in den „Leistungskatalog fällt“[907]. Für die Beantwortung dieser Frage ist nach der hier vertretenen Ansicht auch für Krankenhäuser § 137 c SGB V als lex specialis die entscheidende Regelung.[908] Hierbei handelt es sich um die Qualitätskriterien, die, wie der Formulierung des § 137 c SGB V zu entnehmen ist, auch vom G-BA bei der Durchführung der Nutzenbewertung einer konkreten NUB-Methode geprüft werden.

---

907 Hauck, Medizinischer Fortschritt im Dreieck IQWiG, G-BA und Fachgesellschaften: Wann wir eine innovative Therapie zur notwendigen medizinischen Maßnahme? Rechtsgrundlagen und Rechtsprechung; NZS 2007, 461.

908 So auch Ullrich; Finanzierungslücken bei medizinischen Innovationen? Rechtliche Rahmenbedingungen der Finanzierung neuer Untersuchungs- und Behandlungsmethoden sowie innovativer Arzneimittel, S. 134.

Welche schillernde Rolle § 137 c SGB V in diesem Zusammenhang spielt, zeigt, dass, wie bereits angesprochen, vertreten wird, § 137 c SGB V impliziere, dass im stationären Bereich „alles erlaubt sei, was (noch) nicht durch den G-BA verboten" wurde[909], § 137 c SGB V regle ein "dezentralisiertes Prüfverfahren mit zentralisiertem Verbotsvorbehalt"[910], § 137 c SGB V enthalte keinen „Annerkennungsvorbehalt", sondern eine „Ausschlusskompetenz"[911], § 137 c SGB V „könnte als „gesetzliche Wirksamkeitsvermutung" verstanden werden, die vom Bundesausschuss zu widerlegen"[912] sei, bis hin zu der In-Frage-Stellung, inwiefern § 137 c SGB V überhaupt unmittelbar die Voraussetzungen regelt, die ein Krankenhaus für die Anwendung von NUB-Methoden beachten muss[913]. Welche inhaltlichen Folgen sich für eine Behandlung im Einzelfall aus § 137 c SGB V ergeben, wird Gegenstand der folgenden Untersuchung sein.[914]

5.1.2 Zweite Prüfungsebene – Leistungserbringerbezogen

Die zweite Prüfungsebene bezieht sich darauf, ob die Anwendung einer NUB-Methode, die, da sie die Kriterien des § 137 c SGB V erfüllt, zum Leistungsspektrum der gesetzlichen Krankenkasse gehört und somit im Rahmen einer stationären Behandlung grundsätzlich angewendet werden darf, von dem konkreten Krankenhaus angewendet werden darf bzw. durfte und somit zulasten der gesetzlichen Krankenkasse erbracht werden darf bzw. durfte. Hinzuweisen ist bezogen auf den jeweiligen Leistungserbringer insbesondere auf die Beachtung der Grenze des

909 Diese Ansicht vertritt Felix in Felix, Innovative Medizin im ambulanten und stationären Bereich „Bekannte Akteure – Neue Fragen", MedR 2011, 67, 70; Das BSG Urteil vom 28.07.2008 (B 1 KR 5/08 R) wird überspitzt, wenn nicht sogar „falsch" zitiert, wenn vorgetragen wird, hier habe das BSG entschieden, dass aufgrund der Systematik der §§ 135, 137 c SGB V im Krankenhaus bis zu einer Verbotsentscheidung durch den G-BA „alles erlaubt" sei. Diese, auf Ebene der Krankenhausbehandlung jegliche Qualitätskriterien ausblendende Ansicht, ist dem Urteilstext nicht zu entnehmen. Vielmehr wäre auch die heute vertretene Ansicht, dass es für die Erbringung von NUB-Methoden im Rahmen einer stationären Behandlung hinsichtlich der konkreten NUB-Methode zwar keiner präventiven Erlaubnis durch den G-BA bedarf, das jeweilige Krankenhaus aber dennoch nur solche Methoden anwenden darf, die – aus seiner Sicht – den anzuwendenden Qualitätskriterien genügen, mit dem Urteilstext vereinbar gewesen.

910 Hauck, Rechtliche Schnittstellen im SGB V zwischen ambulanter und stationärer Arzneimittelversorgung, MedR 2010, 226, 229.

911 Becker in: Becker/Kingreen, Kommentar zum SGB V § 137 c, Rn. 1.

912 Roters, Die Bewertung medizinischer Methoden nach der Verfahrensordnung des G-BA, NZS 2007, 176, 182.

913 BSG Urteil vom 21.03.2013 – B 3 KR 2/12 R, Rn. 19.

914 Vgl. hierzu B.5.2. ff.

Versorgungsauftrages[915] i.S.d. § 109 Abs. 4 SGB V[916], die Einhaltung und Umsetzung allgemeiner qualitätssichernder Maßnahmen i.S.d. §§ 135 a, 137 SGB V[917], die Beachtung des Arztvorbehaltes i.S.d. §§ 27 Abs. 1, 28 Abs. 1–3 SGB V[918] sowie die Gewährleistung des Facharztstandes[919] und die „arztspezifischen", vom jeweiligen behandelnden Arzt zu beachtenden berufsrechtlichen und ethischen Pflichten[920].

---

915 Siehe auch Bender; Finanzierung neuer Untersuchungs- und Behandlungsmethoden (NUB) im Krankenhaus; NZS 2012, 761, 763.

916 Bei Privatkliniken kommt hinzu noch die Zuverlässigkeit des Krankenhausträgers i.S.d. § 30 GewO.

917 Ein weiteres denkbares qualitätssicherndes Kriterium ist oder wäre eine (obligatorische) Rücksprache mit klinikinternem gemischt besetztem Ethikkreis vor Anwendung. Viele Krankenhäuser haben in den letzten Jahren klinkintern fachgebiets- und berufsgruppenübergreifende Ethikkreise mit direkt gewählten Vertretern eingesetzt. Sie bieten Raum für Diskussionen zwischen Ärzten, Vertretern der Pflege, der Seelsorge und der Verwaltung. Nicht selten sind auch externe juristische Vertreter ständige Mitglieder im Gremium. Neben der Auseinandersetzung mit Einzelfällen sind solche Ethikkreise ein Forum, in dem einzelfallunabhängig die Anwendung einer NUB-Methode und ihr schon hinreichend belegter Nutzen, ihr Potenzial einer erforderlichen Behandlungsalternative sowie ihr GefahrPotenzial thematisiert und diskutiert werden kann und bei entsprechendem insbesondere ethischem Diskussions-Potenzial auch dringend diskutiert werden sollte. Denn diese einrichtungsinternen fachgebietsübergreifenden Ethikkreise können so eine wichtige qualitätssichernde Funktion einnehmen und hausintern ggf. auch Fehlanreizen gegensteuern.

918 Vgl. hierzu insbesondere bezogen auf den ambulanten Bereich Flint in Hauck/ Noftz (Hrsg.), SGB V K § 135 Rn. 17.

919 Spezifisch in Bezug auf die ärztliche Versorgung ist das Krankenhaus medizinrechtlich verpflichtet, durch Einstellung von einer ausreichenden Anzahl an fachlich und persönlich geeigneten Ärzten und eine entsprechende Dienstplanung, die ärztliche Versorgung so zu organisieren, dass der „Facharztstandard" gewährleistet ist. Dies bedeutet nicht, dass der Patient ausschließlich von Ärzten betreut wird, die über eine abgeschlossene Facharztausbildung verfügen, insbesondere auch, da zum einen die Aus- und Weiterbildung der Assistenzärzte ohne die eigenständige Behandlung von Patienten nicht möglich wäre und zum anderen die Beachtung des Grundsatzes der Wirtschaftlichkeit gem. § 12 SGB V durch die Krankenhäuser aus Kosteneinsparungsgesichtspunkten gebietet nicht alle Arztstellen mit Fachärzten zu besetzen – abgesehen davon, dass dies rein tatsächlich bei Weitem nicht in allen Fachrichtungen möglich wäre. Für die Bestimmung des Facharztstandards kommt es unabhängig vom Facharzttitel auf die tatsächlichen Fähigkeiten des vom Krankenhaus eingesetzten Arztes an, denn der anzulegende Maßstab richtet sich danach, wie sich ein besonnener und gewissenhafter Arzt derselben Fachrichtung in derselben konkreten Situation (ex ante) verhalten hätte (Janda, Medizinrecht S. 330). Ein Arzt kann auch in der Weiterbildung zum Facharzt schon über ausreichend Erfahrung, Fachwissen und die erforderliche Persönlichkeitsstruktur verfügen, um eine Behandlung dem „Facharztstandard" entsprechend durchführen zu können – während andererseits der erworbene Titel nicht (lebenslänglich) automatisch die Einhaltung desselben garantiert.

920 Neben der Pflicht sich in seinem Fachgebiet stetig fortzubilden, um dem dynamischen „Facharztstandard" möglichst immer gerecht zu werden, müssen die

5.1.3 Dritte Prüfungsebene – Patientenbezogen

Die dritte Prüfungsebene bezieht sich darauf, ob die konkrete, gem. § 137 c SGB V (bereits) zum regulären Leistungsspektrum der gesetzlichen Krankenkasse gehörende, NUB-Methode patientenbezogen im konkreten Behandlungsfall in der konkreten Behandlungssituation (insbesondere in Anbetracht der §§ 12, 27, 39 SGB V) angewendet werden darf. Denn das Krankenhaus darf den konkreten Patienten mit der jeweiligen NUB-Methode insbesondere nur behandeln, wenn der Patient i.S.d. § 27 SGB V behandlungsbedürftig ist, hinsichtlich des Patienten eine stationäre Behandlung i.S.d. § 39 Abs. 1 SGB V erforderlich ist und die konkrete Behandlung i.S.d. Wirtschaftlichkeitsgrundsatzes gem. § 12 Abs. 1 SGB V[921] ausreichend, zweckmäßig und wirtschaftlich i.e.S. ist und das Maß des Notwendigen nicht überschreitet.

Da durch die vorgeschaltete Prüfung (erste Ebene), ob die konkrete NUB-Methode i.S.d. § 137 c SGB V schon zum regulären Leistungsspektrum der gesetzlichen Krankenkasse gehört, die Frage, ob die konkrete NUB-Methode den Qualitätsanforderungen des gesetzlichen Krankenversicherungsrechts genügt, schon abschließend geprüft wurde, bleibt auf der dritten, patientenbezogenen Prüfungsebene nach der hier vertretenen Ansicht bezogen auf die NUB-Methode kein Raum mehr für eine weitere Prüfung des „allgemeinen Qualitätsgebotes„ i.S.d. § 2 Abs. 1 Satz 3 SGB V.

Die Kriterien der 2. und 3. Prüfungsebene hängen unmittelbar mit dem behandelnden Krankenhaus und dem individuellen Behandlungsfall, dem individuellen Patienten, zusammen. Hinsichtlich der Kriterien der 2. und 3. Ebene besteht kein Unterschied, keinerlei Besonderheit, ob ein Krankenhaus eine schon „allgemein anerkannte“, oder eine NUB-Methode anwendet. Diese Kriterien können jedenfalls vollumfänglich Gegenstand von durch die Krankenkassen veranlassten, anlassbezogenen Einzelfallprüfungen durch den MDK gem. § 275 Abs. 1 Satz 1 Nr. 1, A bs. 1 c SGB V sein.[922]

Nach dieser komprimierten Darstellung der in jedem Behandlungsfall zu beachtenden Kriterien, die sich allesamt qualitätssichernd auswirken (können), und die unabhängig davon gelten, ob ein Krankenhaus eine NUB-Methode oder eine „Standardmethode“ anwendet, erfolgt nun die angekündigte Auseinandersetzung

---

einzelnen Ärzte die sich aus den Berufsordnungen ergebenden berufsständischen Pflichten, insbesondere auch die jeweiligen Pflichten zur fachlichen Fort- und Weiterbildung sowie die „über allem schwebenden“ ethisch und humanistischen sich aus dem hippokratischen Eid oder dem Gelöbnis von Helsinki ergebenden ärztlichen Pflichten beachten.

921 Speziell im Hinblick auf die langfristige Gewährleistung der finanziellen Stabilität des gesetzlichen Krankenversicherungsrechts ist in diesem Zusammenhang auch der Wirtschaftlichkeitsgrundsatz i.S.d. § 12 Abs. 1 SGB V als „allgemeines qualitätssicherndes Kriterium“ einzuordnen.

922 Zu der Frage, inwiefern das auch (uneingeschränkt) hinsichtlich der Kriterien der ersten Ebene, der Frage, ob eine konkrete NUB-Methode schon i.S.d. § 137 c SGB V zum Leistungsspektrum der GKV gehört, gilt, siehe unter B.5.2.ff.

mit der Frage (erste Ebene), welche Schlüsse aus § 137 c SGB V für die Prüfung der Frage zu ziehen sind, ob eine konkrete, nicht gem. § 137 c Abs. 1 Satz 2, 4 SGB V verbotene, NUB-Methode, schon zum Leistungsspektrum der gesetzlichen Krankenkasse gehört und somit, wenn die Voraussetzungen der zweiten und dritten Ebene erfüllt sind, von einem Krankenhaus im konkreten Behandlungsfall zulasten der gesetzlichen Krankenkasse angewendet werden darf:

5.2 § 137 c SGB V – Keine generelle Erlaubnis aller beliebigen noch nicht verbotenen Methoden

Im Sinne einer hohen Patientensicherheit[923] und dem Schutz des gesetzlichen Krankenversicherungssystems vor der Finanzierung unnützer oder gar schädlicher Methoden, sind trotz eines hohen Vertrauens in die stationäre Versorgung, bei der Anwendung von NUB-Methoden auch im stationären Bereich qualitätssichernde Kriterien zu erfüllen.[924] Auch hier ist nicht davon auszugehen, dass alles erlaubt ist, solange es nicht ausdrücklich verboten wurde[925]. So wird auch regelmäßig

923 In diesem Sinne auch Hauck; Medizinischer Fortschritt im Dreieck IQWiG, G-BA und Fachgesellschaften: Wann wir eine innovative Therapie zur notwendigen medizinischen Maßnahme? Rechtsgrundlagen und Rechtsprechung; NZS 2007, 461, 467: „Es wird sich meines Erachtens kaum halten lassen, den Patientenschutz bis zu diesem Zeitpunkt zu suspendieren."

924 Hinweis auf GKV-VSG (Gesetzentwurf der Bundesregierung des Gesetzes zur Stärkung der Versorgung in der gesetzlichen Krankenversicherung (GKV-VSG, BTDrs. 18/4095) i.d.F. der Beschlussempfehlung des Ausschusses für Gesundheit (BTDrs. 18/5123)): Vgl. hierzu voraussichtlich neu einzufügender § 137 c Abs. 3 SGB V, der konkret regeln soll, unter welchen Voraussetzungen Krankenhäuser NUB-Methoden zulasten der gesetzlichen Krankenkasse erbringen dürfen. Perspektivische Erstbewertung der voraussichtlichen Änderungen der Gesetzeslage durch das GKV-VSG am Ende der Arbeit unter G.

925 Becker in: Becker/Kingreen, Kommentar zum SGB V § 137 c, Rn. 1; Clemens; Grundlegende Fragen des Schiedsverfahrens nach dem KHG – Amtsermittlung/ Beibringungsgrundsatz/NUB-Entgelte/Qualitätsprüfung durch Schiedsstelle/ behördliche Genehmigung der Schiedssprüche; MedR 2012, 769, 771 f., mit Darstellung zu Rechtsprechungsentwicklung, S. 772; Ihle in: jurisPK-SGB V § 137 c SGB V Rn. 13; Murawski in Kruse/Hänlein (Hrsg.), Das neue Krankenversicherungsrecht, Rn. 515; Wöhrmann, Medizinische Innovationen im Krankenhaus – die Sicht der Krankenkassen in: Felix/Schütte (Hrsg Medizinische Innovationen im Krankenhaus, Steuerung und Finanzierung S. 29, 33; A.A. Becker in: Becker/ Kingreen, Kommentar zum SGB V § 137 e Rn. 4; Bender; Finanzierung neuer Untersuchungs- und Behandlungsmethoden (NUB) im Krankenhaus; NZS 2012, 761, 765; Dalichau in: Prütting, Dorothea (Hrsg.); Fachanwaltkommentar Medizinrecht SGB V § 137 c Rn. 9; Felix, Innovationen im Krankenhaus – Wer entscheidet? MedR 2014, 283, 285; Stallberg, Das GKV-Versorgungsstrukturgesetz aus Sicht der Medizinprodukteindustrie – Erleichterung des Marktzugangs innovativer Produkte?, MPR 2011, 185, 187; Huster/Gottwald, Gutachten zum Thema „Kostenübernahme

von Stimmen, die vertreten, § 137 c SGB V enthalte eine „allgemeine Erlaubnis", anschließend sinngemäß angefügt, dass natürlich die grundlegenden Maßstäbe des §§ 2 Abs. 1 Satz 3; 12Abs. 1; 27 Abs. 1 SGB V zu beachten seien[926] – wodurch die scheinbare „allgemeine Erlaubnis" stark eingeschränkt wird, wenn nämlich die NUB-Methode i.S.d. § 2 Abs. 1 Satz 3 SGB V „dem allgemein anerkannten Stand der medizinischen Erkenntnisse entsprechen" muss.

Eine „generelle Erlaubnis aller beliebigen Methoden für das Krankenhaus mit Verbotsvorbehalt"[927] lässt sich weder aus dem Wortlaut des § 137 c SGB V, noch aus einer vergleichenden Betrachtung der §§ 135, 137 c SGB V, noch aus den Gesetzgebungsmaterialien herleiten. Sonst wäre auch nicht nachvollziehbar, warum aufgrund einer „generellen Erlaubnis" nicht auch NUB-Methoden angewandt werden dürfen sollen, die sich noch im Stadium der Klinischen Prüfung befinden. Dies kann aber nicht gewollt sein und ergibt sich auch daraus, dass § 137 c SGB V ausdrücklich zum Thema der Zulässigkeit der Durchführung klinischer Studien[928] Stellung nimmt.[929] Auch ist nicht ersichtlich, warum bezogen auf den stationären Sektor die Regelung des § 2 Abs. 1 a SGB V erforderlich sein sollte, wenn ohnehin vor einem Verbot einer konkreten NUB-Methode „alles erlaubt" wäre.

Insofern ist dem Urteil des BSG vom 21.03.2013[930] im Ergebnis zuzustimmen.

§ 137 c SGB V regelt ausdrücklich, unter welchen Voraussetzungen der G-BA eine Methode ausschließt bzw. eine Richtlinie zur Erprobung erlässt, bzw. welche Kriterien eine Methode erfüllen muss, um im Krankenhaus angewendet zu werden. Er sagt aber nicht, weder ausdrücklich, noch implizit, dass alle Methoden, die noch keiner Prüfung unterzogen wurden, erlaubt sind. Durch die Kriterien des § 137 c SGB V wird bestimmt, welchen Anforderungen eine NUB-Methode genügen muss, um zum regulären Leistungsspektrum der gesetzlichen Krankenversicherung zu gehören. Unabhängig davon, wer wann prüft oder überprüft, ob diese Voraussetzungen durch eine NUB-Methode erfüllt werden.

Hierfür spricht auch der Vergleich mit der Formulierung des § 135 Abs. 1 Satz 1 SGB V, der lautet „NUB-Methoden dürfen in der vertragsärztlichen und

---

genetischer Untersuchungen zur genetischen Diagnostik von Krankheiten und zur Therapieplanung (sog. Companion Diagnostics) durch die GKV" im Auftrag des Deutschen Ethikrates, S. 34.

926 Vgl. beispielhaft Schöning, Öffentlich-rechtliche Instrumente der Qualitätssicherung im stationären Sektor, S. 82.

927 Formulierung übernommen von Urteil des BSG vom 21.03.2013 – B 3 KR 2/12 R, Rn. 24, das dies jedoch auch ablehnt.

928 Vgl. hierzu unter B.4.6.

929 Auch Huster führt aus: Auch will es nicht unbedingt einleuchten, dass ein striktes Verständnis des § 137 c SGB V tatsächlich dazu führen kann, dass selbst völlig aussichtslose Methoden zunächst einmal auf Kosten der GKV im Krankenhaus erbracht werden können. Huster, Krankenhausrecht und SGB V – Medizinische Innovationen im stationären Sektor; GesR 2010, 337, 343.

930 Urteil des BSG vom 21.03.2013 – B 3 KR 2/12 R, Rn. 20 ff.

vertragszahnärztlichen Versorgung zulasten der Krankenkassen nur erbracht werden, wenn...". Das Verbot in § 135 SGB V ist somit unmittelbar dem Wortlaut zu entnehmen. Zutreffend wird oft, verkürzt und etwas plakativ, gesagt, im ambulanten Bereich gelte ein „Verbot mit Erlaubnisvorbehalt" während im stationären Sektor eine „Erlaubnis mit Verbotmöglichkeit" bestehe. Während sich das Verbot, wie dargelegt, unmittelbar aus dem Wortlaut des § 135 SGB V ergibt, erschließt sich die „Erlaubnis mit Verbotsmöglichkeit" in § 137 c SGB V nur mittelbar aus dem Wortlaut dadurch, dass es für die Anwendung von NUB-Methoden im stationären Bereich keiner präventiven Zulassung bedarf. Im Fall eines ergangenen Verbotes steht fest, dass die entsprechende Methode aus Sicht des G-BA, der insofern das „Letztentscheidungsrecht" hat, nicht den krankenversicherungsrechtlichen Anforderungen entspricht und deshalb „nicht mehr" zulasten der Krankenkassen erbracht werden darf. Hieraus ergibt sich aber für die Zeit vor einem potentiellen Verbot nicht zwingend eine bedingungslose Erlaubnis aller denkbaren, nicht verbotenen Methoden. Insbesondere ergibt sich diese auch nicht aus der Formulierung „nicht mehr", denn, da es im stationären Bereich mangels erforderlicher präventiver Erlaubnis keinen Positivkatalog gibt, wird es, aus unterschiedlichen Motivationen, nicht selten streitig sein, ob eine konkrete NUB-Methode, die noch nicht verboten wurde, den Anforderungen des § 137 c SGB V entspricht, oder nicht. Dies kann letztendlich nur durch den G-BA geklärt werden, weswegen infolge einer ergangenen Verbotsrichtlinie feststeht, dass die NUB-Methode „nicht mehr" erbracht werden darf. Gäbe es auch für den stationären Bereich das Erfordernis einer präventiven Prüfung durch den G-BA, hätte eine nach einer Prüfung ausgeschlossene NUB-Methode auch vor der Prüfung nie erbracht werden dürfen, da sie mit an Sicherheit grenzender Wahrscheinlichkeit das Stadium des „hinreichend belegten Nutzens und des fehlenden Potenzials einer erforderlichen Behandlungsalternative" nicht wieder verloren hat, sondern, nach dem Maßstab des G-BA noch nicht erreicht hatte.

Dies bringt mit sich, dass es aufgrund der aktuellen Gesetzeslage im Einzelfall passieren kann, dass im Rahmen einer Krankenhausbehandlung NUB-Methoden angewendet werden, die zwar aus Sicht des Krankenhauses die Kriterien des § 137 c SGB V erfüllen, bei deren Nutzenbewertung aber der G-BA ggf. zu einem abweichenden Ergebnis käme.[931] Diese Konstellation ist der aktuellen Gesetzeslage

931 Dies bedeutet jedoch nicht, dass ihre Anwendung zivilrechtlich, wie von der Rechtsprechung oft – nahezu emotional angehaucht – angedeutet, automatisch einen Behandlungsfehler darstellen, denn bei der Nutzenbewertung i.S.d. § 137 c SGB V geht es ja letztendlich um eine generelle Kosten-Nutzen-Abwägung dahingehend, ob die konkrete NUB-Methode schon auf Kosten der gesetzlichen Krankenkasse erbracht werden dürfen soll. Dies ist sicherlich bei offensichtlich schädlichen oder unwirksamen Methoden nicht der Fall, da hier ein negatives Kosten-Nutzen-Saldo verbleibt. Die Spanne zwischen einer schädlichen Methode und einer sehr wirksamen Methode, deren Nutzen aber im Rahmen der abstrakten Kosten-Nutzen-Abwägung des § 137 c SGB V, die stark auch die wirtschaftliche Stabilität des gesamten Krankenversicherungssystems im Auge haben muss, noch nicht

überwiegt, kann jedoch sehr weit sein. Aus rein zivilrechtlicher Perspektive eines einzelnen Patienten kann jedoch, wie auch die Existenz des neu eingeführten § 2 Abs. 1 a SGB V belegt, deshalb gerade auch eine aufgrund der Gesamtabwägung ausgeschlossene Methode sehr nützlich und sicherlich weit davon entfernt sein, einen Behandlungsfehler darzustellen.
Aus Qualitätsgesichtspunkten unterliegt eine NUB-Methode, deren Anwendung nach zivilrechtlicher Betrachtung systematisch einen Behandlungsfehler darstellt, im Sinne der Einheit der Rechtsordnung nicht mehr den öffentlich-rechtlich anzulegenden Qualitätskriterien (In diesem Sinne auch Felix, Innovative Medizin im ambulanten Bereich – „Bekannte Akteure – Neue Fragen", MedR 2011, 67, 68), da sie i.S.d. § 137 c Abs. 1 Satz 2 SGB V „schädlich" ist. Eine solche Methode darf daher i.S.d. § 137 c Abs. 1 SGB V nicht im Rahmen einer stationären Behandlung zulasten der gesetzlichen Krankenkassen erbracht werden.
Der Umkehrschluss ist jedoch, insbesondere als Automatismus, nicht sachgerecht. Denn die Einschätzung eines Krankenhauses vor Behandlungsbeginn im konkreten Einzelfall oder des G-BA im Rahmen einer Nutzenbewertung gem. § 137 c SGB V, dass eine konkrete NUB-Methode (noch) nicht den Anforderungen des § 137 c SGB V genügt, da insbesondere ihr Nutzen noch nicht hinreichend belegt ist und sie nicht das Potenzial einer erforderlichen Behandlungsalternative bietet, weswegen das Krankenhaus die Methode nicht als Kassenleistung anbieten könnte und der G-BA zu dem Ergebnis käme, die Methode durch Erlass einer Verbotsrichtlinie vom Leistungsspektrum der gesetzlichen Krankenversicherung auszuschließen, führt nicht automatisch zu dem Schluss, dass die Anwendung der Methode im konkreten Einzelfall in zivilrechtlicher Sicht gem. § 823 BGB einen Behandlungsfehler darstellt. (Diese Darstellung verkennt zudem, dass ein einwilligungsfähiger Patient im Sinne der ihm zustehenden, grundrechtlich geschützten Selbstbestimmung bei Kenntnis aller Umstände und ausführlicher Aufklärung i.S.d. Patientenrechtegesetzes (§ 630 a ff. BGB) und darauf beruhender Einwilligung auch in die unsinnigste, unwirksamste, ggf. aus objektiver Betrachtung einen Behandlungsfehler darstellende Behandlung wirksam einwilligen kann – was zwar nicht dazu führt, dass er diese auf Kosten der gesetzlichen Krankenkasse über sich ergehen lassen kann, aber bewirkt, dass er regelmäßig nachträglich keinen Schadensersatz wegen Behandlungsfehlers geltend machen könnte.) Dies zeigt plastisch die Existenz des neu ins Gesetz aufgenommenen § 2 Abs. 1 a SGB V. Auch aus haftungsrechtlichen Gesichtspunkten ist anerkannt, dass die ärztliche Therapiefreiheit dem Arzt erlaubt bei mehreren zur Verfügung stehenden Methoden, die Methode auszuwählen, die der behandelnde Arzt für Erfolg versprechend hält (Janda, Medizinrecht S. 324). Hierbei hat er jedoch das „Prinzip des sichersten Wegs" (Janda, Medizinrecht S. 324) zu beachten. Dies bedeutet, dass die Therapiefreiheit des Arztes dadurch eingeschränkt wird, dass er grundsätzlich solche Methoden zu wählen hat, die dem aktuellen Stand der medizinischen Forschung entsprechen, vergleichsweise unumstritten, weit verbreitet und bewährt sind (Janda, Medizinrecht S. 324). Risikoreiche Methoden sollen nur zur Anwendung kommen, wenn die zu befürchtende Belastung des Patienten im Einzelfall besonders gerechtfertigt ist, weil beispielsweise die Heilung durch diese Methode mit hoher Wahrscheinlichkeit beschleunigt wird (Janda, Medizinrecht

S. 324 m.w.N.). Wenn der Arzt Methoden jenseits der Schulmedizin anwendet, so ist dies aus haftungsrechtlichen Gesichtspunkten nicht automatisch ein Indiz für einen Behandlungsfehler, jedoch muss der Arzt mit seiner Behandlung den hinsichtlich der einzelnen Therapierichtung bestehenden methodischen Erkenntnissen genügen (Vgl. BGHZ 168, 103 („Robodoc"); Katzenmeier, Aufklärung über neue medizinische Behandlungsmethoden – Robodoc, NJW 2006, 2738). Insbesondere ist die Wahl von Methoden außerhalb des schulmedizinischen Leistungsspektrums zulässig, wenn der jeweilige Arzt über besondere fachliche Erfahrungen mit deren Anwendung verfügt und für deren Anwendung ausreichend technisch ausgestattet ist (Janda, Medizinrecht S. 325). Daneben muss der Arzt abwägen, ob die Vorteile der Alternativmethode gewichtiger sind, als die ggf. daraus drohenden Nachteile (Janda, Medizinrecht S. 325). Und er muss, wie bei jeder Behandlung, den Verlauf kontrollieren und die Behandlung bei Komplikationen abbrechen (Janda, Medizinrecht S. 325). Das Gleiche muss für auf schulmedizinischen Grundsätzen basierende NUB-Methoden gelten.

Aus haftungsrechtlicher Betrachtung haben sich folgende drei Gruppen herausgebildet: Außenseitermethoden (BGHZ 172, 254 („Medikamentencocktail durch Katheter in Rückenmarkskanal anstelle Bandscheibenoperation)), die vom allgemein anerkannten Stand der Schulmedizin abweichen, Neulandmethoden (Vgl. BGHZ 168, 103 („Robodoc")), die noch nicht zum Standard gehören, da sie sich noch in der Erprobungsphase befinden und Heilversuche (Vgl. BGHZ 172, 1 (Off-label-use); Vogeler, MedR 2008, 697), worunter konkrete Behandlungen gefasst werden, die keinem Standard entsprechen, weil es für diesen konkreten Bereich (bisher) keinen „Standard" gibt, oder weil die existierende Standardbehandlung im konkreten Fall keinen Erfolg (mehr) verspricht.

Andererseits kann das Unterlassen der Anwendung einer NUB-Methode einen Behandlungsfehler wegen Unterschreitens des medizinischen Standards darstellen, der sowohl zivilrechtliche als auch strafrechtliche Folgen nach sich ziehen kann, wenn die konkrete NUB-Methode nach den Kriterien der evidenzbasierten Medizin schon den Qualitätskriterien des § 137 c SGB V entspricht, da ihr Nutzen hinreichend belegt ist oder sie das Potenzial einer erforderlichen Behandlungsalternative bietet, und der Arzt sich dennoch für die Anwendung einer „überholten", im konkreten Fall nicht gleich wirksamen Standardmethode entscheidet (Hierzu auch Heil, Abrechnung von innovativen Medizinprodukten als Wahlleistungen oder IGeL, MPR 2013, 109, 112).

Aus rein „gefahrenabwehrrechtlichen Gesichtspunkten" ist zudem darauf hinzuweisen, dass die sachgerechte, seriöse Anwendung einer NUB-Methode nicht an sich gefährlicher sein muss, als die Anwendung einer „Standardbehandlung" – insbesondere da auch hier erforderlich ist, dass diese aufgrund einer zutreffenden Diagnose angewendet und fehlerfrei durchgeführt wurde.

Eine darüber hinaus gehende strafrechtliche Vergleichbetrachtung ist diesbezüglich nicht weiterführend, da ohne wirksame Einwilligung auch eine unstreitig allen Qualitätskriterien entsprechende Behandlung mit der fachlich unangefochtenen Standardtherapie den Tatbestand der Körperverletzung i.S.d. §§ 223 ff. StGB erfüllt, während bei Vorliegen einer wirksamen Einwilligung auch eine den Behandlung, die offensichtlich nicht den öffentlich-rechtlichen Qualitätskriterien entspricht, immanent. Sie ist jedoch aufgrund des berechtigten Vertrauensvorschusses in die stationäre Versorgung[932] und im Sinne der in § 2 Abs. 1 Satz 3 SGB V postulierten, gewünschten Fortschrittlichkeit des gesetzlichen Krankenversicherungsrechts, der Innovationsfreundlichkeit und der Innovationsförderung inhaltlich positiv zu bewerten und sachgerecht.[933] Die Rechtmäßigkeit der Innovationsgeneigtheit der gesetzlichen Regelungen bezogen auf den stationären Bereich wurde vom BSG in seinem Urteil zur „Protonentherapie"[934] auch ausdrücklich bestätigt.

Es ist jedoch darauf hinzuweisen, dass diese gewisse „Unsicherheit", mangels Erfordernis einer präventiven zentralen Zulassungsentscheidung jeder NUB-Methode durch den G-BA, auch durch eine vollständige gerichtliche Überprüfung (wie von den Krankenkassen gefordert und seit 2008 der Tendenz der Rechtsprechung des BSG entsprechend) der jeweiligen Entscheidung des jeweiligen Krankenhauses hinsichtlich der Frage, ob der Nutzen einer konkreten NUB-Methode i.S.d. § 137 c SGB V schon hinreichend bestimmt ist, nicht mit befriedigendem Ergebnis ausgeräumt werden kann. Denn, wenn man sich den Aufwand und Umfang vor Augen führt, den ein Methodenbewertungsverfahren des G-BA unter Einbeziehung des IQWiG mit sich bringt, so muss man schnell zu der Erkenntnis kommen, dass dies ein einzelner Richter am SG bzw. die Spruchkammern am LSG und BSG schon aus Kapazitätsgründen, völlig losgelöst von der Frage der fachlichen Bewertung, nicht leisten können. Sicherlich besteht die Möglichkeit Sachverständige hinzuzuziehen, die Einschätzung des jeweiligen Sachverständigen stellt jedoch, wie das BSG selber in seinem Urteil vom 21.03.2013[935] klargestellt hat, auch nichts anderes als die fachliche Stellungnahme eines Einzelnen dar, die „bei der Beurteilung des allgemein anerkannten Standes der medizinischen Erkenntnisse gerade nicht maßgeblich" ist. Unterschiedliche Sachverständige können in jeweils überzeugender Weise hinsichtlich derselben Methode zu unterschiedlichen Bewertungsergebnissen kommen – womit sich auch erklärt, warum unterschiedliche Gerichte, zu einem

---

wegen der rechtfertigenden Wirkung der wirksamen Einwilligung nicht als Körperverletzung verfolgt werden kann.

932 Siehe hierzu B.2.2., B.2.3.

933 Siehe hierzu A.4.6.2, A.4.6.3.2., A. 4.6.4.

934 BSG Urteil vom 06.05.2009 – B 6 A 1/08 R(„Protonentherapie"), Rn. 60.

935 BSG Urteil vom 21.03.2013 – B 3 KR 2/12 R; Rn. 28 (Auszug): „Es konnte materiell-rechtlich weder auf die Auffassung des MDK noch auf die Auffassung eines Sachverständigen zum allgemein anerkannten Stand der medizinischen Erkenntnisse ankommen. Die Auffassung einzelner Mediziner – und als nichts anderes ist eine fachliche Stellungnahme des MDK zum allgemein anerkannten Stand der medizinischen Erkenntnisse zu werten – ist bei der Beurteilung des allgemein anerkannten Standes der medizinischen Erkenntnisse gerade nicht maßgeblich."

ähnlichen Zeitpunkt hinsichtlich derselben NUB-Methode zu unterschiedlichen inhaltlichen Ergebnissen kommen können[936]. Da es für die Bewertung von NUB-Methoden durch den G-BA und die Methodenbewertungsverfahren eine gesetzlich vorgesehene Institution gibt, die die Frage, ob eine konkrete NUB-Methode schon zum regulären Leistungsspektrum gehört, oder nicht, abschließend prüfen und entscheiden kann, und diese grundsätzliche Frage anhand von Einzelfällen durch Gerichte, wie dargelegt, nur bedingt umfassend und auch in Anbetracht des Art. 3 Abs. 1 GG nur bedingt befriedigend beantworten kann, ist an späterer Stelle ausführlich zu thematisieren, ob hinsichtlich dieser Frage nicht von einem Beurteilungsspielraum seitens der Krankenhäuser auszugehen ist.

Als Zwischenergebnis ist an dieser Stelle jedenfalls festzuhalten, dass, unabhängig davon, wer im Einzelfall was überprüfen können soll und darf, auch im stationären Bereich daher nicht alles erlaubt ist, was noch nicht verboten wurde, sondern ein Krankenhaus darf eine NUB-Methode daher grundsätzlich[937] nur anwenden, wenn sie aus seiner Sicht schon die Voraussetzungen des § 137 c SGB V erfüllt und somit (schon) zum Leistungsspektrum der gesetzlichen Krankenkassen gehört.

Zudem ergibt sich aus § 137 c SGB V nicht, dass bezogen auf den konkreten Behandlungsfall (3. Ebene) bei der Anwendung einer NUB-Methode die allgemeinen krankenversicherungsrechtlichen Regelungen, wie insbesondere auch der Grundsatz der Wirtschaftlichkeit, generell nicht anwendbar sind. Hierzu trifft § 137 c SGB V keine Regelung, sondern er ist „nur" die Norm, die festlegt, welchen Kriterien eine NUB-Methode entsprechen muss, um zum Leistungsspektrum der gesetzlichen Krankenkasse zu gehören.

5.2.1 Zwischenergebnis

Eine „generelle Erlaubnis aller nicht verbotenen Methoden" ist daher aufgrund der krankenversicherungsrechtlichen Regelungen des SGB V, weder unter ausschließlicher Betrachtung des § 137 c SGB V als der anzuwendenden Spezialregelung für die Bestimmung des Leistungsspektrums, noch unter Miteinbeziehung der sonstigen allgemeinen krankenversicherungsrechtlichen Regelungen, die auch in Bezug auf NUB-Methoden grundsätzlich anzuwenden sind, anzunehmen.

---

936 Vgl. diesebezüglicher Hinweis in dem Brief der DKG an das Bundesgesundheitsministerium vom 18.06.2014 (abrufbar unter http://www.dkgev.de/dkg.php/cat/133/aid/12273/title/Neue_Untersuchungs-_und_Behandlungsmethoden_-_Hier%3A_Renale_Denervation, Anlage 2, abgerufen am 17.09.2014) unter Bezugnahme auf die Urteile des LSG Baden-Württemberg vom 01.03.2013 – L 4 KR 3517/11 und des LSG Hessen vom 05.02.2013 – L 1 KR 391/12) andererseits, die zu unterschiedlichen Bewertungen hinsichtlich der „Liposuktion" kommen.

937 und daneben zudem in Fällen i.S.d § 2 Abs. 1 a SGB V.

5.2.2 *Krankenhausfinanzierungsrecht als Argumentationsgrundlage?*

Der Wortlaut des § 6 Abs. 2 Satz 1 KHEntgG, demzufolge die Krankenhäuser mit den Krankenkassen für die Vergütung von NUB-Methoden, die durch das DRG-Fallpauschalensystem noch nicht sachgerecht abgebildet werden können und die „nicht gem. § 137 c SGB V von der Finanzierung ausgeschlossen worden sind", NUB-Entgelte vereinbaren „sollen", könnte so verstanden werden, dass für die Vereinbarung von NUB-Entgelten aus „materieller krankenversicherungsrechtlicher Sicht" alleiniges inhaltliches Kriterium das Fehlen eines Negativvotums des G-BA ist. Insofern könnte § 6 Abs. 2 Satz 1 KHEntgG durchaus eine Aussage zu der Frage beinhalten, ob eine NUB-Methode im Rahmen einer stationären Behandlung zulasten der gesetzlichen Krankenkassen erbracht werden darf. Wie unter C. dargestellt sind die inhaltlichen Weichenstellungen und Entscheidungen des Krankenversicherungsrechts jedoch im „materiellen Krankenversicherungsrecht" zu treffen[938], während das Krankenhausfinanzierungsrecht insofern „dienende" Funktion hat und lediglich den „Vollzug", die möglichst reibungslose Umsetzung des „materiellen Krankenversicherungsrechts" gewährleisten soll und muss. Daher darf es weder durch die Schaffung zusätzlicher inhaltlicher Kriterien den Vollzug erschweren – auf der Kehrseite können daher aber aus Regelungen des Krankenhausfinanzierungsrechts, wie der Regelung des § 6 Abs. 2 Satz 1 KHEntgG, keine tragfähigen eigenständigen Argumente für die inhaltliche Auslegung des § 137 c SGB V gezogen werden.

5.2.3 *Zwischenergebnis*

Aufgrund der aktuellen Ausgestaltung der Gesetze ist vielmehr davon auszugehen und auch sinnvoll, dass auch vor einem „Verbot" i.S.d. § 137 c SGB V nicht „alles erlaubt" ist, sondern die in § 137 c SGB V festgelegten Kriterien für die Bestimmung des Leistungsumfanges des gesetzlichen Krankenversicherungsrechts unabhängig davon gelten, ob und wann der G-BA hinsichtlich einer konkreten NUB-Methode ein Bewertungsverfahren durchführt. In diesem Sinne ist auch die Ausführung von Flint zu verstehen, der zufolge die Regelung des § 137 c SGB V alleine dem Zweck der Qualitätssicherung dient, während Methoden, die den Überprüfungskriterien genügen, den Versicherten nicht vorenthalten bleiben dürfen.[939]

5.3 Geltung und Bedeutung des § 137 c SGB V für das jeweilige Krankenhaus im Rahmen der Anwendung einer NUB-Methode

Die Beschäftigung mit der Frage, ob und falls ja inwieweit § 137 c SGB V unmittelbare Geltung für die Beurteilung der Frage hat, welchen Kriterien im Rahmen einer stationären Behandlung erbrachte NUB-Methode genügen müssen, mag überraschen,

938 So im Ergebnis auch BSG Urteil vom 21.03.2013 – B 3 KR 2/12 R, Rn. 23.
939 Flint in: Hauck/Noftz (Hrsg.), SGB V K § 137 c Rn. 66.

da seit seiner Einführung im Jahr 2000 implizit allgemein[940] von seiner Geltung auch für die Beurteilung von Einzelfällen ausgegangen wurde, wenngleich, wie angedeutet, sehr unterschiedliche Schlüsse aus seiner Geltung gezogen wurden![941] Die Frage erklärt sich jedoch dadurch, dass das BSG in seinem Urteil vom 21.03.2013[942] ausdrücklich in Frage gestellt hat, ob und falls ja inwiefern § 137 c SGB V die Voraussetzungen regelt, die gegeben sein müssen, damit eine stationäre Behandlung eines Versicherten zulasten der gesetzlichen Krankenversicherung erbracht werden darf[943]. Denn § 137 c SGB V regele ausdrücklich ausschließlich die Voraussetzungen, unter denen der G-BA die Anwendung von Methoden im Rahmen einer Krankenhausbehandlung zulasten der Krankenkassen ausschließen könne[944]. Welche Voraussetzungen gegeben sein müssen, damit die stationäre Behandlung eines Versicherten zulasten der GKV erbracht werden dürfe, sei für den Fall des Fehlens eines Negativvotums allein dem Wortlaut der Vorschrift nicht zu entnehmen und mithin durch Auslegung zu ermitteln.[945]

Es ist zutreffend, dass die Regelung des § 137 c SGB V ausschließlich den G-BA als Adressaten benennt. Der Gesetzgeber könnte hier leicht Klarheit schaffen, indem er die Krankenhäuser als Normadressaten ausdrücklich in den Wortlaut aufnimmt. Dies wäre zu begrüßen, da zum einen nicht anzunehmen ist, dass der Gesetzgeber davon ausging, dass der Inhalt der Regelung des § 137 c SGB V für noch nicht ausgeschlossene Methoden nicht als Maßstab für die Anwendung von NUB-Methoden im stationären Bereich ausschlaggebend sein soll.

Zum anderen, losgelöst und unabhängig von jeglicher bestehender oder nicht bestehender historischer Intention des Gesetzgebers, sprechen aufgrund der aktuellen Gesetzeslage, insbesondere der §§ 135, 137 c SGB V als einzigen Spezialregelungen für die Ausgestaltung der Einführung von NUB-Methoden zahlreiche Aspekte für seine unmittelbare Geltung:

Systematisch steht § 137 c SGB V nicht innerhalb der Regelungen, die sich spezifisch an den G-BA wenden (§§ 91 f. SGB V). § 137 c SGB V steht vielmehr im neunten Abschnitt (§§ 135–139 c SGB V) des vierten Kapitels (§§ 69–140 h SGB V) des SGB V, und ist somit Teil der Regelungen der „Beziehungen der Krankenkassen zu den

940 Siehe hierzu Rechtsprechungsübersicht zu § 137 c SGB V unter B.3.

941 Hinweis auf GKV-VSG (Gesetzentwurf der Bundesregierung des Gesetzes zur Stärkung der Versorgung in der gesetzlichen Krankenversicherung (GKV-VSG, BTDrs. 18/4095) i.d.F. der Beschlussempfehlung des Ausschusses für Gesundheit (BTDrs. 18/5123)): Vgl. hierzu voraussichtlich neu einzufügender § 137 c Abs. 3 SGB V, der klarstellen soll, unter welchen Voraussetzungen Krankenhäuser NUB-Methoden zulasten der gesetzlichen Krankenkasse erbringen dürfen. Perspektivische Erstbewertung der voraussichtlichen Änderungen der Gesetzeslage durch das GKV-VSG am Ende der Arbeit unter G.

942 BSG Urteil vom 21.03.2013 – B 3 KR 2/12 R.

943 BSG Urteil vom 21.03.2013 – B 3 KR 2/12 R, Rn. 19.

944 BSG Urteil vom 21.03.2013 – B 3 KR 2/12 R, Rn. 19.

945 BSG Urteil vom 21.03.2013 – B 3 KR 2/12 R, Rn. 19.

Leistungserbringern". Innerhalb dieses Kapitels ist § 137 c SGB V in dem Abschnitt verortet, der allgemein überschrieben ist mit der Überschrift „Sicherung der Qualität der Leistungserbringung". Die hier zusammengefassten Regelungen wenden sich teilweise direkt an die Leistungserbringer, wie beispielsweise § 135 a SGB V[946]. Auch § 135 Abs. 1 SGB V[947], die Spezialvorschrift für die Anwendung von NUB-Methoden im ambulanten Bereich hat unmittelbaren Regelungsgehalt für die Leistungserbringer, nämlich ein Erbringungsverbot hinsichtlich nicht vom G-BA zuvor geprüft und positiv empfohlener NUB-Methoden. Durch die vom Gesetzgeber gewählte grammatikalische Formulierung im Passiv („NUB-Methoden dürfen in der vertragsärztlichen und vertragszahnärztlichen Versorgung zulasten der Krankenkassen nur erbracht werden, wenn [...]") werden die Leistungserbringer in § 135 SGB V zwar nicht ausdrücklich genannt. Das präventive Erbringungsverbot gilt daher allgemein. Aufgrund des im Krankenversicherungsrecht geltenden Arztvorbehaltes wendet es sich jedoch systematisch spezifisch an die ambulanten Leistungserbringer.

Schon aus dieser Vergleichsbetrachtung wäre es nicht fern liegend hinsichtlich § 137 c SGB V, als der Parallelregelung zu § 135 SGB V und der (zentralen[948]) Spezialregelung für die Einführung von NUB-Methoden im stationären Bereich, trotz der fehlenden ausdrücklichen Nennung der Leistungserbringer als Normadressaten wegen Sinn und Zweck der Regelung eine unmittelbare Geltung für die Leistungserbringer anzunehmen.

Denn Sinn und Zweck der Regelung des § 137 c SGB V ist es, die Weichenstellungen (keine Erforderlichkeit einer präventiven Zulassung durch den G-BA)

---

946 § 135 a SGB V (Auszug): (1) Die Leistungserbringer sind zur Sicherung und Weiterentwicklung der Qualität der von ihnen erbrachten Leistungen verpflichtet. Die Leistungen müssen dem jeweiligen Stand der wissenschaftlichen Erkenntnisse entsprechen und in der fachlich gebotenen Qualität erbracht werden.
(2) Vertragsärzte, medizinische Versorgungszentren, zugelassene Krankenhäuser, Erbringer von Vorsorgeleistungen oder Rehabilitationsmaßnahmen und Einrichtungen, mit denen ein Versorgungsvertrag nach § 111 a SGB V besteht, sind nach Maßgabe der §§ 137 und 137 d SGB V verpflichtet, 1. sich an einrichtungsübergreifenden Maßnahmen der Qualitätssicherung zu beteiligen, die insbesondere zum Ziel haben, die Ergebnisqualität zu verbessern und 2. einrichtungsintern ein Qualitätsmanagement einzuführen und weiterzuentwickeln, wozu in Krankenhäusern auch die Verpflichtung zur Durchführung eines patientenorientierten Beschwerdemanagements gehört.

947 §135 Abs. 1 Satz 1 SGB V (Auszug): Neue Untersuchungs- und Behandlungsmethoden dürfen in der vertragsärztlichen und vertragszahnärztlichen Versorgung zu Lasten der Krankenkassen nur erbracht werden, wenn der Gemeinsame Bundesausschuss auf Antrag eines Unparteiischen nach § 91 Abs. 2 Satz 1, einer Kassenärztlichen Bundesvereinigung, einer Kassenärztlichen Vereinigung oder des Spitzenverbandes Bund der Krankenkassen in Richtlinien nach § 92 Abs. 1 Satz 2 Nr. 5 SGB V Empfehlungen abgegeben hat über [...].

948 Neben § 137 e SGB V, der aber diesbezüglich im Verhältnis zu § 137 c SGB V keinen zusätzlichen Regelungsgehalt hat.

zu treffen und die spezifischen inhaltlichen Anforderungen aufzustellen, denen NUB-Methoden für die Einführung und Anwendung im stationären Bereich aus Sicht des Gesetzgebers genügen sollen („hinreichend belegte Nutzen oder Potenzial einer erforderlichen Behandlungsalternative", „für ausreichende, zweckmäßige und wirtschaftliche Versorgung der Versicherten unter Berücksichtigung des allgemein anerkannten Standes der medizinischen Erkenntnisse erforderlich").

Für die unmittelbare Geltung des § 137 c SGB V spricht umso mehr, als aufgrund des im stationären Bereich geltenden Erlaubnisvorbehaltes kein Positivkatalog existiert, anhand dessen die Leistungserbringer den aktuellen „Strauß des Leistungsspektrums" ablesen können. Sie sind daher darauf angewiesen aufgrund der gesetzlichen Regelungen selber die inhaltliche Prüfung vorzunehmen und die Entscheidung zu treffen, ob eine konkrete NUB-Methode schon das Stadium der klinischen Prüfung hinter sich gelassen hat und den krankenversicherungsrechtlichen Qualitätsanforderungen genügt. Die vom G-BA in Bezug auf den stationären Bereich erlassenen Richtlinien i.S.d. §§ 137 c, 137 e SGB V haben aufgrund des Erlaubnisvorbehaltes für die Anwendung einer konkreten NUB-Methode keinen konstitutiven Charakter. Das Leistungsspektrum der im Rahmen einer stationären Behandlung anwendbaren NUB-Methoden wird durch sie nicht erweitert. Vielmehr wird durch eine Verbotsrichtlinie i.S.d. § 137 c SGB V eine negative Ausgrenzung für den Fall getroffen, dass eine Methode aus Sicht des G-BA nicht den Anforderungen des § 137 c SGB V genügt. Auch eine Erprobungsrichtlinie i.S.d. §§ 137 c, 137 e SGB V erweitert nicht (zwingend) das sonst bestehende Leistungsspektrum, sondern regelt „nur" die Modalitäten für die Erbringung.[949] Denn nach der aktuellen Gesetzeslage dürfen NUB-Methoden, hinsichtlich derer der G-BA eine Erprobungsrichtlinie erlassen hat, § 137 e Abs. 2 Satz 3 SGB V auch an Krankenhäusern, die nicht an der Erprobung teilnehmen, weiter erbracht werden. Nur optional kann der G-BA gem. § 137 e Abs. 2 Satz 3 SGB V auch für diese Krankenhäuser nach § 137 SGB V Anforderungen an die Qualität der Leistungserbringung regeln. Hierbei handelt es sich jedoch folglich um Regelungen des „Wie" und nicht des „Ob" der Erbringung.

Gerade weil die Richtlinien des G-BA bezogen auf die zulässige Erbringung von NUB-Methoden im stationären Bereich keinen konstitutiven, das Leistungsspektrum erweiternden Charakter haben und hinsichtlich vieler im stationären Bereich angewendeter NUB-Methoden daher nie ein Nutzenbewertungsverfahren des G-BA durchgeführt wird, spricht viel dafür (insbesondere, wenn man § 137 c SGB V nicht als „generelle Erlaubnis für alles, was noch nicht verboten wurde" auslegt), dass im Sinne der Einheit der Rechtsordnung und der aus Sicht der Krankenhäuser erforderlichen Rechtssicherheit, vor, während und auch nach einem (potentiellen) Nutzenbewertungsverfahren durch den G-BA i.S.d. § 137c SGB V dauerhaft dieselben Kriterien für die Anwendung von NUB-Methoden gelten. Diese sind in

949 Dies könnte man systematisch auch anders vertreten, hierzu unter B.5.5.1.2.

§ 137 c SGB V geregelt, weswegen im Folgenden aus den dargelegten Gründen von dessen unmittelbarer Anwendbarkeit[950] ausgegangen wird.

5.4 Die Kriterien des § 137 c SGB V im Einzelnen

Der Erlaubnisvorbehalt des § 137 c SGB V ist nicht als generelle Erlaubnis all dessen zu verstehen, was noch nicht vom G-BA verboten wurde.[951] Auch ist es systematisch trotz des Erlaubnisvorbehaltes nicht nachvollziehbar, in § 137 c SGB V eine „Wirksamkeitsvermutung" zu sehen. Die nicht erforderliche präventive Nutzenbewertung der konkreten Methode durch den G-BA und die somit nicht erforderliche präventive „förmliche" Erlaubnis der Anwendung ist lediglich eine Wahl des Gesetzgebers hinsichtlich der Verfahrensgestaltung, die aber keine inhaltliche Konnotation hat, die keine vorgreifliche „Wirksamkeitsvermutung" impliziert, sondern „nur" eine zentrale präventive Prüfung entbehrlich macht. Jedoch wirkt sich schon diese Wahl der Verfahrensgestaltung, auch ohne darüber hinaus gehende inhaltliche Bedeutung, sehr innovationsfördernd aus, da die zentral vom G-BA gem. §§ 135, 137 c SGB V durchgeführten Nutzenbewertungen nicht selten sehr zeitintensiv sind und die systematische Anwendung einer NUB-Methode zugunsten gesetzlich versicherter Patienten somit oft um viele Monate, wenn nicht sogar Jahre hinauszögern.

§ 137 c SGB V impliziert folglich weder eine Erlaubnis aller noch nicht verbotener Methoden, noch eine inhaltliche Wirksamkeitsvermutung. Vielmehr muss, unabhängig davon, ob eine konkrete Methode schon vom G-BA geprüft wurde, oder nicht, für deren Erbringung das gleiche, in § 137 c SGB V normierte Qualitätsniveau gelten. Alle im stationären Bereich erbrachten NUB-Methoden müssen somit den in § 137 c SGB V normierten Qualitätskriterien entsprechen, um in rechtmäßiger Weise zulasten der gesetzlichen Krankenkassen erbracht werden zu dürfen. Alleine bedarf es für ihre rechtmäßige Erbringung keiner präventiven zentralen Prüfung und keiner präventiven positiven Empfehlung des G-BA, sondern die inhaltliche Prüfung findet jeweils vor der konkreten Anwendung der NUB-Methode dezentral durch die einzelnen Leistungserbringer statt[952].

Auch insofern ist dem Urteil des BSG vom 21.03.2013[953] zuzustimmen.

Obwohl das BSG die Frage der Anwendbarkeit des § 137 c SGB V und die an ihn zu knüpfenden Folgen in seinem Urteil vom 21.03.2013 selber aufwirft, setzt es sich jedoch nicht näher mit den sich daraus ergebenden Konsequenzen, insbesondere mit den danach aufgrund § 137 c SGB V geltenden konkreten Kriterien und dem Verhältnis der sich aus § 137 c SGB V ergebenden Voraussetzungen zu den allgemeinen leistungs- und leistungserbringerrechtlichen Grundsätzen, insbesondere

950 Hierdurch ist noch nichts darüber gesagt, wie § 137 c SGB V inhaltlich ausgelegt werden soll und ob den Krankenhäusern hinsichtlich der spezifischen Nutzenbewertung der einzelnen Methode ein Beurteilungsspielraum zuzugestehen ist.

951 So auch BSG Urteil vom 21.03.2013 – B 3 KR 2/12 R, Rn. 24 m.w.N.

952 Vgl. hierzu auch BSG Urteil vom 21.03.2013 – B 3 KR 2/12 R, Rn. 24.

953 BSG Urteil vom 21.03.2013 – B 3 KR 2/12 R.

dem Qualitätsgebot, auseinander. Und dies, obwohl der Wortlaut des § 137 c SGB V diesbezüglich nicht mit dem Wortlaut des § 2 Abs. 1 Satz 3 SGB V übereinstimmt und es in dem konkreten, dem Urteil zugrunde liegenden Fall entscheidend um die Frage ging, ob die von dem Universitätsklinikum angewendeten NUB-Methode aus krankenversicherungsrechtlicher Sicht schon zulasten der gesetzlichen Krankenkasse angewendet werden durfte – ob sie also schon den Kriterien des § 137 c SGB V entsprachen, oder nicht.

Ausgehend vom Wortlaut des § 137 c SGB V darf eine NUB-Methode im Rahmen einer stationären Behandlung zulasten der gesetzlichen Krankenkassen nur angewandt werden, wenn sie für eine ausreichende, zweckmäßige und wirtschaftliche Versorgung des Versicherten unter Berücksichtigung des allgemein anerkannten Standes der medizinischen Erkenntnisse erforderlich ist, insbesondere ihr Nutzen hinreichend belegt ist oder sie das Potenzial einer erforderlichen Behandlungsalternative bietet.

5.5 Auslegung der einzelnen Merkmale des § 137 c SGB V

Nach der Formulierung des § 137 c SGB V erfolgt die „spezifische Nutzenbewertung" im Rahmen der allgemeinen Überprüfung, ob die NUB-Methode „für eine ausreichende, zweckmäßige und wirtschaftliche Versorgung der Versicherten unter Berücksichtigung des allgemein anerkannten Standes der medizinischen Erkenntnisse erforderlich" ist.

5.5.1 Maßstab für die spezifische Nutzenbewertung: hinreichend belegter Nutzen

Eine nicht gem. § 137 c SGB V verbotene NUB-Methode darf jedenfalls von einem Krankenhaus zulasten der gesetzlichen Krankenkassen erbracht werden, wenn nach Prüfung und Einschätzung der behandelnden Ärzte des Krankenhauses ihr Nutzen im vorgesehenen Behandlungszeitpunkt bereits hinreichend belegt ist.[954]

Ausgehend davon, dass im stationären Bereich vor und nach einer möglichen Nutzenbewertung des G-BA die gleichen Qualitätsstandards gelten sollten, da die Prüfung des G-BA keine leistungserweiternden, konstitutiven Konsequenzen hat,

---

954 Hinweis auf GKV-VSG (Gesetzentwurf der Bundesregierung des Gesetzes zur Stärkung der Versorgung in der gesetzlichen Krankenversicherung (GKV-VSG, BTDrs. 18/4095) i.d.F. der Beschlussempfehlung des Ausschusses für Gesundheit (BTDrs. 18/5123)): Vgl. hierzu voraussichtlich neu einzufügender § 137 c Abs. 3 SGB V, der konkret regeln soll, unter welchen Voraussetzungen Krankenhäuser NUB-Methoden zulasten der gesetzlichen Krankenkasse erbringen dürfen, nämlich „wenn sie das Potenzial einer erforderlichen Behandlungsalternative bieten und ihre Anwendung nach den Regeln der ärztlichen Kunst erfolgt". Perspektivische Erstbewertung der voraussichtlichen Änderungen der Gesetzeslage durch das GKV-VSG am Ende der Arbeit unter G.

der G-BA aufgrund seiner vom Bundesministerium gem. § 91 Abs. 4 Satz 2 SGB V genehmigten VerfO die Nutzenbewertung aufgrund der Grundsätzen der ebM vornimmt (vgl. Kapitel 2, §§ 9 ff. VerfO), die Vorgehensweise des G-BA vom BSG in seinem Urteil zur „Protonentherapie" ausdrücklich gebilligt[955] wurde und die vom G-BA so getroffenen Richtlinienentscheidungen i.S.d. Normkonkretisierungskonzeptes des BSG[956] auch im Einzelfall unmittelbare Wirkung gegenüber den Leistungserbringern und den einzelnen Versicherten haben, ist im Sinne der Einheit der Rechtsordnung und der Gleichbehandlung[957] des weiteren davon auszugehen, dass auch die Ärzte im jeweiligen Krankenhaus ihre Entscheidung über die konkrete Anwendung einer NUB-Methode, die mangels präventiver Richtlinienentscheidung des G-BA i.S.d. § 137 c SGB V quasi die Entscheidung des G-BA „ersetzt", ebenfalls unter Beachtung der Grundsätze der evidenzbasierten Medizin zu treffen haben.

Im Sinne der Einheit der Rechtsordnung ist daher auch davon auszugehen, dass sich auch die Gerichte, wenn sie in einem Einzelfall überprüfen[958], ob der Nutzen einer konkreten Methode schon hinreichend belegt ist, unabhängig davon, ob sie den Begriff der ebM ausdrücklich verwenden, oder nicht, unmittelbar an dem vom G-BA in der vom Bundesministerium für Gesundheit gem. § 91 Abs. 4 Satz 2 SGB V genehmigten VerfO festgeschriebenen Maßstab orientieren.[959] Die ärztliche Nutzenbewertung sollte daher i.S. einer Nutzenbewertung des G-BA gem. Kapitel 2 § 13 VerfO ausgehend von möglichst gesichertem Datenmaterial mittels Dokumenten möglichst hochrangiger Evidenzstufe[960] erfolgen.[961] Solange und soweit Evidenz höherer Stufen fehlt, liefern jedoch, wie Rixen[962] ausdrücklich betont, nach der VerfO des G-BA[963] auch Materialien niedrigerer Stufen „Evidenz" i.S.d. Grundsätze der evidenzbasierten Medizin.

---

955 Urteil des BSG vom 6. Mai 2009 – B 6 A 1/08 R („Protonentherapie").

956 Urteil des BSG vom 6. Mai 2009 – B 6 A 1/08 R („Protonentherapie").

957 Hierzu auch Flint in Hauck/Noftz (Hrsg.), SGB V K § 135 Rn. 67, bezogen auf die sektorübergreifende Nutzenbewertung.

958 Soweit den Krankenhäusern diesbezüglich kein Beurteilungsspielraum eingeräumt wird (Vgl. hierzu unter B.6).

959 Es wäre in diesem Sinne nahe liegend die unmittelbare Bezugnahme auf die Grundsätze der ebM in den entsprechenden Urteilen unmittelbar zu benennen.

960 Darstellung der einzelnen Evidenzstufen im 2. Kapitel, § 11 Abs. 2 und 3 VerfO G-BA, differenzierend nach diagnostischen und therapeutischen Methoden.

961 Vgl. hierzu auch Rixen, Evidenzbasierte Medizin in der Sozialgerichtsbarkeit um jeden Preis? – Zum Urteil des BSG vom 15.03.2013 über antiallergene Matratzen-Encasings (B 3 KR 2/11 R), SGb 2013, 140, 143 f.

962 Rixen, Evidenzbasierte Medizin in der Sozialgerichtsbarkeit um jeden Preis? – Zum Urteil des BSG vom 15.03.2013 über antiallergene Matratzen-Encasings (B 3 KR 2/11 R), SGb 2013, 140, 144.

963 Der diesbezüglich relevante Ausschnitt, 2. Kapitel, § 13 Abs. 2 VerfO G-BA, lautet: Der Nutzen einer Methode ist durch qualitativ angemessene Unterlagen zu belegen. Dies sollen, soweit möglich, Unterlagen der Evidenzstufe I mit patientenbezogenen Endpunkten (z. B. Mortalität, Morbidität, Lebensqualität) sein. Bei seltenen

Krankenhäuser dürfen daher grundsätzlich jedenfalls solche nicht ausgeschlossenen NUB-Methoden im Rahmen der stationären Versorgung anwenden, deren Nutzen aus ihrer Sicht i.S.d. Grundsätze der ebM hinreichend belegt ist.

5.5.1.1 „Untergrenze" durch § 2 Abs. 1 a SGB V?

Durch die Formulierung in § 2 Abs. 1 a Satz 1 SGB V wurde klargestellt, dass im Einzelfall auch ein Anspruch auf NUB-Leistungen bestehen kann, deren Nutzen noch nicht hinreichend belegt ist, die (noch) „nicht allgemein anerkannt" sind und (noch) nicht dem „medizinischen Standard" entsprechen, wenn bezogen auf den konkreten Einzelfall durch sie „eine nicht ganz entfernt liegende Aussicht auf Heilung oder auf eine spürbare positive Einwirkung auf den Krankheitsverlauf besteht". Hierbei handelt es sich jedoch um eine nach der Rechtsprechung des BSG eng auszulegende Ausnahmeregelung, aus der keine Schlüsse für die Anforderungen zu ziehen sind, die an die systematische Einführung von NUB-Methoden zu stellen sind[964] – zumal der Wortlaut terminologisch durch die Verwendung des Wortes „Standard" zumindest unglücklich ist[965]. Die Einführung des § 2 Abs. 1 a SGB V hatte daher keine Auswirkung auf den anzulegenden Maßstab für die systematische Anwendung von NUB-Methoden i.S.d. § 137 c SGB V.

5.5.1.2 Herabsenkung des Maßstabs infolge der Einführung des § 137 e SGB V durch das Versorgungsstrukturgesetz?

Für den G-BA wurde bezogen auf die Einführung von NUB-Methoden in die stationäre Versorgung das Handlungsspektrum durch die Gesetzesänderung durch das Versorgungsstrukturgesetz insofern erweitert, als der G-BA nunmehr gem. §§ 137 c Abs. 1 Satz 3, 137 e SGB V grundsätzlich eine Richtlinie zur Erprobung zu erlassen hat, wenn hinsichtlich einer NUB-Methode zwar noch nicht der Nutzen hinreichend belegt ist, sie aber „das Potenzial einer erforderlichen Behandlungs-

---

Erkrankungen, bei Methoden ohne vorhandene Alternative oder aus anderen Gründen kann es unmöglich oder unangemessen sein, Studien dieser Evidenzstufe durchzuführen oder zu fordern. Soweit qualitativ angemessene Unterlagen dieser Aussagekraft nicht vorliegen, erfolgt die Nutzen-Schaden-Abwägung einer Methode aufgrund qualitativ angemessener Unterlagen niedrigerer Evidenzstufen. Die Anerkennung des medizinischen Nutzens einer Methode auf Grundlage von Unterlagen einer niedrigeren Evidenzstufe bedarf jedoch – auch unter Berücksichtigung der jeweiligen medizinischen Notwendigkeit – zum Schutz der Patientinnen und Patienten umso mehr einer Begründung, je weiter von der Evidenzstufe I abgewichen wird. Dafür ist der potentielle Nutzen einer Methode, insbesondere gegen die Risiken der Anwendung bei Patientinnen oder Patienten abzuwägen, die mit einem Wirksamkeitsnachweis geringerer Aussagekraft einhergehen.

964 Siehe hierzu auch A.8.3.3.

965 Vgl. hierzu A.4.6.1.1.

alternative bietet".[966] NUB-Methoden „mit Potenzial einer erforderlichen Behandlungsalternative" dürfen dann, trotz noch nicht hinreichend belegten Nutzens, (weiterhin) zulasten der gesetzlichen Krankenkassen erbracht werden.

Fraglich ist, ob hieraus zu schließen ist, dass Krankenhäuser nun, auch bevor eine entsprechende Richtlinie zur Erprobung gem. § 137 e SGB V erlassen wurde, „systematisch" NUB-Methoden, deren Nutzen sich aus Sicht der Ärzte zwar noch nicht durch entsprechende Dokumente i.S.d. Grundsätze der ebM hinreichend belegen lässt, die aber aus ihrer Sicht das „Potenzial einer erforderlichen Behandlungsalternative"[967] bieten, zulasten der gesetzlichen Krankenkassen anwenden dürfen.[968]

Dafür[969] spricht der Wortlaut des § 137 c Abs. 1 Satz 4 SGB V („nicht mehr"), der Wortlaut des § 137 e Abs. 2 Satz 3 SGB V sowie die Ausführungen des Gesetzgebers in den Gesetzesmaterialien[970]. Hinzuweisen ist insbesondere auf die Regelung des § 137 e Abs. 2 Satz 3 SGB V, der implizit zu entnehmen ist, dass NUB-Methoden, hinsichtlich derer eine Erprobungsrichtlinie erlassen wurde, während der Erprobungszeit nicht nur in an der Erprobung teilnehmenden Krankenhäusern weiterhin angewandt werden dürfen (obwohl ihr Nutzen noch nicht hinreichend belegt ist, denn sonst hätte der G-BA keine Erprobungsrichtlinie erlassen) sondern auch an anderen Krankenhäusern weiterhin zulasten der gesetzlichen Krankenkassen erbracht werden dürfen. Für sie gelten die in der Erprobungsrichtlinie festgelegten Kriterien nicht automatisch, sondern lediglich optional kann der G-BA gem. § 137 e Abs. 2 Satz 3 SGB V auch in Bezug auf sie nach § 137 SGB V Anforderungen an die Qualität der Leistungserbringung regeln.

Es sprechen jedoch auch gewichtige Argumente dagegen, dass der Maßstab, dem nicht gem. § 137 c Abs. 1 Satz 2 SGB V ausgeschlossene NUB-Methoden entsprechen müssen, um systematisch in der stationären Versorgung angewandt zu werden, durch das Versorgungsstrukturgesetz herabgesenkt wurde. Zum Schutz sowohl der Patientensicherheit, als auch der finanziellen Stabilität des Krankenversicherungssystems gilt der Grundsatz, dass medizinische Forschung außerhalb des regulären Leistungsspektrums der gesetzlichen Krankenkasse unter Beachtung der für klinische Studien geltenden Anforderungen, insbesondere auch der hier zu beachtenden besonderen Anforderungen an die Aufklärung der Patienten,

966 Vgl. hierzu B.4.5.2.2.2.

967 Zur Auseinandersetzung mit dem Begriff des „Potenzials einer erforderlichen Behandlungsalternative" siehe B.4.7.1.

968 In diesem Sinne: Vollmöller, Rechtsfragen neuer Untersuchungs- und Behandlungsmethoden – unter besonderer Berücksichtigung der Hochschulmedizin- NZS, 2012, 921, 923.

969 In diesem Sinne: Murawski in: Hänlein/Kruse/Schuler (Hrsg.), Sozialgesetzbuch V, § 137 6 Rn. 4.

970 BTDrs. 17/6906 S. 88:„Nicht an der Erprobung teilnehmende Krankenhäuser können die Untersuchungs- und Behandlungsmethode im Übrigen grundsätzlich weiterhin in der stationären Versorgung anwenden, da sie nicht nach § 137 c SGB V ausgeschlossen ist".

angewendet wird. Wie auch § 137 c Abs. 2 Satz 2 (2. HS) SGB V erkennen lässt, der für in Folge einer Erprobungsregelung mangels hinreichend belegten Nutzens gem. § 137 c Abs. 1 Satz 4 SGB V ausgeschlossene Methoden die Durchführung von klinischen Studien zu dieser Methode weiterhin für zulässig erachtet, haben NUB-Methoden, deren Nutzen noch nicht hinreichend belegt ist, auch wenn sie das Potenzial einer erforderlichen Behandlungsalternative bieten, noch nicht das Stadium erreicht, Teil des regulären Leistungsspektrum der gesetzlichen Krankenversicherung zu sein. Wenn man dennoch aufgrund der oben dargelegten Argumente annimmt, NUB-Methoden mit Potenzial zu einer erforderlichen Behandlungsalternative seien auch unabhängig von dem Erlass einer Erprobungsrichtlinie bis zu dem Erlass einer Verbotsrichtlinie aufgrund der Regelungen der §§ 137 c, 137 e SGB V als Kassenleistung zu betrachten, so wird dadurch letztendlich der Grundsatz aufgegeben, Methoden, die noch im Stadium der Klinischen Prüfung sind, seien nicht Teil des regulären Leistungsspektrums der gesetzlichen Krankenversicherung. Dass dies gewollt ist, ist schwer vorstellbar. Zumal der unbestimmte Rechtsbegriff der „Methode mit Potenzial einer erforderlichen Behandlungsalternative“[971] noch schwammiger und unbestimmter erscheint, als der bisher gebräuchliche Begriff des „hinreichend belegten Nutzens“. Dann wäre in tatsächlicher Hinsicht der Schritt zu der Annahme, vor dem Verbot seien alle nicht ausdrücklich verbotenen Methoden im stationären Bereich erlaubt, nicht mehr weit!

5.5.1.3 Zwischenergebnis

Aufgrund des Gesetzestextes und der Ausführungen in den Gesetzesmaterialien[972] lässt sich vertreten, dass seit der Einführung des § 137 e SGB V alle nicht durch eine Richtlinie gem. § 137 c SGB V verbotenen NUB-Methoden, die aus Sicht der Ärzte das Potenzial einer erforderlichen Behandlungsalternative bieten oder deren Nutzen hinreichend belegt ist, im Rahmen einer Krankenhausbehandlung angewandt werden dürfen.[973] Es lässt sich aber auch vertreten, und dieser Ansicht ist aus systematischen und aus Qualitätssicherungsgesichtspunkten der Vorzug zu geben, dass vor Erlass einer Erprobungsrichtlinie gem. §§ 137 c Abs. 1 Satz 3, 137 e SGB V weiterhin nur die NUB-Methoden angewandt werden dürfen, deren Nutzen

---

971 Siehe hierzu B.4.7.1.

972 BTDrs 17/6906, S. 88.

973 Hinweis auf GKV-VSG (Gesetzentwurf der Bundesregierung des Gesetzes zur Stärkung der Versorgung in der gesetzlichen Krankenversicherung (GKV-VSG, BTDrs. 18/4095) i.d.F. der Beschlussempfehlung des Ausschusses für Gesundheit (BTDrs. 18/5123)): Vgl. hierzu voraussichtlich neu einzufügender § 137 c Abs. 3 SGB V, der i.d.S. konkret regeln soll, unter welchen Voraussetzungen Krankenhäuser NUB-Methoden zulasten der gesetzlichen Krankenkasse erbringen dürfen, nämlich „wenn sie das Potenzial einer erforderlichen Behandlungsalternative bieten und ihre Anwendung nach den Regeln der ärztlichen Kunst erfolgt“. Perspektivische Erstbewertung der voraussichtlichen Änderungen der Gesetzeslage durch das GKV-VSG am Ende der Arbeit unter G.

aus Sicht der Ärzte bereits hinreichend belegt ist, während NUB-Methoden mit „Potenzial einer erforderlichen Behandlungsalternative" systematisch[974] erst ab dem Erlass einer Erprobungsrichtlinie erbracht werden dürfen.[975]

NUB-Methoden dürfen daher zulasten der gesetzlichen Krankenkassen grundsätzlich im Rahmen einer stationären Behandlung systematisch nur angewendet werden, wenn sie nicht gem. § 137 c Abs. 1 SGB V verboten wurden und ihr Nutzen nach Einschätzung der behandelnden Ärzte im Sinne der ebM hinreichend belegt ist.

Da der Wortlaut des § 137 c SGB V unmittelbar Bezug nimmt zum Wirtschaftlichkeitsgebot i.S.d. § 12 Abs. 1 SGB V, sowie zum allgemeinen Qualitätsgebot i.S.d. § 2 Abs. 1 Satz 3 SGB V, ist im Folgenden zu untersuchen, in welchem Verhältnis diese allgemeinen Grundsätze zu § 137 c SGB V stehen:

5.5.2 Wirtschaftlichkeitsgebot

Durch die Verwendung der Attribute „ausreichend, zweckmäßig und wirtschaftlich" greift der Wortlaut des § 137 c SGB V unmittelbar die gleichen Begriffe auf, die auch im Rahmen der Definition des allgemeinen Wirtschaftlichkeitsgebotes in § 12 Abs. 1 Satz 1 SGB V verwendet werden. Diese Begriffe sind, bezogen auf die geplante/n Anwendung/en[976] der jeweiligen konkreten NUB-Methode, grundsätzlich entsprechend den Ausführungen zum Wirtschaftlichkeitsgebot, insbesondere unter spezieller Beachtung der dem „medizinischen Fortschritt" einzuräumenden Bedeutung auszulegen.[977] Da es hier zwischen § 137 c SGB V und § 12 Abs. 1 SGB V aufgrund des Wortlautes keine inhaltlichen Differenzen gibt, ist von einer unmittelbaren

974 Im Einzelfall kann auch zeitlich davor über § 2 Abs. 1 a SGB V bzw. eine der anderen von der Rechtsprechung anerkannten Fallgruppen ein Anspruch auf Anwendung zulasten der gesetzlichen Krankenkasse bestehen (Siehe hierzu A.8.2.).

975 Dieser Ansicht folgend, haben die Erprobungsrichtlinien des G-BA gem. §§ 137 c Abs. 1 Satz 3, 137 e SGB V für die Versicherten normkonkretisierende, das Leistungsspektrum der gesetzlichen Krankenkasse erweiternde Wirkung.

976 Im Zusammenhang mit der Vereinbarung von NUB-Entgelten i.S.d. § 6 Abs. 2 Satz 1 KHEntgG spielen die Kriterien des § 137 c SGB V nach Auffassung der Verfasserin ebenfalls positiv eine Rolle (Und dies trotz des insofern missverständlichen Wortlauts des § 6 Abs. 2 Satz 1 KHEntgG, der als Voraussetzung für die Vereinbarung von NUB-Entgelten nur darauf abstellt, dass die konkrete Methode noch nicht vom G-BA gem. § 137 c SGB V ausgeschlossen wurde, nicht jedoch darauf, dass NUB-Methoden, über die NUB-Entgelte vereinbart werden, positiv den Voraussetzungen des § 137 c SGB V entsprechen müssen. Daher die Verwendung des Plurals, da es bei der Anwendung von § 137 c SGB V i.R.v. der Vereinbarung von NUB-Entgelten regelmäßig nicht nur um die Anwendung einer konkreten NUB-Methode in einem konkreten Fall geht, sondern NUB-Entgelte i.S.d. § 6 Abs. 2 Satz 1 KHEntgG vereinbart werden, um die Vergütung zukünftig, ggf. noch nicht näher spezifizierter Behandlungsfälle zu ermöglichen.

977 Ausführlich hierzu siehe A.4.6.2. ff.

Geltung der genannten Wirtschaftlichkeitskriterien in Verbindung mit dem Wirtschaftlichkeitsgebot des § 12 Abs. 1 SGB V auszugehen.[978]

5.5.3 Qualitätsgebot[979]

Die Anwendung der NUB-Methode muss daneben gem. § 137 c Abs. 1 Satz 1 SGB V insbesondere auch „unter Berücksichtigung des allgemein anerkannten Standes der medizinischen Erkenntnisse erforderlich" sein.

Diese Formulierung erinnert an die Formulierung des „allgemeinen Qualitätsgebotes" des § 2 Abs. 1 Satz 3 SGB V. Sie unterscheidet sich aber maßgeblich von ihr, da der „medizinische Fortschritt" in § 137 c SGB V keine ausdrückliche Erwähnung findet und Maßstab nicht ist, dass die NUB-Methoden dem „allgemein anerkannten Stand der medizinischen Erkenntnisse" zu „entsprechen" haben.

Es überrascht nicht, dass der „medizinische Fortschritt" im Wortlaut des § 137 c SGB V – anders als in § 2 Abs. 1 Satz 3 SGB V – nicht ausdrücklich erwähnt wird. Denn § 137 c SGB V ist die zentrale Vorschrift für die Einführung und Bewertung von NUB-Methoden im stationären Bereich. NUB-Methoden wiederum sind Ausdruck/Teil des medizinischen Fortschritts – der medizinische Fortschritt ist daher i.R.v. § 137 c SGB V regelmäßig Bewertungsgegenstand und nicht „Maßstab".

Im Sinne der Untersuchungsergebnisse zu der Differenzierung im Wortlaut des allgemeinen Qualitätsgebotes gem. § 2 Abs. 1 Satz 3 SGB V zwischen dem „allgemein anerkanntem Stand der medizinischen Erkenntnisse" und dem „medizinischen Fortschritt"[980] ist es darüber hinaus systematisch passend und stimmig, dass im Rahmen einer Nutzenbewertung einer NUB-Methode i.S.d. § 137 c SGB V „lediglich" eine „Berücksichtigung des allgemein anerkannten Standes der medizinischen Erkenntnisse" zu erfolgen hat, die NUB-Methode diesem also nicht „zu entsprechen" braucht, was rein begrifflich auch schwer in Einklang zu bringen ist, da etwas, was „allgemein anerkannt" ist kaum mehr im Sinne des medizinischen Fortschritts „neu" sein kann.

Aus dieser im Wortlaut angelegten Diskrepanz ergibt sich die Frage, in welchem Verhältnis die in § 137 c SGB V normierten „speziellen Qualitätskriterien" zum

---

978 In diesem Sinne auch Schlottmann/Weddehage, Verfügbarkeit medizinischer Leistungen zwischen individuellem Bedarf und allgemeiner Richtlinie des Gemeinsamen Bundesausschusses, NZS 2008, 411, 415.

979 Auch der Gesetzgeber hat sich im Rahmen des Gesetzgebungsverfahrens des GKV-VSG mit der Frage auseinandergesetzt, inwiefern das „allgemeine Qualitätsgebot" für i.S.d. § 137 c SGB V angewandte NUB-Methoden anzuwenden ist und in den Gesetzgebungsmaterialien klargestellt, dass die Regelung des § 137 c SGB V eine für NUB-Methoden spezifische „Konkretisierung des allgemeinen Qualitätsgebotes" darstellt (Vgl. Gesetzentwurf der Bundesregierung des GKV-VSG vom 25.02.2015 (BTDrs. 18/4095), S. 128; Referentenentwurf des GKV-VSG vom 13.10.2014, S. 115).

980 Siehe hierzu A.4.6.

allgemeinen Qualitätsgebot i.S.d. § 2 Abs. 1 Satz 3 SGB V stehen. Die Aktualität dieser Frage zeigt sich auch daran, dass das LSG Baden-Württemberg im Jahr 2012 die Revision gegen ein Urteil[981] zugelassen hat, da bislang eine höchstrichterliche Entscheidung zu der Frage, ob und anhand welcher Maßstäbe im Einzelfall die Einhaltung des Qualitätsgebots des § 2 Abs. 1 Satz 3 SGB V bei Durchführung einer bestimmten Behandlungsmethode im Rahmen einer stationären Krankenhausbehandlung zu bestimmen ist, wenn für diese Behandlungsmethode eine Verbots-Richtlinie des G-BA nach § 137 c SGB V nicht vorliegt, bislang nicht ergangen ist.[982]

5.6 § 137 c SGB V und „allgemeines Qualitätsgebot" (§ 2 Abs. 1 Satz 3 SGB V)

Grundsätzlich[983] wird allgemein davon ausgegangen, dass das „allgemeine Qualitätsgebot" gem. § 2 Abs. 1 Satz 3 SGB V für alle zulasten der gesetzlichen Krankenkasse erbrachten Leistungen uneingeschränkt gilt[984]. Hiernach müsste das „allgemeine Qualitätsgebot" trotz seiner „Verortung" innerhalb der leistungsrechtlichen Regelungen auch bei der Beantwortung der Frage, ob eine konkrete NUB-Methode (schon) zum regulären Leistungsspektrum der gesetzlichen Krankenkasse gehört, unmittelbar als Prüfkriterium herangezogen werden.

In einem ersten Schritt wurde im Rahmen der Untersuchung des Qualitätsgebotes herausgearbeitet[985], dass die im Wortlaut des § 2 Abs. 1 Satz 3 SGB V angelegte Differenzierung zwischen „allgemein anerkanntem Stand der medizinischen Erkenntnisse" und dem „medizinischen Fortschritt" sachgerecht und sinnvoll ist und aufgegriffen werden sollte. Hiervon ausgehend müssen neue Untersuchungs- und Behandlungsmethoden i.S.d. § 2 Abs. 1 Satz 3 SGB V, da sie „Teil des medizinischen Fortschritts" sind „dem allgemein anerkannten Stand der medizinischen Erkenntnisse" nicht „entsprechen".

Nach der nun erfolgten Auseinandersetzung mit den sich unmittelbar aus § 137 c SGB V ergebenden spezifischen Qualitätskriterien[986] soll untersucht werden, ob und inwiefern der modulierte Wortlaut auf inhaltlicher Ebene aufgegriffen werden kann und ggf. sollte, in welchem Verhältnis das allgemeine Qualitätsgebot des § 2 Abs. 1 Satz 3 SGB V zu der (Spezial-)Regelung des § 137 c SGB V steht,

---

981 LSG Baden-Württemberg Urteil vom 27.01.2012 – L 4 KR 2272/10.

982 LSG Baden-Württemberg Urteil vom 27.01.2012 – L 4 KR 2272/10; Rn. 52.

983 Hintergrund der vagen Formulierung ist, dass eigentlich auch in dieser Annahme ein systematischer Bruch liegt, da das „Qualitätsgebot" im Leistungsrecht verankert ist – während es nach der üblichen Verwendung systematisch eigentlich in einem sowohl dem Leistungsrecht, als auch dem Leistungserbringerrecht vorangestellten AT verortet sein müsste.

984 Siehe hierzu unter B.5.5.3.

985 Siehe hierzu unter A.4.6., insbes. A. 4.6.3., A.4.6.4.

986 Siehe unter B.5.2. ff.

inwiefern es somit für NUB-Methoden (uneingeschränkt) gilt.[987] Denn anders als das „allgemeine Wirtschaftlichkeitsgebot" gem. § 12 Abs. 1 SGB V, dessen Attribute in § 137 c SGB V unverändert wiedergegeben werden, zitiert § 137 c SGB V das „allgemeine Qualitätsgebot" des § 2 Abs. 1 Satz 3 SGB V nicht wörtlich, sondern moduliert dessen Wortlaut: der „medizinische Fortschritt" wird nicht benannt und „der allgemein anerkannte Stand der medizinischen Erkenntnisse" ist lediglich „zu berücksichtigen".[988] Ohne weitere Auslegungsregeln lassen sich die beiden Regelungen der § 2 Abs. 1 Satz 3 SGB V und des § 137 c Abs. 1 SGB V hinsichtlich ihres Wortlautes nicht „in Einklang bringen".

Ziel der Untersuchung ist nicht, und hierauf sei ausdrücklich hingewiesen, den Qualitätsmaßstab zu senken, um aufgrund niederer Schwelle den Eingang für innovative Methoden, vor Abschluss der Anwendung im Rahmen klinischer Studien, in die stationäre Versorgung zu erleichtern. Die Definition der zu überwindenden Schwelle ist eine inhaltliche, politische Frage, deren Bearbeitung und Beantwortung vom parlamentarischen Gesetzgeber – bzw. im gesetzlich vorgesehenen Umfang an seiner Stelle vom G-BA – zu treffen ist. Es geht daher auch nicht um die Frage der Zulässigkeit, Befürwortung oder Ablehnung der inhaltlichen Modulation des anzulegenden Maßstabs für die Nutzenbewertung, wie sie beispielsweise für besondere Therapierichtungen i.S. einer „Binnenanerkennung" thematisiert und diskutiert wird.[989] Ziel der Untersuchung ist vielmehr die Betrachtung des gesetzlichen

987 Die Aktualität dieser Frage zeigt sich dadurch, dass das LSG Baden-Württemberg im Jahr 2011 zu dieser Frage eine Revision zugelassen hat (LSG Baden-Württemberg Urteil vom 27.01.2012 – L 4 KR 2272/10), die vom BSG angenommen und im März 2013 entschieden wurde (BSG Urteil vom 21.03.2013 – B 3 KR 2/12 R). Das LSG Baden-Württemberg schreibt in seinem Urteil hierzu: Der Senat hat die Revision zugelassen, weil bislang eine höchstrichterliche Entscheidung zu der Frage, ob und anhand welcher Maßstäbe im Einzelfall die Einhaltung des Qualitätsgebots des § 2 Abs. 1 Satz 3 SGB V bei Durchführung einer bestimmten Behandlungsmethode im Rahmen einer stationären Krankenhausbehandlung zu bestimmen ist, wenn für diese Behandlungsmethode eine Verbots-Richtlinie des G-BA nach § 137 c SGB V nicht vorliegt, bislang nicht ergangen ist. Auch der Gesetzgeber hat sich im Rahmen des Gesetzgebungsverfahrens des GKV-VSG mit der Frage auseinandergesetzt, inwiefern das „allgemeine Qualitätsgebot" für i.S.d. § 137 c SGB V angewandte NUB-Methoden anzuwenden ist und in den Gesetzgebungsmaterialien klargestellt, dass die Regelung des § 137 c SGB V eine für NUB-Methoden spezifische „Konkretisierung des allgemeinen Qualitätsgebotes" darstellt (Vgl. Gesetzentwurf der Bundesregierung des GKV-VSG vom 25.02.2015 (BTDrs. 18/4095), S. 128; Referentenentwurf des GKV-VSG vom 13.10.2014, S. 115). Perspektivische Erstbewertung der voraussichtlichen Änderungen der Gesetzeslage durch das GKV-VSG am Ende der Arbeit unter G.

988 Hierauf hinweisend auch: Schwarz, Neue Untersuchungs- und Behandlungsmethoden im Krankenhaus, Das Krankenhaus 2013, 1323, 1325.

989 Einführung des Aspekts „jeweilige Therapierichtung" in § 135 SGB V durch Anregung des Gesundheitsausschusses (BT-Ds. 13/7264 S. 29); gegen reine

status quo und hier die Beschäftigung mit der Frage, ob nicht das Aufgreifen des aktuellen Gesetzeswortlautes des § 137 c SGB V als lex specialis im Verhältnis zum „allgemeinen Qualitätsgebot“ des § 2 Abs. 1 Satz 3 SGB V die Beschäftigung mit der Problematik wegen einer höheren begrifflichen und sprachlichen Klarheit erleichtern würde, ohne Qualitätseinbußen mit sich zu bringen, zumal letztendlich beide Wege in einer Nutzenbewertung münden.

Hintergrund der Untersuchung ist auch durch die exemplarische Betrachtung der divergierenden Formulierung zwischen § 2 Abs. 1 Satz 3 SGB V und § 137 c SGB V und die ggf. sachdienlicher Weise hieran zu knüpfenden inhaltlichen Konsequenzen, darauf hinzuweisen und dafür zu sensibilisieren, dass der Gesetzgeber – beabsichtigt oder unbeabsichtigt – an mehreren Stellen des Gesetzes „Modulationen“ des „allgemeinen Qualitätsgebots“ verwendet. Hinzuweisen sei hier insbesondere auf die Formulierungen in § 2 Abs. 1 a Satz 1 SGB V, in § 13 Abs. 5 Satz 2 SGB V, in § 18 Abs. 1 Satz 1 SGB V, in § 135 Abs. 1 Satz 1 SGB V oder in § 135 a Abs. 1 Satz 2 SGB V. Sollte der Gesetzgeber mit den unterschiedlichen Formulierungen keinen von § 2 Abs. 1 Satz 3 SGB V abweichenden Inhalt kolportieren wollen, so ist dringend anzuraten, die Formulierungen anzupassen, zu vereinheitlichen und zukünftig sorgsamer mit ihrer Verwendung umzugehen. Es kann andererseits, auch wenn diese Differenzierungen in der Rechtsanwendung oft „übergangen“ werden, jedoch, wie die folgende Untersuchung zeigen wird, durchaus seinen Reiz haben, die aktuellen Abweichungen im Einzelnen auf ihre Sinnhaftigkeit zu untersuchen.

5.6.1 Möglichkeiten der Auslegung

Im Folgenden sollen Möglichkeiten der Auslegung zur Auflösung der differierenden Wortlaute in § 2 Abs. 1 Satz 3 SGB V und § 137 c Abs. 1 SGB V auf Vor- und Nachteile beleuchtet werden:

5.6.1.1 Wortlaut des § 2 Abs. 1 Satz 3 SGB V gilt unmittelbar und ausschließlich

Verbreitet[990], wie auch i.E. im Urteil des BSG vom 21.03.2013[991], wird davon ausgegangen, das „allgemeine Qualitätsgebot gelte – trotz bzw. ungeachtet des abweichenden Wortlautes des § 137 c SGB V – als allgemeiner Grundsatz im Sinne der „Einheit der

Binnenanerkennung für alt. Therapiemethoden: Joussen, in: Rolfs/Giesen/Kreikebohm/Udsching (Hrsg.) Beck'scher Online-Kommentar Sozialrecht § 135 SGB V Rn. 10; Vgl. zu dieser Thematik auch: Urteil vom 11.05.2011 – B 6 KA 25/10 R m.w.N.; Roters in Kasseler Kommentar zum Sozialversicherungsrecht (EL 78.), § 135 Rn. 14 f.

990 Vgl. exemplarisch BSG Urteil vom 19. November 1997 – 3 RK 6/96; LSG Baden-Württemberg Urteil vom 27.01.2012 – L 4 KR 2272/10; Fastabend; Schneider; Das Leistungsrecht der gesetzlichen Krankenversicherung, S. 232; Hauck, Rechtliche Schnittstellen im SGB V zwischen ambulanter und stationärer Arzneimittelversorgung, MedR 2010, 226, 229; Scholz in: Becker/Kingreen (Hrsg.), SGB V § 2, (C.) Rn. 3.

991 BSG Urteil vom 21.03.2013 – B 3 KR 2/12 R, Rn. 12 ff.

Rechtsordnung" unmittelbar und uneingeschränkt für alle im Rahmen der gesetzlichen Krankenversicherung erbrachten Leistungen, also auch uneingeschränkt für im Rahmen einer stationären Behandlung erbrachte NUB-Methoden.

5.6.1.1.1 Umsetzung

Dies bedeutet begrifflich, dass man als Erbringungsvoraussetzung fordern muss, dass eine nicht gem. § 137 c SGB V aus dem Leistungsspektrum ausgeschlossene NUB-Methode, um im Rahmen der stationären Versorgung angewandt zu werden, – neben der Berücksichtigung des allgemeinen Standes der medizinischen Erkenntnisse" gem. § 137 c Abs. 1 Satz 1 SGB V – „dem allgemeinen anerkannten Stand der medizinischen Erkenntnisse entsprechen und den medizinischen Fortschritt berücksichtigen" muss.

5.6.1.1.2 Stellungnahme

Es ist anzunehmen, dass aus einer abstrakten, generellen Sorge, sonst ungewollte Qualitätseinbußen hinzunehmen oder auf Kosten der Krankenkassen klinische Forschung zu finanzieren, generell gefordert wird alle (NUB-) Methoden müssten dem „allgemein anerkannten Stand der medizinischen Erkenntnisse entsprechen". Jedoch gaukelt man sich durch den fast zwanghaften Versuch auch NUB-Methoden an dem Maßstab des „allgemein anerkannten" Standes der medizinischen Erkenntnisse zu messen insofern, wie schon unter A.4.6.1.3. ff. thematisiert, eine „falsche" oder nur „scheinbare Sicherheit" vor, als der „allgemein anerkannte Stand" kein fixer Maßstab ist, sondern sich dauerhaft verändert und weiterentwickelt. Zudem erfolgt seine Ermittlung regelmäßig, wie insbesondere auch vom G-BA (vgl. 2. Kapitel §§ 9 ff. VerfO), mittels der Grundsätze der ebM, die unter gewissen Bedingungen, wenn kein höhergradiges Datenmaterial vorhanden ist, wie es bei NUB-Methoden nicht selten der Fall ist, auch Datenmaterial der niedrigsten Evidenzstufe als ausreichendes, evidenzbasiertes Wissen ausreichen lassen.[992] Dies bedeutet in letzter Konsequenz, dass unter gewissen Umständen „Assoziationsbeobachtungen, pathophysiologische Überlegungen, deskriptive Darstellungen, Einzelfallberichte, u. ä.; nicht mit Studien belegte Meinungen anerkannter Expertinnen und Experten, Berichte von Expertenkomitees und Konsensuskonferenzen" als Datenbasis ausreichen können, um den „allgemein anerkannten Stand der medizinischen Erkenntnisse" zu ermitteln und „abzulesen". Da es in manchen Spezialbereichen, wie im Bereich der Anwendung von „orphan drugs" (glücklicherweise) weltweit so wenige Anwendungsfälle gibt, dass es nie eine hochgradige Evidenzbasis an Datenmaterial geben wird, oder es sich um die Anwendung von Methoden handelt, in denen die Durchführung von Studien wegen der Zielgruppe, nämlich z.B. pädiatrischen Behandlungsfällen, besonders

---

992 Vgl. hierzu 2. Kapitel, § 13 Abs. 2 VerfO, vgl. auch Rixen, Evidenzbasierte Medizin in der Sozialgerichtsbarkeit um jeden Preis? – Zum Urteil des BSG vom 15.03.2013 über antiallergene Matratzen-Encasings (B 3 KR 2/11 R), SGb 2013, 140.

schwierig durchzuführen sind, was aus anderem Grund das Fehlen einer breiten Datenbasis i.S. eines hohen Evidenzlevels erklärt, ist es erforderlich und notwendig unter bestimmten Umständen als ausreichende Evidenzbasis Datenmaterial niedrigen Evidenzlevels zu akzeptieren. Jedoch stellt es nahezu einen logischen Bruch dar, wenn man aufgrund von Datenmaterials der niedrigsten Evidenzstufe versucht den Anschein zu erwecken oder besser gesagt den Anschein aufrecht zu erhalten, hierdurch werde „ein allgemein anerkannter Stand" der medizinischen Erkenntnisse dargestellt. Vielmehr spricht viel dafür, dazu zu stehen, dass es in diesen Spezial-/Teilgebieten mangels Datenmaterials keinen „allgemein anerkannten Stand" i.S.d. § 2 Abs. 1 Satz 3 SGB V gibt – was jedoch nicht daran hindert dennoch zu prüfen und zu dem Ergebnis zu kommen, dass aufgrund des existierenden Materials niedriger Evidenzstufe der „Nutzen" der konkreten Methode i.S.d. Wortlauts des § 137 c SGB V nach den vorliegenden Erkenntnissen i.S.d. ebM „hinreichend belegt" sein kann. Auch die Ausführungen von Roters[993] zeigen, dass auch die Kriterien des „allgemeinen Qualitätsgebots" kein „fixer Maßstab" sind, sondern sehr dem Fortschritt unterworfen und einzelfallorientiert sind.

Gegen die Auslegung einer unmittelbaren, ausschließlichen Geltung des § 2 Abs. 1 Satz 3 SGB V spricht zudem, dass sie den speziellen Wortlaut des § 137 c SGB V unbeachtet lässt, mit der Folge, dass dieser letztendlich „leer läuft" und sinnlos ist, obwohl hier – anders als in § 2 Abs. 1 Satz 3 SGB V – der „allgemein anerkannten Stand der medizinischen Erkenntnisse" „nur" zu berücksichtigen ist, diesem nicht entsprochen werden muss. Es stellt einen begrifflichen, logischen Bruch dar, wenn man fordert, dass eine „neue Methode" dem „allgemein anerkannten Stand" entsprechen muss.[994] Wenn das BSG selber davon ausgeht, dass die in § 2 Abs. 1 Satz 3 SGB V normierte „Berücksichtigung des medizinischen Fortschritts" zwar nicht bedeutet, dass hierdurch allgemein ein Anspruch auf Behandlungen bestehe, deren Wirksamkeit und Zweckmäßigkeit noch erforscht werde, über die somit noch keine gesicherten medizinischen Erkenntnisse vorliegen,[995] aber anschließend fortfährt, damit sei jedoch klargestellt, dass die Versicherten in der gesetzlichen Krankenversicherung am medizinischen Fortschritt teilhätten und grundsätzlich ohne Rücksicht auf die Kosten Anspruch auf diejenige Behandlung hätten, die dem neuesten Stand der medizinischen Erkenntnisse entspricht[996], so ist begrifflich schwer bzw. nicht in Einklang zu bringen, wenn der „neueste Stand der medizinischen Erkenntnisse" gleichzeitig fast zwanghaft dem „allgemein anerkannten Stand der medizinischen Erkenntnisse entsprechen" muss. Man wird der gesetzlich in § 2 Abs. 1 Satz 3 SGB V vorgesehenen „Berücksichtigung des medizinischen Fortschritts" nicht gerecht, wenn man in der zentralen für NUB-Methoden

993 Vgl. Roters in Kasseler Kommentar zum Sozialversicherungsrecht (EL 78.), § 135 Rn. 11.

994 Siehe hierzu unter A.2.2.

995 BSG Urteil vom 21.03.2013 – B 3 KR 2/12 R, Rn. 15 m.w.N.

996 BSG Urteil vom 21.03.2013 – B 3 KR 2/12 R, Rn. 15 m.w.N.

anzuwendenden Regelung den abweichenden Wortlaut („blind“ oder sehenden Auges) übergeht und die Regelungen gleichschaltet. Und dies, obwohl § 137 c SGB V als zentrale Regelung der Einführung von NUB-Methoden in den stationären Bereich durch die hier vom Gesetzgeber gewählte Formulierung eine sehr elegante Lösung bietet, um das begriffliche Problem ohne Qualitätseinbußen zu lösen.

Sollte man trotz der dargelegten dagegen sprechenden Argumente daran festhalten, dass generell gefordert wird, dass auch NUB-Methoden, die i.S.d. § 137 c SGB V im Rahmen einer stationären Behandlung angewendet werden, dem „allgemein anerkannten Stand der medizinischen Erkenntnisse“ i.S.d. § 2 Abs. 1 Satz 3 SGB V „entsprechen“ müssen, so ist nicht zu sehen, welche Bedeutung oder welchen Mehrwert der in § 137 c SGB V, von der Formulierung des § 2 Abs. 1 Satz 3 SGB V abweichende Wortlaut hat, weswegen dann im Sinne der Rechtsklarheit eine Gesetzesvereinheitlichung im Sinne der Anpassung des Wortlauts des § 137 c SGB V an den Wortlaut des § 2 Abs. 1 Satz 3 SGB V zu empfehlen wäre.

5.6.1.2 § 137 c SGB V als lex specialis zu § 2 Abs. 1 Satz 3 SGB V

Eine andere wortlautorientierte Herangehensweise ist die Auflösung der inhaltlichen Kollision dadurch, dass § 137 c SGB V als die zentrale Vorschrift für die Einführung neuer Untersuchungs- und Behandlungsmethoden im stationären Bereich, deren Bewertungsgegenstand somit regelmäßig „der medizinische Fortschritt“ ist, soweit es inhaltliche Kollisionen gibt, als „lex specialis“ zum allgemeinen Qualitätsgebot gesehen wird.[997] Unter Anwendung des allgemeinen Gesetzesauslegungsgrundsatzes „lex specialis derogat legi generali“, dem zufolge das speziellere Gesetz das allgemeinere in der Anwendung „verdrängt“, bedeutet dies, dass das „allgemeine Qualitätsgebot“ des § 2 Abs. 1 Satz 3 SGB V insofern nicht zur Anwendung kommt, als § 137 c SGB V für die Anwendung von NUB-Methoden im stationären Sektor spezielle Qualitätskriterien regelt.

Bei der Betrachtung des Wortlautes von § 137 c SGB V fällt auf, dass sich unmittelbare „Anspielungen“ auf das „allgemeine Qualitätsgebot“ finden, dessen Wortlaut aber weder vollständig (der gem. § 2 Abs. 1 Satz 3 SGB V zu berücksichtigende medizinische Fortschritt findet keine Erwähnung“) wiedergegeben wird, noch sind die „Ausschnitte“ wörtliche Zitate. Vielmehr findet sich in § 137 c Abs. 1 Satz 1 SGB V eine Modulation des Wortlautes des § 2 Abs. 1 Satz 3 SGB V. Zudem nennt der Wortlaut des § 137 c SGB V unmittelbar eigene Kriterien: entscheidend ist im Zusammenhang mit dem allgemeinen Qualitätsgebot insbesondere, dass der Nutzen der anzuwendenden Methode i.S.d. § 137 c SGB V „hinreichend belegt“ sein muss und der „allgemein anerkannte Stand der medizinischen Erkenntnisse zu berücksichtigen“ ist. Gerade die Beschäftigung mit den beiden Begriffen „entsprechen“ und „berücksichtigen“ im Zusammenhang mit ihrer Verwendung im „allgemeinen

997 So auch Ossege, Anmerkung zu BSG Urteil vom 21.03.2013 – B 3 KR 2/12 R, MedR 2013, 824, 825 f.

Qualitätsgebot“ (§ 2 Abs. 1 Satz 3 SGB V) hat gezeigt[998], dass sie weder im allgemeinen Sprachgebrauch, noch gemäß der juristischen Terminologie identisch sind, so dass es sinnvoll ist, die sprachliche Differenzierung in § 2 abs. 1 Satz 3 SGB V und in § 137 c Abs. 1 Satz 1 SGB V auch auf inhaltlicher Ebene aufzugreifen.

5.6.1.2.1 Umsetzung dieser Auslegung

Im Ergebnis führt die Auslegung des § 137 c SGB V als lex specialis, das das allgemeine Qualitätsgebot (§ 2 Abs. 1 Satz 3 SGB V) in seiner Anwendung verdrängt, dazu, dass eine konkrete NUB-Methode angewandt werden darf, wenn ihr Nutzen i.S.d. § 137 c SGB V hinreichend belegt ist, wobei die Nutzenbewertung „unter Berücksichtigung des allgemein anerkannten Standes der medizinischen Erkenntnisse“ zu erfolgen hat.

Darüber hinaus ist nicht zu fordern, dass die jeweilige NUB-Methode gem. § 2 Abs. 1 Satz 3 SGB V „dem allgemein anerkannten Stand der medizinischen Erkenntnisse entsprechen“ muss, da durch die spezielle Formulierung des § 137 c SGB V das allgemeine Qualitätsgebot in seiner Anwendung verdrängt wird.

Da die NUB-Methoden den medizinischen Fortschritt „darstellen“, Teil dessen sind[999], stellt die Formulierung des § 137 c SGB V eine praktische Umsetzung der zweiten Komponente des allgemeinen Qualitätsgebots i.S.d. § 2 Abs. 1 Satz 3 SGB V, nämlich der grundsätzlichen, immer zu beachtenden „Berücksichtigung des medizinischen Fortschritts“ dar, weswegen auch dieser Teil des allgemeinen Qualitätsgebots durch § 137 c SGB V als lex specialis für die Anwendung von NUB-Methoden verdrängt wird.

In der tatsächlichen Umsetzung hat die Nutzenbewertung i.S.d. § 137 c SGB V auch im Einzelfall, wie insbesondere in Kapitel 2., § 13 Abs. 2 der VerfO beschrieben, nach den Grundsätzen der ebM zu erfolgen. Denn, da die Nutzenbewertungs- und Richtlinienverfahren des G-BA gem. § 137 c Abs. 1 Satz 1 SGB V für die Anwendung von NUB-Methoden im stationären Bereich nicht zwingend durchzuführen sind und durch sie nicht konstitutiv das Leistungsspektrum erweitert wird, sondern lediglich ein Ausschluss der NUB-Methoden erfolgt, die nach Prüfung des G-BA noch nicht die Kriterien des § 137 c SGB V erfüllen, muss im Sinne der Einheit der Rechtsordnung während vor und nach einer potentiellen Prüfung durch den G-BA der gleiche Qualitätsmaßstab gelten[1000]. Konsequenterweise sollte deshalb auch für die durchzuführende Nutzenbewertung durchweg der „gleiche Weg“ gewählt werden.

---

998 Siehe hierzu unter A.4.6.3.

999 Siehe hierzu A.2.2.6.

1000 A.A. Vertreter der Meinung, vor dem Verbot einer NUB-Methode durch den G-BA gem. § 137 c SGB V sei im stationären Bereich „alles erlaubt“.

Dies ist die Nutzenbewertung nach den Grundsätzen der ebM, wie sie in der vom Bundesministerium für Gesundheit gem. § 91 Abs. 4 Satz 2 SGB V genehmigten VerfO niedergelegt ist (vgl. 2. Kapitel, §§ 9 ff. VerfO).[1001]

Die in § 137 c SGB V genannte „Berücksichtigung des allgemein anerkannten Standes der medizinischen Erkenntnisse" bewirkt in diesem Zusammenhang, dass zum einen bei der Abwägung über die Kriterien des Wirtschaftlichkeitsgebotes i.S.d. §§ 137 c, 12 Abs. 1 SBG V und spezifisch bei der Entscheidung über die Bewertung des hinreichend belegten Nutzens in der Schaden-Nutzen-Abwägung auch die bisher angewendeten, dem „allgemein anerkannten Stand der medizinischen Erkenntnisse entsprechende Methoden", inkl. der „Standardmethoden", in der Abwägung ausreichend Beachtung finden müssen. Zum anderen wirkt sich der „zu berücksichtigende allgemein anerkannte Stand der medizinischen Erkenntnisse" bei der Auswahl des Datenmaterials für den Nutzenbeleg der konkreten NUB-Methode insofern aus, als darauf zu achten ist, dass es sich um Daten aus seriösen Quellen handelt, die aufgrund wissenschaftlich anerkannter Forschungsmethoden zustande gekommen sind.

5.6.1.2.2 Stellungnahme

In der Formulierung des § 137 c Abs. 1 SGB V und somit in der zentralen Regelung für die Einführung von NUB-Methoden im stationären Bereich, kann durch die gewählte Formulierung eine unmittelbare Umsetzung der in § 2 Abs. 1 Satz 3 (2. Komponente) SGB V als „allgemeiner Grundsatz" oder programmatische Vorgabe festgeschriebenen Orientierung am medizinischen Fortschritt und an der Innovationsförderung gesehen werden. Die Auflösung der unterschiedlichen Wortlaute in § 2 Abs. 1 Satz 3 SGB V und § 137 c SGB V mittels der Auslegungsmethode „lex specialis derogat legi generali" folgt einem verbreiteten Auslegungsansatz. Insbesondere stellt diese Auslegung, die zu dem Ergebnis kommt, dass das allgemeine Qualitätsgebot des § 2 Abs. 1 Satz 3 SGB V hier aufgrund der speziellen Regelung des § 137 c SGB V nicht unmittelbar gilt, kein Problem der „Einheit der Rechtsordnung" dar, da die Textmodulation sowie die sie aufgreifende Auslegung unmittelbar im Gesetzestext angelegt ist. Auch bei Betrachtung der Auswirkungen dieses Auslegungsansatzes ist das Ergebnis inhaltlich und sachlich treffend. Die in § 137 c SGB V unmittelbar genannten Kriterien bieten sowohl im Sinne der Patientensicherheit, als auch bezogen auf die „finanzielle Stabilität des Krankenversicherungssystems" ausreichend „Schutz", da auch hiernach eine NUB-Methode

---

1001 Hiervon geht i.E. auch das BSG in seine Urteil vom 21.03.2013 (B 3 KR 2/12 R, Rn. 12 ff.) aus, das i.S.d. Grundsätze der ebM die zum Behandlungszeitpunkt vorzufindende Studienlage be- und auswertet. (Allerdings unmittelbar ausgehend von § 2 Abs. 1 Satz 3 SGB V). Vgl. hierzu auch BSG Urteil vom 15.03.2012 – B 3 KR 2/11 R und der daran anknüpfende Aufsatz von Rixen, Evidenzbasierte Medizin in der Sozialgerichtsbarkeit um jeden Preis? Zum Urteil des BSG vom 15.03.2012 über antiallergene Matratzen-Encasings (B 3 KR 2/11 R), SGb 2013, 140.

nur zugunsten der Patienten und zulasten der gesetzlichen Krankenkasse erbracht werden darf, wenn insbesondere ihr Nutzen aufgrund der Einschätzung der Ärzte „hinreichend bestimmt" ist. Auch wenn man argumentieren könnte, hierdurch würde letztendlich nur ein unbestimmter Rechtsbegriff („allgemein anerkannter Stand der medizinischen Erkenntnisse") durch einen anderen unbestimmten Rechtsbegriff („hinreichend belegter Nutzen") ausgetauscht, während im Ergebnis das Gleiche geprüft wird, nämlich eine Nutzenbewertung basierend auf den Grundsätzen der ebM, die im Einzelfall unter entsprechenden Umständen schon aufgrund einer Evidenzbasis niedrigen Evidenzlevels positiv ausfallen kann, so ist es trotzdem, oder gerade deshalb treffender als Prüfungsmaßstab für NUB-Methoden unmittelbar den Wortlaut des § 137 c SGB V („hinreichend belegter Nutzen") aufzugreifen, als trotz der ausdrücklichen in § 137 c SGB V genannten Kriterien daneben das allgemeine Qualitätsgebot zu zitieren. Zumal nicht ersichtlich ist, welchen „Mehrwert" eine parallele Geltung des „allgemeinen Qualitätsgebots" neben den ausdrücklich in § 137 c SGB V genannten Kriterien haben soll – insbesondere, da es begrifflich hinsichtlich der ersten Komponente, des „dem allgemein anerkannten Stand der medizinischen Erkenntnisse Entsprechens" für NUB-Methoden, als „Teil" des „medizinischen Fortschritts", unabhängig von seinem Verhältnis zu § 137 c SGB V nicht passt.

Es ist daher klarer und treffender unmittelbar den Wortlaut des § 137 c SGB V als Prüfkriterien aufzugreifen und zu prüfen, ob der Nutzen der Methode sich schon hinreichend belegen lässt, was aufgrund der i.S.d. Vorgehens des G-BA im Rahmen der Nutzenbewertung nach den Grundsätzen der ebM erfolgt, weswegen im entsprechenden Einzelfall mindestens Unterlagen, die dem untersten Evidenzlevel entsprechen, erforderlich sind, um den hinreichend belegten Nutzen zu belegen.

Andernfalls prüft man formal, ob die konkrete NUB-Methode schon dem „allgemein anerkannten Stand der medizinischen Erkenntnisse entspricht", was im Ergebnis ebenfalls i.S.d. Bewertung des G-BA mittels der Grundsätze der ebM erfolgt und sagt daher, dass im Einzelfall, auch eine Evidenzbasis auf niedrigster Stufe den „allgemein anerkannten Stand der med. Erkenntnisse" widerspiegelt. Dies ist ein begrifflich schwer nachvollziehbares „Spagat".

Gegen die Anwendung der Auslegungsmethode „lex specialis derogat legi generali" in Bezug auf das allgemeine Qualitätsgebot und § 137 c Abs. 1 SGB V könnte man vorbringen, dass aufgrund der allgemeinen tendenziellen Nachlässigkeit des Gesetzgebers bezüglich der (fraktionierten) Wiedergabe und Wiederholung des Wortlautes des allgemeinen Qualitätsgebotes (vgl. §§ 2 Abs. 1 a, 18, 135 a, 135, 137 c SGB V) unabhängig vom einzelnen konkreten Gesetzeswortlaut immer (ausschließlich) das allgemeine Qualitätsgebot gilt, ungeachtet dessen, ob es sich mit dem Wortlaut der jeweiligen Einzelnorm inhaltlich in logische Übereinstimmung bringen lässt, oder nicht. Dann wäre jedoch für die Zukunft eine terminologisch einheitlichere Verwendung der Elemente des Qualitätsgebots des § 2 Abs. 1 Satz 3 SGB V, oder statt einer Wortlautwiedergabe an der jeweiligen Stelle im Gesetzestext ein ausdrücklicher unmittelbarer Verweis auf § 2 Abs. 1 Satz 3 SGB V empfehlenswert.

Möglichen Bedenken, durch die Anwendung des Grundsatzes „lex specialis derogat legi generali" mit der Folge, dass das „allgemeine Qualitätsgebot" (§ 2 Abs. 1

Satz 3 SGB V) bei der Anwendung von NUB-Methoden gem. § 137 c SGB V nicht mehr zur Anwendung kommt, kann dadurch begegnet werden, dass letztendlich inhaltlich die gleiche Prüfung durchgeführt wird, nämlich eine Nutzenbewertung, ob man unmittelbar ausschließlich den Wortlaut des § 137 c SGB V aufgreift, oder eine Vereinbarkeit mit § 2 Abs. 1 Satz 3 SGB V prüft. Dies kann man natürlich auch als Argument gegen den hier präferierten Weg sehen, jedoch scheint aufgrund der in § 2 Abs. 1 Satz 3 SGB V angelegten Differenzierung zwischen „allgemein anerkanntem Stand der medizinischen Erkenntnisse" und dem „medizinischem Fortschritt" und der Modulation in § 137 c SGB V, solange der Gesetzeswortlaut derart ausgestaltet ist, § 137 c Abs. 1 SGB V für NUB-Methoden das „Prüfprogramm", den anzulegenden Maßstab, klarer wiederzugeben, als formal eine „Entsprechung des allgemein anerkannten Standes" zu fordern, diese Entsprechung aber unter Umständen schon bei Nachweis aufgrund niedriger Evidenzstufe als gegeben zu betrachten.

5.6.1.2.3 Zwischenergebnis

Da § 137 c SGB V die zentrale Regelung für die Einführung von NUB-Methoden im Rahmen einer Krankenhausbehandlung ins gesetzliche Krankenversicherungsrecht ist, und der Wortlaut in entscheidenden Phrasen das „allgemeine Qualitätsgebot" moduliert, ohne im Ergebnis „Qualitätseinbußen" mit sich zu bringen, ist es nahe liegend § 137 c SGB V diesbezüglich als „lex specialis" zum allgemeinen Qualitätsgebot zu sehen und die inhaltliche Kolission durch den allgemeinen Auslegungsgrundsatz „lex specialis deragot legi generali" zu lösen.[1002]

5.6.1.3 „Allgemeines Qualitätsgebot" (§ 2 Abs. 1 Satz 3 SGB V) gilt unmittelbar auch für NUB-Methoden, jedoch modifiziert durch § 137 c SGB V

Diese Herangehensweise kommt der verbreiteten Annahme entgegen, mehr oder weniger automatisch von der allgemeinen Geltung des „allgemeinen Qualitätsgebotes" i.S.d. § 2 Abs. 1 Satz 3 SGB V auszugehen und ermöglicht trotzdem die in § 2 Abs. 1 Satz 3 SGB V im Sinne der vom Gesetzgeber als Innovationsförderung angelegten Differenzierung, die „besondere Berücksichtigung des medizinischen Fortschritts" sowie den von § 137 c SGB V abweichenden Wortlaut aufzugreifen. Und dies formal ohne eine Ausnahme der Geltung des „allgemeinen Qualitätsgebots". Dies würde im Ergebnis bedeuten, dass eine NUB-Methode dem durch § 137 c SGB V modifizierten allgemeinen Qualitätsgebot dadurch „entsprechen" muss, dass die NUB-Methode nur angewandt werden darf, wenn ihr „Nutzen"

1002 Nach der hier vertretenen Auffassung sollten die Gerichte, wenn den Krankenhäusern hinsichtlich der Nutzenbewertung als spezifisches Qualitätskriterium des § 137 c SGB V kein Beurteilungsspielraum eingeräumt wird, nicht mehr das Allgemeine Qualitätsgebot im Obersatz aufnehmen, sondern sich, da § 137 c SGB V insofern lex specialis zu § 2 Abs. 1 Satz 3 SGB V ist, unmittelbar am Wortlaut des § 137 c SGB V orientieren.

i.S.d. Wortlauts des § 137 c SGB V „hinreichend belegt“ ist und sie den „allgemein anerkannten Stand der medizinischen Erkenntnisse berücksichtigt“.

Dieser Auslegungsansatz ist aufgrund des aktuellen Gesetzeswortlautes der §§ 2 Abs. 1 Satz 3, 137 c SGB V im Verhältnis zu der ersten untersuchten Auslegungsvariante zu bevorzugen, da diese letztendlich mit dem Wortlaut des § 137 c SGB V nicht vereinbar ist. Er hat zudem den „Vorteil“, dass formal die Anwendung des „allgemeinen Qualitätsgebotes“ nicht in Frage gestellt wird. Da jedoch bei genauer Betrachtung inhaltlich durch diese Auslegung nichts mehr vom Qualitätsgebot „übrig“ bleibt, spricht aus reinen Auslegungsgesichtspunkten viel für die unmittelbare Auslegung mittels des Grundsatzes „lex specialis derogat legi generali“. Um jedoch im Ungang mit NUB-Methoden in jeglicher Hinsicht den Eindruck zu vermeiden, sie müssten für ihre Anwendung zulasten der Krankenkassen keinen Qualitätskriterien entsprechen, scheint auch die Auslegung mittels der dritten dargestellten Variante vertretbar.

5.6.2 Ergebnis

Die Spezialstellung des medizinischen Fortschritts im allgemeinen Qualitätsgebot i.S.d. § 2 Abs. 1 Satz 3 SGB V spricht dafür, dass jedenfalls § 2 Abs. 1 Satz 3 SGB V nicht für bereits „allgemein anerkannte“ Methoden oder „Standardmethoden“ und NUB-Methoden gleichermaßen gilt.[1003] Aufgrund der vom Wortlaut des § 2 Abs. 1 Satz 3 SGB V abweichenden Spezialregelung des Qualitätsgebots in § 137 c SGB V, die der Situation der NUB-Methoden systematisch gerecht wird, spricht viel dafür, § 137 c SGB V im Verhältnis zu § 2 Abs. 1 Satz 3 SGB V als „lex specialis“ zu betrachten.

5.6.3 Stellungnahme

§ 137 c SGB V ist im Verhältnis zu § 2 Abs. 1 Satz 3 SGB V für NUB-Methoden „lex specialis“, da NUB-Methoden als Teil des medizinischen Fortschritts dem (bereits) „allgemein anerkannten Stand der medizinischen Erkenntnisse“ nicht „entsprechen“ können und müssen. Zudem ist der Wortlaut des § 137 c SGB V – ohne Qualitätseinbußen – i.S.d. Grundsätzen der ebM (auch niedrigste Stufe kann i.S.d. ebM ausreichend sein, wenn nichts anderes vorhanden) für die Bewertung von NUB-Methoden treffend. Denn i.S.d. Grundsätze der ebM wird nicht immer derselbe Maßstab angelegt, sondern gilt es, wenn (noch) nicht ausreichend Datenmaterial

---

1003 Vgl. Gesetzgebungsmaterialien zum GKV-VSG, denen zu entnehmen ist, dass die Regelung des § 137 c SGB V eine für NUB-Methoden spezifische „Konkretisierung des allgemeinen Qualitätsgebotes“ darstellt (Vgl. Gesetzentwurf der Bundesregierung des GKV-VSG vom 25.02.2015 (BTDrs. 18/4095), S. 128; Referentenentwurf des GKV-VSG vom 13.10.2014, S. 115). Perspektivische Erstbewertung der voraussichtlichen Änderungen der Gesetzeslage durch das GKV-VSG am Ende der Arbeit unter G.

höherer Evidenzlevel vorhanden ist, die Prüfung auch aufgrund von Datenmaterials niedrigeren Evidenzlevels durchzuführen. Nach der hier vertretenen Auffassung ist eine Änderung des Gesetzeswortlautes des § 137 c SGB V zur Auflösung der differierenden Wortlaute in § 2 Abs. 1 Satz 3 SGB V einerseits und in § 137 c SGB V andererseits, nicht erforderlich, da die im Wortlaut angelegte Differenzierung inhaltlich überzeugend und aussagekräftig ist. Denn es ist genauer, treffender, wenn man sagt, dass der „Nutzen" einer NUB-Methode „hinreichend belegt sein" muss und dies mittels den Grundsätzen der ebM ermittelt, als wenn man sagt, eine NUB-Methode müsse dem „allgemein anerkannten Stand der medizinischen Erkenntnisse entsprechen" und diesen aber – aufgrund der mehrfach angesprochenen themenspezifischen Spezialität – sprachlich schwer nachvollziehbar i.S.d. Grundsätze der ebM schon bei Erkenntnissen auf der niedrigsten Evidenzstufe als „gegeben" ansieht.

Zur Steigerung der sprachlichen Klarheit und Logik sollte die Rechtsprechung und Literatur aufgrund des geltenden Gesetzeswortlautes des § 137 c SGB V „aufhören" sprachlich zu fordern, dass eine NUB-Methode dem „allgemein anerkanntem Stand der medizinischen Erkenntnisse entsprechen" muss. Darüber hinaus wäre es wünschenswert, wenn die Begriffe des „allgemein anerkannten Standes der medizinischen Erkenntnisse", der „Standardmethoden" und der Begriff der „NUB-Methode" differenzierter verwendet würden.

Aber, sollte der Gesetzgeber durch die abweichenden Wortlaute in § 2 Abs. 1 Satz 3 SGB V einerseits und in § 137 c SGB V andererseits keine inhaltliche Konnotation verfolgen, so wäre eine Änderung des Gesetzeswortlautes i.S. einer Anpassung der Wortlaute zu empfehlen.

Darüber hinaus erscheint grundsätzlich, unabhängig davon, welche der dargestellten Auslegungsvarianten der Gesetzgeber für die Auflösung des differierenden Wortlautes – zwischen § 2 Abs. 1 Satz 3 SGB V einerseits und § 137 c SGB V andererseits – favorisiert, hinsichtlich der Verwendung der Begriffe des „jeweils" „allgemein anerkannten Standes der medizinischen Erkenntnisse" mit (§ 2 Abs. 1 Satz 3 SGB V) oder ohne (§ 18 Abs. 1 Satz 1 SGB V) „Berücksichtigung des medizinischen Fortschritts," des „jeweiligen[1004] Standes der wissenschaftlichen Erkenntnisse" (§ 135 Abs. 1 Satz 1, § 135 a Abs. 1 Satz 2 SGB V) des „allgemein anerkannte, dem medizinischen Standard entsprechende Leistung" (§ 2 Abs. 1 a Satz 1 SGB V) sowie des „hinreichend belegten Nutzens unter Berücksichtigung des allgemein anerkannten Standes der medizinischen Erkenntnisse" eine Überprüfung der einzelnen Wortlautvarianten auf ihre Sinnhaftigkeit und ggf. eine Überarbeitung der Formulierungen i.S. einer einheitlicheren Verwendung zur Verbesserung der terminologischen und somit der sprachlichen Klarheit, dringend empfehlenswert. Denn anders als die Wortlautvarianten in § 2 Abs. 1 Satz 3 SGB V einerseits und

1004 Hierdurch wird nach Flint die Verpflichtung des G-BA zur Aktualität ausgedrückt. Vgl. Flint in: Hauck/Noftz (Hrsg.), SGB V K § 135 Rn. 69.

in § 137 c SGB V andererseits, erscheint hier nicht jede Wortlautvariation (wie beispielsweise der in § 2 Abs. 1 a SGB V gewählte Wortlaut) auch nachvollziehbar einen eigenen Inhalt zu kolportieren.

5.7 Zusammenfassung

Eine NUB-Methode darf im Rahmen einer Krankenhausbehandlung regelmäßig zulasten der gesetzlichen Krankenkassen angewendet werden, wenn sie schon zum Leistungsspektrum der gesetzlichen Krankenkassen gehört (1. Ebene) und ihre Anwendung durch den jeweiligen Leistungserbringer erfolgen kann (2. Ebene), weil sie insbesondere vom Versorgungsauftrag des Leistungserbringers umfasst ist, und ihre Anwendung hinsichtlich des konkreten Patienten aus medizinischer und krankenversicherungsrechtlicher Sicht, insbesondere i.S.d §§ 27, 39, 12 SGB V, indiziert ist (3. Ebene).

Eine im Rahmen einer Krankenhausbehandlung erbrachte NUB-Methode ist nach der hier vertretenen Auffassung an den speziellen, unmittelbar geltenden qualitätssichernden Kriterien des § 137 c SGB V zu messen, die insofern als lex specialis das allgemeine Qualitätsgebot verdrängen bzw. es modulieren. Der Maßstab des § 137 c SGB V ist somit anzulegen, um festzustellen, ob die konkrete NUB-Methode schon zum Leistungsspektrum des gesetzlichen Krankenkasse gehört (1. Ebene) und somit „regulär" – und nicht nur ausnahmsweise i.S.d. § 2 Abs. 1 a SGB V und der weiteren von der Rechtsprechung anerkannten Einzelkonstellationen[1005] – zulasten der gesetzlichen Krankenkassen erbracht werden darf. Dies bedeutet, dass das Krankenhaus den gleichen Maßstab anzulegen hat, wie der G-BA im Rahmen einer Nutzenbewertung einer NUB-Methode i.S.d. § 137 c SGB V. Denn im stationären Bereich ist es nicht erforderlich, dass der G-BA jede (NUB-) Methode vor ihrer Anwendung überprüft und ihre Anwendung zulasten der gesetzlichen Krankenkassen förmlich „zulässt". Dennoch sollte vor, während und nach einer (potentiellen) Überprüfung einer Methode durch den G-BA der gleiche Qualitätsmaßstab, der in § 137 c SGB V gesetzlich normiert ist, gelten.

Nach der aktuellen gesetzlichen Ausgestaltung erfüllt eine NUB-Methode die Voraussetzungen des § 137 c SGB V und darf zulasten der gesetzlichen Krankenkasse im Rahmen einer Krankenhausbehandlung erbracht werden, weswegen bei entsprechend fehlender sachgerechter Abbildung im DRG-Vergütungssystem die Krankenhäuser mit den Krankenkassen auch NUB-Entgelte i.S.d. § 6 Abs. 2 KHEntgG vereinbaren sollen, wenn sie das Stadium der klinischen Prüfung erfolgreich durchlaufen hat, nicht bereits vom G-BA ausdrücklich „verboten" wurde und nach Prüfung durch das Krankenhaus der Nutzen der NUB-Methode nach den Grundsätzen der ebM hinreichend belegt ist, sie i.S. einer „Gesamtbetrachtung" für eine ausreichende,

1005 Vgl. hierzu unter A.8.2.

zweckmäßige und wirtschaftliche (i.e.S.) Versorgung der[1006] bzw. des[1007] Patienten unter Berücksichtigung des allgemein anerkannten Standes der medizinischen Erkenntnisse erforderlich ist. Wie dargelegt lässt sich, insbesondere aufgrund der Ausführungen in den Gesetzesmaterialien[1008], auch vertreten, dass NUB-Methoden auch schon im Rahmen einer Krankenhausbehandlung erbracht werden dürfen, wenn nach Prüfung durch das Krankenhaus die NUB-Methode mindestens aufgrund von Unterlagen, die dem Level der Evidenzstufe V nach den Grundsätzen der ebM entsprechen, das Potenzial einer erforderlichen Behandlungsalternative bietet und sie i.S. einer „Gesamtbetrachtung" für eine ausreichende, zweckmäßige und wirtschaftliche (i.e.S.) Versorgung der[1009] bzw. des[1010] Patienten erforderlich ist.

Wenn sie diese Voraussetzungen erfüllt, kann das Krankenhaus die NUB-Methode als zum Leistungsspektrum der gesetzlich Versicherten gehörend betrachten (1. Ebene).

Um die NUB-Methode dann im Einzelbehandlungsfall zulasten der gesetzlichen Krankenkassen anzuwenden, muss ihre Anwendung in zulässiger Weise vom Leistungserbringer erfolgen können (2. Ebene) und bezogen auf den Patienten allen behandlungsfallspezifischen Voraussetzungen genügen, wie beispielsweise der Notwendigkeit der Krankenhausbehandlung i.S.d. §§ 27, 29 SGB V und der Wirtschaftlichkeit der Behandlung im Einzelfall i.S.d. § 12 Abs. 1 SGB V (3. Ebene).

6. Beurteilungsspielraum der Krankenhäuser?

Von erheblicher Bedeutung für die Innovationsfreundlichkeit des gesetzlichen Krankenversicherungssystems im Allgemeinen und für die Bereitschaft der einzelnen Krankenhäuser innovative, neue Methoden anzuwenden im Speziellen, ist die Frage, wer in Frage stellen und mit welcher Konsequenz überprüfen darf, ob eine von einem Krankenhaus erbracht NUB-Methode schon zum regulären Leistungsspektrum der gesetzlichen Krankenkassen gehört (1. Ebene) und vom konkreten Leistungserbringer im konkreten Behandlungsfall angewendet werden durfte (2. und 3. Ebene).[1011]

1006 Bezogen auf die Prüfung der Voraussetzungen der konkreten Methode im Hinblick auf die Vereinbarung von NUB-Entgelten i.S.d. § 6 Abs. 2 Satz 1 KHEntgG.

1007 Bezogen auf die unmittelbar bevorstehende oder schon erfolgte Einzelfallanwendung.

1008 [§137 e VStG].

1009 Bezogen auf die Prüfung der Voraussetzungen der konkreten Methode im Hinblick auf die Vereinbarung von NUB-Entgelten i.S.d. § 6 Abs. 2 Satz 1 KHEntgG.

1010 Bezogen auf die unmittelbar bevorstehende oder schon erfolgte Einzelfallanwendung.

1011 So wurde aktuell auch ein Aufsatz von Felix unter der Überschrift: „Innovationen im Krankenhaus – Wer entscheidet?" veröffentlicht. Vgl. Felix, MedR 2014, 283.

Diese Frage spielt zum einen eine Rolle, wenn die Krankenhäuser mit den Krankenkassen im Rahmen der Budgetverhandlungen für noch nicht vom DRG-Fallpauschalensystem sachgerecht abgebildete NUB-Methoden, die sie zukünftig gerne erbringen wollen, gem. § 6 Abs. 2 Satz 1 KHEntgG NUB-Entgelte verhandeln.[1012] Denn wenn den Krankenhäusern hinsichtlich der Frage, ob der Nutzen der konkrete NUB-Methode schon hinreichend belegt ist (1. Ebene) oder ob sie zumindest über das Potenzial einer erforderlichen Behandlungsalternative verfügt, kein Beurteilungsspielraum eingeräumt wird, werden die Krankenkassen ggf. dazu tendieren dieses Kriterium aus taktischen Gründen regelmäßig in Frage zu stellen oder „pauschal zu bestreiten" und so die NUB-Entgelt-Verhandlungen an diesem Punkt in vielen Fällen scheitern lassen[1013]. Als Konsequenz werden die Krankenhäuser regelmäßig aus rein finanziellen Gesichtspunkten Abstand davon nehmen (müssen), diese, aus ihrer medizinischen Sicht, vielversprechende NUB-Methode, die aus Sicht des Krankenhauses schon den Kriterien des § 137 c SGB V genügt und so schon zum regulären Leistungsspektrum der gesetzlichen Krankenkassen gehört, anzuwenden.

Darüber hinaus spielt die Frage des den Krankenhäusern eingeräumten oder nicht zustehenden Beurteilungsspielraums im Rahmen von Abrechnungsstreitigkeiten, infolge von Einzelfallprüfungen gem. § 275 Abs. 1 Nr. 1, Abs. 1 c SGB V, wie sie auch dem Urteil des BSG vom 21.03.2013[1014] zugrunde lag, über die Vergütung von zu Gunsten der Patienten von den Krankenhäusern schon erbrachten und gegenüber den Krankenkassen abgerechnete NUB-Methoden eine zentrale Rolle. Denn auch hier stellt sich die Frage, ob es aufgrund der gesetzlichen Systematik der §§ 135, 137 c SGB V und der in diesem Zusammenhang vorgesehenen Rolle des G-BA gewollt und sachgerecht ist, dass die Krankenkassen i.V.m. dem MDK und anschließend die Richter am (L/B)SG – bei den vom BSG dargestellten Anforderungen[1015] – alleine oder im gerichtlichen Verfahren, ggf. auch unter Hinzuziehung eines Sachverständigen, anlässlich eines konkreten Falles eine Nutzenbewertung einer NUB-Methode vornehmen können und sollen, für die der G-BA unter Hinzuziehung des IQWiG aufgrund der Spezifik der zu beurteilenden Fragen regelmäßig mehrere Monate, wenn nicht Jahre benötigt.

1012 Wöhrmann, Medizinische Innovationen im Krankenhaus – die Sicht der Krankenkassen in: Felix/Schütte (Hrsg.); Medizinische Innovationen im Krankenhaus, Steuerung und Finanzierung, S. 29, 34; siehe hierzu unter D.4., E.3.

1013 Vgl. in diese Richtung auch Felix/Deister; Innovative Medizin im Krankenhaus – erfordert das Versorgungsstrukturgesetz eine grundlegende Neubewertung?, NZS 2013, 81 sowie Deutschen Krankenhausinstitut; Anspruch und Realität von Budgetverhandlungen zur Umsetzung medizintechnischer Innovationen – Gutachten des Deutschen Krankenhausinstituts im Auftrag des Bundesverbandes Medizintechnologie (BVMed), S. 5.

1014 BSG Urteil vom 21.03.2013 – B 3 KR 2/12 R („in-vitro Aufbereitung").

1015 Hierzu plastisch und eindrucksvoll: Rixen, Stephan, Evidenzbasierte Medizin in der Sozialgerichtsbarkeit um jeden Preis? – Zum Urteil des BSG vom 15.03.2013 über antiallergene Matratzen-Encasings (B 3 KR 2/11 R), SGb 2013, 140.

6.1 Rechtliche Bedeutung eines „Beurteilungsspielraums"

Die Frage des bestehenden oder nicht bestehenden Beurteilungsspielraumes ist letztendlich eine Frage des effektiven Rechtsschutzes i.S.d. Art. 19 Abs. 4 GG bzw. seiner im Einzelfall ggf. gebotenen Beschränkung.[1016] Grundsätzlich gebietet die rechtsstaatlich gebotene Gewährleistung eines effektiven Rechtsschutzes i.S.d. Art. 19 Abs. 4 GG eine vollständige, umfassende gerichtliche Kontrolle aller auf dem Gebiet des öffentlichen Rechts getroffenen Einzelentscheidungen.[1017] Dies bezieht sich grundsätzlich sowohl auf die Subsumtion eines Einzelsachverhaltes unter den Tatbestand einer Norm, als auch hinsichtlich der ausgehend hiervon gezogenen rechtlichen Schlüsse und gewählten Rechtsfolgen.[1018] Gerade im Hinblick auf den verfassungsrechtlichen Grundsatz der Gewaltenteilung muss jedoch zwischen der Letztentscheidungsbefugnis der Gerichte und der Letztentscheidungsbefugnis der Exekutive eine Balance hergestellt werden.[1019] Dies gilt umso mehr in Konstellationen wie der des § 137 c SGB V, wo für die abschließende Bewertung des hinreichend belegten Nutzens auf Bundesebene mit dem G-BA ein Spezialgremium existiert.

6.1.1 Exkurs: Ermessensentscheidungen und gerichtliche Kontrolle

Unmittelbar auf gesetzlicher Ebene gibt es bereits durch die Existenz von Regelungen, die der entscheidenden Stelle i.S.d. § 40 VwVfG, § 114 VwGO hinsichtlich der Rechtsfolge einen Ermessensspielraum einräumen, eine erhebliche Einschränkung dieser umfassenden Kontrolldichte, da diese Normen, anders als bei einer gebundenen Entscheidung (i.S.v. „wenn..., dann..."), der die Entscheidung treffenden Stelle ausgehend von dem festgestellten Tatbestand durch die Einräumung von Ermessen einen „Strauß" an Entscheidungen zur Verfügung stellen bzw. einen "Entscheidungskorridor" eröffnen, innerhalb dessen die Entscheidung aufgrund von Recht- und Zweckmäßigkeitserwägungen getroffen werden kann und muss. Diese Ermessensentscheidungen werden von den Gerichten i.S.d. § 114 VwGO gemäß der Ermessensfehlerlehre nur daraufhin überprüft, ob die entscheidende Stelle sich ihres Ermessens bewusst war und davon Gebrauch gemacht hat, sowie, ob die Grenzen des Ermessensspielraums unter- oder überschritten wurden oder von dem Ermessen in einer dem Zweck der Ermächtigung nicht entsprechenden Weise Gebrauch gemacht wurde.[1020] Anders als eine Widerspruchsbehörde im Widerspruchsverfahren überprüft

---

1016 Vgl. Wolff in: Sodan/Ziekow VwGO § 114 Rn. 294: Der Beurteilungsspielraum gestaltet als rechtliches Institut nicht die Frage des (subjektiven) Rechts, sondern die Frage der Verletzung eines Rechts (d.h. die Reichweite des [subjektiven] Rechts) i.S.v. Art. 19 Abs. 4 GG, ohne den Rechtsweg selbst zu beschränken.

1017 Vgl. Vgl. Schulze-Fielitz in: Dreier GG (Band I); Art. 19 Abs. 4 Rn. 116;Wolff in: Sodan/Ziekow VwGO § 114 Rn. 292.

1018 Vgl. Schulze-Fielitz in: Dreier GG (Band I); Art. 19 Abs. 4 Rn. 116.

1019 Vgl. Schulze-Fielitz in: Dreier GG, Art. 19 Abs. 4 Rn. 117 m.w.N.

1020 Vgl. Schulze-Fielitz in: Dreier GG (Band I); Art. 19 Abs. 4 Rn. 118 m.w.N.: die Einräumung von nur begrenzt gerichtlicher Kontrolle zugänglichen Ermessensspielräumen ist grundsätzlich als mit Art. 19 Abs. 4 GG vereinbar anerkannt.

das Gericht die getroffene Ermessensentscheidung nicht auf ihre Zweckmäßigkeit, sondern hat sich auf die formale Überprüfung daraufhin zu beschränken, ob die Entscheidung nicht ermessensfehlerhaft ist, an keinen Ermessensfehlern leidet.

Die Frage der Kontrolldichte hinsichtlich der Nutzenbewertung einer konkreten NUB-Methode i.S.d. § 137 c SGB V (genauso wie die Frage des Umfangs des Versorgungsauftrages eines Krankenhauses) ist jedoch keine Frage der Überprüfung einer Ermessensentscheidung i.S.d. § 114 VwGO. Die Frage, ob der Nutzen einer konkreten NUB-Methode schon hinreichend belegt ist, ist daher keine Entscheidung, die von den Gerichten i.S.d. § 114 VwGO gemäß der Ermessensfehlerlehre nur daraufhin überprüft wird, ob die entscheidende Stelle sich ihres Ermessens bewusst war und davon Gebrauch gemacht hat, sowie, ob die Grenzen des Ermessensspielraums unter- oder überschritten wurden oder von dem Ermessen in einer dem Zweck der Ermächtigung nicht entsprechenden Weise Gebrauch gemacht wurde. Denn die Nutzenbewertung ist nicht im Rahmen der Rechtsfolgenentscheidung relevant, sondern der „hinreichend belegte Nutzen" der jeweiligen NUB-Methode ist auf Tatbestandsseite der Norm eine der erforderlichen Voraussetzunge, um NUB-Methoden im Rahmen einer stationären Behandlung gem. § 137 c SGB V zulasten der gesetzlichen Krankenkasse anzuwenden. Das Kriterium des „hinreichend belegten Nutzens" ist ein unbestimmter, auslegungsbedürftiger Rechtsbegriff auf Tatbestandsseite des § 137 c SGB V.

6.1.2 Unbestimmte Rechtsbegriffe und gerichtliche Kontrolle

Grundsätzlich ist die Überprüfung der Subsumtion des der Entscheidung zugrunde liegenden Sachverhaltes unter die jeweils angewandte Norm typische Aufgabe der Gerichte, auch und gerade in Bezug auf die Auslegung unbestimmter Rechts- bzw. Gesetzesbegriffe.[1021]

Auch auf der Tatbestandsseite einer Norm gibt es jedoch von der Rechtsprechung[1022] und Literatur anerkannte Ausnahmen der grundsätzlich umfassenden gerichtlichen Kontrolle dadurch, dass in spezifischen Konstellationen hinsichtlich der Auslegung und Subsumtion unter einen unbestimmten Rechtsbegriff von einem der gerichtlichen Kontrolle entzogenen Beurteilungsspielraum, einer Einschätzungsprärogative[1023], der entscheidenden Stelle ausgegangen wird. Auch hier werden „Prognosen und Risikoabschätzungen mitunter als zusätzliche

1021 Vgl. Aschke in Bader/Ronellenfitsch (Hrsg.) BeckOK VwVfG; § 40 VwVfG Rn. 129; Schulze-Fielitz in: Dreier GG (Band I); Art. 19 Abs. 4 Rn. 116.

1022 Vgl. BVerfG, Nichtannahmebeschluss vom 08. Dezember 2011 – 1 BvR 1932/08; BVerfG, Beschluss vom 28. Juni 1983 – 2 BvR 539/80 u 612/80, 2 BvR 539/80, 2 BvR 612/80, BVerwG, Urteil vom 25. Juli 1985 – 3 C 25/84.

1023 Aschke in Bader/Ronellenfitsch (Hrsg.) BeckOK VwVfG; § 40 VwVfG Rn. 26.

selbstständige Erscheinungsformen angesehen"[1024]. Durch die Annahme eines Beurteilungsspielraums wird der Verwaltung die Kompetenz zur verbindlichen Feststellung der Tatbestandserfüllung zugewiesen[1025].

Aspekte, die hinsichtlich einzelner Konstellationen für die Annahme eines Beurteilungsspielraums sprechen können, sind beispielsweise[1026] die Entscheidung weisungsfreier Gremien oder Ausschüsse, deren Mitglieder mit besonderer fachlicher Legitimation ausgestattet sind und die in einem besonderen Verfahren entscheiden[1027], der wertende Charakter einer Entscheidung, der Entscheidung immanente prognostische Elemente, die Komplexität des zu beurteilenden Sachverhalts, die Notwendigkeit besonderer Sachkunde oder Prognosen und Risikobewertungen auf der Grundlage des Standes von Wissenschaft und Technik[1028]. Hintergrund des in diesen Fällen bejahten Beurteilungsspielraums ist u.a., dass die gerichtliche Kontrolle aufgrund dieser Sonderkonstellationen nahezu „an die Funktionsgrenzen der Rechtsprechung"[1029] stoßen kann. Ob hinsichtlich der Auslegung eines unbestimmten Rechtsbegriffs, wie beispielsweise dem des „hinreichend belegten Nutzens" von einem der umfassenden gerichtlichen Kontrolle entzogenen Beurteilungsspielraum auszugehen ist, oder nicht, ist durch Auslegung der jeweiligen Norm zu ermitteln.[1030] Grube, selber Vorsitzender Richter am VG a.D., sieht die Voraussetzung für die Annahme eines Beurteilungsspielraums als gegeben an, wenn man bei der Auslegung der gesetzlichen Regelung zu dem Schluss komme, dass „es besser in die Hände der Verwaltung gelegt sei, eine sachgerechte Entscheidung zu treffen, als wenn in nachträglicher Rechtskontrolle ein „Besserwisser" daher komme und alles anders sehe".[1031]

1024 Vgl. Schulze-Fielitz in: Dreier GG (Band I); Art. 19 Abs. 4 Rn. 119.

1025 Vgl. Wolff in: Sodan/Ziekow VwGO § 114 Rn. 290; hierzu auch Grube, Beurteilungsspielraum im Krankenhausfinanzierungsrecht und Kontrolldichte der Verwaltungsgerichte in: Felix/Schütte (Hrsg.); Medizinische Innovation im Krankenhaus, Steuerung und Finanzierung S. 51 ff.

1026 Decker in: Posser/Wolff (Hrsg.), Beck'scher OK VwGO § 114 Rn. 35 ff.

1027 Unter diese „Gruppe" u.a. fällt auch die eingeschränkte gerichtliche Überprüfbarkeit der Entscheidungen des G-BA. Siehe hierzu unter A.6.1.8.

1028 Vgl. Aschke in Bader/Ronellenfitsch (Hrsg.) BeckOK VwVfG; § 40 VwVfG Rn. 107, 118.

1029 Vgl. hierzu die Ausführungen von Rixen, Evidenzbasierte Medizin in der Sozialgerichtsbarkeit um jeden Preis? – Zum Urteil des BSG vom 15.03.2013 über antiallergene Matratzen-Encasings (B 3 KR 2/11 R), SGb 2013, 140.

1030 Vgl. hierzu BVerfG, Beschluss vom 31. 5. 2011 – 1 BvR 857/07, BVerfG NVwZ 2011, 1062; BVerfG, Beschluss vom 08.12.2011–1 BvR 1932/08, DVBl 2012, 230; Aschke in Bader/Ronellenfitsch (Hrsg.) BeckOK VwVfG; § 40 VwVfG Rn. 104; Schmidt-Aßmann in: Maunz/Dürig GG Art 19 Abs 4 Rn 180 m.w.N.

1031 Grube, Beurteilungsspielraum im Krankenhausfinanzierungsrecht und Kontrolldichte der Verwaltungsgerichte in: Felix/Schütte (Hrsg.); Medizinische Innovation im Krankenhaus, Steuerung und Finanzierung S. 51, 55.

Die Gründe für die Anerkennung von Beurteilungsspielräumen, die Tragweite der Beurteilungsermächtigung und die Maßstäbe der gerichtlichen Kontrolle von Beurteilungsentscheidungen unterscheiden sich je nach Fallgruppe.[1032] Allein mit der Offenheit der sprachlichen Fassung des Gesetzes kann jedoch die Annahme eines der entscheidenden Stelle eingeräumten Beurteilungsspielraums nicht begründet werden[1033]. Insbesondere sind Beurteilungsspielräume keine „automatische" Folge eines besonders hohen Grades der Unbestimmtheit einer Norm.[1034] Vielmehr beheimatet auch ein unbestimmter Rechtsbegriff in aller Regel keine Beurteilungsermächtigung, sondern ist gerichtlich vollständig zu überprüfen.[1035] Die Beurteilungsermächtigungen vermitteln der Verwaltung eine Konkretisierungsbefugnis, die mit einer Rücknahme der Gerichtskontrolle gekoppelt ist.[1036] Da die Auslegung unbestimmter Rechtsbegriffe grundsätzlich klassische Kernaufgabe der Gerichte ist[1037] und die Annahme und Anerkennung eines Beurteilungsspielraums im konkreten Fall eine Einschränkung des gerichtlichen Rechtsschutzes bedeutet, ist sie aus verfassungsrechtlichen Gesichtspunkten i.S.d. Art. 19 Abs. 4 GG nur anzunehmen, wenn sie durch den Gesetzgeber durch hinreichende Gründe[1038] gerechtfertigt und durch die gesetzliche Konzeption im Gesetz angelegt ist[1039]. Ob dies der Fall ist, hängt stark von den jeweiligen rechtlichen und tatsächlichen Gesamtumständen ab, weswegen jeweils eine sorgsame Analyse der Einzelkonstellation erforderlich ist.

Im Zusammenhang mit der Einführung neuer Untersuchungs- und Behandlungsmethoden im Rahmen einer Krankenhausbehandlung soll die Frage des Beurteilungsspielraums im Folgenden bezogen auf die Thematik der Beurteilung des Vorliegens des „hinreichend belegten Nutzens"[1040] i.S.d. § 137 c SGB V im konkreten Behandlungsfall, sowie, da diese Frage Anlass für die diesbezügliche Rechtsprechungsänderung des BSG im Jahr 2008 war[1041], hinsichtlich der Thematik des „Versorgungsauftrages und NUB-Methoden" beleuchtet und untersucht werden.

1032 Aschke in Bader/Ronellenfitsch (Hrsg.) BeckOK VwVfG; § 40 VwVfG Rn. 26.

1033 Aschke in Bader/Ronellenfitsch (Hrsg.) BeckOK VwVfG; § 40 VwVfG Rn. 103.

1034 Aschke in Bader/Ronellenfitsch (Hrsg.) BeckOK VwVfG; § 40 VwVfG Rn. 103.

1035 Vgl. Wolff in: Sodan/Ziekow VwGO § 114 Rn. 303 m.w.N.

1036 Wolff in: Sodan/Ziekow VwGO § 114 Rn. 286.

1037 Aschke in Bader/Ronellenfitsch (Hrsg.) BeckOK VwVfG; § 40 VwVfG Rn. 129.

1038 Vgl. hierzu Wolff in: Sodan/Ziekow VwGO § 114 Rn. 295.

1039 Vgl. Jarass in: Jarass/Pieroth; Grundgesetz für die Bundesrepublik Deutschland § 19 Rn. 69.

1040 Bzw. des „Potenzials einer erforderlichen Behandlungsalternative", wenn man der Meinung folgt (s.o.), dass seit der Gesetzesänderung durch das Versorgungsstrukturgesetz auch Methoden, die das Potenzial einer erforderlichen Behandlungsalternative bieten, systematisch im Rahmen einer stationären Behandlung zulasten der gesetzlichen Krankenkassen angewendet werden dürfen, solange sie nicht gem. § 137 c Abs. 1 Satz 4 SGB V verboten wurde.

1041 Vgl. BSG Urteil vom 28.07.2008 – B 1 KR 5/08 R.

6.2 Der Versorgungsauftrag als „Krankenhausspezifisches Qualitätskriterium“[1042] und die Frage des Beurteilungsspielraums

Nicht alle Leistungserbringer dürfen im Rahmen einer stationären Behandlung NUB-Methoden zulasten der gesetzlichen Krankenkassen anwenden. Grundsätzlich dürfen dies nur gem. §§ 107, 108 SGB V zugelassene Krankenhäuser.[1043] Zudem ist nach dem Wortlaut des § 107 Abs. 1 Nr. 2 SGB V Voraussetzung für die „Eigenschaft“ als „zugelassenes Krankenhaus“ i.S.d. §§ 107, 108 SGB V, dass das konkrete Krankenhaus „über ausreichende, seinem Versorgungsauftrag entsprechende diagnostische und therapeutische Möglichkeiten verfügt und nach wissenschaftlich anerkannten Methoden arbeitet“.

Entscheidend ist für die Beurteilung der Frage, ob und in welchem Umfang das konkrete Krankenhaus grundsätzlich Leistungen zulasten der gesetzlichen Krankenkassen erbringen darf, ist gem. §§ 107 ff. SGB V i.V.m. § 8 Abs. 1 S. 4 KHEntgG die Frage, ob und in welchem Umfang es über einen Versorgungsauftrag verfügt.[1044]

Denn durch den Versorgungsauftrag wird – mit Ausnahme der Behandlung von Notfallpatienten – abschließend geregelt, welche Leistungen ein bestimmtes Krankenhaus zulasten der gesetzlichen Krankenversicherung erbringen darf, da gem. § 8 Abs. 1 Satz 3 KHEntgG die Krankenhäuser ausdrücklich nur Entgelte für Behandlungen berechnen dürfen, die „im Rahmen des Versorgungsauftrages“ liegen. Zudem konkretisiert und begrenzt der Versorgungsvertrag gem. § 39 Abs. 1 Satz 3 SGB V den Anspruch der Versicherten auf Krankenbehandlung in dem jeweiligen Krankenhaus.[1045]

In § 8 Abs. 1 Satz 4 KHEntgG[1046] stellt der Gesetzeber wegen der großen rechtfertigenden Bedeutung des Versorgungsauftrages gerade auch im Krankenhausfinanzierungsrecht speziell für die Vergütung der Leistungserbringung nochmals

1042 Vgl. hierzu auch Flint in Hauck/Noftz (Hrsg.), SGB V K § 135 Rn. 17.

1043 Hierzu unter A.5.2.1.

1044 Vgl. LSG Nordrhein-Westfalen Urteil vom 26.06.2008 – L 5 KR 19/07, Rn. 27 m.w.N; hier ging es um die Frage der Zuordnung eines gefäßchirurgischen Eingriffs zum Fachbereich der Allg. Chirurgie oder ausschließlich zum Fachbereich der Gefäßchirurgie.

1045 Vgl. hierzu auch BSG Urteil vom 24.01.2008 – B 3 KR 17/07 R Rn. 17.

1046 § 8 Abs. 1 Satz 4 KHEntgG: „Der Versorgungsauftrag des Krankenhauses ergibt sich **1.** bei einem **Plankrankenhaus** aus den Festlegungen des Krankenhausplans in Verbindung mit den Bescheiden zu seiner Durchführung nach § 6 Abs. 1 in Verbindung mit § 8 Abs. 1 Satz 3 des Krankenhausfinanzierungsgesetzes sowie einer ergänzenden Vereinbarung nach § 109 Abs. 1 Satz 4 des Fünften Buches Sozialgesetzbuch, **2.** bei einer **Hochschulklinik** aus der Anerkennung nach den landesrechtlichen Vorschriften, dem Krankenhausplan nach § 6 Abs. 1 des Krankenhausfinanzierungsgesetzes sowie einer ergänzenden Vereinbarung nach § 109 Abs. 1 Satz 4 des Fünften Buches Sozialgesetzbuch, **3.** bei **anderen Krankenhäusern** aus dem Versorgungsvertrag nach § 108 Nr. 3 des Fünften Buches Sozialgesetzbuch.“

ausdrücklich dar, woraus sich der Umfang des Versorgungsauftrages für die einzelnen zur Leistung gegenüber gesetzlich Versicherten berechtigten Krankenhäuser (i.S.d. § 108 SGB V: Hochschulkliniken, Plankrankenhäuser und sonstige Krankenhäuser mit Versorgungsvertrag) ergibt.[1047]

Die Frage, ob ein Leistungserbringer i.S.d. §§ 107, 108 SGB V ein „zugelassenes Krankenhaus" ist, oder nicht, und ggf. ob die anvisierte Leistung (noch) vom Umfang des Versorgungsauftrages umfasst ist, darf und muss von den Krankenkassen zum Schutz der Patienten und Gewährleistung der finanziellen Stabilität des Krankenversicherungssystems, im Zweifelsfall, thematisiert und voll überprüft werden können.[1048] Der Rechtsprechung des BSG ist in diesem Punkt vollständig zu folgen. Hieraus folgt aber nicht, dass dem jeweiligen Krankenhaus deshalb im Zusammenhang mit der Erbringung von NUB-Methoden gar kein Beurteilungsspielraum zusteht.

Denn, die zwei Fragen, ob erstens einem Krankenhaus aufgrund des geplanten Leistungsspektrums ein öffentlicher Versorgungsauftrag erteilt wird, mit der Folge, dass dieses Krankenhaus anschließend im Rahmen des Versorgungsauftrages an der Versorgung der gesetzlich Versicherten teilnehmen kann und muss, und die Frage, ob die Erbringung einer konkreten NUB-Methode vom Versorgungsauftrag eines grundsätzlich i.S.d. § 108 SGB V zugelassenen Krankenhauses umfasst ist, sind zu trennen. Sie sind darüber hinaus getrennt zu betrachten von der dritten Frage, ob eine konkrete NUB-Methode, die ein gem. § 108 SGB V zugelassenes Krankenhaus im Rahmen seines Versorgungsauftrages erbringen möchte, die speziellen Qualitätskriterien i.S.d. § 137 c Abs. 1 SGB V erfüllt, insbesondere, ob ihr Nutzen bereits hinreichend belegt ist.

Es spricht viel dafür, dass die Krankenkassen und im Klageverfahren die Sozialgerichte, auch und gerade im Sinne der Patientensicherheit, die ersten beiden Aspekte unabhängig davon, ob hinsichtlich der im konkreten Fall einzelnen betroffenen Methoden vom G-BA schon ein Bewertungsverfahren i.S.d. §§ 135, 137 c SGB V durchgeführt wurde und schon eine Entscheidung des G-BA vorliegt, überprüfen

---

1047 Hierzu unter A.5.2.1.

1048 Vgl. BSG Urteil vom 28.07.2008 – B 1 KR 5/08 R: Ablehnung des Anspruchs eines Krankenhauses auf Abschluss eines Versorgungsvertrages gem. § 109 SGB V u.a. deswegen, weil das Krankenhaus nicht die Gewähr für eine den Anforderungen des Qualitätsgebots i.S.d. § 2 Abs. 1 Satz 3 SGB V entsprechende, leistungsfähige Krankenhausbehandlung biete, weil es den Schwerpunkt auf Außenseitermethoden lege, die nicht vom Leistungsspektrum der gesetzlichen Krankenversicherung umfasst seien; Wöhrmann, Medizinische Innovationen im Krankenhaus – die Sicht der Krankenkassen in: Felix/Schütte (Hrsg.) Medizinische Innovationen im Krankenhaus, Steuerung und Finanzierung; S. 29, 34.

können und müssen[1049], wie auch vom BSG hinsichtlich der Konstellation des Streits über den Abschluss eines Versorgungsvertrages ausdrücklich entschieden[1050].

Es spricht jedoch aufgrund der Systematik der §§ 135, 137 c SGB V und der Sonderrolle des G-BA, insbesondere aufgrund des ihm eingeräumte Letztentscheidungsrechts, auch viel dafür, dass den Krankenkassen (durch den MDK) diese Prüfbefugnis nicht zusteht, wenn ein gem. § 108 SGB V zugelassener Leistungserbringer i.S.d. § 137 c SGB V eine unstreitig innerhalb seines Versorgungsauftrages liegende NUB-Methode erbringen will und er der Überzeugung ist, dass ihr Nutzen schon hinreichend belegt ist. Dies wird jedoch Gegenstand der folgenden Untersuchung sein[1051].

Diese Differenzierung stellt keinen systematischen Bruch dar, da ein großer Unterschied besteht zwischen der Frage, ob ein Leistungserbringer und mit welchem Leistungsspektrum an der Versorgung der gesetzlich Krankenversicherten zukünftig teilnehmen darf, soll und muss – und der Frage, ob ein zugelassener Leistungserbringer i.S.d. § 108 SGB V im Rahmen seines Versorgungsauftrages eine NUB-Methode erbringen möchte. Denn aufgrund der gesetzlichen Systematik i.S.d. Erlaubnis gem. § 137 c SGB V verdienen zugelassene Leistungserbringer „einen Vertrauensvorschuss", da im Rahmen der Zulassungsfrage (Abschluss Versorgungsvertrag/Aufnahme in KH-Plan/"Existenz" als Universitätsklinikum) geprüft wurde, ob ihr geplantes Leistungsspektrum, hinsichtlich dessen sie an der Versorgung gesetzlich Versicherter zulasten der gesetzlichen Krankenkassen teilnehmen möchten, den Qualitätsanforderungen des SGB V entspricht und ob sie über die erforderliche sächliche und personelle Ausstattung verfügen[1052], und bei privaten Kliniken zusätzlich über die polizeirechtliche Zuverlässigkeit gem. § 30 GewO, um die entsprechenden Leistungen „im Rahmen ihres Versorgungsvertrages" entsprechend der Qualitätsstandards und i.S.d. § 107 Abs. 1 Nr. 2 SGB V erbringe zu können.

Die Fragen und ihre Überprüfung, ob ein konkreter Leistungserbringer grundsätzlich i.S.d. §§ 107 ff. SGB V zur Leistung zulasten der gesetzlichen Krankenkassen zugelassen ist, oder nicht und die Frage, ob die konkrete erbrachte NUB-Behandlung von seinem Versorgungsauftrag umfasst ist, sind daher Kriterien, die der vollen Überprüfung durch die Krankenkassen und Sozialgerichte unterliegen. Hier steht nicht die Nutzenbewertung der einzelnen Methoden im Vordergrund, sondern letztendlich geht es ausschließlich um die Definition und Bestimmung des Umfangs des Versorgungsauftrages.

1049 Felix geht noch weiter und spricht sich auch hinsichtlich dieser beiden Aspekte bezugnehmend auf § 137 c SGB V bis zu einer Verbotsentscheidung des G-BA für einen Beurteilungsspielraum zugunsten der Krankenhäuser aus. Vgl. Felix, Innovative Medizin im ambulanten und stationären Bereich „Bekannte Akteure – Neue Fragen", MedR 2011, 67, 70.

1050 BSG Urteil vom 28.07.2008 – B 1 KR 5/08 R.

1051 Siehe unter B.6.3.

1052 Vgl. BSG Urteil vom 24.01.2008 – B 3 KR 17/07 R, Rn. 18.

Ob dies gleichermaßen für die dritte angesprochene Konstellation gilt, nämlich die Beurteilung der Frage, ob der Nutzen einer unstreitig vom Versorgungsauftrag des Krankenhauses umfassten NUB-Methode schon hinreichend belegt ist, oder nicht, ist kein Problem des Versorgungsauftrages. Diese Thematik ist vielmehr isoliert hiervon zu untersuchen.

6.3 „Hinreichend belegter Nutzen" i.S.d. § 137 c SGB V und Beurteilungsspielraum

Als „unbestimmter Rechtsbegriff" unterliegt die Frage, ob der Nutzen einer konkreten NUB-Methode zum Zeitpunkt ihrer geplanten oder erfolgten Anwendung i.S.d. § 137 c SGB V (schon) hinreichend belegt ist, grundsätzlich der vollen gerichtlichen Kontrolle.

Wie dargelegt gibt es jedoch Konstellationen, in denen als Ausnahme von einer umfassenden gerichtlichen Kontrolle hinsichtlich der die Entscheidung treffenden Stelle von einem der umfassenden gerichtlichen Kontrolle entzogenen Beurteilungsspielraum ausgegangen wird.

Für Vertreter der Ansicht, im stationären Sektor sei aufgrund des Erlaubnisvorbehaltes des § 137 c SGB V bis zu einem Verbot die Anwendung aller NUB-Methoden, ohne Erfordernis einer Nutzenbewertung, erlaubt, spielt die Frage des den Krankenhäusern zustehenden oder nicht einzuräumenden Beurteilungsspielraums streng genommen gar keine Rolle, da die Krankenkassen und Gerichte nichts überprüfen können, was von den Leistungserbringern gar nicht geprüft werden musste![1053]

6.3.1 Gegen einen Beurteilungsspielraum

Wie in der Rechtsprechungsübersicht zu § 137 c SGB V dargestellt, tendiert die Rechtsprechung des BSG jedenfalls in den letzten Jahren dazu, die Entscheidung darüber, ob eine NUB-Methode den anzulegenden Qualitätsanforderungen genügt, nicht bis zu einer Entscheidung des G-BA infolge einer Nutzenbewertung gem. § 137 c SGB V unter Einräumung eines vollumfänglichen, der Einzelfallüberprüfung durch die Krankenkassen und durch die Gerichte entzogenen Beurteilungsspielraums, den Krankenhäusern zu überlassen. Ob daraus jedoch der Schluss zu ziehen ist, dass das BSG hierdurch den Krankenhäusern jeglichen Einschätzungsspielraum entzieht, ist nicht unumstritten.[1054]

1053 Teilweise wird jedoch auch hier – „vermittelnd", vom Ergebnis betrachtet nachvollziehbar, aber eigentlich inkonsequent – angenommen, die Krankenkassen und Gerichte könnten in jedem Fall eine „Plausibilitätsprüfung" dahingehend vornehmen die Methoden ausfindig zu machen, die offensichtlich nicht dem Stand der medizinischen Erkenntnisse entsprechen. (Vgl. Darstellung in BSG Urteil vom 21.03.2013 – B 3 KR 2/12 R, Rn. 16 m.w.N.)

1054 Willhöft, Rechtsanspruch der Kraneknhausträger auf Vereinbarung eines krankenhausindividuellen (Zusatz-) Entgeltes für Medizintechnologie mit „Status 1", KH 2013, 934.

Das Urteil des BSG vom 21.03.2013[1055] äußert sich nicht ausdrücklich zu der Frage, ob den Krankenhäusern ein der Kontrolle durch die Krankenkassen und durch die Gerichte entzogener Beurteilungs- oder Bewertungsspielraum hinsichtlich der Nutzenbewertung im Einzelfall zuzugestehen ist. Die Ausführung, § 137 c SGB V bewirke vor diesem Hintergrund lediglich, dass – anders als für den Bereich der vertragsärztlichen Versorgung – nicht in einem generalisierten, zentralisierten formellen Prüfverfahren vor Einführung neuer Behandlungsmethoden im Krankenhaus deren Eignung, Erforderlichkeit und Wirtschaftlichkeit formalisiert überprüft werde, sondern die Prüfung der eingesetzten Methoden im zugelassenen Krankenhaus grundsätzlich prospektiv durch das Krankenhaus selbst und retrospektiv lediglich im Einzelfall anlässlich von Beanstandungen ex post erfolge[1056], spricht jedoch eher gegen die Annahme eines den Krankenhäusern zuzugestehenden Beurteilungsspielraums. Zumal sich das BSG (ausgehend von § 2 Abs. 1 Satz 3 SGB V) selber inhaltlich umfassend damit auseinandersetzt, ob aus seiner Sicht im entscheidungserheblichen Zeitpunkt der Behandlungsvornahme die NUB-Methode dem allgemein anerkannten Stand der medizinischen Erkenntnisse entsprach[1057].

Auch in der Literatur gibt es Stimmen, die sich hinsichtlich der Frage, ob eine im Krankenhaus angewandte, nicht gem. § 137 c SGB V „positiv ausgeschlossene" NUB-Methode die Kriterien des § 137 c SGB V erfüllt, oder nicht, für eine volle Überprüfbarkeit und gegen einen der Krankenkassen und Gerichten entzogenen Beurteilungsspielraum der Krankenhäuser aussprechen.[1058]

Im Falle einer vollständigen gerichtlichen Überprüfbarkeit der vom Krankenhaus i.S.d. § 137 c SGB V getroffenen Entscheidung, ist jedoch jedenfalls darauf hinzuweisen, dass die gerichtliche Befassung nicht weiter reichen kann, als die vom G-BA im Rahmen einer Nutzenbewertung gem. § 137 c SGB V bzw. dem einzelnen Krankenhaus bei der Einzelfallentscheidung i.S.d. § 137 c SGB V durchgeführten Prüfung und Bewertung. Das bedeutet, dass das Gericht nicht inhaltlich über die NUB-Methode „urteilen" darf, sondern sich i.S.d. Grundsätze der ebM einen Überblick über die veröffentlichte Literatur und die Meinung der einschlägigen Fachkreise zu verschaffen hat, um aufgrund dieser Grundlage zu bewerten, festzustellen, ob ein durch

1055 BSG Urteil vom 21.03.2013 – B 3 KR 2/12 R, insbes. Rn. 24.

1056 BSG Urteil vom 21.03.2013 – B 3 KR 2/12 R, Rn. 24.

1057 BSG Urteil vom 21.03.2013 – B 3 KR 2/12 R, Rn. 13 f.

1058 Vgl. Hauck; Medizinischer Fortschritt im Dreieck IQWiG, G-BA und Fachgesellschaften: Wann wird eine innovative Therapie zur notwendigen medizinischen Maßnahme? Rechtsgrundlagen und Rechtsprechung; NZS 2007, 461, 467; Hauck, MedR 2010, 226, 229 – der Verfasser des Aufsatzes ist Mitglied der dritten Kammer des BSG; siehe auch Becker in: Becker/Kingreen, Kommentar zum SGB V § 137 c, Rn. 1, jedoch eher die Rechtsprechung darstellend; Pütter in: Dettling/Gerlach (Hrsg.), Krankenhausrecht, Kommentar, SGB V § 137 c Rn. 20.

wissenschaftliche Studien hinreichend untermauerter Konsens über die Qualität und Wirksamkeit der entsprechenden NUB-Methode besteht.[1059]

Aufgrund des im sozialgerichtlichen Verfahren geltenden Amtsermittlungsgrundsatzes und im Hinblick auf den vom G-BA i.V.m. dem IQWiG nicht selten über Monate oder Jahre betriebenen Aufwand im Rahmen der Nutzenbewertung gem. §§ 135, 137 c SGB V erscheint dies, vorsichtig ausgedrückt, eine herausfordernde Aufgabe[1060], die sicherlich die Hinzuziehung von Sachverständigen erfordert. Zumal durch ein Sachverständigengutachten letztendlich auch "nur" die Auffassung des einzelnen Sachverständigen wiedergegeben werden kann. Hier sei auf folgendes Zitat des BSG hingewiesen: „Es konnte materiell-rechtlich weder auf die Auffassung des MDK noch auf die Auffassung eines Sachverständigen zum allgemein anerkannten Stand der medizinischen Erkenntnisse ankommen. Die Auffassung einzelner Mediziner – und als nichts anderes ist eine fachliche Stellungnahme des MDK zum allgemein anerkannten Stand der medizinischen Erkenntnisse zu werten – ist bei der Beurteilung des allgemein anerkannten Standes der medizinischen Erkenntnisse gerade nicht maßgeblich."[1061] Eine abschließende gerichtliche Entscheidung über den „hinreichend belegten Nutzen einer konkreten NUB-Methode" kann daher nie die gleiche Qualität haben, wie die abschließende Entscheidung des G-BA als Abschluss eines aufwendigen Nutzenbewertungsverfahrens i.S.d. § 137 c SGB V. Zudem sind, wenn man von einer vollumfänglichen Überprüfung durch die Gerichte ausgeht, die bedeutet, dass das jeweilige Gericht im Einzelfall bei der „ex post Betrachtung" selber abschließend entscheiden muss, ob nach seiner Überzeugung der „Nutzen der konkreten NUB-Methode schon hinreichend belegt ist", in Bezug auf ein und dieselbe NUB-Methode unterschiedliche Ergebnisse unterschiedlicher Gerichte „vorprogrammiert". Dies ist, vorsichtig ausgedrückt, unter Berücksichtigung der Tatsache, dass es um die Frage geht, ob eine NUB-Methode schon zum regulären Leistungsspektrum der gesetzlichen Krankenkasse gehört, im Hinblick auf Art. 3 Abs. 1 GG keine unproblematische Konstellation. Auch ist den Leistungserbringern kaum zuzumuten, die (bisweilen kostspieligen) NUB-Behandlungen durchzuführen und erst im Nachhinein, oft erst nach sich über mehrere Instanzen und mehrere Jahre ziehenden Gerichtsverfahren, zu erfahren, ob eine Abrechnung zulasten der GKV möglich ist, oder nicht.[1062]

1059 Vgl. in Bezug auf die Überprüfung von Entscheidungen des G-BA: Flint in: Hauck/Noftz (Hrsg.), SGB V K § 135 Rn. 145.

1060 Kritisch auch: Rixen, Evidenzbasierte Medizin in der Sozialgerichtsbarkeit um jeden Preis? – Zum Urteil des BSG vom 15.03.2013 über antiallergene Matratzen-Encasings (B 3 KR 2/11 R), SGb 2013, 140.

1061 BSG Urteil vom 21.03.2013 – B 3 KR 2/12 R, Rn. 28.

1062 Pütter in: Dettling/Gerlach (Hrsg.), Krankenhausrecht, Kommentar, SGB V § 137 c Rn. 8.

6.3.2 *Für einen Beurteilungsspielraum*

Es gibt jedoch auch Vertreter, die aufgrund der aktuellen Gesetzeslage die Annahme eines Beurteilungsspielraums befürworten und fordern.[1063] So weist Joussen darauf hin, dass eine Krankenkasse ihre Leistungspflicht mit der Begründung, eine Behandlung genüge den vom Gesetz geforderten Qualitätsstandards nicht, nur dann ablehnen könne, wenn der G-BA eine entsprechende Feststellung getroffen habe.[1064] Auch Willhöft setzt sich mit dieser Frage im Zusammenhang mit der Vereinbarung von NUB-Entgelten auseinander und betont, dass das KHEntgG ausschließlich dem G–BA ein Prüfungsrecht einräume, ob die Leistung/Methode einen Nutzen aufweise und der Verbotsvorbehalt ausnahmsweise greife.[1065] Der Ausschluss der Finanzierung durch die gesetzlichen Krankenkassen liege damit nicht im Kompetenzbereich der einzelnen Krankenkasse oder des MDK/MDS, sondern könne abschließend und

---

1063 Vgl. Dalichau in: Prütting, Dorothea (Hrsg.); Fachanwaltkommentar Medizinrecht SGB V § 137 c Rn. 25: „Die Prüfung, ob eine im Krankenhaus angewandte NUB-Methode die vom Gesetz geforderten Qualitätsstandards erfüllt, obliegt nicht der Krankenkasse oder den Gerichten"; Felix, Rechtliche Rahmenbedingungen der Finanzierung innovativer Medizin aus Sicht der Leistungserbringer und Patienten – taugen sie gesetzlichen Vorgaben? In: Felix/Schütte (Hrsg.); Medizinische Innovation im Krankenhaus, Steuerung und Finanzierung S. 59, 71; Schwarz, Neue Untersuchungs- und Behandlungsmethoden im Krankenhaus, Das Krankenhaus 2013, 1323, 1325; Ullrich; Finanzierungslücken bei medizinischen Innovationen? Rechtliche Rahmenbedingungen der Finanzierung neuer Untersuchungs- und Behandlungsmethoden sowie innovativer Arzneimittel, S. 209; Willhöft, Rechtsanspruch der Krankenhausträger auf Vereinbarung eines krankenhausindividuellen (Zusatz-)Entgeltes für Medizintechnologie mit „Status 1", Das Krankenhaus 2013, 934, 936; in diesem Sinne auch schon Estelmann/Eicher; Die Leistungspflicht der gesetzlichen Krankenkassen vor dem Hintergrund der Pluralität der ärztlichen Therapien – Die sogenannten Außenseitermethoden – SGb 1991, 247, 250, wenn hier ausgeführt wird: „Aufgrund dieser Rahmenbedingungen muss es der gesetzlichen Krankenkasse verwehrt sein, allzusehr in den ärztlichen bereich hineinzuregieren. Qualitative Schranken in Form von Standards dürfen sich daher nicht an einem hypothetischen Optimum orientieren; sie können im Grunde nur zweierlei leisten: Sie können erstens offensichtlichen Missbräuchen wehren, also die Grenzen zur Scharlatanerie abstecken; zweitens können sie eine Risikoverteilung zwischen Versicherten und Krankenkassen auf höherer Ebene – oberhalb der Wirtschaftlichkeit – herbeiführen."

1064 Joussen in Beck OK SGB V § 137 c, (Stand 01.06.2011).

1065 Willhöft, Rechtsanspruch der Krankenhausträger auf Vereinbarung eines krankenhausindividuellen (Zusatz-) Entgeltes für Medizintechnologie mit „Status 1", Das Krankenhaus 2013, 934, 936.

verbindlich nur durch den G-BA entschieden werden.[1066] Felix/Deister[1067] äußern in diesem Zusammenhang: „Wenn die Krankenkassen vor Ort über die Sinnhaftigkeit einer Untersuchungs- und Behandlungsmethode entscheiden dürfen, werde § 137 c SGB V in sein Gegenteil verkehrt – und das wirke sich naturgemäß auch auf die Budgetverhandlungen vor Ort aus."[1068]

Bender spricht sich ausdrücklich dafür aus, dass die Krankenkassen die Vereinbarung von NUB-Entgelten gem. § 6 Abs. 2 Satz 1 KHEntgG nicht mit dem Argument ablehnen dürften, der Neulandschritt gehöre noch nicht zum GKV-Standard.[1069] Später betont Bender, es sei den Krankenkassen im Fall der Vereinbarung eines NUB-Entgeltes erst recht verwehrt im Rahmen der Abrechnung die Vergütung der einzelnen Innovationsleistungen mit dem Argument zu verweigern, sie hätten nicht dem Standard der GKV entsprochen.[1070] Bender zieht Bezug nehmend auf den durch das GKV-VStG neu eingefügten § 91 Abs. 7 S. 3 SGB V, dem zufolge zum Ausschluss eines Neulandschritts im Anschluss an die Erprobung bei einer sektorenübergreifenden Bedeutung zukünftig ebenfalls – und hier zeige sich erneut die Innovationsfreundlichkeit des Gesetzgebers – im G-BA eine Mehrheit von neun Stimmen erforderlich sei, den Schluss, dass diese neue Systematik es geradezu verbiete, den Krankenkassen ein eigenes Verwerfungsmonopol zuzugestehen, weil sie hierüber schlicht die vom Gesetzgeber vorgegebene Aufgabenverteilung bei der Einführung und Finanzierung von Innovationen in der GKV unterlaufen würden.[1071]

Felix betont, dass, wenn man daran festhält, dass dem G-BA ein Entscheidungsmonopol[1072] zukommt, dann bedeute dies nicht, dass nicht auch für den stationären

---

1066 Willhöft, Rechtsanspruch der Krankenhausträger auf Vereinbarung eines krankenhausindividuellen (Zusatz-)Entgeltes für Medizintechnologie mit „Status 1", Das Krankenhaus 2013, 934, 936.

1067 Felix, Deister: Innovative Medizin im Krankenhaus – erfordert das Versorgungsstrukturgesetz eine grundlegende Neubewertung?; NZS 2013, 81, 87.

1068 Nach dem DKI Gutachten stellt das Argument der fehlenden Evidezbasierung, vielfach unter Verweis auf eigens in Auftrag gegebene MDK/MDS Gutachten, den wichtigsten Ablehnungsgrund für NUB seitens der Kostenträger dar. Deutschen Krankenhausinstitut; Blum/Offermanns (Projektbearbeiter); Anspruch und Realität von Budgetverhandlungen zur Umsetzung medizintechnischer Innovationen – Gutachten des Deutschen Krankenhausinstituts im Auftrag des Bundesverbandes Medizintechnologie (BVMed), S. 5.

1069 Bender; Finanzierung neuer Untersuchungs- und Behandlungsmethoden (NUB) im Krankenhaus; NZS 2012, 761, 764; in diesem Sinne auch: Roeder/Bunzmeier, Innovationsfinanzierung im G-DRG-System, Bestandsaufnahme und Handlungsnotwendigkeit, Das Krankenhaus 2010, 113, 116.

1070 Bender; Finanzierung neuer Untersuchungs- und Behandlungsmethoden (NUB) im Krankenhaus; NZS 2012, 761, 764.

1071 Bender, Finanzierung neuer Untersuchungs- und Behandlungsmethoden (NUB) im Krankenhaus, NZS 2012, 761, 769.

1072 Vgl. Vießmann, Thomas, in Spickhoff (Hrsg.) Medizinrecht, SGB V, § 135 Rn. 3; Flint in Hauck/Noftz (Hrsg.), SGB V K § 135 Rn. 11.

Bereich Qualitätskriterien gelten, es sei aber nicht zu viel verlangt („kein unzumutbares Verfahrenshindernis"), wenn vor zentraler Prüfung durch G-BA die Einleitung eines Prüfverfahrens durch einen Antragsberechtigten mittels Stellung eines Antrags erforderlich ist.[1073]

Auch die Ausführungen der Bundesregierung im Rahmen der Beantwortung einer kleinen Anfrage[1074] sprechen für die Annahme eines Beurteilungsspielraums in Bezug auf die Nutzenbewertung einer noch nicht gem. § 137 c SGB V ausgeschlossenen NUB-Methode. Denn hier führt die Bundesregierung aus, die Krankenkassen vor Ort hätten dabei[1075] jenseits der Verhandlung der Entgelthöhe keine rechtlichen Ansatzpunkte für eine Methodendiskussion mit dem einzelnen Krankenhaus.[1076]

Auch die Befürworter eines Beurteilungsspielraums entziehen die Krankenhäuser nicht zwingend jeglicher Kontrolle.[1077] So geht Bender als Begrenzung des Beurteilungsspielraums in Fällen der offensichtlichen Ungeeignetheit des Neulandschritts vom Vorliegen der Voraussetzungen für eine „Evidenzkontrolle" aus.[1078] Als Beispiele für solch eine anzunehmende offensichtliche Ungeeignetheit nennt er die Konstellation, dass mit dem Neulandschritt ein systematischer Behandlungsfehler einhergeht, die Plausibilität des methodischen Ansatzes für die Erzielung des erstrebten Behandlungserfolges fehlt oder die wissenschaftliche Datenlage eindeutig gegen die zukünftige Etablierung des Neulandsschrittes spricht.[1079] In diesen Fällen fehlt dem Neulandschritt nach Bender das notwendige InnovationsPotenzial.[1080] Auch Schwarz, die grundsätzlich nicht befürwortet, dass die Krankenkassen und Gerichte in jedem Einzelfall eine Methodenbewertung vornehmen dürfen, geht davon aus, dass dennoch die Überprüfung eines Mindestmaßes an Eignung, Unbedenklichkeit und Qualität einer innovativen Methode sowohl seitens der Leistungserbringer, als auch der Kostenträger nicht zuletzt im Hinblick auf das Wirtschaftlichkeitsgebot möglich sein müsse.[1081]

1073 Vgl. Felix, MedR 2011, 67, 69, 70.

1074 Kleine Anfrage BTDrs. 17/6190, Antwort der Bundesregierung BTDrs. 17/6397.

1075 Im Rahmen der Vereinbarung von NUB-Entgelten gem. § 6 Abs. 2 Satz 1 KHEntgG.

1076 BTDrs. 17/6397, S.6.

1077 Vgl. Pütter in: Dettling/Gerlach (Hrsg.), Krankenhausrecht, Kommentar, SGB V § 137 c Rn. 9.

1078 Bender; Finanzierung neuer Untersuchungs- und Behandlungsmethoden (NUB) im Krankenhaus; NZS 2012, 761, 767; in diesem Sinne auch Willhöft, Rechtsanspruch der Krankenhausträger auf Vereinbarung eines krankenhausindividuellen (Zusatz-)Entgeltes für Medizintechnologie mit „Status 1", Das Krankenhaus 2013, 934, 938.

1079 Bender; Finanzierung neuer Untersuchungs- und Behandlungsmethoden (NUB) im Krankenhaus; NZS 2012, 761, 767 f.

1080 Bender; Finanzierung neuer Untersuchungs- und Behandlungsmethoden (NUB) im Krankenhaus; NZS 2012, 761, 768.

1081 Schwarz, Neue Untersuchungs- und Behandlungsmethoden im Krankenhaus, Das Krankenhaus 2013, 1323, 1325.

6.3.3 Stellungnahme

Aufgrund der gesetzlichen Systematik, die für die Anwendung von NUB-Methoden im stationären Bereich – anders als im ambulanten Sektor gem. § 135 SGB V – keine präventive Erlaubnis durch den G-BA erfordert, zahlreichen Akteuren des öffentlichen Gesundheitssektors, so auch den Krankenkassen, denen die Möglichkeit offen steht, ein förmliches Nutzenbewertungsverfahren zu veranlassen und dem G-BA, als einem „fachkundig und ausgewogen zusammengesetztes Gremium"[1082], dem hinsichtlich der abschließenden Nutzenbewertung ein Entscheidungsmonopol zusteht, spricht viel für die Annahme, von einem der gerichtlichen Kontrolle entzogenen Beurteilungsspielraum der Krankenhäuser in Bezug auf die Frage (erster Prüfungsschritt), ob eine konkrete NUB-Methode im Behandlungszeitpunkt – losgelöst vom konkreten Behandlungsfall – (schon) den Qualitätskriterien des § 137 c SGB V entspricht, ob insbesondere ihr Nutzen hinreichend belegt ist, auszugehen. Zumal der Gesetzgeber trotz der gegenläufigen Rechtsprechung des BSG seit dem Jahr 2008 gerade auch bei der Einführung des § 137 e SGB V und der auch hiermit einhergehenden Änderungen des § 137 c SGB V an dieser Systematik (§§ 135, 137 c SGB V) festgehalten hat.[1083] Insofern ist – gerade auch unter Berücksichtigung der rechtsstaatlichen Grundsätze der Gewaltenteilung gem. Art. 20 Abs. 3 GG – eine Rückbesinnung der Rechtsprechung des BSG auf seine ursprüngliche Auslegung des § 137 c SGB V mindestens wünschenswert.

Die Frage der Nutzenbewertung i.S.d. § 137 c SGB V unterscheidet sich grundlegend von der Frage der Notwendigkeit einer Durchführung einer stationären Behandlung im konkreten Behandlungsfall i.S.d. § 39 SGB V, hinsichtlich der seit einer Entscheidung des Großen Senats[1084] entschieden ist, dass seitens der Ärzte hinsichtlich der Beurteilung dieser Frage kein Beurteilungsspielraum besteht. Denn während Gegenstand der Frage der Notwendigkeit einer stationären Behandlung die Beurteilung des einzelnen konkreten Behandlungsfalls ist, ist Gegenstand der Nutzenbewertung i.S.d. § 137 c SGB V die vom konkreten Behandlungsfall losgelöste, abstrakt zu beantwortende Frage der Methodenbewertung (1. Prüfungsebene). Krankenhäuser dürfen, aufgrund der aktuellen Gesetzeslage und der hiernach nicht notwendigen zentralen Zulassung einer Methode i.S.d. § 135 SBG V durch den G-BA, NUB-Methoden, die ihrer Ansicht nach die Voraussetzungen des § 137 c SGB V erfüllen, im Rahmen einer Krankenhausbehandlung zulasten der gesetzlichen Krankenkassen anwenden. Bei Zweifeln seitens der Krankenkassen können[1085] diese ein G-BA Nutzenbewertungsverfahren einleiten. Eine vergleichbare Möglichkeit, ein

1082 Vgl. Schulze-Fielitz in: Dreier GG (Band I); Art. 19 Abs. 4 Rn. 126.

1083 Vgl. hierzu Felix; Innovationen im Krankenhaus – Wer entscheidet? MedR 2014, 283, 286 f.; ggf. ist dem Gesetzgeber zu raten den Beurteilungsspielraum noch ausdrücklicher als bisher ins Gesetz aufzunehmen. Vgl. hierzu Vgl. Schulze-Fielitz in: Dreier GG (Band I); Art. 19 Abs. 4 Rn. 125.

1084 BSG Urteil vom 25.9.2007 – GS 1/06.

1085 Wenn sie dies nicht im Sinne der Patientensicherheit und der Finanziellen Stabilität des gesetzlichen Krankenversicherungssystems müssen!

externes, hierfür institutionalisiertes Prüfverfahren einzuleiten, gibt es hinsichtlich der Frage der medizinischen Notwendigkeit der stationären Behandlung i.S.d. § 39 Abs. 1 SGB V nicht. Würde man hier den Ärzten einen Beurteilungsspielraum einräumen, wäre diese Frage abschließend einer Überprüfung entzogen. Grundlegend anders ist dies hinsichtlich der Frage des bereits hinreichend belegten Nutzens, die bei Bedarf abschließend vom G-BA beantwortet werden kann und soll.

Der Beurteilungsspielraum bezüglich der Frage, ob hinsichtlich einer konkreten, nicht gem. § 137 c SGB V verbotenen NUB-Methode, der Nutzen schon i.S.d. § 137 c SGB V hinreichend bestimmt ist, bewirkt einerseits, dass Krankenkassen nicht wegen der Verneinung dieser Frage die Vereinbarung von NUB-Entgelten, die vom InEK mit NUB-Status 1 qualifiziert wurden, verweigern können. Andererseits bewirkt er, dass Krankenkassen nicht wegen dieses Aspektes gem. § 275 Abs. 1 Satz 1 Nr. 1, Abs. 1 c SGB V MDK-Verfahren einleiten können und gemäß den aufgrund von § 112 Abs. 2 Nr. 1 SGB V geschlossenen landesvertraglichen Regelungen Rechnungen für bereits durchgeführte Behandlungen kürzen dürfen.

Dieser Beurteilungsspielraum bezieht sich aber ausdrücklich nur[1086] auf die eben dargestellte Frage, ob nämlich aus Sicht eines zugelassenen Krankenhauses der Nutzen einer im Rahmen seines Versorgungsvertrages liegenden NUB-Methode (bereits) „hinreichend belegt" ist. Der Beurteilungsspielraum bezieht sich nicht auf die im zweiten und dritten Schritt krankenhaus- und patientenbezogen zu prüfenden Kriterien, insbesondere, ob die Anwendung der NUB-Methode vom Versorgungsauftrag des Krankenhauses umfasst ist und die konkrete stationäre Behandlung aus krankenversicherungsrechtlicher Sicht gem. §§ 27, 39, 12 SGB V erforderlich und gerechtfertigt war (zweite und dritte Prüfungsebene). Wie Felix in einem sehr bildlichen Beispiel beschreibt: „Liegen etwa die Voraussetzungen für den Einsatz eines Magenbandes bei Adipositas gar nicht vor, weil es sich um einen normalgewichtigen Versicherten handelt, hat die Krankenkasse sehr wohl das Recht, die Vergütung zu verweigern; es steht ihr aber nicht zu, die Methode an sich in Zweifel zu ziehen."[1087]

Der Beurteilungsspielraum bedeutet einen gewissen Vertrauensvorschuss zugunsten der Krankenhäuser und einen gewissen „Kontrollverlust" seitens der Krankenkassen. Dies ist jedoch im Gesetz angelegt und aufgrund der fachlichen Kompetenz der jeweiligen die Entscheidung im jeweiligen Krankenhaus treffenden Ärzte in ihrem jeweiligen Fachgebiet und der gesetzlich gewollten Förderung innovativer Methoden auch inhaltlich zu befürworten.[1088] Zumal das gewisse „Ungleichgewicht" jedoch insofern wieder aufgefangen wird, als die Krankenkassen

---

1086 Nach Schulze-Fielitz in: Dreier GG (Band I); Art. 19 Abs. 4 Rn. 130 bleibt für die Gerichte insbesondere stets uneingeschränkt zu kontrollieren: die zutreffende Feststellung des Sachverhalts, die Einhaltung des Verfahrensrechts, die richtige Auslegung des Gesetzes sowie die Wahrung allgemeiner Bewertungsgrundsätze.

1087 Felix/Deister: Innovative Medizin im Krankenhaus – erfordert das Versorgungsstrukturgesetz eine grundlegende Neubewertung?, NZS 2013, 81, 87.

1088 Wenn man dies nicht möchte, so sollte man sich ernsthaft die Frage stellen, ob dann nicht eine Gleichschaltung der Regelungen i.S. des § 135 SGB V den Krankenhäusern mehr Sicherheit geben würde.

den von den Krankenhäusern vorgenommenen Nutzenbewertungen nicht „hilflos" ausgeliefert sind. Denn sie können gem. § 137 c SGB V selber ein Nutzenbewertungsverfahren vor dem G-BA einleiten. Dann erfolgt auch eine umfassende Prüfung durch den G-BA, meist unter Einschaltung des IQWiG, die nicht selten mehrere Monate dauert und der Komplexität der Materie gerecht wird.

Gerade weil die Ärzte bei der Durchführung einer Therapie, die bei objektiver Betrachtung einen Behandlungsfehler darstellt, sich sowohl zivilrechtlich haftungsrechtlichen Konsequenzen gegenüber sehen, als auch persönlich strafrechtlich verfolgt werden können, werden sie regelmäßig alles unternehmen, um nur NUB-Methoden anzuwenden, hinsichtlich derer sie nicht Gefahr laufen, rechtlich verfolgt zu werden und gar berufsrechtlich ihre Approbation aufs Spiel zu setzen.

Darüber hinaus stehen die jeweiligen behandelnden Ärzte regelmäßig in engem Fachaustausch mit ihrer jeweiligen Fachgesellschaft und kennen in ihrem Spezialgebiet auch regelmäßig den neuesten Stand an Publikationen, um die NUB-Methode bestmöglich anzuwenden und stetig zu optimieren. Sie können daher diese Dokumente für eine „Plausibilitätskontrolle" i.S.d. Grundsätze der ebM, d.h. mit Material möglichst hoher Evidenz, vorlegen. Vor einer abschließenden Entscheidung durch den G-BA ist die Prüfung und Entscheidung, ob der Nutzen der konkreten NUB-Methode schon hinreichend belegt ist, daher bei ihnen „gut aufgehoben".

Aus Qualitätssicherungsgesichtspunkten sei darüber hinaus darauf hingewiesen, dass sowohl pharmazeutische, als auch medizintechnische NUB-Methoden, bevor sie regulär auf dem Gesundheitsmarkt eingesetzt werden dürfen, regelmäßig ein Wirksamkeits- bzw. Risikobewertungsverfahren durchlaufen haben. Denn ohne die arzneimittelrechtliche Zulassung bzw. das CE-Kennzeichen dürfen Arzneimittel bzw. Medizinprodukte nicht regulär eingesetzt werden.

Grundsätzlich sind die Krankenkassen daher nach der hier vertretenen Ansicht aufgrund des den Krankenhäusern zustehenden Beurteilungsspielraums bei Zweifeln an dem hinreichend belegten Nutzen einer noch nicht verbotenen Methode auf die Einleitung eines Nutzenbewertungsverfahrens gem. § 137 c SGB V zu verweisen.

Nur um offensichtlichen Missbrauch seitens der Krankenhäuser – in vergleichbaren Situationen, wie sie dem Urteil vom 28.07.2008[1089] zugrunde lag, in dem ein Krankenhaus offensichtlich nicht intendierte die krankenversicherungsrechtlichen Qualitätsvorgaben einzuhalten und NUB-Methoden anzuwenden, deren Nutzen schon i.S.d. § 137 c SGB V „hinreichend belegt" war – zeitnah im Sinne der Patientensicherheit unterbinden zu können, ist eine Einzelfallkontrolle i.S. einer Evidenzkontrolle möglich und sachgerecht. Denn, wie Felix ausführt: „Auch im stationären Bereich sollten die Grenzen der Methodenfreiheit jedenfalls dort erreicht sein, wo offensichtlich ungeeignete Behandlungsmethoden zur Anwendung kommen. In solchen Fällen könnte eine Berufung auf ein fehlendes negatives Votum des G-BA als rechtsmissbräuchlich angesehen werden."[1090]

1089 BSG Urteil vom 28.07.2008 – B 1 KR 5/08 R.

1090 Felix; Innovationen im Krankenhaus – Wer entscheidet? MedR 2014, 283, 290, Bezug nehmend auf ein Urteil des LSG Baden-Württemberg vom 13.11.2012 –

Denn vergleichbar der Überprüfung von Ermessensentscheidungen auf Ermessensfehler i.S. der Überschreitung der Grenzen des Ermessens muss es in offensichtlichen Missbrauchsfällen den Krankenkassen auch im Einzelfall möglich sein, die Anwendung der NUB-Methode zulasten der Krankenkassen gerichtlich überprüfen zu lassen. Diese Möglichkeit sollte aber ausdrücklich auf offensichtliche Missbrauchsfälle begrenzt sein.

Ansatzpunkte für eine Evidenzkontrolle können sein, dass z.B. Medizinprodukte verwendet werden, die nicht über die notwendige CE Kennzeichnung verfügen, der Einfluss sachwidriger Erwägungen[1091], dass den Krankenkassen höhergradiges Material i.S.d. ebM vorliegt, das die Ärzte ignoriert haben und das gegen den von ihnen vorgetragenen Nutzenbeleg spricht, denn i.S.d. ebM muss der Nutzenbeleg immer mit möglichst hochgradigem Datenmaterial erfolgen. Darüber hinaus müssen die Krankenkassen i.S. der Patientensicherheit und der wirtschaftlichen Stabilität des Gesamtsystems gehört werden, wenn sie ihrerseits vor der Schiedsstelle/vor Gericht vortragen und mit Material i.S.d. Grundsätze der ebM belegen, dass die NUB-Methode i.S.d. § 137 c SGB V schädlich oder offensichtlich unwirksam ist.

7. Stellungnahme/Zusammenfassung

Die vom Gesetzgeber in den §§ 137 c, 137 e SGB V getroffenen Regelungen hinsichtlich der Einführung von NUB-Methoden im stationären Bereich sind an sich gut und nicht änderungsbedürftig. Insbesondere ist die Innovationsfreundlichkeit der den stationären Sektor betreffenden Regelungen aufgrund der Tatsache, dass es für die Anwendung einer NUB-Methode im Rahmen einer Krankenhausbehandlung keiner förmlichen Zulassung durch den G-BA bedarf, wie es im ambulanten Bereich aufgrund des „präventiven Verbotes" gem. § 135 SGB V der Fall ist, sachgerecht und begrüßenswert.

Auch erscheint die unterschiedliche Regelung der Einführung von NUB-Methoden im ambulanten Sektor (§ 135 SGB V) einerseits und im stationären Sektor (§ 137 c SGB V) andererseits aufgrund der strukturellen Unterschiede beider Sektoren sachlich gerechtfertigt, sachgerecht und i.S. einer Innovationsförderung sinnvoll.

Anlässlich der Änderung des SGB V durch das Versorgungsstrukturgesetz musste sich der Gesetzgeber aufgrund der Einführung des § 137 e SGB V grundsätzlich mit der Frage der Regelung der Einführung von NUB-Methoden im ambulanten und stationären Sektor beschäftigen. Der Gesetzgeber hat hier ausdrücklich an der bisherigen Systematik und somit der unterschiedlichen Regelung hinsichtlich des ambulanten Sektors einerseits und des stationären Sektors andererseits, festgehalten. Durch die Regelung in § 116 b SGB V hat der Gesetzgeber die für

L 11 KR 2254/10, Rn. 33 sowie Bender, Finanzierung neuer Untersuchungs- und Behandlungsmethoden (NUB) im Krankenhaus, NZS 2012, 761, 768.

1091 Vgl. Schulze-Fielitz in: Dreier GG (Band I); Art. 19 Abs. 4 Rn. 130 m.w.N.

den stationären Sektor geltende Regelung sogar noch in den ambulanten Sektor ausgeweitet. Durch die Regelungen des Versorgungsstrukturgesetzes hat der Gesetzgeber die Innovationsförderung im stationären Bereich gestärkt. Dies muss ausgehend vom Gesetzeswortlaut und unter Berücksichtigung der im Grundgesetz festgeschriebenen Gewaltenteilung von der Judikative bei der Rechtsanwendung beachtet werden.

Die Frage, ob eine NUB-Methode schon zum Leistungsspektrum der gesetzlichen Krankenkasse gehört, oder nicht, sollte, unabhängig davon, wer die Prüfung zu welchem Zeitpunkt durchführt, ob ein Leistungserbringer bei der Beschäftigung mit der Frage, ob er eine konkrete NUB-Methode schon regulär anwenden kann, oder der G-BA anlässlich eines formalen Prüfverfahrens gem. § 137 c SGB V, aufgrund der in § 137 c SGB V normierten Kriterien erfolgen. Hiernach muss als Voraussetzung insbesondere der „Nutzen" der NUB-Methode „hinreichend belegt" sein. Die Bewertung sollte ebenfalls durchgehend, wie vom G-BA in seiner VerfO für Bewertungsverfahren des G-BA vorgesehen, anhand der Grundsätze der ebM erfolgen.

Der Konflikt der uneinheitlichen Wortlaute in § 2 Abs. 1 Satz 3 SGB V (allgemeines Qualitätsgebot) einerseits und in § 137 c SGB V andererseits ist dahingehend zu lösen, dass die bereits im Wortlaut des „allgemeinen Qualitätsgebotes" angelegte Sonderrolle des „medizinischen Fortschritts", Teil dessen NUB-Methoden sind, in § 137 c SGB V dadurch aufgegriffen wird, als sich hier eine Modulation des „allgemeinen Qualitätsgebotes" findet, die als „lex specialis" die Anwendung des „allgemeinen Qualitätsgebots" verdrängt. NUB-Methoden gehören daher zum regulären Leistungsspektrum der gesetzlichen Krankenkassen, wenn sie die in § 137 c SGB V festgelegten Kriterien erfüllen, insbesondere, wenn ihr Nutzen hinreichend belegt ist. Sie müssen darüber hinaus nicht auch noch i.S.d. § 2 Abs. 1 Satz 3 SGB V „dem allgemein anerkannten Stand der medizinischen Erkenntnisse entsprechen und den medizinischen Fortschritt berücksichtigen".

Aufgrund der gesetzlich angelegten Innovationsförderung im stationären Bereich, der Spezifik der Beantwortung der Frage, ob der Nutzen einer konkreten NUB-Methode schon hinreichend belegt ist, der Besonderheit zugunsten der Krankenkassen, die Frage abschließend durch den G-BA in einem gesetzlich vorgesehenen Verfahren klären zu lassen und dem (regelmäßig) gerechtfertigten Vertrauen in die bei den Leistungserbringern tätigen Ärzte, ist den Krankenhäusern hinsichtlich der Beantwortung der Frage, ob eine NUB-Methode schon zum regulären Leistungsspektrum gehört (1. Ebene – methodenbezogen), ein der Kontrolle durch die Krankenkassen und Gerichte entzogener Beurteilungsspielraum einzuräumen. Dieser bezieht sich allerdings ausdrücklich nur auf diese eine Frage. Nicht vom Beurteilungsspielraum umfasst sind die Fragen, ob das konkrete Krankenhaus aufgrund seines Versorgungsauftrages die konkrete Leistung erbringen darf gem. §§ 107 ff., 109 Abs. 4 SGB V (2. Ebene – leistungserbringerbezogen) und ob sie im konkreten Behandlungsfall insbesondere i.S.d. §§ 27, 39, 12 SGB V medizinisch sowie krankenversicherungsrechtlich indiziert (3. Ebene – patientenbezogen) ist.

Während die Krankenkassen außer bei evidenten Missbrauchskonstellationen hinsichtlich der ersten Frage – sowohl bei Meinungsverschiedenheiten hinsichtlich dieser Frage im Zusammenhang mit Verhandlungen über krankenhausindividuelle NUB-Entgelte gem. § 6 Abs. 2 Satz 1 KHEntgG als auch anlässlich nachträglicher Einzelfallprüfungen gem. § 275 Abs. 1 Nr. 1, Abs. 1 c SGB V unter Einschaltung des MDK – darauf zu verweisen sind, bei Zweifeln ein Bewertungsverfahren vor dem G-BA einzuleiten, ist hinsichtlich der weiteren Fragen (2. und 3. Ebene) eine Überprüfung durch den MDK i.S.d. § 275 Abs. 1 Nr. 1, Abs. 1 c SGB V und eine anschließende gerichtliche Überprüfung vollumfänglich möglich.

Im Folgenden ist zu thematisieren, in welchem Verhältnis die Regelungen des „materiellen Krankenversicherungsrechts" zu den Regelungen des Krankenhausfinanzierungsrechts stehen, um ausgehend hiervon zu begutachten, ob durch die aktuelle Gestaltung des Krankenhausfinanzierungsrechts, insbesondere in Anbetracht des NUB-Verfahrens, die entsprechende Umsetzung des Krankenversicherungsrechts auf der Vergütungsebene gewährleistet ist.

C. Verhältnis der LEISTUNGSEBENE zur ABRECHNUNGSEBENE

Die inhaltlichen Entscheidungen und Weichenstellungen, wer wann Anspruch auf welche Leistung haben soll und welcher Leistungserbringer die Leistungen unter welchen Voraussetzunge und in welchem Umfang und Rahmen zugunsten der Versicherten zulasten der gesetzlichen Krankenkassen erbringen soll und darf ist – im Rahmen der durch die Grundrechte und das Sozialstaatsprinzip vorgegebenen verfassungsrechtlichen Grenzen – eine politische Entscheidung, die der Gesetzgeber unmittelbar bzw. durch den G-BA zu treffen und gegenüber den Versicherten zu vertreten und zu verantworten hat. Diese inhaltlichen politischen Weichenstellungen sind im „materiellen Krankenversicherungsrecht", dem in den vorangegangenen Abschnitten dargestellten und untersuchten Leistungs- und Leistungserbringerrecht zu treffen.[1092]

Durch das Vergütungs- und Abrechnungssystem, die Abrechnungsebene, soll idealerweise den Leistungserbringern der Vollzug der inhaltlichen Vorgaben ermöglicht werden[1093], oder wie Ullrich formuliert: das Finanzierungsrecht soll also nach der Grundkonzeption des Gesetzes so auf das Leistungsrecht abgestimmt sein, dass es quasi spiegelbildlich zu ersterem besteht[1094]. Hier sollen vom Gesetzgeber und sonstigen Dritten keine weiteren inhaltlichen Entscheidungen getroffen werden, sondern das Vergütungssystem, die Vergütungsregelungen sind nur „Mittel zum Zweck", um die im Leistungs- und Leistungserbringerrecht vom Gesetzgeber getroffenen Entscheidungen, auch in Bezug auf vom Leistungsspektrum umfasste NUB-Methoden, umzusetzen, ohne selber inhaltlich „mitzugestalten".

Wenn das BSG bezogen auf die Versicherten das in § 2 Abs. 1 Satz 3 SGB V genannte Kriterium der „Berücksichtigung des medizinischen Fortschritts" dahingehend auslegt[1095], dass hierdurch klargestellt würde, dass die Versicherten

---

1092 In diesem Sinne auch BSG Urteil vom 21.03.2013 – B 3 KR 2/12 R, Rn. 23; Vollmöller, Rechtsfragen neuer Untersuchungs- und Behandlungsmethoden – unter besonderer Berücksichtigung der Hochschulmedizin- NZS, 2012, 921, 923.

1093 Zur Bedeutung der Regelungen für die tatsächliche Verbreitung von Innovationen siehe auch: Felix, Rechtliche Rahmenbedingungen der Finanzierung innovativer Medizin aus Sicht der Leistungserbringer und Patienten – taugen sie gesetzlichen Vorgaben? In: Felix/Schütte (Hrsg.); Medizinische Innovation im Krankenhaus, Steuerung und Finanzierung S. 59, 60.

1094 Ullrich; Finanzierungslücken bei medizinischen Innovationen? Rechtliche Rahmenbedingungen der Finanzierung neuer Untersuchungs- und Behandlungsmethoden sowie innovativer Arzneimittel, S. 99; vgl. auch Vgl. Felix, Innovationen im Krankenhaus – Wer entscheidet? MedR 2014, 283, 284.

1095 Vgl. BSG Urteil vom 21.03.2013 – B 3 KR 2/12 R, Rn. 15; BSG Urteil vom 22.07.2004 – B 3 KR 21/03 R; BSG Urteil vom 19.11.1997 – B 3 KR 6/96, Rn. 18.

am medizinischen Fortschritt teilhaben und grundsätzlich ohne Rücksicht auf die Kosten Anspruch auf diejenige Behandlung haben, die dem neuesten Stand der medizinischen Erkenntnisse entspricht, so erfordert das aufgrund des Sachleistungsprinzips vollständig bei den Leistungserbringern liegende Kostenrisiko, dass der Gesetzgeber auf der Ebene des Krankenhausfinanzierungsrechts die für eine kostendeckende Vergütung erforderlichen Regelungen geschaffen hat. Was Versicherte als Leistung beanspruchen können, ist auch zu finanzieren.[1096]

Gerade aufgrund der großen Anzahl an Krankenhäusern mit existentiellen wirtschaftlichen Problemen[1097], wobei hiervon sowohl kommunale als auch Universitätskliniken betroffen sind, drängt sich die Frage auf, ob dieses Ziel durch das aktuelle G-DRG-System gewährleistet wird. Dies ist gerade aus dem Gesichtspunkt bedenklich, als das auf vordefinierten Fallpauschalen basierende Vergütungssystem zwar ein „lernendes", sich stetig fortentwickelndes System ist, das darauf angelegt ist zu reagieren, es hat aber eine Reaktionszeit von durchschnittlich mindestens zwei Jahren. Es „hinkt" somit dem Fortschritt und somit auch der Abbildung von NUB-Methoden nicht selten mindestens zwei Jahre „hinter her".[1098]

Um dieses dem DRG-Fallpauschalen-System immanente Flexibilitäts- und Reaktionsdefizit auszugleichen hat der Gesetzgeber mit der Einführung der NUB-Entgelte in § 6 Abs. 2 Satz 1 KHEntgG eine flexible Regelung implementiert. Die Regelung des § 6 Abs. 2 KHEntgG ist insofern nicht als lex specialis zu § 137 c SGB V[1099] zu sehen. Sie ist vielmehr die flankierende Regelung im Krankenhausfinanzierungsrecht, um der „materiellen Regelung" des § 137 c SGB V auf Kostenebene zur Umsetzung zu verhelfen. Die aufgrund von § 6 Abs. 2 KHEntgG vereinbarten NUB-Entgelte sollen eine „geordnete Innovationsfinanzierung als Brückenschlag bis zur Implementierung in das bundesweit einheitliche Vergütungssystem sicherstellen"[1100]. Ob die NUB-Entgelte zugunsten der Vergütung von NUB-Methoden in ausreichendem Maße diese Defizite ausgleichen können, hängt zentral von der Art und Weise der Durchführung des NUB-Verfahrens i.S.d. § 6 Abs. 2 Satz 3 KHEntgG ab.

1096 Felix, Innovationen im Krankenhaus – Wer entscheidet? MedR 2014, 283, 284.

1097 Vgl. beispielhaft: Flintrop, Ein System am Scheideweg, Deutsches Ärzteblatt 2014, B 415 f.

1098 Vgl. Roeder/Bunzmeier, Innovationsfinanzierung im G-DRG-System, Bestandsaufnahme und Handlungsnotwendigkeit, Das Krankenhaus 2010, 113.

1099 So Schwarz in einem Gutachten für die DKG zum Thema „Auswirkung der BSG-Rechtsprechung zu § 2 Abs. 1 Satz 3 SGB V und § 137 c SGB V auf die NUB-Entgeltverhandlungen", (Mai 2014), S. 6; abrufbar unter http://www.dkgev.de/dkg.php/cat/133/aid/12273/title/Neue_Untersuchungs-_und_Behandlungsmethoden_-_Hier%3A_Renale_Denervation hier als Anlage 1; abgerufen am 18.09.2014.

1100 Roeder/Bunzmeier, Innovationsfinanzierung im G-DRG-System, Bestandsaufnahme und Handlungsnotwendigkeit, Das Krankenhaus 2010, 113, 114.

Die Präambel der NUB-Vereinbarung[1101] klingt diesbezüglich vielversprechend. Hier erklären die Vertragsparteien der NUB-Vereinbarung, dass sie sich darüber einig sind, dass durch die Einführung des DRG-basierten, pauschalierten Vergütungssystems die Implementierung innovativer Leistungen im Sinne einer sachgerechten Versorgung der Patienten nicht behindert werden darf. Es bestehen jedoch erhebliche Bedenken, ob dieses erklärte Ziel durch die aktuelle Gestaltung des NUB-Verfahrens erreicht wird.

Auch die Koalitionspartner CDU/CSU und SPD der Bundesregierung haben dies als Problem identifiziert und hierzu im Koalitionsvertrag ausgeführt: "Für Hochkostenfälle, die nicht durch Fallpauschalen sachgerecht abgebildet werden können, hat das Institut für das Entgeltsystem im Krankenhaus bis Ende 2014 eine geeignete gesonderte Vergütungsform vorzulegen."[1102]

Die vorliegende Untersuchung zielt daher darauf ab das bisherige System spezifisch bezogen auf das NUB-Verfahren unter diesem Aspekt auf seine Rechtmäßigkeit sowie Stärken und Schwächen zu untersuchen und ausgehend hiervon Verbesserungsvorschläge zu entwickeln.

1101 „Vereinbarung zu § 6 Abs. 2 Satz 3 KHEntgG – Neue Untersuchungs- und Behandlungsmethoden (NUB)" – (NUB-Vereinbarung) vom 17.12.2004; abrufbar unter http://www.gkv-spitzenverband.de/media/dokumente/krankenversicherung_1/krankenhaeuser/drg/nub/KH_DRG_Vereinbarung_NUB_17-12-2004.pdf; abgerufen am 18.09.2014.

1102 Deutschlands Zukunft gestalten, Koalitionsvertrag zwischen CDU, CSU und SPD (18. Legislaturperiode), S. 80.

D. ABRECHNUNGSEBENE – Für NUB-Methoden entscheidende Regelungen des Rechts der Krankenhausfinanzierung

Aufgrund des Sachleistungsprinzips liegt das Kostenrisiko von Behandlungen großteils[1103] in der Risikosphäre der Leistungserbringer, der Krankenhäuser. Seit der Änderung des Krankenhausfinanzierungsrechts durch die Einführung des DRG-Fallpauschalensystems ist gem. § 17 Abs. 1 Satz 4 (1.HS) KHG gesetzlich vorgesehen, dass die Krankenhäuser Überschüsse erwirtschaften können. Andererseits sieht das Krankenhausfinanzierungsrecht seitdem gem. § 17 Abs. 1 Satz 4 (2. HS) KHG ausdrücklich vor, dass die Krankenhäuser auch Verluste machen können und auch diese grundsätzlich selber „ertragen" müssen. Dies bedeutet eine Abkehr vom Kostendeckungsprinzip[1104]. Die Krankenhäuser werden seitdem wie andere Wirtschaftsunternehmen behandelt, die stark auf eine wirtschaftliche Arbeitsweise achten müssen.[1105]

Krankenhäuser können neue Untersuchungs- und Behandlungsmethoden, die i.S.d. § 137 c SGB V schon zum regulären Leistungsspektrum gehören, wegen diesem hohen wirtschaftlichen Druck regelmäßig aus wirtschaftlichen Erwägungen nur erbringen, wenn sie die hierbei anfallenden Kosten tatsächlich von den Krankenkassen erstattet bekommen. Kemmler spricht in diesem Zusammenhang von einer „impliziten Rationierungswirkung".[1106] Dies zwingt die Krankenhäuser ihre Behandlungsentscheidungen nicht (mehr) ausschließlich von medizinischen

1103 Zur Möglichkeit der Vereinbarung von Wahlleistungsgvereinbarungen gem. § 17 KHEntgG über innovative Leistungen siehe Heil, Abrechnung von innovativen Medizinprodukten als Wahlleistungen oder IGeL, MPR 2013, 109; Schwarz, IGeL im Krankenhaus, Grundlagen, Möglichkeiten und Risiken am Beispiel der operativen Adipositasbehandlung, Das Krankenhaus 2011, 482.

1104 In seinem Urteil vom 28.07.2008 betonte deshalb auch das BSG, dass für den Begriff der Leistungsfähigkeit bei Krankenhäusern zu berücksichtigen sei, dass durch den Wandel des Krankenhausrechts die Krankenhausfinanzierung nicht mehr durch das Kostendeckungsprinzip geprägt sei. Die Gewähr für eine leistungsfähige Krankenbehandlung bietet das Krankenhaus [daher] nicht bereits dann, wenn es über eine dem anerkannten Stand der medizinischen Erkenntnisse entsprechende personelle, räumliche und medizinisch-apparative Ausstattung verfüge.(BSG Urteil vom 28.07.2008 – B 1 KR 5/08 R, Rn. 41 m.w.N.).

1105 Hierzu auch: Rübsamen, Verfassungsrechtliche Aspekte des Fallpauschalensystems im Krankenhauswesen (DRG-Vergütungssystem), S. 24.

1106 Kemmler, Rechtliche Vorgaben für die Rationierung medizinischer Leistungen im System der gesetzlichen Krankenversicherung, NZS 2014, 521, 522.

Kriterien abhängig zu machen. Es zwingt sie ggf. auch, auf die Anwendung von NUB-Methoden zu verzichten, die i.S.d. § 137 c SGB V schon zum Leistungsspektrum der gesetzlichen Krankenkasse gehören, da insbesondere ihr Nutzen hinreichend belegt ist, die sich aber noch nicht sachgerecht durch das DRG-Fallpauschalensystem abbilden lassen und für die eine Vereinbarung von NUB-Entgelten i.S.d. § 6 Abs. 2 Satz 1 KHEntgG daran scheitert, dass die NUB-Methode vom InEK in NUB-Status 2 eingruppiert wurde.

Um nachvollziehen zu können, warum gerade aufgrund der Einführung des DRG-Fallpauschalensystems neue Untersuchungs- und Behandlungsmethoden auf der Kostenerstattungsebene eine zusätzliche Herausforderung für die Leistungserbringer darstellen können und warum aus Sicht des Gesetzgebers infolge des Anfang des Jahrtausends geänderten Abrechnungssystems stationärer Leistungen die Einführung von NUB-Entgelten erforderlich war und als Bedingung für ihre Vereinbarung die Durchführung des NUB-Verfahrens, erfolgt unter dem eben dargestellten Fokus die folgende Auseinandersetzung mit dem aktuellen Krankenhausfinanzierungsrecht und insbesondere dem aktuellen Abrechnungssystem, dem „G-DRG-System".

1. Gesetzgebungskompetenz

Die Gesetzgebungskompetenz des Bundes für die gesetzliche Regelung der Krankenhausfinanzierung ergibt sich seit 1969[1107] aus Art. 72 i.V.m. Art. 74 Abs. 1 Nr. 19 a GG. Der Bund verfügt hiernach über die konkurrierende Gesetzgebung bezüglich der Regelung der „wirtschaftlichen Sicherung der Krankenhäuser und der Regelung der Krankenhauspflegesätze". Von dieser Gesetzgebungskompetenz hat der Bund durch den Erlass des Krankenhausfinanzierungsgesetzes (KHG)[1108] und des Krankenhausentgeltgesetzes (KHEntgG)[1109] Gebrauch gemacht[1110].

1107 Zur „Vorgeschichte" siehe: Rübsamen, Verfassungsrechtliche Aspekte des Fallpauschalensystems im Krankenhauswesen (DRG-Vergütungssystem), S. 28 f.

1108 Gesetz zur wirtschaftlichen Sicherung der Krankenhäuser und zur Regelung der Krankenhauspflegesätze (Krankenhausfinanzierungsgesetz – KHG) vom 29. Juni 1972, BGBl. I S. 1009.

1109 Krankenhausentgeltgesetz (KHEntgG) vom 23. April 2002 (BGBl. I S. 1412, 1422).

1110 Kuhla/Bedau in: Sodan (Hrsg.), Handbuch des Krankenversicherungsrechts, § 25; Rübsamenn, Verfassungsrechtliche Aspekte des Fallpauschalensystems im Krankenhauswesen (DRG-Vergütungssystem), S. 28 f.

2. Überblick über das Recht der Krankenhausfinanzierung[1111] „Duales System“ – Investitions- und Betriebskosten

Trotz immer wieder aufkommender Kritik wurde im Krankenhausfinanzierungsrecht seit seiner Einführung im Jahr 1972[1112] durch das KHG bisher am Grundsatz der „dualen Finanzierung“ festgehalten und das Vergütungssystem insbesondere nicht auf eine „monistische Finanzierung“ umgestellt[1113]. Dies bedeutet, dass die (Plan-) Krankenhäuser (theoretisch[1114]) zwei Finanzierungsquellen haben: zum einen sollen die Investitionskosten von der öffentlichen Hand finanziert werden, da die Vorhaltung der Krankenhäuser als öffentliche Aufgabe angesehen wird.[1115] Zum anderen erfolgt die Vergütung der laufenden Betriebs- und Behandlungskosten über Pflegesätze, die die Patienten bzw. ihre Krankenkassen bezahlen. Durch diese duale Finanzierung sollen den Krankenhäusern einerseits die notwendigen Investitionsmittel zur Verfügung gestellt werden, denn schon mehrere Jahre vor Einführung des KHG im Jahr 1972 war bekannt, dass Krankenhauspflegesätze die Selbstkosten auch sparsam wirtschaftender Krankenhäuser zu einem erheblichen Teil nicht mehr deckten[1116], andererseits soll die duale Finanzierung die Pflegesätze auf einer sozialen Höhe halten.[1117]

1111 Überblick über die (historische) Entwicklung des Krankenhausfinanzierungsrechts in Deutschland in Szabados, Krankenhäuser als Leistungserbringer in der gesetzlichen Krankenversicherung, S. 107 ff.

1112 Gesetz zur wirtschaftlichen Sicherung der Krankenhäuser und zur Regelung der Krankenhauspflegesätze (Krankenhausfinanzierungsgesetz – KHG) vom 29. Juni 1972, BGBl. I S. 1009.

1113 Tuschen/Trefz, Krankenhausentgeltgesetz, S. 22.

1114 Tatsächlich besteht in den meisten Bundesländern ein erheblicher „Finanzierungsstau“/“Investitionskostenstau“ Seitens der Landesmittel zulasten der förderberechtigten Krankenhäuser; Siehe zu Aktualität der Frage beispielhaft: „Berlin stellt Förderung von Krankenhäusern um“, Artikel in Berliner Morgenpost 02.09.2014; siehe zu „Anspruch und Wirklichkeit bei der Höhe der Investitionsbeträge“ auch: Ullrich; Finanzierungslücken bei medizinischen Innovationen? Rechtliche Rahmenbedingungen der Finanzierung neuer Untersuchungs- und Behandlungsmethoden sowie innovativer Arzneimittel, S. 158.

1115 Tuschen/Trefz, Krankenhausentgeltgesetz, S. 22.

1116 Vgl. Becker in Becker/Kingreen, SGB V, § 107 Rn. 24 ff.; Diese Thematik scheint aktueller denn je, da momentan zwar formal noch an der dualen Finanzierung festgehalten wird, viele Krankenhäuser jedoch beklagen, dass die Länder ihrer Finanzierungspflicht nicht nachgekommen sind, weswegen die Krankenhäuser gezwungen waren/sind auch Investitionen, die rechtlich über die Investitionskostenförderung finanziert werden sollten, über Betriebsmittel (zwischen) zu finanzieren.

1117 Tuschen/Trefz, Krankenhausentgeltgesetz, S. 22.

2.1 Investitionskostenfinanzierung

Unter Investitionskosten fallen nach dem Krankenhausfinanzierungsrecht gem. § 2 Nr. 2 a) KHG zum einen die Kosten der Errichtung (Neubau, Umbau, Erweiterungsbau) von Krankenhäusern sowie die Kosten der Anschaffung der zum Krankenhaus gehörenden Wirtschaftsgüter, ausgenommen der zum Verbrauch bestimmten Güter.[1118] Hier ergeben sich nicht selten Abgrenzungsschwierigkeiten bei medizintechnischen Großgeräten, die vom Investitionsvolumen kaum von den laufenden Betriebskosten gestemmt werden können.

Zum anderen umfassen die Investitionskosten die Anlagegüter, worunter nach der Legaldefinition des § 2 Nr. 2 b) KHG die Kosten der Wiederbeschaffung der Güter des zu Krankenhaus gehörenden Anlagevermögens zu verstehen sind[1119]. Ausgeschlossen sind von den Investitionskosten gem. § 2 Nr. 2 KHG insbesondere die Kosten des Grundstücks sowie die Kosten seines Erwerbs und seiner Erschließung. Diese müssen vom Krankenhausträger grundsätzlich aus eigenen Finanzquellen gedeckt werden.[1120] Nähere Ausführungen zur Abgrenzung der über die Investitionskosten förderfähigen Kosten[1121] im Gegensatz zu den Kosten, insbesondere auch sonstigen Instandhaltungskosten, die das Krankenhaus über die Einnahmen aufgrund der Pflegesätze abdecken muss, finden sich in der Abgrenzungsverordnung (AbgV[1122]).[1123]

Die Finanzierung der Investitionskosten erfolgt seit 1985 nicht mehr über eine Mischfinanzierung[1124] durch Bund und Länder, sondern – abgesehen von der Hochschulfinanzierung, an der der Bund (übergangsweise) weiterhin beteiligt ist[1125] – nunmehr ausschließlich durch die Länder.[1126] Voraussetzung für die öffentliche

1118 Ausführungen zu den einzelnen Fördertatbeständen bei Szabados, Krankenhäuser als Leistungserbringer in der gesetzlichen Krankenversicherung, S. 116 ff.

1119 In § 2 Nr. 3 KHG werden die darüber hinaus gehenden „Annexkosten" im hier beschriebenen Umfang ebenfalls den Investitionskosten zugeschlagen.

1120 Rübsamen, Verfassungsrechtliche Aspekte des Fallpauschalensystems im Krankenhauswesen (DRG-Vergütungssystem), S. 33.

1121 Da es sich um öffentliche, zweckgebundene Förderung handelt, stehen die Mittelverwendungen unter strenger subventionsrechtlicher bzw. beihilferechtlicher Kontrolle. Diese rechtlichen Aspekte sind gerade bei Umstrukturierungen von öffentlich geförderten Trägern, z.B. bei der Gründung von MVZ i.S.d. § 95 Abs. 1 Satz 2 SGB V, strengstens im Blick zu behalten.

1122 Abgrenzungsverordnung vom 12. Dezember 1985 (BGBl. I S. 2255), zuletzt geändert durch Artikel 6 des Gesetzes vom 21. Juli 2012 (BGBl. I S. 1613).

1123 Hierzu auch Tuschen/Trefz, Krankenhausentgeltgesetz, S. 74 ff.

1124 Sie wurde durch das Krankenhaus-Neuordnungsgesetz vom 20. Dezember 1984 (BGBl. I S. 1716) abgeschafft.

1125 Ausführlicher hierzu: Szabados, Krankenhäuser als Leistungserbringer in der gesetzlichen Krankenversicherung, S. 115.

1126 Rehborn in Weth/Thomae/Reichold (Hrsg.), Arbeitsrecht im Krankenhaus, S. 32; Tuschen/Trefz, Krankenhausentgeltgesetz, S. 23.

Förderung ist, neben der Anwendbarkeit des KHG[1127], seitens der Krankenhäuser gem. § 8 Abs. 1 Satz 1 KHG insbesondere[1128] die Aufnahme des einzelnen Krankenhauses in den jeweils von den Bundesländern aufgestellten Krankenhausplan.[1129]

2.2 Betriebskostenfinanzierung: Das G-DRG-System

2.2.1 Begriff der „Betriebskosten"

Unter „Betriebskosten" sind im Krankenhausfinanzierungsrecht letztendlich alle nicht von den Investitionskosten[1130] gedeckten (laufenden) Kosten zusammenzufassen. Hierunter fallen i.S.d. § 2 KHEntgG neben den Kosten für die ärztliche Behandlung, den Pflegekosten, den Kosten für die Versorgung mit Arznei-, Heil- und Hilfsmitteln, den Kosten für Unterbringung und Verpflegung beispielsweise auch Kosten für die aus medizinischen Gründen notwendige Mitaufnahme einer Begleitperson. Die „Betriebskosten" der Krankenhäuser sollen über das DRG-Fallpauschalen-System abgedeckt werden.

2.2.2 Hintergrund zum DRG-Fallpauschalensystem[1131]

Im Jahr 2000 wurden die deutsche Krankenhausgesellschaft, die Spitzenverbände der Krankenkassen (seit dem 01.07.2008 „Spitzenverband Bund der Krankenkassen") und der Verband der privaten Krankenversicherung infolge des GKV-Gesundheitsreformgesetzes[1132] gem. § 17 b Abs. 2 KHG beauftragt für die Vergütung der allgemeinen Krankenhausleistungen ein neues Vergütungssystem einzuführen.[1133] Gerade in den letzten Monaten, zehn Jahre nach ihrer Einführung,

1127 Keine Anwendung findet das KGH beispielsweise auf die in § 3 KHG aufgezählten Krankenhäuser, wie Polizeikrankenhäuser und Krankenhäuser im Straf- und Maßregelvollzug.

1128 Ausführlicher zu den Voraussetzungen für die Investitionskostenförderung, insbesondere die Darstellung einzelner Fördertatbestände in Szabados, Krankenhäuser als Leistungserbringer in der gesetzlichen Krankenversicherung, S. 113 ff.

1129 Tuschen/Trefz, Krankenhausentgeltgesetz, S. 23.

1130 Wenn gem. §§ 108 Nr. 2,109 SGB V, § 8 KHG überhaupt eine Investitionskostenförderung erfolgt – vgl. § 17 Abs. 4 KHG.

1131 Auseinandersetzung mit verfassungsrechtlichen Aspekten des Fallpauschalensystems siehe: Rübsamen, Verfassungsrechtliche Aspekte des Fallpauschalensystems im Krankenhauswesen (DRG-Vergütungssystem).

1132 Gesetz zur Reform der gesetzlichen Krankenversicherung ab dem Jahr 2000 (GKV-Gesundheitsreformgesetz 2000) vom 22. Dezember 1999 (BGBl. I S. 2626).

1133 Degener-Hencke in Laufs/Kern, Handbuch des Arztrechts, § 82 Rn. 203.

ist die Einführung des G-DRG-Fallpauschalensystems aufgrund der großen Zahl an Krankenhäuser mit existentiellen finanziellen Problemen wieder sehr in die Kritik geraten.[1134]

Gem. § 17 b Abs. 1 Satz 1 KHG soll es sich bei dem (neuen) System um ein „durchgängiges, leistungsorientiertes und pauschalierendes Vergütungssystem" handeln. Gesetzliche Vorgaben waren des weiteren gem. § 17 b Abs. 2 KHG, dass sich das neue System an einem international bereits eingesetzten Vergütungssystem auf der Grundlage der Diagnosis Related Groups (DRG) orientieren solle. Zur Entwicklung und Betreuung des DRG-Systems haben die in § 17 b KHG beauftragten Selbstverwaltungspartner das InEK[1135], ihr „DRG-Institut" gegründet. Es ist „die professionelle Arbeitseinheit für die Weiterentwicklung des deutschen DRG-Systems"[1136].

Grundsätzlich versteht man unter DRG-Systemen „ärztlich-ökonomische Patientenklassifikationssysteme, in denen die Behandlungsfälle von Akutkrankenhäusern in eine beschränkte Anzahl klinisch definierter Gruppen mit möglichst ähnlichen Behandlungskosten eingeteilt werden"[1137]. Die Eingruppierung in DRG-Fallgruppen erfolgt somit nicht primär aufgrund gleicher klinischer Krankheitsdiagnosen, sondern orientiert sich losgelöst von der dahinter stehenden Diagnose an dem durchschnittlich erforderlichen Behandlungsaufwand. Unter DRGs werden Gruppen von Diagnosen zusammengefasst, die durch möglichst ähnliche Behandlungskosten gekennzeichnet sind.[1138] Es ist somit auch nicht ausgeschlossen, dass sich auch eine neue Untersuchungs- und Behandlungsmethode aufgrund des vergleichbaren Behandlungsaufwandes sachgerecht einer schon definierten DRG zuordnen lässt.

Seit den 70er Jahren wurden in verschiedenen Ländern, beispielsweise in den USA und Australien, erste Erfahrungen mit ähnlichen Fallpauschalensystemen gesammelt. Der Einsatz der Fallpauschalensysteme erfolgte jedoch in den verschiedenen Ländern mit unterschiedlicher Zielrichtung.[1139]

Als Orientierungshilfe diente in Deutschland schließlich insbesondere das australische Diagnoses Related Groups System[1140] bzw. DRG-System, welches die

---

1134 Siehe hierzu auch: Bormann, René et al., Zukunft der Krankenhäuser, Mehr Qualität, flächendeckende Versorgung und gerechte Finanzierung; Positionspapier der Arbeitsgruppe „Stationäre Versorgung" der Friedrich-Ebert Stiftung.

1135 Ausführliche Auseinandersetzung mit dem InEK unter E.2.1., E.2.7.1.

1136 Tuschen/Trefz Krankenhausentgeltgesetz S. 135; hier auch Überblick über die Aufgaben des Bundesministeriums für Gesundheit, das DIMDI, die medizinischen Fachgesellschaften und die kalkulierenden Krankenhäuser im Zusammenhang mit der Entwicklung und Betreuung des DRG-Systems.

1137 Degener/Hencke in Huster, Krankenhausrecht, § 5 Krankenhausversorgung und –finanzierung, Rn. 147.

1138 Vollmöller in: Dettling/Gerlach (Hrsg.), Krankenhausrecht, Kommentar, KHG § 17 b Rn. 1.

1139 Überblick bei Tuschen/Trefz Krankenhausentgeltgesetz S. 163 f.

1140 Unter Beteiligung des Bundesministeriums für Gesundheit konnte am 2.November 2000 mit der australischen Regierung ein Vertrag über die Orientierung der

Einteilung ausgehend von der jeweiligen „Behandlungsschwere" des jeweiligen Behandlungsfalls vornimmt.[1141] Während das DRG-System jedoch in Australien lediglich der Budgetmessung dienen soll, wird das DRG-Fallpauschalensystem in Deutschland, wie auch in den USA, als Abrechnungssystem für die Abrechnung der einzelnen Behandlungsfälle durch die Krankenhäuser gegenüber den Krankenkassen genutzt.[1142] Aus diesem Grund konnte das australische System den Designern des deutschen DRG-Systems nur als Beispiel dienen, von dem ausgehend das deutsche DRG-System entwickelt wurde.

2.2.3 Das G-DRG-Fallpauschalensystem

In Deutschland wurde das DRG-Fallpauschalensystem durch das Fallpauschalengesetz vom 23.04.2002[1143] eingeführt.[1144] Seine Anwendung und Umsetzung begann an einzelnen Krankenhäusern im Jahr 2003. Nach einer sukzessiven Verbreitung während der Konvergenzphase wird es seit dem Jahr 2009 für die Abrechnung somatischer Krankheitsbilder in „DRG-Krankenhäusern" i.S.d. § 1 Abs. 1 KHEntgG, das bedeutet Krankenhäusern, die in den Anwendungsbereich des KHEntgG fallen, flächendeckend angewendet.[1145] Über das DRG-Fallpauschalensystem sollen, wie bereits erwähnt, die „Betriebskosten" der Krankenhäuser abgedeckt werden. Die Finanzierung der Betriebskosten erfolgt i.S.d. § 4 Nr. 2 KHG durch „Pflegesätze". Der „Begriff der „Pflegesätze" wurde auch schon vor der Einführung des DRG-Systems Anfang des Jahrtausends verwendet. Er hatte jedoch insofern eine ganz andere Bedeutung, als bis dahin die Abrechnung abhängig von der Dauer der Krankenhausbehandlung nach „tagesgleichen Pflegesätzen" und somit losgelöst vom einzelnen Krankheitsbild, orientiert an der Länge der Behandlung (Liegezeit) nach Tagespauschalen erfolgte.

Nach der Legaldefinition, gem. § 2 Nr. 4 KHG, sind Pflegesätze die Entgelte der Benutzer oder ihrer Kostenträger für stationäre und teilstationäre Leistungen des Krankenhauses. Sie sind gem. § 8 Abs. 1 Satz 1 KHEntgG hinsichtlich der

---

Entwicklung des deutschen DRG-Systems am australischen DRG-System geschlossen werden (Vgl. Tuschen/Trefz S. 136 f.).

1141 Degener/Hencke in Huster, Krankenhausrecht, 1. Aufl. 2010, § 5 Krankenhausversorgung und -finanzierung, Rn. 147, Überblick zu Systematik der australischen DRG-Klassifikation bei Tuschen/Trefz Krankenhausentgeltgesetz S. 165 ff.

1142 Degener/Hencke in Huster, Krankenhausrecht, 1. Aufl. 2010, § 5 Krankenhausversorgung und -finanzierung, Rn. 152.

1143 Gesetz zur Einführung des diagnose-orientierten Fallpauschalensystems für Krankenhäuser (FPG – Fallpauschalengesetz) vom 23.04.2002; BGBl. I, Nr. 27 vom 29.07.2002, S. 1412.

1144 Darstellung der Einführung und schrittweisen Fortentwicklung bei Tuschen/Trefz S. 135 ff.; Spezieller Hinweis auf Stärken des deutschen DRG-Systems Tuschen/Trefz S. 146.

1145 Tuschen/Trefz S. 140.

allgemeinen Krankenhausleistungen für alle Benutzer des Krankenhauses, unabhängig davon, ob sie gesetzlich, privat oder gar nicht versichert sind, einheitlich zu berechnen. Durch diese Entgelte müssen insbesondere auch die Lohnkosten aller im Krankenhaus Beschäftigten, vom Chefarzt bis zum Wachdienst oder dem Reinigungspersonal, abgedeckt werden[1146]. Daneben müssen grundsätzlich auch alle anfallenden Sachkosten, vom Desinfektionsmittel bis zur hoch technischen, individualisierten Prothese, hierdurch „abgegolten" sein. Eine Negativdefinition der Positionen, die ausdrücklich nicht über die Pflegesätze zu finanzieren sind, findet sich in § 17 Abs. 3 und 4 KHG.

Der Vergütungsanspruch zugelassener Krankenhäuser i.S.d. §§ 107 ff. SGB V gegenüber der Krankenkasse des Versicherten entsteht dem Grunde nach unmittelbar durch die Inanspruchnahme der Behandlungsleistung durch den Versicherten unabhängig von einer vorausgehenden Kostenzusage seiner Krankenkasse.[1147] Eine abschließende Auflistung (§ 7 Abs. 1 Satz 1 und 2 KHEntgG) der abrechenbaren Entgelte der allgemeinen Krankenhausleistungen findet sich in § 7 Abs. 1 Satz 1 KHEntgG. Idee der pauschalen Vergütung über DRG-Fallpauschalen ist, dass idealerweise ein Behandlungsfall mit einer, auf der gestellten Hauptdiagnose basierenden, einzigen DRG-Fallpauschale sachgerecht abgerechnet und vergütet wird[1148]. Durch sie sollen alle „für die medizinisch zweckmäßige und ausreichende Versorgung notwendigen" (vgl. § 2 Abs. 2 Satz 1 KHEntgG) Aufwände abgedeckt werden. Diese umfassen angefangen bei den Aufwänden für Unterbringung und Verpflegung, die ärztlichen Personalkosten, die Kosten für die Anschaffung, den Betrieb und die Wartung von diagnostischen und therapeutischen medizintechnischen Geräten, die Kosten der verwendeten Sachmittel (Tupfer, Pflaster, Desinfektionsmittel, Medikamente), bis hin zu den Kosten für die ggf. erforderliche Aufnahme einer Begleitperson und die Kosten für das Entlassmanagement sowie die Kosten für die Reinigung und den ggf. engagierten Wach- und Schließdienst. Dies ist, wie nicht schwer nachvollziehbar sein dürfte, schon für die Abbildung in Fallpauschalen eine Herausforderung.

Nur für spezielle, abschließend aufgelistete Sonderfälle erfolgt neben der anzuwendenden Fallpauschale eine zusätzliche Vergütung über bepreiste bundeseinheitlich definierte Zusatzentgelte i.S.d. §§ 7 Abs. 1 Satz 1 Nr. 2, 9 Abs. 1 Nr. 2 KHEntgG i.V.m. § 17 b Abs. 1 Satz 12 KHG und dem Katalog der ergänzenden bepreisten Zusatzentgelte. Diese bundeseinheitlich bepreisten Zusatzentgelte betreffen

---

1146 Dies stellt die Krankenhäuser gerade in letzter Zeit insofern vor große Probleme, als die Höhe der Fallpauschalen nicht oder nur sehr verzögert auf steigende Lohnkosten bspw. infolge Tariferhöhungen reagiert.

1147 Vgl. BSG Urteil vom 24.07.2003 – B 3 KR 28/02 R Rn. 15 m.w.N. Begründet wird diese „automatische" Zahlungsverpflichtung mit der Behandlungspflicht Seitens der Krankenhäuser gem. § 109 Abs. 4 Satz 2 SGB V.

1148 Tuschen/Trefz, Krankenhausentgeltgesetz S. 141; Vollmöller in: Dettling/Gerlach (Hrsg.), Krankenhausrecht, Kommentar, KHG § 17 b Rn. 6.

beispielsweise Ausnahmefälle, in denen ausnahmsweise Zusatzkosten für Medikamente oder Implantate[1149] neben der Fallpauschale abgerechnet werden können, beispielsweise da sich die konkret anfallenden Sachkosten nicht über die schon definierten Fallpauschalen sachgerecht abbilden lassen. Nicht selten werden bundeseinheitliche Zusatzentgelte für Maßnahmen definiert, die in den zurück liegenden Jahren im NUB-Verfahren mit NUB-Status 1 bewertet wurden.[1150]

Die zusätzliche Vereinbarung von individuellen Entgelten i.S.d. § 6 KHEntgG, wie beispielsweise der NUB-Entgelte gem. § 6 Abs. 2 Satz 1 KHEntgG[1151], ist grundsätzlich „systemwidrig“ und deshalb nur in den vom Gesetzgeber benannten Fällen (vgl. § 7 KHEntgG) und unter Beachtung der jeweils geregelten Voraussetzungen, beispielsweise nach Durchführung des NUB-Verfahrens[1152] oder nur in den gem. § 6 Abs. 1 Satz 1 KHEntgG ausdrücklich von der Anwendung der DRG-Fallpauschalen und Zusatzentgelten ausgenommenen, in der Anlage 3 und 4 der FPV[1153] aufgezählten, Fällen, zulässig.

2.2.4 Ermittlung der zutreffenden DRG-Fallpauschale

Die Ermittlung der im konkreten Fall anzuwendenden DRG-Fallpauschale, und somit des konkret in Rechnung zu stellenden „Pflegesatzes“, erfolgt durch mehrere hintereinander geschaltete Verschlüsselungen und Kodierungen (ICD-Kodes, OPS-Kodes).

Durch ICD-Kodes (ICD = International Statistical Classification of Diseases and Related Health Problems) werden die jeweiligen Krankheiten (Diagnosen) verschlüsselt.[1154] Eine erste Version der ICD stammt aus dem 19. Jahrhundert, wobei der damalige Fokus die internationale Kodierung zwecks eines Todesursachenverzeichnisses war.[1155] Seit 1986 ist die Diagnoseverschlüsselung über ICD-Kodes für

1149 Tuschen/Trefz, Krankenhausentgeltgesetz S. 146; Auflistung der bepreisten Zusatzentgelte in Anlage 5–6 der Fallpauschalenvereinbarung.

1150 Vgl. Gutachten des DKI, Anspruch und Realität von Budgetverhandlungen zur Umsetzung medizintechnischer Innovationen, S. 11.

1151 Hierzu ausführlich unter D.4.

1152 Hierzu ausführlich unter E.

1153 Vereinbarung zum Fallpauschalensystem für Krankenhäuser (Fallpauschalenvereinbarung – FPV).

1154 Deutsches Institut für Medizinische Dokumentation und Information (DIMDI), Basiswissen Kodieren, Eine kurze Einführung in die Anwendung von ICD-10-GM und OPS, S. 5; hier findet sich unter S. 6–15 eine differenzierte Darstellung der Systematik des ICD-Verzeichnisses und des systematischen Aufbaus der einzelnen Kodes.

1155 Deutsches Institut für Medizinische Dokumentation und Information (DIMDI), Basiswissen Kodieren, Eine kurze Einführung in die Anwendung von ICD-10-GM und OPS, S. 6; Schon im 18. Jahrhundert gab es erste Bestrebungen Krankheiten und Todesursachen in Gruppen zusammen zu fassen. Wichtige Ansätze stammen von Lacroix, **Linné** und Cullen; Deutsches Institut für Medizinische Dokumentation und Information (DIMDI), Basiswissen Kodieren, Eine kurze Einführung in die Anwendung von ICD-10-GM und OPS, S. 31.

Krankenhäuser verpflichtend.[1156] Seit dem Jahr 2004 wird in Krankenhäusern in Deutschland eine modifizierte deutsche Fassung der ICD-10 zur Kodierung angewendet, die jährlich überarbeitet wird.[1157]

Die OPS-Kodes (OPS = Operationen- und Prozedurenschlüssel) dienen dazu chirurgische Eingriffe und andere Behandlungsverfahren zu kodieren.[1158] Ziel ist nicht, jeden Handgriff zu verschlüsseln, sondern grundsätzlich sollen nur solche Behandlungsschritte verschlüsselt werden, die für sich genommen eine abgeschlossene Maßnahme darstellen.[1159] Um die Anwendung dieser beiden Klassifikationen für Abrechnungszwecke näher zu regeln und Zweifelsfälle zu klären, gibt das InEK im Auftrag der ärztlichen Selbstverwaltung zu den jeweiligen Versionen von ICD und OPS seit 2002 ein Regelwerk heraus, die Deutschen Kodierrichtlinien.[1160]

Durch Eingabe der ICD- und OPS-Codes in ein den Krankenhäusern zur Verfügung gestelltes Computersystem, den „DRG-Grouper", wird anschließend automatisch die für die Abrechnung des Behandlungsfalls anzuwendende DRG-Fallpauschale i.S.d. § 7 Abs. 1 Satz 1 Nr. 1 KHEntgG ermittelt.

In Einzelfällen kann zudem ein bundeseinheitlich bepreistes, d.h. wertmäßig bundeseinheitlich definiertes Zusatzentgelt i.S.d. § 7 Abs. 1 Satz 1 Nr. 2 KHEntgG abgerechnet werden. Für welche Konstellationen neben einer Fallpauschale bepreiste Zusatzentgelte i.S.d. § 7 Abs. 1 Satz 1 Nr. 2 KHEntgG abgerechnet werden können, ergibt sich aus § 5 der Fallpauschalenverordnung (FPV) i.V.m Anlage 2 FPV.

2.2.5 Errechnung des Abrechnungsbetrages i.V.m. dem Basisfallwert

2.2.5.1 Ermittlung der fallspezifischen Bewertungsrelation

Aus der ermittelten anzuwendenden DRG-Fallpauschale lässt sich noch nicht unmittelbar der Betrag ablesen, den das Krankenhaus dem Kostenträger, in der Regel der gesetzlichen Krankenkasse, in Rechnung stellen kann. Denn der ermittelte DRG-Kode

---

1156 Deutsches Institut für Medizinische Dokumentation und Information (DIMDI), Basiswissen Kodieren, Eine kurze Einführung in die Anwendung von ICD-10-GM und OPS, S. 6.

1157 Deutsches Institut für Medizinische Dokumentation und Information (DIMDI), Basiswissen Kodieren, Eine kurze Einführung in die Anwendung von ICD-10-GM und OPS, S. 6.

1158 Deutsches Institut für Medizinische Dokumentation und Information (DIMDI), Basiswissen Kodieren, Eine kurze Einführung in die Anwendung von ICD-10-GM und OPS, S. 5, ab S. 16 findet sich eine Darstellung zum systematischen Aufbau des OPS-Verzeichnisses und der Struktur der einzelnen Kodes.

1159 Deutsches Institut für Medizinische Dokumentation und Information (DIMDI), Basiswissen Kodieren, Eine kurze Einführung in die Anwendung von ICD-10-GM und OPS, S. 16.

1160 Deutsches Institut für Medizinische Dokumentation und Information (DIMDI), Basiswissen Kodieren, Eine kurze Einführung in die Anwendung von ICD-10-GM und OPS, S. 5.

stellt eine Bewertungsrelation dar, die abbilden soll, wie sich dieser Fall im Verhältnis zum „Standardbehandlungsfall" mit der Bewertungsrelation 1,0 verhält. Eine DRG-Fallpauschale kann daher beispielsweise mit unterdurchschnittlichem Aufwand bewertet worden sein (z.B. 0,539) oder mit überdurchschnittlichem Aufwand (z.B. 4,528).

Auswirkung auf die Berechnung der Fallpauschale haben neben der korrekten Ermittlung der anzuwendenden DRG-Fallpauschale insbesondere noch die konkrete stationäre Behandlungsdauer (Verweildauer), eine Verlegung des Patienten vor Überschreitung der mittleren Verweildauer gem. § 1 Abs. 1 Satz 3 KFPV i.V.m. § 2 KFPV sowie abhängig von dem Zeitpunkt der Rückkehr des Patienten ins Krankenhaus, eine Wiederaufnahme[1161].

2.2.5.2 Multiplikation mit dem Basisfallwert

Erst durch Multiplikation der ermittelten fallspezifischen Bewertungsrelationszahl mit dem jährlich auf Landesebene zwischen Krankenkassen und den Krankenhäusern, vertreten durch die Landeskrankenhausgesellschaft und den Verband der privaten Krankenhäuser, ausgehandelten „Basisfallwert"[1162] ergibt sich die Summe, die den Kostenträgern vom Krankenhaus für den einzelnen Behandlungsfall in Rechnung gestellt werden kann.[1163]

Durch den Basisfallwert sollen die Kosten gedeckt werden, die bei einem durchschnittlichen Behandlungsfall mit Bewertungsrelation 1,0 anfallen.

Ziel ist es grundsätzlich, dass jeder Behandlungsfall, ausgehend von der aufgrund der Hauptdiagnose ermittelten DRG-Fallpauschale, mit einer einzigen DRG-Fallpauschale sachgerecht abgebildet und folglich vergütet wird.[1164]

2.2.5.3 Systemzuschläge

Neben den dargestellten fallspezifischen Positionen (DRG-Fallpauschale und ggf. bundeseinheitliche bepreiste Zusatzentgelte sowie individuelle Entgelte gem. § 6 KHEntgG) erscheinen auf der Krankenhausabrechung regelmäßig insbesondere

---

1161 Tuschen/Trefz Krankenhausentgeltgesetz S. 149.

1162 Übersicht über die Landesbasisfallwerte (ohne Kappung, ohne Ausgleich) der vergangenen Jahre: beispielhaft Baden-Württemberg (2014 – 3190,00 EUR); (2013-3114,29 EUR), (2012–3050,12 EUR), (2011 – 2985,50 EUR); (2010 – 2977,75 EUR); (2009–2918,66 EUR); (2008 – 2853,90 EUR); (2007 – 2845,50 EUR); (2006 – 2850,38 EUR); (2005 – 2855,51 EUR); Übersicht für alle Bundesländer abrufbar unter: http://www.dkgev.de/dkg.php/cat/157/aid/9754/title/UEbersicht_Landesbasisfallwerte_2005_bis_2014 (abgerufen am 16.09.2014); Ausführungen zu seiner Berechnung siehe bei Ullrich; Finanzierungslücken bei medizinischen Innovationen? Rechtliche Rahmenbedingungen der Finanzierung neuer Untersuchungs- und Behandlungsmethoden sowie innovativer Arzneimittel, S. 171 ff m.w.N.

1163 Tuschen/Trefz Krankenhausentgeltgesetz S. 140.

1164 Vgl. Tuschen/Trefz Krankenhausentgeltgesetz S. 141.

noch folgende, ebenfalls in § 7 Abs. 1 KHEntgG aufgezählte, behandlungsfallunspezifischen „Zuschläge", die aus der Perspektive von NUB-Methoden insofern nicht unerheblich sind, als beispielsweise der Systemzuschlag großteils die Finanzierung des G-BA, des IQWiG und des InEK gewährleistet.

2.2.5.3.1 Systemzuschlag gem. § 17 b Abs. 5 Satz 1 Nr. 1 KHG

Die Krankenhäuser sind im Sinne der Aufrechterhaltung und finanziellen Stabilität des öffentlichen Gesundheitssystems gem. § 7 Abs. 1 Satz 3 KHEntgG[1165] verpflichtet neben dem fallspezifischen Rechnungsbetrag den Krankenkassen auf jeder Rechnung jeweils noch „Systemzuschläge" in Rechnung zu stellen, durch die insbesondere der G-BA, das IQWiG und das InEK, finanziert werden. Die diesbezüglich eingenommenen Beträge verbleiben, ihrer Zweckbestimmung entsprechend, nicht beim Krankenhaus, sondern sind reine „Durchlaufposten" die vom jeweiligen Krankenhaus weitergeleitet werden müssen.

2.2.5.3.2 Ausbildungs- (§17 a KHG) und Qualitätssicherungszuschläge (§ 17 b Abs. 1 Satz 5 KHG)

Daneben versucht das Abrechungssystem dadurch noch Anreize für die Durchführung von Ausbildung des dringend für die Zukunft benötigten Nachwuchses und die Einhaltung der gesetzlich vorgesehenen Qualitätssicherungsregelungen i.S.d. § 137 SGB V zu setzen, dass die Krankenhäuser bei Vorliegen der entsprechenden gesetzlichen Voraussetzungen gem. § 7 Abs. 1 Satz 1 Nr. 4 und 7 KHEntgG berechtigt sind, Zuschläge für Qualitätssicherung und Ausbildung in den Ansatz zu bringen.[1166] Die hierdurch eingenommenen Beträge verbleiben bei den Krankenhäusern.

2.3 Grundlegende strukturelle Probleme für NUB-Methoden im G-DRG-Abrechnungssystem

Zwar können, wie dargestellt, auch NUB-Methoden teilweise mit schon definierten Fallpauschalen sachgerecht abgebildet und somit unmittelbar über schon bestehende Fallpauschalen abgerechnet werden[1167], da die DRG-Fallpauschalen nicht

---

1165 § 7 Abs. 1 Satz 3 KHEntgG: „Darüber hinaus werden der DRG-Systemzuschlag nach § 17b Abs. 5 des Krankenhausfinanzierungsgesetzes, der Systemzuschlag für den Gemeinsamen Bundesausschuss und das Institut für Qualität und Wirtschaftlichkeit im Gesundheitswesen nach § 91 Abs. 3 Satz 1 in Verbindung mit § 139c des Fünften Buches Sozialgesetzbuch und der Telematikzuschlag nach § 291a Abs. 7a Satz 1 und 2 des Fünften Buches Sozialgesetzbuch abgerechnet."

1166 Tuschen/Trefz Krankenhausentgeltgesetz S. 159 ff.

1167 Beispiele hierzu bei Roeder/Bunzmeier, Innovationsfinanzierung im G-DRG-System, Bestandsaufnahme und Handlungsnotwendigkeit, Das Krankenhaus 2010, 113; Zu den diesbezüglichen Auswirkungen und spezifischen Problemen aufgrund der Wechselwirkung zwischen dem medizinischem Fortschritt, dem Casemix und unmittelbar methodenspezifisch, sondern grundlegend aufwandsspezifisch gebildet werden. Nicht selten entstehen durch die Anwendung von NUB-Methoden beispielsweise aufgrund höherer Sachkosten für innovative hightech Medizinprodukte Mehrkosten, Mehraufwände, die eine auch nur annäherungsweise kostendeckende Behandlung aufgrund der Abrechnung über die schon definierten Fallpauschalen nicht ermöglichen. Teilweise wird das gleiche Behandlungsziel auch auf einem ganz anderen Weg erreicht, wenn z. B. kein körperfremdes Implantat, keine Prothese, in den Körper des Patienten eingesetzt wird, sondern sich beispielsweise das körpereigene Knorpelgewebe durch die NUB-Methode „selber wieder regeneriert" oder erfolgreich „zur Neubildung animiert" wird. Dies bringt mit sich, dass die gleiche Diagnose zu ganz unterschiedlichen Behandlungen führen kann, bei deren Durchführung ganz unterschiedliche Aufwände und Kostenposten beispielsweise für die ärztliche Behandlung, die Dauer der erforderlichen stationären Behandlung und die Anzüchtung eines Implantates oder sonstige erforderlichen Sachmittel anfallen.

Da die Medizin eine „lernende", sich stets weiterentwickelnde Wissenschaft ist, können ihre Leistungen auf der Abrechnungsebene nur durch ein ebenfalls stetig „lernendes System" abgebildet und abgerechnet werden. Dieses Erfordernis hat auch der Gesetzgeber von Anfang an gesehen. Neben der originären Ausarbeitung des neuen DRG-Systems, wurden die Parteien zudem gem. § 17 b Abs. 2 Satz 1 KHG sogleich durch den Gesetzgeber beauftragt die „jährliche Weiterentwicklung des Systems und Anpassung, insbesondere an medizinische Entwicklung, Kostenentwicklung, Verweildauerverkürzungen und Leistungsverlagerungen zu und von anderen Versorgungsbereichen, und die Abrechnungsbestimmungen, soweit diese nicht im Krankenhausentgeltgesetz vorgegeben werden," zu vereinbaren und betreuen.[1168]

Doch Lernen braucht Zeit und als Basis für das Lernen „Lernstoff", neue Inhalte. Die Weiterentwicklung des DRG-Systems muss, um auf Veränderungen oder Fehlanreize eingehen zu können und bestehende Lücken zu schließen aufgrund von gesammelten Daten der zurückliegenden Wochen, Monate und Jahre erfolgen.

Die jährliche Überarbeitung des neuen Fallpauschalenkatalogs und die Definition des (jeweils landesspezifischen) Basisfallwerts erfolgt regelmäßig jeweils auf dem Datenmaterial des zwei Jahre zurück liegenden Behandlungsjahres.[1169] Das bedeutet beispielsweise, dass die Verhandlungen und Berechnungen für das Jahr 2015 auf den statistischen Daten des Jahres 2013 basieren.

---

den sich hieraus ergebenden Folgen für den Landesbasisfallwert siehe Ullrich, Finanzierungslücken bei medizinischen Innovationen? S. 199.

1168 Vgl. zu dem Begehren einer medizinischen Fachgesellschaft auf Datenherausgabe ggü. den Vertragsparteien auf Bundesebene: VG Berlin Urteil vom 11.04.2013–2 K 145.11 mit Anmerkung von Korthus, Anmerkung zu einem Urteil des Verwaltungsgerichts Berlin vom 11.04.2013 (VG 2 K 145/11) – Zur Frage, ob eine medizinische Fachgesellschaft nach dem Informationsfreiheitsgesetz einen Anspruch auf Zugang zu den DRG-Kalkulationsdaten geltend machen kann; KH 2013, 724 f.

1169 Hierzu auch: Brase, Zukunftsfähige Innovationsfinanzierung aus Sicht der Krankenhäuser in: Felix/Schütte (Hrsg.); Medizinische Innovationen im Krankenhaus, Steuerung und Finanzierung S. 21, 22.

Für die Integration und sachgerechte Abbildung von NUB-Methoden im DRG-System ist dies in doppelter Hinsicht hinderlich: zum einen „hinken" die Kostenvorstellungen bei der Neudefinition oder Überarbeitung der Fallpauschalen und des Basisfallwertes hierdurch zwei Jahre hinterher. Zum anderen werden NUB-Methoden, hinsichtlich derer sich (systemimmanent) die anfallenden Aufwände noch nicht durch eine bereits bestehende DRG-Fallpauschale sachgerecht abbilden lassen, – wenn es rechtlich oder tatsächlich keine andere Vergütungsmöglichkeit für die Kostendeckung der Mehrkosten gibt – tendenziell zahlenmäßig weniger angewendet[1170]. Und dies auch wenn diese NUB-Methoden bereits die qualitativen Voraussetzungen des Krankenversicherungsrechts i.S.d. §§ 137 c, 137 e SGB V erfüllen, da die Krankenhäuser durch das DRG-System, wie dargestellt, gesetzlich verstärkt zu einer wirtschaftlichen Haushaltung angehalten und gezwungen werden. Eine nicht gesicherte Übernahme der tatsächlich anfallenden notwendigen Behandlungskosten wird sich nicht förderlich auf die Anwendung einer NUB-Methode auswirken. Kemmler geht so weit in diesem Zusammenhang von einer „impliziten Rationierungswirkung" zu sprechen.[1171] Diese „implizite Rationierung" wiederum führt dazu, dass hinsichtlich NUB-Methoden, die zwar den „materiellrechtlichen" Qualitätsvoraussetzungen i.S.d. Krankenversicherungsrechts gem. § 137 c SGB V genügen, die aber nicht kostendeckend erbracht werden können, auch weniger statistisches Datenmaterial zur Verfügung steht, das zum einen aus wissenschaftlicher Sicht katalysierend für eine schnellere Aufnahme der Therapie in höherklassige medizinische Leitlinien wäre und sich aus krankenhausfinanzierungsrechtlichen Aspekten förderlich auf eine zeitnahe Abbildung der NUB-Methode im DRG-Fallpauschalensystem auswirken würde.

Dies bringt wiederum mehr oder weniger automatisch als weitere Konsequenz mit sich, dass es weniger Anwendungserfahrungen und Anwendungsdaten gibt. Folge dessen ist, dass es weniger Publikationen in Fachzeitungen zu der Methode gibt. Die NUB-Methode ist somit unter Ärzten und Patienten weniger bekannt und wird auch, anders als eine breit angewendete Methode, weniger weiterentwickelt, da ggf. einzelne patientenspezifische Negativfälle stärker ins Gewicht fallen bzw. man nicht erkennen kann, ob es sich um einen Systemfehler oder einen einzelnen ggf. einen Anwendungsfehler handelt. Mangels quantitativ vieler Anwendungsfälle lässt sich die NUB-Methode folglich nur schwer im Sinne der Grundsätze der evidenzbasierten Medizin darstellen und die Methode läuft Gefahr erst später – oder überhaupt nicht – den „Sprung" in medizinische Leitlinien zu schaffen.

Dies zeigt auch, warum die Grundsätze der „evidenzbasierten Medizin", mittels denen der „allgemein anerkannte Stand der medizinischen Erkenntnisse" i.S.d.

1170 In diesem Sinne auch: Ullrich; Finanzierungslücken bei medizinischen Innovationen? Rechtliche Rahmenbedingungen der Finanzierung neuer Untersuchungs- und Behandlungsmethoden sowie innovativer Arzneimittel, S. 182.

1171 Kemmler; Rechtliche Vorgaben für die Rationierung medizinischer Leistungen im System der gesetzlichen Krankenversicherung, NZS 2014, 521, 522.

§ 2 Abs. 1 Satz 3 SGB V ermittelt wird und die auch vom G-BA für die Nutzenbewertung von NUB-Methoden angewendet werden, problematisch sind, wenn die Anwendung der NUB-Methoden und somit die „Evidenzbasis“ elementar dadurch beeinflusst und geprägt wird, inwiefern das Krankenhausfinanzierungsrecht und insbesondere das DRG-Fallpauschalensystem ermöglicht bzw. verhindert, dass NUB-Methoden, die aus materiellrechtlicher, krankenversicherungsrechtlicher Sicht gem. § 137 c SGB V erbracht werden könnten, und hinsichtlich derer aus Sicht der Ärzte Interesse an deren Anwendung besteht, wegen Finanzierungsproblemen und somit wegen „prozessualen“ Problemen, nicht erbracht werden.[1172] Die einzelnen Abteilungen der Krankenhäuser stehen nicht selten gegenüber dem Medizincontrolling einerseits und darüber hinaus gegenüber den anderen Abteilungen desselben Hauses in einem so großen Rechtfertigungsdruck und so starkem Konkurrenzdruck, dass sich eine Abteilung kaum leisten kann, rein aus medizinischen Überlegungen solche NUB-Methoden zu erbringen, deren Finanzierung nicht gesichert ist.

Medizinische Leitlinien haben darüber hinaus eine weitere nicht unbedeutende Wirkung für die Verbreitung einer Methode, da Krankenkassen im Rahmen der Kostenerstattung auf der Ebene der Abrechnungsprüfung der Krankenhausrechnungen die medizinische Notwendigkeit und Wirtschaftlichkeit von leitliniengetreuen Behandlungen tendenziell quantitativ viel seltener in Frage stellen und gem. § 275 SGB V im Einzelfall vom MDK prüfen lassen, als von Behandlungen, bei denen die angewendeten Methoden nicht von medizinischen Leitlinien ausdrücklich empfohlen werden.

Dies führt dazu, dass NUB-Methoden, die den „allgemein anerkannten Stand der medizinischen Erkenntnisse“ zwar i.S.d. § 137 c SGB V berücksichtigen, diesem aber noch nicht „entsprechen“, was sich mitunter dadurch zeigt, dass sie noch nicht auf höchster Ebene in Leitlinien (S3) empfohlen werden, auch in dieser Hinsicht ein höheres finanzielles Risiko für die Leistungserbringer, die Krankenhäuser darstellen, da Fälle, in denen NUB-Methoden angewendet wurden, mit großer Wahrscheinlichkeit öfter Gegenstand einer Einzelfall-Abrechnungsprüfung i.S.d. § 275 Abs. 1 Nr. 1, Abs. 1 c SGB V unter Einschaltung des MDK sind.[1173] Die „Gefahr“, dass die Krankenkasse bei angewendeten NUB-Methoden infolge der Abrechungsprüfung die in Rechnung gestellten Behandlungskosten kürzt oder schon bezahlte Kosten verrechnet und das Krankenhaus darauf angewiesen ist Klage zu erheben, um die i.S.d. § 137 c SGB V rechtmäßig erbrachten Leistungen auch vergütet zu bekommen, ist daher bei NUB-Methoden nochmals erhöht.

1172 Kritisch auch: Schlottmann/Weddehage, Verfügbarkeit medizinischer Leistungen zwischen individuellem Bedarf und allgemeiner Richtlinie des Gemeinsamen Bundesausschusses, NZS 2008, 411, 418: „Überstrapazierte Anforderungen an die studienbasierte Evidenz ignorieren einerseits abweichende gesetzliche Rahmenbedingungen und lähmen andererseits jeden weiteren Fortschritt im Sinne einer differenzierten Abwägung.“

1173 So beispielsweise auch der Fall, der dem Urteil des BSG vom 21.03.2013–3 KR 02/12 R zugrunde lag.

Zudem rückte und rückt durch die Einführung des DRG-Systems und die damit einhergehende Umstellung des Abrechnungssystems von tagesgleichen Pflegesätzen auf pauschalierte DRG-Fallpauschalen der Fokus der Aufmerksamkeit der Krankenhäuser stärker auf die Beobachtung der Kosten für einzelne Behandlungen.[1174] Bei diesem reinen Nettokostenvergleich auf der Primärebene bleiben jedoch mittelbare wirtschaftliche Vorteile, wie beispielsweise eine schnellere Rekonvaleszenz des Versicherten und somit ein schnellerer Wiedereinstieg ins Arbeitsleben, geringere oder sogar ganz entbehrliche Rehabilitationskosten, wegen einer schonenderen Behandlung durch die NUB-Methode, außerhalb der Betrachtung.

Auch unberücksichtigt bleiben bei dieser rein kostenorientierten Betrachtung nicht in Geld messbare kurz- und langfristige Vorteile für den Patienten, wie beispielsweise eine höhere Lebensqualität wegen ausbleibenden oder weniger (starken) Nebenwirkungen, eine langfristigere Besserung oder Heilung der Krankheit durch die NUB-Methode anstelle einer rein palliativen Behandlung oder ausbleibende Folgeprobleme, wenn beispielsweise die großflächige Transplantation von Eigengewebe des Patienten, die ihrerseits eine großen eigenen Eingriff darstellt und eigenständige Wundheilungs- und Narbenbildungsprobleme mit sich bringen kann, dadurch entbehrlich ist, weil ausgehend von wenigen eigenen mittels einer Biopsie entnommenen Körperzellen ein körpereigenes Transplantat gezüchtet werden kann, das dem Patienten, ohne dass mit Abstoßungsreaktionen zu rechnen ist, implantiert werden kann.

Folge der dargestellten systemimmanenten und fallspezifischen Probleme von NUB-Methoden im DRG-Fallpauschalensystem ist, dass innovative Leistungen für Krankenhäuser, insbesondere im Hinblick auf die finanzielle Abdeckung, eine große Herausforderung darstellen und daher auf dem öffentlichen Gesundheitsmarkt schwer zu positionieren sind. Nicht selten bleiben den Versicherten hierdurch auch grundlegende Verbesserungen, die den Qualitätsanforderungen des § 137 c SGB V entsprechen, länger als nötig und ggf. auch länger als aus einer Gesamtkostenbetrachtung für die wirtschaftliche Stabilität des Krankenversicherungssystems sinnvoll, vorenthalten.

Dies ist nur schwer mit der „materiellen" gesetzgeberischen Grundsatzentscheidung zu vereinbaren, dass innovative Methoden als medizinischer Fortschritt grundsätzlich i.S.d. § 2 Abs. 1 Satz 3 SGB V im Krankenversicherungsrecht „zu berücksichtigen" sind, dass Versicherte laut der Rechtsprechung des BSG ausdrücklich am medizinischen Fortschritt teilhaben sollen und dass NUB-Methoden gerade im stationären Bereich aufgrund des weiterhin bestehenden Erlaubnisvorbehaltes i.S.d. § 137 c SGB V speziell angewendet und gefördert werden sollen.

1174 Öffentlichkeitswirksam hierzu: in UKT Tübingen ca. 3,5% der Behandlungen „verantwortlich" für Kostenexplosion! (Schwäbisches Tagblatt 08.02.2013).

3. Neue Medizinprodukte und G-DRG-System

Wegen der fokussierten Betrachtung des Themas, der Einführung von NUB-Methoden im Rahmen einer Krankenhausbehandlung bezogen auf die Einführung von medizintechnischen NUB-Methoden, folgt ein Überblick der Sachkostenerstattung von Medizinprodukten im Krankenhausfinanzierungsrecht sowie eine Auseinandersetzung mit den spezifischen krankenhausfinanzierungsrechtlichen Problemen für die Einführung medizintechnischer NUB-Methoden.

3.1 Überblick über Sachkostenerstattung von Medizinprodukten

Eine erste Weichenstellung für die Erstattung der Kosten, die für ein im Rahmen einer NUB-Methode im stationären Bereich angewendetes Medizinprodukt anfallen, ist die Frage, ob das Medizinprodukt rechtlich als „Anlagegut" oder „Verbrauchsgut" qualifiziert wird.

Stellt das Medizinprodukt ein „Anlagegut" dar, so kommt grundsätzlich eine Kostenerstattung über die Investitionskostenförderung i.S.d. §§ 4 Nr. 1, 8 ff. KHG in Frage. Abhängig davon, ob die Nutzungsdauer des jeweiligen Medizinproduktes mehr oder weniger als drei Jahre betrifft (vgl. § 2 Nr. 2 AbgrV[1175]), kann ggf. auch die Wiederbeschaffung über die Investitionskosten gefördert werden (Nutzungsdauer > 3 Jahre), oder muss diese anschließend ganz über die Betriebskosten abgerechnet werden (Nutzungsdauer < 3 Jahre).

Stellt das Medizinprodukt im Sinne des Krankenhausfinanzierungsrechts ein „Verbrauchsgut" dar, so muss das Krankenhaus die Beschaffungskosten ganz und ausschließlich über die Pflegesätze, also grundsätzlich die bundeseinheitlich definierten DRG-Fallpauschalen und bundeseinheitlichen, bepreisten Zusatzentgelte abdecken, oder NUB-Entgelte gem. § 6 Abs. 2 Satz 3 KHEntgG vereinbaren.[1176] Gelingt es dem Krankenhaus nicht, eine kostendeckende Finanzierung der Sachmittel auf einem der dargestellten Wege für die eingesetzten Medizinprodukte zu erreichen, bleibt es regelmäßig „auf den Kosten sitzen", was nicht ohne Folge für zukünftige medizinische Entscheidungen über die Anwendung der jeweiligen medizintechnischen NUB-Methode sein dürfte.

1175 Abgrenzungsverordnung vom 12. Dezember 1985 (BGBl. I S. 2255), zuletzt geändert durch Artikel 6 des Gesetzes vom 21. Juli 2012 (BGBl. I S. 1613).

1176 Ermöglicht keine dieser Varianten eine sachgerechte kostendeckende Vergütung, bleibt dem Krankenhaus noch zu prüfen, ob es rechtliche Möglichkeiten gibt, die offenen Kosten dem Patienten direkt als „Wahlleistungen" in Rechnung zu stellen.

3.2 Spezifische Probleme

Eine besondere Schwierigkeit für die Verbreitung auf innovativen Medizinprodukten beruhenden NUB-Methoden, ist, dass – anders als bei Arzneimitteln[1177], die aufgrund der arzneimittelrechtlichen Zulassung automatisch zulasten der gesetzlichen Krankenkassen erbracht werden dürfen, und somit „erstattungsfähig" sind – „Medizinprodukte" dem Erstattungsrecht als Kategorie fremd sind, also im Sinne des Erstattungsrechts keine eigene Kategorie darstellen.[1178]

Insbesondere die CE-Kennzeichnung gewährleistet weder den Medizinproduktherstellern noch den Krankenhäusern, die ein Medizinprodukt im Rahmen einer NUB-Methode zum Einsatz bringen wollen, dass die für das Medizinprodukt anfallenden Kosten im Rahmen der Regelungen des Krankenhausfinanzierungsrechts berücksichtigt und erstattet werden können. Dies ist insbesondere deswegen für die Krankenhäuser oft sehr problematisch, als Medizinprodukte, wie beispielsweise große bildgebende Geräte, die im Rahmen neuer diagnostischer Verfahren eingesetzt werden, oder hoch spezialisierte, ggf. sogar auf den einzelnen Patienten individualisierte Implantate, extrem hohe Kosten verursachen, die regelmäßig nicht

1177 Vgl. hierzu BSG Urteil vom 01.03.2011 – B 1 KR 7/10 („Festbetragfestsetzung") Rn. 29: Dieses [AMG] bezweckt, im Interesse einer ordnungsgemäßen Arzneimittelversorgung von Mensch und Tier für die Sicherheit im Verkehr mit Arzneimitteln, insbesondere für die Qualität, Wirksamkeit und Unbedenklichkeit der Arzneimittel zu sorgen *(§ 1 AMG)*. Insoweit stellen das SGB V und das AMG auf denselben Zweck ab. Daher verzichtet das Krankenversicherungsrecht bei der Arzneimittelversorgung weitgehend auf eigene Vorschriften zur Qualitätssicherung. Es knüpft insoweit vielmehr im Ausgangspunkt an das Arzneimittelrecht nach dem AMG an, das für Fertigarzneimittel eine staatliche Zulassung vorschreibt und deren Erteilung vom Nachweis der Qualität, Wirksamkeit und Unbedenklichkeit eines Medikaments *(vgl. § 25 Abs 2 AMG)* abhängig macht. Wurde diese Prüfung erfolgreich durchlaufen und ist für das Arzneimittel die Zulassung einschließlich der darin enthaltenen Ausweisung der Anwendungsgebiete erteilt worden, so ist es in diesem Umfang grundsätzlich auch verordnungsfähig im Sinne des SGB V. [...] Insoweit ist die arzneimittelrechtliche Zulassung für die Verordnungsfähigkeit eines Arzneimittels in der GKV „negativ vorgreiflich". Der G-BA kann aber die Verordnung von Arzneimitteln einschränken oder ausschließen, wenn die Unzweckmäßigkeit erwiesen oder eine andere, wirtschaftlichere Behandlungsmöglichkeit mit vergleichbarem diagnostischen oder therapeutischen Nutzen verfügbar ist. Vgl. hierzu BSG Urteil vom 01.03.2011 – B 1 KR 7/10 („Festbetragfestsetzung") Rn. 31.

1178 Hierzu auch Bäune; Dahm; Flasbarth; Vertragsärztliche Versorgung unter dem GKV-Versorgungsstrukturgesetz – GKV-VStG, MedR 2012, 77, 91; Burgardt/Clausen/Wigge in Anhalt/Dieners, Handbuch des Medizinprodukterechts, § 23 Rn. 138; Wabnitz, Theresa; Medizinprodukte als Hilfsmittel in der gesetzlichen Krankenversicherung S. 46, 55 ff.; Spezifisch zur Erstattungsfähigkeit von Medizinprodukten ausführlich: Brucklacher, Möglichkeiten zur Erstattung von innovativen Medizinprodukten im System der gesetzlichen Krankenversicherung, MPJ 2009, 88 ff.

über die Investitionskosten finanzierbar sind, sondern die von den Krankenhäusern aufgrund des Sachleistungsgrundsatzes zumindest vorzustrecken und bei fehlgeschlagener Erstattungsfähigkeit dauerhaft zu tragen sind.

Und auch aus Sicht der Medizinprodukthersteller ist diese Konstellation insofern sehr problematisch und kann abhängig von der Größe des Herstellerunternehmens bis zu einer existentiellen Bedrohung werden, als der Hersteller zwar grundsätzlich die Kosten für sein Medizinprodukt von dem Krankenhaus bekommt, das Interesse an dessen Verwendung hat. Wenn jedoch gerade bei kostenintensiven Medizinprodukten die Kostenerstattungsfrage nicht geklärt ist, werden Krankenhäuser trotz medizinischen Interesses an dem entsprechenden Medizinprodukt und der Vereinbarkeit seines Einsatzes mit den Voraussetzungen i.S.d. § 137 c SGB V nicht selten wieder Abstand von dessen Einsatz nehmen, oder es zumindest spärlicher einsetzen, was sich sehr hinderlich und hemmend auf die breite quantitative Verbreitung der entsprechenden NUB-Methode auswirkt.[1179]

Des Weiteren hat die Frage der späteren Erstattungsfähigkeit des innovativen Medizinprodukts nicht selten schon viel früher eine konkrete Auswirkung für die Innovationsentwicklung und somit für den „medizinischen Fortschritt“, als gerade kleine, hoch spezialisierte und innovative Medizintechnikunternehmen oft auf eine externe Finanzierung für die Überbrückung der Zeit der Entwicklung des Medizinprodukts bis hin zur „serienmäßigen“ Anwendung zulasten der gesetzlichen Krankenversicherung angewiesen sind. Es steht außer Frage, dass die Entwicklung des jeweiligen Medizinprodukts sowie die Durchführung der Phase der klinischen Prüfung Sache und Risiko des jeweiligen Herstellers ist und nicht auf Kosten des gesetzlichen Krankenversicherungssystems durchgeführt werden kann und soll. Wenn jedoch die Frage der späteren Erstattungsfähigkeit – aufgrund eines dem Fortschritt hinterherhinkenden Fallpauschalensystems oder eines rechtlich fraglichen „NUB-Verfahrens“[1180] – nicht nachvollziehbare, ggf. sogar willkürliche, Hürden zu überwinden hat, so bedeutet dies für die Hersteller eine sehr große Erschwerung schon auf Ebene der Finanzierung, da potentielle Kreditinstitute die Bedeutung der späteren Erstattungsfähigkeit einer NUB-Methode zulasten der gesetzlichen Krankenkassen ebenfalls erkannt haben und sich hier bestehende rechtliche Unsicherheiten oder Risiken teuer bezahlen lassen oder aus diesen Gründen eine Finanzierung verweigern.

Aus diesen Gründen ist eine transparente, flexible Vergütungsstruktur, insbesondere auch ein rechtsstaatlichen Maßstäben gerecht werdendes NUB-Verfahren, zentral, um die im SGB V getroffenen „materiell-krankenversicherungs-rechtlichen“

1179 Zur Möglichkeit der Vereinbarung von Wahlleistungsgvereinbarungen gem. § 17 KHEntgG über innovative Leistungen siehe Heil, Abrechnung von innovativen Medizinprodukten als Wahlleistungen oder IGeL, MPR 2013, 109; Schwarz, IGeL im Krankenhaus, Grundlagen, Möglichkeiten und Risiken am Beispiel der operativen Adipositasbehandlung, Das Krankenhaus 2011, 482.

1180 Siehe hierzu unter E., insbes. E.2.7.

Weichenstellungen ohne Rechtsverletzung der jeweiligen Leistungserbringer und Medizinproduktthersteller auf der Abrechnungsebene trotz Fallpauschalensystem umzusetzen.

4. NUB-Entgelte gem. § 6 Abs. 2 Satz 1 KHEntgG

4.1 Gesetzliche Regelung

§ 17 b Abs. 1 Satz 14 KHG sieht vor, dass für Leistungen, die nicht durch die bundeseinheitlichen Entgeltkataloge erfasst sind, durch die Vertragsparteien vor Ort gem. § 18 Abs. 2 KHG nach Maßgabe des Krankenhausentgeltgesetzes (KHEntgG) Entgelte vereinbart werden können. Hinsichtlich der Vereinbarung individueller Entgelte für die Vergütung von neuen Untersuchungs- und Behandlungsmethoden findet sich die entsprechende Regelung im Krankenhausentgeltgesetz in § 6 Abs. 2 KHEntgG[1181].

Der parlamentarische Gesetzgeber hat in § 6 Abs. 2 Satz 1 KHEntgG[1182] die Möglichkeit geschaffen „für die Vergütung neuer Untersuchungs- und Behandlungsmethoden, die mit den Fallpauschalen und Zusatzentgelten nach § 7 [Abs. 1][1183] Satz 1 Nr. 1 und 2 noch nicht sachgerecht vergütet werden können und die nicht gemäß § 137 c SGB V von der Finanzierung ausgeschlossen worden sind“, außerhalb des Erlösbudgets nach § 4 Abs. 2 KHEntgG und der Erlössumme nach § 4 Abs. 3 KHEntgG individuelle Entgelte oder Zusatzentgelte zu vereinbaren.

Hiermit hat der Gesetzgeber ausdrücklich eine Ausnahmeregelung zu dem Grundsatz geschaffen, dass seit Einführung des Fallpauschalensystems in der Regel alle allgemeinen Krankenhausleistungen gem. § 2 Abs. 2 KHEntgG umfänglich durch die bundeseinheitlichen Fallpauschalen und Zusatzentgelte von den Krankenhäusern abgerechnet und seitens der Krankenkassen vergütet werden sollen. Durch die krankenhausindividuellen Entgelte gem. § 6 Abs. 2 KHEntgG soll die geschilderte „Innovationsbremse“ überbrückt werden, um NUB-Methoden, die schon den Qualitätsanforderungen i.S.d. Krankenversicherungsrechts gem. § 137 c SGB V genügen, schneller zum Patienten zu bringen.[1184] Diese nach § 6 Abs. 2 Satz 1 KHEntgG vereinbarten krankenhausindividuellen Entgelte werden „NUB-Entgelte“ genannt.

1181 Nähere Ausführungen zur Entstehungsgeschickte und Entwicklung der Norm – Siehe unter D.4.

1182 Krankenhausentgeltgesetz (KHEntgG) vom 23. April 2002 (BGBl. I S. 1412, 1422).

1183 Zusatz in eckiger Klammer durch Verfasserin.

1184 Auch Becker (Becker in: Prütting, Dorothea (Hrsg.); Fachanwaltkommentar Medizinrecht KHEntgG § 6 Rn. 1) unterstreicht ihre Bedeutung: „Ein gänzlicher Ausschluss krankenhausindividueller Entgelte würde namentlich zu Lasten seltener, hochspezialisierter und neuartiger Behandlungsleistungen gehen“.

4.2 Verhältnis des § 6 Abs. 2 KHEntgG zu § 6 Abs. 1 KHEntgG

Teilweise wird vertreten, dass § 6 Abs. 2 KHEntgG systematisch betrachtet einen Unterfall von § 6 Abs. 1 KHEntgG regelt, und somit lex specialis für im Behandlungszeitpunkt noch nicht vom G-DRG-Fallpauschalensystem abgebildete NUB-Methoden sei.[1185] Dem kann nicht gefolgt werden. Zwar bezieht sich § 6 Abs. 1 Satz 1 (1.Alt) KHEntgG auf „alle Leistungen", die noch nicht mit den DRG-Fallpauschalen und Zusatzentgelten sachgerecht vergütet werden können, während sich § 6 Abs. 2 Satz 1 KHEntgG ausdrücklich nur auf „neue" Untersuchungs- und Behandlungsmethoden bezieht. Nach dieser Differenzierung läge es nahe, § 6 Abs. 2 KHEntgG als Spezialregelung für „neue Methoden" zu § 6 Abs. 1 KHEntgG zu sehen. Diese Betrachtung lässt aber außer Acht, dass die Regelung des § 6 Abs. 1 KHEntgG nicht für alle noch nicht durch bundesweit definierte Fallpauschalen und Zusatzentgelte abzurechnende Leistungen gilt. Vielmehr gilt sie ebenfalls nur für bestimmte noch nicht abgebildete Leistungen, nämlich nur für solche, die durch die Vertragsparteien auf Bundesebene (gem. § 9 KHEntgG) oder das BMG ausdrücklich von der Anwendung der DRG-Fallpauschalen oder den bundeseinheitlich definierten Zusatzentgelten ausgenommen wurden.[1186] Eine abschließende Auflistung der gem. § 6 Abs. 1 KHEntgG ausgenommenen Leistungen, für die gem. § 6 Abs. 1 Satz 1 KHEntgG krankenhausindividuelle Entgelte vereinbart werden dürfen, findet sich in der Anlage 3a/b und Anlage 4 des Fallpauschalenkatalogs[1187].

Die Tatsache, dass § 6 Abs. 1 KHEntgG somit ebenfalls nur für bestimmte, definierte Leistungen Anwendung findet, spricht dafür, ihn nicht in einem „lex specialis – lex generalis" Verhältnis zu § 6 Abs. 2 KHEntgG zu sehen. Vielmehr stehen die beiden Regelungen in § 6 Abs. 1 KHEntgG und § 6 Abs. 2 KHEntgG als zwei ähnliche[1188], aber unterschiedliche Anwendungsfälle betreffende Regelungen nebeneinander.

1185 Vgl. Felix, Das Institut für das Entgeltsystem im Krankenhaus (InEK) – Ein bedeutsamer Akteur im Kontext der Finanzierung neuer untersuchungs- und Behandlungsmethoden?, MedR 2012, 777, 778.

1186 So auch Ihle in: Gesamtes Medizinrecht, Kommentar zum KHEntgG § 6 Rn. 1.

1187 So zumindest im Fallpauschalen-Katalog 2011, 2012 und 2013.

1188 Beide betreffen die Vereinbarung krankenhausindividueller Entgelte, die nach der gesetzlichen Regelung jeweils „sachgerecht zu kalkulieren sind, bei deren Vereinbarung jeweils die „Empfehlungen nach § 9 Abs. 1 Nr. 4 KHEntgG der Vertragsparteien auf Bundesebene zu beachten sind" (§ 6 Abs. 1 Satz 2 KHEntgG bzw. 6 Abs. 2 Satz 3 KHEntgG) und die gem. § 14 Abs. 1.

4.3 Rechtliche Qualifikation der Vereinbarung der NUB-Entgelte

Die Vereinbarung der NUB-Entgelte gem. § 6 Abs. 2 Satz 1 KHEntgG zwischen den „Vertragsparteien auf Ortsebene“[1189] ist – als Vereinbarung über die Vergütung von zulasten der gesetzlichen Krankenkassen erbrachten Krankenhausleistungen- rechtlich als öffentlich-rechtlicher Vertrag i.S.d. § 53 Abs. 1 Satz 1 SGB X zu qualifizieren[1190].

4.4 Vereinbarung durch die „Vertragsparteien auf Ortsebene“

Die Vereinbarung der zeitlich befristeten, fallbezogenen individuellen „NUB-Entgelte“ erfolgt gem. § 6 Abs. 2 Satz 1 KHEntgG jeweils auf lokaler Ebene für jedes Krankenhaus individuell im Rahmen der in der Regel jährlich stattfindenden Pflegesatz[1191]-/Budgetverhandlungen zwischen den „Vertragsparteien nach § 11 KHEntgG“, den „Vertragsparteien auf Ortsebene“[1192]. Diese setzen sich gem. § 11 Abs. 1 Satz 1 KHEntgG i.V.m. § 18 Abs. 2 KHG jeweils zusammen aus dem einzelnen Krankenhausträger, als Leistungserbringer und den Krankenkassen[1193] als Sozialleistungsträger[1194].

In Umsetzung der untersuchten materiellrechtlichen krankenversicherungsrechtlichen Regelungen für die Erbringung von NUB-Methoden im Rahmen einer stationären Behandlung i.S.d. §§ 137c, 137 e SGB V, die ebenfalls davon absehen die Erbringung von NUB-Methoden Universitätskliniken oder sonstigen hoch spezialisierten Fachzentren vorzubehalten, können (innerhalb ihres Versorgungsauftrages) auch NUB-Entgelte i.S.d. § 6 Abs. 2 Satz 1 KHEntgG von jeglichen Krankenhäusern vereinbart werden. Hier haben sich die Ausführungen in den Gesetzesmaterialien[1195], die im Zusammenhang mit § 6 Abs. 2 KHEntgG ausschließlich von „Krankenhäusern der Spitzenversorgung“ sprechen und ausführen, durch die „Vereinbarung vor Ort“

1189 Ihle in: Gesamtes Medizinrecht, Kommentar zum KHEntgG § 9 Rn. 4.

1190 Dietz/Bofinger § 18 KHG I. 2.; Ihle in: Gesamtes Medizinrecht, Kommentar zum KHEntgG § 11 Rn. 3; Tuschen/Trefz, KHEntgG S. 328.

1191 Es handelt sich um die Pflegesatzvereinbarung i.S.v. 18 KHG, auch wenn das KHEntgG durchgängig nicht von Pflegesätzen spricht. Ihle in: Gesamtes Medizinrecht, Kommentar zum KHEntgG § 11 Rn. 1.

1192 Ihle in: Gesamtes Medizinrecht, Kommentar zum KHEntgG § 9 Rn. 4.

1193 Tuschen/Trefz Krankenhausentgeltgesetz S. 141.

1194 Die Sozialleistungsträger sind gem. § 18 Abs. 2 Nr. 1 KHG alleine Vertragspartei des Krankenhausträgers, wenn auf sie alleine im Jahr vor beginn der Pflegesatzverhandlungen mehr als fünf vom Hundert der Belegungs- und Berechnungstage des Krankenhauses entfallen. Ansonsten sind die Arbeitsgemeinschaften von Sozialleistungsträgern gem. § 18 Abs. 2 Nr. 2 KHG Vertragspartei, wenn das eben dargestellte Kriterium der überschrittenen 5% auf ihre Mitglieder insgesamt zutrifft.

1195 Vgl. BTDrs. 14/6893 S. 43 f.

sei eine Begrenzung auf ausgesuchte Schwerpunktkrankenhäuser möglich, nicht auf Ebene des Gesetzeswortlautes durchgesetzt.[1196]

Die Vertragsparteien auf Landesebene[1197] können sich gem. § 18 Abs. 1 Satz 2 KHG am Verfahren beteiligen. Die „Vereinbarung auf Ortsebene" bedarf der Zustimmung der Landesverbände der Krankenkassen und des Landesausschusses des Verbandes der privaten Krankenversicherungen.[1198] Die Zustimmung gilt gem. § 18 Abs. 1 Satz 4 KHG als erteilt, wenn die Mehrheit der an der Vereinbarung Beteiligten der Vereinbarung nicht innerhalb von zwei Wochen nach Vertragsschluss widerspricht.

4.5 Inhaltliche gesetzliche Vorgaben für die Vereinbarung der NUB-Entgelte

Der Gesetzgeber hat in im Krankenhausentgeltgesetz durch mehrere Regelungsinstrumente ausdrückliche inhaltliche Vorgaben für die Vereinbarung von NUB-Entgelten gemacht, welche im Folgenden näher betrachtet werden.[1199]

4.5.1 Beschränkung des Anwendungsbereichs auf „NUB-Methoden"

Es überrascht nicht, dass die Spezialregelung des § 6 Abs. 2 Satz 1 KHEntgG über die Vereinbarung von „NUB-Entgelten" lediglich für die Vergütung von NUB-Methoden (neuen Untersuchungs- und Behandlungsmethoden) gilt. Mangels Legaldefinition dieses Begriffs im Krankenversicherungs- und Krankenhausfinanzierungsrecht ist diese Erkenntnis für die inhaltliche Abgrenzung des Anwendungsbereichs der Norm jedoch nur bedingt weiterführend. Hinsichtlich der Befassung und Eingrenzung des

1196 Die Kommentierung von Tuschen/Trefz Krankenhausentgeltgesetz S. 279 erscheint insofern, da der Gesetzeswortlaut keine Differenzierung vorsieht, zu eng.

1197 Die Vertragsparteien auf Landesebene setzen sich zusammen aus der Landeskrankenhausgesellschaft, den Landesverbänden der Krankenkassen, den Ersatzkassen und dem Landesausschuss des Verbandes der privaten Krankenversicherung.

1198 Ihle in: Gesamtes Medizinrecht, Kommentar zum KHEntgG § 11 Rn. 2.

1199 Hinweis auf mögl. Änderung durch GKV-VSG (Gesetzentwurf der Bundesregierung des Gesetzes zur Stärkung der Versorgung in der gesetzlichen Krankenversicherung (GKV-VSG, BTDrs. 18/4095) i.d.F. der Beschlussempfehlung des Ausschusses für Gesundheit (BTDrs. 18/5123)): Durch den neu eingefügten § 137 h SGB V sollen im SGB V (§ 137 h Abs. 3, 4 SGB V) weitere konkrete Vorgaben für die Vereinbarung von NUB-Entgelten, die rückwirkende Geltung ab Beginn des NUB-Verfahrens sowie für die Abwicklung des Vergütungsanspruchs festgeschrieben werden. Zudem wird klargestellt, dass die Krankenhäuser jedenfalls in diesen Konstellationen einen Anspruch auf die Vereinbarung eines NUB-Entgeltes haben. Vgl. perspektivische Erstbewertung der voraussichtlichen Änderungen der Gesetzeslage durch das GKV-VSG am Ende der Arbeit unter G.

Begriffes der „NUB-Methoden" soll an dieser Stelle auf die Auseinandersetzung mit dem Begriff am Beginn der Arbeit[1200] verwiesen werden. Lediglich auf folgende zwei Aspekte sei an dieser Stelle ausdrücklich hingewiesen:

– Ausgehend vom Wortlaut des § 6 Abs. 2 Satz 1 KHEntgG, der die Vereinbarung von NUB-Methoden nur für diejenigen NUB-Methoden vorsieht, die noch nicht mit den Fallpauschalen und Zusatzentgelten sachgerecht vergütet werden können, wird deutlich, dass das Kriterium der „Neuheit" zumindest für den stationären Sektor nicht darüber definiert werden kann, ob für die konkrete Methode schon eine sachgerechte Abrechungspauschale im DRG-System existiert.[1201] Denn schon § 6 Abs. 2 Satz 1 KHEntgG geht davon aus, dass es „neue" Methoden gibt, die sich schon durch definierte Fallpauschalen und Zusatzentgelte abbilden lassen – und trotzdem nicht ihren Charakter als „neue Methode" verlieren –, und „neue Methoden", die sich noch nicht im DRG-System abbilden lassen. Um das Kriterium der „Neuheit" für „neue" im stationären Sektor erbrachte Methoden zu definieren, greift eine rein formale Abgrenzung daher zu kurz. Hierfür spricht auch, dass für eine erfolgreiche NUB-Anfrage nach Absatz 10 der Verfahrenseckpunkte[1202] erforderlich ist, dass man neben der ausführlichen Darlegung der entstehenden ungedeckten Mehrkosten (Absatz 10 c und d) im Rahmen der ausführlichen inhaltlichen Beschreibung der NUB-Methode (Absatz 10 a) insbesondere ausführlich „die Neuheit" der Methode darstellt. Aufgrund des Zusammenhanges wird hier auch eine inhaltliche Auseinandersetzung mit der „Neuheit" erwartet und nicht eine rein formale auf die Kosten beschränkte Herangehensweise.

– Da § 6 Abs. 2 Satz 1 KHEntgG eine krankenhausindividuelle Vergütungsregelung für NUB-Methoden zwischen Krankenhäusern und gesetzlichen Krankenkassen darstellt, können NUB-Methoden i.S.d. § 6 Abs. 2 Satz 1 KHEntgG, da das Vergütungsrecht lediglich „Vollzug" des „materiellen Krankenversicherungsrechts" ist, nur solche neue Methoden sein, die nach den Regeln des Krankenversicherungsrechts, insbesondere gem. §§ 137 c, 137 e SGB V, (bereits) zulasten der gesetzlichen Krankenkassen erbracht werden dürfen.

4.5.2 Bezugnahme auf den Versorgungsauftrag

Gem. §§ 8 Abs. 1 Satz 3, 11 Abs. 1 Satz 1 KHEntgG dürfen die krankenhausindividuellen NUB-Entgelte jeweils nur „unter Beachtung des Versorgungsauftrages" des jeweiligen Krankenhauses vereinbart werden. Woraus sich der Umfang des jeweiligen Versorgungsauftrages für ein konkretes Krankenhaus ergibt, hängt

---

1200 Vgl. A.2.2.

1201 A.A. für eine auf einer rein finanzierungsrechtlichen Bewertung basierenden Definition, vgl. Becker in: Prütting, Dorothea (Hrsg.); Fachanwaltkommentar Medizinrecht KHEntgG § 6 Rn. 12.

1202 Abzurufen unter: http://www.g-drg.de/cms/inek_site_de/Neue_Untersuchungs-_und_Behandlungsmethoden_NUB/Verfahrenseckpunkte, zuletzt abgerufen am 26.07.2014.

gem. § 8 Abs. 1 Satz 4 KHEntgG davon ab, nach welcher der drei Varianten des § 108 SGB V das entsprechende Krankenhaus an der Versorgung der gesetzlich Versicherten zulasten der gesetzlichen Krankenkassen teilnimmt. Nach § 108 SGB V wird zwischen nach den landesrechtlichen Vorschriften als Hochschulkliniken anerkannten Krankenhäusern (Var. 1), Krankenhäusern, die in den Krankenhausplan des jeweiligen Bundeslandes aufgenommen sind (Var. 2, „Plankrankenhaus")[1203] und Krankenhäusern, die einen Versorgungsvertrag mit den Landesverbänden der Krankenkassen und den Verbänden der Ersatzkassen geschlossen haben (Var. 3), unterschieden.[1204]

Durch das einschränkende Kriterium, dass NUB-Entgelte nur für die Erbringung von NUB-Methoden vereinbart werden dürfen, die innerhalb des Versorgungsauftrags liegen, wird sichergestellt, dass das jeweilige Krankenhaus für die Erbringung der konkreten NUB-Methode bzw. für die Leistungserbringung in dem Fachgebiet, dem die konkrete NUB-Methode zugerechnet wird, zur Versorgung gesetzlich Versicherter i.S.d. § 109 Abs. 4 Satz 1 SGB V zugelassen ist und über die entsprechende personelle und fachliche Ausstattung verfügt.

4.5.3 Keine sachgerechte Vergütungsmöglichkeit über bundeseinheitlich definierte Fallpauschalen und Zusatzentgelte

Dreh- und Angelpunkt für die Frage, ob die Vereinbarung von NUB-Entgelten gem. § 6 Abs. 2 Satz 1 KHEntgG zulässig ist, ist die Frage der aktuellen Unmöglichkeit der sachgerechten Abbildung des im Zusammenhang mit der Erbringung der NUB-Methode anfallenden Behandlungsaufwands durch schon definierte DRG-Fallpauschalen und bepreiste Zusatzentgelte.

Das Kriterium der „sachgerechten" Vergütung ist ein unbestimmter Rechtsbegriff, der der Auslegung bedarf. Was der Gesetzgeber unter einer „sachgerechten" Vergütung verstanden wissen wollte, ist nicht bekannt. Auslegungshilfen seitens des Gesetzgebers finden sich weder im Gesetzestext, noch in den Gesetzesmaterialien.

Das DRG-Fallpauschalensystem ist, wie die Bezeichnung schon unmittelbar erkennen lässt, ein „pauschalierendes" Vergütungssystem. Es zielt nicht darauf ab jeden Behandlungsfall „individuell gerecht" zu vergüten[1205], sondern stellt darauf ab, dass sich Aufwandsausreißer nach oben und unten bei der großen Anzahl an

1203 Beispielsweise gem. §§ 4 ff. LKHG des Landes Baden-Württemberg (in der Fassung vom 29.11.2007).

1204 Näher hierzu unter A.5.2.1.

1205 Beispielsweise ist die Zeitspanne zwischen der unteren und der oberen Grenzverweildauer oft groß, öffnet ein weites Zeitfenster. Egal an welchem „Rand" sich die konkrete Behandlung innerhalb des Zeitfensters bewegt, erhält das Krankenhaus – abgesehen von sonstigen Zu-/Abschlägen – die volle Vergütung. Obwohl beispielsweise viel weniger Kosten für Pflege und Unterkunft anfallen, wenn der Patient am „erstmöglichen" Tag innerhalb der Grenzverweildauer entlassen wird und nicht erst am „letzten Tag" des regulären Zeitfensters.

Behandlungsfällen mitteln und so in der Summe, im Durchschnitt eine sachgerechte Vergütung erreicht wird. Hieraus folgt, dass eine „unsachgerechte Vergütung" i.S.d. § 6 Abs. 2 Satz 1 KHEntgG nicht schon bei einer Differenz von wenigen Euro angenommen werden kann. Zumal sich die für die konkrete NUB-Behandlung anfallenden Kosten im Zeitpunkt der Vereinbarung der NUB-Entgelte auch nur losgelöst vom Einzelfall prognostisch errechnen lassen.

Auch wenn, oder gerade weil der Gesetzgeber das Kriterium der „sachgerechten Vergütung" bzw. sachgerechten Abbildung nicht näher konkretisiert hat, hat er die Beachtung des Kriteriums als so wichtig erachtet, dass er die Vereinbarung von NUB-Entgelten auf Ortsebene unter die Bedingung stellte, dass vorher gem. § 6 Abs. 2 Satz 3 KHEntgG in einem Verfahren, dem NUB-Verfahren, zentral durch die Vertragsparteien auf Bundesebene gem. § 9 KHEntgG geprüft wurde, ob die Einschätzung des einzelnen Krankenhauses in Bezug auf die Unmöglichkeit der sachgerechten Abbildung zutreffend ist.

Die weitere inhaltliche Beschäftigung mit der Auslegung des Begriffs der „sachgerechten Abbildung" erfolgt daher im Zusammenhang mit der Untersuchung des NUB-Verfahrens. Denn für die Vereinbarung der NUB-Entgelte auf Ortsebene ist von zentraler Bedeutung, wie das InEK, das das „NUB-Verfahren", tatsächlich durchführt, mit der Auslegung des Begriffs der „sachgerechten Abbildung" umgeht.[1206]

4.5.4 Dreifache Inhaltliche Rückkoppelung an § 137 c SGB V

4.5.4.1 Kein Ausschluss der Methode durch Richtlinie gem. § 137 c SGB V

Der ausdrückliche Verweis in § 6 Abs. 2 Satz 1 KHEntgG auf § 137 c SGB V stellt sicher, dass über die Vereinbarung von krankenhausindividuellen NUB-Entgelten keine Leistungen „auf Umwegen" von der gesetzlichen Krankenversicherung zulasten der Solidargemeinschaft getragen werden, hinsichtlich derer der G-BA schon im Rahmen eines inhaltlichen Bewertungs- und Überprüfungsverfahrens gem. § 137 c SGB V ausdrücklich festgestellt und durch einen entsprechenden negativen Richtlinienbeschluss bekannt gegeben hat, dass der Nutzen dieser NUB-Methode nach Einschätzung des G-BA nicht hinreichend belegt ist und auch nicht das Potenzial einer erforderlichen Behandlungsalternative bietet. Durch diesen Verweis in § 6 Abs. 2 Satz 1 KHEntgG auf § 137 c SGB V wird klargestellt, dass die Regelungen des KHEntgG als Regelungen der Vergütung der stationären Leistungen den inhaltlich im SGB V definierten Leistungsumfang nicht erweitern oder abändern sollen, sondern lediglich zu Gunsten der Leistungserbringer die Vergütung der gesetzlich vorgesehenen Leistungen regeln, aber auch gewährleisten sollen.

1206 Siehe zur Auslegung des Begriffs der „sachgerechten Abbildung" durch das InEK unter E.2.7.3.4.

4.5.4.2 Inhaltliche Bewertung der NUB-Methode gem. § 137 c SGB V

§ 6 Abs. 2 Satz 8 (1.Halbsatz) KHEntgG ist zu entnehmen, dass die Vertragsparteien nach § 9 KHEntgG, also die Vertragsparteien auf Bundesebene[1207], eine inhaltliche Bewertung der Untersuchungs- und Behandlungsmethode nach § 137 c SGB V veranlassen können[1208].

Zwei der drei Parteien, aus denen sich die „Vertragsparteien auf Bundesebene“ gem. § 9 KHEntgG zusammensetzen, nämlich der Spitzenverband Bund der Krankenkassen und die Deutsche Krankenhausgesellschaft, sind schon über § 137 c Abs. 1 Satz 1 SGB V unmittelbar berechtigt ein Bewertungsverfahren gem. § 137 c SGB V einzuleiten. Für sie hat somit § 6 Abs. 2 Satz 8 (1.Halbsatz) KHEntgG keine konstitutive Bedeutung und erweitert ihre Rechte auch nicht in zeitlicher oder inhaltlicher Hinsicht, da die nach § 137 c SGB V zur Einleitung eines Bewertungsverfahrens Berechtigten durch § 137 c SGB V keinerlei formelle Verfahrensvorgaben (z.B. Einhaltung von Fristen, Begründung für die Rechtfertigung der Einleitung des Verfahrens) beachten müssen.

§ 6 Abs. 2 Satz 8 (1.Halbsatz) KHEntgG erweitert jedoch durch die Bezugnahme auf § 9 KHEntgG den Kreis der Berechtigten, die ein Bewertungsverfahren nach § 137 c SGB V einleiten können, um den „Verband der privaten Krankenversicherung“. Seine Berechtigung ergibt sich konstitutiv erst durch § 6 Abs. 2 Satz 8 (1.Halbsatz) KHEntgG i.V.m. § 9 KHEntgG und § 137 c SGB V.[1209]

Die über § 6 Abs. 2 Satz 8 (1. Halbsatz) KHEntgG i.V.m. § 137 c SGB V veranlasste Bewertung einer konkreten NUB-Methode durch den G-BA kann zeitlich unabhängig von der krankenhausindividuellen Verhandlung über die Vereinbarung eines NUB-Entgeltes gem. § 6 Abs. 2 Satz 1 KHEntgG erfolgen. Die Vertragsparteien auf Bundesebene könnten somit beispielsweise auch schon, wenn sie[1210] durch die von einem Krankenhaus für die Durchführung des NUB-Verfahrens[1211] gem. § 6 Abs. 2 Satz 3 KHEntgG eingereichten Unterlagen Kenntnis von einer neuen Methode erlangen, eine inhaltliche Qualitäts- und Nutzenbewertung durch den G-BA gem. § 137 c SGB V einleiten, wenn sie Bedenken hinsichtlich deren Nutzen und Qualität haben und aus diesem Grund zum Schutz der Patienten oder um

---

1207 Ausführliche Vorstellung der Vertragsparteien auf Bundesebene unter E.2.7.1.1.

1208 Auseinandersetzung mit der Bewertung der Untersuchungs- und Behandlungsmethode im Rahmen von § 137 c SGB V unter B.4.3., A.6.1.9.

1209 Es mag überraschen, warum durch § 6 Abs. 2 Satz 8 (1.Halbsatz) KHEntgG die Bundesdachorganisation der privaten Krankenversicherung das Recht bekommt ein Verfahren einzuleiten, durch das der G-BA prüft und bewertet, ob eine konkrete NUB-Methode die krankenversicherungsrechtlichen Voraussetzungen i.S.d. SGB V erfüllt, um „zulasten der gesetzlichen Krankenkassen im Rahmen der Krankenhausbehandlung angewandt zu werden“ (Wortlaut § 137 c SGB V). Siehe hierzu unter E.2.7.1.1.3.

1210 Ggf. infolge eines Hinweis des InEK, welches tatsächlich das NUB-Verfahren eigenständig durchführt.

1211 Ausführliche Darstellung und Untersuchung des NUB-Verfahrens unter E.

das Gesundheitssystem vor der Finanzierung unnützer, zweifelhafter Methoden zu bewahren, eine Erbringung so früh wie möglich verhindern wollen. Hierdurch würde auch verhindert, dass die einzelnen Vertragsparteien auf Ortsebene an jedem einzelnen Krankenhaus „in Versuchung kommen", die Qualität und den medizinischen Nutzen der konkreten innovativen NUB-Methode im Rahmen der Entgeltverhandlungen in Frage zu stellen und jeweils auf lokaler Ebene zu prüfen. Denn wenn man sich vor Augen führt, welche fachlich hochkompetente und umfangreiche Unterstützung der G-BA für die Qualitäts- und Nutzenbewertung durch das IQWiG hat und wie viel Material im Rahmen einer Methodenbewertung in der Regel gesichtet, bewertet und verarbeitet wird, erscheint es sehr fraglich, ob die öffentlichen Krankenversicherungsgelder gut und sachdienlich verwendet werden, die die Krankenkassen ausgeben, um den jeweils örtlich zuständigen MDK mit der Bewertung einer hoch spezialisierten und innovativen NUB-Methode zu beauftragen.[1212]

Die Vertragsparteien auf Bundesebene (gem. § 9 KHEntgG) erfahren aufgrund der im Folgenden dargestellten Regelungen im KHEntgG sehr frühzeitig und umfassend von dem Interesse einzelner Krankenhäuser NUB-Entgelte zu vereinbaren, um NUB-Methoden zu erbringen. Denn sie führen nach dem Gesetzeswortlaut gem. § 6 Abs. 2 Satz 3 KHEntgG das NUB-Verfahren durch, welches von jedem einzelnen Krankenhaus, das daran interessiert ist mit den Krankenkassen NUB-Entgelte zu vereinbaren, vor der Vereinbarung des NUB-Entgeltes zwingend durchgeführt werden muss. Zudem sind die an einer erfolgreichen Vereinbarung eines NUB-Entgeltes beteiligten Krankenkassen dem Gesetzeswortlaut gem. § 6 Abs. 2 Satz 7 KHEntgG zufolge verpflichtet ihnen (den „Vertragsparteien auf Bundesebene" gem. § 9 KHEntgG) Art und Höhe des Entgeltes zu melden und sowohl die der Vereinbarung zu Grunde liegenden Kalkulationsunterlagen als auch die den Krankenkassen vom Krankenhaus vorzulegende ausführliche Beschreibung der Methode zu übermitteln.

Hierdurch erhalten die Vertragsparteien auf Bundesebene einen umfassenden bundesweiten Überblick über die NUB-Methoden, für deren Erbringung die Krankenhäuser aktuell anstreben NUB-Entgelte gem. § 6 Abs. 2 Satz 1 KHEntgG zu vereinbaren und an deren Erbringung die Krankenhäuser folglich interessiert sind.

Wenn der Gesetzgeber den Vertragsparteien auf Bundesebene im Folgesatz (§ 6 Abs. 2 Satz 8 (1. Halbsatz) KHEntgG) ausdrücklich „das Recht" einräumt, Bewertungsverfahren gem. § 137 c SGB V durchzuführen, so ergibt sich hierdurch auch die Pflicht bei Zweifeln an Qualität und Nutzen von dem den Vertragsparteien auf Bundesebene zur Verfügung stehenden Wissen Gebrauch zu machen und im Sinne der Patientensicherheit und dem Besterben keine finanziellen Mittel der

1212 Gem. § 281 Abs. 1a SGB V erfolgt die Vergütung des MDK für seine Tätigkeit im Rahmen der Begutachtung und Beratung der Krankenkassen für Vertragsverhandlungen mit den Leistungserbringern durch den jeweiligen Auftraggeber durch auftragsorientierte Nutzenentgelte.

gesetzlichen Krankenkassen für die Finanzierung von NUB-Methoden auszugeben, die nicht den Qualitätsstandards des § 137 c SGB V entsprechen, ein Bewertungsverfahren gem. § 137 c SGB V einzuleiten. Denn nur hierdurch können sie im Ergebnis erreichen, dass die konkrete NUB-Methode intensiv durch den G-BA in Zusammenarbeit mit dem IQWiG auf die Vereinbarkeit mit den Qualitätsanforderungen des SGB V überprüft wird. Und nur auf diesem Weg können sie eine bundesweite Anwendung der fraglichen NUB-Methode effektiv verhindern.

Die bei den lokalen NUB-Entgelt-Vertragsverhandlungen beteiligten Krankenkassen – sowohl die gesetzlichen Krankenkassen, als auch die privaten Krankenversicherungen – sind durch die Vertragparteien auf Bundesebene vertreten und können somit über die Vertragsparteien auf Bundesebene, wenn sie im konkreten Fall bei den NUB-Entgelt-Verhandlungen Zweifel daran haben, ob eine NUB-Methode die Qualitätsanforderungen des SGB V erfüllt, die Einleitung eines Bewertungsverfahrens gem. § 137 c SGB V anregen.

Im zweiten Halbsatz von § 6 Abs. 2 Satz 8 KHEntgG[1213] nimmt das KHEntgG noch explizit Bezug auf § 137 c Abs. 1 Satz 1 SGB V und somit auf die Regelung, die neben der Nennung des G-BA als das Bewertungsverfahren durchführenden Institution und der Aufzählung der potentiellen Berechtigten, ein Verfahren nach § 137 c SGB V einzuleiten, den Prüfungsmaßstab für das Bewertungsverfahren festlegt.

Durch diesen ausdrücklichen Verweis im zweiten Halbsatz in § 6 Abs. 2 Satz 8 KHEntgG auf § 137 c Abs. 1 Satz 1 SGB V betont der Gesetzgeber, dass die inhaltliche Bewertung von neuen Untersuchungs- und Behandlungsmethoden nach dem Maßstab des im SGB V geregelten Leistungserbringerrechtes erfolgt. Die Bewertung des Nutzens und der Qualität einer innovativen, neuen Methode sollte demnach in der Regel auch im Zusammenhang mit der Verhandlung der Vergütung gem. § 6 Abs. 2 Satz 1 KHEntgG in dem durch § 137 c SGB V vorgesehenen Verfahren bundeseinheitlich durch den G-BA – in Zusammenarbeit mit den fachlichen Spezialisten des IQWiG – erfolgen und nicht anlässlich der Entgeltverhandlungen auf Ortsebene und somit auch unter nicht unerheblichem Zeitdruck parallel an zahlreichen Stellen in Deutschland auf lokaler Ebene durch die Vertragsparteien auf Ortsebene bzw. durch den jeweils örtlich zuständigen, von den Krankenkassen beauftragten MDK. Denn gerade für die Beurteilung von innovativen, neuen Methoden, die eben gerade noch nicht dem „allgemein anerkannten Stand der medizinischen Erkenntnisse entsprechen“[1214], sondern ihn lediglich „berücksichtigen“[1215] müssen und bezüglich derer es daher noch keine klaren Leitlinienvorgaben der medizinischen Fachgesellschaften gibt, an denen sich die Krankenkassen und der MDK bei seiner inhaltlichen Prüfung orientieren können, darf und soll die abstrakte Beurteilung des Nutzens und der Qualität einer NUB-Methode nicht „am Schreibtisch“ des einzelnen Sachbearbeiters der Krankenkasse oder des Sachbearbeiters

1213 § 6 Abs. 2 Satz 8 KHEntgG lautet: „§ 137 c Abs. 1 Satz 1 SGB V bleibt unberührt“.
1214 Wortlaut des § 2 Abs. 1 Satz 3 SGB V.
1215 Wortlaut § 137 c Abs. 1 Satz 1 SGB V.

des MDK erfolgen. Zum einen bestehen erhebliche Zweifel, dass die Krankenkassen bzw. der MDK hierfür jeweils über ausreichend spezialisierte Fachkräfte verfügen können, die hinsichtlich der einzelnen NUB-Methode Qualität und Nutzen objektiv sachgerecht einschätzen und beurteilen können, wie hoch spezialisiert viele NUB-Methoden sind. Diese Bedenken bestehen umso mehr, wenn man sich zudem vor Augen führt, dass manche Kliniken beispielsweise in einem Jahr Interesse an der Erbringung von über hundert NUB-Methoden haben und dass sich der G-BA für die Beurteilung i.R.d. § 137 c SGB V Bewertungsverfahrens für die fachliche Einschätzung der Spezialisten des IQWiG bedient.

Zum anderen handelt es sich sowohl bei den Krankenkassen als auch bei dem von den Krankenkassen beauftragten (und finanzierten) MDK nicht um unabhängige, sondern um parteiische Gutachter. Die Strukturen und Zusammenhänge des MDK und der Krankenkassen sind jedoch gesetzlich geregelt (vgl. insbes. §§ 278 ff. SGB V) und somit „bekannt". Es ist aber im Sinne der gesetzlich normierten Innovationsförderung im stationären Sektor gem. § 2 Abs. 1 Satz 3 SGB V i.V.m. § 137 c SGB V und der dem G-BA gem. § 137 c SGB V vorbehaltenen Entscheidung eine NUB-Methode wegen nicht dem gesetzlichen Krankenversicherungsrecht entsprechender Qualität oder den gesetzlichen Anforderungen nicht genügendem Nutzen von der Versorgung auszuschließen, nicht mit § 137 c SGB V zu vereinbaren, wenn die Krankenkassen im Rahmen der Vergütungsverhandlungen gem. § 6 Abs. 1 KHEntgG eigenmächtig, ohne bezüglich aus ihrer Sicht zweifelhaften NUB-Methoden ein Bewertungsverfahren nach § 137 c SGB V einzuleiten, Qualität und Nutzen prüfen und bei negativer Entscheidung hinsichtlich dieser Kriterien die Vereinbarung von NUB-Entgelten verweigern.[1216]

Auch die Tatsache, dass der G-BA für die Durchführung eines Bewertungsverfahrens gem. § 137 c SGB V einige Zeit braucht, da die Methodenbewertung einer innovativen NUB-Methode eine komplexe fachliche, wissenschaftliche Prüfung erfordert, unterstreicht, dass diese Qualitäts- und Nutzenbewertung nicht im Rahmen der Entgeltverhandlungen durch die Krankenkassen (ggf. unter Miteinbeziehung des MDK) erfolgen kann und soll. Vielmehr soll die Bewertung des Nutzens und der Qualität einer NUB-Methode allgemein durch den G-BA i.V.m. dem IQWiG erfolgen und sollte folglich, solange der Gesetzgeber die unterschiedliche Systematik für NUB-Methoden im ambulanten (§ 135 SGB V – präventives Verbot mit Erlaubnismöglichkeit) und im stationären (§ 137 c SGB V) Bereich aufrecht erhält, den Krankenhäusern ein von den Krankenkassen und dem MDK im Rahmen der Entgeltverhandlungen nicht überprüfbarer Beurteilungsspielraum hinsichtlich der Einschätzung dieser Kriterien verbleiben. Diesen Beurteilungsspielraum müssen die

1216 Es wäre anders zu beurteilen, wenn die Krankenkassen hinsichtlich einer konkreten NUB-Methode ein Bewertungsverfahren durch den G-BA nach § 137 c SGB V eingeleitet haben und die Vereinbarung von NUB-Entgelten gem. § 6 Abs. 2 Satz 1 KHEntgG während der Dauer des laufenden Bewertungsverfahrens verweigern.

Krankenkassen auch bei der nachträglichen Überprüfung von Krankenhausabrechnungen über erbrachte NUB-Methoden beachten und respektieren. Konsequenterweise sollte daher – angesichts der Überprüfungsmöglichkeit einer konkreten Methode durch den G-BA gem. § 137 c SGB V – dieser den Krankenhäusern zu gewährleistende Beurteilungsspielraum auch einer gerichtlichen Kontrolle entzogen sein.[1217]

4.5.4.3 Stellungnahme des G-BA in Schiedsstellenverfahren § 6 Abs. 2 Satz 9 KHEntgG

Die dritte inhaltliche Rückkoppelung in § 6 Abs. 2 KHEntgG an das Leistungserbringerrecht erfolgt in § 6 Abs. 2 Satz 9 KHEntgG, der ausdrücklich regelt, dass in Fällen, in denen es den Vertragsparteien vor Ort nicht gelingt sich auf die Vereinbarung eines NUB-Entgeltes zu einigen, für die Durchführung des Schiedsstellenverfahrens nach § 13 KHEntgG[1218] bezüglich der konkreten NUB-Methode eine „Stellungnahme" des G-BA nach § 137 c SGB V eingeholt werden kann. Auch hierdurch unterstreicht das Gesetz, dass die inhaltliche Beurteilung der nach § 137 c SGB V zu prüfenden Kriterien hinsichtlich einer NUB-Methode nicht auf lokaler Ebene den Krankenkassen, dem MDK oder der Schiedsstelle zusteht, sondern durch den G-BA – in Form einer „Stellungnahme" – erfolgen soll.

Aus der Regelung des § 6 Abs. 2 Satz 9 KHEntgG ergibt sich jedoch nicht eindeutig, wer die Stellungnahme beim G-BA für das Schiedsstellenverfahren einholen, also „beantragen" kann und welchen Umfang sie hat bzw. wie sie sich von einer Entscheidung des G-BA nach einem Bewertungsverfahren nach § 137 c SGB V unterscheidet. Ihle schreibt hierzu lediglich: „Kommt eine Einigung über das NUB-Entgelt nicht zustande, kann die Schiedsstelle nach § 13 entscheiden. Für das Verfahren kann ebenfalls eine entsprechende Stellungnahme eingeholt werden."[1219] Auch Tuschen/Trefz[1220] geht nicht näher auf die Einbindung des G-BA ein, betont nur, dass § 6 Abs. 2 Satz 9 KHEntgG „ermögliche", dass die Schiedsstelle, „da eine Beurteilung des Sachverhalts schwierig sein kann", eine Stellungnahme des G-BA einholen könne.

Felix weist jedoch nachvollziehbar darauf hin, dass aufgrund der kurzen Dauer des Schiedsstellenverfahrens von i.d.R. maximal 6 Wochen, gem. § 13 Abs. 2 KHEntgG, rein tatsächlich eine „Stellungnahme" nur hinsichtlich solcher Methoden realistisch erscheint, hinsichtlich der beim G-BA schon Bewertungsverfahren gem.

1217 Hierzu siehe B.6, insbes. B.6.3. und E.3.

1218 Hierzu Ullrich; Finanzierungslücken bei medizinischen Innovationen? Rechtliche Rahmenbedingungen der Finanzierung neuer Untersuchungs- und Behandlungsmethoden sowie innovativer Arzneimittel, S. 176 ff.

1219 Ihle in Gesamtes Medizinrecht, Kommentar zum KHEntgG § 6 Rn. 2.

1220 Tuschen/Trefz; Krankenhausentgeltgesetz § 6 S. 281.

§§ 135, 137 c SGB V laufen[1221]. Bzw. aus Sicht von Bender beschränkt sich die „Stellungnahme“ des G-BA in diesem Zusammenhang auf die Auskunft, ob beim G-BA hinsichtlich der konkreten Methode schon Nutzenbewertungsverfahren anhängig sind, oder nicht.[1222] Aus der Praxis berichtet Felix, dass sich der Inhalt der in diesem Zusammenhang vom G-BA erteilten „Stellungnahmen“ regelmäßig darauf beschränkt mitzuteilen, ob es hinsichtlich des konkreten Verfahrens schon eine entsprechende Richtlinie gibt oder ob ein Bewertungsantrag vorliegt.[1223]

4.5.5 Durchführung des NUB-Verfahrens gem. § 6 Abs. 2 Satz 3 KHEntgG

Gesetzliche Zulässigkeitsvoraussetzung für die Vereinbarung krankenhausindividueller NUB-Entgelte ist darüber hinaus die Durchführung des NUB-Verfahrens gem. § 6 Abs. 2 Satz 3 KHEntgG, dessen Darstellung und rechtliche Untersuchung Gegenstand eines gesonderten Teils der Arbeit (E.) ist, auf den an dieser Stelle verwiesen wird.

4.5.6 Die NUB-Kalkulationsempfehlung der Vertragsparteien auf Bundesebene

Gem. § 6 Abs. 2 Satz 2 (1. Halbsatz) KHEntgG sind die individuellen Entgelte sachgerecht zu kalkulieren. Um den lokalen Vertragsparteien für die Vereinbarung der NUB-Entgelte eine Hilfestellung zu geben[1224] und hierdurch trotz der jeweils lokalen, krankenhausindividuellen Vereinbarung auf eine möglichst bundeseinheitliche Handhabung der NUB-Entgelt-Vereinbarungen hinzuwirken, hat der Gesetzgeber den „Vertragsparteien auf Bundesebene“ gem. § 9 Abs. 1 Satz 1 Nr. 4 KHEntgG aufgegeben für die Kalkulation und Vergütung der krankenhausindividuellen NUB-Entgelte „Empfehlungen“ zu vereinbaren, welche von den Krankenhäusern und

---

1221 Felix, Innovative Medizin im ambulanten und stationären Bereich „Bekannte Akteure – neue Fragen“ MedR 2011, 67, 71.

1222 Bender, Finanzierung neuer Untersuchungs- und Behandlungsmethoden (NUB) im Krankenhaus; NZS 2012, 761, 768.

1223 Felix, Rechtliche Rahmenbedingungen der Finanzierung innovativer Medizin aus Sicht der Leistungserbringer und Patienten – taugen sie gesetzlichen Vorgaben? In: Felix/Schütte (Hrsg.); Medizinische Innovation im Krankenhaus, Steuerung und Finanzierung S. 59, 67, auch Vollmöller kritisch zu tatsächlichen Relevanz dieser Möglichkeit der Einbindung des G-BA vgl. Vollmöller, Rechtsfragen neuer Untersuchungs- und Behandlungsmethoden – unter besonderer Berücksichtigung der Hochschulmedizin – NZS, 2012, 921, 923.

1224 Präambel der “Empfehlung gem. § 9 Abs. 1 Satz 1 Nr. 4 KHEntgG für die Kalkulation von Zusatzentgelten“ (NUB-Kalkulationsempfehlung) – abgerufen am 25.02.2012 unter http://www.gkv-spitzenverband.de/krankenversicherung/krankenhaeuser/drg_system/neue_untersuchungs_und_behandlungsmethoden_nub/neue_untersuchungs_und_behandlungsmethoden_nub.jsp.

Krankenkassen im Rahmen der einzelnen, lokalen Vereinbarung der individuellen Entgelte gem. 6 Abs. 2 Satz 2 (2. Halbsatz) KHEntgG zu beachten sind[1225].

4.5.6.1 Die Vertragsparteien auf Bundesebene gem. § 9 KHEntgG[1226]

Der Gesetzgeber hat diese Aufgabe, Kalkulationsempfehlungen zu entwerfen, den „Vertragsparteien auf Bundesebene" übertragen. Durch sie werden sowohl die Krankenhäuser, als Leistungserbringer, repräsentiert, als auch die Krankenkassen. Denn die „Vertragsparteien auf Bundesebene" setzen sich gem. § 9 Abs. 1 Satz 1 KHEntgG zusammen aus dem Spitzenverband Bund der Krankenkassen und dem Verband der privaten Krankenversicherung gemeinsam sowie der Deutschen Krankenhausgesellschaft. Sie sind daher identisch mit den Parteien gem. § 17 b Abs. 2 KHG, denen der Gesetzgeber die Ausarbeitung und Betreuung des DRG-Fallpauschalensystems übertragen hat.

4.5.6.2 Inhalt der NUB-Kalkulationsempfehlung

Um ihrer gesetzlichen Pflicht nachzukommen haben die „Vertragsparteien auf Bundesebene" am 20.12.2005 eine „Empfehlung gem. § 9 Abs. 1 Satz 1 Nr. 4 KHEntgG für die Kalkulation von Zusatzentgelten" (NUB-Kalkulationsempfehlung) abgegeben[1227], welche gem. § 4 der NUB-Kalkulationsempfehlung am 01.01.2006 in Kraft trat und mangels Kündigung durch einen der Vertragspartner seitdem Gültigkeit hat.

Diese sehr kurz gehaltene „NUB-Kalkulationsempfehlung" der Vertragsparteien auf Bundesebene entbehrt jedoch – entgegen ihrer Betitelung – jeglicher konkreter inhaltlicher Hilfestellung für die Kalkulation der lokalen krankenhausindividuellen NUB-Entgelte.

Neben dem in der Präambel befindlichen Hinweis, dass die Empfehlung aufgrund des hohen Spezialisierungsgrades der relevanten Leistungen und des innovativen Charakters von neuen Untersuchungs- und Behandlungsmethoden keine vollumfänglichen oder abschließenden Hinweise geben könne, haben die Vertragsparteien auf Bundesebene in der Empfehlung lediglich die rechtliche Grundlage der Empfehlung genannt (§1), sowie die Geltungsdauer der Empfehlung (§4) definiert

---

1225 Unscharf insofern die Formulierung in Dietz, Praxis der Kommunalverwaltung, KHEntgG, H 10 c Bund (Stand Juli 2007), 275, der zufolge die Kalkulationsempfehlungen herangezogen werden „können".

1226 Siehe hierzu unter E.2.7.1.1.

1227 "Empfehlung gem. § 9 Abs. 1 Satz 1 Nr. 4 KHEntgG für die Kalkulation von Zusatzentgelten" (NUB-Kalkulationsempfehlung) abgerufen am 25.02.2012 unter http://www.gkv-spitzenverband.de/krankenversicherung/krankenhaeuser/drg_system/neue_untersuchungs_und_behandlungsmethoden_nub/neue_untersuchungs_und_behandlungsmethoden_nub.jsp.

und geregelt, an wen welche Daten über aufgrund von § 6 Abs. 2 KHEntgG klinikindividuell vereinbarte NUB-Entgelte übermittelt werden müssen (§3[1228]).

Die inhaltliche Gestaltung und Festlegung von Kalkulationsempfehlungen, wie man sie nach dem gesetzlichen Auftrag gem. § 9 Abs. 1 Satz 1 Nr. 4 KHEntgG in der „NUB-Kalkulationsempfehlung" der Vertragsparteien auf Bundesebene erwarten würde, haben die Vertragsparteien auf Bundesebene – ohne dass dies im Gesetz vorgesehen wäre – vollständig auf die InEK gGmbH[1229] übertragen. Gem. § 2 Abs. 1 Satz 1 der „NUB-Kalkulationsempfehlung" wurde das InEK von den Vertragsparteien auf Bundesebene beauftragt, für die örtlichen Vertragsparteien nach § 11 KHEntgG eine „Hilfestellung" für die Kalkulation von krankenhausindividuellen Zusatzentgelten zu erarbeiten. Dieser Beauftragung ist die InEK mit einem Dokument vom 11.11.2005[1230], welches konkrete „Verfahrensgrundsätze" zur Kalkulation der Zusatzentgelte enthält, nachgekommen. Insbesondere hat das InEK hierin ausgeführt, welche Leistungen für die Kalkulation betrachtet werden müssen, welcher Ressourceneinsatz zu berücksichtigen ist, wie die Kosten der Leistungserbringung berechnet werden, welcher Kostenumfang berücksichtigt wird und was bei Zusatzentgelten mit mehreren Prozedurencodes zu berücksichtigen ist.

§ 2 Abs. 1 Satz 2 der "NUB-Kalkulationsempfehlung" verwendet nicht mehr das Wort „Hilfestellung", sondern spricht von „Hinweisen". Er (§ 2 Abs. 1 Satz 2 der "NUB-Kalkulationsempfehlung") bezieht sich aber inhaltlich auf die „Hilfestellungen" der InEK vom 11.11.2005 und legt fest, dass diese „Inhalt der gemeinsamen Empfehlung gem. § 9 Abs. 1 Satz 1 Nr. 4 KHEntgG" und somit der "NUB-Kalkulationsempfehlung" sind.

Diese – hinsichtlich der konkreten Kalkulationshilfestellungen inhaltlich vollständig von dem InEK geprägten – Empfehlungen der Vertragsparteien auf Bundesebene sind gem. § 6 Abs. 2 Satz 2 (2. Halbsatz) KHEntgG bei der Kalkulation der NUB-Entgelte „zu beachten".

1228 Gem. § 3 Abs. 1 der „NUB-Kalkulationsempfehlung" müssen die an einer NUB-Entgelt-Vereinbarung nach § 6 Abs. 2 Satz 1 KHEntgG beteiligten Krankenkassen Art und Höhe des Entgelts an die Vertragsparteien auf Bundesebene melden sowie diesen die der Vereinbarung zu Grunde liegenden Kalkulationsunterlagen und die vom Krankenhaus vorzulegende ausführliche Beschreibung der Methode übermitteln. Gem. § 3 Abs. 3 der „NUB-Kalkulationsempfehlung" sind diese Informationen und Unterlagen daneben „zeitnah" von den an den klinikindividuellen NUB-Entgelt-Vereinbarungen beteiligten Krankenkassen an das InEK zu übermitteln.

1229 Im Folgenden wegen dem „allgemeinen Sprachgebrauch" „das InEK" i.S.v. „das Institut" genannt.

1230 „Hilfestellung für die Kalkulation von Zusatzentgelten gem. § 6 Abs. 1 KHEntgG und Zusatzentgelten für neue Untersuchungs- und Behandlungsmethoden gem. § 6 Abs. 2 KHEntgG abgerufen am 25.02.2012 unter http://www.gkv-spitzenverband.de/krankenversicherung/krankenhaeuser/drg_system/neue_untersuchungs_und_behandlungsmethoden_nub/neue_untersuchungs_und_behandlungsmethoden_nub.jsp.

4.6 Schiedsstellenverfahren gem. § 6 Abs. 2 Satz 9 KHEntgG

Die Formulierung des § 6 Abs. 2 Satz 9 KHEntgG, der darauf hinweist, dass „für das Schiedsstellenverfahren nach § 13KHEntgG eine Stellungnahme des G-BA nach § 137 c SGB V eingeholt werden kann", stellt zum einen klar, dass auch streitige NUB-Entgelte Gegenstand des Schiedsstellenverfahrens sein können.[1231] Zum anderen betont die Regelung, dass die inhaltliche Bewertung der konkreten NUB-Methode gemessen an den Qualitätskriterien des § 137 c SGB V dem G-BA obliegt.[1232]

4.7 Genehmigung (§ 14 KHEntgG)

Die von den Vertragsparteien auf Ortsebene vereinbarten NUB-Entgelte unterfallen gem. § 14 Abs. 1 Satz 1 KHEntgG ausdrücklich der Genehmigungspflicht der zuständigen Landesbehörde, die jedoch gem. § 14 Abs. 2 Satz 1 KHEntgG auf eine Rechtmäßigkeitsprüfung beschränkt ist.[1233]

4.8 Meldepflicht und Auswirkung derselben

Gem. § 6 Abs. 2 Satz 7 KHEntgG sind die an der erfolgreichen Vereinbarung eines NUB-Entgeltes vor Ort beteiligten Krankenkassen gesetzlich dazu verpflichtet, Art und Höhe des Entgeltes an die Vertragsparteien auf Bundesebene (gem. § 9 KHEntgG) zu melden sowie die der Vereinbarung zu Grunde liegenden Kalkulationsunterlagen und die den Krankenkassen jeweils vom Krankenhaus für die Verhandlungen vorgelegte ausführliche Beschreibung der Methode zu übermitteln. Tatsächlich nehmen die Vertragparteien auf Bundesebene die Materialien nicht unmittelbar entgegen, sondern lassen die Materialien gem. § 1 Abs. 4 der

---

1231 Vgl. hierzu Clemens; Grundlegende Fragen des Schiedsverfahrens nach dem KHG – Amtsermittlung/Beibringungsgrundsatz/NUB-Entgelte/Qualitätsprüfung durch Schiedsstelle/behördliche Genehmigung der Schiedssprüche; MedR 2012, 769 ff., der die Schiedsstellenverfahren eher einer Mediation gleichsetzt, als einem Gerichtsverfahren und sich insbesondere mit dem Thema von NUB-Entgelten vor der Schiedsstellte auseinandersetzt.

1232 Zu Bedeutung und Inhalten der Stellungnahme siehe unter D.4.6.

1233 Zur spezifischen Problematik des Verhältnisses der behördlichen Genehmigung zum Schiedsspruch, siehe Clemens; Grundlegende Fragen des Schiedsverfahrens nach dem KHG – Amtsermittlung/Beibringungsgrundsatz/NUB-Entgelte/Qualitätsprüfung durch Schiedsstelle/behördliche Genehmigung der Schiedssprüche; MedR 2012, 769, 775; Felix; Schiedsstellen im Sozialrecht – geeignete Instrumente der Streitschlichtung?; Eine kritische Analyse am Beispiel der Schiedsstelle nach § 18a KHG, in Detterbeck, Steffen; Rozek, Jochen; von Coelln, Christian (Hrsg.); Recht als Medium der Staatlichkeit, Festschrift für Herbet Bethge zum 70. Geburtstag, S. 319, 335 ff.

NUB-Vereinbarung[1234] vom InEK sammeln und lassen sich über die eingegangenen Daten vom InEK berichten.

Durch die einzureichenden Daten können sich das InEK und die Vertragsparteien auf Bundesebene ein umfassendes Bild über die NUB-Methoden machen, die durch das bisherige DRG-System noch nicht sachgerecht abgebildet werden können und an deren Erbringung Krankenhäuser Interesse habe, weswegen sie mit den Krankenkassen (erfolgreich[1235]) vor Ort NUB-Entgelte gem. § 6 Abs. 2 Satz 1 KHEntgG verhandelt haben, um die NUB-Methoden auch kostendeckend erbringen zu können. Dieses Wissen gibt den Vertragsparteien auf Bundesebene – und dem InEK – die Möglichkeit das DRG-System als „lernendes System" weiterzuentwickeln, indem sachgerechte DRG-Fallpauschalen und bundeseinheitliche bepreiste Zusatzentgelte „designed" werden, oder – bei Zweifeln am Nutzen und der Qualität der konkreten NUB-Methode – ein Bewertungsverfahren gem. § 6 Abs. 2 Satz 8 KHEntgG i.V.m. § 137 c SGB V einzuleiten.

Aus dem erstgenannten Grund weisen die Verfahrenseckpunkte in Abs. 11 Satz 2 auch ausdrücklich darauf hin, dass „Alle mit dem Prüfergebnis „Status 1" versehenen Anfragen bei der Weiterentwicklung des G-DRG-Systems im Folgejahr automatisch auf die Möglichkeit zur Integration in das G-DRG-System geprüft werden."[1236]

Die Verweigerungshaltung der Krankenkassen hinsichtlich der Vereinbarung von NUB-Entgelten wirkt sich somit in doppelter Hinsicht innovationshemmend aus[1237]: zum einen unmittelbar für das konkrete Krankenhaus, das das NUB-Verfahren durchgeführt hat, mangels Finanzierungsmöglichkeit der konkreten NUB-Methode. Zum anderen behindert sie auch „systematisch" den medizinischen Fortschritt in der gesetzlichen Krankenversicherung, da die Übermittlung der Daten über abgeschlossene NUB-Entgelte den Einstieg für die Aufnahme der jeweiligen NUB-Methode in das DRG-System und somit in eine allgemeine Finanzierung über Fallpauschalen ohne die Notwendigkeit der individuellen Durchführung des NUB-Verfahrens erheblich katalysieren und erleichtern.

1234 Vereinbarung gem. § 6 Abs. 2 Satz 3 KHEntgG – Neue Untersuchungs- und Behandlungsmethoden – (NUB) vom 17.12.2004.

1235 Keine Meldung erfolgt über die NUB-Methoden, hinsichtlich derer Krankenhäuser ebenfalls Interesse an der Vereinbarung von NUB-Entgelten hatten, da aus ihrer Sicht die Voraussetzungen hierfür erfüllt waren, deren Vereinbarung aber daran scheiterte, dass sie im NUB-Verfahren (zu Un-/Recht) mit NUB Status 2 eingruppiert wurden, oder hinsichtlich derer die Krankenkassen (zu Un-/Recht) die Voraussetzungen gem. § 137 c SGB V prüften und nicht als erfüllt ansahen, weswegen sie den Abschluss einer Vereinbarung verweigerten.

1236 http://www.g-drg.de/cms/Neue_Untersuchungs-_und_Behandlungsmethoden_NUB/Verfahrenseckpunkte, abgerufen am 17.10.2013.

1237 So auch Huster, Krankenhausrecht und SGB V – Medizinische Innovationen im stationären Sektor; GesR 2010, 337, 341.

4.9 NUB-Entgelte im Gesamtkrankenhaushaushalt

Die Formulierung am Ende des § 6 Abs. 2 Satz 1 KHEntgG, dass die NUB-Entgelte „außerhalb des Erlösbudgets nach § 4 Abs. 2 [KHEntgG] und der Erlössumme nach § 4 Abs. 3 KHEntgG vereinbart werden", und somit im Rahmen der Pflegesatzverhandlungen gem. § 4 KHEntgG nicht bei der Ermittlung der voraussichtlich vom Leistungserbringer im Folgezeitraum zu erbringenden Leistungen[1238] und folglich auch nicht bei der retrospektiven Vereinbarung von Mehr- oder Mindererlösausgleichen i.S.d. § 4 Abs. 3 Satz 1 KHEntgG berücksichtigt werden, wurde erst im Jahr 2009 durch das Krankenhausfinanzierungsreformgesetz (KHRG) eingeführt[1239]. Sie ist an dieser Stelle rein deklaratorisch und hat keinen eigenen Regelungsgehalt bzw. ist die klarstellende „Umsetzung" der in § 4 Abs. 1 KHEntgG getroffenen Regelung.[1240] Denn im Rahmen der Definition des „Erlösbudgets" in § 4 Abs. 1 KHEntgG wird in § 4 Abs. 1 Satz 2 KHEntgG ausdrücklich geregelt, dass das Erlösbudget „nicht die krankenhausindividuell zu vereinbarenden Entgelte nach § 6 Abs. 1 bis 2a [KHEntgG]" umfasst – und somit auch nicht die NUB-Entgelte gem. § 6 Abs. 2 KHEntgG.[1241]

Und nach § 4 Abs. 3 Satz 1 KHEntgG werden für die Ermittlung der Mehr- und Mindererlösausgleiche das „Erlösbudget" und die „Erlössumme" zu einem Gesamtbetrag zusammengefasst. Die NUB-Entgelte sind jedoch, wie eben dargestellt, nicht im „Erlösbudget" enthalten. Und auch im Rahmen der „Erlössumme" sind sie nach den gesetzlichen Regelungen nicht zu berücksichtigen. Denn die „Erlössumme" wird gem. § 4 Abs. 3 Satz 1 KHEntgG durch § 6 Abs. 3 KHEntgG definiert. Hiernach umfasst die Erlössumme gem. § 6 Abs. 3 Satz 2 KHEntgG ausdrücklich nicht die Entgelte nach § 6 Abs. 2 KHEntgG, also die NUB-Entgelte.

Die Tatsache, dass die NUB-Entgelte weder im Erlösbudget, noch in der Erlössumme zu berücksichtigen sind, erhöht in finanzieller Hinsicht die grundsätzliche Relevanz der NUB-Entgelte für die Leistungserbringer, da sie eine nicht ausgleichspflichtige

---

1238 Vgl. hierzu Tuschen/Trefz Krankenhausentgeltgesetz S 141.

1239 „Gesetz zum ordnungspolitischen Rahmen der Krankenhausfinanzierung ab dem Jahr 2009" (Krankenhausfinanzierungsreformgesetz – KHRG); Bundesgesetzblatt Jahrgang 2009 Teil I Nr. 15, ausgegeben zu Bonn am 24. März 2009. Die Änderung erfolgte durch Artikel 2 Nr. 6 des KHRG.

1240 Den Gesetzesmaterialien zufolge sollte hierdurch redaktionell klargestellt werden, dass die Vergütung über NUB-Entgelte außerhalb des Erlösbudgets nach § 4 KHEntgG und der Erlössumme nach § 6 Abs. 3 KHEntgG vereinbart und abgerechnet werden soll und somit auch keinen Erlösausgleichsregelungen unterliegt. BTDrs. 14/7862 Pkt. 2.13.

1241 Diesbezüglich sind die Ausführungen von Tuschen/Trefz Krankenhausentgeltgesetz S. 155 mindestens missverständlich, wenn nicht sogar unzutreffend. Rechtlich eindeutig und korrekt ist jedoch die diesbezügliche Darstellung von Tuschen/Trefz Krankenhausentgeltgesetz S. 279.

Leistungsvergütung darstellen.[1242] Auf der anderen Seite besteht durch diese vom Gesetzgeber vorgesehene Privilegierung der NUB-Entgelte im Vergleich zu anderen Zusatzentgelten die Gefahr, dass die Bereitschaft der Krankenkassen im Rahmen der Pflegesatzverhandlungen mit den Leistungserbringern NUB-Entgelte zu vereinbaren und somit im Sinn des § 2 Abs. 1 Satz 3 SGB V Innovation zu fördern, sehr gering ist. Diese „Verweigerungshaltung" macht es für die Krankenhäuser oft sehr schwer NUB-Methoden tatsächlich anzuwenden und stellt so ein erhebliches Hemmnis für die Verbreitung innovativer, neuer Untersuchungs- und Behandlungsmethoden dar.

5. Zusammenfassung

Mit der in § 6 Abs. 2 KHEntgG eröffneten Möglichkeit krankenhausindividuelle NUB-Entgelte für die Vergütung neuer Untersuchungs- und Behandlungsmethoden zu vereinbaren, hat der Gesetzgeber eine an sich systemfremde Ausnahmeregelung zu dem an sich bundesweit einheitlich anzuwendenden, abschließenden Fallpauschalensystem geschaffen.

Für die Krankenhäuser stellen die NUB-Entgelte sehr wichtige Vergütungsmöglichkeiten dar, um im Interesse der Patienten fortschrittliche neue Methoden, die i.S.d. § 137 c SGB V bereits zum regulären Leistungsspektrum der gesetzlichen Krankenkassen gehören, kostendeckend und somit das Wirtschaftlichkeitsgebot beachtend, erbringen zu können.

Denn nicht selten sind es wenige, medizinisch komplexe und extrem kostenintensive Behandlungsfälle, die die Anwendung von NUB-Methoden aus medizinischer Sicht erfordern. Die Erbringung dieser NUB-Methoden – ohne entsprechende sachgerechte Vergütung – bringt die an sich oft sehr wirtschaftlich haushaltenden Krankenhäuser in die prekäre finanzielle Situation, in der sich aktuell etliche Krankenhäuser befinden. Als Reaktion auf diese finanzielle Problematik sehen sich die Krankenhäuser teilweise "vom G-DRG-Fallpauschalensystem gezwungen" hoch spezialisierte Abteilungen zu schließen und weniger NUB-Methoden zu erbringen. Dies führt wiederum zu erheblicher öffentlicher Kritik am G-DRG-System.

Die beschriebene Angewiesenheit auf eine sachgerechte Vergütung für erbrachte NUB-Leistungen betrifft insbesondere auch besonders Universitätskliniken. Sie stehen zudem unter dem besonderen Schutz des Art. 5 Abs. 3 GG[1243]. Universitätskliniken sind aufgrund der engen Verknüpfung von Krankenbehandlung mit Lehre und Forschung der Natur der Sache nach sowohl auf schwer behandelbare Fälle als auch die Anwendung und Weiterentwicklung neuer Methoden spezialisiert. Dies

---

1242 In diesem Sinne auch Ullrich; Finanzierungslücken bei medizinischen Innovationen? Rechtliche Rahmenbedingungen der Finanzierung neuer Untersuchungs- und Behandlungsmethoden sowie innovativer Arzneimittel, S. 200.

1243 Zur besonderen Bedeutung von NUB-Methoden für die Hochschulmedizin siehe: Vollmöller, Rechtsfragen neuer Untersuchungs- und Behandlungsmethoden – unter besonderer Berücksichtigung der Hochschulmedizin – NZS, 2012, 921.

bringt mit sich, dass die Universitätskliniken ohne die Vereinbarung von NUB-Entgelten häufig besonders stark getroffen werden, wenn sie i.S.d. §§ 2 Abs. 1 Satz 3, 1 37 c SGB V[1244] medizinisch erforderliche und den speziellen Qualitätsanforderungen entsprechende NUB-Methoden, die mangels Verbot gem. § 137 c SGB V, zulasten der gesetzlichen Krankenversicherung erbracht werden dürften, entweder – entgegen der ärztlichen Überzeugung – aus rein wirtschaftlichen Erwägungen nicht erbringen oder die NUB-Methoden dennoch erbracht werden, die Krankenhäuser aber auf einem Grossteil der Behandlungskosten „sitzen bleiben". Denn aufgrund des Sachleistungsgrundsatzes[1245] und des „Alles-oder-Nichts-Prinzips"[1246] können die Krankenhäuser das Kostenrisiko für NUB-Methoden regelmäßig auch nicht anteilig auf die Patienten, die Versicherten, übertragen. Denn bisher lässt das System der gesetzlichen Krankenversicherung Mehrpreisregelungen nur in den ausdrücklich im Gesetz zugelassenen Fällen zu, um eine Zwei-Klassen-Versicherung im Rahmen der gesetzlichen, auf dem Solidargrundsatz basierenden Krankenversicherung zu verhindern. Aus dem gleichen Grund ist auch der Versuch mancher Krankenhäuser NUB-Methoden, für die es ihnen (noch) nicht gelungen ist, NUB-Entgelte mit den Krankenkassen zu vereinbaren, den Patienten als medizinische Wahlleistungen gem. § 17 KHEntgG anzubieten, nicht unbedingt mit den Grundsätzen der GKV gemäß dem SGB V zu vereinbaren.

Dies verdeutlichet, wie wichtig die gesetzlich vorgesehene Vereinbarung von NUB-Entgelten für die Krankenhäuser ist, um innovative Methoden, wie vom Gesetzgeber in § 137 c SGB V vorgesehen, kostendeckend erbringen zu können. Das Krankenhausfinanzierungsrecht, insbes. hinsichtlich NUB-Entgelten das KHEntgG, muss eine ungehinderte Umsetzung ermöglichen und garantieren. Durch die von den Vertragsparteien auf Bundesebene auszuarbeitenden „Kalkulationsempfehlungen" (gem. § 9 Abs. 1 Satz 1 Nr. 4 KHEntgG), die von den lokalen Vertragsparteien im Rahmen der Pflegesatzverhandlungen "zu beachten" (gem. § 6 Abs. 2 Satz 2 (2. Halbsatz) KHEntgG) sind, versucht der Gesetzgeber dennoch auf eine möglichst einheitliche Vereinbarungspraxis hinzuwirken. Um die Ausnahmefälle, in denen krankenhausindividuelle NUB-Entgelte gem. § 6 Abs. 2 Satz 1 KHEntgG vereinbart werden, zudem zahlenmäßig so gering wie möglich zu halten, hat der Gesetzgeber in § 6 Abs. 2 Satz 3 KHEntgG eine weitere Hürde, das „NUB-Verfahren", eingebaut. Dieses stellt sich durch seine tatsächliche Ausprägung als nicht unerhebliche „Innovationsbremse" dar. Dieses „NUB-Verfahren" soll im folgenden Kapitel der Arbeit dargestellt und auf seine Verfassungs-, Recht- und Zweckmäßigkeit untersucht werden.

1244 Siehe hierzu B.5., insbes. B.5.6.
1245 Siehe hierzu unter A.4.3.
1246 Siehe hierzu unter A.4.4.

E. Das NUB-Verfahren

1. Grundlagen

Die gesetzliche Rechtsgrundlage für das NUB-Verfahren findet sich in § 6 Abs. 2 KHEntgG (Siehe hierzu unter 1.1). Darüber hinaus wird das NUB-Verfahren durch die NUB-Vereinbarung (Siehe hierzu unter 1.2.) sowie die Verfahrenseckpunkte der Vertragsparteien auf Bundesebene (Siehe hierzu unter 1.3.) geprägt.

1.1 Gesetzliche Rechtsgrundlage – § 6 Abs. 2 Satz 3 KHEntgG

Im Gesetz[1247] findet sich in § 6 Abs. 2 Satz 3–5 KHEntgG[1248] folgende Regelung:

1247 § 6 Abs. 2 KHEntgG „Für die Vergütung neuer Untersuchungs- und Behandlungsmethoden, die mit den Fallpauschalen und Zusatzentgelten nach § 7 Satz 1 Nr. 1 und 2 noch nicht sachgerecht vergütet werden können und die nicht gemäß § 137c des Fünften Buches Sozialgesetzbuch von der Finanzierung ausgeschlossen worden sind, sollen die Vertragsparteien nach § 11 erstmals für das Kalenderjahr 2005 zeitlich befristete, fallbezogene Entgelte oder Zusatzentgelte außerhalb des Erlösbudgets nach § 4 Abs. 2 und der Erlössumme nach Absatz 3 vereinbaren. Die Entgelte sind sachgerecht zu kalkulieren; die Empfehlungen nach § 9 Abs. 1 Satz 1 Nr. 4 sind zu beachten. Vor der Vereinbarung einer gesonderten Vergütung hat das Krankenhaus bis spätestens zum 31. Oktober von den Vertragsparteien nach § 9 eine Information einzuholen, ob die neue Methode mit den bereits vereinbarten Fallpauschalen und Zusatzentgelten sachgerecht abgerechnet werden kann. Die Vertragsparteien nach § 11 haben die Information bei ihrer Vereinbarung zu berücksichtigen. Liegt bei fristgerecht erfolgter Anfrage nach Satz 3 bis zur Budgetvereinbarung für das Krankenhaus eine Information nicht vor, kann die Vereinbarung ohne diese Information geschlossen werden; dies gilt nicht, wenn die Budgetvereinbarung vor dem 1. Januar geschlossen wird. Die Entgelte sollen möglichst frühzeitig, auch unabhängig von der Vereinbarung des Erlösbudgets, nach § 4 vereinbart werden. Wird ein Entgelt vereinbart, melden die an der Vereinbarung beteiligten gesetzlichen Krankenkassen Art und Höhe des Entgelts an die Vertragsparteien nach § 9; dabei haben sie auch die der Vereinbarung zu Grunde liegenden Kalkulationsunterlagen und die vom Krankenhaus vorzulegende ausführliche Beschreibung der Methode zu übermitteln. Die Vertragsparteien nach § 9 können eine Bewertung der Untersuchungs- und Behandlungsmethode nach § 137c des Fünften Buches Sozialgesetzbuch veranlassen; § 137c Abs. 1 Satz 1 des Fünften Buches Sozialgesetzbuch bleibt unberührt. Für das Schiedsstellenverfahren nach § 13 kann eine Stellungnahme des Gemeinsamen Bundesausschusses nach § 137c des Fünften Buches Sozialgesetzbuch eingeholt werden." KHEntgG vom 23. April 2002 (BGBl. I S. 1412, 1422).

1248 Krankenhausentgeltgesetz vom 23. April 2002 (BGBl. I S. 1412, 1422), zuletzt geändert durch Artikel 13 AbSatz 21 des Gesetzes vom 12. April 2012 (BGBl. I S. 579.).

„Vor der Vereinbarung einer gesonderten Vergütung hat das Krankenhaus bis spätestens zum 31. Oktober von den Vertragsparteien nach § 9 [KHEntgG][1249] eine „Information" einzuholen, ob die neue Methode mit den bereits vereinbarten Fallpauschalen und Zusatzentgelten sachgerecht abgerechnet werden kann. Die Vertragsparteien nach § 11 [KHEntgG] haben die „Information" bei ihrer Vereinbarung zu berücksichtigen. Liegt bei fristgerecht erfolgter Anfrage nach Satz 3 bis zur Budgetvereinbarung für das Krankenhaus eine „Information" nicht vor, kann die Vereinbarung ohne diese „Information" geschlossen werden; dies gilt nicht, wenn die Budgetvereinbarung vor dem 1. Januar geschlossen wird."

Dieser Vorgang des Einholens der „Information" durch die Krankenhäuser wird „NUB-Verfahren" genannt.

1.2 Gesetzliche Entwicklung des § 6 Abs. 2 Satz 3 KHEntgG

Eingeführt wurde die Regelung des NUB-Verfahrens in § 6 Abs. 2 KHEntgG durch das Fallpauschalengesetz[1250] im Rahmen der Gesundheitsreform im Jahr 2002. Interessant ist, dass die Regelung des NUB-Verfahrens in der Fassung des Gesetzentwurfes der Fraktionen SPD und BÜNDNID 90/DIE GRÜNEN vom 11.09.2001[1251], wie sie dem Bundestag für die erste Beratung am 26.09.2001 vorgelegt wurde, nicht enthalten war.

Nach der ersten Lesung im Bundestag wurde der Gesetzentwurf des FPG dem Ausschuss für Gesundheit zur federführenden Beratung überwiesen. In der dem Bundestag infolge der Ausschussberatungen vorgelegten Beschlussempfehlung[1252] schlug der Ausschuss für Gesundheit hinsichtlich der Vereinbarung von NUB-Entgelten folgende Änderungen vor:

– In § 6 Abs. 2 Satz 1 KHEntgG regte der Ausschuss für Gesundheit an, die Wörter „können die Vertragsparteien" durch die Wörter „sollen die Vertragsparteien" zu ersetzen. Unter Berücksichtigung der juristischen Auslegung der Wörter „können" und „sollen" kommt durch diesen Änderungsvorschlag der Wille des Gesetzgebers Innovation im stationären Sektor i.S.d. §§ 137 c, 2 Abs. 1 Satz 3 SGB V zu fördern, viel deutlicher zum Ausdruck. Denn das Wort „können" beschreibt lediglich unverbindlich die rechtliche Möglichkeit, auf lokaler Ebene NUB-Entgelte

1249 Zusatz in eckigen Klammern durch die Verfasserin.

1250 Gesetz zur Einführung des diagnose-orientierten Fallpauschalensystems für Krankenhäuser (FPG – Fallpauschalengesetz) vom 23.04.2002; BGBl. I, Nr. 27 vom 29.07.2002, S. 1412.

1251 Entwurf eines Gesetzes zur Einführung des diagnose-orientierten Fallpauschelensystems für Krankenhäuser (Fallpauschalengesetz – FPG), Bundestagsdrucksache 14/6893.

1252 Beschlussempfehlung des Ausschusses für Gesundheit (14. Ausschuss) vom 12.12.2001, Bundestagsdrucksachen 14/7824 S. 34.

zu vereinbaren.[1253] Es könnte auch dahingehend ausgelegt werden, dass der Gesetzgeber den Vertragsparteien das vollständige Entschließungsermessen einräumt, ob überhaupt auf lokaler Ebene NUB-Entgelte vereinbart werden, oder nicht.[1254] Durch das Wort „können" würde der Gesetzgeber den Krankenkassen und Krankenhäusern als lokale Vertragsparteien gem. § 11 Abs. 1 Satz 1 KHEntgG i.V.m. § 18 Abs. 2 KHG folglich hinsichtlich der Bereitschaft NUB-Entgelte zu vereinbaren und der Handhabung der Vereinbarung ganz freie Hand lassen.

Während das Wort „können" somit lediglich die unverbindliche Option beschreibt NUB-Entgelte zu vereinbaren, drückt das Wort „sollen" eine gesetzlich vorgesehene unmittelbare inhaltliche „Handlungsvorgabe" für die lokalen Vertragsparteien aus und begründet bei Vorliegen aller Voraussetzungen einen Anspruch auf Abschluss einer NUB-Vereinbarung seitens der Krankenhäuser gegenüber den Kostenträgern.

Denn rechtstechnisch bedeutet das Wort „sollen" nach allgemeiner Auslegung, dass man „in der Regel zu der umschriebenen Handlung verpflichtet" ist, außer es liegt ein Ausnahmefall, ein atypischer Fall, vor.[1255]

Dieser Formulierungsänderungsvorschlag des Ausschusses Gesundheit, das Wort „können" durch das Wort „sollen" zu ersetzen, wurde vom Bundestag und vom Bundesrat unverändert übernommen und entspricht auch noch der aktuellen Formulierung des § 6 Abs. 2 Satz 1 KHEntgG[1256].

Durch diese ausdrückliche Positionierung des Gesetzgebers zu Gunsten der Vereinbarung von lokalen NUB-Entgelten gem. § 6 Abs. 2 Satz 1 KHEntgG („sollen") im Krankenhausfinanzierungsrecht setzt der Gesetzgeber die allgemeine gesetzliche Regelung des „materiellen Krankenversicherungsrechts" um, der zufolge gem. §§ 2 Abs. 1 Satz 3 SGB V Qualität und Wirksamkeit der Leistungen nicht nur dem allgemein anerkannten Stand der medizinischen Erkenntnisse zu entsprechen haben, sondern zudem ausdrücklich den „medizinischen Fortschritt berücksichtigen" müssen.

Diese gesetzliche Grundentscheidung der Verpflichtung („sollen") bei Vorliegen der gesetzlichen Voraussetzungen gem. § 6 Abs. 2 Satz 1 KHEntgG NUB-Entgelte zu vereinbaren, muss bei der Untersuchung des NUB-Verfahrens sowie bei der

---

1253 Bundesministerium der Justiz, Handbuch der Rechtsförmlichkeit, Rn. 82; abgerufen über http://hdr.bmj.de/page_b.1.html#an_68 am 08.03.2013.

1254 Bundesministerium der Justiz, Handbuch der Rechtsförmlichkeit, Rn. 82; abgerufen über http://hdr.bmj.de/page_b.1.html#an_68 am 08.03.2013; Maurer, Allgemeines Verwaltungsrecht § 7 Rn. 7.

1255 Bundesministerium der Justiz, Handbuch der Rechtsförmlichkeit, Rn. 84; abgerufen über http://hdr.bmj.de/page_b.1.html#an_68 am 08.03.2013; Maurer, Allgemeines Verwaltungsrecht § 7 Rn. 11.

1256 KHEntgG vom 23.04.2002 (BGBl. I S. 1412), FNA 860-5-24, zuletzt geändert durch Art. 13 abs. 21 LSV-NeuordnungsG vom 12.04.2012 (BGBl. I S. 579).

Betrachtung des Verhaltens und der Bereitschaft der lokalen Vertragsparteien im Rahmen der Verhandlungen über die Vereinbarung von NUB-Entgelten berücksichtigt werden.

– Zudem regte der Ausschuss an, in § 6 Abs. 2 KHEntgG folgende Formulierung aufzunehmen: „Vor der Vereinbarung einer gesonderten Vergütung hat das Krankenhaus bis zum 30. September von den Vertragsparteien nach § 9 eine „Information" einzuholen, ob die neue Methode mit den bereits vereinbarten Fallpauschalen abgerechnet werden kann." Dieser Änderungsvorschlag bedeutete die „Geburt" des NUB-Verfahrens.

Der das NUB-Verfahren betreffende Änderungsvorschlag des Ausschusses für Gesundheit wurde vom Bundestag ohne weitere Änderungen in § 6 Abs. 2 KHEntgG (Artikel 5 § 6 FPG) übernommen und erfuhr auch durch die Beratungen im Bundesrat und dem sich anschließenden Vermittlungsausschussverfahren keine Änderung mehr.

Als Begründung für die Einführung des NUB-Verfahrens führt der Ausschuss Gesundheit in seinem Bericht lediglich aus, der Änderungsvorschlag „bestimme als Voraussetzung für die Vereinbarung eines gesonderten Entgelts die Bestätigung, dass die Leistung mit einer bestehenden Fallpauschale nicht sachgerecht vergütet werden könne"[1257].

Weder in der Begründung der Änderungsvorschläge des Ausschusses Gesundheit im Rahmen der Beschlussempfehlung[1258], noch in dem ausführlichen Bericht des Ausschusses Gesundheit[1259] finden sich jedoch inhaltliche Ausführungen, die die Motivation des Ausschusses für diese Art der Regelung nachvollziehen ließen. Nur indirekt lässt sich aus den Gesetzesmaterialen nachvollziehen, dass der Ausschuss Gesundheit die Durchführung des NUB-Verfahrens für notwendig hielt, nachdem „die nach der bisherigen Vorgabe im Gesetzentwurf in jedem Fall zu veranlassende Bewertung der Methode nach § 137 c SGB V [-im Gegensatz zur ursprünglichen Konzeption-] nur noch dann durchgeführt werden soll, wenn die für den Fallpauschalenkatalog zuständigen Vertragsparteien auf der Bundesebene dies für erforderlich halten"[1260].

Jedoch entsteht die „Notwendigkeit für die Durchführung eines NUB-Verfahrens" im Sinn des Änderungsvorschlages nicht wegen der Regelungssystematik im Leistungserbringerrecht [§ 137 c SGB V]. Zwar ist durch die Regelung des § 137 c SGB V im stationären Bereich die Erbringung aller NUB-Methoden, die die

1257 Bericht des Ausschusses für Gesundheit (14. Ausschuss) vom 13.12.2001, Bundestagsdrucksachen 14/7862 S. 22.

1258 Beschlussempfehlung des Ausschusses für Gesundheit (14. Ausschuss) vom 12.12.2001, Bundestagsdrucksachen 14/7824.

1259 Bericht des Ausschusses für Gesundheit (14. Ausschuss) vom 13.12.2001, Bundestagsdrucksachen 14/7862.

1260 Bericht des Ausschusses für Gesundheit (14. Ausschuss) vom 13.12.2001, Bundestagsdrucksachen 14/7862 S. 10, 22.

Kriterien der §§ 137 c, 137 e, 12 SGB V erfüllen, zulasten der gesetzlichen Krankenversicherung erlaubt, solange keine ausdrückliche Verbotsrichtlinie des G-BA existiert. Gäbe es auf der Abrechnungsebene jedoch einerseits nicht ein pauschaliertes Entgeltsystem, das G-DRG-System, und andererseits nicht die Regelung des § 6 Abs. 2 Satz 1 KHEntgG, der als Ausnahmeregelung zum Fallpauschalensystem die Vereinbarung krankenhausindividueller Entgelte ermöglicht, bräuchte man auch kein NUB-Verfahren. Die Notwendigkeit entsteht somit lediglich wegen der Regelung in § 6 Abs. 2 Satz 1 KHEntgG, unabhängig davon, ob im Leistungserbringerrecht NUB-Leistungen erst nach positiver Erlaubnis oder grundsätzlich so lange, bis sie ausdrücklich verboten werden, erbracht werden dürfen.

Dies wird noch deutlicher, wenn man sich folgendes Gedankenspiel vor Augen führt: auch hinsichtlich des ambulanten Sektors könnte man eine der Regelung des § 6 Abs. 2 Satz 1 KHEntgG inhaltlich entsprechende Regelung treffen, obwohl hier eine NUB-Methode zulasten der gesetzlichen Krankenversicherung gem. § 135 Abs. 1 SGB V erst erbracht werden darf, nachdem der G-BA eine positive Bewertung in einer Richtlinie abgegeben hat. Denn im ambulanten Sektor steht infolge der positiven Bewertung einer NUB-Methode gem. §§ 135 Abs. 1, 92 Abs. 1 Satz 2 Nr. 5 SGB V zwar deren Erbringbarkeit zulasten der gesetzlichen Krankenversicherung fest. Wie die Abrechnung der ambulant erbrachten NUB-Methode erfolgt, ist aber dadurch noch nicht geregelt. Denn für die Definition der Abrechnungsziffern, namentlich der Leistungsziffern im EBM, ist nicht der G-BA, sondern gem. § 87 SGB V der Bewertungsausschuss zuständig[1261].

Da der Bewertungsausschuss neue Leistungsziffern nicht synchron mit dem Richtlinienerlass des G-BA gem. §§ 135 Abs. 1, 92 Abs. 1 Satz 2 Nr. 5 SGB V definiert, ergibt sich auch im ambulanten Sektor die Situation, dass eine NUB-Leistung nach dem Leistungserbringerrecht gem. § 135 Abs. 1 SGB V schon zulasten der Krankenkassen erbracht werden dürfte, von den Vertragsärzten tatsächlich aber noch nicht erbracht werden kann und darf, wenn es für die entsprechende NUB-Leistung noch keine zutreffende EBM-Ziffer gibt.[1262] Denn die Vertragsärzte dürfen gem. § 87 Abs. 2 Satz 1 SGB V zulasten der gesetzlichen Krankenkassen lediglich Leistungen erbringen und abrechnen, die im EBM abgebildet sind. Theoretisch könnte man für die Überbrückung der Zeit, bis der Bewertungsausschuss eine EBM-Ziffer definiert hat, auch eine Ausnahmeregelung zur Vereinbarung individueller Entgelte und eine dem NUB-Verfahren entsprechende Regelung schaffen. Dies ist – um jegliche Missverständnisse zu vermeiden – aus Sicht der Autorin nicht empfehlenswert, da die zu überbrückende Zeit, bis der Bewertungsausschuss für

---

1261 Hierzu ausführlich in Wetzel/Liebold, Der Kommentar zu EBM und GOÄ, Band I, Teil 4, (34. Ergänzungslieferung) Seite 12/5 ff.; Teil 8 S. 1 f.; Clemens in: Quaas/Zuck Medizinrecht S. 477 ff.

1262 Vgl. hierzu auch Huster/Gottwald; Gutachten zum Thema „Kostenübernahme genetischer Untersuchungen zur genetischen Diagnostik von Krankheiten und zur Therapieplanung (sog. Companion Diagnostics) durch die GKV" im Auftrag des Deutschen Ethikrates S. 14 ff.

eine NUB-Methode eine neue EBM-Ziffer definiert hat, meist deutlich kürzer ist, als die erforderliche Zeit, bis für eine stationäre Leistung ein ICD-Kode, ein OPS-Kode und anschließend durch das InEK eine DRG-Fallpauschale definiert wurde. Zudem wären die potentiellen Antragssteller bei paralleler Regelung die einzelnen Vertragsärzte als Leistungserbringer, die auch heutzutage noch oft in Einzelpraxen tätig sind, über keinen einem Krankenhaus vergleichbaren Verwaltungsapparat verfügen, der für sie die formale Antragsstellung übernehmen könnte und die nicht wie die Krankenhäuser jährlich Budgetverhandlungen mit den Krankenkassen führen. Das „Gedankenspiel" sollte jedoch verdeutlichen, dass das NUB-Verfahren nicht aufgrund der Regelungen des Leistungserbringerrechts, sondern lediglich aufgrund der Regelung des Krankenhausfinanzierungsrechts, nämlich der Einführung des Fallpauschalensystems und in diesem Zusammenhang der Einführung des § 6 Abs. 2 Satz 1 KHEntgG, „erforderlich" wurde, um den Ausnahmetatbestand „krankenhausindividueller Entgelte" zahlenmäßig so klein wie möglich zu halten.

Seit seiner Einführung im Jahr 2003[1263] wurde § 6 Abs. 2 KHEntgG bis heute durch vier Gesetze geändert[1264]. Eine nennenswerte Änderung der NUB-Finanzierung erfolgte im Jahr 2009 durch das Krankenhausfinanzierungsreformgesetz[1265], durch das geregelt wurde, dass die NUB-Vergütung über NUB-Entgelte nicht mehr, wie zuvor, mit den Budgetverhandlungen über das Jahresbudget verbunden werden muss, sondern gem. § 6 Abs. 2 S. 6 KHEntgG (i.d.F. des KHRG) unabhängig hiervon frühzeitig verhandelt werden kann und soll.

Seit 25.03.2009 gilt die gesetzliche Regelung des NUB-Verfahrens gem. § 6 Abs. 2 KHEntgG unverändert in der heute gültigen Fassung.

1.3 Die NUB-Vereinbarung vom 17.12.2004[1266]

Am 17.12.2004 haben die Deutsche Krankenhausgesellschaft und als Vertreter der Krankenkassen der Verband der Angestelltenkrankenkassen (VdAK), der Arbeiter-Ersatzkassen-Verband (AEV), der AOK-Bundesverband, der Bundesverband der Betriebskrankenkassen, der IKK-Bundesverband, die Bundesknappschaft, der

1263 § 6 KHEntgG trat erstmals am 01.01.2003 in Kraft aufgrund des FPG vom 23.04.2002 (BGBl. I S. 1412), FNA 860-5-24.

1264 Art. 2 FallpauschalenÄndG vom 17.07.2003 (BGBl. I S. 1461) m.W.v. 22.07.2003; Art. 15 GKV-ModernisierungsG vom 14.11.2003 (BGBl. I S. 2190) m.W.v. 01.01.2004; Art. 2 Zweites FallpauschalenÄndG vom 15.12.2004 (BGBl. I S. 3429) m.W.v. 21.12.2004; Art. 2 KrankenhausfinanzierungsreformG (KHRG) vom 17.03.2009 (BGBl. I S. 534) m.W.v. 25.03.2009.

1265 KrankenhausfinanzierungsreformG (KHRG) vom 17.03.2009 (BGBl. I S. 534) m.W.v. 25.03.2009.

1266 Abgerufen als PDF unter http://www.g-drg.de/cms/Neue_Untersuchungs-_und_Behandlungsmethoden_NUB/Rechtsgrundlage/Vereinbarung_gem._6_Abs._2_KHEntgG; abgerufen am 13.03.2013.

Bundesverband der landwirtschaftlichen Krankenkassen, der See-Krankenkasse[1267] sowie der Verband der privaten Krankenversicherung (gemeinsam) eine „Vereinbarung zu § 6 Abs. 2 Satz 3 KHEntgG" geschlossen. Die beteiligten Vertragsparteien handelten hierbei als „Vertragsparteien auf Bundesebene"[1268] gem. § 9 Abs. 1 Satz 1 KHEntgG. Weitere Parteien waren als Vertragspartner an der Vereinbarung nicht beteiligt, insbesondere auch nicht die InEK GmbH.

1.3.1 Rechtliche Qualifikation der NUB-Vereinbarung

Aufgrund des öffentlich-rechtlichen Vertragsgegenstandes ist die von den Vertragsparteien auf Bundesebene geschlossene NUB-Vereinbarung rechtlich als öffentlich-rechtlicher Vertrag i.S.d. §§ 58 Abs. 1 ff. SGB X zu qualifizieren.

1.3.2 Inhaltliche Regelung der NUB-Vereinbarung

Der Präambel der Vereinbarung zufolge verfolgten die Vertragsparteien mit der Vereinbarung den Zweck „das Verfahren des Einholens der „Information" durch die Krankenhäuser gem. § 6 Abs. 2 Satz 3 KHEntgG sowie das Erteilen der „Information" durch die Vertragsparteien nach § 9 KHEntgG zu regeln". Als Grundlage der Vereinbarung nennen die Vertragsparteien § 6 Abs. 2 KHEntgG in der Fassung des 2. Fallpauschalenänderungsgesetzes.

§ 1 der Vereinbarung[1269] ist Überschrieben mit „Beauftragung des InEK". Das InEK ist aber selber nicht als Vertragspartei an dem Abschluss der Vereinbarung

1267 Die bis hier aufgezählten Bundesverbände der einzelnen gesetzlichen Krankenkassen sind seit dem 01.07.2008 zusammengefasst zum „Spitzenverband Bund der Krankenkassen" (GKV-Spitzenverband), gem. § 217 a Abs. 1 SGB V, siehe unter E.2.7.1.1.2.

1268 Siehe hierzu unter E.2.7.1.1.

1269 § 1 der NUB-Vereinbarung vom 17.12.2004: **§ 1 Abs. 1:** Die Vertragsparteien beauftragen das Institut für das Entgeltsystem im Krankenhaus (InEK), die bis zum 31. Oktober eines Jahres gem. § 6 Abs. 2Satz 3 KHEntgG zu stellenden Anfragen stellvertretend für die Vertragsparteien entgegenzunehmen, die bei ihm eingegangenen Anfragen aufzuarbeiten und über die Sachgerechtigkeit der Vergütung der angefragten Methoden/Leistungen nach eigenem Ermessen unter Berücksichtigung der bei den Weiterentwicklungsprozessen der vergangenen Jahre erlangten Erkenntnisse zu entscheiden. InEK prüft, ob für diese Methode/Leistungen für das anfragende Krankenhaus in den vergangenen Jahren die Möglichkeit bestand, eine sachgerechte Vergütung durch Beteiligung am strukturierten Dialog zu erreichen. Ist dies nicht der Fall, ist davon auszugehen, dass eine sachgerechte Integration in das G-DRG-System frühestens ab dem Folgejahr möglich ist. Bis zu einer sachgerechten Integration ist die Vereinbarung eines krankenhausindividuellen Entgelts gemäß § 6 Abs. 2 KHEntgG zulässig. **§ 1 Abs. 2:** Die Vertragsparteien beauftragen InEK, den anfragenden Krankenhäusern in Vertretung der Vertragsparteien erstmals bis zum 31.01.2005, in den Folgejahren jeweils bis zum 31.12.

beteiligt. Wenngleich es inhaltlich eine, wenn nicht sogar die zentrale Rolle in der Vereinbarung spielt. Denn in ihr beschreiben die Vertragsparteien, wie das InEK in das NUB-Verfahren eingegliedert sein soll bzw. vielmehr wie das NUB-Verfahren eigenständig („stellvertretend“; „nach eigenem Ermessen“) von dem InEK für die Vertragsparteien gem. § 9 Abs. 1 Satz 1 KHEntgG durchgeführt werden soll. Gem. § 1 Satz 1 der Vereinbarung intendieren die Vertragsparteien das Institut für das Entgeltsystem im Krankenhaus (InEK) zu beauftragen, die bis zum 31. Oktober eines Jahres gemäß § 6 Abs. 2 S. 3 KHEntgG zu stellenden Anfragen stellvertretend für die Vertragsparteien entgegenzunehmen, die bei ihm eingegangenen Anfragen aufzuarbeiten und über die Sachgerechtigkeit der Vergütung der angefragten Methoden/Leistungen nach eigenem Ermessen unter Berücksichtigung der bei den Weiterentwicklungsprozessen der vergangenen Jahre erlangten Erkenntnisse zu entscheiden. Gemäß § 1 Abs. 1 Satz 2 der NUB-Vereinbarung ist vorgesehen, dass das InEK prüft, ob für diese Methode/Leistung für das anfragende Krankenhaus in den vergangenen Jahren die Möglichkeit bestand, eine sachgerechte Vergütung durch Beteiligung am strukturierten Dialog zu erreichen. Ist dies nicht der Fall, soll gemäß der NUB-Vereinbarung davon auszugehen sein, dass eine sachgerechte Integration in das G-DRG-System frühestens ab dem Folgejahr möglich ist. Bis zu einer sachgerechten Integration soll gem. § 1 Abs. 1 Satz 4 der NUB-Vereinbarung die Vereinbarung krankenhausindividueller Entgelte gemäß § 6 Abs. 2 KHEntgG zulässig sein.

Gemäß § 1 Abs. 2 der NUB-Vereinbarung intendieren die Vertragsparteien das InEK zu beauftragen den anfragenden Krankenhäusern „in Vertretung der Vertragsparteien“ eine Antwort über das Prüfergebnis zu deren Anfrage zu erteilen, welche ggf. einen Hinweis zur Kalkulation des NUB-Entgeltes enthalten soll. Daneben enthält die NUB-Vereinbarung insbesondere noch die Regelung, dass das InEK beauftragt werden soll ein Formblatt für das Einholen der „Information“ nach

---

desselben Jahres, eine Antwort über das Prüfergebnis zu deren Anfrage zuerteilen. In den Antworten soll den Krankenhäusern ggf. ein Hinweis zur Kalkulation des Entgelts gem. § 6 Abs. 2 KHEntgG gegeben werden. **§ 1 Abs. 3:** Die Vertragsparteien beauftragen das InEK, sie unmittelbar nach den Stichtagen gemäß Abs. 2 tabellarisch über die antragstellenden Krankenhäuser und die beantragten Verfahren sowie über das jeweils entsprechende Ergebnis der Prüfung zu informieren. Eine Liste der Anfragen ist im Internet in Kurzform (inkl. Der Anzahl der anfragenden Krankenhäuser) mit dem Hinweis „sachgerecht vergütet“ bzw. „nicht sachgerecht vergütet“ zu veröffentlichen. **§ 1 Abs. 4:** Die Vertragsparteien beauftragen InEK, die den gesetzlichen Krankenkassen obliegenden Meldungen gem. § 6 Abs. 2 Satz 6 KHEntgG n.F. über vereinbarte Entgelte für sie entgegen zu nehmen und an sie weiter zu leiten. **§ 1 Abs. 5**: Die Vertragsparteien beauftragen InEK, das Verfahren gemäß § 6 Abs. 2 KHEntgG im Internet zu veröffentlichen. Dabei ist darauf hinzuweisen, dass InEK die Meldungen der gesetzlichen Krankenkassen gem. § 6 Abs. 2 S. 6 KHEntgG n.F. über vereinbarte Entgelte für die Vertragsparteien entgegennimmt. **§ 1 Abs. 6:** Die Vertragsparteien beauftragen InEK, ein Formblatt für das Einholen der Information nach § 6 Abs. 2 Satz 3 KHEntgG zu entwickeln.

§ 6 Abs. 2 Satz 3 KHEntgG zu entwickeln sowie Regelungen wie und wann das InEK die Vertragsparteien über die Ergebnisse der Prüfungen zu informieren hat und welche Daten im Internet zu veröffentlichen sind. Da nicht bekannt ist, dass die NUB-Vereinbarung von einer der Vertragsparteien gem. § 3 der NUB-Vereinbarung gekündigt worden ist, ist weiterhin von ihrer Wirksamkeit auszugehen.

Als Einleitungssatz der Präambel erklären die Vertragsparteien ausdrücklich, dass sich „die Vertragsparteien darin einig sind, dass durch die Einführung des DRG-basierten, pauschalierten Vergütungssystems die Implementierung innovativer Leistungen im Sinne einer sachgerechten Versorgung der Patienten nicht behindert werden darf". Ob sie durch das von dem InEK durchgeführten NUB-Verfahren einen rechtmäßigen Weg initiiert haben und begleiten/beschreiten, der diesem selbst erklärten Ziel gerecht wird, ist sowohl in tatsächlicher als auch in rechtlicher Hinsicht sehr fraglich.

1.4 Die Verfahrenseckpunkte der Vertragsparteien auf Bundesebene[1270]

Die Vertragsparteien auf Bundesebene vereinbaren jährlich „Verfahrenseckpunkte", in denen sie insbesondere Regelungen zum formalen organisatorischen Ablauf des vom InEK durchzuführenden NUB-Verfahrens treffen. Eine gesetzliche „Rechtsgrundlage" für die Verfassung der „Verfahrenseckpunkte" gibt es nicht. Inhaltlich haben die Verfahrenseckpunkte der zurückliegenden Jahre keine nennenswerten Veränderungen erfahren.[1271]

Neben formalen Regelungen zur Form der Anfrage (nur auf elektronischem Weg unter Verwendung des auf der Homepage des InEK zur Verfügung gestellten Erfassungstools, dessen Pflichtfelder für eine Bearbeitung der Anfrage vollständig ausgefüllt werden müssen), und der Wiederholung der in § 6 Abs. 2 KHEntgG geregelten Frist (31. Oktober eines jeden Jahres), soll an dieser Stelle explizit noch auf folgende Regelungen der Verfahrenseckpunkte aufmerksam gemacht werden: Gem. Absatz 10 der Verfahrenseckpunkte sollte eine erfolgreiche Anfrage gemäß § 6 Abs. 2 KHEntgG ausführlich auf die Beschreibung der neuen Untersuchungs- und Behandlungsmethode (insbesondere Darstellung der Neuheit) (1.), die Beschreibung der Patienten, die mit der neuen Methode/Leistung behandelt werden sollen (2.), die durch die neue Untersuchungs- und Behandlungsmethode verursachten Mehrkosten (möglichst in Personal- und Sachkosten getrennt) (3.) sowie die Begründung, warum die neue Methode/Leistung im gegenwärtigen G-DRG-System nicht sachgerecht abgebildet ist (4.), eingehen. Ausdrücklich wird darauf hingewiesen, dass

1270 Abzurufen unter: http://www.g-drg.de/cms/inek_site_de/Neue_Untersuchungs-_und_Behandlungsmethoden_NUB/Verfahrenseckpunkte, zuletzt abgerufen am 26.07.2014.

1271 Die Untersuchung des NUB-Verfahrens erfolgt aufgrund des abgeschlossenen NUB-Verfahrens des Jahres 2012/2013.

eine einfache Auflistung von Methoden/Leistungen oder ein einfacher Hinweis auf Kosten für eine erfolgreiche Bearbeitung der Anfrage nicht ausreicht. Für Fälle, in denen die (Mehr-)Kosten nicht rechtzeitig bis zum Ablauf des 31. Oktober ermittelt werden können, kann alternativ eine ausführliche, nachvollziehbare Beschreibung des Aufwandes angegeben werden.

Absatz 11 der Verfahrenseckpunkte stellt klar, dass Anfragen gem. § 6 Abs. 2 KHEntgG jeweils nur für das G-DRG-System im folgenden Kalenderjahr gestellt werden können; d.h. beispielsweise im Jahr 2013 für das G-DRG-System 2014 und somit nur für ein Jahr gelten, weswegen in Fällen, in denen für das laufende Jahr ein krankenhausindividuelles Entgelt vereinbart wurde, die mit diesem Entgelt zu vergütende Methode/Leistung aber weiterhin nicht sachgerecht im G-DRG-System abgebildet werden kann, gem. dem Hinweis in Absatz 12 der Verfahrenseckpunkte im Folgejahr eine erneute Anfrage gem. § 6 Abs. 2 KHEntgG gestellt werden muss.

Interessant ist, dass gem. Absatz 11 mitgeteilt wird, dass alle mit dem Prüfergebnis „Status 1" versehenen Anfragen bei der Weiterentwicklung des G-DRG-Systems im Folgejahr automatisch auf die Möglichkeit zur Integration in das G-DRG-System geprüft werden. Nach Absatz 13 der Verfahrenseckpunkte stellt das InEK den Krankenhäusern für ihre Anfragen gem. § 6 Abs. 2 KHEntgG stellvertretend für die Vertragsparteien auf Bundesebene bis zum 31. Januar des Folgejahres eine Antwort über das Prüfergebnis („Information" gem. § 6 Abs. 2 KHEntgG) im InEK Datenportal zur Verfügung, worüber das Krankenhaus per E-Mail informiert wird. Nach Absatz 14 der Verfahrenseckpunkte sind die betroffenen Krankenhäuser, wenn vom InEK aufgrund der hohen Anzahl von Anfragen gemäß § 6 Abs. 2 KHEntgG bis zum 31. Januar des Folgejahres nicht alle Anfragen bearbeitet werden konnten, darüber in Kenntnis zu setzen, welche Anfragen nicht bearbeitet werden konnten. Gleichzeitig sind die Anfragenden darüber zu informieren, dass die örtlichen Vertragsparteien gemäß § 6 Abs. 2 Satz 5 KHEntgG in diesem Fall auch ohne endgültige Antwort auf die Anfrage eine Vereinbarung über krankenhausindividuelle Entgelte schließen können.

1.5 Ablauf des NUB-Verfahrens[1272]

Das NUB-Verfahren kann nur von Krankenhäusern durchgeführt werden. Diese sind andererseits gem. § 6 Abs. 2 Satz 3 KHEntgG verpflichtet, es durchzuführen, bevor sie für eine neue Untersuchungs- und Behandlungsmethode krankenhausindividuelle NUB-Entgelte vereinbaren dürfen. Da sich der Gesetzgeber nicht dafür entschieden hat neue Untersuchungs- und Behandlungsmethoden nur in

1272 Die Untersuchung des NUB-Verfahrens erfolgt aufgrund des abgeschlossenen NUB-Verfahrens des Jahres 2012/2013, da diesbezüglich mittlerweile auch Veröffentlicht wurde, welche NUB-Methoden, die in diesem NUB-Verfahren-Zyklus mit NUB-Status 1 bewertet wurden, sich nun unmittelbar sachgerecht durch bundeseinheitliche Fallpauschalen oder Zusatzentgelte des DRG-Fallpauschalensystem abbilden lassen.

Schwerpunktzentren, wie beispielsweise Universitätskliniken, durchführen zu lassen, sondern jedem Krankenhaus im Rahmen seines Versorgungsauftrages gem. § 109 SGB V, § 8 Abs. 1 Satz 4 KHEntgG die Freiheit überlässt, innovative Methoden anzuwenden, können und müssen NUB-Verfahren konsequenterweise auch von allen interessierten Krankenhäusern unabhängig von ihrer Größe durchgeführt werden. Andere „Akteure", wie zum Beispiel die medizinischen Fachgesellschaften oder Hersteller von Medizinprodukten, sind nicht antragsbefugt, obwohl oft innovative Medizinprodukte das zentrale, eine neue Methode „katalysierende" Element darstellen. Das NUB-Verfahren muss von jedem einzelnen Krankenhaus, das sich dafür interessiert eine NUB-Methode anzuwenden, die aus seiner Sicht durch die schon definierten DRG-Fallpauschalen und Zusatzentgelte noch nicht sachgerecht vergütet werden kann, und für jede einzelne Methode durchgeführt werden. Für die Anfragen müssen die Krankenhäuser nach den Verfahrenseckpunkten das vom InEK bereitgestellte Erfassungs-Tool verwenden.[1273] Anfragen, bei denen Pflichtfelder des Erfassungstools nicht vollständig ausgefüllt wurden, können laut den Verfahrenseckpunkten im weiteren Verfahren nicht berücksichtigt werden. Aus Sicht der InEK gelten diese Anfragen vielmehr als nicht gestellt. Anfragen, die aus Sicht der InEK unplausible oder nicht nachvollziehbare Angaben enthalten, können vom weiteren Verfahren ausgeschlossen werden.

Möchte ein Krankenhaus mehrere NUB-Methoden anwenden, so muss das NUB-Verfahren fristgerecht bis zum 31. Oktober eines jeden Jahres für jede einzelne NUB-Methode durchgeführt werden.[1274][1275] Gemäß den für das NUB-Verfahren von

1273 Von den Vertragsparteien auf Bundesebene ausgearbeitete „Verfahrenseckpunkte für Anfragen nach § 6 Abs. 2 KHEntgG (Neue Untersuchungs- und Behandlungsmethoden für 2013"; abgerufen auf der Seite des InEK unter http://www.g-drg.de/cms/Neue_Untersuchungs-_und_Behandlungsmethoden_NUB; abgerufen am 30.03.2013.

1274 Kritisch zu dem hierdurch entstehenden Verwaltungsaufwand: Roeder/Bunzmeier, Innovationsfinanzierung im G-DRG-System, Bestandsaufnahme und Handlungsnotwendigkeit, Das Krankenhaus 2010, 113, 115.

1275 Hinweis auf mögl. Änderung durch GKV-VSG (Gesetzentwurf der Bundesregierung des Gesetzes zur Stärkung der Versorgung in der gesetzlichen Krankenversicherung (GKV-VSG, BTDrs. 18/4095) i.d.F. der Beschlussempfehlung des Ausschusses für Gesundheit (BTDrs. 18/5123)): Parallel zur Einleitung eines NUB-Verfahrens muss nach Inkrafttreten des GKV-VSG für NUB-Methoden, die maßgeblich auf dem Einsatz eines Medizinproduktes mit i.S.d. § 137 h Abs. 2 SGB V (neu) hoher Risikoklasse beruhen und die ein neues theoretisch-wissenschaftliches Konzept aufweisen im Benehmen mit dem jew. betroffenen Hersteller des Medizinproduktes, das zur Anwendung kommen soll, gem. § 137 h Abs. 1 SGB V (neu) der G-BA über den „Stand der wissenschaftlichen Erkenntnisse zu dieser Methode sowie zu der Anwendung des Medizinprodukts" informiert werden. Vgl. perspektivische Erstbewertung der voraussichtlichen Änderungen der Gesetzeslage durch das GKV-VSG am Ende der Arbeit unter G.

den Vertragsparteien auf Bundesebene definierten Verfahrenseckpunkten[1276] müssen die Krankenhäuser für eine erfolgreiche Anfrage auf folgende vier Elemente eingehen: zum einen sollte die neue Untersuchungs- und Behandlungsmethode beschrieben werden, wobei nach den Verfahrenseckpunkten insbesondere auch auf die Darstellung der Neuheit der NUB-Methode Wert gelegt wird. Daneben sollten die Patienten beschrieben werden, die mit der neuen Methode behandelt werden sollen. Des Weiteren müssen die durch die neue Untersuchungs- und Behandlungsmethode verursachten Mehrkosten, möglichst getrennt nach Personal- und Sachkosten, dargelegt werden. Wenn dies bis zum Stichtag, dem 31. Oktober, nicht möglich ist, da die Kosten noch nicht ermittelbar sind, können die Krankenhäuser alternativ eine ausführliche, nachvollziehbare Beschreibung des für die neue Untersuchungs- und Behandlungsmethode anfallenden Aufwandes einreichen. Abschließend sollte jedes antragstellende Krankenhaus begründen, warum die neue Methode/Leistung im gegenwärtigen G-DRG-System nicht sachgerecht abgebildet ist. Aufgrund der umfangreichen Materialien, die dem InEK eingereicht werden müssen, stellt die jährliche Durchführung des NUB-Verfahrens jeweils für alle NUB-Methoden, für die Krankenhäuser einen erheblichen Verwaltungsaufwand dar.

Wurde – aus welchen Gründen auch immer – unterlassen fristgerecht für eine bestimmte NUB-Methode eine NUB-Anfrage zu stellen, wird die Anfrage im laufenden NUB-Verfahren nicht berücksichtigt und ist es dem Krankenhaus i.S.d. § 6 Abs. 2 Satz 3 KHEntgG verwehrt für diese NUB-Methode krankenhausindividuelle Entgelte zu vereinbaren, unabhängig davon, ob das InEK aufgrund der Anfrage eines anderen Krankenhauses bezüglich der identischen Methode die Voraussetzung für die Vereinbarung von NUB-Entgelten für gegeben angesehen hat.

Das InEK „informiert" die einzelnen Krankenhäuser, die jeweils bis zum 31. Oktober unter Einreichung vollständiger Verfahrensunterlagen NUB-Anträge gestellt haben, in der Regel bis zum 31. Januar des Folgejahres darüber, ob für die jeweilige Methode individuelle NUB-Entgelte vereinbart werden dürfen. Die „Information" besteht aus folgenden zwei Dokumenten:

Einem unpersonalisierten Anschreiben, welches „an alle Krankenhäuser, die sich am Verfahren nach § 6 Abs. 2 KHEntgG für 2013 beteiligt haben", adressiert ist und einer tabellarischen Auflistung aller Leistungen/Methoden, bezüglich derer das konkrete Krankenhaus eine NUB-Anfrage gestellt hatte.

In dem Anschreiben teilt das InEK einleitend mit, dass der Empfänger des Schreibens, das jeweilige Krankenhaus, „fristgerecht eine oder mehrere Anfragen" an das InEK gesandt hat. Anschließend gibt es bekannt, dass die Entscheidung „unter Berücksichtigung der in der NUB-Vereinbarung genannten Kriterien sowie

1276 Von den Vertragsparteien auf Bundesebene ausgearbeitete „Verfahrenseckpunkte für Anfragen nach § 6 Abs. 2 KHEntgG (Neue Untersuchungs- und Behandlungsmethoden für 2013"; abgerufen auf der Seite des InEK unter http://www.g-drg.de/cms/Neue_Untersuchungs-_und_Behandlungsmethoden_NUB; abgerufen am 30.03.2013.

in Gesamtwürdigung sämtlicher vorliegender Angaben" erfolgte. Das InEK nimmt im Folgeabsatz des Anschreibens neben der NUB-Vereinbarung noch auf die am 01.09.2012 aktualisierten Verfahrenseckpunkte Bezug, welche ebenfalls Grundlage für die Entscheidung gewesen seien und weist darauf hin, dass die Bekanntgabe der „Informationen" in Vertretung der Vertragsparteien auf Bundesebene erfolgt.

Abschließend enthält das Schreiben den Hinweis, dass die beigefügten Informationen nach § 6 Abs. 2 KHEntgG ausschließlich für das Jahr 2013 Gültigkeit besitzen und ein Krankenhaus, falls eine angefragte Methode/Leistung auch im Folgejahr weiterhin nicht sachgerecht im G-DRG-System abgebildet sein sollte, sich für diese Methode/Leistung erneut fristgerecht am NUB-Verfahren beteiligen müsse.

Für die Mitteilung der inhaltlichen Entscheidung teilt das InEK die neuen Untersuchungs- und Behandlungsmethoden in vier Kategorien, NUB-Status 1 bis NUB-Status 4, ein.[1277]

Die einzelnen Status werden vom InEK folgendermaßen definiert:

NUB-Status 1 erhalten Methoden/Leistungen, welche die Kriterien der NUB-Vereinbarung erfüllen. Für diese Methoden/Leistungen ist gem. § 1 Abs. 1 der NUB-Vereinbarung für das jeweils laufende Jahr die Vereinbarung eines krankenhausindividuellen Entgeltes gem. § 6 Abs. 2 KHEntgG zulässig.

Das InEK erteilt Methoden/Leistungen den NUB-Status 2, die aus seiner Sicht den Kriterien der NUB-Vereinbarung nicht genügen. Weiter führt das InEK in dem Dokument „Aufstellung der Informationen nach § 6 Abs. 2 KHEntgG"[1278] aus, dass für Methoden/Leistungen, die den NUB-Status 2 verliehen bekommen haben, auf Grundlage des § 1 der NUB-Vereinbarung jeweils für das laufende Jahr die Vereinbarung eines krankenhausindividuellen Entgelts gem. § 6 Abs. 2 KHEntgG nicht zulässig sei.

NUB-Status 3 vergibt das InEK für Methoden/Leistungen, die innerhalb der festgesetzten Frist vom InEK nicht vollständig bearbeitet werden konnten und für die daher keine „Information" nach § 6 Abs. 2 KHEntgG vorliegt.

Abschließend werden solche Methoden/Leistungen in NUB-Status 4 eingruppiert, bei denen die mit der Anfrage übermittelten „Informationen" im Sinne des Verfahrens nach § 6 Abs. 2 KHEntgG unplausibel oder nicht nachvollziehbar waren.

1277 Die Veröffentlichung der Definitionen erfolgt in dem unpersonalisierten Anschreiben sowie in dem auf der Homepage des InEK veröffentlichten Dokument „Aufstellung der Informationen nach § 6 Abs. 2 KHEntgG für 2013" Stand 21.02.2013 abgerufen auf der Seite des InEK unter http://www.g-drg.de/cms/G-DRG-System_2013/Neue_Untersuchungs-_und_Behandlungsmethoden_NUB/Aufstellung_der_Informationen_nach_6_Abs._2_KHEntgG_fuer_2013 am 30.03.2013.

1278 „Aufstellung der Informationen nach § 6 Abs. 2 KHEntgG für 2013" Stand 21.02.2013 abgerufen auf der Seite des InEK unter http://www.g-drg.de/cms/G-DRG-System_2013/Neue_Untersuchungs-_und_Behandlungsmethoden_NUB/Aufstellung_der_Informationen_nach_6_Abs._2_KHEntgG_fuer_2013 am 30.03.2013.

In dem Dokument „Aufstellung der Informationen nach § 6 Abs. 2 KHEntgG für das Jahr 2013" führt das InEK zu NUB-Status 4 ergänzend aus, dass bezüglich dieser Methoden/Leistungen „die Kriterien der NUB-Vereinbarung zur Bewertung der angefragten Methoden/Leistungen im Sinne des Verfahrens nach § 6 Abs. 2 KHEntgG nicht ausreichend dargestellt werden konnten". Weiter heißt es, dass für diese Anfragen entsprechend keine „Informationen nach § 6 Abs. 2 KHEntgG" vorlägen. Gemäß den aktualisierten Verfahrenseckpunkten vom 01.09.2012 habe das InEK die anfragenden Krankenhäuser darauf hingewiesen, dass für mit Status 4 ausgewiesene Methoden/Leistungen gem. § 6 Abs. 2 Satz 5 KHEntgG in begründeten Einzelfällen krankenhausindividuelle Entgelte vereinbart werden könnten, soweit noch keine Budgetvereinbarung für das Jahr 2013 vorliege. Eine weitere Bearbeitung der mit Status 4 versehenen Anfragen erfolge aber nicht.

Aus der jedem Krankenhaus übermittelten tabellarischen Übersicht ist pro NUB-Methode/Leistung jeweils die vom InEK für die NUB-Methode/Leistung vergebene Verfahrensbezeichnung, die Registernummer, die vom Krankenhaus in der Anfrage für die Methode/Leistung verwendete Kurzbezeichnung sowie die Ziffer 1 bis 4 als Information über den vom InEK für die Methode/Leistung vergebenen Status aufgelistet.

Eine über die Bekanntgabe des Status (NUB-Status 1 bis 4) hinausgehende individuelle Begründung der Entscheidung des InEK erfolgt nicht. Insbesondere aus welchen Gründen eine Methode/Leistung in NUB-Status 2 eingeteilt wurde, mit der Folge, dass aus Sicht des InEK die Vereinbarung von krankenhausindividuellen NUB-Entgelten „nicht zulässig" ist, wird für die Betroffenen daher nicht ersichtlich. Die Betroffenen haben daher keine gezielte Reaktionsmöglichkeit – weder retrospektiv, um sich gegen die „Information" zu wehren, noch in die Zukunft blickend, für die Teilnahme am kommenden NUB-Verfahren.

Haben mehrere Krankenhäuser hinsichtlich der gleichen Methode eine NUB-Anfrage gestellt, so erhalten sie regelmäßig alle inhaltlich die gleiche „Information". Dies wird ersichtlich aus der von dem InEK im Internet veröffentlichten tabellarischen Übersicht, die die vergebenen NUB-Status nach Leistungen/Methoden auflistet.[1279]

Mit der Bekanntgabe der „Information" ist das NUB-Verfahren abgeschlossen.

Die Vertragsparteien auf Bundesebene haben in der NUB-Vereinbarung vom 17.12.2004 in § 1 Abs. 3 festgehalten, dass, nachdem den Krankenhäusern die Antworten über die Prüfergebnisse übermittelt wurden, im Internet eine Liste zu veröffentlichen ist, aus der sich pro angefragter NUB-Methode ergibt, wie viele

1279 Auflistung als PDF-Dokument abrufbar unter: http://www.g-drg.de/cms/G-DRG-System_2014/Neue_Untersuchungs-_und_Behandlungsmethoden_NUB/Aufstellung_der_Informationen_nach_6_Abs._2_KHEntgG_fuer_2014; abgerufen am 16.09.2014.

Krankenhäuser eine NUB-Anfrage an das InEK gerichtet hatten.[1280] Zudem soll die Liste jeweils den „Hinweis" enthalten, ob die jeweilige NUB-Methode nach Prüfung des InEK durch die schon bestehenden DRG-Fallpauschalen „sachgerecht vergütet" bzw. „nicht sachgerecht vergütet" werden kann.

1.6 Überblick über die statistischen Fakten der NUB-Verfahren der zurückliegenden fünf Jahre[1281]

Bezogen auf das NUB-Verfahren 2013/2014 wurden hinsichtlich 618 unterschiedlicher NUB-Methoden NUB-Anfragen ans InEK gerichtet. Während hinsichtlich mancher NUB-Methoden nur ein einzelnes Krankenhaus eine Anfrage stellte, leiteten hinsichtlich der NUB-Methode mit den meisten Anfragen 394 Krankenhäuser ein NUB-Verfahren ein. Von den 618 einzelnen NUB-Methoden, wurden 96, und somit 15,53 % vom InEK mit NUB-Status 1 bewertet. Hinsichtlich 45 NUB-Methoden, die mit NUB-Status 1 bewertet wurden, hatten jeweils mehr als 100 Krankenhäuser ein NUB-Verfahren eingeleitet, hiervon hinsichtlich 32 NUB-Methoden jeweils mehr als 200 Krankenhäuser. Hinsichtlich 29 der NUB-Methoden, die mit NUB-Status 1 bewertet wurden, hatten weniger als 10 Krankenhäuser ein NUB-Verfahren eingeleitet.[1282]

Auch hinsichtlich der vorausgehenden Jahre war die Quote der NUB-Methoden, die mit NUB-Status 1 bewertet wurden vergleichbar niedrig: Im Jahr 2012/2013 waren hinsichtlich 600 verschiedener NUB-Methoden NUB-Anfragen ans InEK gerichtet worden, von denen lediglich 97[1283] mit NUB-Status 1 bewertet[1284] wurden, d. h. 16,17 %. Im Jahr 2011/2012 waren hinsichtlich 582 verschiedener NUB-Methoden

1280 Listen der vergangenen Jahre abrufbar unter http://www.g-drg.de/cms/Archiv; abgerufen am 13.03.2013.

1281 Eine umfangreiche statistische Auswertung und Auseinandersetzung der NUB-Verfahren bis 2009 erfolgte durch ein Gutachten des Deutschen Krankenhausinstituts: Anspruch und Realität von Budgetverhandlungen zur Umsetzung medizintechnischer Innovationen – Gutachten des Deutschen Krankenhausinstituts im Auftrag des Bundesverbandes Medizintechnologie (BVMed), (November 2009), dessen Ergebnisse finden sich zusammengefasst bei Blum/Offermanns, Innovationshürden für neue Untersuchungs- und Behandlungsmethoden abbauen!, Das Krankenhaus 2010, 119.

1282 Hinsichtlich 19 NUB-Methoden erfolgte eine geteilte Bewertung (Status 1 bzw. 2/4; Status 2 bzw. 4), wobei dann jeweils der Fußnote zu entnehmen ist, wodurch sich diese Aufteilung erklärt. 36 NUB-Methoden wurden mit NUB-Status 4 bewertet. Hinsichtlich drei Methoden wurde das verfahren bis zu einer abschließenden Entscheidung der Selbstverwaltungspartner nach § 17 b KHG ausgesetzt.

1283 Hinsichtlich 14 NUB-Methoden erfolgte eine gespaltene Bewertung (NUB-Status 1 bzw. 2/4).

1284 31 NUB-Methoden wurden mit NUB-Status 4 Bewertet, einmal erfolgte eine gespaltene Bewertung (2 bzw. 4), hinsichtlich 3 NUB-Methoden wurde das Verfahren bis zu einer abschließenden Entscheidung der Selbstverwaltungspartner nach § 17 b KHG ausgesetzt.

NUB-Anfragen ans InEK gerichtet worden, von denen lediglich 83[1285] mit NUB-Status 1 bewertet[1286] wurden, d. h. 14,26 %. Im Jahr 2010/2011 waren hinsichtlich 564 verschiedener NUB-Methoden NUB-Anfragen ans InEK gerichtet worden, von denen lediglich 80[1287] mit NUB-Status 1 bewertet[1288] wurden, d. h. 14,18 %. Im Jahr 2009/2010 waren hinsichtlich 545 verschiedener NUB-Methoden NUB-Anfragen ans InEK gerichtet worden, von denen lediglich 84[1289] mit NUB-Status 1 bewertet[1290] wurden, d. h. 15,41 %.

Die geringe Quote von NUB-Methoden, die mit NUB-Status 1 bewertet wurden, lässt die innovationshemmende Wirkung des NUB-Verfahrens vermuten. Kritisiert wird unter anderem, dass das NUB-Verfahren, auch als „zentrales Zulassungsverfahren“[1291] bezeichnet, intransparent[1292] ist und auf systemischer Ebene zu überflüssigem Bürokratie- und Organisationsaufwand, vielfältigen Redundanzen und unnötigem Zeitverzug führt.[1293] Auf tatsächlicher Ebene kommt noch hinzu, wird diese Wirkung noch dadurch verstärkt, dass es den Krankenhäusern auch hinsichtlich NUB-Methoden, die mit NUB-Status 1 bewertet wurden, bei Weitem nicht immer „gelingt“ mit den Krankenkassen auf Ortsebene NUB-Entgelte zu vereinbaren.[1294]

1285 Hinsichtlich 9 NUB-Methoden erfolgte eine gespaltene Bewertung (NUB-Status 1 bzw. 2/4).

1286 33 NUB-Methoden wurden mit NUB-Status 4 Bewertet, hinsichtlich 3 NUB-Methoden wurde das Verfahren bis zu einer abschließenden Entscheidung der Selbstverwaltungspartner nach § 17 b KHG ausgesetzt.

1287 Hinsichtlich 7 NUB-Methoden erfolgte eine gespaltene Bewertung (NUB-Status 1 bzw. 2/ 4).

1288 25 NUB-Methoden wurden mit NUB-Status 4 Bewertet, einmal erfolgte eine gespaltene Bewertung (2 bzw. 4), hinsichtlich 2 NUB-Methoden wurde das Verfahren bis zu einer abschließenden Entscheidung der Selbstverwaltungspartner nach § 17 b KHG ausgesetzt.

1289 Hinsichtlich 5 NUB-Methoden erfolgte eine gespaltene Bewertung (NUB-Status 1 bzw. 2/ 4).

1290 20 NUB-Methoden wurden mit NUB-Status 4 Bewertet, einmal erfolgte eine gespaltene Bewertung (2 bzw. 4), hinsichtlich 1 NUB-Methode wurde das Verfahren bis zu einer abschließenden Entscheidung der Selbstverwaltungspartner nach § 17 b KHG ausgesetzt.

1291 Vgl. Gutachten des DKI, Anspruch und Realität von Budgetverhandlungen zur Umsetzung medizintechnischer Innovationen, S. 17.

1292 Vgl. Gutachten des DKI, Anspruch und Realität von Budgetverhandlungen zur Umsetzung medizintechnischer Innovationen, S. 23.

1293 Brase; Zukunftsfähige Innovationsfinanzierung aus Sicht der Krankenhäuser in: Felix/Schütte (Hrsg.), Medizinische Innovationen im Krankenhaus, Steuerung und Finanzierung S. 21, 23.

1294 Zu der Frage, ob Krankenhäuser hinsichtlich NUB-Methoden, die mit NUB-Status 1 bewertet wurden, einen Anspruch auf Vereinbarung eines NUB-Entgeltes haben, siehe unter E.3.

2. Rechtliche Untersuchung des NUB-Verfahrens

2.1 Das InEK

Das NUB-Verfahren gem. § 6 Abs. 2 Satz 3 KHEntgG wird tatsächlich, wie beschrieben, nicht, wie nach dem Wortlaut des § 6 Abs. 2 Satz 3 KHEntgG zu erwarten wäre, von den „Vertragsparteien auf Bundesebene“ gem. § 9 KHEntgG, sondern eigenständig von „dem InEK“[1295], dem „Institut für das Entgeltsystem im Krankenhaus“, durchgeführt.

Im Folgenden wird daher „das InEK“ dargestellt und untersucht, insbesondere geprüft, ob es über die erforderliche sachliche und personelle Legitimation verfügt, um das NUB-Verfahren eigenständig durchzuführen.

Das InEK hat seinen Sitz in Siegen. Gegründet wurde das InEK am 10.05.2001 von den Spitzenverbänden der Krankenkassen, dem Verband der Privaten Krankenversicherung und der Deutsche Krankenhausgesellschaft in der Rechtsform einer gemeinnützigen GmbH.[1296] Das InEK ist somit gem. § 13 GmbHG eine eigenständige juristische Person des Privatrechts und nicht etwa, wie beispielsweise das DIMDI[1297], das Deutsche Institut für Medizinische Dokumentation und Information, eine untergeordnete Einrichtung des Bundesministeriums für Gesundheit. Seit Juni 2007 firmiert das Institut unter der Bezeichnung „InEK GmbH“.[1298] Seit Dezember 2008 sind die Deutsche Krankenhausgesellschaft, der GKV-Spitzenverband und der Verband der privaten Krankenversicherungen Gesellschafter der GmbH.[1299]

2.1.1 Rechtsgrundlage

Im Gesetzestext wird das „InEK“ an keiner Stelle direkt erwähnt. Der Homepage des InEK ist jedoch zu entnehmen, dass das InEK für die Selbstverwaltungspartner im Gesundheitswesen – die Deutsche Krankenhausgesellschaft, die Spitzenverbände der Krankenkassen und der Verband der privaten Krankenversicherung – die Aufgaben im Zusammenhang mit der Einführung, Weiterentwicklung und Pflege des neuen Vergütungssystems wahrnimmt, die ihm „als deutsches DRG-Institut“ übertragen wurden.[1300] Das „DRG-Institut“ wiederum findet an mehreren Stellen, insbesondere im KHG (vgl. §§ 10 Abs. 2 Satz 3; 17 b Abs. 5 Nr. 1, Abs. 7, 8 KHG), unmittelbare Erwähnung im Gesetzestext. Im Zusammenhang mit der Regelung des NUB-Verfahrens findet das „DRG-Institut“ im Gesetz jedoch keine Erwähnung.

1295 Die Verfasserin passt sich hier dem verbreiteten Sprachgebrauch an, von „dem InEK“ i.S.v. „dem Institut für das Entgeltsystem im Krankenhaus“ zu sprechen und nicht von „der InEK“ i.S.v. „der InEK gGmbH“.

1296 http://www.g-drg.de/cms/Das_Institut/Wir_ueber_uns; abgerufen am 08.10.2013.

1297 Weitere Informationen zum DIMDI unter www.dimdi.de; abgerufen am 28.11.2013.

1298 http://www.g-drg.de/cms/Das_Institut/Wir_ueber_uns; abgerufen am 08.10.2013.

1299 http://www.g-drg.de/cms/Das_Institut/Wir_ueber_uns; abgerufen am 08.10.2013.

1300 http://www.g-drg.de/cms/Das_Institut, zuletzt abgerufen am 08.10.2013.

Hier ist in § 6 Abs. 2 KHEntgG ausschließlich von der Wahrnehmung durch die „Vertragsparteien gem. § 9 KHEntgG", die „Vertragsparteien auf Bundesebene", die Rede.

Eine vergleichbare Regelung wie in § 139 a SGB V zur Gründung des IQWiG[1301] findet sich hinsichtlich des „DRG-Instituts" nicht – vielmehr wird die Möglichkeit seiner Gründung und die anschließende Existenz vom Gesetzestext durch die ausdrückliche Benennung und Regelung der möglichen Aufgabenwahrnehmung, „pauschal implizit vorausgesetzt". Ob diese pauschale, undifferenzierte Übertragung gemessen an den bei einer Beleihung anzulegenden rechtlichen Maßstäben rechtlich ausreichend ist, erscheint grundsätzlich sehr fraglich, soll hier (unter E.2.7.1.) aber nur spezifisch in Bezug auf die Durchführung des NUB-Verfahrens überprüft werden.

2.1.2 Finanzierung

Die Finanzierung des „DRG-Instituts" und somit des InEK, erfolgt gem. § 17 b Abs. 5 Nr. 1 KHG durch einen „DRG-Systemzuschlag", der für jeden abzurechnenden Krankenhausfall anfällt und hier auch jeweils auf jeder Einzelrechnung vom Krankenhaus auszuweisen ist[1302]. Durch den DRG-Systemzuschlag soll gem. § 17 b Abs. 5 Nr. 1 KHG insbesondere die Entwicklung der DRG-Klassifikation und der Kodierregeln, die Ermittlung der Bewertungsrelationen, die Bewertung der Zu- und Abschläge, die Ermittlung der Richtwerte nach § 17a Abs. 4b KHG, von pauschalierten Zahlungen für die Teilnahme von Krankenhäusern oder Ausbildungsstätten an der Kalkulation und die Vergabe von Aufträgen des DRG-Systems finanziert werden. Ausdrücklich dürfen die durch den DRG-Systemzuschlag eingenommenen Mittel gem. § 17 b Abs. 5 Satz 1 Nr. 1 SGB V auch in Ansatz gebracht und erhoben werden, wenn die Vertragsparteien die Aufgaben nicht selber wahrnehmen, sondern diese durch ein DRG-Institut erfüllen lassen.

2.1.3 Aufsicht

Ausführungen auf gesetzlicher Ebene zur Regelung der Aufsicht über die Tätigkeit des InEK, wie sie für den G-BA in § 94 SGB V zu finden sind, gibt es in Bezug auf das InEK nicht. Auch sind dem Bundesministerium für Gesundheit keinerlei Rechte und Einflussmöglichkeiten bei der Stellenbesetzung (Leitung) und Organisation des InEK eingeräumt, wie sie beispielsweise in Bezug auf das IQWiG über § 139 a Abs. 2 SGB V zu Gunsten des Bundesministeriums für Gesundheit bei der Bestellung der Institutsleitung bestehen. Mögliche „Aufsicht" erfolgt daher lediglich innerhalb der GmbH durch die gesellschaftsrechtlichen internen Aufsichtsmechanismen.

1301 Vgl. hierzu unter A.6.2.
1302 Siehe hierzu unter D.2.2.5.3.1.

2.1.4 Arbeit des InEK

Über eine Geschäftsordnung oder eine Verfahrensordnung, wie sie für den G-BA gem. § 91 Abs. 4 Satz 1 SGB V ausgearbeitet und vom Ministerium für Gesundheit gem. § 91 Abs. 4 Satz 2 SGB V genehmigt wurde, verfügt das InEK nicht. Auch sind keine anderen Dokumente bekannt, vergleichbar den vom IQWiG ausgearbeiteten und auf seiner Homepage veröffentlichten „Methodenpapieren", die die Arbeit des InEK transparent nachvollziehbar erscheinen ließen. Die von den Vertragsparteien auf Bundesebene speziell in Bezug auf die Durchführung des NUB-Verfahrens jährlich vereinbarten „Verfahrenseckpunkte" enthalten zwar im Vergleich zum Gesetzestext ein paar Konkretisierungen z.B. hinsichtlich der Form der einzureichenden NUB-Anfragen (Abs. 2–4, 7), die Folge frühzeitig bzw. verfristet eingereichter Anfragen (Abs. 5–7) und den darzustellenden Mindestinhalt (Abs. 10), treffen aber beispielsweise keine inhaltlichen Regelungen zur Besetzung des InEK, zur Offenlegungspflicht möglicher Interessenkonflikte i.S.d. § 139 a Abs. 6 SGB V, zum Verfahrensablauf in Bezug auf mögliche und erforderliche Beteiligungsrechte der Antragsteller oder Dritter im NUB-Verfahren oder die inhaltliche Ausgestaltung des Prüfkriteriums der „sachgerechten Vergütung" i.S.d. § 6 Abs. 2 Satz 1 KHEntgG. Die „Verfahrenseckpunkte" der Vertragsparteien auf Bundesebene vermögen daher auch in Bezug auf die Durchführung des NUB-Verfahrens nicht die Funktion einer GO/VerfO zu übernehmen.

Da das InEK eine juristische Person des Privatrechts und keine „Behörde" i.S.d. § 1 Abs. 2 SGB X ist, finden auch die Verfahrensregelungen des SGB X auf die von ihm durchgeführten Verfahren keine (unmittelbare) Anwendung.

2.1.5 Besetzung des InEK

Die Stellen im InEK werden frei ausgeschrieben und intern, ohne förmliche Beteiligung externer Dritter (Vertragsparteien auf Bundesebene, Bundesministerium für Gesundheit o.ä.) vergeben. Auch gibt es weder auf gesetzlicher Ebene, noch in veröffentlichten internen Papieren des InEK eine vergleichbare Offenlegungspflicht möglicher Interessenskonflikte, wie es für das IQWiG in § 139 a Abs. 6 SGB V beispielsweise sogar unmittelbar im SGB V normiert ist.

Letztendlich ist nichts darüber bekannt, wie das InEK seine Stellen besetzt. Insbesondere ist auch nicht nachvollziehbar und transparent, durch welche (Fach-) Kräfte mit welchem Hintergrund das NUB-Verfahren durchgeführt wird und welchen möglichen Interessenkonflikten die jeweiligen (Sach-)Bearbeiter bewusst oder unbewusst ausgesetzt sind.

2.1.6 Aufgaben des InEK als DRG Institut

Laut Darstellung auf der institutseigenen Homepage unterstützt das InEK die Vertragspartner der Selbstverwaltung und die von ihnen gebildeten Gremien auf der Grundlage des § 17 b KHG bei der gesetzlich vorgeschriebenen Einführung und kontinuierlichen Weiterentwicklung des DRG-Systems.[1303] Seine beiden Arbeitsfelder sind nach der auf der Homepage veröffentlichten Darstellung[1304] die „Medizin" und die „Ökonomie". Hinsichtlich des Arbeitsfeldes der „Medizin" kümmert es sich, nach seiner eigenen Darstellung, durch Definition der DRG-Fallgruppen, die Pflege der Basis-Fallgruppen und die Pflege des Schweregrad-Systems um die „Fallgruppenpflege". Daneben umfassen seine Aufgaben die Betreuung der Kodierrichtlinien, die Zusammenarbeit mit Institutionen/Gremien/Organisationen sowie Unterstützung anderer Staaten bei der Entwicklung, Einführung und Pflege pauschalierender Entgeltsysteme.[1305] Auch die unter dem Oberbegriff „Ökonomie" zusammengefassten Aufgaben betreffen unmittelbar und ausschließlich das G-DRG-System, nämlich die Kalkulation der Relativgewichte und der Zu- und Abschläge, die Einführung und Weiterentwicklung der Entgelte des Entgeltsystems für psychiatrische und psychosomatische Einrichtungen und im Hinblick auf die leistungsorientierten Investitionspauschalen die Kalkulation von Investitionsbewertungsrelationen.[1306]

2.1.7 InEK und NUB-Verfahren

Dem Gesetzeswortlaut zufolge wird das NUB-Verfahren gem. § 6 Abs. 2 Satz 3 KHEntgG von den „Vertragsparteien nach § 9 KHEntgG" durchgeführt. Hierbei handelt es sich um die „Vertragsparteien auf Bundesebene". Sie nehmen diese Aufgabe aber nicht selber wahr, sondern lassen sie eigenverantwortlich „in Stellvertretung" durch das InEK ausführen und sich lediglich über die Ergebnisse berichten. In der NUB-Vereinbarung[1307] heißt es in § 1 Abs. 1 NUB-Vereinbarung hierzu: „Die Vertragsparteien beauftragen das InEK, die bis zum 31. Oktober eines Jahres gem. § 6 Abs. 2 Satz 3 KHEntgG zu stellenden Anfragen stellvertretend für die Vertragsparteien entgegenzunehmen, die bei ihm eingegangenen Anfragen aufzuarbeiten und über die Sachgerechtigkeit der Vergütung der angefragten Methode/Leistung nach eigenem Ermessen unter Berücksichtigung der bei den Weiterentwicklungsprozessen der vergangenen Jahre erlangten Erkenntnisse zu entscheiden." Das InEK soll das Ergebnis der Prüfung auch eigenständig den Krankenhäusern mitteilen (§ 1 Abs. 2 NUB-Vereinbarung) und die Vertragsparteien lediglich anschließend tabellarisch über den Ausgang der einzelnen NUB-Verfahren informieren (§ 1 Abs. 3 NUB-Vereinbarung).

1303 http://www.g-drg.de/cms/Das_Institut/Wir_ueber_uns; abgerufen am 08.10.2013.

1304 http://www.g-drg.de/cms/Das_Institut/Wir_ueber_uns; abgerufen am 08.10.2013.

1305 http://www.g-drg.de/cms/Das_Institut/Wir_ueber_uns; abgerufen am 12.10.2013.

1306 http://www.g-drg.de/cms/Das_Institut/Wir_ueber_uns; abgerufen am 08.10.2013.

1307 „Vereinbarung zu § 6 Abs. 2 Satz 3 KHEntgG – Neue Untersuchungs- und Behandlungsmethoden (NUB)" – (NUB-Vereinbarung) vom 17.12.2004; abrufbar unter http://www.gkv-spitzenverband.de/media/dokumente/krankenversicherung_1/krankenhaeuser/drg/nub/KH_DRG_Vereinbarung_NUB_17-12-2004.pdf; abgerufen am 18.09.2014.

Die Vertragsparteien auf Bundesebene haben folglich die volle Entscheidungskompetenz, sogar unter Einräumung von „Ermessen", auf das InEK übertragen. Dies zeigt auch die Verwendung des Begriffs „stellvertretend", denn Wesen der zivilrechtlichen Stellvertretung i.S.d. §§ 164 ff. BGB ist, dass der Stellvertreter, anders als ein Bote, eine eigene Entscheidung trifft, die unmittelbar für und gegen den Vertretenen wirkt[1308].

Da die Vertragsparteien auf Bundesebene erst und lediglich in tabellarischer Form über das Ergebnis der NUB-Verfahren informiert werden, können sie mangels Wissen über die einzelnen zu treffenden Entscheidungen nicht während der laufenden NUB-Verfahren inhaltlich eingreifen. Sie lassen sich auch nicht, wie der G-BA im Bewertungsverfahren durch das IQWiG, lediglich eine sachverständige Stellungnahme vom InEK erstellen, um die letztendliche Entscheidung auf dieser Basis selber zu treffen. Auch bedürfen die Entscheidungen des InEK für deren Außenrechtswirksamkeit keiner „Zustimmung" (Einwilligung/Genehmigung) der Vertragsparteien auf Bundesebene i.S.d. § 182 Abs. 1 BGB.

Es gilt daher zu überprüfen, ob die eigenständige Durchführung des NUB-Verfahrens in rechtmäßiger Weise von den Vertragsparteien auf Bundesebene auf das InEK übertragen wurde und ob dieses folglich über die erforderliche rechtliche Legitimation für die eigenverantwortliche Durchführung des NUB-Verfahrens verfügt. Für den hierbei anzulegenden Maßstab ist jedoch entscheidend, welche rechtliche Qualität und Relevanz die das NUB-Verfahren abschließende „Information" hat. Es erfolgt daher, nach dem Exkurs zur rechtlichen Qualifikation der Aufnahmeentscheidung ins Hilfsmittelverzeichnis, zuerst die Untersuchung und Qualifikation der „Information", um anschließend zu betrachten, ob das InEK über die erforderliche Legitimation zur eigenständigen Durchführung des NUB-Verfahrens verfügt.

2.2 Exkurs: Die Entscheidung über die Aufnahme eines Hilfsmittels ins Hilfsmittelverzeichnis gem. § 139 Abs. 3 Satz 1 SGB V

2.2.1 Grundlage für die Vergleichsbetrachtung

Der Vergleich mit der Rechtsprechung zum Hilfsmittelverzeichnis bietet sich insofern an, als sowohl das Hilfsmittelverzeichnis, als auch die NUB-Status Entscheidung des InEK nach der Ausgestaltung durch den Gesetzgeber keine abschließende rechtliche Verbindlichkeit haben, insbesondere keine „abschließende Positiv- bzw. Negativliste" aus krankenversicherungsrechtlicher Sicht i.S.d. SGB V darstellen.

In beiden Fällen sind die Entscheidungen jedoch, insbesondere im Negativfall (Ablehnung der Aufnahme bzw. NUB-Status 2), von nicht zu unterschätzender tatsächlicher Relevanz, da sie aus Finanzierungsgesichtspunkten eine inhaltliche Entscheidung mit hoher tatsächlicher Steuerungsfunktion mit berufsregelnder Tendenz

1308 Vgl. Brox § 24 Rn. 489.

darstellen, weswegen die Verfahrensregelungen insbesondere auch im Lichte des Art. 12 GG zu betrachten sind und sowohl die Leistungserbringer, als auch die Medizinprodukthersteller in besonderem Maße rechtsschutzbedürftig sind. Zudem betreffen beide Fälle letztendlich Fragen der Erstattungsfähigkeit – hinsichtlich des Hilfsmittelverzeichnisses steht durch die Aufnahme eines Hilfsmittels die Frage des „Ob"s der Erstattungsfähigkeit fest. Die das NUB-Verfahren abschließende „Information" gibt bekannt, ob aus Sicht des InEK schon eine sachgerechte Vergütungsmöglichkeit über die G-DRG-Fallpauschalen besteht, oder ob die Voraussetzungen für die Vereinbarung eines NUB-Entgeltes gegeben sind (NUB-Status 1).

2.2.2 Die Entscheidung über die Aufnahme ins Hilfsmittelverzeichnis gem. § 139 Abs. 3 Satz 1 SGB V: rechtliche Einordnung[1309]

Hilfsmittel sind ärztlich verordnete Gegenstände, deren unmittelbarer Zweck darin liegt, Funktionsdefizite des Körpers auszugleichen[1310]. Sie sichern daher Grundbedürfnisse wie das Sehen oder Hören, die Nahrungsaufnahme oder die Fortbewegung und ermöglichen dadurch trotz Beeinträchtigungen die Teilhabe am gesellschaftlichen Leben.[1311] Viele Hilfsmittel sind zugleich auch Medizinprodukte im Sinne des § 3 Nr. 1 MPG.[1312] Für alle Hilfsmittel, für die dies zutrifft, die Medizinprodukte i.S.d. § 3 Nr. 1 MPG sind, gilt mittlerweile durch die CE-Kennzeichnung der Nachweis der Funktionstauglichkeit und der Sicherheit gem. § 139 Abs. 5 SGB V grundsätzlich[1313] als erbracht.

Jedoch gibt es auch zahlreiche Medizinprodukte, die nicht zugleich Hilfsmittel i.S.d. SGB V sind. Nach der Darstellung von Wabnitz stellt ein Medizinprodukt immer dann kein Hilfsmittel dar, wenn es sich um Krankenhaus- oder Praxisausstattung, ein in vertragsärztlichen Praxen eingesetztes technisches Produkt, ein Verbandmittel oder einen Gebrauchsgegenstand des täglichen Lebens handelt[1314].

1309 Dargestellt wird kursorisch die aktuelle Rechtslage. Zur Entwicklung der gesetzlichen Regelungen des „Hilfsmittelverzeichnisses" siehe Wabnitz, Medizinprodukte als Hilfsmittel in der gesetzlichen Krankenversicherung S. 73 ff.

1310 Janda, Medizinrecht S. 302; ausführlich zum Thema Medizinprodukte als Hilfsmittel in der GKV: Wabnitz, Medizinprodukte als Hilfsmittel in der gesetzlichen Krankenversicherung; Zur Abgrenzung des Begriffs der „Hilfsmittel" von dem der „Heilmittel" siehe beispielhaft Urteil des BSG vom 15.03.2012 – B 3 KR 2/11 R, („antiallergene Matratzen-Entcasings"), Rn. 15.

1311 Janda, Medizinrecht S. 302.

1312 Hohnholz in: Hauck/Noftz, SGB V K § 139 Rn. 7.

1313 Schütze kritisiert, dass der Gesetzgeber nicht inhaltlich geregelt hat, in welchen „begründeten Anlässen" die Prüfbehörde dennoch eine weitere Prüfung fordern kann. Vgl. Schütze, Innovationen und Hilfsmittelverzeichnis, Wann kann für neue Produkte eine Eintragung in das Hilfsmittelverzeichnis beansprucht werden?, MPR 2010, 5, 6.

1314 Wabnitz, Medizinprodukte als Hilfsmittel in der gesetzlichen Krankenversicherung, S. 46 f. m.w.N.

Gesetzlich Versicherte haben gem. § 27Abs. 1 Satz 2 Nr. 3 SGB V i.V.m. 33 Abs. 1 Satz 1 SGB V im Rahmen der Krankenbehandlung einen Anspruch auf die Versorgung mit Hörhilfen, Körperersatzstücken, orthopädischen und anderen Hilfsmitteln, die im Einzelfall erforderlich sind, um den Erfolg der Krankenbehandlung zu sichern, einer drohenden Behinderung vorzubeugen oder eine Behinderung auszugleichen. Vom Leistungsanspruch der Versicherten ausgeschlossen sind Hilfsmittel, die als allgemeine Gebrauchsgegenstände des täglichen Lebens anzusehen sind oder nach § 34 Abs. 4 SGB V aufgrund einer Verordnung des Bundesministeriums für Gesundheit wegen geringem oder umstrittenem therapeutischen Nutzen des Hilfsmittels oder geringem Abgabenpreis, vom Leistungsumfang der gesetzlichen Krankenversicherung ausgeschlossen wurden. Daneben kann die Anwendung von konkreten Hilfsmitteln gem. § 33 Abs. 1 Satz 3 SGB V i.V.m. § 92 Abs. 1 SGB V durch Richtlinien des G-BA aus Qualitätssicherungsgründen ausgeschlossen werden, wenn aus Sicht des G-BA nach allgemein anerkanntem Stand der medizinischen Erkenntnisse der diagnostische oder therapeutische Nutzen, die medizinische Notwendigkeit oder die Wirtschaftlichkeit der Leistung oder Maßnahme, die die Anwendung des Hilfsmittels umfasst, nicht nachgewiesen ist.

Als Bestandteil der Krankenbehandlung wird die Hilfsmittelversorgung gem. § 33 SGB V gegenüber den Versicherten grundsätzlich als Sachleistung erbracht[1315].[1316]

Der Spitzenverband Bund der Krankenkassen ist gem. § 139 Abs. 1 Satz 1 SGB V verpflichtet, ein systematisch strukturiertes Hilfsmittelverzeichnis[1317] zu erstellen, in dem gem. § 139 Abs. 1 Satz 2 SGB V die von der Leistungspflicht umfassten Hilfsmittel aufzuführen sind. Mit der ursprünglichen Errichtung des Hilfsmittelverzeichnisses wurden mehrere Ziele verfolgt, nämlich neben der Sicherung der Qualität und Wirtschaftlichkeit, die Steigerung der Transparenz des Hilfsmittelmarktes, die Absicherung des Versorgungsanspruchs der Versicherten, eine Vereinfachung der Versorgung, auch mehr oder weniger unmittelbar finanzielle Ziele, nämlich die Vorbereitung der Einführung von Festbeträgen, die Schaffung eines Anhaltspunktes für vertragliche Vereinbarungen und der Erleichterung der Abrechnung.[1318] Welche rechtliche Wirkung dem Hilfsmittelverzeichnis zukommt, ob es den Leistungsanspruch des Versicherten mit definiert und wie die Entscheidung über die Aufnahme eines Hilfsmittels ins Hilfsmittelverzeichnis zu qualifizieren ist, war lange Zeit sehr umstritten.[1319]

1315 Janda, Medizinrecht S. 303.

1316 Im Hilfsmittelrecht kennt das Gesetz jedoch – als Ausnahme zum „Alles-oder-Nichts-Prinzip“ – Mehrkostenregelungen gem. § 33 Abs. 1 Satz 5 SGB V.

1317 Das Hilfsmittelverzeichnis ist abrufbar unter: http://www.gkv-spitzenverband.de/krankenversicherung/hilfsmittel/hilfsmittelverzeichnis/hilfsmittelverzeichnis.jsp; abgerufen am 23.03.2013.

1318 Schorn, MPJ 2006, 70.

1319 Ausführlich zur früheren Rechtslage: Wabnitz, Medizinprodukte als Hilfsmittel in der gesetzlichen Krankenversicherung, S. 80 ff.

Bei dem Hilfsmittelverzeichnis gem. § 139 Abs. 1 SGB V handelt es sich nicht um eine abschließende Auflistung der Hilfsmittel, die von den Leistungserbringern zu Lasten der Krankenkassen in der Krankenbehandlung verwendet werden dürfen.[1320] Das Hilfsmittelverzeichnis stellt folglich keine abschließende Positivliste dar. Grundsätzlich ist es somit den Leistungserbringern nicht verboten auch Hilfsmittel, die nicht im Hilfsmittelverzeichnis gelistet sind, einzusetzen und die Kosten gegenüber der Krankenversicherung geltend zu machen – auch wenn die Darstellung auf der Homepage des GKV-Spitzenverbandes Anderes zu suggerieren versucht, denn hier ist einleitend zu lesen: „Grundsätzlich ist die Kostenübernahme für Hilfsmittel durch die gesetzliche Krankenversicherung nur möglich, wenn die Produkte im Hilfsmittelverzeichnis gelistet sind“[1321].[1322]

Das Hilfsmittelverzeichnis hat jedoch erhebliche praktische Auswirkung auf die tatsächliche Erstattungsfähigkeit der anfallenden Kosten. Es ist somit von großer wirtschaftlicher Bedeutung für die Hersteller von Hilfsmitteln[1323] und hat eine nicht unerhebliche Auswirkung auf die finanzielle Absicherung der Leistungserbringer, da durch die Aufnahme eines Hilfsmittels ins Hilfsmittelverzeichnis gem. § 139 Abs. 1 Satz 2 SGB V positiv feststeht, dass es sich um ein Hilfsmittel handelt, das von der Leistungspflicht der gesetzlichen Krankenversicherung umfasst ist. Während es zwischen Leistungserbringern und Krankenkassen also bezüglich eines nicht gelisteten Hilfsmittels zu Streit darüber kommen kann, ob es sich bei einem konkreten Hilfsmittel um ein erstattungsfähiges Hilfsmittel handelt, oder nicht, ist die Frage des „Ob“ der Erstattungsfähigkeit des konkreten Hilfsmittels hinsichtlich

---

1320 Siehe: Burgardt/Clausen/Wigge in Anhalt/Dieners (Hrsg.), Handbuch des Medizinprodukterechts, § 23 Rn. 198, 200; Ratzel in: Ratzel/Luxenburger (Hrsg.), Handbuch Medizinrecht, § 31 Rn. 104; a.A. noch Axer, Normsetzung der Exekutive in der Sozialversicherung S. 136 f.

1321 Auf der Homepage des Spitzenverbandes Bund der Krankenkassen (http://www.gkv-spitzenverband.de/krankenversicherung/hilfsmittel/hilfsmittelverzeichnis/hilfsmittelverzeichnis.jsp) ist zu lesen: „Grundsätzlich ist die Kostenübernahme für Hilfsmittel durch die gesetzliche Krankenversicherung nur möglich, wenn die Produkte im Hilfsmittelverzeichnis gelistet sind. Zwar ist das Hilfsmittelverzeichnis nicht bindend im rechtlichen Sinne, allerdings entfaltet es eine Markt steuernde Wirkung, was von den obersten Gerichten in ständiger Rechtsprechung festgestellt worden ist. Es liefert umfassende Informationen zur Leistungspflicht der Krankenkassen sowie über die Art und Qualität der am Markt erhältlichen Produkte.“; abgerufen am 23.03.2013.

1322 Bei einer Weigerung der Krankenkasse zur Kostenübernahme der Kosten eines nicht gelisteten Hilfsmittels bleibt den Versicherten nur der Weg der Klage vor den Sozialgerichten, um ihren Leistungsanspruch durchzusetzen. Hier müssen sie neben der konkreten Erforderlichkeit der Anwendung des Hilfsmittels und der Wirtschaftlichkeit seines Einsatzes i.S.d. § 12 SGB V auch noch darstellen und beweisen, dass das konkrete Hilfsmittel die Voraussetzunge erfüllt, die ansonsten schon im Rahmen der Aufnahmeprüfung i.S.d. § 139 SGB V geprüft werden.

1323 Siehe hierzu Werner, MPR 2006, 7.

gelisteten Hilfsmitteln schon positiv entschieden.[1324] Zudem stellt das Hilfsmittelverzeichnis aufgrund der Vielzahl bestehender Hilfsmittel ein wesentliches Instrument zur Strukturierung des Hilfsmittelmarktes dar.[1325] Dies führt dazu, dass gelistete Hilfsmittel in der Praxis im Vergleich zu nicht gelisteten Hilfsmitteln viel öfter zum Einsatz kommen[1326], weswegen die Entscheidung über die Aufnahme eines Hilfsmittels ins Hilfsmittelverzeichnis, wie bereits angesprochen, auch für die Hilfsmittelhersteller erhebliche praktische und finanzielle Auswirkung hat und einem Absatzverbot[1327] gegenüber gesetzlich Versicherten gleichgesetzt wird.[1328]

2.2.3 Grundsatzurteile des BSG zum Hilfsmittelverzeichnis

Bis 31.03.2004[1329] lautete der Gesetzestext in § 139 Abs. 2 SGB V bezüglich des Hilfsmittelverzeichnisses: „Voraussetzung der Aufnahme neuer Hilfsmittel in das Hilfsmittelverzeichnis ist, dass der Hersteller die Funktionstauglichkeit und den therapeutischen Nutzen des Hilfsmittels sowie seine Qualität nachweist. Über die Aufnahme in das Hilfsmittelverzeichnis entscheiden die Spitzenverbände der Krankenkassen gemeinsam und einheitlich, nachdem der Medizinische Dienst die Voraussetzungen geprüft hat."

In einem Grundsatzurteil zum Hilfsmittelverzeichnis vom 31.08.2000[1330] hat sich das BSG insbesondere mit der rechtlichen Qualifikation der Aufnahmeentscheidung sowie mit der rechtlichen Auswirkung der Entscheidung auf den Hersteller des jeweiligen Hilfsmittels auseinandergesetzt.

Das BSG hatte in diesem Klageverfahren über die Klage eines Medizinproduktherstellers gegen die Spitzenverbände der gesetzlichen Krankenversicherung[1331]

1324 Dies hindert die Krankenkasse bzw. die Kassenärztliche Vereinigung natürlich nicht die Erforderlichkeit der konkreten Behandlung, bei der das Hilfsmittel zum Einsatz kam, sowie das Vorliegen der weiteren Voraussetzungen (wie beispielsweise §§ 2, 12 SGB V) in Frage zu stellen und zu prüfen.

1325 Wabnitz, Medizinprodukte als Hilfsmittel in der gesetzlichen Krankenversicherung, S. 71 m.w.N.

1326 Vgl. hierzu Beuthien/Schmölz, Rechtstellung der Unternehmen bei der Aufnahme neuer Produkte in das Hilfsmittelverzeichnis, MedR 1996, 99, 100.

1327 Buchner/Krane, BUB-Richtlinien des Bundesausschusses der Ärzte und Krankenkassen i.S. des § 135 SGB V und Rechte der Arzneimittel- und Medizinproduktehersteller; NZS 2002, 65, 67.

1328 Hierzu auch Zuck in: Quaas/Zuck (Hrsg.), Medizinrecht § 61 Rn. 1, 8, 5 ff; a.A. Wabnitz, Medizinprodukte als Hilfsmittel in der gesetzlichen Krankenversicherung, S 78.

1329 Sozialgesetzbuch (SGB) Fünftes Buch (V) – Gesetzliche Krankenversicherung – (Artikel 1 des Gesetzes v. 20. Dezember 1988, BGBl. I S. 2477).

1330 BSG Urteil vom 31.08.2000 Az: B 3 KR 21/99 R = BSGE 87, 105; bestätigt durch BSG Urteil vom 12.08.2009 – B 3 KR 10/07 R, Rn. 24 ff.

1331 Seit dem Jahr 2008 zusammengefasst zum „Spitzenverband Bund der Krankenkassen (GKV-Spitzenverband).

zu entscheiden. Der Hersteller wendete sich gegen die ablehnende Entscheidung der Spitzenverbände der gesetzlichen Krankenversicherung sein Medizinprodukt in das Hilfsmittelverzeichnis aufzunehmen.

Das BSG entschied, dass die Entscheidung über die Aufnahme eines Hilfsmittels in das Hilfsmittelverzeichnis nicht lediglich verwaltungsinterne Wirkung habe, sondern als Verwaltungsakt zu qualifizieren sei. Zudem stellte es klar, dass die Auswirkung einer Aufnahmeentscheidung auf den jeweiligen Hersteller nicht bloße Rechtsreflexe darstellen, auch wenn die Hersteller in § 128 SGB V, der die Verpflichtung der Spitzenverbände der gesetzlichen Krankenversicherung zur Aufstellung des Hilfsmittelverzeichnisses regelt, nicht erwähnt werden.

Das BSG betonte, dass das Hilfsmittelverzeichnis, selbst wenn man sich auf seine Funktion als Orientierungshilfe für die Krankenkassen beschränkte, eine marktsteuernde Wirkung mit erheblicher Auswirkung für die Hersteller von Hilfsmitteln habe. Denn auch wenn die Rechtsprechung eine rechtliche Bindung der Vertragsärzte an das Hilfsmittelverzeichnis verneint habe, werde über das Hilfsmittelverzeichnis das Verordnungsverhalten der Vertragsärzte gesteuert, wovon alle Versicherten der gesetzlichen Krankenversicherung und somit ca. 90% der Gesamtbevölkerung betroffen seien.

Das BSG legte § 139 Abs. 2 SGB V unter Einbeziehung der Richtlinie des Bundesausschusses der Ärzte und Krankenkassen[1332] über die Verordnung von Heilmitteln und Hilfsmitteln in der kassenärztlichen und vertragsärztlichen Versorgung (Heil- und HilfsmittelRL)[1333] aus und betonte, dass im der Entscheidung zugrunde liegenden Zusammenhang maßgebend sei, dass Nr. 8 der Richtlinie für Ärzte zumindest den Anschein erwecke, Vertragsärzte seien bei der Verordnung von Hilfsmitteln an das Hilfsmittelverzeichnis gebunden. Hieraus folge, dass die Aufnahmeentscheidung gegenüber dem Hersteller eines Hilfsmittels objektiv berufsregelnde Tendenz habe, weswegen sich die Aufnahmeentscheidung an Art. 12 GG messen lassen müsse, der dem Betroffenen bei Eingriffen einen Abwehranspruch einräume. Dies führe dazu, dass § 139 Abs. 2 SGB V bei verfassungskonformer Auslegung dahingehend zu verstehen sei, dass der Hersteller eines Hilfsmittels bei der Aufnahme in das Hilfsmittelsverzeichnis nicht nur am Verfahren dergestalt zu beteiligen sei, dass er den Spitzenverbänden die zur Qualitätsprüfung erforderlichen Auskünfte erteilen muss und Unterlagen vorzulegen hat, sondern dass ihm auch ein Anspruch auf Bescheidung eines von ihm gestellten Aufnahmeantrags zustehe, auch wenn ein Rechtsanspruch mit eigenem Antragsrecht auf Aufnahme ins Hilfsmittelverzeichnis in § 139 SGB V nicht ausdrücklich erwähnt sei.

Das BSG hat zudem konkretisiert, dass der Hersteller eines Hilfsmittels aus § 139 Abs. 2 Satz 1 SGB V nicht nur einen Bescheidungsanspruch, sondern vielmehr einen Anspruch auf Aufnahme seines Hilfsmittels ins Hilfsmittelverzeichnis

---

1332 Heute: G-BA.

1333 Heil- und HilfsmittelRL in der Fassung vom 17.06.1992, zuletzt geändert am 04.05.1996 (BAnz S. 5188).

hat, wenn er die Funktionstauglichkeit sowie den therapeutischen Nutzen und die Qualität des Hilfsmittels nachweist.[1334] Hierdurch hat das BSG klargestellt, dass es sich bei der Entscheidung über die Aufnahme eines Hilfsmittels ins Hilfsmittelverzeichnis um eine gebundene Entscheidung handelt.

Ausgehend von dieser Feststellung hat das BSG entschieden[1335], dass die maßgeblichen Entscheidungskriterien rechtsstaatlichen Anforderungen genügen müssen und der Tatsache Rechnung tragen müssen, dass die Hilfsmittelhersteller durch die Entscheidung über die Aufnahme in ihrem Grundrecht auf berufliche Betätigungsfreiheit in erheblicher Weise betroffen werden. Hieraus folge, dass die Prüfung für den Antragsteller transparent sein müsse. Die Anforderungen könnten von den Beklagten daher nicht intern und willkürlich festgelegt werden. Ausdrücklich hat das BSG darauf aufmerksam gemacht, dass die Anforderungen sich vielmehr an den Aufgaben und Zielen der gesetzlichen Krankenversicherung zu orientieren hätten. Zwar lasse § 139 Abs. 2 SGB V nicht ohne weiteres erkennen, welche Anforderungen an den Nachweis zu stellen seien, das Gesetz beschreibe aber die maßgeblichen Kriterien in § 135 Abs. 1 Satz 1 Nr. 1 SGB V, welche inhaltlich auch für die Bewertung von Hilfsmitteln gelten müssten.

Das BSG führt weiter aus, dass auch das Verfahren zur Aufnahme neuer Hilfsmittel in das Hilfsmittelverzeichnis rechtsstaatlichen Anforderungen genügen müsse, was insbesondere voraussetze, dass die Beklagten den Sachverhalt von Amts wegen ermitteln (§ 20 SGB X) und zum Vorbringen des Antragstellers im einzelnen Stellung nehmen (§ 35 SGB X).

In einem Urteil aus dem Jahr 2009[1336] hat da BSG die Rechtsprechung aus dem Jahr 2000 bestätigt und weiter konkretisiert: Nachdem seit dem Urteil aus dem Jahr 2000 durch das BSG entschieden war, dass Hilfsmittelhersteller einen Aufnahmeanspruch ins Hilfsmittelverzeichnis haben, der jedoch davon abhängt, dass die konkrete Methode aufgrund einer Richtlinie des G-BA gem. § 135 Abs. 1 Satz 1 Nr. 1 SGB V erbracht werden darf, befasste sich das BSG nun mit der Frage, wann ein Hilfsmittelhersteller einen Anspruch auf Einleitung eines Verfahrens gem. § 135 Abs. 1 Satz 1 Nr. 1 SGB V hat.

In dem Verfahren klagte ein Hilfsmittelhersteller gegen den Spitzenverband Bund der Krankenkassen wegen der negativen Entscheidung bezüglich der Aufnahme seines Hilfsmittels in das Hilfsmittelverzeichnis. Im Gegendsatz zu dem Verfahren aus dem Jahr 2000 gab es bezüglich der Behandlungsmethode, im Rahmen derer das streitgegenständliche Hilfsmittel zum Einsatz kommt, bereits eine Entscheidung des Bundesausschuss der Ärzte und Krankenkassen[1337], der die Anwendung der Behandlungsmethode i.S.d. § 135 Abs. 1 SGB V aus der vertragsärztlichen Versorgung ausschloss.

1334 BSG Urteil vom 31.03.2000 – B 3 KR 21/99 R, Rn. 16.

1335 BSG Urteil vom 31.03.2000 – B 3 KR 21/99 R, Rn. 17.

1336 BSG Urteil vom 12.08.2009 Az: B 3 KR 10/07 R.

1337 Seit 01.01.2004 „verkörpert“ durch den Gemeinsamen Bundesausschuss (G-BA).

Das BSG hat in diesem Urteil nochmals betont, dass das präventive Verbot in § 135 SGB V alleine dem Zweck der Qualitätssicherung diene; nur insoweit sei der Ausschluss ungeprüfter und nicht anerkannter Heilmethoden aus der vertragsärztlichen Versorgung gerechtfertigt. Denn grundsätzlich zählten, wie die ausdrückliche Erwähnung des medizinischen Fortschritts in § 2 Abs. 1 Satz 3 SGB V belege, auch neue medizinische Verfahren zum Leistungsumfang der GKV. Soweit sie sich als zweckmäßig und wirtschaftlich erwiesen, dürften sie den Versicherten nicht vorenthalten bleiben, dem müsse das Verfahren vor dem G-BA gerecht werden. Ausdrücklich führt das BSG aus, dass auch die Leistungserbringer Anspruch auf eine verfahrensfehlerfreie Handhabung dieser Befugnisse hätten. Zwar vermittele die Berufsfreiheit keine Garantie des Inhalts, eine nach §§ 2 Abs. 1 Satz 3, 12 Abs. 1 SGB V aus der Versorgung ausgeschlossene, also nicht dem allgemein anerkannten Stand der medizinischen Erkenntnisse entsprechende oder sonst unwirtschaftliche Leistung zu Lasten der GKV erbringen zu dürfen. Jedoch seien bei dem dieser Feststellung dienenden Verfahren die verfahrensrechtlichen Garantien zu berücksichtigen, die sich aus Art. 12 Abs. 1 GG in einem staatlich regulierten Markt, wie dem der GKV, ergäben. Das BSG hat in dem Urteil klargestellt, dass sich die aus Art. 12 Abs. 1 GG herzuleitenden Verfahrensgarantien nicht schon dann zu einem Anspruch des Herstellers auf Einleitung eines Verfahrens zur Überprüfung einer neuen Untersuchungs- und Behandlungsmethode durch den G-BA verdichtet, wenn dieser Unterlagen vorlegt, die neu und bei einer vorangegangenen Entscheidung über das betroffene Verfahren durch den G-BA noch nicht berücksichtigt worden sind. Denn Ansprüche der Hilfsmittelhersteller könnten nur aus den Amts- und Rechtspflichten abgeleitet werden, die den G-BA und die nach § 135 Abs. 1 Satz 1 SGB V Antragsbefugten nach der gesetzlichen Konzeption des § 135 SGB V selber treffen. Hiernach sei dem G-BA nicht aufgegeben, selber über den medizinischen Nutzen einer Methode zu entscheiden, sondern seine Aufgabe sei es vielmehr, sich einen Überblick über die veröffentlichte Literatur und die Meinung der einschlägigen Fachkreise zu verschaffen und danach festzustellen, ob ein durch wissenschaftliche Studien hinreichend untermauerter Konsens über die Qualität und Wirksamkeit einer neuen Untersuchungs- und Behandlungsmethode besteht. Hiervon ausgehend habe der G-BA und die nach § 135 Abs. 1 Satz 1 SGB V berufenen Institutionen den medizinischen Diskussions- und Erkenntnisstand daraufhin zu beobachten, ob neue Untersuchungs- und Behandlungsmethoden nach dem allgemein anerkannten Stand der medizinischen Erkenntnisse zwischenzeitlich die Gewähr für Qualität, Wirksamkeit und Unbedenklichkeit bieten und deshalb zukünftig in die GKV-Versorgung einzubeziehen sein könnten. Das BSG hat klargestellt, dass erst wenn der Erkenntnisstand diese Schwelle erreicht, der Hilfsmittelhersteller gestützt auf die Verfahrensgarantien aus Art. 12 Abs. 1 GG beanspruchen kann, dass der G-BA durch Antrag nach § 135 Abs. 1 Satz 1 SGB V mit der Überprüfung der neuen Untersuchungs- und Behandlungsmethode befasst wird.

2.2.4 Reaktion des Gesetzgebers auf die Rechtsprechung des BSG

Als Reaktion auf die Rechtsprechung des BSG hat der Gesetzgeber den Wortlaut des § 139 SGB V geändert. Mittlerweile regelt § 139 SGB V ausdrücklich, dass „die Aufnahme eines Hilfsmittels in das Hilfsmittelverzeichnis auf Antrag des Herstellers erfolgt" (§ 139 Abs. 3 Satz 1 SGB V) und dieser, wenn die entsprechenden Voraussetzungen erfüllt sind, gem. § 139 Abs. 4 SGB V einen gebundenen Anspruch auf Aufnahme[1338] hat. Über die Entscheidung ist dem Hersteller ein (rechtsmittelfähiger) Bescheid zu erteilen (§ 139 Abs. 6 Satz 4 SGB V).[1339] Dem Hersteller sind darüber hinaus weitere gesetzliche Beteiligungsrechte eingeräumt. So ist ihm beispielsweise ausdrücklich unter Setzung einer angemessenen Frist Gelegenheit zur Vervollständigung der Antragsunterlagen zu geben (§ 139 Abs. 6 Satz 1 SGB V), wenn der Spitzenverband Bund der Krankenkassen bei der Bearbeitung des Antrags zu dem Ergebnis kommt, dass ihm für die Entscheidung noch nicht alle erforderlichen Unterlagen vorliegen. Erst wenn er innerhalb dieser Frist der Aufforderung nicht nachkommt, darf der Antrag gem. § 139 Abs. 6 Satz 2 SGB V aus formalen Gründen abgelehnt werden.[1340]

Inhaltliche Vorgaben zum Aufnahmeverfahren finden sich in § 139 Abs. 3 – 5 SGB V. In § 139 Abs. 7 SGB V überträgt der Gesetzgeber dem Spitzenverband Bund der Krankenkassen die Befugnis, das Verfahren zur Aufnahme von Hilfsmitteln in das Hilfsmittelverzeichnis unter Beachtung der gesetzlichen Vorgaben im Einzelnen zu regeln. Hierdurch überträgt der Gesetzgeber dem Spitzenverband Bund der Krankenkassen – und nicht dem G-BA – insbesondere auch die Aufgabe die zu erfüllenden Qualitätsanforderungen zu regeln, wodurch die Zuständigkeit zur Regelung der Qualitätssicherung von den meisten anderen vergleichbaren Regelungsmechanismen abweicht.[1341]

1338 Einer Herleitung des Anspruchs mittels verfassungskonformer Auslegung des Hilfsmittelrechts bedarf es daher nicht mehr.

1339 Der Hersteller kann daher als Adressart des Bescheides bei Ablehnung eines Antrags, wenn die weiteren Zulässigkeitsvoraussetzungen erfüllt sind, mit einer kombinierten Anfechtungs- und Leistungsklage gegen die Ablehnung vorgehen. Siehe Wabnitz, Medizinprodukte als Hilfsmittel in der gesetzlichen Krankenversicherung, S. 92 f.

1340 Auch wenn die Spitzenverbände sich bei der Prüfung eines Antrages auf Aufnahme nicht zwingend auf die eingereichten Unterlagen beschränken dürfen, sondern ggf. weitere Unterlagen anfordern müssen, wurde hierdurch nicht der Amtsermittlungsgrundsatz i.S.d. § 20 SGB X normiert, sondern nur die Pflichten der Spitzenverbände ggü. den Herstellern dahingehend erhöht, dass diesen die Möglichkeit gegeben werden muss, bei Bedarf weitere Unterlagen nachzureichen, um eine Ablehnung aus formalen Gründen zu verhindern. Hierzu auch Wabnitz, Medizinprodukte als Hilfsmittel in der gesetzlichen Krankenversicherung, S. 79, 91, die hierin eine reine Beweislastrege sieht. a.A. Hohnholz in: Hauck/Noftz, SGB V K § 139 Rn. 12.

1341 Wabnitz, Medizinprodukte als Hilfsmittel in der gesetzlichen Krankenversicherung, S. 99.

2.2.5 *Schlüsse aus der Rechtsprechung zum Hilfsmittelverzeichnis für die rechtliche Untersuchung des NUB-Verfahrens*

Die weitere Auseinandersetzung mit der dargestellten Rechtsprechung und ihrer Auswirkung auf die rechtliche Untersuchung des NUB-Verfahrens erfolgt je themenbezogen in den folgenden Absätzen.

2.3 Rechtliche Qualifikation der „Information" gem. § 6 Abs. 2 Satz 3 KHEntgG

Ausgehend von der derzeitigen gesetzlichen Ausgestaltung ist die „Information" auf ihren Rechtscharakter zu untersuchen. Denn dieser hat beispielsweise Auswirkung darauf, ob hinsichtlich der „Information" eine gesetzliche Begründungspflicht, beispielsweise i.S.d. § 35 SGB X, besteht oder ob die „Information" in Bestandskraft erwächst. Darüber hinaus hat die rechtliche Einordnung weichenstellende Funktion auf der Rechtsschutzebene, da von der Qualifikation der „Information" sowohl die Wahl der sachdienlichen Klage(n) als auch die Frage abhängt, ob beispielsweise vor Klageerhebung regelmäßig ein Vorverfahren durchgeführt werden muss. Es ist jedoch ausdrücklich darauf hinzuweisen, dass die Frage, ob die „Information" als Verwaltungsakt zu qualifizieren ist, oder nicht, keine Auswirkung darauf hat, ob überhaupt gerichtlicher Rechtsschutz gewährt wird, oder nicht.[1342]

Die rechtliche Einordnung des status quo ist zudem notwendige Voraussetzung, um sich damit auseinander zu setzen, welche Änderungen gegebenenfalls erforderlich oder empfehlenswert sind.

Nach der Darstellung der InEK in seinem Papier „Aufstellung der Inforationen nach § 6 Abs. 2 KHEntgG für 2013" ist die Vereinbarung von NUB-Entgelten für Methoden, die in NUB-Status 2 eingeteilt wurden „nicht zulässig". Aus der Wahl dieser Formulierung könnte der Schluss gezogen werden, das InEK treffe als Abschluss des NUB-Verfahrens eine auf unmittelbare Rechtswirkung nach außen gerichtete einseitig verbindliche Entscheidung auf dem Gebiet des öffentlichen Krankenhausfinanzierungsrechts i.S. eines Verwaltungsaktes gem. § 31 SGB X.

Das InEK vermag jedoch nicht rechtmäßig die gesetzlichen Vorgaben über den Gesetzeswortlaut einzuengen. Für die rechtliche Qualifikation ist daher nicht die Ansicht und Handhabung des InEK entscheidend, insbesondere nicht, wenn sich diese nicht mit dem Gesetzestext vereinbaren lässt. Die rechtliche Qualifikation ist vielmehr ausgehend vom Gesetzestext vorzunehmen: Dem Gesetzeswortlaut gem. § 6 Abs. 2 Satz 3 KHEntgG zufolge „hat das Krankenhaus [...] eine Information einzuholen, ob die neue Methode mit den bereits vereinbarten Fallpauschalen und Zusatzentgelten sachgerecht abgerechnet werden kann". Diese „Information" ist gem. § 6 Abs. 2 Satz 4 KHEntgG von den Krankenhäusern und Krankenkassen bei der Vereinbarung der krankenhausindividuellen NUB-Entgelte

---

1342 Vgl. Keller in: Meyer-Ladewig/Keller/Leitherer (Hrsg.), Kommentar SGG Anhang § 54 Rn. 1; Ipsen; Allgemeines Verwaltungsrecht Rn. 318.

„zu berücksichtigen". Ausnahmsweise kann die Vereinbarung von NUB-Entgelten gem. § 6 Abs. 2 Satz 5 KHEntgG auch ohne Vorliegen der „Information" geschlossen werden, wenn die Budgetvereinbarungen nach dem 1. Januar geschlossen werden, das Krankenhaus hinsichtlich der konkreten Methode fristgerecht eine (vollständige) NUB-Anfrage gestellt hat und im Zeitpunkt der Budgetvereinbarungen das NUB-Verfahren seitens des InEK noch nicht abgeschlossen wurde, noch keine „Information" vorliegt.

2.3.1 Keine zweiseitige einvernehmliche Vereinbarung

Da die „Information" den Krankenhäusern einseitig von dem InEK erteilt wird, kommt die Einordnung als einvernehmliche Vereinbarung im Sinn eines (öffentlich-rechtlichen) Vertrages gem. § 53 ff. SGB X nicht in Frage.

2.3.2 Kein terminologisch eindeutiger Begriff

Der Gesetzgeber hat durch die Wahl des Begriffs „Information" für den Abschluss des NUB-Verfahrens keinen Begriff gewählt, der aufgrund der rechtlichen Terminologie, anders als beispielsweise die Begriffe „Bescheid"[1343] – wie mittlerweile hinsichtlich der Aufnahme eines Hilfsmittels ins Hilfsmittelverzeichnis gem. § 139 Abs. 6 Satz 4 SGB V[1344] –, „Genehmigung" oder „Entscheidung", eine eindeutige Einordnung als einseitig verbindliche, rechtsmittelfähige Regelung nahe legt. Jedoch zeigt die rechtliche Qualifikation der vom G-BA gem. § 135 Abs. 1 SGB V gegebenen „Empfehlungen" als verbindliche Regelungen, die als Äußerungen staatlicher Gewalt einen Befolgungsanspruch in sich tragen,[1345] einmal mehr, dass alleine aus der vom Gesetzgeber gewählten Bezeichnung einer „Entscheidung" – insbesondere im schnelllebigen Gesundheitsrecht – keine zwingenden Schlüsse auf deren terminologische Genauigkeit gezogen werden können. Zudem zeigt die Rechtsprechung zur Aufnahmeentscheidung eines Hilfsmittels ins Hilfsmittelverzeichnis, dass eine Maßnahme aufgrund ihrer tatsächlichen Auswirkung mit „EingriffsPotenzial" im grundrechtlichen Sinne, eine schriftliche, rechtsmittelfähige, begründete Entscheidung erfordern kann. Es ist daher nicht ausgeschlossen, dass auch eine „Information" rechtlich als Verwaltungsakt gem. § 31 SGB X zu qualifizieren ist.

Neben dem vom Gesetzgeber für den „Abschluss" des NUB-Verfahrens gewählten Begriff der „Information" sind für die rechtliche Qualifikation der „Information" insbesondere die vom Gesetzgeber beschriebenen Rechtsfolgen in die Auslegung mit ein zu beziehen. Hiernach ist die „Information" von den „Vertragsparteien auf Ortsebene" (§ 11 KHEntgG) „zu berücksichtigen".

1343 Engelmann in: von Wulffen SGB X § 31 Rn. 26.

1344 Vgl. hierzu die heutige Formulierung bezüglich der Entscheidung über die Aufnahme eines Hilfsmittels ins Hilfsmittelverzeichnis: § 139 Abs. 6 Satz 4 SGB V: Über die Entscheidung ist ein Bescheid zu erteilen."

1345 Vießmann, Thomas, in Spickhoff (Hrsg.) Medizinrecht, SGB V, § 135 Rn. 12c.

2.3.3 *Fakultative unverbindliche Auskunft*

Bei der „Information“ könnte es sich um eine unverbindliche Auskunft des InEK handeln, die, vergleichbar den Vergütungsberatungen der Medizintechnikbranche durch den G-BA gem. § 137 e Abs. 8 SGB V rein fakultativ eingeholt werden kann, wenn die Krankenhäuser Interesse daran haben die sachkundige Meinung des InEK, als DRG-Institut, dazu einzuholen, ob sich eine konkrete NUB-Methode schon durch bestehende DRG-Fallpauschalen sachgerecht abbilden lässt, oder ob für eine sachgerechte Vergütung derzeit die krankenhausindividuelle Vereinbarung von NUB-Entgelten erforderlich ist.

Für die Krankenhäuser stellt es einen viel größeren Aufwand dar, wenn sie die NUB-Methode nicht „einfach“ erbringen und über das DRG-Fallpauschalensystem abrechnen können, sondern präventiv, lange vor der tatsächlichen Erbringung der Methode krankenhausindividuell für jede NUB-Methode NUB-Entgelte mit den Krankenkassen aushandeln müssen. Das NUB-Verfahren könnte also „nur“ eine fakultative Hilfestellung zugunsten der Krankenhäuser sein, um in Zweifelsfällen aufgrund der sachkundigen „Information“ des InEKs „davor bewahrt“ zu sein in Fällen, in denen eine sachgerechte Vergütung auch ohne NUB-Entgelte möglich ist, überflüssige NUB-Entgelt-Verhandlungen mit den Krankenkassen zu führen.

Gegen diese Auslegung spricht jedoch, dass das NUB-Verfahren nach dem Gesetzeswortlaut vor der Vereinbarung von NUB-Entgelten zwingend durchzuführen ist (§ 6 Abs. 2 Satz 3 KHEntgG: „Vor der Vereinbarung einer gesonderten Vergütung hat das Krankenhaus...“). Die Durchführung ist daher nicht fakultativ.

Auch das Ergebnis des NUB-Verfahrens, „die Information“, ist nicht völlig unverbindlich, sondern muss von den Parteien auf Ortsebene zwingend „berücksichtigt“ werden. Dies ergibt sich unmittelbar aus dem Gesetzeswortlaut, demzufolge gem. § 6 Abs. 2 Satz 4 KHEntgG die Vertragsparteien die Information bei ihrer Vereinbarung [der NUB-Entgelte] „zu berücksichtigen haben“. Noch stärker betont wird dies durch die Eigendarstellung des InEK in den von ihm auf seiner Homepage veröffentlichten „Begleitinformationen zum NUB-Verfahren“[1346], denn hiernach soll die Vereinbarung von NUB-Entgelten bei NUB-Status 2 „nicht zulässig“ sein.

Zudem würde durch die vom InEK tatsächlich erteilte “Information“ aus Perspektive der Krankenhäuser das Ziel einer Auskunft im Sinne einer „Vergütungsberatung“, wie sie in § 137 e Abs. 8 SGB V nun für die Medizintechnikbranche durch den G-BA vorgesehen ist, nicht gerecht, da das InEK regelmäßig in Fällen, die es in NUB-Status 2 eingruppiert, keine inhaltliche sachdienliche Auskunft darüber gibt, wie konkret die NUB-Methode ohne die Vereinbarung von NUB-Entgelten über die bereits definierten Fallpauschalen und Zusatzentgelte sachgerecht vergütet werden kann bzw. vergütet werden können soll.

1346 Überschrieben mit „Aufstellung der Informationen nach § 6 Abs. 2 KHEntgG für 2013, zu finden unter http://www.g-drg.de/cms/G-DRG-System_2013/Neue_Untersuchungs-_und_Behandlungsmethoden_NUB/Aufstellung_der_Informationen_nach_6_Abs._2_KHEntgG_fuer_2013; abgerufen am 18.09.2013.

Die Qualifikation der „Information“ als fakultativ einzuholende unverbindliche Auskunft scheidet daher aus.

2.3.4 Verwaltungsakt gem. § 31 SGB X

Die untechnische Formulierung in § 6 Abs. 2 Satz 3 KHEntgG steht der Einordnung der „Information“ als Verwaltungsakt i.S.d. § 31 Satz 1 SGB X nicht entgegen, da ein Verwaltungsakt hiernach jede Verfügung, Entscheidung oder andere hoheitliche Maßnahme ist, die eine Behörde zur Regelung eines Einzelfalls auf dem Gebiet des öffentlichen Rechts trifft und die auf unmittelbare Rechtswirkung nach außen gerichtet ist.[1347] Auf die Bezeichnung (bspw. Entscheidung, Beschluss, Bescheid, Genehmigung, Erlaubnis, Verfügung, Anordnung, Verwaltungsakt) einer Handlung kommt es nicht entscheidend an.[1348] Diese hat allenfalls indizielle Bedeutung.[1349] Vielmehr ist der Inhalt der Regelung maßgebend.[1350] Wenn ein rechtserhebliches Verwaltungshandeln einer Behörde vorliegt, so ist der Begriff der Maßnahme als „Verwaltungsakt“ als Oberbegriff weit zu fassen.[1351] Ob es sich bei der Erklärung des InEK um einen Verwaltungsakt handelt und mit welchem Inhalt dieser ggf. erlassen wird, erfordert einer Betrachtung und Auslegung im Einzelfall und bestimmt sich unter Berücksichtigung der gesetzlichen Systematik[1352] nach verständiger Würdigung durch den Empfänger[1353].

Insbesondere scheitert die Qualifikation der „Information“ als Verwaltungsakt nicht daran, dass für ihre Erteilung in § 6 KHEntgG keine Form vorgegeben ist, da für Verwaltungsakte kein Formerfordernis besteht.[1354] Vielmehr können sie gem. § 33 Abs. 2 Satz 1 SGB X sowohl schriftlich, als auch elektronisch, mündlich oder in anderer Weise erlassen werden. Auch eine fehlende Begründung i.S.d. § 35 SGB X sowie die Tatsache, dass der „Information“ durch das InEK keine Rechtsbehelfsbelehrung i.S.d. § 36 SGB X beigefügt ist, steht der rechtlichen Einordnung der „Information“ als wirksamem Verwaltungsakt nicht im Wege, da beides

---

1347 Es müssen jedoch alle der genannten Kriterien erfüllt sein. Vgl. Hesse in: Rolfs/Giesen/Kreikebohm/Udsching, Beckscher Online-Kommentar Sozialrecht, SGB X § 31 Rn. 6.

1348 Engelmann in: Von Wulffen, SGB X § 31 Rn. 10; Krasney in Kasseler Kommentar zum Sozialversicherungsrecht, SGB X, § 31 Rn. 2; vgl. auch Ipsen; Allgemeines Verwaltungsrecht Rn. 320 mit Hinweis auf die „terminologische Uneinheitlichkeit“.

1349 Engelmann in: Von Wulffen, SGB X § 31 Rn. 10.

1350 Krasney in Kasseler Kommentar zum Sozialversicherungsrecht, SGB X, § 31 Rn. 2.

1351 Engelmann in: Von Wulffen, SGB X § 31 Rn. 10.

1352 Engelmann in: Von Wulffen, SGB X § 31 Rn. 7.

1353 Heße in: Beck'scher Online-Kommentar § 31 Vor Rn. 1; Krasney in Kasseler Kommentar zum Sozialversicherungsrecht, SGB X, § 31 Rn. 11.

1354 Vgl. Herold-Tews; Der Sozialgerichtsprozess, B.I. Rn. 24; Ipsen; Allgemeines Verwaltungsrecht Rn. 642.

lediglich bei schriftlichen bzw. schriftlich oder elektronischen Verwaltungsakten erforderlich ist und im Falle des Fehlens nicht dazu führt, dass ein Verwaltungsakt als nichtig i.S.d. § 40 SGB X zu betrachten ist.[1355]

2.3.4.1 Auf dem Gebiet des öffentlichen Rechts

Die „Information" ist als „Auskunft" über bestehende Abrechnungsmöglichkeiten im Rahmen des Krankenhausfinanzierungsrechts gem. § 7 Abs. 1 Satz 1 Nr. 1 und 2 KHEntgG dem öffentlichen Recht zuzuordnen.[1356] Denn die Durchführung des NUB-Verfahrens erfolgt durch das InEK aufgrund des KHEntgG. Als Recht der Vergütung der stationären Leistungen und somit als Bestandteil des Rechts der Finanzierung derjenigen Krankenhäuser, die an der Behandlung gesetzlich versicherter Patienten teilnehmen, ist das KHEntgG eine zentrale öffentlich-rechtliche Regelung. Die Durchführung des NUB-Verfahrens aufgrund des § 6 Abs. 2 Satz 3 KHEntgG erfolgt daher aufgrund einer öffentlich-rechtlichen Rechtsgrundlage[1357] und somit „auf dem Gebiet des öffentlichen Rechts".

2.3.4.2 Außenwirkung

Sie ist auch auf unmittelbare Rechtswirkung nach außen gerichtet, da sie nicht nur interne Abläufe des InEKs betrifft, sondern sowohl nach der gesetzlichen Konstruktion, als auch seitens des InEK darauf angelegt ist, darauf abzielt, den Rechtskreis des InEK zu verlassen und von den Vertragsparteien auf Ortsebene im Rahmen der Budgetverhandlungen „berücksichtigt" zu werden. Weitere Maßnahmen sind nach der „Informationserteilung" nicht erforderlich, um die Rechtsfolge, die „Zulassung der Vereinbarung krankenhausindividueller Entgelte", festzusetzen.[1358]

2.3.4.3 Einzelfallregelung oder Allgemeinverfügung

Weniger eindeutig ist die Beantwortung der Frage, ob die „Information" ein VA i.S. einer Einzelfallregelung gem. § 31 Satz 1 SGB X oder i.S. einer Allgemeinverfügung gem. § 31 Satz 2 SGB X ist. Einzelfallregelungen sind Maßnahmen in einem konkreten Fall mit individuellem Bezug, während sich die Allgemeinverfügung an eine Vielzahl von Personen richtet oder eine Vielzahl von Fällen betrifft.[1359] Voraussetzung

1355 Vgl. Herold-Tews; Der Sozialgerichtsprozess, B.I. Rn. 25.

1356 Die Maßnahme muss nicht zwingend in einem Über-Unterordnungsverhältnis ergehen, um als öffentlich-rechtlicher Akt qualifiziert zu werden. Vgl. Heße in Rolfs/Giesen/Kreikebohm/Udsching, BeckOK Sozialrecht, SGB X § 31 Rn. 7; vgl. auch Rn. 11 ff.; a.A. Vgl. Krasney in Kasseler Kommentar zum Sozialversicherungsrecht, SGB X, § 31 Rn. 5.

1357 Ipsen; Allgemeines Verwaltungsrecht Rn. 332.

1358 Vgl. Ipsen; Allgemeines Verwaltungsrecht Rn. 365.

1359 Vgl. Heße in Rolfs/Giesen/Kreikebohm/Udsching, BeckOK Sozialrecht, SGB X § 31 Rn. 10.

für das Merkmal des bestimmten oder bestimmbaren Personenkreises ist, ob jeder, an den die Allgemeinverfügung gerichtet ist, dies erkennen kann.[1360]

Für eine Einzelfallregelung spricht, dass jedes Krankenhaus für jede NUB-Methode, die es anwenden möchte und für die es aus seiner Sicht noch keine sachgerechte Vergütungsmöglichkeit gem. § 7 Abs. 1 Satz 1 Nr. 1 und 2 KHEntgG gibt, aufgrund umfangreicher krankenhausindividueller Unterlagen[1361] eine NUB-Anfrage stellen muss und als Antwort des InEK eine Auflistung erhält, die nur „Informationen" über den jeweiligen NUB-Status der NUB-Methoden erfasst, hinsichtlich derer das Krankenhaus NUB-Anfragen gestellt hatte. Für eine Einzelfallregelung spricht auch der Wortlaut der vom InEK im Dokument „Aufstellung der Informationen" niedergelegte Begründung für die Verleihung des NUB-Status 4. Denn hiernach werden angefragte Leistungen/Methoden mit NUB-Status 4 gekennzeichnet, „bei denen die mit der Anfrage übermittelten Informationen im Sinne des Verfahrens nach § 6 Abs. 2 KHEntgG unplausibel oder nicht nachvollziehbar waren". Diese Formulierung erweckt den Eindruck, als würde das InEK einzelne Anfragen mit NUB-Status 4 versehen, wenn diese die formalen Kriterien, denen eine „erfolgreiche Anfrage" gemäß Absatz 10 der Verfahrenseckpunkte genügen muss, nicht erfüllen, während andere Anfragen, die dieselbe NUB-Methode betreffen, aber von einem anderen Krankenhaus gestellt wurden, das die formalen Kriterien einer „erfolgreichen Anfrage" erfüllt hat, nicht wegen „unplausibler oder nicht nachvollziehbarer" Anfragematerialien scheitern, sondern eine inhaltliche Entscheidung, nämlich NUB-Status 1 oder NUB-Status 2 erhalten.

Gegen eine adressatenbezogene Einzelfallregelung, sondern für eine methodenbezogene Allgemeinverfügung, wie sie das BSG beispielsweise auch hinsichtlich der Festbetragsfestsetzung gem. §35 SGB V annimmt[1362], spricht jedoch, dass die Entscheidung, die jeweilige Einteilung in einen NUB-Status letztendlich methodenbezogen und nicht antrags(steller)bezogen erfolgt. Das hieße, dass das InEK – ausgehend von den Erkenntnissen aus den veröffentlichten tabellarischen Auflistungen der Ergebnisse der NUB-Verfahren der vergangenen Jahre – Methoden nur einheitlich in Status 1, 2 oder 4 einteilt.

1360 Krasney in Kasseler Kommentar zum Sozialversicherungsrecht, SGB X, § 31 Rn. 14 m.w.N.

1361 Vgl. unter E.1.5.

1362 Festbetragsfestsetzungen § 35 SGB V sind Verwaltungsakte in Form einer Allgemeinverfügung, die sich nach der Gesetzeskonzeption an Versicherte und Vertragsärzte, nicht jedoch an den Arzneimittelhersteller richten (vgl. BSG Urteil vom 01.03.2013 – B 1 KR 7/10 R, Rn. 11, 13. Betroffene Arzneimittelhersteller können die Aufhebung einer Festbetragsfestsetzung verlangen, soweit sie in ihren Anhörungsrechten verletzt oder wegen einer willkürlichen Handhabung des § 35 SGB V benachteiligt sind. BSG 01.03.2013 – B 1 KR 7/10 R, Rn. 13.

Der tabellarisch veröffentlichten Liste[1363], in der das InEK jährlich offen legt, wie viele Krankenhäuser für welche NUB-Leistung/Methode eine NUB-Anfrage gestellt haben und welcher Status der jeweiligen Methode/Leistung vergeben wurde, ist zu entnehmen, dass alle anfragenden Krankenhäuser bezüglich einer konkreten Leistung/Methode dieselbe „Information" bekommen. Auch NUB-Status 4, der im NUB-Verfahren Herbst/Winter 2012/2013 bei insgesamt 600 geprüften NUB-Leistungen/Methoden für 31 Leistungen/Methoden vergeben wurde, wurde in den 31 Fällen jeweils einheitlich an alle anfragenden Krankenhäuser vergeben. Dies waren im Fall der unter der laufenden Nummer 567 geführten NUB-Leistung/Methode immerhin 273 Krankenhäuser. Und bezogen auf alle 31 NUB-Leistungen/Methoden, die NUB-Status 4 erhalten haben, sind es 1622 Einzelanfragen, die von 1622 Krankenhäusern gestellt wurden.

Dies bedeutet laut der Definition des NUB-Status 4[1364], dass es nach Prüfung durch das InEK beispielsweise bezüglich der unter der laufenden Nummer 567 geführten NUB-Leistung/Methode „Enzalutamid" keinem der 273 Krankenhäuser, die diese konkrete NUB-Methode anwenden wollen und deshalb fristgerecht[1365] ein NUB-Verfahren eingeleitet haben, gelungen ist, plausible und nachvollziehbare Unterlagen einzureichen. Denn wäre es einem Krankenhaus „gelungen" plausible und nachvollziehbare Unterlagen einzureichen, hätte sich das InEK laut der von ihm veröffentlichten Kriterien für die einzelnen Status bezüglich der konkreten Methode auf NUB-Status 1 (krankenhausindividuelle Vereinbarung eines NUB-Entgeltes zulässig, da noch keine sachgerechte Vergütung durch das G-DRG System) oder NUB-Status 2 (krankenhausindividuelle Vereinbarung eines NUB-Entgeltes nicht zulässig, da schon sachgerechte Vergütung durch das G-DRG System möglich) festlegen müssen.

Da kaum vorstellbar ist, dass es keinem der 273 Krankenhäuser gelungen ist, „plausible und nachvollziehbare" Unterlagen einzureichen[1366], spricht das vom InEK

1363 Abrufbar unter http://www.g-drg.de/cms/G-DRG-System_2013/Neue_Untersuchungs-_und_Behandlungsmethoden_NUB/Aufstellung_der_Informationen_nach_6_Abs._2_KHEntgG_fuer_2013, Übersicht über die vorausgegangenen Jahre abrufbar unter http://www.g-drg.de/cms/Archiv; abgerufen am 30.03.2013.

1364 „Aufstellung der Informationen nach § 6 Abs. 2 KHEntgG für 2013" Stand 21.02.2013 abgerufen auf der Seite des InEK unter http://www.g-drg.de/cms/G-DRG-System_2013/Neue_Untersuchungs-_und_Behandlungsmethoden_NUB/Aufstellung_der_Informationen_nach_6_Abs._2_KHEntgG_fuer_2013 am 30.03.2013.

1365 Ansonsten hätte das InEK die Anfragen gar nicht berücksichtigt und folglich keinen NUB-Status vergeben, da gem. Absatz 6 der Verfahrenseckpunkte (abrufbar unter http://www.g-drg.de/cms/Neue_Untersuchungs-_und_Behandlungsmethoden_NUB; abgerufen am 30.03.2013) „verspätet eingehende Anfragen im weiteren Verfahren leider nicht berücksichtigt werden können".

1366 Im Gespräch teilten mehrere Krankenhäuser mit, dass sich für sie aufgrund der NUB-Verfahren der letzten Jahre der Verdacht aufdrängt, dass das InEK in Fällen, in denen es sich „vor einer Entscheidung drückt" den NUB-Status 4 vergibt.

bekannt gegebene Ergebnis gegen eine tatsächliche Einzelfallentscheidung i.S.d. § 31 Satz 1 SGB X, auch wenn durch den Wortlaut des § 6 Abs. 2 Satz 3 KHEntgG i.V.m. den Anforderungen, die gem. Absatz 10 der Verfahrenseckpunkte an eine „erfolgreiche Anfrage" zu stellen sind und der Definition des InEK für NUB-Status 4 eine Einzelfallprüfung suggeriert wird.

Auch die Tatsache, dass das InEK vermehrt mehrere Status für eine NUB-Methode/Leistung vergibt, ändert nichts an der Einschätzung, dass es sich bei der „Information" nicht um eine Einzelfallentscheidung im Sinn des § 31 Satz 1 SGB X handelt. Denn die Aufspaltung erfolgte nicht gegenüber verschiedenen antragstellenden Krankenhäusern, denen es teilweise gelungen war „plausible und nachvollziehbare" Unterlagen einzureichen, während die Anfragen anderer Krankenhäuser an diesem Kriterium scheiterten. Sondern die Aufspaltung hat inhaltliche Gründe:

Im NUB-Verfahren Herbst/Winter 2012/2013 hat das InEK laut der veröffentlichten Auflistung bezüglich 15 NUB-Leistungen/Methoden zwei NUB-Status[1367] vergeben[1368]. Hiervon in fünf Fällen[1369] neben dem NUB-Status 1 bzw. 2 jeweils noch den NUB-Status 4[1370]. Aus den Erläuterungen in den Fußnoten 14 bis 16 ergibt sich, dass die gespaltene NUB-Status-Vergabe nicht darin ihren Ursprung hat, dass die Anfragen einzelner Krankenhäuser nicht die erforderlichen Materialien für die Prüfung eingereicht haben und somit „nicht erfolgreich" waren. Vielmehr wird aus den Erläuterungen deutlich, dass das InEK hinsichtlich der konkreten NUB-Methoden zwischen verschiedenen „Behandlungsalternativen"[1371] differenziert hat und hier jeweils die sachgerechte Abbildung im G-DRG System anders beurteilte.

Auch die Tatsache, dass das InEK in der veröffentlichten Auflistung die NUB-Leistungen/Methoden, bezüglich derer ein NUB-Status vergeben wurde[1372], nach

---

1367 Duden, Die deutsche Rechtschreibung: Status": Das aus dem Lateinischen stammende Substantiv lautet im Genitiv und im Plural gleich wie im Nominativ Singular, also des Status und die Status. Ein Unterschied besteht lediglich in der Aussprache. Im Plural wird das u lang gesprochen.

1368 Verfahren unter der laufenden Nummer 84 bis 97 und der laufenden Nummer 566.

1369 Verfahren unter der laufenden Nummer 94 bis 97 und dem Verfahren unter der laufenden Nummer 566.

1370 In den anderen 10 Fällen (laufende Nummer 84 bis 93) wurde der Status „1 bzw. 2" vergeben.

1371 NUB-Methoden laufende Nummer 94 bis 96: Differenzierung zwischen intrakranieller Lokalisation (NUB-Status 1) und allen übrigen Lokalisationen (NUB-Status 4); NUB-Methode laufende Nummer 79: Differenzierung zwischen intravitrealer Gabe (NUB-Status 1) und epiretinaler Gabe (NUB-Status 4); NUB-Methode laufende Nummer 566: Differenzierung zwischen Anwendung an Extremitätengefäßen (NUB-Status 2) und allen übrigen Lokalisationen (NUB-Status 4).

1372 Beziehungsweise bezüglich derer bezogen auf drei NUB-Leistungen/Methoden (laufende Nummern 598 bis 600 der Auflistung) infolge von 25 Einzelanfragen ausnahmsweise kein NUB-Status vergeben wurde mit der Begründung (in Fußnote 18 der Auflistung) „die Festlegung des „Status 2013" sei bis zur abschließenden Entscheidung durch die Selbstverwaltungspartner nach § 17 b KHG ausgesetzt".

Leistungen/Methoden gruppiert auflistet, spricht gegen eine isolierte Einzelfallprüfung einer jeden Anfrage und für eine einheitliche Prüfung pro Methode.[1373]

1373 Wenn dies der Fall ist, dann müsste eine „erfolgreiche" Anfrage bezüglich einer konkreten NUB-Methode, die plausible und nachvollziehbare Unterlagen einreicht, bezüglich der Methode eine inhaltliche Entscheidung über die Vergabe des NUB-Status 1 oder des NUB-Status 2 zulassen. Konsequenterweise müsste das InEK in folgendem Gedankenspiel allen Krankenhäusern, die bezüglich einer konkreten NUB-Methode fristgerecht eine NUB-Anfrage gestellt haben, den NUB-Status 1 oder 2 vergeben: Bezüglich einer konkreten, nicht gem. § 137 c SGB V vom G-BA aus dem Leistungsspektrum der zu Lasten der gesetzlichen Krankenversicherung erbringbaren Leistungen ausgeschlossenen NUB-Leistung/Methode, stellen 500 Krankenhäuser eine NUB-Anfrage beim InEK gem. § 6 Abs. 2 Satz 3 KHEntgG, da sie der Meinung sind, diese NUB-Methode sei durch die schon definierten DRG-Fallpauschalen und Zusatzentgelte noch nicht sachgerecht vergütet, weswegen die anfallenden Mehrkosten durch krankenhausindividuelle NUB-Entgelte gem. § 6 Abs. 1 Satz 1 KHEntgG vergütet werden müssten. Von den 500 Einzelanfragen erfüllt aus Sicht des InEK lediglich eine Anfrage eines Krankenhauses die formalen Anforderungen, die aus seiner Sicht an eine Anfrage zu stellen sind, während bezüglich aller restlichen 499 Anfragen die „übermittelten Informationen unplausibel oder nicht nachvollziehbar waren" (Zitat aus dem Wortlaut der Definition des NUB-Status 2), also letztendlich aus formalen Gründen keine inhaltliche Prüfung zuließen und somit scheiterten. Eine inhaltliche Prüfung i.S.d. § 6 Abs. 2 Satz 3 KHEntgG dürfte folglich nur bezüglich der einen „vollständigen" Anfrage erfolgen. Es gibt aber auch keinen Grund, weswegen die inhaltliche Prüfung bezüglich dieser Anfrage unterbleiben sollte oder könnte. Konsequenterweise müssten aber aufgrund der einen vollständigen Anfrage, die eine inhaltliche Prüfung ermöglicht, alle 500 Anfragen inhaltlich dieselbe Antwort bekommen, nämlich NUB-Status 1 oder 2. Und dies, auch wenn die 499 Anfragen unvollständig waren, aber eindeutig dieselbe konkrete NUB-Methode betreffen, bezüglich der eine vollständige Anfrage eingereicht wurde. Dieses Ergebnis des Gedankenspiels wäre grundsätzlich bei systematischer Betrachtung nicht überraschend, da bei der Anwendung derselben neuen Untersuchungs- oder Behandlungsmethode an verschiedenen Krankenhäusern regelmäßig vergleichbare Kosten anfallen, welche sich entweder bundesweit durch die schon definierten Fallpauschalen und Zusatzentgelte abbilden lassen, oder eben noch nicht, weswegen die Mehrkosten durch die Vereinbarung krankenhausindividueller Entgelte gem. § 6 Abs. 2 Satz 1 KHEntgG abgedeckt werden müssen. Dieses einheitliche Vorgehen würde auch der Systematik der §§ 135, 137 c SGB V entsprechen. Denn hiernach wird die Erbringung von NUB-Methoden im stationären Sektor mangels Erlaubnisvorbehalt i.S.d. § 135 SGB V grundsätzlich gestärkt, weswegen der Gesetzgeber mit der Ausnahmeregelung des § 6 Abs. 2 Satz 1 KHEntgG lediglich auf der Abrechnungsebene die erforderliche flexible Vergütungsmöglichkeit geschaffen hat. Zwar sollen nach der Regelung in § 6 Abs. 2 Satz 3 KHEntgG, der die Durchführung des NUB-Verfahrens verpflichtend als Bedingung für die Krankenhäuser vorschreibt, die bezüglich einer konkreten Methode krankenhausindividuelle NUB-Entgelte gem. § 6 Abs. 2 Satz 1 KHEntgG vereinbaren wollen,

Wenn ein Krankenhaus A durch entsprechende beim InEK fristgerecht eingereichte umfangreiche, sachdienliche Unterlagen sein ernsthaftes Interesse an der Vereinbarung von krankenhausindividuellen Entgelten gem. § 6 Abs. 2 Satz 1 KHEntgG kund getan hat, sich das Vorliegen der Voraussetzungen für die Beurteilung der nicht abgebildeten Mehrkosten im Rahmen des NUB-Verfahrens aus Sicht des InEK aber lediglich aus den die gleiche Methode betreffenden Unterlagen des Krankenhauses B ergeben, oder vielleicht sogar nur aus einer Zusammenschau der Unterlagen des Krankenhauses A in Verbindung mit den vom Krankenhaus B eingereichten Unterlagen, so spricht im Sinne der Systematik des § 137 c SGB V und der Bedeutung bzw. des Sinn und Zwecks des NUB-Verfahrens nichts dagegen, dass die NUB-Leistung/Methode einheitlich mit NUB-Status 1 oder NUB-Status 2 bewertet wird.

Denn Sinn und Zweck des NUB-Verfahrens ist gerade keine qualitative Prüfung oder Bewertung der konkreten NUB-Methode im Sinn der §§ 2 Abs. 1 Satz 3, 12, 1 37 c Abs. 1 SGB V, wie sie vom G-BA im Rahmen eines Richtlinienerlasses durchgeführt wird. Während der G-BA im Rahmen der Bewertung gem. § 137 c SGB V prüft, ob die konkrete Methode für eine ausreichende, zweckmäßige und wirtschaftliche Versorgung der Versicherten unter Berücksichtigung des allgemein anerkannten Standes der medizinischen Erkenntnisse erforderlich ist und die Erbringung der konkreten Methode zu Lasten der gesetzlichen Krankenkassen verbietet, wenn ihr Nutzen nicht hinreichend belegt ist und sie nicht das Potenzial einer erforderlichen Behandlungsalternative bietet, ist es lediglich Aufgabe, Sinn und Zweck des NUB-Verfahrens gem. § 6 Abs. 2 Satz 3 KHEntgG sicherzustellen, dass nicht „systemfremd“ auf lokaler Ebene krankenhausindividuelle Entgelte zwischen den Krankenhäusern und den Krankenkassen ausgehandelt werden, wenn das bundesweit einheitliche Fallpauschalensystem schon eine sachgerechte Vergütung der NUB-Methode gewährleistet.

Auch erfolgt im NUB-Verfahren gem. § 6 Abs. 2 Satz 3 KHEntgG keine inhaltliche Prüfung dahingehend, ob die Erbringung der konkreten NUB-Methode vom Versorgungsauftrag i.S.d. § 109 Abs. 4 SGB V des konkret anfragenden Krankenhauses abgedeckt ist oder ob es aufgrund seiner konkreten, aktuellen sachlichen Ausstattung und personellen Kompetenz in der Lage ist, die konkrete NUB-Methode im Sinne einer hohen Patientensicherheit sicher zu erbringen oder ob das konkrete Krankenhaus die konkrete NUB-Methode aufgrund seiner Ausstattung sowie der Anzahl an Anwendungen im Vergleich zu anderen Häusern wirtschaftlich erbringen kann.[1374]

---

nur die Krankenhäuser NUB-Entgelte vereinbaren dürfen, die bezüglich der jeweiligen konkreten Methode das NUB-Verfahren gem. § 6 Abs. 2 Satz 3 KHEntgG durchgeführt haben.

1374 Wegen der Darstellungen in diesem Absatz ist es schwer nachvollziehbar, warum nur Krankenhäuser, die hinsichtlich einer konkreten NUB-Methode selber das NUB-Verfahren durchgeführt haben, NUB-Entgelte vereinbaren dürfen sollen. Vielmehr spricht viel für eine Änderung dahingehend, dass hinsichtlich – Methoden, die vom InEK in NUB-Status 1 eingruppiert wurden, alle an der

Da es im NUB-Verfahren somit, völlig losgelöst von dem an der Erbringung der NUB-Methode interessierten Krankenhaus, lediglich um die Prüfung, den Abgleich, den „Scan" geht, ob es im G-DRG-System schon eine passende bundeseinheitliche Vergütungsmöglichkeit für die NUB-Methode gibt, kann das Ergebnis der Prüfung hinsichtlich aller Anfragen zumindest hinsichtlich der Einordnung in NUB-Status 1 oder NUB-Status 2 bezüglich einer konkreten NUB-Methode regelmäßig nur einheitlich ausfallen, was systematisch gegen eine Einzelfallentscheidung der einzelnen Anfrage i.S.d. § 31 Satz 1 SGB X und für eine Einordnung der „Information" als Allgemeinverfügung gem. § 31 Satz 2 SGB X spricht.[1375]

Der i.S.d. § 31 Satz 2 SGB X betroffene, nach allgemeinen Merkmalen bestimmbare Personenkreis sind hiernach alle Krankenhäuser, die fristgerecht eine NUB-Anfrage bezüglich derselben NUB-Leistung/Methode gestellt haben. Denn gem. § 6 Abs. 2 Satz 3 KHEntgG ist nach dem Gesetzestext die Durchführung des NUB-Verfahrens notwendige Bedingung für ein Krankenhaus, um mit Krankenkassen krankenhausindividuelle NUB-Entgelte zu vereinbaren.

Anwendung der NUB-Methode interessierten Krankenhäuser unabhängig von einer eigenen Durchführung des NUB-Verfahrens, mit den Krankenkassen über die Vereinbarung von NUB-Entgelten gem. § 6 Abs. 2 Satz 1 KHEntgG verhandeln dürfen. Kritisch hierzu auch Felix, Rechtliche Rahmenbedingungen der Finanzierung innovativer Medizin aus Sicht der Leistungserbringer und Patienten – taugen sie gesetzlichen Vorgaben? In: Felix/Schütte (Hrsg.); Medizinische Innovation im Krankenhaus, Steuerung und Finanzierung, S. 59, 68.

1375 Auch unter Vergleich mit der Rechtsprechung des BSG zur Qualifikation des Beschlusses des (erweiterten) Bewertungsausschusses über eine Änderung des einheitlichen Bewertungsmaßstabes (EBM), ergibt sich bezüglich der rechtlichen Einordnung der „Information" kein anderes Ergebnis. Das BSG hatte den Beschluss des (erweiterten) Bewertungsausschusses über eine Änderung des einheitlichen Bewertungsmaßstabes nicht als Verwaltungsakt in Form einer Allgemeinverfügung qualifiziert, sondern vielmehr entschieden, dass es sich hierbei lediglich um einen Teilakt der Normsetzung auf vertraglicher Ebene handelt. Hieraus lassen sich aber keine unmittelbaren Schlüsse auf die Qualifikation der „Information" ableiten, da die Änderungsbeschlüsse des (erweiterten) Bewertungsausschusses den EBM, das Vergütungs- und Abrechungsreglement der Vertragsärzte unmittelbar inhaltlich ändern und somit mitgestalten, während die „Information" des InEK keine Änderung am G-DRG-Fallpauschalenkatalog vornimmt, sondern die antragstellenden Krankenhäuser lediglich dem Gesetzestext entsprechend „darüber informiert", ob die angefragte NUB-Methode schon im G-DRG-System abgebildet ist, oder nicht. Auch wenn die „Information" bezüglich einer NUB-Methode/Leistung inhaltlich einheitlich erfolgt, handelt es sich dennoch um eine konkrete Entscheidung und nicht um eine abstrakt-generelle Regelung. Denn die „Information" wird vom InEK jeweils nur anlässlich konkreter Anfragen erteilt, hat in personeller Hinsicht nur Wirkung für die antragstellenden Krankenhäuser und hat, wie vom InEK in seinem der Information beigefügten Anschreiben betont, jeweils in zeitlicher Hinsicht nur Bedeutung für ein Abrechnungsjahr – Aspekte, die allesamt gegen eine Einordnung als abstrakt – generelle Regelung sprechen.

Letztendlich kommt es nach der aktuellen gesetzlichen Ausgestaltung jedoch auf die Differenzierung der „Information“ als Einzelfallregelung oder VA i.S. einer Allgemeinverfügung nicht an, da die Qualifikation der „Information“ als Verwaltungsakt nach der aktuellen gesetzlichen Ausgestaltung daran scheitert, dass sie keine einseitig verbindliche Regelung i.S.d. § 31 SGB X eines Trägers öffentlicher Gewalt ist.

2.3.4.4 Regelung

Für die Beurteilung des Kriteriums der „Regelung“ kommt es darauf an, ob das InEK durch die „Information“ potentiell verbindliche Rechtsfolgen setzt, die ohne weitere Umsetzung Rechte begründen, ändern, aufheben oder verbindlich feststellen.[1376] Das InEK müsste bei der Durchführung des NUB-Verfahrens und der Entscheidung über die „Information“ insbesondere auch den Willen haben[1377] gegenüber den betroffenen Krankenhäusern eine Verbindliche Entscheidung zu treffen und nicht nur eine Auskunft[1378] zu geben oder seine Rechtsansicht[1379] darüber zu äußern, ob die konkrete NUB-Methode schon durch die definierten Fallpauschalen und Zusatzentgelte sachgerecht abgebildet wird.[1380]

Wenn man sich die vom InEK veröffentlichten Materialien, insbesondere die Definition des NUB-Status 2 vor Augen führt, demzufolge bei NUB-Status 2 die Vereinbarung von NUB-Entgelten nicht zulässig ist, so kann man kaum daran zweifeln, dass das InEK mit Regelungswillen handelt, um mit der „Information“ eine Genehmigung zu erteilen, NUB-Entgelte zu vereinbaren (NUB-Status 1) bzw. ein rechtsverbindliches Verbot auszusprechen (NUB-Status 2).

Zu einem anderen Ergebnis kommt man bei Begutachtung der gesetzlichen Regelungen: Ausgehend von dem vom Gesetzgeber gewählten Wortlaut (grammatikalische Auslegung) spricht weder die Wahl der Bezeichnung des das NUB-Verfahren abschließenden „Ereignisses“ die „Information“[1381], noch die beschriebene

---

1376 Engelmann in: von Wulffen SGB X § 31 Rn. 24.

1377 Vgl. Heße in Rolfs/Giesen/Kreikebohm/Udsching, BeckOK Sozialrecht, SGB X § 31 Rn. 9.

1378 Vgl. Herold-Tews; Der Sozialgerichtsprozess, B.I. Rn. 27.

1379 BSG Urteil vom 29.01.2003 – B 11 AL 47/02 R.

1380 Engelmann in: von Wulffen SGB X § 31 Rn. 24.

1381 Nach dem Duden der deutschen Sprache versteht man unter dem Wort „Information“ 1. das Informieren, die Unterrichtung über eine bestimmte Sache; Kurzwort Info; 2. die [auf Anfrage erteilte] über alles Wissenswerte in Kenntnis setzende, offizielle, detaillierte Mitteilung über jemanden, oder etwas; 3. die Äußerung oder der Hinweis, mit dem jemand von einer [wichtigen, politischen] Sache in Kenntnis gesetzt wird; 4. (Kybernetik) den Gehalt einer Nachricht, die aus Zeichen eines Codes zusammengesetzt ist und 5. eine Auskunft.
Hiernach handelt es sich bei einer „Information“ eher um die „Weiterleitung“, die „Übermittlung“ von etwas schon „Existierendem“, als um die “Kreation“ von etwas

„Rechtsfolge", dass nämlich die „Information" zu „berücksichtigen"[1382] ist, dafür, davon auszugehen, dass das InEK das NUB-Verfahren durch eine „verbindliche Regelung" abschließt. Hinsichtlich der Auseinandersetzung mit dem Wort „berücksichtigen" sei an dieser Stelle auf die Ausführungen unter A.4.6.3.1. verwiesen. Auch die Erkenntnisse aus den Gesetzgebungsmaterialien (historische Auslegung) bezüglich des NUB-Verfahrens geben keinen Anhaltspunkt dafür, dass die „Information" eine einseitig verbindliche Regelung darstellen soll. Auch Sinn und Zweck des NUB-Verfahrens sprechen dagegen, die „Information" als einseitig verbindliche Regelung zu qualifizieren (teleologische Auslegung). Denn das NUB-Verfahren ist, wie dargelegt, eigentlich „nur" ein „Scan", ein Abgleich zwischen den schon definierten Fallpauschalen und bundeseinheitlichen Zusatzentgelten und den für die Anwendung einer konkreten NUB-Methode anfallenden Kosten. Dieser „Abgleich" wird von dem das DRG-System betreuenden und weiterentwickelnden DRG-Institut, dem InEK, durchgeführt. Durch die „Information" teilt das InEK seine Einschätzung mit, die aufgrund der großen Sachnähe des InEK eine nicht zu unterschätzende tatsächliche Bedeutung hat. Durch die „Information" soll aber nichts „Neues genehmigt" werden, weswegen es unzutreffend wäre, von einer eigenständigen „Regelung" zu sprechen. Nach der bisherigen gesetzlichen Ausgestaltung ist „nur" die Durchführung des NUB-Verfahrens Voraussetzung für die Vereinbarung von NUB-Entgelten gem. § 6 Abs. 2 Satz 1 KHEntgG, nicht eine „Information" i.S.d. NUB-Status 1. Vielmehr wäre die Vereinbarung von NUB-Entgelten nach der aktuellen gesetzlichen Ausgestaltung rein rechtlich grundsätzlich auch bei NUB-Status 2 nicht verboten. Das InEK soll durch die „Information" nicht die Vereinbarung von NUB-Entgelten „genehmigen", sondern nur sicherstellen, dass NUB-Entgelte im Sinne des Ziels möglichst wenig Leistungen außerhalb der Fallpauschalen zu vergüten, nicht für NUB-Methoden vereinbart werden, für die das

---

„Neuem". Der alltägliche Wortsinn des Begriffs „Information" spricht somit gegen eine eigenständige Regelung im juristischen Sinne.
Als mögliche Synonyme werden im Duden der deutschen Sprache folgende Begriffe aufgeführt: Aufklärung, Benachrichtigung, Informierung, Unterrichtung; (besonders schweizerisch) Orientierung, Angabe, Antwort, Auskunft, Bescheid, Hinweis, Mitteilung, Nachricht, Neuigkeit; (gehoben) Botschaft; (umgangssprachlich) Info; (gehoben veraltend) Kunde.
Auch die im Duden als Synonyme zusammengetragenen Begriffe deuten abgesehen vom Begriff des „Bescheids" nicht auf eine eigenständige Regelung im juristischen Sinne durch eine „Information" hin. Sie beschreiben eher Reaktionen (Benachrichtigung, Antwort, Mitteilung) oder unverbindliche Handlungen (Auskunft, Hinweis). Und der Begriff des „Bescheides" ist im vorliegenden Sprachzusammenhang als Synonym des Wortes „Information" auch eher im Sinne von „über etwas Bescheid geben" zu verstehen, also ebenfalls nur im Sinne von über etwas Geschehenes berichten, nicht jedoch eine Entscheidung, eine Regelung zu treffen.

1382 Vgl. zu der Verwendung des Wortes „berücksichtigen" im allgemeinen sowie im juristischen Sprachgebrauch unter A.4.6.3.1.2.

stetig lernende, sich stetig weiterentwickelnde DRG-Fallpauschalensystem schon eine sachgerechte Abbildung ermöglicht. Das NUB-Verfahren hat daher eher den Sinn einer „Vergütungsberatung", als einer Genehmigung. Jedoch wird es diesem Zweck insofern aktuell nicht gerecht, als es für NUB-Methoden, die nach seiner Prüfung NUB-Status 2 erhalten, nicht bekannt gibt, aufgrund welcher Pauschalen die sachgerechte Vergütung tatsächlich möglich sein soll.

Die Qualifikation der „Information" als Verwaltungsakt gem. § 31 SGB X scheitert daher aufgrund der bisherigen Gesetzeslage daran, dass sie keine einseitig verbindliche Regelung[1383] darstellt.

2.3.4.5 Maßnahme eines Trägers öffentlicher Gewalt

Darüber hinaus fehlt dem InEK nach der bisherigen rechtlichen Ausgestaltung in Bezug auf die eigenverantwortliche Wahrnehmung des NUB-Verfahrens[1384] die Eigenschaft als „Träger öffentlicher Gewalt" i.S.d. § 31 SGB X handeln zu können. Denn das InEK ist auch nach dem weiten, funktionalen Behördenbegriff[1385] keine „Behörde" i.S.d. § 1 Abs. 2 SGB X, da es als Privatrechtssubjekt in der Gesellschaftsform einer GmbH weder in den klassischen staatlichen Verwaltungsaufbau eingegliedert ist, noch, mangels wirksamen Legitimationsaktes in Bezug auf die eigenverantwortliche Wahrnehmung des NUB-Verfahrens als Beliehener oder Verwaltungshelfer agiert. Mangels Beleihung oder sonstiger wirksamer Übertragung der Aufgabe, ist das InEK nicht als „Träger öffentlicher Gewalt" i.S.d. § 31 SGB X zu sehen, weswegen ihm die erforderliche öffentlich-rechtliche VA-Befugnis fehlt.[1386]

2.3.4.6 Zwischenergebnis

Aufgrund der derzeitigen gesetzlichen Ausgestaltung ist die im Rahmen des NUB-Verfahrens vom InEK gem. § 6 Abs. 2 Satz 3 KHEntgG erteilte, von den Vertragsparteien auf Ortsebene „zu berücksichtigende, Information" nicht als Verwaltungsakt i.S.d. § 31 SGB X zu qualifizieren. Sie erwächst daher insbesondere auch nicht unabhängig von ihrer Rechtmäßigkeit bzw. Rechtswidrigkeit in Bestandskraft, was i.S.d. § 39 SGB X speziell für Verwaltungsakte charakteristisch ist. Die zu einem

---

1383 So im Ergebnis auch: Bender, Finanzierung neuer Untersuchungs- und Behandlungsmethoden (NUB) im Krankenhaus, NZS 2012, 761, 764; Nentwig, Die Vergütung neuer Untersuchungs- und Behandlungsmethoden; Das Krankenhaus 2005, 478, 479 f.; Dietz/Bofinger § 6 KHEntgG, III 6; a.A: Ullrich; Finanzierungslücken bei medizinischen Innovationen? Rechtliche Rahmenbedingungen der Finanzierung neuer Untersuchungs- und Behandlungsmethoden sowie innovativer Arzneimittel, S. 186; Degene-Hencke in Huster/Kaltenborn, § 5 Rn. 184.

1384 Siehe hierzu unter E.2.7.1.

1385 Vgl. hierzu Fichte in: Kreikebohm, Kommentar zum Sozialrecht § 1 Rn. 6 f.; Mutschler in Kasseler Kommentar zum Sozialversicherungsrecht § 1 Rn. 8.

1386 Vgl. Krasney in Kasseler Kommentar zum Sozialversicherungsrecht, SGB X, § 31 Rn. 3.

anderen Ergebnis kommenden Ausführungen[1387] vermögen insofern nicht zu überzeugen, als aus der sich sowohl aus den Gesetzesmaterialien[1388] als auch aus dem Gesetzeswortlaut ergebenden grundsätzlichen verpflichtenden Durchführung des NUB-Verfahrens seitens der Krankenhäuser kein Rückschluss auf die Rechtsqualität der das NUB-Verfahren abschließenden „Information" gezogen werden kann. Genauso wenig lässt sich ein Rückschluss auf die Rechtsqualität der „Information" aus der Regelung des § 6 Abs. 2 Satz 5 KHEntgG ziehen. Diese Regelung entbindet die Krankenhäuser nicht von der Pflicht ein NUB-Verfahren einzuleiten (i.S.d. verpflichtende Durchführung), aber sie ermöglicht ausnahmsweise die Vereinbarung von NUB-Entgelten ohne das Vorliegen der „Information", wenn die „Information" im Zeitpunkt der Budgetvereinbarung auf Ortsebene noch nicht vorliegt.

Die Ablehnung der Qualifikation der „Information" als Verwaltungsakt i.S.d. § 31 SGB X impliziert jedoch keinesfalls, dass die „Information" von geringer tatsächlicher Bedeutung und Folgewirkung[1389] ist. Insbesondere ist dadurch noch nicht thematisiert, inwiefern die von der „Information" unmittelbar Betroffenen in welchem Umfang ein erhebliches Rechtschutzbedürfnis i.S.d. Art. 19 Abs. 4 GG auf rechtliche Überprüfbarkeit der „Information" haben.

2.3.5 Sachverständige Äußerung – mit sehr großer tatsächlicher und rechtlicher Folgewirkung

Aufgrund der derzeitigen gesetzlichen Ausgestaltung ist die das NUB-Verfahren abschließende „Information" des InEK, die zwar vor der Vereinbarung von NUB-Entgelten gem. § 6 Abs. 2 Satz 1 KHEntgG zwingend einzuholende ist, aber formal keine rechtlich inhaltlich bindende, einseitig verbindliche Regelungswirkung hat, sondern von den Vertragsparteien vor Ort bei den Budgetverhandlungen „lediglich" „berücksichtigt" werden muss, als sachverständige Äußerung zu qualifizieren. Die „Information" gem. § 6 Abs. 2 Satz 3 KHEntgG hat insofern sehr viel Ähnlichkeit mit den Empfehlungen des IQWiG gem. § 139 b Abs. 4 SGB V.

2.4 Formale Rechtsfolge der „Information"

Gem. § 6 Abs. 2 Satz 4 KHEntgG haben die Vertragsparteien der lokalen Budgetverhandlungen (§ 11 KHEntgG) „die Information bei ihrer Vereinbarung zu berücksichtigen".

Auch bei NUB-Status 2 ist die Vereinbarung eines NUB-Entgeltes gem. § 6 Abs. 2 Satz1 KHEntgG nicht grundsätzlich gesetzlich verboten, wenn die „Information" im Rahmen der Budgetverhandlungen, und spezifisch bei der konkreten

1387 Vgl. Ullrich; Finanzierungslücken bei medizinischen Innovationen? Rechtliche Rahmenbedingungen der Finanzierung neuer Untersuchungs- und Behandlungsmethoden sowie innovativer Arzneimittel, S. 187.

1388 BTDrs. 14/7862 S. 22.

1389 Siehe hierzu unter E.2.5.

Vereinbarung des potentiellen NUB-Entgeltes als (gewichtiger) Belang „berücksichtigt“[1390] wurde.[1391] Daran ändert auch die Darstellung des InEK auf seiner Homepage[1392] nichts, derzufolge bei NUB-Status 2 die Vereinbarung von NUB-Entgelten „nicht zulässig“ sein soll. Denn das InEK, dem schon die rechtliche Legitimation für die rechtmäßige eigenständige Durchführung des NUB-Verfahrens fehlt[1393], vermag i.S.d Art. 20 Abs. 1 bis 3 GG aus verfassungsrechtlichen Gesichtspunkten nicht durch eigenständig verfasste, „Papiere“ die gesetzlichen Vorgaben zu verengen. Zumal das InEK als Privatrechtssubjekt, mangels entsprechender gesetzlicher Regelung, nicht einmal einer Aufsichtsbehörde untersteht und die von ihm verfassten „Papiere“ daher, anders als die GO und VerfO des G-BA, die gem. § 91 Abs. 4 Satz 2 SGB V der Genehmigung des Bundesministeriums für Gesundheit bedürfen, von keiner höheren Stelle auf ihre Rechtmäßigkeit geprüft und genehmigt wurden. Die Formulierung auf der Homepage des InEK, bei Methoden mit NUB-Status-2 sei die Vereinbarung von NUB-Entgelten „nicht zulässig“ bedeutet daher nur, dass sich aus Sicht des InEK die NUB-Methode schon sachgerecht durch definierte Fallpauschalen und Zusatzentgelte abbilden lässt, weswegen die Voraussetzungen des § 6 Abs. 2 Satz 1 KHEntgG aus Sicht des InEK für die Vereinbarung von NUB-Entgelten nicht erfüllt sind – weder ist, noch impliziert diese Äußerung jedoch ein gesetzliches Verbot.

2.5 Tatsächliche Folge bzw. Aus- und Fernwirkung der „Information“

Aufgrund der hohen Sachnähe des InEK als „DRG-Institut“ für die Beurteilung der Frage, ob sich eine konkrete NUB-Methode schon sachgerecht durch das DRG-System abbilden lässt, oder nicht, hat die „Information“ des InEK aber, vergleichbar den Empfehlungen des IQWiG i.S.d. § 139 b Abs. 4 SGB V, nicht nur die Bedeutung irgendeiner Einschätzung und Äußerung irgendeines Sachverständigen. Sondern ihr kommt eine sehr hohe tatsächliche Durchschlags- und Bindungskraft zu. Felix spricht Bezug nehmend auf Dietz/Bofinger davon, dass angesichts der Expertise des InEK von einer jedenfalls faktischen Bindungswirkung auszugehen sein wird.[1394]

1390 Zur Auslegung des Begriffs „berücksichtigen“ siehe A.4.6.3.1., A.4.6.3.1.2. ff.

1391 So auch Bender; Finanzierung neuer Untersuchungs- und Behandlungsmethoden (NUB) im Krankenhaus; NZS 2012, 761, 764, der ebenfalls davon ausgeht, dass die „Information“ nicht rechtlich bindend ist.

1392 http://www.g-drg.de/cms/G-DRG-System_2014/Neue_Untersuchungs-_und_Behandlungsmethoden_NUB/Aufstellung_der_Informationen_nach_6_Abs._2_KHEntgG_fuer_2014, abgerufen zuletzt am 26.07.2014.

1393 Siehe hierzu unter E.2.7.1.

1394 Felix, Rechtliche Rahmenbedingungen der Finanzierung innovativer Medizin aus Sicht der Leistungserbringer und Patienten – taugen sie gesetzlichen Vorgaben? In: Felix/Schütte (Hrsg.); Medizinische Innovation im Krankenhaus, Steuerung und Finanzierung, S. 59, 69; Dietz/Bofinger KHG u.a. Anm. III.6. zu § 6 KHEntgG.

Esser bezeichnet das NUB-Verfahren sogar als „zentrales Zulassungsverfahren“, wodurch sie zwar nicht seine rechtliche, jedoch seine faktische Wirkung sehr treffend beschreibt.[1395]

Die tatsächliche Aus- und Fernwirkung der „NUB-Information“ wird in tatsächlicher Hinsicht noch dadurch verstärkt, dass mangels Begründung des InEK für die Einteilung der einzelnen NUB-Methoden in die einzelnen NUB-Status eine sachliche inhaltliche Auseinandersetzung mit dem vom InEK gefundenen Ergebnis weder für die Krankenhäuser, noch für die Krankenkassen noch für sonstige Dritte möglich ist.

Es ist daher beispielsweise unmöglich ausgehend von den Argumenten des InEK eine Zweitmeinung eines anderen Sachverständigen einzuholen. Zwar kann ein Krankenhaus oder ein Medizinproduktehersteller parallel zum NUB-Verfahren oder im Anschluss an die Mitteilung der „Information“ die vom InEK im Rahmen des NUB-Verfahrens zu beantwortende Frage auch von einer sachverständigen Person außerhalb des InEK prüfen und beantworten lassen. Wenn diese jedoch, wie das Krankenhaus, das ansonsten kein NUB-Verfahren gem. § 6 Abs. 2 Satz 3 KHEntgG eingeleitet hätte, zu dem Ergebnis kommt, dass aus ihrer Sicht für diese NUB-Methode noch keine sachgerechte Vergütungsmöglichkeit i.S.d. § 6 Abs. 2 Satz 1 KHEntgG besteht, so wird diese Einzelmeinung im Verhältnis zu der vom InEK durch die „Information“ kund getanen (unbegründeten[1396]) Auffassung in den Verhandlungen zwischen den Krankenhäusern und den Krankenkassen über die Vereinbarung möglicher NUB-Entgelte kaum Beachtung finden. Zumal, anders als das IQWiG hinsichtlich seiner Empfehlungen gem. § 139 Abs. 4 SGB V, das InEK seine Entscheidung nicht begründet und insbesondere nicht einmal bei der Eingruppierung einer Methode in NUB-Status 2 mitteilt, aufgrund welcher Abrechnungspositionen die aus seiner [InEK] Sicht bestehende sachgerechte Vergütungsmöglichkeit erfolgen soll.

Die faktische Bindungskraft der vom InEK als Abschluss des NUB-Verfahrens erteilten „Information“ ist daher, mangels erteilter Begründung, in tatsächlicher Hinsicht noch deutlich „absoluter“, höher, als die vom IQWiG im Rahmen eines Nutzenbewertungsverfahrens erteilten und veröffentlichten Empfehlungen.

Darüber hinaus besteht eine weitere Besonderheit der das NUB-Verfahren abschließenden „Information“ i.V.z. den ebenfalls als „sachverständige Äußerungen“ qualifizierten Empfehlungen des IQWiG im Rahmen des Methodenbewertungsverfahrens des G-BA darin, dass beim NUB-Verfahren – anders als bezüglich der Empfehlungen des IQWiG – insbesondere bei der Einteilung einer Methode in NUB-Status 2, regelmäßig keine abschließende Bewertungsentscheidung folgt, im Rahmen derer die „Information“ tatsächlich „berücksichtigt“ werden könnte. Sondern regelmäßig werden NUB-Entgelt-Verhandlungen i.S.d. § 6 Abs. 2 Satz 1 KHEntgG

1395 Esser, Steuerung und Finanzierung medizinischer Innovationen im Krankenhaus – die Rolle der (Bundes-) Länder in: Felix/Schütte (Hrsg.); Medizinische Innovation im Krankenhaus, Steuerung und Finanzierung S. 11, 12 f.

1396 i.S.v. „ohne mitgeteilte Begründung“.

nur hinsichtlich NUB-Methoden geführt, die vom InEK jedenfalls nicht in NUB-Status 2 eingruppiert wurden. So ist es auch vom InEK vorgesehen, wenn dieses im Rahmen der Erläuterung der vier NUB-Status kund tut, hinsichtlich NUB-Methoden mit NUB-Status 2 sei die Vereinbarung von NUB-Entgelten „nicht zulässig".

Tatsächlich folgt daher auf eine Eingruppierung einer NUB-Methode in einen NUB-Status, insbesondere bei Eingruppierung in NUB-Status 2, keine zeitlich nachfolgende, übergeordnete, außenrechtswirksame abschließende Entscheidung mehr, für die die „Information" lediglich eine (von zahlreichen) Vorbereitungselementen wäre. Auch insofern unterscheidet sich die sachverständige Äußerung des InEK in Form der das NUB-Verfahren abschließenden „Information" von der Empfehlung des IQWiG. Zwar wird auch die Empfehlung des IQWiG regelmäßig schon vor einer endgültigen Bewertungsentscheidung des G-BA eigenständig veröffentlicht und ist daher auch eigenständig nicht ohne jegliche Außenrechtswirkung. Sie wird aber zum einen regelmäßig mit Gründen veröffentlicht, sodass für Dritte der aus Sicht des IQWiG ausschlaggebende Grund für seine inhaltliche Einschätzung nachvollziehbar ist. Zum anderen ist sie regelmäßig „nur" eine vorbereitende Maßnahme im Rahmen eines Nutzenbewertungsverfahrens des G-BA, das in eine auch formal außenrechtswirksame Richtlinienentscheidung mündet. Und bezogen auf die Bewertungen des IQWiG kommt auch Scriba[1397] zu dem Ergebnis, dass, sollte ausnahmsweise eine inzidente Überprüfung nicht möglich, oder unzumutbar sein, dem Betroffenen unmittelbar im Wege der verfassungskonformen Auslegung eine Klagemöglichkeit einzuräumen ist, die zu einer vollständigen gerichtlichen Kontrolle der Bewertung des IQWiG führt.

Die das NUB-Verfahren abschließende „Information" ist daher auch nicht mit einer „vorbereitenden Verwaltungsentscheidung" i.S.d § 44 a VwGO vergleichbar, da sie gerade in den Fällen, in denen die „Information" für die Krankenhäuser, die hinsichtlich einer konkreten Methode die Einleitung des NUB-Verfahrens gem. § 6 Abs. 2 KHEntgG für erforderlich hielten, eine „belastende" Wirkung hat. Denn auf die Eingruppierung der NUB-Methode in NUB-Status 2 folgt keine weitere „Maßnahme", gegen die man (unmittelbar oder inzident) den Rechtsweg bestreiten und Rechtsschutz suchen könnte, um eine (inzidente) Überprüfung der „Information" zu erreichen.

Die „Information" ist vielmehr in Fällen mit NUB-Status 2 faktisch eine abschließende (Zulassungs-)Entscheidung mit marktsteuernder Wirkung – und das, obwohl sich das InEK, zumindest nach seinem gesetzlichen Auftrag, nicht inhaltlich mit den NUB-Methoden auseinandersetzen soll und darf, keine Nutzenbewertung vornimmt, sondern lediglich „scannt", ob das DRG-System schon eine sachgerechte Vergütungsmöglichkeit bietet und dieses Ergebnis durch die „Information" mitteilt. Obwohl durch das NUB-Verfahren inhaltlich keinerlei Aussage gemacht wird, ob die konkrete NUB-Methode nach derzeitiger Betrachtung sowohl hinsichtlich

---

1397 Scriba, Die Arzneimittelbewertung des Instituts für Qualität und Wirtschaftlichkeit im Gesundheitswesen S. 203 f.

reiner Nutzengesichtspunkten, als auch unter Miteinbeziehung wirtschaftlicher Aspekte „sinnvoll" ist und daher als Leistung im Rahmen des Leistungsspektrums der gesetzlichen Krankenkassen erbracht werden kann und soll, führt eine NUB-Status 2 Eingruppierung faktisch, mangels Finanzierbarkeit der Behandlungskosten, mehr oder weniger zu einem zumindest zeitweisen Leistungsausschluss aus dem Leistungsspektrum der gesetzlichen Krankenversicherung. Die Entscheidung des InEK hat hierdurch erhebliche unmittelbare Durchschlagskraft auf das Verhalten der Krankenhäuser und somit eine erhebliche tatsächliche Steuerungswirkung, da das rechtliche „Dürfen" aufgrund des „materiellen Krankenversicherungsrechts" aufgrund des Erfüllens der Voraussetzungen der §§ 137 c, 137 e SGB V durch eine konkrete NUB-Methode eine leere Hülle bleibt, wenn das „rechtliche Können" daran scheitert, dadurch begrenzt wird, dass es keine finanzielle Deckung seitens der Krankenkassen für die i.S.d. §§ 137 c, 137 e SGB V in zulässiger Weise erbrachten bzw. erbringbaren NUB-Leistungen gibt.

Denn eine NUB-Status Entscheidung des InEK, insbesondere eine Eingruppierung einer NUB-Methode in NUB-Status 2, wirkt sich in vierfacher Hinsicht als objektive Marktzugangssperre auf die Anwendung einer NUB-Methode aus[1398] – und dies auch, da dies vom InEK nicht geprüft wird, hinsichtlich NUB-Methoden, die i.S.d. „materiellen Krankenversicherungsrechts" gem. § 137 c SGB V (ggf.) unstreitig zulasten der gesetzlichen Krankenkasse erbracht werden dürfen.

Insofern unterscheidet sich die Eingruppierung in NUB-Status auch erheblich von der Aufnahmeentscheidung eines Hilfsmittels ins Hilfsmittelverzeichnisses gem. § 139 SBG V. Zwar werden in beiden Fällen formal keine abschließenden Entscheidungen getroffen, haben aber dennoch beide Entscheidungen faktisch marktsteuernde Wirkung, wie hinsichtlich des Hilfsmittelverzeichnisses ausdrücklich vom BSG bestätigt[1399]. Hinsichtlich des Hilfsmittelverzeichnisses beruht diese Entscheidung aber „wenigstens" auf einer wertenden inhaltlichen Entscheidung, weswegen die Auswirkung aus inhaltlichen Gründen, wie auch hinsichtlich der Ausschlussentscheidung des G-BA hinsichtlich einer NUB-Methode, die aus Sicht des G-BA noch nicht den Anforderungen des § 137 c SGB V entspricht[1400], gerechtfertigt erscheinen kann. Anders beim NUB-Verfahren, wo eine vergleichbare Auswirkung alleine durch die „Information" bezogen auf die sachgerechte Abbildung im DRG-System, das ebenfalls vom InEK gestaltet wird, erzielt wird.

Die NUB-Status-Entscheidung wirkt sich in vierfacher Hinsicht auf die Verbreitung von NUB-Methoden aus:

1398 Vgl. Felix; Innovationen im Krankenhaus – Wer entscheidet? MedR 2014, 283, 284: „Gerade die staatliche Regulierung der Finanzierung des Zugangs zu medizinischen Innovationen steuert ihre Etablierung: Was von der GKV nicht finanziert wird, hat keine Chance, sich wirklich durchzusetzen."

1399 BSG Urteil vom 31.08.2000 – B 3 KR 21/99 R; bestätigt durch BSG Urteil vom 12.08.2009 – B 3 KR 10/07 R; Siehe ausführliche Darstellung unter E.2.2.3.

1400 Vgl. hierzu ausführlich unter A.6.1.9., B. 4.3., B 4.5.

2.5.1 *Unmittelbare ausbleibende Anwendung der NUB-Methode mangels Vergütungsmöglichkeit*

NUB-Methoden mit NUB-Status 2 werden im laufenden Jahr nicht/deutlich weniger angewendet[1401], da die Krankenhäuser ohne die Vereinbarung von NUB-Entgelten keine sachgerechte Vergütungsmöglichkeit sehen – sonst hätten sie nicht das NUB-Verfahren durchgeführt – und sich die Krankenkassen bei Methoden mit NUB-Status 2 regelmäßig auf keinerlei NUB-Entgelt-Verhandlungen einlassen, obwohl dies nach hier vertretener Ansicht rechtlich nicht verboten wäre.

Die das NUB-Verfahren abschließende „Information" hat daher unmittelbar marktsteuernde Wirkung für die systematische Anwendung von NUB-Methoden im öffentlichen Gesundheitssektor. Und dies wegen der Einheitlichkeit der Berechnung der Kosten i.S.d. § 8 Abs. 1 Satz 1 KHEntgG nicht nur gegenüber gesetzlich versicherten Patienten, sondern ebenso gegenüber privat Versicherten. Aufgrund des „Alles oder Nichts" Prinzips[1402] ist es auch nicht vorgesehen, dass die Leistungserbringer die NUB-Methode mittels der schon bestehenden DRG-Fallpauschalen abrechnen und den Patienten unmittelbar die noch nicht sachgerecht abgedeckten Mehrkosten in Rechnung stellen.

NUB-Methoden, die die Voraussetzungen des § 137 c SGB V erfüllen, dürften zwar aus „materieller krankenversicherungsrechtlicher Sicht" in rechtmäßiger Weise erbracht werden – können es aber faktisch nicht, da das DRG-System „zufällig" noch keine passende Abbildung im Fallpauschalensystem ermöglicht.

Diese Diskrepanz gibt es im ambulanten Bereich, da hier eine präventive positive Nutzenbewertung durch den G-BA gem. § 135 Abs. 1 SGB V Anwendungsvoraussetzung ist, nur in dem Zeitfenster zwischen der Entscheidung des G-BA gem. § 135 SGB V und der Entscheidung des Bewertungsausschusses über die Definition des Inhalts der abrechnungsfähigen Leistungen und ihr wertmäßiges, in Punkten ausgedrücktes Verhältnis zueinander, gem. § 87 Abs. 2 Satz 1 SGB V im Einheitlichen Bewertungsmaßstab (EBM). Auch in diesem Zeitfenster gehört die Leistung schon zum Leistungsspektrum der gesetzlichen Krankenversicherung, kann aber mangels Abrechnungsposition noch nicht erbracht werden.

Im stationären Bereich ist dies aber insofern viel gravierender, als hier systematisch keine präventive „Genehmigung" erforderlich ist – sondern die Leistungserbringer unmittelbar die bestehenden DRG-Fallpauschalen anwenden oder bei Lücken gem. § 6 Abs. 2 Satz 1 KHEntgG NUB-Entgelte vereinbaren können sollen. Eine rechtswidrige NUB-Status 2 Entscheidung wirkt „systemfremd" wie eine objektive Marktzugangssperre, weswegen die unmittelbar von ihr betroffenen Krankenhäuser und Medizinprodukthersteller sie im Zweifel rechtlich überprüfen lassen können müssen.

1401 Vgl. Felix; Innovationen im Krankenhaus – Wer entscheidet? MedR 2014, 283, 284.
1402 Vgl. hierzu unter A.4.4.

2.5.2 *Mittel- bis langfristige Finanzierungsbremse*

NUB-Methoden mit NUB-Status 1 werden automatisch in der Weiterentwicklung des DRG-Systems eingebracht. Dies hat zur Folge, dass das InEK für die Anwendung der NUB-Methode im Rahmen der Krankenbehandlung zeitnah eine „sachgerechte“ DRG-Fallpauschale kreiert. Hierdurch kann die NUB-Methode[1403] anschließend zeitnah von allen interessierten Krankenhäusern in Deutschland zulasten der gesetzlichen Krankenkassen erbracht und über das DRG-Fallpauschalensystem abgerechnet werden, ohne dass die an der Methode interessierten Ärzte in jedem einzelnen Krankenhaus mit einem Vorlauf von ca. 4–6 Monaten über ihre jeweilige Klinikverwaltung[1404] beim InEK ein NUB-Verfahren einleiten müssen und ohne dass es anschließend gelingen muss mit den Krankenkassen im Rahmen der Budgetverhandlungen NUB-Entgelte zu vereinbaren.

Zudem dienen die obligatorischen Meldungen an das InEK über auf Ortsebene vereinbarte NUB-Entgelte dem InEK als Datengrundlage und Hilfe für die Berechnung der neuen DRG-Fallpauschalen oder bundeseinheitlicher Zusatzentgelte.

Während sich die Eingruppierung einer NUB-Methode in NUB-Status 1 folglich in doppelter Hinsicht förderlich auswirkt, wirkt sich eine Eingruppierung in NUB-Status 2 zudem noch dadurch hinderlich aus, als diese NUB-Methoden mangels sachgerechter Finanzierbarkeit nicht oder zumindest deutlich seltener angewendet werden, weswegen sie seltener durch die entsprechenden ICD-Codes und OPS-Codes verschlüsselt werden und somit Gefahr laufen hierdurch erst deutlich später oder gar nicht „Einzug“ ins DRG-Fallpauschalensystem zu finden.[1405]

2.5.3 *Fachliche Ebene*

Über eine NUB-Methode, die wegen der Eingruppierung in NUB-Status 2 mangels sachgerechter Finanzierbarkeit nicht oder zumindest deutlich seltener angewendet wird, gibt es weniger Anwendungsfälle, somit auch weniger Anwendungsdaten

---

1403 Vorausgesetzt sie erfüllt die Voraussetzungen des § 137 c SGB V.

1404 Der Verfasserin sind Fälle bekannt, in denen die Einleitung des NUB-Verfahrens und somit die Möglichkeit für eine NUB-Methode, die vom InEK aufgrund NUB-Anfragen anderer Krankenhäuser mit NUB-Status 1 eingruppiet wurde, NUB-Entgelte gem. § 6 Abs. 2 Satz 1 KHEntgG zu vereinbaren, alleine daran scheiterte, dass die von den Ärzten vorbereiteten Anfragen versehentlich von der Klinikverwaltung nicht ans InEK übermittelt wurden. Solche Vorfälle sind aufgrund des, gerade für Universitätskliniken, enorm hohen Verwaltungsaufwandes in Verbindung mit NUB-Anfragen nicht überraschend – lassen jedoch einmal mehr an der Sinnhaftigketit und Vereinbarkeit des NUB-Verfahrens mit dem Erlaubnisvorbehalt des „materiellen Krankenversicherungsrechts“ gem. § 137 c SGB V für NUB-Methoden im stationären Bereich zweifeln.

1405 In diesem Sinne auch: Roeder/Bunzmeier, Innovationsfinanzierung im G-DRG-System, Bestandsaufnahme und Handlungsnotwendigkeit, Das Krankenhaus 2010, 113, 116; Huster, Krankenhausrecht und SGB V – Medizinische Innovationen im stationären Sektor; GesR 2010, 337, 341.

und mit großer Wahrscheinlichkeit infolge dessen auch weniger Publikationen. Dies führt wiederum dazu, dass die NUB-Methode aus dem Gesichtspunkt der evidenzbasierten Medizin als weniger „valide" betrachtet wird und erst später (wenn überhaupt) in medizinischen Leitlinien Erwähnung findet. Es ist daher davon auszugehen, dass eine solche Methode „mehr Zeit" braucht, um als „allgemein anerkannter Stand der medizinischen Erkenntnisse" i.S.d. § 2 Abs. 1 Satz 3 SGB V aufgefasst zu werden.

2.5.4 Größere kalkulatorische Unsicherheit für Leistungserbringer

Aus den zuletzt geschilderten Aspekten birgt die Anwendung einer NUB-Methode, hinsichtlich derer es weniger Datenmaterial und beispielsweise noch keine Nennung in hochgradigen Leitlinien gibt, auch wenn sie aus materiellen krankenversicherungsrechtlichen Gesichtspunkten i.S.d. § 137 c SGB V in zulässiger Weise zulasten der Krankenkassen erbracht werden dürfte, für das einzelne Krankenhaus deutlich mehr Verwaltungsaufwand und eine größere finanzielle Unsicherheit, da hinsichtlich dieser Behandlungsfälle mit deutlich mehr Anfragen und einer deutlich höheren Prüfquote durch Krankenkassen und den MDK gem. § 275 Abs. 1 Satz 1 Nr. 1, 1 c SGB V zu rechnen ist.

Und all dies, obwohl durch das InEK im Rahmen des NUB-Verfahrens keine inhaltliche Auseinandersetzung oder Nutzenbewertung der konkreten NUB-Methode erfolgt, wie sie der G-BA unter Einbeziehung des IQWiG gem. §§ 135, 137 c SGB V durchführt. Sondern das NUB-Verfahren betrifft regelmäßig NUB-Methoden, die gem. § 137 c SGB V aus krankenversicherungsrechtlicher Sicht bereits zum Leistungsspektrum der gesetzlichen Krankenkasse gehören und folglich zulasten der Krankenkassen erbracht werden dürfen – es scheitert lediglich an der handwerklichen bzw. technischen Abwicklung ihrer Vergütung!

2.6 Grundrechtsrelevanz der „Information" für Medizinprodukthersteller

Grundrechtsrelevanz der „Information" für Medizinprodukthersteller, wenn die Anwendung einer NUB-Methode maßgeblich[1406] auf dem Einsatz ihres Medizinproduktes beruht (i.S.d. § 92 Abs. 7 d SGB V)

2.6.1 Schutzbereich (sachlich/personell)

Das Grundrecht auf Berufsfreiheit aus Art. 12 Abs. 1 GG ist als umfassendes, einheitliches Grundrecht[1407] zu verstehen, das insbesondere sowohl die Aufnahme eines Berufes, als auch die Berufsausübung sichert. Hersteller von Medizinprodukten

---

1406 Nach Becker (Becker in: Becker/Kingreen, Kommentar zum SGB V § 137 e Rn. 10) der Fall, wenn eine bestimmte NUB ohne ein bestimmtes Medizinprodukt nicht durchgeführt werden kann.

1407 BVerfG Urteil vom 11.06.1958 – 1 BvR 596/56 („Apothekenurteil").

können sich sowohl als natürliche Person, als auch das jeweilige Unternehmen über Art. 12 Abs. 1 GG i.V.m. Art. 19 Abs. 3 GG i.S.d. „Unternehmerfreiheit“[1408] grundsätzlich auf den Schutz von Art. 12 GG berufen. Gerade bezogen auf juristische Personen hat das Bundesverfassungsgericht betont, dass Schutzgut des Art. 12 Abs. 1 GG auch die Freiheit ist, eine Erwerbszwecken dienende Tätigkeit, insbesondere ein Gewerbe zu betreiben, soweit diese Tätigkeit ihrem Wesen und ihrer Art nach in gleicher Weise von einer natürlichen Person ausgeübt werden kann.[1409]

Das Grundrecht der Berufsfreiheit aus Art. 12 Abs. 1 GG umfasst jedoch keinen Anspruch auf Erfolg im Wettbewerb und Sicherung künftiger Erwerbsmöglichkeiten[1410]; vielmehr wird nur die „Teilhabe am Wettbewerb nach Maßgabe seiner Funktionsbedingungen“[1411] geschützt. Dies gilt im vorliegenden Kontext insbesondere, als es nicht um die Betrachtung des Schutzbereichs von Krankenhäusern, als Leistungserbringern, sondern um den betroffenen Schutzbereich von Medizinproduktherstellern geht. Art. 12 Abs. 1 GG vermittelt den Medizinproduktherstellern zum einen keinen Anspruch dahingehend, dass eine NUB-Methode, die maßgeblich auf einem Medizinprodukt beruht, von am öffentlichen Gesundheitsmarkt agierenden Krankenhäusern angewendet wird. Zum anderen vermittelt Art. 12 Abs. 1 GG Medizinproduktherstellern keinen dahin gehenden Anspruch, dass eine NUB-Methode, die maßgeblich auf einem Medizinprodukt beruht, schnellstmöglich mittels des öffentlichen Krankenhausfinanzierungsrechts über „eigene“ DRG-Fallpauschalen oder Zusatzentgelte gem. § 7 Abs. 1 Satz 1 Nr. 1 und 2 KHEntgG abgerechnet und vergütet werden kann. Genauso wenig, wie Art. 12 Abs. 1 GG den Medizinproduktherstellern einen „Anspruch“ auf die Vereinbarung von NUB-Entgelten gem. § 6 Abs. 2 Satz 1 KHEntgG vermittelt, wenn es für die auf dem Medizinprodukt beruhende Methode noch keine sachgerechte Vergütungsmöglichkeit gibt. In Bezug auf von der Festbetragsfestsetzung betroffene pharmazeutische Unternehmer hat das BSG in diesem Sinne entschieden, dass diese keinen verfassungsrechtlich geschützten Anspruch darauf haben, dass ihre Angebote in den GKV-Leistungskatalog aufgenommen werden und nicht von Festbetragsfestsetzungen betroffen sind.[1412]

Das BSG hat jedoch im bereits zitierten Urteil ausdrücklich betont[1413], dass, wenn die unternehmerische Berufstätigkeit am Markt nach den Grundsätzen des Wettbewerbs erfolge, die Reichweite des Freiheitsschutzes auch durch die rechtlichen Regeln mitbestimmt werde, die den Wettbewerb ermöglichen und begrenzen. Art 12 Abs. 1 GG sichere in diesem Rahmen die Teilhabe am Wettbewerb nach

1408 Schulze-Fielitz in: Dreier GG (Band I); Art. 12 Rn. 53 m.w.N.
1409 BVerfG Urteil vom 01.03.1979 – 1 BvR 532, 533/77, 419/78 und 1 BvL 21/78 („Mitbestimmungsgesetz“); BVerfGE 50, 290, 363.
1410 Vgl. kürzlich BSG 01.03.2013 – B 1 KR 7/10 R, Rn. 15 m.w.N. insbes.: BVerfGE 106, 275, 299; BVerfGE 116, 135, 152.
1411 Vgl. Schulze-Fielitz in: Dreier GG (Band I); Art. 12 Rn. 70.
1412 BSG Urteil vom 01.03.2013 – B 1 KR 7/10 R, Rn. 15.
1413 BSG Urteil vom 01.03.2013 – B 1 KR 7/10 R, Rn. 15.

Maßgabe seiner Funktionsbedingungen. Art. 12 Abs. 1 GG vermittelt insbesondere aufgrund der hohen Regelungsdichte des öffentlichen Gesundheitsmarktes und der Angewiesenheit von Medizinproduktherstellern auf Vermarktung ihrer Produkte auf diesem Markt, da es keinen „Alternativmarkt“[1414] gibt, einen Anspruch auf Schutz vor willkürlichen Entscheidungen sowie einen Schutz vor faktischen Maßnahmen mit berufsregelnder Tendenz.

2.6.2 Möglicher Eingriff

Im diesbezüglich wegweisenden Diätassistentinnen-Urteil[1415] hat das BSG sich mit der Grundrechtsrelevanz von Entscheidung – bzw. ihrem pflichtwidrigen Unterbleiben – im öffentlichen Gesundheitswesen auf Leistungserbringer auseinandergesetzt und in ausdrücklicher Abwendung von der bis dahin im Vertragsarztrecht vorherrschenden Sichtweise der Gerichte, die der „faktischen Wirkung auf „Außenseiter“ lediglich den Charakter einer rechtlich irrelevanten Reflexwirkung beigemessen haben, eine Grundrechtsrelevanz bejaht.[1416] Ein Eingriff in das Grundrecht des Art. 12 Abs. 1 GG erfordere nicht, dass die Berufstätigkeit durch eine hoheitliche Maßnahme unmittelbar betroffen sei. Das BSG betonte, bezugnehmend auf die Rechtsprechung des BVerfG[1417], dass das Grundrecht auch dann in seinem Schutzbereich tangiert sein könne, wenn die Rahmenbedingungen der Berufsausübung verändert würden und eine Norm oder auf ihrer Grundlage ergangene Maßnahmen „in einem engen Zusammenhang mit der Ausübung eines Berufs stünden und objektiv eine berufsregelnde Tendenz hätten“.[1418] In diesem Sinne können auch Normen und Entscheidungen, die in einem engen Zusammenhang mit der Ausübung eines Berufes stehen und objektiv eine berufsregelnde Tendenz haben, einen Eingriff in den Schutzbereich des Art. 12 Abs. 1 GG darstellen.[1419]

Obwohl die Medizinproduktehersteller in § 6 Abs. 2 Satz 3 KHEntgG, nach der aktuellen Gesetzesausgestaltung nicht genannt werden, hat die „Information“, vergleichbar der Aufnahmeentscheidung über ein Hilfsmittel ins Hilfsmittelverzeichnis[1420], aufgrund der dargestellten[1421] kurzfristigen sowie langfristigen Auswirkungen nicht nur die Wirkung eines tatsächlichen Rechtsreflexes. Die „Information“, insbesondere eine rechtswidrige Eingruppierung einer NUB-Methode in NUB-Status 2, hat vielmehr aufgrund des staatlich regulierten öffentlichen

1414 Insbesondere aufgrund der Regelung in § 8 Abs. 1 KHEntgG erfolgt für die Krankenhäuser hinsichtlich der Vergütung auch eine Gleichschaltung von gesetzlich und privat versicherten Patienten.
1415 BSG Urteil vom 28.06.2000 – B 6 KA 26/99 R.
1416 BSG Urteil vom 28.06.2000 – B 6 KA 26/99 R, 4. Orientierungssatz, Rn. 37, 41.
1417 Zuletzt BVerfG Urteil vom 25.02.1999 – 1 BvR 1472/91.
1418 BSG Urteil vom 28.06.2000 – B 6 KA 26/99 R, 2. Orientierungssatz, Rn. 37, 41.
1419 Vgl. BSG Urteil vom 28.06.2000 – B 6 KA 26/99 R, 3. Orientierungssatz, Rn. 37, 41.
1420 Siehe hierzu unter E.2.2.
1421 Siehe unter E.2.4., E.2.5.

Gesundheitsmarktes und ihrer Wirkung als faktischer objektiver Marktzugangssperre in Bezug auf die betroffenen Medizinproduktheresteller berufsregelnde Tendenz i.S.d. Art. 12 Abs. 1 GG[1422], insbesondere, wenn eine konkrete NUB-Methode maßgeblich auf dem Einsatz ihres Medizinproduktes beruht. Ein Krankenhaus, das aufgrund einer aus seiner Sicht rechtswidrigen Eingruppierung einer NUB-Methode in NUB-Status-2 hinsichtlich dieser NUB-Methode kein NUB-Entgelt mit den Krankenkassen i.S.d. § 6 Abs. 2 Satz 1 KHEntgG vereinbaren kann und keine Möglichkeit sieht, aufgrund der bereits bestehenden DRG-Fallpauschalen die Anwendung der NUB-Methode kostendeckend zu erbringen, hat ggf. die Möglichkeit anstelle der NUB-Methode eine bisher für vergleichbare Behandlungsfälle angewandte „Standardtherapie“ anzuwenden – wenn bei den entsprechenden Patienten nicht schon alle „Standardtherapien“ ausgereizt sind. Das Krankenhaus hat daher wohl meistens Alternativen. Anders verhält es sich bezogen auf die Medizinproduktheresteller. Sie haben infolge einer NUB-Status-2 Eingruppierung der NUB-Methode, die maßgeblich auf ihrem Medizinprodukt beruht, regelmäßig keine dementsprechenden „alternativen Anwendungsmöglichkeiten“. Denn bei den betroffenen Medizinprodukten handelt es sich nicht selten um so hoch spezialisierte Produkte, dass diese nicht „einfach“ im Rahmen einer anderen Behandlungsmethode eingesetzt werden können. Durch eine (rechtswidrige) NUB-Status 2 „Information“ ist ihnen vielmehr sowohl kurzfristig, als nicht selten auch langfristig, der Zugang zum öffentlichen Gesundheitsmarkt in Deutschland verschlossen.

Obwohl die „Information“ eigenverantwortlich vom InEK, einer GmbH, erteilt wird, ist sie dem „Staat“, der Exekutive, zuzurechnen. Denn nach der gesetzlichen Ausgestaltung soll das NUB-Verfahren gem. § 6 Abs. 2 Satz 3 KHEntgG von den hierdurch gesetzlich beliehenen „Vertragsparteien auf Bundesebene“ durchgeführt werden. Die Tatsache, dass diese die Durchführung des NUB-Verfahrens in rechtswidriger Weise zur eigenverantwortlichen Durchführung auf das InEK übertragen haben[1423], kann und darf in Bezug auf eine mögliche Grundrechtsverletzung durch eine rechtswidrige „Information“ nicht zu einer Rechtsverkürzung der Betroffenen führen.

2.6.3 Zwischenergebnis

Aus dem Dargestellten ergeben sich Konsequenzen sowohl auf der Verfahrensebene[1424] durch den Medizinproduktherstellern einzuräumenden Beteiligungsrechten, als auch auf der Rechtsschutzebene, da Medizinproduktheresteller, durch eine rechtswidrige NUB-Status 2 Eingruppierung, wenn die Methode maßgeblich auf dem

---

1422 Vgl. hierzu auch BSG Urteil vom 28.06.2000 – B 6 KA 26/99 R; Das BSG hatte hier die Weigerung des G-BA in einem förmlichen Verfahren über die Aufnahme der Diätassistenten zu entscheiden als rechtswidrige Beeinträchtigung der Assistent/innen in Art. 12 Abs. 1 GG beurteilt.

1423 Vgl. hierzu unter E.1.3.

1424 Vgl. hierzu ausgehend von § 135 SGB V und bezogen auf Leistungserbringer Schmidt-De Caluwe in: Becker/Kingreen (Hrsg.), SGB V, § 135 Rn. 17 m.w.N.

Einsatz ihres Medizinproduktes beruht, sinngemäß i.S.d. § 42 Abs. 2 VwGO bzw. § 54 Abs. 1 Satz 2 SGG, in eigenen subjektiv-öffentlichen Rechten betroffen sein können. Denn nur ein NUB-Verfahren, das, insbesondere im Lichte des Art. 12 GG, rechtsstaatlichen Anforderungen genügt, kann die mit ihm einhergehenden rechtlichen und tatsächlichen Beeinträchtigung rechtfertigen.

Im Rahmen der Untersuchung des NUB-Verfahrens auf seine Rechtmäßigkeit ist daher insbesondere auch zu prüfen, ob den Medizinproduktherstellern aufgrund der erheblichen Auswirkung, die eine das NUB-Verfahren abschließende „Information" haben kann, bisher im Lichte des Art. 12 GG in ausreichendem Maße Beteiligungsmöglichkeiten eingeräumt sind.

2.7 Rechtsstaatliche Anforderungen an das NUB-Verfahren und Änderungsvorschläge

Es folgt eine Untersuchung des NUB-Verfahrens verbunden mit einer Darstellung von aus der Untersuchung entwickelten Anregungen und Veränderungsvorschlägen. Aufgrund der erheblichen tatsächlichen Auswirkungen des NUB-Verfahrens mit Grundrechtsrelevanz sind an die formelle Rechtmäßigkeit des NUB-Verfahrens, insbesondere die Legitimation des InEK zur eigenständigen Durchführung des NUB-Verfahrens und seine Verfahrensgestaltung[1425], aus rechtstaatlicher Sicht hohe Anforderungen zu stellen. Auch im Diätassistentinnen-Urteil[1426] hat das BSG die Bedeutung eines transparenten, förmlichen Verfahrens hinsichtlich Maßnahmen mit Grundrechtsrelevanz betont.[1427]

Die Durchführung des NUB-Verfahrens erfolgt aufgrund von § 6 Abs. 2 Satz 3 KHEntgG. Anlass, an seiner formellen oder materiellen Verfassungsmäßigkeit zu zweifeln, bestehen nicht.

Da das InEK keine „Stelle öffentlicher Verwaltung" i.S.d. § 1 Abs. 2 SGB X ist und die „Information" nach der derzeitigen gesetzlichen Ausgestaltung auch nicht

---

1425 Vgl. zur Problematik „Hinreichender normativer Vorgaben" in Bezug auf den G-BA bei Vießmann, Die demokratische Legitimation des Gemeinsamen Bundesausschusses zu Entscheidungen nach § 135 Abs. 1 Satz 1 SGB V, S. 214 ff.

1426 BSG Urteil vom 28.06.2000 – B 6 KA 26/99 R; Das BSG hatte hier die Weigerung des G-BA in einem förmlichen Verfahren über die Aufnahme der Diätassistenten zu entscheiden als rechtswidrige Beeinträchtigung der Assistent/innen in Art. 12 Abs. 1 GG beurteilt.

1427 BSG Urteil vom 28.06.2000 – B 6 KA 26/99 R, Rn. 42 (Auszug): Steht nämlich fest, dass eine Leistungspflicht im Rahmen der gesetzlichen Krankenversicherung nicht von vornhinein offensichtlich ausscheidet, gebieten es Art. 12 und Art. 19 Abs. 4 GG, dass – ähnlich den in § 92 Abs. 6 Satz 2, § 125 Abs. 1 SGB V normierten Anhörungsrechten – auch in einem förmlichen Verfahren, das heißt auf der Basis der Verfahrensordnung des Beklagten unter Berücksichtigung fachkundlicher Stellungnahmen – entschieden und ggf. eine negative Entscheidung förmlich bekanntgegeben wird.

als Verwaltungsakt i.S.d. § 31 SGB X zu qualifizieren ist[1428], finden insbesondere die Verfahrensregelungen der §§ 8 ff. SGB X auf die Durchführung des NUB-Verfahrens keine unmittelbare Anwendung. Jedoch ergeben sich auch ohne eine unmittelbare Anwendung der §§ 8 ff. SGB X, als unmittelbarer Ausfluss des Rechtsstaatsprinzips gem. Art. 20 Abs. 3 GG[1429] sowie der Gewährleistung effektiven Rechtsschutzes i.S.d. Art. 19 Abs. 4 GG[1430] Anforderungen, an denen das NUB-Verfahren im Sinne eines rechtsstaatlichen Anforderungen genügenden fairen Verfahrens zu messen ist[1431] sowie ein Willkürverbot[1432].[1433] Auch auf gesetzlicher Ebene gibt es unmittelbare Regelugen für die Durchführung „schlichten Verwaltungshandelns"[1434], die verdeutlichen, dass auch dieses nicht „rechtlich unerheblich" ist. Insbesondere ist nach ständiger Rechtsprechung des BVerfG[1435] das verfassungsrechtlich verankerte Recht auf rechtliches Gehör (Art. 103 Abs. 1 GG), trotz der Formulierung des Art. 103 Abs. 1 GG, als Ausdruck eines allgemeinen Rechtsgrundsatzes als verfahrensrechtliches „Urrecht" auch in allen anderen, nicht gerichtlichen Verfahren zu beachten, die in einem staatlichen Gesetz geregelt sind. Zudem kann bei vergleichbarer Interessenlage auch eine unmittelbare analoge Anwendung der Regelungen der §§ 8 ff. SGB X in Betracht kommen.[1436] Dies liegt bezogen auf das NUB-Verfahren insbesondere aufgrund der Tatsache nahe, dass es sich um ein durch das KHEntgG i.V.m. den Verfahrensanweisungen der Vertragsparteien auf Bundesebene und den

---

1428 Vgl. hierzu unter E.2.3.

1429 Vgl. Ehlers in: Erichsen/Ehlers (Hrsg.), Allgemeines Verwaltungsrecht, § 6 Rn. 23.

1430 In diesem Zusammenhang wird der Begriff der „vollziehenden Gewalt" im „weitesten Sinne verstanden", d.h., dass hierunter auch jur. Personen des öffentlichen Rechts, Beliehene, staatlich gesellschaftliche Gremien wie z.B. die Bundesprüfstelle für jugendgefährdende Medien verstanden werden. Auf die Formen des Handelns der Exekutive kommt es in diesem Zusammenhang nicht an. Vgl. Schulze-Fielitz in: Dreier GG (Band I); Art. 19 Abs. 4 Rn. 53, 55.

1431 Vgl. Remmert in: Erichsen/Ehlers (Hrsg.), Allgemeines Verwaltungsrecht, § 36 Rn. 1 f.; Schulze-Fielitz in: Dreier GG (Band I); Art. 19 Abs. 4 Rn. 87 ff.; Jarass in: Jarass/Pieroth; Grundgesetz für die Bundesrepublik Deutschland Art. 19 Rn. 40 m.w.N.: „Generell ist die immer weiter ausgeweitete Folgenlosigkeit von Verfahrensfehlern problematisch", Art. 20 Rn. 31 a.

1432 Vgl. Jarass in: Jarass/Pieroth; Grundgesetz für die Bundesrepublik Deutschland Art. 20 Rn. 31 c.

1433 Da es um allgemeine Grundsätze eines (Verwaltungs-)Verfahrens geht, wird auch Bezug auf Literatur zum „Allgemeinen Verwaltungsrecht" ausgehend vom Verwaltungsverfahrensgesetz genommen.

1434 Vgl. Remmert in: Erichsen/Ehlers (Hrsg.), Allgemeines Verwaltungsrecht § 36 Rn. 2 mit Beispielen: § 9 StrVG; §§ 8 Abs. 4 S. 3, 10 Abs. 2 GPSG; § 69 Abs. 4 AMG.

1435 Vgl. BVerfG Urteil vom 30.04.2003 – 1 PBvU 1/02, Rn. 42 m.w.N.

1436 Vgl. Remmert in: Erichsen/Ehlers (Hrsg.), Allgemeines Verwaltungsrecht § 36 Rn. 5; zustimmend in Bezug auf privatrechtsförmiges Verwaltungshandeln, Ehlers in: Erichsen/Ehlers (Hrsg.), Allgemeines Verwaltungsrecht § 3 Rn. 90.

„internen“ Vorgaben des InEK, im Ablauf sehr festgelegtes Verfahren handelt, das sowohl von seinem Charakter, als auch in Bezug auf die Wirkung der „Information“ einem durch Verwaltungsakt abgeschlossenen Verwaltungsverfahren sehr ähnelt.

2.7.1 Legitimation des InEK zur eigenständigen Durchführung des NUB-Verfahrens[1437]

Nach § 6 Abs. 2 Satz 3 KHEntgG wird das NUB-Verfahren durch die „Vertragsparteien auf Bundesebene“ durchgeführt. Es ist daher klarzustellen, wer die „Vertragsparteien auf Bundesebene“ sind, um anschließend zu betrachten, ob diese die Durchführung des NUB-Verfahrens in rechtmäßiger Weise auf das InEK übertragen konnten.

2.7.1.1 Die „Vertragsparteien auf Bundesebene“

Die gesetzliche Definition der „Vertragsparteien auf Bundesebene“ findet sich in § 9 Abs. 1 Satz 1 KHEntgG. Sie setzen sich zusammen aus dem Spitzenverband Bund der Krankenkassen und dem Verband der privaten Krankenversicherung gemeinsam sowie der Deutschen Krankenhausgesellschaft. Sie sind identisch mit den Parteien (§ 17 b Abs. 2 KHG), denen das Gesetz die Aufgabe der „Vereinbarung eines Vergütungssystems“ entsprechend den in § 17 b Abs. 1, 3 KHG gesetzlich festgeschriebenen Vorgaben sowie dessen anschließende Betreuung und Weiterentwicklung übertragen hat.

2.7.1.1.1 Deutsche Krankenhausgesellschaft

Die DKG wurde 1949 auf Initiative des damaligen Hauptgeschäftsführers des Deutschen Städtetages und der damaligen Arbeitsgemeinschaft der kommunalen Spitzenverbände, Dr. van Aubel, gegründet.[1438] Seit der Wiedervereinigung erstreckt sich das Aufgabengebiet der DKG auch auf die Krankenhäuser der neuen Bundesländer.[1439] Die bereits 1990 gegründeten fünf neuen Landeskrankenhausgesellschaften sind seitdem Mitglieder der DKG.[1440]

1437 Die gegenständliche Untersuchung der Legitimation des InEK bezieht sich ausschließlich auf seine Legitimation zur eigenständigen, abschließenden Durchführung des NUB-Verfahrens.

1438 http://www.dkgev.de/dkg.php/cat/25/aid/5/title/Geschichte_der_Deutschen_Krankenhausgesellschaft_e.V._%28DKG%29, abgerufen am 17.09.2014.

1439 http://www.dkgev.de/dkg.php/cat/25/aid/5/title/Geschichte_der_Deutschen_Krankenhausgesellschaft_e.V._%28DKG%29, abgerufen am 17.09.2014.

1440 http://www.dkgev.de/dkg.php/cat/25/aid/5/title/Geschichte_der_Deutschen_Krankenhausgesellschaft_e.V._%28DKG%29, abgerufen am 17.09.2014.

Die Deutsche Krankenhausgesellschaft[1441] verfolgt ausschließlich und unmittelbar gemeinnützige Zwecke.[1442] Sie unterstützt die Krankenhäuser in der Bundespolitik[1443] und vertritt die Interessen des deutschen Krankenhauswesens auf der europäischen und internationalen Verbandsebene.[1444] Die Deutsche Krankenhausgesellschaft setzt sich als Dachverband der Krankenhausträger für die Interessen und Belange der Krankenhäuser ein.[1445] Im Zusammenwirken mit staatlichen und sonstigen Institutionen des Gesundheitswesens sorgt sie für die Erhaltung und Verbesserung der Leistungsfähigkeit der Krankenhäuser im Sinne eines trägerpluralen, zukunftsorientierten Krankenhauswesens und übernimmt eine gesundheitspolitische Mitverantwortung.[1446]

Die Deutsche Krankenhausgesellschaft ist als eingetragener Verein organisiert. Sie hat ihren Sitz in Berlin.[1447] Ihre Mitglieder[1448] sind 28 Mitgliedverbände, bestehend aus 12 Spitzenverbänden von Krankenhausträgern und 16 Landesverbänden von Krankenhausträgern (Landeskrankenhausgesellschaften).[1449] Mit dieser Trägervielfalt repräsentiert die Deutsche Krankenhausgesellschaft die gesamte Breite der Krankenhausinteressen.[1450] Sie nimmt einerseits ihr durch Gesetz übertragene Aufgaben wahr, wie beispielsweise als eine der drei den G-BA bildenden Körperschaften (§ 91 Abs. 1 Satz 1 SGB V) oder als Partei der „Vertragsparteien auf Bundesebene"

1441 http://www.dkgev.de/ abgerufen am 29.11.2013.

1442 Vgl. § 2 Abs. 3 der Satzung der Deutschen Krankenhausgesellschaft vom 29.11.2005. Die Satzung kann abgerufen werden unter http://www.dkgev.de/dkg.php/cat/27/aid/2256/title/Satzung_der_Deutschen_Krankenhausgesellschaft*, abgerufen am 17.09.2014.

1443 http://www.dkgev.de/dkg.php/cat/23/aid/2/title/, abgerufen am 17.09.2014.

1444 Vgl. § 2 Abs. 2 der Satzung der Deutschen Krankenhausgesellschaft vom 29.11.2005. Die Satzung kann abgerufen werden unter http://www.dkgev.de/dkg.php/cat/27/aid/2256/title/Satzung_der_Deutschen_Krankenhausgesellschaft*, abgerufen am 17.09.2014.

1445 http://www.dkgev.de/dkg.php/cat/23/aid/2/title/, abgerufen am 17.09.2014.

1446 § 2 Abs. 1 der Satzung der Deutschen Krankenhausgesellschaft vom 29.11.2005. Die Satzung kann abgerufen werden unter http://www.dkgev.de/dkg.php/cat/27/aid/2256/title/Satzung_der_Deutschen_Krankenhausgesellschaft*, abgerufen am 17.09.2014.

1447 § 1 der Satzung der Deutschen Krankenhausgesellschaft vom 29.11.2005. Die Satzung kann abgerufen werden unter http://www.dkgev.de/dkg.php/cat/27/aid/2256/title/Satzung_der_Deutschen_Krankenhausgesellschaft*, abgerufen am 17.09.2014.

1448 Eine Auflistung der einzelnen Mitglieder findet sich unter http://www.dkgev.de/dkg.php/cat/26/aid/2255/title/Mitglieder_der_DKG, abgerufen am 17.09.2014.

1449 http://www.dkgev.de/dkg.php/cat/26/aid/2255/title/Mitglieder_der_DKG; abgerufen am 16.09.2014.

1450 http://www.dkgev.de/dkg.php/cat/23/aid/2/title/, abgerufen am 17.09.2014.

i.S.d. § 9 KHEntgG. Andererseits erfüllt sie ihr durch Satzung oder Vertrag übertragene Aufgaben.[1451]

2.7.1.1.2 Spitzenverband Bund der Krankenkassen

Der "Spitzenverband Bund der Krankenkassen" (GKV-Spitzenverband) ist die zentrale Interessenvertretung der gesetzlichen Kranken- und Pflegekassen in Deutschland und Träger des Medizinischen Dienstes des Spitzenverbandes Bund der Krankenkassen (MDS). Er wurde im Jahr 2008 gegründet und hat gem. § 217 f SGB V zum 1. Juli 2008 die ihm gesetzlich zugewiesenen Aufgaben übernommen. Seitdem nimmt er viele Aufgaben wahr, die zuvor von den einzelnen Bundesverbänden der einzelnen gesetzlichen Krankenkassen[1452] ausgeführt wurden. Jedoch wirken gem. § 217 f Abs. V SGB V sämtliche Vereinbarungen, Regelungen oder Entscheidungen, wie auch die NUB-Vereinbarung, die durch die bisherigen Bundesverbände sowie der Deutschen Rentenversicherung Knappschaft Bahn-See, den Verbänden der Ersatzkassen und der See-Krankenkasse geschlossen wurden, so lange fort, bis der Spitzenverband Bund der Krankenkassen im Rahmen seiner Aufgabenstellung neue Vereinbarungen, Regelungen oder Entscheidungen trifft oder Schiedsämter den Inhalt von Verträgen neu festsetzen.

Der Spitzenverband Bund der Krankenkassen ist gem. § 217a Abs. 2 SGB V eine Körperschaft des öffentlichen Rechts, die gem. § 217 d Satz 1 SGB V der Aufsicht des Bundesministeriums für Gesundheit untersteht[1453].

1451 Vgl. § 2 Abs. 1 der Satzung der Deutschen Krankenhausgesellschaft vom 29.11.2005. Die Satzung kann abgerufen werden unter http://www.dkgev.de/dkg.php/cat/27/aid/2256/title/Satzung_der_Deutschen_Krankenhausgesellschaft*, abgerufen am 17.09.2014.

1452 Verband der Angestelltenkrankenkassen (VdAK), Sitz in Siegburg; Arbeiter-Ersatzkassen-Verband (AEV), Sitz in Siegburg; AOK-Bundesverband, Sitz in Bonn; Bundesverband der Betriebskrankenkassen, Sitz in Essen; IKK-Bundesverband, Sitz in Bergisch Gladbach; Bundesknappschaft, Sitz in Bochum; Bundesverband der landwirtschaftlichen Krankenkassen, Sitz in Kassel; See-Krankenkasse, Sitz in Hamburg.

1453 Gem. § 217 d Satz 1 SGB V untersteht der Spitzenverband Bund der Krankenkassen bei Ausführung des § 217 f Abs. 3 SGB V der Aufsicht des Bundesministeriums für Arbeit und Soziales; bei Tätigkeiten des Spitzenverbandes Bunde der Krankenkassen in seiner Funktion als Verbindungsstelle gem. § 219 a SGB V wird die Aufsicht vom Bundesministerium für Gesundheit im Einvernehmen mit dem Bundesministerium für Arbeit und Soziales ausgeübt.

Neben der Mitgliederversammlung[1454] und dem Verwaltungsrat[1455] gibt es als drittes Organ gem. § 217 b Abs. 2 SGB V noch einen Vorstand[1456], der den Spitzenverband Bund der Krankenkassen verwaltet und ihn gerichtlich sowie außergerichtlich vertritt.

Der Spitzenverband Bund der Krankenkassen berät die Parlamente und Ministerien im Rahmen aktueller Gesetzgebungsverfahren und ist neben der Deutschen Krankenhausgesellschaft und der Kassenärztlichen Bundesvereinigung „Gründungsmitglied" des G-BA (§ 91 Abs. 1 Satz 1 SGB V) sowie stimmberechtigtes Mitglied im G-BA. Die von ihm geschlossenen Verträge, Regelungen und sonstige Entscheidungen gelten für alle Krankenkassen und deren Landesverbände und damit praktisch für alle ca. 70 Millionen[1457] gesetzlich Versicherten.

1454 Er verfügt gem. § 217 b Abs. 3 Satz 1, 3 SGB V über eine Mitgliederversammlung, in die die einzelnen Mitgliedskassen je einen Vertreter der Versicherten und der Arbeitgeber aus ihrem Verwaltungsrat, ihrem ehrenamtlichen Vorstand oder ihrer Vertreterversammlung entsenden. Gem. § 217 b Abs. 3 Satz 4 SGB V entsenden Ersatzkassen, deren Verwaltungsrat nicht zur Hälfte mit Vertretern der Arbeitgeber besetzt ist, jeweils zwei Vertreter der Versicherten aus ihrem Verwaltungsrat.

1455 Gem. § 217 b Abs. 3 Satz 2 SGB V wählt die Mitgliederversammlung einen Verwaltungsrat. Dieser wird gem. § 217 b Abs. 1 Satz 1 SGB V als Selbstverwaltungsorgan gebildet. Er besteht gem. § 217 c Abs. 1 Satz 1 SGB V aus höchstens 52 Mitgliedern, die sich gem. § 217 c Abs. 1 Satz 2 SGB V aus Versichertenvertretern und Arbeitgebervertretern für die Allgemeinen Ortskrankenkassen, die Ersatzkassen, die Betriebskrankenkassen und die Innungskrankenkassen sowie gemeinsame Versicherten- und Arbeitgebervertreter für die Deutsche Rentenversicherung Knappschaft-Bahn-See und die Landwirtschaftlichen Krankenkassen. (Für die Ersatzkassen, deren Verwaltungsrat nicht zur Hälfte mit Vertretern der Arbeitgeber besetzt ist, sind gem. § 217 c Abs. 1 Satz 3 SGB V nur Versichertenvertreter zu wählen.) Der Verwaltungsrat beschließt gem. § 217 e Abs. 1 SGB V eine Satzung für den Spitzenverband Bund der Krankenkassen. (Abzurufen als PDF unter: http://www.gkv-spitzenverband.de/gkv_spitzenverband/wir_ueber_uns/organisation/organisation.jsp; abgerufen am 12.03.2013.) Daneben ist er gem. § 31 Abs. 1 Nr. 1 und 2 der Satzung für den Beschluss sonstigen Rechts des GKV-Spitzenverbandes und in den übrigen durch Gesetz und in sonstigen für den GKV-Spitzenverband maßgebenden Rechts vorgesehenen Fällen sowie für die Entscheidung aller grundsätzlichen Fragen (Dazu gehören gem. § 5 Abs. 1 Nr. 2 der Satzung insbesondere gesundheits-, pflege- und sozialpolitische Grundsatzfragen, Grundsatzfragen der Versorgungsentwicklung, des Vertragswesens und der Telematik.) zuständig.

1456 Der Vorstand wird vom Verwaltungsrat gewählt und besteht aus höchstens drei, das Amt hauptamtlich ausübenden, Personen.

1457 http://www.gkv-spitzenverband.de/gkv_spitzenverband/wir_ueber_uns/wir_ueber_uns.jsp Aufgerufen am 12.03.2013.

2.7.1.1.3 Verband der privaten Krankenversicherung

Der Verband der privaten Krankenversicherungen[1458] ist ein eingetragener Verein des Privatrechts, dessen Zweck gem. § 2 Abs. 1 der Satzung[1459] die Vertretung und Förderung der allgemeinen Interessen der privaten Krankenversicherung sowie der privaten Pflegepflichtversicherung und seiner Mitgliedsunternehmen ist. Der Verband der privaten Krankenversicherungen hat 43 Mitgliedsunternehmen, 7 außerordentliche Mitgliedunternehmen und zwei verbundene Einrichtungen[1460]. Nach eigener Auskunft[1461] steht er für 8,98 Mio. privat Vollversicherte, 9,67 Mio. Versicherte mit privater Pflegeversicherung und 22,5 Mio. Versicherte mit privater Zusatzversicherung, die insgesamt Beitragseinnahmen von 34,67 Mrd. Euro generieren.

Es mag überraschen, dass auch die PKV durch den Verband der privaten Krankenkassen vertreten ist. Anders als im ambulanten Sektor, in dem für gesetzlich Versicherte der EBM gilt, während die ärztlichen Leistungen gegenüber privat Versicherten nach der GOÄ abgerechnet werden, besteht im für stationäre Leistungen anzuwendenden DRG-Abrechnungs-System gem. § 8 Abs. 1 Satz 1 KHEntgG der Grundsatz, dass die Entgelte für die allgemeinen Krankenhausleistungen, gem. § 2 Abs. 2 KHEntgG, für alle Benutzer des Krankenhauses einheitlich zu berechnen sind. Hinsichtlich der „allgemeinen Krankenhausleistungen" findet folglich bei der Abrechnung der erbrachten Leistungen keine Differenzierung nach dem Versicherungsstatus statt.[1462] Ausgehend von diesem Grundsatz ist es nachvollziehbar, dass auf Ebene der „Vertragsparteien auf Bundesebene", die gem. § 17 b Abs. 2 KHG den gesetzlichen Auftrag haben das DRG-System zu entwickeln und zu begleiten, auch der Verband der privaten Krankenkassen vertreten ist, da die im DRG-System festgesetzten Fallpauschalen auch für die Vergütung der privat versicherten Patienten unmittelbar verbindlich und unverändert gelten.

2.7.1.2 Zwischenergebnis

Durch die „Vertragsparteien auf Bundesebene", denen der Gesetzgeber die Durchführung des NUB-Verfahrens übertragen hat, werden folglich sowohl die Krankenhäuser als Leistungserbringer, als auch die Krankenkassen (GKV und PKV) repräsentiert.

1458 http://www.pkv.de, abgerufen am 30.11.2013.

1459 Satzung vom 26. März 1947, zuletzt geändert durch Beschluss der Mitgliederversammlung am 15. Juni 2010, eingetragen in das Vereinsregister Nr. 4391 beim Amtsgericht Köln am 8. September 2010.

1460 http://www.pkv.de/verband/ Stand September 2013, abgerufen am 01.12.2013.

1461 http://www.pkv.de/zahlen/ endgültige Werte für das Geschäftsjahr 2011, Stand: November 2012, abgerufen am 01.12.2013.

1462 Tuschen/Trefz; Krankenhausentgeltgesetz; S. 289.

2.7.1.3 Legitimation der „Vertragsparteien auf Bundesebene“

Der Gesetzgeber hat in § 6 Abs. 2 Satz 3 KHEntgG geregelt, dass „die Information von den Vertragsparteien nach § 9 KHEntgG einzuholen“ ist. Hierdurch hat er den „Vertragsparteien auf Bundesebene“ die Aufgabe der eigenständigen Durchführung des NUB-Verfahrens übertragen. Die Übertragung gem. § 6 Abs. 2 Satz 3 KHEntgG erfolgte durch legislative Beleihung[1463], denn den Vertragsparteien nach § 9 KHEntgG, die sonst nicht unmittelbar in den staatlichen Verwaltungsapparat integriert sind, wenngleich sie auch gem. § 17 b KHG im Rahmen des öffentlichen Krankenhausfinanzierungsrechts mit der Wahrnehmung staatlicher Aufgaben betraut sind[1464], wurde hiermit durch Gesetz die Kompetenz zur selbstständigen hoheitlichen Wahrnehmung bestimmter (Verwaltungs-)Aufgaben, nämlich der Durchführung des NUB-Verfahrens, im eigenen Namen übertragen.[1465] Durch die Beleihung macht sich der beleihende Staat die Sachkunde, die Initiative und die Interessen sowie die technischen und betrieblichen Mittel und Möglichkeiten von Dritten nutzbar und entlastet damit zugleich den eigenen Verwaltungsapparat.[1466] Die gesetzliche Übertragung der Durchführung des NUB-Verfahrens auf die „Vertragsparteien auf Bundesebene“ ist daher rechtlich nicht zu beanstanden, zumal die „Vertragsparteien auf Bundesebene“ auch gem. § 17 b Abs. 2 Satz 1 KHG dafür zuständig sind das G-DRG-System entsprechend der gesetzlichen Vorgaben des § 17 b KGH zu entwickeln und die Weiterentwicklung zu betreuen. Zudem geht es bei der Durchführung des NUB-Verfahrens nicht um die inhaltliche Bewertung von NUB-Methoden, und somit nicht um die Entscheidung, ob eine NUB-Methode i.S.d. § 137 c SGB V schon zum Leistungsspektrum gehört, oder nicht, sondern „nur“ um die Beantwortung der Frage, ob bereits eine sachgerechte Abbildung im DRG-Vergütungssystem möglich ist, oder noch nicht. Die „Vertragsparteien auf Bundesebene“ würden aufgrund gesetzlicher Beleihung über eine ausreichende rechtliche, insbesondere auch demokratische Legitimation verfügen, um das NUB-Verfahren durchzuführen.

2.7.1.4 Legitimation der Übertragung der Durchführung des NUB-Verfahrens auf das InEK

Höchst fraglich ist jedoch, ob die Vertragsparteien auf Bundesebene die Aufgabe der Durchführung des NUB-Verfahrens in rechtmäßiger Weise auf das InEK übertragen konnten und ob dieses folglich über die erforderliche demokratische

1463 Ullrich; Finanzierungslücken bei medizinischen Innovationen? Rechtliche Rahmenbedingungen der Finanzierung neuer Untersuchungs- und Behandlungsmethoden sowie innovativer Arzneimittel, S. 189; Vgl. Degener-Hencke in Huster/Kaltenborn § 5 Rn. 177.

1464 Siehe hierzu unter E.2.1.6.

1465 Maurer, Allgemeines Verwaltungsrecht, § 23 Rn. 56.

1466 Maurer, Allgemeines Verwaltungsrecht, § 23 Rn. 57; hierzu spezifisch in Bezug auf den Gesundheitssektor Kingreen, Gerichtliche Kontrolle von Kriterien und Verfahren im Gesundheitsrecht, MedR 2007, 457, 458.

(Art. 20 Abs. 2 GG) und personelle Legitimation zur eigenverantwortlichen abschließenden Entscheidung verfügt.[1467]

2.7.1.4.1 Keine unmittelbare Übertragung der Aufgabe durch den Gesetzgeber auf das InEK

Das InEK wird im Zusammenhang mit der Durchführung des NUB-Verfahrens nicht ausdrücklich im Gesetz genannt. Weder wird ihm die Aufgabe unmittelbar übertragen, noch nennt der Gesetzgeber das InEK als „DRG-Institut" wie beispielsweise im Zusammenhang mit der Erhebung des Systemzuschlags gem. § 17 b Abs. 5 Satz 1 Nr. 1 KHG: Hier führt der Gesetzgeber aus, dass der Systemzuschlag insbesondere auch anfällt, „soweit die Vertragsparteien die Aufgaben durch ein eigenes DRG-Institut wahrnehmen lassen".

Zwar findet das InEK in den Gesetzesmaterialien[1468], nämlich in der amtlichen Begründung zum Fallpauschalenänderungsgesetz im Zusammenhang mit der Regelung der NUB-Entgelte Erwähnung. Hier heißt es: „Voraussetzung für die Vereinbarung solcher [NUB-] Entgelte ist, dass die Selbstverwaltungspartner auf der Bundesebene oder ihr DRG-Institut bestätigen, dass die neue Methode mit dem DRG-Fallpauschalenkatalog noch nicht vergütet werden kann". Aufgrund der nicht unerheblichen Auswirkung des NUB-Verfahrens gerade auch aus grundrechtlicher Sicht der von den „Informationen" betroffenen Krankenhäusern, Patienten sowie Medizinproduktthersteller, bedarf das InEK für eine eigenständige Wahrnehmung des NUB-Verfahrens im Sinne der Wesentlichkeitstheorie[1469] jedoch einer transparenten, nachvollziehbaren demokratischen Legitimation. Hierfür genügt nicht die Erwähnung in den Gesetzesmaterialien. Erkenntnisse aus den Gesetzesmaterialien können zwar im Rahmen einer Gesetzesauslegung als Argumentation herangezogen werden, können jedoch nicht entgegen des eindeutigen Gesetzeswortlautes, der in § 6 Abs. 2 Satz 3 KHEntgG die Durchführung des NUB-Verfahrens ausdrücklich und ausschließlich den „Vertragparteien auf Bundesebene überträgt, eine selbstständige Legitimation des InEK herleiten.

1467 Kritisch hierzu auch Felix, Das Institut für das Entgeltsystem im Krankenhaus (InEK) – Ein bedeutsamer Akteur im Kontext der Finanzierung neuer Untersuchungs- und Behandlungsmethoden?, MedR 2012, 777,780; Vollmöller in: Dettling/Gerlach (Hrsg.), Krankenhausrecht, Kommentar, KHEntgG § 6 Rn. 8.

1468 BTDrs. 15/614, S. 9.

1469 Vgl. hierzu Ipsen, Staatsrecht I, Rn. 754 m.w.N.: Zwar lässt sich aus dem Demokratieprinzip kein „allumfassender Parlamentsvorbehalt" ableiten: Das BVerfG hat jedoch in Gestalt der „Wesentlichkeitstheorie" einen Parlamentsvorbehalt entwickelt, der ein Ausgreifen exekutiver Regelungsbefugnisse verhindern soll. Grundlegende, für das Gemeinwohl wichtige – und regelmäßig grundrechtsberührende Fragen – muss das Parlament selber regeln.

2.7.1.4.2 Keine wirksame Übertragung durch die NUB-Vereinbarung

Auf gesetzlicher Ebene ist nicht vorgesehen, dass die Vertragsparteien auf Bundesebene die Durchführung des NUB-Verfahrens auf einen Dritten übertragen können oder sollen. Zur Wahrung des verfassungsrechtlichen Unmittelbarkeitsgrundsatzes gem. Art. 20 Abs. 2 GG[1470] kennt und erlaubt das Verwaltungsrecht ohne gesetzliche Ermächtigung auch nicht eine „Kettenbeleihung" dahingehend, dass die Vertragsparteien auf Bundesebene als Beliehene die ihnen durch Beleihung verliehenen Rechte ihrerseits völlig eigenständig aufgrund Beleihung oder sonstigen Rechtsakts auf einen Dritten, die InEK gGmbH, übertragen können und dürfen.[1471] Ohne Legitimation können daher die Vertragsparteien auf Bundesebene die Durchführung des NUB-Verfahrens nicht rechtmäßig und wirksam durch die NUB-Vereinbarung, einen öffentlich-rechtlichen Vertrag gem. § 53 SGB X, auf das InEK übertragen.[1472]

Hieran ändert auch die Tatsache nichts, dass die Vertragsparteien in der NUB-Vereinbarung nicht den Begriff der „Beleihung" verwendeten, sondern „lediglich" von „Beauftragung" des InEK sprechen. Denn für die eigenverantwortliche Durchführung des NUB-Verfahrens durch das InEK genügt, insbesondere wegen der erheblichen Auswirkung der „Information" mit marktsteuernder, grundrechtsrelevanter Wirkung, unabhängig davon, ob sie formal als VA eingestuft wird, oder nicht, nicht eine „Beauftragung" im zivilrechtlichen Sinne, wenn sich die Legitimation des InEK zur Ausführung des Auftrages nirgends herleiten lässt.

Hinzu kommt, dass das InEK an der NUB-Vereinbarung gar nicht als Vertragspartner beteiligt war, um aufgrund von zwei übereinstimmender „Willenserklärungen" eine Vereinbarung über die Übertragung der Aufgabe der Durchführung des NUB-Verfahrens i.S.d. § 662 BGB zu schließen. Die NUB-Vereinbarung kann daher auch aus diesem Grund lediglich als Vereinbarung der Vertragsparteien auf Bundesebene gesehen werden, in der sie die Intention kund getan und beschlossen haben, das InEK mit der Durchführung des NUB-Verfahrens zu beauftragen. Denn eine Beauftragung i.S.d. §§ 662 BGB stellt einen gegenseitigen Vertrag dar, der der Annahme bedarf[1473].

Man könnte auf die Idee kommen, das InEK habe das in der NUB-Vereinbarung kund getane Angebot konkludent durch die Durchführung des NUB-Verfahrens seit dem Jahr 2004 angenommen. Die Vereinbarung über die Übertragung der Durchführung des NUB-Verfahrens von den Vertragsparteien auf Bundesebene auf das InEK

1470 Vgl. Ehlers in: Erichsen/Ehlers (Hrsg.), Allgemeines Verwaltungsrecht, § 6 Rn. 7 Bedürfnis der demokratischen Legitimation aufgrund des Demokratieprinzips.

1471 Vgl. Schulze-Fielitz in: Dreier (Hrsg.); GG (Band II), Art. 20 Rn. 125.

1472 So im Ergebnis auch Ullrich; Finanzierungslücken bei medizinischen Innovationen? Rechtliche Rahmenbedingungen der Finanzierung neuer Untersuchungs- und Behandlungsmethoden sowie innovativer Arzneimittel, S. 193.

1473 § 662 BGB: Vertragstypische Pflichten beim Auftrag: Durch die Annahme eines Auftrags verpflichtet sich der Beauftragte, ein ihm von dem Auftraggeber übertragenes Geschäft für diesen unentgeltlich zu besorgen.

ist aufgrund des Vertragsgegenstandes jedoch als öffentlich-rechtlicher Vertrag gem. §§ 53 ff. SGB X zu qualifizieren, der zu seiner Wirksamkeit gem. § 56 SGB X, mangels anderer gesetzlicher Spezialregelung, der Schriftform bedarf. Diese wäre durch eine konkludente Annahme nicht gewahrt. Ohne Wahrung der erforderlichen Schriftform ist ein öffentlich-rechtlicher Vertrag gem. § 58 Abs. 1 SGB X i.V.m. §§126 Abs. 1, 125 BGB nichtig.

Die NUB-Vereinbarung vermag daher dem InEK nicht die erforderliche demokratische Legitimation zu verschaffen, um das NUB-Verfahren eigenständig durchzuführen.

2.7.1.4.3 Durchführung des NUB-Verfahrens nicht von „pauschaler Nennung" des „DRG-Instituts" in § 17 b KHG umfasst

Die Formulierungen insbesondere in § 17 b SGB V zeigen, dass der Gesetzgeber es für nahe liegend hielt, dass die Vertragsparteien auf Bundesebene die ihnen gem. § 17 b Abs. 2 SGB V übertragenen Aufgaben nicht zwingend unmittelbar selbst durchführten, sondern ein „DRG-Institut" gründen, welches die Aufgaben im Zusammenhang mit der Entwicklung und Betreuung des DRG-Systems für sie wahrnimmt. Tatsächlich wird durch die Entscheidung im NUB-Verfahren eine Entscheidung mit „Langzeitnachwirkung" über den unmittelbare Marktzugang einer NUB-Methode, die ggf. aus krankenversicherungsrechtlicher Sicht alle Voraussetzungen i.S.d. § 137 c SGB V erfüllt, auf den öffentlichen Gesundheitsmarkt getroffen. Denn wenn eine NUB-Methode durch das InEK in NUB-Status-2 eingeteilt wurde, zeigen die Krankenkassen keinerlei Bereitschaft zu Verhandlungen über NUB-Entgelte gem. § 6 Abs. 2 Satz 1 KHEntgG. Hätten die Krankenhäuser eine Möglichkeit gesehen, die entstehenden Kosten durch die schon bestehenden DRG-Fallpauschalen und Zusatzentgelte abzubilden, hätten sie das NUB-Verfahren nicht eingeleitet. Da das InEK seine Entscheidungen nicht begründet, haben die Leistungserbringer keine Anhaltspunkte, wie – aus Sicht des InEK – eine sachgerechte Vergütung aufgrund der schon definierten Fallpauschalen und bundeseinheitlichen Zusatzentgelten möglich sein soll. Ohne NUB-Entgelte sehen sie aber keine Möglichkeit die NUB-Methode kostendeckend zu erbringen, was quantitativ, von Einzelfällen abgesehen, dazu führen wird, dass die konkrete Methode ausschließlich wegen Abrechnungsschwierigkeiten nicht angewendet wird und sich somit nicht auf dem Gesundheitsmarkt behaupten und etablieren kann. Und dies, obwohl keine inhaltliche Prüfung bzw. Nutzenbewertung der Methode durchgeführt wurde. Da die Kosten für die „allgemeinen Krankenhausleistungen" gem. § 8 Abs. 1 KHEntgG für alle Patienten, unabhängig davon ob sie gesetzlich oder privat (oder gar nicht) versichert sind, einheitlich zu berechnen sind, betrifft die faktische Marktzugangssperre durch die NUB-2 Entscheidung nicht nur den Anteil der gesetzlich Versicherten, sondern zudem auch die privat versicherten Patienten und folglich alle Patienten und somit 100 %, den gesamten Gesundheitsmarkt.

Aufgrund dieser großen Auswirkung des NUB-Verfahrens, die weit über eine „Vergütungsberatung" hinaus geht, wie sie der G-BA gem. § 137 e Abs. 8 SGB V vornimmt, reicht als Legitimation des InEK für die eigenverantwortliche Durchführung mangels Bestimmtheit nicht ein „Pauschalverweis", eine gesetzliche „Pauschaleinwilligung", zumal diese wegen ihrer Unbestimmtheit auch hinsichtlich der allgemeinen Ausarbeitung und Begleitung des DRG-Systems grundsätzlich rechtlich fraglich ist und einer grundsätzlichen Überprüfung bedürfte.[1474]

2.7.1.5 Zwischenergebnis

Nach der derzeitigen gesetzlichen Ausgestaltung und rechtlichen Konstruktion fehlt dem InEK die demokratische sachliche-inhaltliche Legitimation[1475] zur eigenverantwortlichen abschließenden Durchführung des NUB-Verfahrens, da § 6 Abs. 2 Satz 3 KHEntgG als Akteur nur die „Vertragsparteien auf Bundesebene" nennt, diese die Aufgabe nach hier vertretener Auffassung eigenständig nicht wirksam auf die InEK GmbH übertragen können und die Durchführung des NUB-Verfahrens auch nicht von der „Pauschalnennung" des InEK als „DRG-Institut" i.S.d. § 17 b Abs. 2 KHG umfasst ist.

Daneben fehlt dem InEK, als alleinigem Entscheidungsträger des NUB-Verfahrens (gem. § 1 der NUB-Vereinbarung vom 17.12.2004), die erforderliche personelle Legitimation. Das InEK verfügt weder über eine Geschäftsordnung noch über eine Verfahrensordnung. Es besteht keine Klarheit über Besetzung und mögliche Einflussnahmen innerhalb des InEK. Und, laut der NUB-Vereinbarung vom 17.12.2004 unterliegen die eigenverantwortlichen Entscheidungen des InEK keiner Überprüfung durch die vom Gesetzgeber in § 6 Abs. 2 Satz 3 KHEntgG gesetzlich legitimierten „Vertragsparteien auf Bundesebene". Denn die Vertragsparteien auf Bundesebene (gem. § 9 KHEntgG) haben im Rahmen der „Beauftragung" des InEK keinerlei Aufsichtsmechanismen, wie sie beispielsweise in Bezug auf den G-BA in § 94 SGB V normiert sind, vorgesehen. In der NUB-Vereinbarung vom 17.12.2004 haben sie weder für sich, noch für das Bundesministerium für Gesundheit ein Überprüfungs- oder Beanstandungsrecht oder gar ein Recht auf Ersatzvornahme vorgesehen. Als GmbH untersteht das InEK auch nicht „automatisch", wie beispielsweise eine allgemeine untere Verwaltungsbehörde, den hierarchischen staatlichen Weisungs- und Aufsichtsstrukturen. Ein „Minus" an demokratischer Legitimation kann daher auch nicht durch ein „Plus" auf Ebene der Verfahrenstransparenz und der Überprüfung des Handelns des InEK durch staatliche Aufsicht „aufgefangen" werden.

1474 So im Ergebnis auch Ullrich; Finanzierungslücken bei medizinischen Innovationen? Rechtliche Rahmenbedingungen der Finanzierung neuer Untersuchungs- und Behandlungsmethoden sowie innovativer Arzneimittel, S. 192.

1475 Vgl. hierzu Kluth in: Wolff/Bachof/Stober; Verwaltungsrecht Band 3 §81 Rn. 152. So auch auch Felix, Das Institut für das Entgeltsystem im Krankenhaus (InEK) – Ein bedeutsamer Akteur im Kontext der Finanzierung neuer Untersuchungs- und Behandlungsmethoden?, MedR 2012, 777,780; Vollmöller in: Dettling/Gerlach (Hrsg.), Krankenhausrecht, Kommentar, KHEntgG § 6 Rn. 8.

Im Zusammenhang mit der eigenständigen Wahrnehmung von Aufgaben von Selbstverwaltungskörperschaften – und das InEK ist als juristische Person des Privatrechts hiervon noch weiter entfernt – hatte das BSG[1476] Bezug nehmend auf das BVerfG[1477] entschieden, dass seitens des BVerfG „lediglich" verlangt werde, dass die Wahrnehmung der Aufgaben von Selbstverwaltungskörperschaften" der Aufsicht personell demokratisch legitimierter Amtswalter unterliege".

Gemessen an diesem Maßstab wird die derzeitige rechtliche Gestaltung der möglichen Aufsichtsrechte in Bezug auf das InEK nicht gerecht. Dem InEK fehlt daher die erforderliche personelle demokratische Legitimation.[1478] Das InEK kann daher bisher die Durchführung des NUB-Verfahrens nicht rechtmäßig durchführen. Vielmehr sind seine bisher getroffenen Entscheidungen mangels Rechtsgrundlage rechtlich nicht bindend[1479] bzw. rechtlich irrelevant.[1480]

2.7.1.6 Stellungnahme

Aufgrund der hohen Sachnähe des InEK, als „DRG-Institut" i.S.d. § 17 b KHG, das das DRG-System federführend mitentwickelt hat, die einzelnen Fallpauschalen definiert und die Weiterentwicklung betreut und durchführt, ist es nicht grundsätzlich fern liegend, dass das InEK die Aufgabe der Durchführung des NUB-Verfahrens eigenverantwortlich erfüllt.[1481] Zumal „public private partnership" nahezu ein klassisches Instrument des Sozialrechts[1482] ist, zu den „dogmatischen Gründungsinstitutionen

---

1476 BSG Urteil vom 06.05.2009 – B 6 A 1/08 R, („Protonentherapie"), Rn. 48.

1477 Beschluss des BVerfG vom 05.12.2002 – 2 BvL 5/98; 2 BvL 6/98, BVerfGE 107, 59, 94.

1478 So im Ergebnis auch Ullrich; Finanzierungslücken bei medizinischen Innovationen? Rechtliche Rahmenbedingungen der Finanzierung neuer Untersuchungs- und Behandlungsmethoden sowie innovativer Arzneimittel, S. 193 f.; Felix, Das Institut für das Entgeltsystem im Krankenhaus (InEK) – Ein bedeutsamer Akteur im Kontext der Finanzierung neuer Untersuchungs- und Behandlungsmethoden?, MedR 2012, 777,780; Vollmöller in: Dettling/Gerlach (Hrsg.), Krankenhausrecht, Kommentar, KHEntgG § 6 Rn. 8.

1479 Vollmöller in: Dettling/Gerlach (Hrsg.), Krankenhausrecht, Kommentar, KHEntgG § 6 Rn. 8.

1480 So auch Felix, Das Institut für das Entgeltsystem im Krankenhaus (InEK) – Ein bedeutsamer Akteur im Kontext der Finanzierung neuer Untersuchungs- und Behandlungsmethoden?, MedR 2012, 777, 780 f.

1481 Eine andere, von Ullrich (vgl. Ullrich; Finanzierungslücken bei medizinischen Innovationen? Rechtliche Rahmenbedingungen der Finanzierung neuer Untersuchungs- und Behandlungsmethoden sowie innovativer Arzneimittel, S. 198) vorgeschlagene Lösungsmöglichkeit ist, dass das InEK den Vertragsparteien auf Bundesebene – vgl. zu den Empfehlungen des IQWiG an den G-BA i.R.d. Nutzenbewertung – sein Ergebnis mitteilt und diese, wie vom Gesetzgeber vorgesehen, auf dieser sachverständigen Grundlage eine eigene Entscheidung treffen und „die Information" als eigene Erklärung abgeben.

1482 Vgl. Kingreen/Rixen, Sozialrecht, Ein verwaltungsrechtliches Utopia? DÖV 2008, 741, 746.

des Sozialrechts gehört“[1483]. Hinzu kommt, dass nach dem gesetzlich vorgesehenen Prüfumfang gem. § 6 Abs. 2 Satz 3 KHEntgG im Rahmen des NUB-Verfahrens ausschließlich geprüft werden soll und darf, ob das Vergütungssystem schon eine sachgerechte, kostendeckende Abrechnung der konkreten Methode ermöglicht, während eine inhaltliche Nutzenbewertung, wie sie der G-BA gem. §§ 135, 137 c SGB V durchführt, nicht zu erfolgen hat. Der dem InEK bei der Durchführung des NUB-Verfahrens übertragene Aufgabenumfang ist daher formal sehr gut begrenzbar und begrenzt. Zudem erfordert die Beurteilung der Frage, ob sich eine konkrete NUB-Methode schon sachgerecht durch bestehende Fallpauschalen und Zusatzentgelte abbilden lässt, keinen der gerichtlichen Kontrolle entzogenen Beurteilungsspielraum[1484]. Vielmehr ist die Überprüfung der Auslegung dieser „unbestimmten Rechtsbegriffe“ der vollen gerichtlichen Überprüfung zugänglich, weswegen auch aus Perspektive des effektiven Rechtsschutzes i.S.d. Art. 19 Abs. 4 GG der von der „Information“ unmittelbar Betroffenen eine eigenständige Ausübung des NUB-Verfahrens durch ein Privatrechtssubjekt, wenn der rechtliche Rahmen der Verfahrensgestaltung auch ansonsten rechtsstaatlichen Grundsätzen genügt[1485], diesbezüglich keine grundsätzlichen Bedenken hervorruft. Jedoch sollte die Entscheidung der eigenverantwortlichen und abschließenden Wahrnehmung der Durchführung des NUB-Verfahrens durch das InEK i.S.d. § 6 Abs. 2 Satz 3 KHEntgG aufgrund der dargestellten marktsteuernden Wirkung der „Information“ mit objektiv berufsregelnder Tendenz i.S.d. Art. 12 Abs. 1 GG für die Leistungserbringer und im Einzelfall auch für die betroffenen Hersteller von Medizinprodukten, im Sinne der Wesentlichkeitstheorie vom parlamentarischen Gesetzgeber auf Gesetzesebene getroffen werden. Zudem sollten in diesem Zusammenhang seitens des Gesetzgebers auch die verfassungsrechtlich notwendigen aufsichtsrechtlichen Strukturen vorgegeben werden.[1486]

Klarstellend ist jedoch darauf hinzuweisen, dass sich die sachliche und fachliche Kompetenz des InEK, als „DRG-Institut“, auf den Abgleich mit den bestehenden Fallpauschalen und Zusatzentgelten beschränkt. Das InEK verfügt nicht über eine darüber hinaus gehende Sach- und Fachkompetenz zur inhaltlichen Prüfung, zur Nutzenbewertung der einzelnen NUB-Methoden i.S.d. § 137 c SGB V. Diese Kompetenz ist den Krankenhäusern und abschließend dem Gemeinsamen Bundesausschuss vorbehalten.

1483 Kingreen/Rixen, Sozialrecht, Ein verwaltungsrechtliches Utopia? DÖV 2008, 741, 746.

1484 Siehe hierzu allgemein unter B.6.1. und speziell in Bezug auf die Entscheidung des InEK im Rahmen des NUB-Verfahrens unter 2.7.3.

1485 Siehe hierzu E.2.7.2. ff.

1486 Da die Durchführung des NUB-Verfahrens durch das InEK i.E. zu befürworten ist und auch das NUB-Verfahren an sich sinnvoll und zweckmäßig erscheint, erfolgt die folgende Untersuchung dahingehend, welche verfahrensrechtlichen Defizite aus rechtsstaatlicher Sicht hinsichtlich der derzeitigen Ausgestaltung gegeben sind verbunden mit Anregungen, wie sie behoben werden könnten und sollten.

Zudem bedarf die Organisation des InEK wegen der dargestellten nicht unerheblichen Relevanz seiner Entscheidungen bei der Durchführung des NUB-Verfahrens, einer höheren organisatorischen und verfahrensrechtlichen Transparenz, um interne Zuständigkeiten, Verfahrensabläufe, und Beteiligungsmöglichkeiten nach außen transparent nachvollziehbar und überprüfbar zu machen. Dies könnte und sollte, wie beim G-BA bereits erfolgt und hinsichtlich des IQWiG ebenfalls bemängelt und schon mehrfach in Aussicht gestellt, durch die Verfassung einer öffentlich einsehbaren Geschäfts- und Verfahrensordnung geschehen.

Wenn der Gesetzgeber die bisherige Konstruktion der eigenständigen Durchführung des NUB-Verfahrens durch das InEK "legalisieren" möchte, so bedarf es, um den Anforderungen des institutionellen Gesetzesvorbehalts gerecht zu werden[1487], beispielsweise in § 6 Abs. 2 Satz 3 KHEntgG, einer Ergänzung dahingehend, dass die Vertragsparteien auf Bundesebene das NUB-Verfahren auch durch „ihr DRG-Institut" durchführen lassen können bzw. einer Änderung dahingehend, dass das NUB-Verfahren durch das „DRG-Institut" durchgeführt wird.

2.7.2 Antragsrecht zur Einleitung eines NUB-Verfahrens

2.7.2.1 Krankenhäuser

Nach derzeitiger gesetzlicher Ausgestaltung haben gem. § 6 Abs. 2 Satz 3 KHEntgG ausschließlich Krankenhäuser das Recht, hinsichtlich einer konkreten NUB-Methode ein NUB-Verfahren einzuleiten. Dieses Recht steht jedoch allen Krankenhäusern offen, die Interesse an der Vereinbarung eines NUB-Entgeltes gem. § 6 Abs. 2 Satz 1 KHEntgG haben und ist insbesondere nicht beispielsweise auf Universitätskliniken beschränkt.

2.7.2.2 Medizinprodukthersteller

Wie dargestellt, kann eine „NUB-Information", insbesondere die Eingruppierung einer NUB-Methode in NUB-Status-2, aufgrund ihrer marktsteuernden Wirkung eine Entscheidung mit Grundrechtsrelevanz für Medizinprodukthersteller sein. Bisher haben Medizinprodukthersteller jedoch, anders als die Hilfsmittelhersteller bezogen auf eine Aufnahme eines Hilfsmittels ins Hilfsmittelverzeichnis gem. § 139 SGB V, keinerlei Möglichkeit ein NUB-Verfahren einzuleiten, auch wenn sie der Ansicht sind, dass für die Anwendung der auf ihrem Medizinprodukt beruhenden NUB-Methode, die i.S.d. § 137 c SGB V aus „materiell krankenversicherungsrechtlicher Sicht" zulasten der gesetzlichen Krankenkassen angewendet werden dürfte, die Umsetzung lediglich daran scheitert, dass bisher eine sachgerechte Abbildung im DRG-Vergütungssystem nicht möglich ist.

Und dies, obwohl das Fehlen einer Vergütungsmöglichkeit nicht auf einer inhaltlichen Entscheidung beruht. Das Fehlen einer sachgerechten DRG-Fallpauschale

1487 Vgl. Ullrich; Finanzierungslücken bei medizinischen Innovationen? Rechtliche Rahmenbedingungen der Finanzierung neuer Untersuchungs- und Behandlungsmethoden sowie innovativer Arzneimittel, S. 193.

beruht in diesen Fällen regelmäßig weder auf einer negativen Nutzenbewertung i.S.d. § 137 c SGB V durch den G-BA, noch auf einer bewussten Entscheidung seitens des InEK für die Anwendung dieser NUB-Methode eine sachgerechte Fallpauschale zu definieren. Zum einen, weil es für den stationären Sektor auf Ebene des „materiellen Krankenversicherungsrechts" i.S.d. § 137 c SGB V keiner präventiven Erlaubnis der Anwendung einer NUB-Methode durch den G-BA bedarf. Zum anderen deswegen, da das DRG-Fallpauschalensystem nicht methoden- sondern diagnosenbezogen ist, und es so passieren kann, dass sich eine NUB-Methode zufälligerweise schon durch die bestehenden DRG-Fallpauschalen und Zusatzentgelte abbilden lässt, ohne dass das InEK von der NUB-Methode Kenntnis hatte. Wenn dies der Fall ist, haben die Medizinproduktthersteller „Glück", denn die Leistungserbringer, die die NUB-Methode (die aus ihrer Sicht den Anforderungen des § 137 c SGB V entspricht und deren Anwendung im Einzelfall aus medizinischen und spezifisch krankenversicherungsrechtlichen Gesichtspunkten indiziert ist) anwenden wollen, können dies tun und können die Kosten der Krankenkasse in Rechnung stellen, ohne einer „Erlaubnis" des InEK oder des G-BA oder eines sonstigen Dritten zu bedürfen.

Nur um durch das InEK feststellen zu lassen, dass dies nicht der Fall ist, dass es noch keine Vergütungsmöglichkeit der NUB-Methode mittels schon definierter Fallpauschalen gibt, muss das NUB-Verfahren gem. § 6 Abs. 2 Satz 3 KHEntgG durchgeführt werden.

Ob Medizinproduktherstellern ein eigenes Antragsrecht eingeräumt werden soll, oder nicht, ist einerseits eine politische Entscheidung, da Medizinproduktthersteller i.S.d. Art. 12 Abs. 1 GG keinen Anspruch auf Anwendung der auf ihrem Medizinprodukt beruhenden NUB-Methode haben und daher auch keinen Anspruch darauf haben, dass das Krankenhausfinanzierungsrecht (sofort) die nötigen Finanzierungsinstrumente für die Vergütung der konkreten NUB-Methode zur Verfügung stellt. Die Situation gestaltet sich jedoch anders, nicht rein politisch, wenn es auf Ebene des Krankenhausfinanzierungsrechts um die Aufdeckung willkürlicher oder unwillkürlicher Finanzierungslücken im DRG-Fallpauschalensystem durch die Feststellung des Bedarfs der Vereinbarung von NUB-Entgelten (§ 6 Abs. 2 Satz 3 KHEntgG) geht, die notwendig sind, um die „Finanzierungslücken" vorübergehend schließen zu können. Und um nichts anderes geht es im NUB-Verfahren. Denn letztendlich zielt das NUB-Verfahren ausschließlich darauf ab, zum einen für NUB-Methoden, die sich aufgrund der systemimmanenten Trägheit des Abrechnungssystems noch nicht sachgerecht abbilden lassen, den Weg zur Vereinbarung von NUB-Entgelten gem. § 6 Abs. 2 Satz 1 KHEntgG zu ermöglichen und andererseits möglichst wenige Ausnahmen vom Abrechnungssystem durch Fallpauschalen zu schaffen.

Anders als durch die Aufnahe eines Hilfsmittels ins Hilfsmittelverzeichnis wird durch die Eingruppierung in NUB-Status 1, mangels inhaltlicher Auseinandersetzung mit der NUB-Methode, vom InEK keinerlei inhaltliche positive Empfehlung für die Anwendung der jeweiligen Methode zulasten der gesetzlichen Krankenkasse abgegeben. Die Eingruppierung in die einzelnen NUB-Status trägt rechtlich, auch wenn möglicherweise leicht ein anderer Anschein erweckt wird, keinerlei Nutzenbewertung in sich – weder positiv, noch negativ. Sie teilt nur mit, ob es schon eine sachgerechte Abrechnungsmöglichkeit gibt, oder nicht. Da das DRG-Abrechnungssystem, wie dargestellt, nicht methodenorientiert, sondern aufwandsorientiert ist, und aufgrund des § 137 c SGB V NUB-Methoden für ihre Anwendung im stationären Sektor keine präventiven zentralen Nutzenbewertung durch den G-BA erfordern, ist eine fehlende Abrechnungsmöglichkeit durch DRG-Fallpauschalen oder bundeseinheitlich definierte Zusatzentgelte gem. § 7 Abs. 1 Satz 1 Nr. 1 und 2 KHEntgG kein „Indiz" dafür, dass die NUB-Methode nicht zulasten der gesetzlichen Krankenkassen angewandt werden darf. Eine fehlende Abbildung im DRG-System impliziert nicht einen „noch nicht hinreichend belegten Nutzen" i.S.d. § 137 c SGB V.

Um mehr Transparenz auf dem stark reglementierten öffentlichen Gesundheitsmarkt zu erreichen, wäre es daher nicht fern liegend, wenn nicht sogar rechtlich geboten, den Herstellern, hinsichtlich NUB-Methoden, die i.S.d. Regelung des § 92 Abs. 7 d SGB V maßgeblich auf dem Einsatz eines Medizinprodukt beruhen, und die die Voraussetzungen des § 6 Abs. 2 Satz 1 KHEntgG erfüllen, ein unmittelbares Antragsrecht einzuräumen.[1488] Denn die Durchführung des NUB-Verfahrens zielt nur darauf ab, über NUB-Entgelte für noch nicht abgebildete NUB-Methoden den Weg für eine sachgerechte Vergütungsmöglichkeit zu eröffnen. Ob Krankenhäuser die jeweilige NUB-Methode für medizinisch vielversprechend halten, ihren Nutzen als i.S.d. § 137 c SGB V schon hinreichend belegt sehen und sie deshalb zugunsten von Patienten anwenden wollen, ist dadurch noch nicht gesagt.

Aufgrund des vollständig durchreglementierten öffentlichen Gesundheitsmarktes, der Tatsache, dass das Krankenversicherungsrecht grundsätzlich auf dem „Alles- oder Nichts"- Prinzip[1489] basiert und die Krankenhäuser die Entgelte für alle Benutzer, unabhängig vom Versicherungsstatus gem. § 8 Abs. 1 Satz 1 KHEntgG einheitlich zu berechnen haben, stellt eine willkürliche, fehlende sachgerechte Vergütungsmöglichkeit quasi faktisch eine objektive Marktzugangssperre dar. Die das NUB-Verfahren abschließende „Information", die nach der gesetzlichen Konzeption gem. § 6 Abs. 2 Satz 3 KHEntgG von den hierfür Beliehenen „Vertragsparteien auf Bundesebene" i.S.d. § 9 KHEntgG erteilt würde, hat daher für die im jeweiligen Einzelfall betroffenen Medizinprodukthersteller durch die unmittelbare Auswirkung auf ihre Berufsausübung im Hinblick auf Art. 12 Abs. 1 GG aufgrund der tatsächlichen erheblichen objektiven berufsregelnden Tendenz Grundrechtsrelevanz, da sie im Falle von NUB-Status-1 den Weg für die Vereinbarung von NUB-Entgelten öffnet und im Falle einer rechtswidrigen NUB-Status-2 Entscheidung eine rechtswidrige objektive Marktzugangssperre darstellt.

1488 Konsequenterweise sollte dann auch die ohnehin fragliche Regelung, dass nur Krankenhäuser, die hinsichtlich einer NUB-Methode selber ein NUB-Verfahren eingeleitet haben, dahingehend geändert werden, dass hinsichtlich einer NUB-Methode, die vom InEK in NUB-Status 1 eingruppiert wurde, alle interessierten Krankenhäuser auf Ortsebene gem. § 6 Abs. 2 Satz 1 KHEntgG in NUB-Entgelt-Verhandlungen mit den Kostenträgern eintreten dürfen.

1489 Vgl. hierzu unter A.4.4.

Aus diesen Gründen wäre es, insbesondere auch in Anbetracht der diesbezüglichen Gesetzesänderungen in § 92 Abs. 7 d SGB V und in § 137 e SGB V durch das Versorgungsstrukturgesetz und aufgrund der Rechtsstellung von Herstellern von Hilfsmitteln bezüglich der Aufnahmeentscheidung eines Hilfsmittels ins Hilfsmittelverzeichnis gem. § 139 Abs. 3 SGB V, rechtlich geboten, Medizinproduktherstellern hinsichtlich NUB-Methoden, deren technische Anwendung maßgeblich auf einem Medizinprodukt beruht, unmittelbar die Möglichkeit zu eröffnen ein NUB-Verfahren einzuleiten, wenn sich die NUB-Methode noch nicht sachgerecht i.S.d. § 7 Abs. 1 Satz 1 Nr. 1 und 2 KHEntgG durch das DRG-System abbilden lässt. Denn durch die Einführung der NUB-Entgelte wollte der Gesetzgeber gerade verhindern, dass die tatsächliche Anwendung einer NUB-Methode letztendlich „vom Zufall" abhängt, ob sie sich schon durch bestehende Fallpauschalen sachgerecht abbilden lässt, oder nicht. Es ist daher sachgerecht, dass Medizinproduktthersteller die „Vorfrage" klären lassen können.

Zumal hierdurch keine (Mehr-)Kosten für die gesetzliche Krankenkassen entstehen[1490], da hierdurch nur eine Vorfrage für die Vereinbarung von NUB-Entgelten zwischen Krankenhäusern und Krankenkassen geklärt wird. Sondern bei Einstufung in NUB-Status 1 steht „nur" positiv fest, dass für eine sachgerechte Vergütungsmöglichkeit dieser konkreten NUB-Methode derzeit die Vereinbarung von NUB-Entgelten gem. § 6 Abs. 2 Satz 1 KHEntgG erforderlich, gesetzlich vorgesehen und erwünscht (§ 6 Abs. 2 Satz 1 KHEntgG „sollen") ist.

Umsetzungsanregungen: Um das InEK vor der Bearbeitung von NUB-Anfragen durch Medizinprodukthersteller für NUB-Methoden zu schützen, hinsichtlich derer seitens der Krankenhäuser kein Anwendungsinteresse besteht, könnte man als formales Zulässigkeitskriterium für die NUB-Verfahrenseinleitung durch Hersteller eines Medizinproduktes einführen, dass sie eine vom Gesetzgeber zu bestimmende Anzahl an Krankenhäusern benennen müssen, die Interesse an der Anwendung der Methode und folglich Bedarf an der Vereinbarung von NUB-Entgelten haben.

Hierdurch würde einerseits gewährleistet, dass die Durchführung des NUB-Verfahrens weiterhin von einem bestehenden Anwendungsinteresse der Krankenhäuser geleitet wird[1491]. Andererseits würde es aber eine Erleichterung für die Krankenhäuser mit sich bringen, die teilweise von Medizinproduktherstellern bedrängt werden, NUB-Anfragen zu stellen. Die vorgeschlagene Lösung wäre auch

---

1490 Diese entstehen erst, wenn sich die Vertragspartner auf Ortsebene tatsächlich auf die Vereinbarung eines NUB-Entgeltes geeinigt haben und Ärzte an dem jeweiligen Krankenhaus Interesse an der Anwendung der konkreten NUB-Methode haben und die Voraussetzungen des § 137 c SGB V sowie die Erforderlichkeit der Anwendung der NUB-Methode im konkreten Einzelfall als gegeben sehen.

1491 Auch jetzt genügt eine einzige NUB-Anfrage durch ein einziges Krankenhaus, dass das InEK das NUB-Verfahren hinsichtlich einer konkreten NUB-Methode – gleichermaßen umfangreich und sachlich, wie hinsichtlich einer NUB-Methode, hinsichtlich derer mehrere hundert Krankenhäuser eine NUB-Anfrage gestellt haben – durchführen muss.

insofern im Sinne der „Gleichberechtigung“ der Medizinprodukthersteller und einer sachorientierten Innovationsförderung zu begrüßen, als hierdurch die Benachteiligung kleiner, innovativer Unternehmen, die im Vergleich zu den großen Medizinproduktherstellern eine viel kleinere Präsenz in den Krankenhäusern haben, und sich somit ggf. mit weniger Erfolg für die Stellung von NUB-Anfragen durch die Krankenhäuser einsetzen können, entschärft würde.

Da das InEK durch DRG-Systemzuschläge finanziert wird und Medizinproduktehersteller jedoch, anders als Krankenhäuser, im Verhältnis zum InEK „Externe“ sind und zudem, anders als die Krankenhäuser, von einem starken wirtschaftlichen ggf. existentiellen Eigeninteresse geleitet sind, wäre es denkbar, dass die Durchführung eines NUB-Verfahrens anlässlich eines Antrags eines Medizinproduktherstellers nicht unentgeltlich erfolgt – zumal dies ggf. auch eine Möglichkeit, eine gewisse Hürde wäre, das InEK vor „überflüssigen“ NUB-Verfahren zu schützen.

2.7.2.3 Medizinische Fachgesellschaften

Medizinischen Fachgesellschaften steht nach der aktuellen Rechtslage kein Recht zu, ein NUB-Verfahren einzuleiten. Zwar haben sie möglicherweise auch einen guten Überblick, welche NUB-Methoden ihrer Fachrichtung schon den Anforderungen des materiellen Krankenversicherungsrechts i.S.d. § 137 c SGB V genügen und somit zulasten der gesetzlichen Krankenkassen erbracht werden dürften – und im Sinne der Teilhabe am medizinischen Fortschritt auch erbracht werden sollten – sich aber durch die bestehenden Fallpauschalen noch nicht sachgerecht abbilden lassen, weswegen ihre Anwendung an dem zeitlich „hinterherhinkenden DRG-Fallpauschalensystem“ scheitert.[1492] Sie sind aber hierdurch nicht in eigenen Rechten betroffen, da sie weder selber die NUB-Methode anwenden würden und dies wegen der fehlenden Vergütungsmöglichkeit nicht können. Noch sind sie in einer vergleichbaren Position, wie es Medizinprodukthersteller sind, wenn eine NUB-Methode i.S.d. § 92 Abs. 7 d SGB V maßgeblich auf der Anwendung ihres Medizinproduktes beruht, die NUB-Methode (unstreitig) schon den Anforderungen des materiellen Krankenversicherungsrechts i.S.d. § 137 c SGB V genügt, weswegen sie ohne des Erfordernisses einer Zulassungsentscheidung des G-BA oder eines sonstigen Dritten im Rahmen von Krankenhausbehandlungen erbracht werden dürfte, und auch könnte, wenn sie sich „zufällig“ schon durch eine bestehende DRG-Fallpauschale ggf. i.V.m. einem bundeseinheitlich definierten Zusatzentgelt vergüten lassen könnte, weswegen für eine sachgerechte Abrechnung als „Lückenfüller“ die Vereinbarung eines NUB-Entgeltes erforderlich ist. Wenn das InEK trotz Vorliegen der Voraussetzungen des § 6 Abs. 2 Satz 1 KHEntgG NUB-Status-2 vergibt und somit faktisch die Vereinbarung von NUB-Entgelten verbietet, so steht diese einer objektiven Marktzugangssperre gleich. Hierdurch sind jedoch im Einzelfall nur die Medizinprodukthersteller, nicht jedoch die medizinischen Fachgesellschaften in eigenen subjektiv-öffentlichen Rechten betroffen, weswegen es aus rechtlicher

1492 Siehe hierzu unter D.2.2., D.2.3.

Sicht nicht zwingend erforderlich ist, den Fachgesellschaften ein eigenes Antragsrecht einzuräumen, wenngleich es aus fachlich, sachlicher Sicht politisch durchaus überlegenswert[1493] wäre, dies zu tun.

2.7.3 *Faires Verfahren – Transparenz des Verfahrens: Entscheidungskriterien – Die Prüfungsvoraussetzungen gem. § 6 Abs. 2 Satz 3 KHEntgG*

Nach dem Gesetzeswortlaut ist der Auftrag des NUB-Verfahrens gem. § 6 Abs. 2 Satz 3 KHEntgG zu prüfen, „ob die neue Methode mit den bereits vereinbarten Fallpauschalen und Zusatzentgelten sachgerecht abgerechnet werden kann".

2.7.3.1 Keine inhaltliche Nutzenbewertung oder Wirtschaftlichkeitsprüfung

Gegenstand des NUB-Verfahrens ist aber nach § 6 Abs. 2 Satz 3 KHEntgG ausdrücklich keine inhaltlich Bewertung der NUB-Methode, wie sie der G-BA gem. §§ 135, 137 c SGBV unter zu Hilfenahme des IQWiG vornimmt. Auch ist es nicht Aufgabe des InEK eine Wirtschaftlichkeitsbetrachtung vorzunehmen.[1494] Die Ausführungen in den „Verfahrenseckpunkten" unter Abs. 10[1495], die darstellen, welche Angaben eine „erfolgreiche NUB-Anfrage" enthalten muss, könnten jedoch den Anschein erwecken, als prüfe das InEK auch inhaltliche Kriterien.

2.7.3.2 Keine Prüfung des Kriteriums der „Neuheit"

Gegenstand des NUB-Verfahrens ist auch nicht zu prüfen, ob eine Methode aus inhaltlichen Aspekten, des InnovationsPotenzials oder ihrer zeitlichen Präsenz auf dem Gesundheitsmarkt „noch neu"[1496] ist – dem InEK steht es daher nach den

---

1493 Vgl. Roeder/Bunzmeier, Innovationsfinanzierung im G-DRG-System, Bestandsaufnahme und Handlungsnotwendigkeit, Das Krankenhaus 2010, 113, 118.

1494 Bender, Finanzierung neuer Untersuchungs- und Behandlungsmethoden (NUB) im Krankenhaus; NZS 2012, 761, 763.

1495 10) Eine erfolgreiche Anfrage gemäß § 6 Abs. 2 KHEntgG sollte ausführlich auf 1. die Beschreibung der neuen Untersuchungs- und Behandlungsmethode (insbesondere Darstellung der Neuheit), 2. die Beschreibung der Patienten, die mit der neuen Methode/Leistung behandelt werden sollen, 3. die durch die neue Untersuchungs- und Behandlungsmethode verursachten Mehrkosten (möglichst in Personal- und Sachkosten getrennt) sowie 4. die Begründung, warum die neue Methode/Leistung im gegenwärtigen G-DRG-System nicht sachgerecht abgebildet ist, eingehen. **Eine einfache Auflistung von Methoden/Leistungen oder ein einfacher Hinweis auf Kosten reicht für eine erfolgreiche Bearbeitung der Anfrage nicht aus.** Können die (Mehr-)Kosten nicht rechtzeitig bis zum Ablauf des 31. Oktober ermittelt werden, kann alternativ eine ausführliche, nachvollziehbare Beschreibung des Aufwandes angegeben werden.

1496 Missverständlich hierzu: Felix, Innovative Medizin im ambulanten und stationären Bereich „Bekannte Akteure – Neue Fragen", MedR 2011, 67, 70 – Felix spricht gesetzlichen Vorgaben nicht zu, einer Methode aus der Motivation bzw. dem Grund den NUB-Status-2 zu erteilen, weil die Methode schon mehrere Jahre hintereinander am NUB-Verfahren „teilgenommen" hat und aus seiner Sicht daher „nicht mehr neu" ist. Auch diesbezüglich können die Ausführungen unter Abs. 10 Nr. 1 der Verfahrenseckpunkte einen anderen Eindruck erwecken.

2.7.3.3 Reine Prüfung der bestehenden Vergütbarkeit

Vom InEK ist zu prüfen, ob sich die NUB-Methode durch die schon definierten DRG-Fallpauschalen und Zusatzentgelte „sachgerecht" abbilden lässt. Da sich das Fallpauschalensystem nicht nach Krankheitsbildern, sondern nach dem durchschnittlichen bei der gesamten Behandlung anfallenden Aufwand orientiert, ist es möglich, dass auch eine neue Untersuchungs- und Behandlungsmethode einer schon definierten DRG-Fallpauschale oder einem pauschalierten Zusatzentgelt zugeordnet werden kann.[1497] Dies hat zur Folge, dass das Krankenhaus als Leistungserbringer die von ihm erbrachte Leistung von Anfang an unproblematisch kostendeckend über die schon bestehenden Fallpauschalen/pauschalierten Zusatzentgelte gegenüber den Krankenkassen abrechnen kann.

2.7.3.4 Fehlende „sachgerechte Abrechenbarkeit" i.S.d. § 6 Abs. 2 Satz 3 KHEntgG

Das Kriterium der „sachgerechten" Abrechnung ist ein unbestimmter Rechtsbegriff, der der Auslegung bedarf. Was der Gesetzgeber unter einer „sachgerechten" Abrechnung verstanden wissen wollte, ist nicht bekannt. Auslegungshilfen seitens des Gesetzgebers finden sich weder im Gesetzestext, noch in den Gesetzesmaterialien.

Auch die von den Vertragsparteien auf Bundesebene verfassten Dokumente, weder die NUB-Vereinbarung, noch die Verfahrenseckpunkte geben dem InEK Vorgaben oder Anhaltspunkte für die Auslegung des Kriteriums der „sachgerechten Abrechnung" i.S.d. § 6 Abs. 2 Satz 3 KHEntgG.

Bender führt hierzu aus, eine sachgerechte Vergütung sei z.B. gegeben, wenn der Neulandschritt ohne gleichzeitige Mehrkosten eine alte Methode ersetzt oder wenn das neue Verfahren durch eine gleichzeitige Verweildauerverkürzung seine Mehrkosten wieder kompensiert, so dass im Durchschnitt keine höheren Fallkosten entstünden.[1498] Hierdurch erfolgt jedoch auch nur eine Annäherung an den Begriff.

---

sich jedoch an anderer Stelle dafür aus den Begriff der „Neuheit" nur darauf zu beziehen, ob es schon eine sachgerechte EBM/DRG Ziffer gibt – dies berücksichtigt, spricht sich auch Felix nicht für eine weitergehende Prüfkompetenz i.R.d. NUB-Verfahrens aus.

1497 Siehe hierzu unter D.2.2.

1498 Bender: Finanzierung neuer Untersuchungs- und Behandlungsmethoden (NUB) im Krankenhaus; NZS 2012, 761, 763.

2.7.3.5 *Keine Konkretisierung des Begriffs durch das InEK*

Es läge am InEK im Sinne einer aus rechtsstaatlichen Gesichtspunkten nachvollziehbaren Entscheidungsfindung zu veröffentlichen, nach welchen Entscheidungskriterien es die „sachgerechte Abrechnung“ ermittelt und beispielsweise ab welcher Differenz – zwischen der Vergütungsmöglichkeit über bestehende DRG-Fallpauschalen und bundeseinheitlich definierten Zusatzentgelten i.S.d. § 7Abs. 1 Nr. 1 und 2 KHEntgG und den tatsächlich zu erwartenden Kosten bei Anwendung der NUB-Methode – es nicht mehr von einer „sachgerechten Abrechnung“ ausgeht. Jedoch hat auch das InEK nicht veröffentlicht, wann es von einer „sachgerechten“ Abrechnung/Vergütung ausgeht. Bei kostendeckender Erbringung? Bei ungedeckten Mehrkosten von mehr als 100 EUR, 500 EUR, 1000 EUR, 5000 EUR oder gar 10.000 EUR?

2.7.3.6 *Rechtsstaatliches Erfordernis der Verfahrenstransparenz durch Konkretisierung*

Im Zusammenhang mit der Beurteilung des Aufnahmeverfahrens von Hilfsmitteln ins Hilfsmittelverzeichnis gem. § 139 SGB V[1499] hat das BSG[1500] ausgehend von der Feststellung, dass der Entscheidung über die Aufnahme von Hilfsmitteln ins Hilfsmittelverzeichnis wegen der erheblichen tatsächlichen Auswirkungen objektiv berufsregelnde Tendenz gem. Art. 12 Abs. 1 GG beizumessen ist, ausgeführt, dass in Folge dessen auch an das Verfahren über die Aufnahmeentscheidung der Spitzenverbände erhöhte Anforderungen zu stellen sind, weswegen u.a. die einzelnen Anforderungen transparenter sein müssten und den rechtsstaatlichen Anforderungen genügen müssten. Als Reaktion auf diese Rechtsprechung haben die Spitzenverbände der Krankenkassen ein Verfahrenshandbuch ausgearbeitet, in dem dezidiert das Prozedere und die Voraussetzungen einer Aufnahme in das Hilfsmittelverzeichnis dargestellt werden.

Gemessen an diesem Maßstab, der aufgrund der hinsichtlich der vergleichbaren Auswirkung der das NUB-Verfahren abschließenden „Information“[1501] ebenfalls für das NUB-Verfahren angewendet werden kann, wird deutlich, dass die Verfahrenstransparenz des NUB-Verfahrens noch an erheblichen Rechtmäßigkeitsdefiziten leidet.

Bezogen auf Festbetragsfestsetzungen hat das BSG betont, dass die angegriffene Entscheidung [Festbetragsfestsetzung] am allgemeinen Gleichheitssatz des Art. 3 Abs. 1 GG zu messen sei.[1502] Denn einer staatlichen Stelle, die einen öffentlichen Auftrag vergäbe, sei es aufgrund des Gleichheitssatzes verwehrt, das Verfahren oder die Kriterien der Vergabe willkürlich zu bestimmen, gleiches gelte für die Vorstufe von Vergaben, wie hier die Festbetragsfestsetzungen.[1503] Nach diesem

1499 Vgl. hierzu ausführlich unter E.2.2.
1500 BSG Urteil vom 31.08.2000 – B 3 KR 21/99 R.
1501 Vgl. hierzu unter E.2.2.2., E.2.5.
1502 BSG 01.03.2013 – B 1 KR 7/10 R, Rn. 17.
1503 BSG 01.03.2013 – B 1 KR 7/10 R, Rn. 17.

Maßstab könnten staatliche Maßnahmen, die den Wettbewerb der Unternehmen untereinander willkürlich verfälschten, im Einzelfall eine Grundrechtsverletzung bedeuten.[1504] Werde eine Versorgungsalternative infolge willkürlicher medizinisch-pharmakologischer Bewertung zu Unrecht als mit anderen Arzneimitteln gleichwertig eingestuft, so beinhalte dies jedenfalls dann eine Benachteiligung des betroffenen Arzneimittelherstellers im Wettbewerb, wenn die besondere therapeutische Qualität seines Arzneimittels durch Gleichbewertung mit andersartigen Konkurrenzprodukten ohne jeden sachlichen Grund verneint werde und dieses Arzneimittel als durch andere gleichwertig ersetzbar erscheine.[1505] Dagegen schütze der allgemeine Gleichheitssatz gemäß Art 3 Abs. 1 GG.[1506] Er verbiete nicht nur die unterschiedliche Behandlung von Gleichem, sondern auch die Gleichbehandlung von sachlich Ungleichem anhand offensichtlich sachwidriger Kriterien.[1507]

Voraussetzung für eine Feststellung möglicher willkürlicher Handlungen ist jedoch, dass überhaupt bekannt ist, welche Kriterien von der handelnden Stelle als Maßstab angelegt werden. Darüber hinaus ist Voraussetzung für die Feststellung möglicher willkürlicher Handlungen, dass nicht nur das „nackte Ergebnis", sondern auch die es nachvollziehbar und überprüfbar machenden wesentlichen tatsächlichen und rechtlichen Gründe bekannt gegeben werden.[1508]

Die Offenlegung und Erläuterung des Kriteriums der „sachgerechten Abrechnung" ist daher aus rechtsstaatlichen Gesichtspunkten notwendig und erforderlich, um das NUB-Verfahren, gerade auch aus Sicht der Überprüfbarkeit der vom InEK erteilten „Information", transparenter zu machen.

Zudem würde es für die Leistungserbringer, die vor der Vereinbarung eines NUB-Entgeltes gem. § 6 Abs. 2 Satz 3 KHEntgG verpflichtet sind das NUB-Verfahren durchzuführen, eine große Erleichterung darstellen vor Durchführung der NUB-Verfahren zu wissen, was das InEK unter dem Begriff der „sachgerechten Abrechnung" versteht. Hierdurch könnten zahlreiche keinen Erfolg versprechende Anfragen vermieden[1509] werden, was wiederum unnötige Personalkosten in den Krankenhäusern, die letztendlich auch von Krankenversicherungsmitteln gedeckt werden müssen, einsparen könnte. Denn die Zusammenstellung der einzelnen NUB-Anfragen verursacht für die einzelnen Ärzte und die die Anfragen krankenhausintern koordinierende Krankenhausverwaltung nicht unerheblichen Aufwand.[1510]

1504 BSG 01.03.2013 – B 1 KR 7/10 R, Rn. 17.
1505 BSG 01.03.2013 – B 1 KR 7/10 R, Rn. 17.
1506 BSG 01.03.2013 – B 1 KR 7/10 R, Rn. 17.
1507 BSG 01.03.2013 – B 1 KR 7/10 R, Rn. 17.
1508 Vgl. hierzu unter E.2.7.6.
1509 In diesem Sinne auch: Roeder/Bunzmeier, Innovationsfinanzierung im G-DRG-System, Bestandsaufnahme und Handlungsnotwendigkeit, Das Krankenhaus 2010, 113, 115.
1510 Hierzu auch Roeder/Bunzmeier, Innovationsfinanzierung im G-DRG-System, Bestandsaufnahme und Handlungsnotwendigkeit, Das Krankenhaus 2010, 113, 115.

Zudem erleichtert und versachlicht eine Konkretisierung seitens des InEK in Bezug auf die Auslegung des unbestimmten Rechtsbegriffs der „sachgerechten Abrechnung“ eine mögliche gerichtliche Überprüfung der „NUB-Information“ auf ihre Rechtmäßigkeit durch die Gerichte.[1511]

2.7.4 Gebundene Entscheidung oder Ermessensentscheidung

In der NUB-Vereinbarung[1512] heißt es in § 1 Abs. 1 NUB-Vereinbarung: „Die Vertragsparteien beauftragen das InEK, die bis zum 31. Oktober eines Jahres gem. § 6 Abs. 2 Satz 3 KHEntgG zu stellenden Anfragen stellvertretend für die Vertragsparteien entgegenzunehmen, die bei ihm eingegangenen Anfragen aufzuarbeiten und über die Sachgerechtigkeit der Vergütung der angefragten Methode/Leistung nach eigenem Ermessen unter Berücksichtigung der bei den Weiterentwicklungsprozessen der vergangenen Jahre erlangten Erkenntnisse zu entscheiden.“ Hiernach könnte man zu dem Ergebnis kommen, dem InEK sei im Rahmen der Durchführung des NUB-Verfahrens auf Rechtsfolgenseite Entscheidungsermessen eingeräumt.

Der Formulierung des § 6 Abs. 2 Satz 1 KHEntgG zufolge handelt es sich hinsichtlich der Prüfung der dargestellten Voraussetzungen für die Vereinbarung individueller Entgelte jedoch um eine gebundene Entscheidung, die keinen Raum für Ermessen lässt. Der Gesetzgeber hat in § 6 Abs. 2 Satz 3 KHEntgG ausdrücklich abschließend geregelt, was im Rahmen des sog. „NUB-Verfahrens“ von den Vertragsparteien nach § 9 KHEntgG, die diese Aufgabe auf die InEK GmbH übertragen haben, zu prüfen ist, nämlich, „ob die neue Methode mit den bereits vereinbarten Fallpauschalen und Zusatzentgelten sachgerecht abgerechnet werden kann“. Der Gesetzestext räumt dem InEK auf Rechtsfolgenseite im rechtstechnischen Sinne kein Ermessen i.S.d. § 40 VwVfG ein. Vielmehr hat das InEK dem jeweils anfragenden Krankenhaus eine für die Vereinbarung von NUB-Entgelten i.S.d. § 6 Abs. 2 Satz 1 KHEntgG positive „Information“ (NUB-Status 1) zu erteilen, wenn es zu dem Ergebnis kommt, dass die NUB-Methode sich durch die schon definierten Fallpauschalen und Zusatzentgelte i.S.d. § 7 Abs. 1 Satz 1 Nr. 1 und 2 KHEntgG nicht sachgerecht abbilden lässt.

1511 Zum Thema der gerichtlichen Kontrolle von Entscheidungen im Krankenhausfinanzierungsrecht siehe: Grube, Beurteilungsspielraum im Krankenhausfinanzierungsrecht und Kontrolldichte der Verwaltungsgerichte in: Felix/Schütte (Hrsg.); Medizinische Innovation im Krankenhaus, Steuerung und Finanzierung S. 51 ff.

1512 „Vereinbarung zu § 6 Abs. 2 Satz 3 KHEntgG – Neue Untersuchungs- und Behandlungsmethoden (NUB)“ – (NUB-Vereinbarung) vom 17.12.2004; abrufbar unter http://www.gkv-spitzenverband.de/media/dokumente/krankenversicherung_1/krankenhaeuser/drg/nub/KH_DRG_Vereinbarung_NUB_17-12-2004.pdf; abgerufen am 18.09.2014.

Deswegen haben die Antragssteller und sonstige von der Entscheidung unmittelbar Betroffene in dieser Konstellation einen Anspruch auf positive „Informationen" durch die InEK GmbH. Folglich ist eine NUB-Status Entscheidung auch vollumfänglich[1513]

1513 Als unbestimmter Rechtsbegriff unterliegt das Kriterium der „sachgerechten Abrechenbarkeit" der konkreten NUB-Methode mittels schon bestehender Fallpauschalen und bundeseinheitlicher Zusatzentgelte i.S.d. § 7 Abs. 1 Satz 1 Nr. 1 und 2 KHEntgG grundsätzlich der vollen gerichtlichen Kontrolle (Vgl. hierzu auch BSG Urteil vom 28. 9. 2006 – B 3 KR 28/05 R, NZS 2007, 495 ff., Vakuumstütztherapie: Die Entscheidung über die Ablehnung eines Aufnahmeantrages ist in vollem Umfang gerichtlich nachprüfbar. Das Gericht ist weder auf den Erkenntnisstand zum Zeitpunkt der Verwaltungsentscheidung, noch auf die im Verwaltungsverfahren vorgelegten Unterlagen beschränkt.). Um die Entscheidung des InEK nachvollziehen und überprüfen zu können, muss sich das Gericht ggf. sachverständige Hilfe durch einen Sachverständigen holen.
Das NUB-Verfahren ist insofern nicht mit dem Nutzenbewertungsverfahren einer konkreten Methode des G-BA gem. § 135, 137 c SGB V vergleichbar, das in einem gesonderten Entscheidungsverfahren, eher gleich einem Gesetzgebungsverfahren, vom G-BA durchgeführt wird (Vgl. hierzu Vießmann in Spickhoff, Medizinrecht, SGB V, § 135 Rn. 41 ff.) und dessen Ergebnisse i.S.d. Rechtsprechung des BSG „normkonkretisierende Wirkung" haben.
Aufgrund der nicht unerheblichen prognostischen und wertenden Anteile der das NUB-Verfahren abschließenden Entscheidung wäre es jedoch auch vertretbar davon auszugehen, dass das InEK hinsichtlich der Beurteilung der Frage, ob sich eine NUB-Methode schon sachgerecht abbilden lässt, einen der gerichtlichen Kontrolle entzogenen Beurteilungsspielraum hat. Dann ist es jedoch aus rechtsstaatlichen Gesichtspunkten umso wichtiger, dass das InEK bzw. die Vertragsparteien auf Bundesebene offen legen, was sie grundsätzlich unter einer „sachgerechten" Vergütung verstehen, konkret z.B. ab welchen durchschnittlichen Mehrkosten eine solche nicht mehr anzunehmen ist, und welche Kriterien sie hier bei der Prüfung anlegen. Zudem sollte transparent sein, welche Verfahrensschritte im Rahmen der Prüfung nacheinander „abgearbeitet" werden, damit den Gerichten die Prüfung möglich ist, ob das InEK im Einzelfall keinen Beurteilungsfehler begangen hat (Vgl. hierzu BSG Urteil vom 01.03.2011 – B 1 KR 7/10 („Festbetragfestsetzung"). Rn. 26: Der Gesetzgeber belässt dem Beigeladenen zu 1.[G-BA] bei der Umsetzung dieser Regelungselemente des § 35 SGB V keinen Gestaltungsspielraum. Das gilt auch für die Vollständigkeit der vom Beigeladenen zu 1. zu berücksichtigenden Studienlage. Rn. 27: Anders liegt es dagegen bei der Entscheidung über Zeitpunkt, Zuschnitt und Auswahl der Gruppe sowie bei der Bewertung des zutreffend ermittelten Standes der Studienlage im Hinblick auf ihre Eignung, für die Gruppenbildung relevante Therapiehinweise, Verordnungseinschränkungen oder -ausschlüsse zu erlassen. Hier entscheidet der Beigeladene zu 1. als Normgeber. Insoweit darf die sozialgerichtliche Kontrolle ihre eigenen Wertungen nicht an die Stelle der vom Beigeladenen zu 1. getroffenen Wertungen setzen *(vgl. ähnlich BSGE 96, 261 = SozR 4–2500 § 92 Nr 5, RdNr 67 – Therapiehinweise).* Vielmehr beschränkt sich die gerichtliche Prüfung in diesen Segmenten darauf, ob die Zuständigkeits- und Verfahrensbestimmungen sowie die gesetzlichen Vorgaben nachvollziehbar und widerspruchsfrei Beachtung gefunden haben, um den Gestaltungsspielraum auszufüllen.). Dies erfordert, dass das InEK seine jeweils getroffene Entscheidung begründet.

gerichtlich überprüfbar und nicht nur i.S.d. § 114 VwGO[1514] auf Ermessensfehlerfreiheit.

2.7.5 Beteiligungsrechte

Sinn und Zweck von Beteiligungsrechten der Betroffenen an einem Verfahren ist aus rechtsstaatlicher Sicht[1515] zum einen aus der Perspektive des Betroffenen seine Belange aus seiner Perspektive darlegen zu können und so zu bewirken, dass sie im Rahmen der Entscheidungsfindung berücksichtigt werden können und berücksichtigt werden. Zum anderen tragen die Beteiligungsrechte, wenn sie von den Betroffenen wahrgenommen werden, dazu bei die zu treffende Entscheidung auf einer möglichst breiten und umfassenden „Datenlage" zu treffen. Hierdurch erhalten die entscheidenden Stellen aus sachnächster Quelle die Informationen, die eine sachliche Entscheidungsfindung ermöglichen. Schließlich führen die Beteiligungsrechte zu einer höheren Verfahrenstransparenz, da sie die Auseinandersetzung der entscheidenden Stelle mit dem Vorbringen des Beteiligten bewirken. Dies wiederum versetzt die von der Entscheidung Betroffenen aus potentiellen Rechtschutzgesichtspunkten i.S.d. Art. 19 Abs. 4 GG in eine bessere Position, da mehr Angriffs- und Eingriffspunkte für die Überprüfung der Entscheidung auf mögliche formelle Verfahrensfehler bestehen, die sich ggf. auf der Ebene der materiellen Entscheidung perpetuiert haben.

Die Entscheidung des InEK wäre bei der Annahme eines der gerichtlichen Kontrolle entzogenen Beurteilungsspielraums beispielsweise nicht mehr von dem ihm eingeräumten Beurteilungsspielraum gedeckt, wenn die gerichtliche Prüfung ergibt, dass sich das InEK nicht an das – von den Vertragsparteien auf Bundesebene – vorgesehene Bewertungsverfahren gehalten hat, die Entscheidung aufgrund eines unvollständigen Sachverhaltes vorgenommen hat, gegen allgemeingültige Bewertungsmaßstäbe verstieß oder sich von sachfremden Erwägungen leiten ließ. Sachfremde Erwägungen wären beispielsweise gegeben, wenn das InEK sich nicht auf die Bewertung der Vergütungsmöglichkeiten durch bestehende Fallpauschalen und Zusatzentgelte beschränken würde, sondern in seine Entscheidung auch die Frage mit einbeziehen würde, ob die konkrete Methode aus seiner Sicht (noch) „neu" ist oder inhaltlich eine eigene Nutzenbewertung durchführen würde mit der Folge, dass es ggf. eine NUB-Methode bei unstreitiger nicht sachgerechter Vergütungsmöglichkeit wegen aus seiner (InEK) Sicht „nicht hinreichend nachgewiesenen Nutzens" in NUB-Status-2 eingruppieren würde. Diese Nutzenbewertung, wie sie der G-BA nach dem Willen des Gesetzgebers gem. § 137 c Satz 1 SGB V im Rahmen eines Verfahrens über den Erlass einer Richtlinie durchführt, die auch inhaltlich und unter Einbeziehung von wertenden Zweckmäßigkeitserwägungen zu erfolgen hat, gleich dem Gestaltungsspielraum und der Einschätzungsprärogative eines Gesetzgebers, steht dem InEK nicht zu.

1514 Im SGG fehlt eine vergleichbare Regelung.

1515 Vgl. hierzu Ehlers in: Erichsen/Ehlers (Hrsg.), Allgemeines Verwaltungsrecht, § 6 Rn. 23.

Krankenhäuser können ihre Sicht der Dinge, ihre Position, mittels der Antragstellung im Rahmen der Einleitung des NUB-Verfahrens darlegen. Sie sind jedoch nach den Vorgaben der InEK hierbei auch insofern eingeschränkt, als sie verpflichtet sind die Erfassungstools der InEK zu verwenden.

Nach der derzeitigen Gestaltung des NUB-Verfahrens durch das InEK haben darüber hinaus weder die Krankenhäuser noch weitere betroffene Dritte, wie beispielsweise Medizinprodukthersteller, deren Medizinprodukt katalysierendes Element einer NUB-Methode ist, weswegen die NUB-Methode i.S.d. § 92 Abs. 7 d SGB V maßgeblich auf dem Einsatz des Medizinprodukts beruht, Möglichkeiten der Beteiligung an laufenden NUB-Verfahren. Weder ist vorgesehen, dass sie Stellungnahmen abgeben können, die vergleichbar zu den Regelungen in §§ 92 Abs. 7 d Satz 3, 13 9 a Abs. 5 Satz 2 SGB V vom InEK im Rahmen der Entscheidungsfindung berücksichtigt werden müssen, noch stehen ihnen Anhörungsrechte zu. Auch findet die Entscheidungsfindung des InEK nicht in öffentlicher Sitzung statt.

Stellungnahme: Obwohl Medizinprodukthersteller im Einzelfall unmittelbar von den NUB-Entscheidung des InEK, insbesondere einer rechtswidrigen NUB-Status 2 Entscheidung, betroffen sein können und trotz ihres hohen Fachwissens über die auf ihrem Medizinprodukt beruhende NUB-Methode, gerade auch in Bezug auf die Anwendungskosten, haben sie nach der bisherigen Rechtslage keine unmittelbare Möglichkeit der Beteiligung am NUB-Verfahren. Weder können sie selber NUB-Verfahren einleiten, noch haben sie die Möglichkeit eine eigene Stellungnahme abzugeben, die vergleichbar zu der Regelung des § 92 Abs. 7 d SGB V vom InEK im Rahmen seiner Entscheidung einzubeziehen und mit zu berücksichtigen ist. Zwar ist ihnen nicht benommen ihr Wissen an die Krankenhäuser weiterzugeben und diese bei der Erstellung der NUB-Anfragen zu unterstützen. Im Sinne der Verfahrenstransparenz ist jedoch ein offenes Beteiligungssystem im Vergleich zu reiner Interessenvertretung mittels indirekter Einflussnahme aus rechtlicher Betrachtung vorzugswürdig, weswegen Medizinprodukteherstellern hinsichtlich NUB-Methoden, deren Anwendung maßgeblich auf einem Medizinprodukt beruht, aufgrund ihrer unmittelbaren Betroffenheit mit Grundrechtsrelevanz[1516], vergleichbar zu der durch das Versorgungsstrukturgesetz eingeführten Regelung des § 92 Abs. 7 d SGB V, ein eigenes Recht zur Stellungnahme im NUB-Verfahren eingeräumt werden sollte. Dies gilt unabhängig von der Frage, ob man so weit geht und ihnen ein eigenes Recht zur Einleitung eines NUB-Verfahrens einräumt, oder nicht.

2.7.6 Form der „Information“

Vom InEK wurde, wie dargestellt, für die Mitteilung der „Information“ vier NUB-Status entwickelt. Die „Information“ wird den jeweiligen antragstellenden Krankenhäusern dadurch mitgeteilt, dass ihnen eine Auflistung derjenigen NUB-Methoden übersandt wird, hinsichtlich derer sie eine NUB-Anfrage gestellt haben. Aus der

1516 Siehe hierzu unter E.2.6.

Auflistung ergibt sich, ob die jeweilige NUB-Methode in NUB-Status 1, 2, 3 oder 4 eingeteilt wurde. Die den jeweiligen Krankenhäusern übersandte Auflistung ist letztendlich ein Auszug der auf der Homepage des InEK veröffentlichten Auflistung[1517]. Sie entspricht vom jeweiligen Informationsgehalt der veröffentlichten Gesamtliste.

Aus rechtlichen Gesichtspunkten spricht nichts gegen das Vorgehen des InEK die „Information" dahingehend zu standardisieren, dass die NUB-Methoden in 4 Kategorien (NUB-Status 1–4) eingeteilt werden und hierüber das Ergebnis des NUB-Verfahrens bekannt gegeben wird.

Problematisch ist jedoch, dass darüber hinaus keine Begründung erteilt wird, warum eine NUB-Methode in die jeweilige Kategorie eingeteilt wurde.[1518] Insbesondere erfolgt auch bei Einteilung in NUB-Staus 2 seitens des InEK keine Erläuterung, mittels welcher DRG-Fallpauschalen oder bundeseinheitlich definierter Zusatzentgelte i.S.d. § 7 Abs. 1 Satz 1 Nr. 1 und 2 KHEntgG bereits eine sachgerechte Abrechnung möglich sein soll. Und dies obwohl NUB-Status 2 impliziert, dass es aus Sicht des InEK sachgerechte Vergütungsmöglichkeit über schon definierte Fallpauschalen gibt.

Die Bekanntgabe der Begründung einer (belastenden) Entscheidung[1519], wie sie beispielsweise für schriftliche Verwaltungsakte gem. § 35 Abs. 1 SGB X regelmäßig vorgesehen ist, dient einerseits der Selbstkontrolle der Behörde und macht andererseits die Entscheidung für Dritte nachvollziehbar, überprüfbar, erhöht ihre Akzeptanz[1520] bzw. schafft für den Betroffenen die nötige Ausgangslage, um auf die

1517 http://www.g-drg.de/cms/G-DRG-System_2014/Neue_Untersuchungs-_und_Behandlungsmethoden_NUB/Aufstellung_der_Informationen_nach_6_Abs._2_KHEntgG_fuer_2014; zuletzt abgerufen am 26.07.2014.

1518 Vgl. hierzu auch Vgl. Gutachten des DKI, Anspruch und Realität von Budgetverhandlungen zur Umsetzung medizintechnischer Innovationen, S. 23.

1519 Zur Aktualität dieses Themas auch in Bezug auf Entscheidungen des G-BA, jedoch spezifisch in seiner Rolle als „Normgeber" siehe: Axer, Begründungspflichten des Gemeinsamen Bundesausschusses im Licht des SGB V; GesR 2013, 211 ff.; Hannes, Rechtsfolgen von Begründungsmängeln und sonstigen Fehlern im Verfahren der Normsetzung; GesR 2013, 219 ff.: „In welchem Umfang müssen staatliche Stellen ihre Arbeits-, Kalkulations-, Prognose- und Entscheidungsgrundlagen im demokratischen Rechtsstaat offen legen?"; Steiner, Verfassungsrechtliche Anforderungen an die Begründung von untergesetzlichen Rechtsnormen, GesR 2013, 193 ff.: „Der Gesetzgeber, der jeweils für das Verwaltungsverfahrensrecht politisch und staatsrechtlich die Verantwortung trägt, sollte jedoch prüfen, ob er eine formelle Begründungspflicht bei nachvollziehbarem Bedarf und in geeigneten Fällen anordnet.", mit rechtsvergleichendem Überblick; Waldhoff, Pflichten zur Begründung untergesetzlicher Normen im Lichte der verwaltungs- und sozialgerichtlichen Rechtssprechung, GesR 2013, 197 ff.

1520 Insofern erfolgt teilweise auch eine Herleitung über das Demokratieprinzip, vgl. Stelkens in: Stelkens/Bonk/Sachs (Hrsg.); Verwaltungsverfahrensgesetz, Kommentar, § 39 Rn. 3 m.w.N.

belastende Entscheidung reagieren und mögliche Chancen eines Rechtsmittels beurteilen zu können.[1521] Wie Waldhoff[1522] zusammenfassend dargestellt hat, dient die die Verwaltung und Rechtsprechung treffende Begründungspflicht dazu, die Vereinbarkeit ihrer Entscheidungen mit den gesetzlichen Vorgaben zu demonstrieren[1523]; dem Bürger solle erläutert werden, dass die Entscheidung den Anforderungen des Art. 20 Abs. 3 GG folgend auf Gesetz und Recht beruht[1524]. Das BVerfG leitet wegen der elementaren Funktion der Begründung i.S.d. effektiven Rechtsschutzes gem. Art. 19 Abs. 4 GG für den, in dessen Rechte eingegriffen wird, unmittelbar aus dem Rechtsstaatprinzip i.V.m. Art. 19 Abs. 4 GG einen Anspruch darauf ab, die Gründe des Eingreifens zu erfahren.[1525]

Eine Begründung in Bezug auf die „NUB-Information" würde beispielsweise den Krankenhäusern ermöglichen ggf. eine Zweitmeinung zu der Frage einzuholen, ob sich die entsprechende NUB-Methode schon sachgerecht abbilden lässt, die sich insbesondere auch mit der Argumentation und Begründung des InEK auseinandersetzen könnte. Denn rein rechtlich impliziert nach derzeitiger Gesetzeslage auch NUB-Status 2 kein Verbot ein NUB-Entgelt gem. § 6 Abs. 2 Satz 1 KHEntgG zu vereinbaren. Zudem ließe sich so ggf. gerichtlich leichter überprüfen, ob das InEK in nachvollziehbarer Weise und unter Außerachtlassung sachfremder Erwägungen zu seinem Ergebnis kam. Schlussendlich würde es den an der Anwendung der NUB-Methode interessierten Krankenhäusern eine Reaktion für zukünftige NUB-Verfahren ermöglichen.

Zwar bedeutet die Bekanntgabe der Gründe für die jeweilige Entscheidung einen gewissen Mehraufwand für das InEK. Dieser ist jedoch aus rechtsstaatlichen Gesichtspunkten erforderlich, um seitens der von der Entscheidung Betroffenen die Entscheidung nachvollziehen zu können und i.S.d. effektiven Rechtsschutzes das Erfordernis möglicher gerichtlicher Schritte absehen zu können.

Die Einteilung in NUB-Status 2 bedeuten nach Darstellung des InEK, dass hinsichtlich dieser NUB-Methode schon eine sachgerechte Vergütungsmöglichkeit durch bestehende DRG-Fallpauschalen gem. § 7 Abs. 1 Satz 1 Nr. 1 KHEntgG und bundeseinheitlich definierte Zusatzentgelte gem. § 7 Abs. 1 Satz 1 Nr. 2 KHEntgG besteht. Hätten die Krankenhäuser diese Vergütungsmöglichkeit selber „erkannt", hätten sie kein NUB-Verfahren eingeleitet. Nur wenn das InEK die Begründung für

---

1521 Vgl. hierzu Maurer, Allgemeines Verwaltungsrecht, § 10 Rn. 13; Axer, Begründungspflichten des Gemeinsamen Bundesausschusses im Licht des SGB V; GesR 2013, 211 f.; Stelkens in: Stelkens/Bonk/Sachs (Hrsg.); Verwaltungsverfahrensgesetz, Kommentar, § 39 Rn. 1.

1522 Waldhoff, Pflichten zur Begründung untergesetzlicher Normen im Lichte der verwaltungs- und sozialgerichtlichen Rechtssprechung, GesR 2013, 197, 200.

1523 Dolzer, Zum Begründungsgebot im geltenden Verwaltungsrecht, DÖV 1985, 9,18.

1524 Kischel, Die Begründung, S. 10.

1525 Vgl. Stelkens in: Stelkens/Bonk/Sachs (Hrsg.); Verwaltungsverfahrensgesetz, Kommentar, § 39 Rn. 2 m.w.N. auf die Rechtsprechung des BVerfG, insbes. BVerfGE 6, 32, 44; 40, 276, 286; 22, 212, 217.

seine Entscheidung bekannt gibt, können die Krankenhäuser die „Information" des InEK nachvollziehen und die Anwendung der NUB-Methode den Krankenkassen unmittelbar mittels dieser Vergütungsmöglichkeiten in Rechnung stellen – oder sich gegen aus ihrer Sicht rechtswidrige Einteilungen der NUB-Methoden in NUB-Status 2 gerichtlich wehren.

Nicht selten werden, wie auch den veröffentlichten Auflistungen des InEK zu entnehmen ist, zur gleichen NUB-Methode in mehreren aufeinander folgenden Jahren NUB-Anfragen gestellt. Die Bekanntgabe der Begründung würde ermöglichen, zukünftig keinen Erfolg versprechende NUB-Anfragen zur gleichen Methode zu unterlassen oder die zukünftigen NUB-Anfragen aufgrund der durch die Begründung gewonnenen Erkenntnisse anders zu gestalten. Dies würde sowohl für die Krankenhäuser als auch für das InEK unnötigen Verwaltungsaufwand vermeiden.

Anregung: Im Sinne einer möglichst (bundes-)einheitlichen Vergütung von Krankenhausleistungen, wie sie durch das DRG-System (langfristig[1526]) angestrebt wird, und aufgrund der hohen Sachnähe und des Erfordernisses der Beschäftigung genau mit dieser Frage im Rahmen der Bearbeitung der NUB-Anfragen, wäre es darüber hinaus naheliegend und sinnvoll, wenn das InEK hinsichtlich NUB-Methoden, die es in NUB-Status 1 eingruppiert, eine Kalkulationsanregung für die auf Ortsebene zu vereinbarenden NUB-Entgelt geben würde.[1527]

2.7.7 Geltungsumfang der „Information"

2.7.7.1 Personeller Umfang

Trotz der allgemein zugänglichen Veröffentlichung der „Informationen" dürfen nach der aktuellen Gesetzeslage nur die Krankenhäuser auf Ortsebene krankenhausindividuelle NUB-Entgelte vereinbaren, die selber hinsichtlich dieser konkreten Methode ein NUB-Anfrage i.S.d. § 6 Abs. 2 Satz 3 KHEntgG eingeleitet haben.[1528]

Dies ist insofern überraschend, als NUB-Methoden, die den Voraussetzungen des § 137 c SGB V aus materiell krankenversicherungsrechtlicher Sicht genügen, schon zum Leistungsspektrum der gesetzlichen Krankenkassen gehören. Sie dürfen daher zulasten der gesetzlichen Krankenkassen erbracht werden. Und Krankenhäuser können diese NUB-Methoden, wie sich aus § 6 Abs. 2 KHEntgG ergibt, auch unmittelbar gegenüber den Krankenkassen abrechnen, wenn es (zufällig) schon eine

---

1526 Langfristig ist auch angestrebt die bisher noch für jedes Bundesland auf Landesebene ausgehandelten Basisfallwerte bundesweit anzugleichen.

1527 Denn wie auch Dietz betont, steht die Frage der Preiskalkulation im Vordergrund der Verhandlungen und der Vereinbarung über NUB-Entgelte. (Dietz, Praxis der Kommunalverwaltung, KHEntgG, H 10 c Bund (Stand Juli 2007), 275).

1528 A.A. Esser, Steuerung und Finanzierung medizinischer Innovationen im Krankenhaus – die Rolle der (Bundes-) Länder in: Felix/Schütte (Hrsg.); Medizinische Innovation im Krankenhaus, Steuerung und Finanzierung S. 11, 13: Die Vorgabe, dass jedes Krankenhaus einen eigenen Antrag stellen müsse, werde nicht von § 6 Abs. 2 KHEntgG verlangt.

sachgerechte Abrechnungsmöglichkeit über schon definierte Fallpauschalen und Zusatzentgelte i.S.d. § 7 Abs. 1 Satz 1 Nr. 1 und 2 KHEntgG gibt.

Warum soll nun, wenn durch die Prüfung des InEK feststeht, dass sich die konkrete NUB-Methode noch nicht sachgerecht abbilden lässt, obwohl sie aus materiell krankenversicherungsrechtlicher Sicht schon zum Leistungsspektrum gehört, die Lücke auf der Ebene des Krankenhausfinanzierungsrechts nur von den Krankenhäusern geschlossen werden können, die selber hinsichtlich dieser Methode ein NUB-Verfahren eingeleitet haben? Zumal das InEK hinsichtlich einer Methode regelmäßig hinsichtlich allen anfragenden Krankenhäusern methodenbezogen dieselbe Antwort gibt, da das InEK gem. § 6 Abs. 2 Satz 3 KHEntgG im Rahmen des NUB-Verfahrens nicht prüft und nicht prüfen darf, ob das jeweilige Krankenhaus, das ein NUB-Verfahren eingeleitet hat, hinsichtlich der personellen und sachlichen Mittel gerade auch i.S. der Qualitätssicherung „geeignet" ist, die NUB-Methode anzuwenden.

Ziel des NUB-Verfahrens ist es nicht und darf es nicht sein für NUB-Methoden, die i.S.d. materiellen Krankenversicherungsrechts gem. § 137 c SGB V schon zum Leistungsspektrum der gesetzlichen Krankenkassen gehören, die sich aber auf Abrechungsebene aufgrund des DRG-Fallpauschalensystems und seiner systemimmanenten Trägheit „zufällig" noch nicht sachgerecht abbilden lassen, weswegen für ihre Vergütung NUB-Entgelte i.S.d. § 6 Abs. 2 Satz 1 KHEntgG erforderlich sind, einzig und alleine auf der Abrechnungsebene unnötige, willkürliche „Vollzugshürden" zu implementieren – insbesondere, da diese keinerlei inhaltliche Rechtfertigung haben.

Ziel des NUB-Verfahrens ist es lediglich zu verhindern, dass in Fällen, in denen eine sachgerecht Vergütung schon über das DRG-Fallpauschalensystem möglich ist, auf Ortsebene dennoch krankenhausindividuelle NUB-Entgelte vereinbart werden.

Es geht nicht darum, die Anzahl der durch Krankenhäuser vereinbarten NUB-Entgelte möglichst gering zu halten. Sondern der Fokus ist methodenbezogen. Es geht darum methodenbezogen die Vereinbarung unnötiger krankenhausindividueller Entgelte zu verhindern. Dieses Ziel würde genauso erreicht, wenn gesetzlich geregelt würde, dass die Vereinbarung von NUB-Entgelten i.S.d. § 6 Abs. 2 Satz 1 KHEntgG nur zulässig ist hinsichtlich NUB-Methoden, die vom InEK mit NUB-Status 1 bewertet wurden – unabhängig davon, wer die Prüfung durch das InEK veranlasst hat.

Es wäre daher in Erwägung zu ziehen und empfehlenswert von der Voraussetzung Abstand zu nehmen, dass nur Krankenhäuser, die selber „höchstpersönlich" hinsichtlich einer konkreten NUB-Methode das NUB-Verfahren durchgeführt haben, mit den Krankenkassen auf Ortsebene über die Vereinbarung eines NUB-Entgeltes verhandeln dürfen.[1529]

1529 In diesem Sinne auch: Roeder/Bunzmeier, Innovationsfinanzierung im G-DRG-System, Bestandsaufnahme und Handlungsnotwendigkeit, Das Krankenhaus 2010, 113, 115; Im DKI Gutachten wird diesbezüglich angeregt, dass das InEK jeweils den Erstantrag für eine NUB zeitnah auf seiner Homepage anzeigen könnte, mit der

2.7.7.2 Umfang in zeitlicher Hinsicht

Nach der derzeitigen Regelung sollen die NUB-Entgelte gem. § 6 Abs. 2 Satz 1 KHEntgG jeweils nur zeitlich befristet vereinbart werden. Aus dem Gesetz ergibt sich keine unmittelbare Regelung dahingehend, dass die zeitliche Befristung jeweils nur auf das aktuelle Budgetjahr begrenzt sein muss oder soll.

Die diesbezügliche Regelung in Punkt 12 der Verfahrenseckpunkte der Vertragsparteien auf Bundesebene, die festlegt, dass wenn für das laufende Jahr ein krankenhausindividuelles Entgelt vereinbart wurde und aus Sicht des Krankenhauses die mit diesem Entgelt zu vergütende Methode/Leistung weiterhin nicht sachgerecht im G-DRG-System abgebildet ist, im Folgejahr eine erneute Anfrage gemäß § 6 Abs. 2 KHEntgG gestellt werden muss, stellt daher eine rechtswidrige Einengung der gesetzlichen Regelung dar. Denn Krankenhäuser müssen somit i.S.d. Verfahrenseckpunkte regelmäßig jährlich – gem. § 6 Abs. 2 Satz 1 KHEntgG ein NUB-Verfahren hinsichtlich aller NUB-Methoden einleiten, hinsichtlich derer sie die Notwendigkeit und die Voraussetzungen für die Vereinbarung von NUB-Entgelten sehen. Die das NUB-Verfahren abschließende „Information" hätte hierdurch in zeitlicher Hinsicht regelmäßig nur für das laufende Budgetjahr Gültigkeit. Dies gilt insbesondere auch für NUB-Methoden, die vom InEK in der Vergangenheit bereits in NUB-Status 1 eingeteilt wurden und impliziert, dass die NUB-Entgelte jeweils nur auf ein Jahr befristet vereinbart werden sollen.

Aufgrund der gesetzlichen Ausgestaltung des § 6 Abs. 2 KHEntgG wäre es jedoch auch derzeit zulässig, als Zeitraum für die Befristung eine Zeitspanne von mehr als einem Jahr zu wählen. Ausdrücklich hat der Gesetzgeber dies in § 137 e Abs. 4 Satz 3 SGB V, der sich allerdings inhaltlich nur auf NUB-Entgelte im Rahmen einer Erprobung i.S.d. § 137 e SGB V bezieht, vorgesehen. Hiernach soll sich die Vereinbarung der NUB-Entgelte für die Vergütung von NUB-Methoden während einer laufenden Erprobung auf den gesamten Erprobungszeitraum beziehen.

Hintergrund der gesetzlich vorgesehenen Befristung der „Gültigkeit" eines vereinbarten NUB-Entgeltes ist die Vorstellung, dass aufgrund der stetigen Weiterentwicklung des DRG-Systems im Verlauf möglicherweise eine sachgerechte Abbildung über bundeseinheitliche DRG-Fallpauschalen und Zusatzentgelte gem. § 7 Abs. 1 Satz 1 Nr. 1 und 2 KHEntgG möglich ist, mit der Folge, dass hinsichtlich dieser NUB-Methode die Vereinbarung von NUB-Entgelten nicht mehr notwendig und auch nicht mehr zulässig ist. Die Aufnahme einer NUB-Methode bzw. ihre sachgerechte Abbildung im DRG-System, wird insbesondere hinsichtlich NUB-Methoden, die vom InEK mit NUB-Status 1 bewertet wurden, dadurch katalysiert, dass die an der jeweiligen individuellen NUB-Entgelt-Vereinbarung beteiligten Krankenkassen gem. § 6 Abs. 2 Satz 7 KHEntgG verpflichtet sind, Art und Höhe des Entgelts sowie die der Vereinbarung zugrunde liegenden Kalkulationsunterlagen

---

Folge, dass hinsichtlich dieser NUB keine weiteren Anträge mehr gestellt werden müssten. Gutachten des DKI, „Anspruch und Realität von Budgetverhandlungen zur Umsetzung medizintechnischer Innovationen" S. 116.

und die vom Krankenhaus vorzulegende ausführliche Beschreibung der Methode an die Vertragsparteien auf Bundesebene[1530] zu melden.[1531] Nachdem das InEK aufgrund der Eingruppierung der NUB-Methode in NUB-Status 1 selber zu dem Ergebnis kam, dass eine sachgerechte Abrechnung derzeit ohne NUB-Entgelte i.S.d. § 6 Abs. 2 Satz 1 KHEntgG noch nicht möglich ist und ihm durch die Regelung in § 6 Abs. 2 Satz 7 KHEntgG konzentriert zentrale für die Berechnung einer neuen DRG-Fallpauschale i.S.d. § 7 Abs. 1 Satz 1 Nr. 1 KHEntgG oder eines Zusatzentgeltes i.S.d. § 7 Abs. 1 Satz 1 Nr. 2 KHEntgG erforderliche Daten zugeleitet werden, ist der Schluss nahe liegend, dass diese offensichtlichen Abrechnungslücken zeitnah vom InEK geschlossen werden und anschließend kein Erfordernis für die Vereinbarung von NUB-Entgelten gem. § 6 Abs. 2 Satz 1 KHEntgG mehr besteht. Aus diesem Grund ist aber andererseits auch davon auszugehen, dass es dem InEK möglich und zumutbar sein müsste, sich einen Überblick darüber zu verschaffen, wann aufgrund einer neu entworfenen DRG-Fallpauschale bzw. aufgrund eines neu fixierten bundeseinheitlichen Zusatzentgeltes hinsichtlich einer konkreten NUB-Methode die Voraussetzungen des § 6 Abs. 2 Satz 1 KHEntgG nicht mehr erfüllt sind.

Insbesondere, da im Rahmen des NUB-Verfahrens keine inhaltliche Prüfung der NUB-Methoden erfolgt, wäre es empfehlenswert die befristete Geltungsdauer der Einteilung in NUB-Status und auch der NUB-Entgelte generell aufzuheben, das InEK zu verpflichten im Rahmen der Veröffentlichung der überarbeiteten Fallpauschalen ausdrücklich darauf hinzuweisen, welche NUB-Methode mit NUB-Status 1 nun sachgerecht durch das Fallpauschalensystem abgebildet werden können und die Gültigkeit der mit NUB-Status 1 bewerteten Methoden und somit der Zulässigkeit der Vereinbarung von NUB-Entgelten unter die Bedingung zu stellen, dass das InEK auf seiner Homepage bekannt gegeben hat, dass sich die entsprechende NUB-Methode, aufgrund des überarbeiteten, weiterentwickelten Fallpauschalenkatalogs sachgerecht abbilden lässt.

Das InEK veröffentlicht bereits jetzt jährlich auf seiner Homepage[1532] eine Aufstellung der nun „neuerdings“ sachgerecht abbildbaren NUB-Methoden. Diese ist,

---

1530 Auch diese Aufgabe, die gem. § 6 Abs. 2 Satz 7 KHEntgG zu übermittelnden Daten entgegen zu nehmen, wurde von den Vertragsparteien auf Bundesebene an das InEK „delegiert“.

1531 Um sowohl aus Sicht der Krankenhäuser, als auch aus Sicht des InEK unnötige NUB-Verfahren zu vermeiden, wäre zu überlegen, ob das InEK nicht verpflichtet werden sollte, zu veröffentlichen, wenn es aufgrund der gem. § 6 Abs. 2 Satz 7 KHEntgG eingereichten Daten eine neue Fallpauschale oder ein neues Zusatzentgelt designed hat mit der Folge, dass aus seiner Sicht zukünftig eine sachgerechte Vergütung möglich ist, weswegen keine NUB-Entgelte mehr vereinbart werden müssen und die Durchführung des NUB-Verfahrens hinsichtlich dieser konkreten NUB-Methode nicht mehr erforderlich ist.

1532 http://www.g-drg.de/cms/G-DRG-System_2014/Neue_Untersuchungs-_und_Behandlungsmethoden_NUB/Aufstellung_von_NUB-Leistungen_mit_Status_1_in_2013; abgerufen zuletzt am 26.07.2014.

bezogen auf das NUB-Verfahren 2012/2013 überschrieben mit: „Aufstellung von NUB-Leistungen mit Status 1 in 2013, für die für 2014 keine Anfrage erforderlich ist“. In der Unterüberschrift erläutert das InEK: „NUB-Leistungen, die für 2013 mit Status 1 versehen waren und nach der Weiterentwicklung des G-DRG-Fallpauschalen-Katalogs für 2014 im G-DRG-System abgebildet sind, haben wir Ihnen in einer Liste zusammengestellt“.

In der Auflistung findet sich eine überraschend überschaubare Anzahl von NUB-Methoden, nämlich drei Methoden! Hinsichtlich einer Methode, der Gabe von „Ofatumumab parenteral“, wurde ein Zusatzentgelt “ZE2014–100“ „designed“, das nunmehr aus Sicht des InEK eine sachgerechte Abbildung ermöglicht. Hinsichtlich der beiden weiteren aufgelisteten NUB-Methoden „Lungen-Lebendspende“ (Z04Z) einerseits und „Ösophagussphinkterimplantat magnetisch“ (G19B) andererseits, wurde je eine neue DRG-Fallpauschale kreiert.

Die Einteilung in NUB-Status-1 und somit die aus Sicht des InEK gegebenen Voraussetzungen für die Vereinbarung von NUB-Entgelten, würde, wenn die Vereinbarungen über NUB-Entgelte nicht befristet, sondern bedingt[1533] abgeschlossen würden, so solange gelten, bis ihnen durch sachgerechte Abbildung der NUB-Methode im DRG- Fallpauschalensystem „die Geschäftsgrundlage entzogen“[1534] würde.

Dies wäre, insbesondere aufgrund der extrem überschaubaren Anzahl an betroffenen Methoden, sowohl zur Entlastung des InEK hinsichtlich der Durchführung „unnötiger“ NUB-Verfahren, als auch in Bezug auf den Krankenhausalltag eine deutlich sachgerechtere und gleichzeitig praktikablere Lösung. Denn wie Brase nachvollziehbar darstellt, ist es in der medizinischen Versorgung im Krankenhaus nicht realistisch, die Anwendung eines neuen Verfahrens ab dem 1. Januar eines Jahres zu unterbrechen[1535], nur weil die Vergütungsvereinbarung abgelaufen ist

---

1533 Das Gutachten des DKI, „Anspruch und Realität von Budgetverhandlungen zur Umsetzung medizintechnischer Innovationen“ (S. 117) schlägt eine Anerkennung „auf Widerruf“ vor, der auf der Homepage des InEK veröffentlicht werden könnte.

1534 Siehe bei Felix, Rechtliche Rahmenbedingungen der Finanzierung innovativer Medizin aus Sicht der Leistungserbringer und Patienten – taugen sie gesetzlichen Vorgaben? In: Felix/Schütte (Hrsg.); Medizinische Innovation im Krankenhaus, Steuerung und Finanzierung S. 59, 67.

1535 Interessant diesbezüglich Sieper; Zur Fortgeltung von krankenhausindividuellen NUB-Vereinbarungen nach § 6 Abs. 2 KHEntgG; AMK 2013, 18, der auf ein Urteil des SG Fulda (SG Fulda Urteil vom 28.02.2013 – S 4 KR 997/11) aufmerksam macht, in dem das SG Fulda bestätigt hat, dass in der Zeit nach Auslaufen der Gültigkeit eines vereinbarten NUB-Entgeltes, bis zur Genehmigung einer neuen NUB-Vereinbarung „kein regelungsloser zustand eintritt, weil bis dahin wenigstens die bisher geltenden Entgelte weiter abgerechnet werden könnten.“ In dieser Höhe sei die weitere Finanzierung neuer Untersuchungs- und Behandlungsmethoden dann gesichert.

und im Mai das Verfahren wieder aufzunehmen, wenn eine neue Vereinbarung geschlossen wurde.[1536]

3. Anspruch auf Vereinbarung eines NUB-Entgelts bei Methoden mit NUB-Status 1

Von großer Bedeutung ist für Krankenhäuser die Frage, ob sie gegenüber den Krankenkassen einen Anspruch auf Abschluss einer NUB-Vereinbarung haben der ggf. vor der Schiedsstelle durchgesetzt werden kann, wenn diese NUB-Methode vom InEK mit NUB-Status 1 eingestuft wurde.[1537]

Hierbei geht es nicht um die Frage, ob ein Krankenhaus gegenüber einer Krankenkasse bezogen auf einen konkreten Behandlungsfall einen Anspruch auf Bezahlung der Behandlungskosten hat und hier, wenn noch keine sachgerechte DRG-Fallpauschale für die Abrechnung der NUB-Methode besteht, Anspruch auf Auszahlung eines bereits vereinbarten NUB-Entgeltes hat. Die Beantwortung dieser Frage hängt entscheidend vom konkreten Behandlungsfall ab und hier, ob gem. §§ 27, 39, 12, 137 c SGB V die medizinischen und krankenversicherungsrechtlichen Voraussetzungen für die Behandlung und die Abrechnung zulasten der gesetzlichen Krankenkasse gegeben waren (3. Prüfungsebene). Hier kann ein Krankenhaus, auch wenn alle behandlungsfallbezogenen Voraussetzungen erfüllt sind, nur einen Anspruch auf Zahlung eines NUB-Entgeltes haben, wenn ein solches der Höhe nach zuvor, (regelmäßig) behandlungsfallunabhängig, zwischen dem Krankenhaus und der Krankenkasse vereinbart war.

Ob auf diese behandlungsfallunabhängige Vereinbarung seitens des Krankenhauses ein Anspruch besteht, wenn das InEK diese NUB-Methode in NUB-Status-1 eingeteilt hat, wird im Folgenden untersucht: Nach der bisherigen gesetzlichen Ausgestaltung des NUB-Verfahrens können grundsätzlich nur Krankenhäuser,

---

1536 Brase, Zukunftsfähige Innovationsfinanzierung aus Sicht der Krankenhäuser in: Felix/Schütte (Hrsg.); Medizinische Innovationen im Krankenhaus, Steuerung und Finanzierung S. 21, 23.

1537 Hinweis auf mögl. Änderung durch GKV-VSG (Gesetzentwurf der Bundesregierung des Gesetzes zur Stärkung der Versorgung in der gesetzlichen Krankenversicherung (GKV-VSG, BTDrs. 18/4095) i.d.F. der Beschlussempfehlung des Ausschusses für Gesundheit (BTDrs. 18/5123)): In Fällen, in denen der G-BA nach Durchführung der „frühen Nutzenbewertung“ gem. § 137 h SGB V den Nutzen der NUB-Methode bereits als „hinreichend belegt“ (§ 137 h Abs. 1 S. 4 Nr. 1 SGB V) betrachtet oder annimmt, dass die NUB-Methode „das Potenzial einer erforderlichen Behandlungsalternative bietet“ (§ 137 h Abs. 1 S. 4 Nr. 2 SGB V) sollen die Krankenhäuser gem. § 137 h Abs. 3, 4 SGB V einen gesetzlichen Anspruch auf die Vereinbarung von NUB-Entgelten, rückwirkend für alle Behandlungsfälle ab Einleitung des NUB-Verfahrens haben. Vgl. perspektivische Erstbewertung der voraussichtlichen Änderungen der Gesetzeslage durch das GKV-VSG am Ende der Arbeit unter G.

die selber hinsichtlich der konkreten NUB-Methode das NUB-Verfahren durchgeführt haben, einen Anspruch auf die Vereinbarung eines NUB-Entgeltes gem. § 6 Abs. 2 Satz 1 KHEntgG haben. Denn bisher ist die „höchstpersönliche" Durchführung des NUB-Verfahrens Voraussetzung für die Vereinbarung eines NUB-Entgeltes. NUB-Status 1 bedeutet, dass aus Sicht des InEK für die konkrete Anwendung der NUB-Methode noch keine sachgerechte Vergütungsmöglichkeit über die schon definierten DRG-Fallpauschalen und bundeseinheitlichen Zusatzentgelte gem. § 7 Abs. 1 Satz 1 Nr. 1 und 2 KHEntgG besteht, weswegen die Vereinbarung von krankenhausindividuellen NUB-Entgelten für eine sachgerechte Vergütung der Anwendung der NUB-Methode erforderlich ist.

Eindeutig positiv entschieden ist die Frage eines bestehende Anspruchs auf Vereinbarung eines NUB-Entgeltes gem. § 137 e Abs. 4 Satz 3 SGB V hinsichtlich NUB-Methoden, bezüglich derer der G-BA eine Erprobungsrichtlinie[1538] erlassen hat, insbesondere, wenn die jeweiligen Krankenhäuser i.S.d. § 137 e Abs. 3 SGB V an der Erprobung teilnehmen.[1539]

Ein Anspruch ist jedoch bei Vorliegen der in § 6 Abs. 2 Satz 1 KHEntgG geregelten Voraussetzungen, soweit die Erbringung der NUB-Methode innerhalb des Versorgungsauftrages des jeweiligen Krankenhauses liegt, auch hinsichtlich allen weiteren NUB-Methoden zu bejahen, die vom InEK in NUB-Status-1 eingruppiert wurden.[1540] Dieser ist, wie Bender und Felix betonen notfalls durch einen Anruf der Schiedsstelle zu realisieren.[1541]

1538 Hierzu ausführlich unter B.4.7.8.

1539 So auch Ullrich; Finanzierungslücken bei medizinischen Innovationen? Rechtliche Rahmenbedingungen der Finanzierung neuer Untersuchungs- und Behandlungsmethoden sowie innovativer Arzneimittel, S. 206 f.

1540 So auch Bender; Finanzierung neuer Untersuchungs- und Behandlungsmethoden (NUB) im Krankenhaus; NZS 2012, 761, 764; Felix, Rechtliche Rahmenbedingungen der Finanzierung innovativer Medizin aus Sicht der Leistungserbringer und Patienten – taugen sie gesetzlichen Vorgaben? In: Felix/Schütte (Hrsg.); Medizinische Innovation im Krankenhaus, Steuerung und Finanzierung S. 59, 71; Schwarz, Gutachten für die DKG zum Thema „Auswirkung der BSG-Rechtsprechung zu § 2 Abs. 1 Satz 3 SGB V und § 137 c SGB V auf die NUB-Entgeltverhandlungen", Mai 2014, S. 2;Vollmöller, Rechtsfragen neuer Untersuchungs- und Behandlungsmethoden – unter besonderer Berücksichtigung der Hochschulmedizin- NZS, 2012, 921, 922, 925; Vollmöller in: Dettling/Gerlach (Hrsg.), Krankenhausrecht, Kommentar, KHEntgG § 6 Rn. 6; Willhöft, Rechtsanspruch der Krankenhausträger auf Vereinbarung eines krankenhausindividuellen (Zusatz-)Entgeltes für Medizintechnologie mit „Status 1", Das Krankenhaus 2013, 934, 935.

1541 Bender; Finanzierung neuer Untersuchungs- und Behandlungsmethoden (NUB) im Krankenhaus; NZS 2012, 761, 764; Felix, Rechtliche Rahmenbedingungen der Finanzierung innovativer Medizin aus Sicht der Leistungserbringer und Patienten – taugen sie gesetzlichen Vorgaben? In: Felix/Schütte (Hrsg.); Medizinische Innovation im Krankenhaus, Steuerung und Finanzierung S. 59, 71.

Die Verwendung des Verbs „sollen“ in § 6 Abs. 2 Satz 1 KHEntgG impliziert, dass auch generell, hinsichtlich NUB-Methoden, die noch nicht vom G-BA i.S.d. § 137 c SGB V bewertet wurden und hinsichtlich derer somit auch keine Erprobungsrichtlinie i.S.d. § 137 e SGB V erlassen wurde, bei Vorliegen der Voraussetzungen des § 6 Abs. 2 Satz 1 KHEntgG „in der Regel“ NUB-Entgelte vereinbart werden sollen, außer wenn ausnahmsweise spezielle Gründe gegen ihre Vereinbarung sprechen.[1542] Wie unter E.1.2. dargestellt hat sich der Gesetzgeber im Verlauf des Gesetzgebungsverfahrens bewusst gegen die ursprünglich vorgesehene Formulierung mittels des Verbs „können“, für die Verwendung des Verbs „sollen“ entschieden. Die Formulierung bringt daher deutlich den gesetzgeberischen Willen zum Ausdruck, dass nämlich die Vereinbarung eines NUB-Entgeltes – zur Schließung der „zufälligen Finanzierungslücke“[1543] – bei Vorliegen der Voraussetzungen den Regelfall darstellt.

Auch i.S.d § 1 Abs. 1 KHG, der als Zweck des Krankenhausfinanzierungsrechts die „wirtschaftliche Sicherung der Krankenhäuser“ festschreibt, um eine bedarfsgerechte Versorgung der Bevölkerung mit leistungsfähigen, eigenverantwortlich wirtschaftenden Krankenhäusern zu gewährleisten, ist, da aufgrund der Eingruppierung in NUB-Status 1 feststeht, dass ohne die Vereinbarung von NUB-Entgelten keine sachgerechte Vergütung gewährleistet ist, von einem Anspruch auszugehen. Denn gerade durch die Vereinbarung von NUB-Entgelten soll die systembedingte Finanzierungslücke hinsichtlich NUB-Methoden, die aus Qualitätsgesichtspunkten schon den Voraussetzungen des § 137 c SGB V genügen und somit im Sinne des „materiellen Krankenversicherungsrechts“ schon zum regulären Leistungsspektrum der gesetzlichen Krankenversicherung gehören, sich aber aufgrund der „systemimmanenten Trägheit“ des Fallpauschalensystems noch nicht im DRG-Fallpauschalensystem abbilden lassen, geschlossen werden. Hierdurch soll gewährleistet werden, dass das Krankenhausfinanzierungsrecht auch und gerade hinsichtlich NUB-Methoden den „Vollzug“ des „materiellen Krankenversicherungsrechts“ ermöglicht. Im Zeitpunkt der Vereinbarung eines NUB-Entgeltes im Rahmen der Budgetverhandlungen geht es ja gerade noch nicht um die Frage, ob das Krankenhaus bezogen auf einen konkreten Behandlungsfall Anspruch auf Auszahlung des NUB-Entgeltes hat, sondern es geht nur darum, „abstrakt“ die Finanzierungslücke einer fehlenden sachgerechten DRG-Fallpauschale bzw. eines fehlenden bundeseinheitlichen bepreisten Zusatzentgeltes durch die Vereinbarung eines NUB-Entgeltes zu schließen. Durch das Vereinbaren eines NUB-Entgeltes wird nur die Möglichkeit der sachgerechten Vergütung geschaffen.

1542 So auch Kutlu, in: Spickhoff, Medizinrecht, KHEntgG § 6 Rn. 7; Vollmöller in: Dettling/Gerlach (Hrsg.), Krankenhausrecht, Kommentar, KHEntgG Rn. 3.

1543 Die Vereinbarung eines NUB-Entgeltes wäre nicht notwendig, wenn sich die NUB-Methode „zufällig“ schon durch eine bestehende DRG-Fallpauschale abbilden ließe, was nichts außergewöhnliches wäre/ist, da die Fallpauschalen diagnoseorientiert und nicht methodenorientiert sind.

Der Anspruch eines Krankenhauses auf Vereinbarung eines NUB-Entgeltes gegenüber der Krankenkasse hängt aber davon ab, dass alle Anspruchvoraussetzungen i.S.d. § 6 Abs. 2 Satz 1 KHEntgG erfüllt sind. Dies ist, neben der durch die „positive Information" (NUB-Status 1) des InEK bestätigte derzeitige fehlende sachgerechte Vergütungsmöglichkeit, dass die Methode nicht gem. § 137 c SGB V vom G-BA aus dem Leistungsspektrum ausgeschlossen wurde und, nach der hier vertretenen Ansicht, dass sie die Qualitätskriterien des § 137 c SGB V erfüllt. Denn nach hier vertretener Auffassung ist nicht davon auszugehen, dass im stationären Bereich alle nicht gem. § 137 c SGB V verbotenen Methoden automatisch erlaubt sind[1544]. Durch das NUB-Verfahren wurde noch nicht geprüft und seitens des InEK mittels der das NUB-Verfahren abschließenden „Information" nichts dazu gesagt, ob die konkrete NUB-Methode schon den Qualitätskriterien des SGB V entspricht und somit schon zum Leistungsspektrum der gesetzlichen Krankenkassen gehört. Diese Frage muss vor Ort vom Krankenhaus bzw. den hier verantwortlichen Ärzten aufgrund der veröffentlichten Studienergebnisse oder ggf. Empfehlungen in Leitlinien unter Beachtung der Grundsätze der ebM beantwortet werden.

Nach hier vertretener Ansicht ergibt sich daher auch im Stadium der Verhandlungen über NUB-Entgelte der Qualitätsmaßstab aus dem Wortlaut des § 137 c SGB V – als lex specialis zu § 2 Abs. 1 Satz 3 SGB V[1545], sodass erforderlich ist, dass die NUB-Methode das Stadium der klinischen Prüfung hinter sich hat und ihr Nutzen, der schon hinreichend belegt ist, wobei i.S.d. Grundsätze der ebM nicht (zwingend) Nachweise auf höchstem Evidenzlevel gefordert werden können, sondern Belege i.S.d. niedrigeren Evidenzlevels ausreichen können. Der Nutzen sollte jedoch mit Nachweisen höchstmöglicher Evidenz belegt werden.

Nach Auffassung der DKG[1546] ist im Stadium der Verhandlungen über NUB-Entgelte § 137 c SGB V als Qualitätsmaßstab nicht anzuwenden, sondern § 6 Abs. 2 KHEntgG sei insofern als lex specialis zu betrachten. Die inhaltlichen Qualitätskriterien sind der Stellungnahme der DKG zufolge über § 2 Abs. 1 SGB V herzuleiten, der auch innerhalb des § 6 Abs. 2 KHEntgG grundsätzlich zu beachten sei, jedoch nur unter folgender Prämisse: „Das Krankenhaus muss lediglich die Geeignetheit und grundsätzliche Unbedenklichkeit der NUB plausibel darlegen. Die

1544 Siehe hierzu unter B.5.2. Auch Clemens vertritt die Auffassung, dass die Schiedsstelle den Antrag eines Krankenhauses deshalb ablehnen darf, weil sie die Methode deutlich erkennbar für nicht abgesichert hält. Vgl. Clemens; Grundlegende Fragen des Schiedsverfahrens nach dem KHG – Amtsermittlung/Beibringungsgrundsatz/NUB-Entgelte/Qualitätsprüfung durch Schiedsstelle/behördliche Genehmigung der Schiedssprüche; MedR 2012, 769, 771.

1545 Siehe hierzu unter B.5.6., insbes. B.5.6.1.2.

1546 Vgl. Auffassung der DKG dargestellt in Schwarz, Gutachten für die DKG zum Thema „Auswirkung der BSG-Rechtsprechung zu § 2 Abs. 1 Satz 3 SGB V und § 137 c SGB V auf die NUB-Entgeltverhandlungen", S. 6, abrufbar unter http://www.dkgev.de/dkg.php/cat/133/aid/12273/title/Neue_Untersuchungs-_und_Behandlungsmethoden_-_Hier%3A_Renale_Denervation, abgerufen am 18.09.2014.

Grundsätze evidenzbasierter Medizin kommen auf dieser Stufe nicht zum Tragen, fundierte Belege bzgl. des anerkannten Standards sind nicht erforderlich. Die Krankenkassen sind nur bei Vorliegen deutlicher Anhaltspunkte für qualitative oder wirtschaftliche Mängel der Eignung oder Unbedenklichkeit der Methode berechtigt, eine NUB-Vereinbarung abzulehnen."

Die tatsächliche Realisierung des Anspruchs auf Vereinbarung eines NUB-Entgeltes hinsichtlich NUB-Methoden, die noch nicht vom G-BA i.S.d. § 137 c SGB V bewertet wurden und hinsichtlich derer auch keine Erprobungsrichtlinie i.S.d. § 137 e SGB V erlassen wurde, hängt in tatsächlicher Hinsicht entscheidend davon ab, in welcher Tiefe die Krankenkassen das Vorliegen der erforderlichen Qualitätsvoraussetzungen anlässlich der NUB-Entgeltverhandlungen prüfen dürfen bzw. ob den Krankenhäusern hinsichtlich der Frage, ob die konkrete NUB-Methode schon den anzulegenden Qualitätsanforderungen entspricht, ein Beurteilungsspielraum eingeräumt wird.[1547]

Hinsichtlich der Frage des Beurteilungsspielraums tendiert das BSG in letzter Zeit, wie in der Zeit vor der Einführung des § 137c SGB V, wieder dazu, von einer vollständigen Über-/Prüfung jeder im Einzelfall angewendeten NUB-Methode durch die Krankenkassen und die Gerichte daraufhin auszugehen, ob sie schon die Voraussetzungen des SGB V (insbesondere § 2 Abs. 1 Satz 3 SGB V) erfüllt, um zum regulären Leistungsspektrum der gesetzlichen Krankenkassen zu gehören. Wenn man dieser Ansicht folgt, so ist in jedem Fall zu fordern, dass die Krankenkassen nicht „argumentationslos" bzw. „grundlos" die Vereinbarung eines NUB-Entgeltes verweigern dürfen, sondern als Grundlage für eine offene Diskussion über den

1547 Auch Willhöft beschreibt eine vermehrt zu beobachtende Blockadehaltung seitens der Krankenkassen, die bei NUB-Methoden mit NUB-Status 1 die Vereinbarung eines NUB-Entgeltes mit dem Argument vermeintlich fehlender Evidenz verweigern und sich teilweise auf (interne) MDK-Gutachten beziehen, die den Krankenhäusern bei den Budgetverhandlungen regelmäßig nicht vorgelegt werden. Vgl. Willhöft, Rechtsanspruch der Krankenhausträger auf Vereinbarung eines krankenhausindividuellen (Zusatz-)Entgeltes für Medizintechnologie mit „Status 1", Das Krankenhaus 2013, 934; zur Prüfungsdichte der Schiedsstellen siehe Clemens; Grundlegende Fragen des Schiedsverfahrens nach dem KHG – Amtsermittlung/Beibringungsgrundsatz/NUB-Entgelte/Qualitätsprüfung durch Schiedsstelle/behördliche Genehmigung der Schiedssprüche; MedR 2012, 769, 771; auch das Gutachten des DKI, Anspruch und Realität von Budgetverhandlungen zur Umsetzung medizintechnischer Innovationen, (S. 25) führt hierzu aus, dass die „Verhandler vor Ort nur bedingt in der Lage sind, das InnovationsPotenzial bzw. die medizinische Notwendigkeit und Sinnhaftigkeit einer NUB-Methode zu beurteilen" sowie dass die „NUB in den Budgetverhandlungen verhandlungstaktisch sowie verhandlungsstrategisch überlagert werden"; nach demselben DKI Gutachten (S. 39) bildete eine „vermeintlich fehlende Evidenzbasis von NUB in 75% der Fälle einen Ablehnungsgrund"; Vgl. auch BTDrs. 17/6397, S.6 „Die Krankenkassen vor Ort haben dabei jenseits der Verhandlung der Entgelthöhe keine rechtlichen Ansatzpunkte für eine Methodendiskussion mit dem einzelnen Krankenhaus."

„hinreichend belegten Nutzen“ der jeweiligen NUB-Methode i.S.d. § 137 c SGB V ihre Argumente und ggf. von ihnen in Auftrag gegebene MDK Gutachten offen legen müssen.[1548] Dies würde wenigstens ermöglichen, dass sowohl die Krankenhäuser vor Ort, als auch ihre Verbände, sowie medizinische Fachgesellschaften oder sonstige Wissenschafter die Möglichkeit hätten, i.S. eines „wissenschaftlichen peer reviews“ die MDK/MDS Gutachten zu überprüfen.[1549]

In Abweichung hiervon wird nach der hier vertretenen Auffassung aufgrund der aktuellen Gesetzesfassung ein auf diese Frage beschränkter Beurteilungsspielraum der Krankenhäuser befürwortet[1550], der nur im Sinne einer Missbrauchskontrolle einer „Evidenzkontrolle“[1551] unterliegt. Clemens[1552] geht davon aus, dass die Krankenkassen die Vereinbarung eines NUB-Entgeltes [nur dann] ablehnen können, wenn „deutliche Anhaltspunkte für gravierende Defizite bei der Eignung oder Unbedenklichkeit der Methode vorliegen“. Um gegenüber den Krankenkassen darzulegen dass die NUB-Methode den Kriterien des § 137 c SGB V entspricht, und um ggf. eine Plausibilitätsprüfung zu ermöglichen, muss das Krankenhaus grundsätzlich den hinreichend belegten Nutzen der NUB-Methode vortragen, wobei i.S.d. Grundsätze der ebM nicht Nachweise auf höchstem Evidenzlevel gefordert werden,

---

1548 Nach dem Gutachten des DKI spielen diese MDK/MDS Gutachten eine „überragende Rolle“. Sie werden jedoch den Krankenhäusern faktisch kaum zugänglich gemacht. DKI, Anspruch und Realität von Budgetverhandlungen zur Umsetzung medizintechnischer Innovationen – Gutachten des Deutschen Krankenhausinstituts im Auftrag des Bundesverbandes Medizintechnologie (BVMed), S. 5, 42, 125.; Kritisch zu der Weigerung der Krankenkassen eingeholte MDK-Gutachten offen zu legen: Blum/Offermanns, Innovationshürden für neue Untersuchungs- und Behandlungsmethoden abbauen!, Das Krankenhaus 2010, 119, 120 f.; Kritisch zum verhalten der Krankenkassen im Umgang mit eingeholten MDK-Gutachten auch Huster, Krankenhausrecht und SGB V – Medizinische Innovationen im stationären Sektor; GesR 2010, 337, 340.

1549 Vgl. Gutachten des DKI, „Anspruch und Realität von Budgetverhandlungen zur Umsetzung medizintechnischer Innovationen“ S. 120.

1550 Siehe hierzu unter B.6.3., insbes. B.6.3.2., B.6.3.3.; So im Ergebnis auch Ullrich; Finanzierungslücken bei medizinischen Innovationen? Rechtliche Rahmenbedingungen der Finanzierung neuer Untersuchungs- und Behandlungsmethoden sowie innovativer Arzneimittel, S. 209; Gutachten des DKI, „Anspruch und Realität von Budgetverhandlungen zur Umsetzung medizintechnischer Innovationen“ S. 112.

1551 In diesem Sinne auch Felix, Rechtliche Rahmenbedingungen der Finanzierung innovativer Medizin aus Sicht der Leistungserbringer und Patienten – taugen sie gesetzlichen Vorgaben? In: Felix/Schütte (Hrsg.); Medizinische Innovation im Krankenhaus, Steuerung und Finanzierung S. 59, 71; Willhöft, Rechtsanspruch der Krankenhausträger auf Vereinbarung eines krankenhausindividuellen (Zusatz-) Entgeltes für Medizintechnologie mit „Status 1“, Das Krankenhaus 2013, 934.

1552 Clemens; Grundlegende Fragen des Schiedsverfahrens nach dem KHG – Amtsermittlung/Beibringungsgrundsatz/NUB-Entgelte/Qualitätsprüfung durch Schiedsstelle/behördliche Genehmigung der Schiedssprüche; MedR 2012, 769, 773.

sondern Belege i.S.d. niedrigeren Evidenzlevels ausreichen können. Denn letztendlich kann seitens der Krankenhäuser nur die Vereinbarung von NUB-Entgelten für solche NUB-Methoden gefordert werden, die auch die anzulegenden Qualitätsanforderungen erfüllen[1553], und bereits i.S.d. § 137 c SGB V zum Leistungsspektrum der gesetzlichen Krankenkasse gehören und somit regulär zulasten der Krankenkasse erbracht werden dürfen.

Auch das zitierte Gutachten der DKG[1554] kommt zu dem Ergebnis, dass die Krankenkassen im Zeitpunkt der Verhandlungen über die Vereinbarung von NUB-Entgelten hinsichtlich der Qualitätskriterien auf eine Plausibilitätsprüfung beschränkt sind. Nicht ganz nachvollziehbar ist diesbezüglich die systematische Herleitung des Qualitätsmaßstabs. Es ist jedoch, wenn man nicht von einem vollständigen Beurteilungsspielraum der Krankenhäuser hinsichtlich der Frage des bereits hinreichend belegten Nutzens ausgeht, im Ergebnis systematisch stringent und sachgerecht, dass die Krankenkassen im Zeitpunkt der Verhandlung über ein NUB-Entgelt die Frage, ob die konkrete NUB-Methode schon die anzulegenden Qualitätskriterien erfüllt – die sich insbesondere aus § 137 c SGB V i.V.m. § 2 Abs. 1 Satz 3 SGB V ergeben – nicht mit der gleichen Tiefe überprüfen können soll, wie später, wenn sie infolge der Anwendung der NUB-Methode anlässlich einer Einzelfallprüfung gem. § 275 Abs. 1 Nr. 1, Abs. 1 c SGB V, die Rechtmäßigkeit der in Rechnung gestellten Behandlung unter Einschaltung des MDK prüft.

Diese Differenzierung ist insofern vorzunehmen, als die Verhandlungen über die Vereinbarung von NUB-Entgelten nur stattfinden müssen, da das DRG-Fallpauschalensystem noch keine sachgerechte Abbildung ermöglicht. Denn hinsichtlich NUB-Methoden, die sich „zufällig" von Anfang an über bestehende Fallpauschalen sachgerecht abbilden lassen, müssen die Krankenhäuser diesbezügliche vor Anwendung der NUB-Methode zulasten der Krankenkasse gar keine vergleichbare Diskussion führen. Zudem ist sie insofern sachgerecht, als die Vergütungsregelungen für alle Benutzer einheitlich sind. Sie gelten daher sowohl für GKV, als auch für PKV Versicherte. Die inhaltlichen Regelugen der §§ 137 c, 2 Abs. 1 Satz 3 SGB V bestimmen aber nur für Versicherte der GKV das Leistungsspektrum.[1555]

Diese jedenfalls eingeschränkte Überprüfbarkeit i.S. einer Plausibilitätskontrolle anlässlich der Verhandlungen über NUB-Entgelte bewirkt, dass die Verhandlungen nicht an der Frage scheitern können, ob der Nutzen der konkreten NUB-Methode tatsächlich schon i.S.d. §§ 137 c, 2 Abs. 1 Satz 3 SGB V hinreichend belegt ist. Denn

1553 In diesem Sinne auch Clemens; Grundlegende Fragen des Schiedsverfahrens nach dem KHG – Amtsermittlung/Beibringungsgrundsatz/NUB-Entgelte/Qualitätsprüfung durch Schiedsstelle/behördliche Genehmigung der Schiedssprüche; MedR 2012, 769, 773.

1554 Schwarz, Gutachten für die DKG zum Thema „Auswirkung der BSG-Rechtsprechung zu § 2 Abs. 1 Satz 3 SGB V und § 137 c SGB V auf die NUB-Entgeltverhandlungen", Mai 2014.

1555 Vgl. Hauck; Medizinische Innovationen im Krankenhaus, Aktuelle Rechtsfragen aus der Sicht der Rechtsprechung, GesR 2014, 257, 265.

um dies bei bestehenden Zweifeln abschließend klären zu lassen, besteht seitens der Krankenkassen die Möglichkeit der Einleitung eines G-BA Nutzenbewertungsverfahrens. Es führt auch dazu, dass in einem möglichen Schiedsstellenverfahren ebenfalls nicht geklärt und entschieden werden muss, ob der Nutzen der konkreten NUB-Methode tatsächlich schon i.S.d. §§ 137 c, 2 Abs. 1 Satz 3 SGB V hinreichend belegt ist. Dies wird die Vereinbarung von NUB-Entgelten seitens der Krankenhäuser „erleichtern".

Wenn sich anlässlich der Verhandlungen über die NUB-Entgelte jedoch offensichtlich abzeichnet, dass hinsichtlich dieser Frage ein inhaltlicher Dissens besteht, so ist fraglich, welchen tatsächlichen Nutzen die Vereinbarung des NUB-Entgeltes für die Krankenhäuser faktisch hat. Denn in diesen Fällen ist vorstellbar, dass die Krankenkassen hinsichtlich jeden Behandlungsfalls, bei dem dieses NUB-Entgelt abgerechnet wurde, genauso, wie wenn diese NUB-Methode schon über eine DRG-Fallpauschale abgerechnet werden könnte, eine Einzelfallprüfung gem. § 275 Abs. 1 Nr. 1, Abs. 1 c SGB V einleiten werden, um anschließend, wenn man keinen Beurteilungsspielraum seitens der Krankenhäuser annimmt, die Frage, ob die NUB-Methode schon im Rahmen des regulären Leistungsspektrums zulasten der gesetzlichen Krankenkassen erbracht werden durfte, im MDK-Verfahren und ggf. anschließend in einem Gerichtsverfahren vor dem Sozialgericht durch zu streiten. Ob vor diesem Hintergrund im Hinblick auf die finanzielle Stabilität der Krankenhäuser eine eingeschränkte Überprüfung anlässlich der Verhandlungen über die NUB-Entgelte tatsächlich einen Vorteil bringt, ist fraglich. Denn letztendlich bringt auch ein ausgehandeltes NUB-Entgelt im Hinblick auf die finanzielle Vorhersehbarkeit und Planbarkeit nichts, wenn die Krankenkasse seine Auszahlung nachher verweigern kann. Wenn man hinsichtlich dieses Punktes, anders die Verfasserin, grundsätzlich von einer vollständigen Überprüfbarkeit durch die Krankenkassen, Schiedsstellen und Gerichte ausgeht, so können die Krankenhäuser tatsächliche Klarheit und eine damit einhergehende finanzielle Absicherung nur erreichen, wenn sie vor der Anwendung der jeweiligen NUB-Methode – egal, ob sich diese unmittelbar über eine Fallpauschale sachgerecht abbilden lässt, oder ob für die sachgerechte Abbildung ein NUB-Entgelt erforderlich ist – mit den Krankenkassen klären, ob die Krankenkassen die Ansicht des Krankenhauses teilen, dass der Nutzen dieser NUB-Methode i.S.d. § 137 c SGB V schon hinreichend belegt ist und sie somit schon zum regulären Leistungsspektrum der gesetzlichen Krankenkasse gehört.

Ergebnis: Hinsichtlich NUB-Methoden, die die Voraussetzungen der § 6 Abs. 2 Satz 1 KHEntgG und § 137 c SGB V erfüllen und vom InEK mit NUB-Status-1 bewertet wurden, ist von einem Anspruch der jeweiligen Leistungserbringer gegenüber den Kostenträgern auf Vereinbarung eines NUB-Entgeltes auszugehen, der notfalls durch einen Anruf der Schiedsstelle zu realisieren ist.[1556]

1556 Bender; Finanzierung neuer Untersuchungs- und Behandlungsmethoden (NUB) im Krankenhaus; NZS 2012, 761, 764; Felix, Rechtliche Rahmenbedingungen der Finanzierung innovativer Medizin aus Sicht der Leistungserbringer und

4. Zusammenfassung/Stellungnahme

Das erst im Laufe des Gesetzgebungsverfahrens aufgrund einer Anregung des Ausschusses für Gesundheit eingeführte NUB-Verfahren gem. § 6 Abs. 2 Satz 3 KHEntgG ist an sich sinnvoll und sachdienlich, um i.S.d. einheitlichen und umfassenden Fallpauschalensystems unnötige Ausnahmen zu verhindern, so dass, wo möglich, auch NUB-Methoden möglichst durch bestehende DRG-Fallpauschalen und bepreiste bundeseinheitliche Zusatzentgelte vergütet werden sollen und unmittelbar, ohne „Erlaubnis" vergütet werden können.

Die Darstellung und Untersuchung des NUB-Verfahrens zeigt jedoch, dass es an erheblichen Rechtmäßigkeitsdefiziten leidet, die insbesondere aufgrund seiner erheblichen tatsächlichen Bedeutung für die Anwendung von NUB-Methoden nicht hingenommen werden können, sondern zeitnah auf Gesetzesebene eine Änderung erfordern.

Nach der derzeitigen gesetzlichen Ausgestaltung hat die „Information" keine Regelungswirkung i.S. eines Verwaltungsaktes gem. § 31 SGB X, da sie lediglich „zu berücksichtigen" ist und auch bei NUB-Status 2 die Vereinbarung von NUB-Entgelten rechtlich nicht schlechthin verboten ist.

Aufgrund der erheblichen tatsächlichen Auswirkung der das NUB-Verfahren abschließenden „Information" sollte, vergleichbar zu der Regelung in § 139 Abs. 6 Satz 4 SGB V in Bezug auf die Entscheidung über die Aufnahme eines Hilfsmittels ins Hilfsmittelverzeichnis, auch in § 6 Abs. 2 KHEntgG gesetzlich vorgesehen sein, dass denjenigen, die hinsichtlich einer NUB-Methode ein NUB-Verfahren eingeleitet haben, als Abschluss des Verfahrens ein begründeter rechtsmittelfähiger „Bescheid" zu erteilen ist. Denn aufgrund der erheblichen Auswirkung einer NUB-Status 2 Eingruppierung einer NUB-Methode mit marktsteuernder Wirkung ist es aus rechtsstaatlichen Gesichtspunkten erforderlich, dass die Entscheidungen des InEK transparent und nicht willkürlich sind und besteht ein nicht unerhebliches Rechtsschutzbedürfnis sich wirksam insbesondere gegen rechtswidrige NUB-Status 2 Eingruppierungen wehren zu können.

Darüber hinaus ist die eigenständige Durchführung des NUB-Verfahrens durch das InEK, die InEK gGmbH, zwar im Ergebnis sachgerecht und „eine gute Idee". Dies reicht jedoch aus rechtsstaatlichen Gesichtspunkten nicht aus, um seine personelle und demokratische Legitimation als gegeben zu betrachten, weswegen sowohl hinsichtlich der Übertragung der Aufgabe auf das InEK als auch im Hinblick auf die inhaltliche Einflussnahme und die gewährleistete Transparenz der personellen Besetzung, wie dargestellt, die bestehenden rechtlichen Defizite zeitnah behoben werden sollten.

Patienten – taugen sie gesetzlichen Vorgaben? In: Felix/Schütte (Hrsg.); Medizinische Innovation im Krankenhaus, Steuerung und Finanzierung S. 59, 71; Kutlu, in: Spickhoff, Medizinrecht, KHEntgG § 6 Rn. 7.

Hinsichtlich der Durchführung des Verfahrens sollte neben den Krankenhäusern, vergleichbar der Regelung in § 139 Abs. 3 SGB V bezogen auf die Einleitung des Aufnahmeverfahrens für die Aufnahme eines Hilfsmittels ins Hilfsmittelverzeichniss, im Einzelfall, wenn eine NUB-Methode i.S.d. § 92 Abs. 7 d SGB V „maßgeblich auf dem Einsatz eines Medizinproduktes beruht", auch dem jeweiligen Medizinprodukthersteller die Möglichkeit gegeben werden, ein NUB-Verfahren einzuleiten. Dies macht nur dann Sinn, wenn, wie nach hier vertretener Ansicht zu befürworten, § 6 Abs. 2 KHEntgG dahingehend geändert wird, dass nicht nur Krankenhäuser, die „höchstpersönlich" ein NUB-Verfahren hinsichtlich der jeweiligen NUB-Methode eingeleitet haben, hinsichtlich dieser NUB-Methode, wenn sie in NUB-Status-1 eingeteilt wurde, auf Ortsebene über die Vereinbarung von NUB-Entgelten verhandeln dürfen. Da durch die NUB-Entgelte jedoch eine bundesweite systematische Lücke des DRG-Systems geschlossen werden soll und das InEK im Rahmen des NUB-Verfahrens keine krankenhausspezifischen Aspekte des jeweiligen Krankenhauses (z.B. dessen Geeignetheit) prüft, sondern nur methodenspezifisch arbeitet, weswegen eine NUB-Methode auch hinsichtlich allen Antragstellern nach der Veröffentlichung des InEK immer in denselben NUB-Status eingruppiert wird, ist nicht ersichtlich, aus welchem Grund die bisherige Beschränkung gerechtfertigt ist. Zudem sollte, i.S.d. Regelung des § 137 e SGB V davon Abstand genommen werden, dass auch hinsichtlich NUB-Methoden, die vom InEK mit NUB-Status 1 bewertet wurden, dennoch jährlich erneut von jedem Krankenhaus das NUB-Verfahren durchzuführen ist. Vielmehr wäre es sachgerechter, die Geltung der NUB-Status Bewertung unter die Bedingung zu stellen, dass das InEK mitteilt, dass für die jeweilige NUB-Methode nun, ein entsprechendes Zusatzentgelt designed wurde oder es nun eine DRG-Fallpauschale gibt, durch die sich die Behandlungskosten sachgerecht abbilden lassen – bzw. die konkrete NUB-Methode gem. § 137 c SGB V infolge eines Methodenbewertungsverfahrens vom G-BA ausgeschlossen wurde. Das InEK veröffentlicht schon jetzt jährlich eine entsprechende Liste, in der sich im Jahr 2014, bezogen auf das NUB-Verfahren 2012/2013 drei Methoden befanden, die im Jahr zuvor mit NUB-Status 1 bewertet worden waren und sich nun unmittelbar durch DRG-Fallpauschalen bzw. unter Hinzuziehung eines bundeseinheitlichen bepreisten Zusatzentgeltes sachgerecht abbilden lassen. Eine überschaubare Zahl.

F. Zusammenfassung/Thesen/Beantwortung der gestellten Fragen

1. Eine umfassende abschließende Definition des Begriffs der NUB-Methoden ist aufgrund der Diversität der NUB-Methoden schwierig – aber, nach Meinung der Verfasserin, für die Beschäftigung mit der Thematik auch gar nicht zwingend erforderlich, wenn nicht sogar unmöglich. Eine Definition über die formale Abgrenzung dahingehend, ob sich die NUB-Methode schon im jeweiligen Abrechnungssystem abbilden lässt (EBM bzw. DRG-Fallpauschalensystem) oder nicht, greift insbesondere bezogen auf den stationären Sektor zu kurz, wenngleich die Frage der Abbildbarkeit auf der Ebene des Krankenhausfinanzierungsrechts auch im stationären Sektor eine weichenstellende Funktion hat. Denn hiervon hängt ab, ob hinsichtlich einer NUB-Methode, die nach dem Krankenversicherungsrecht (i.S.d. „materiellen Rechts") (schon) zum regulären Leistungsspektrum der gesetzlichen Krankenversicherung gehört, ein NUB-Verfahren durchgeführt werden muss, oder ob sie ohne weitere Hürden auf der Finanzierungsebene (i.S.d. „prozessualen Rechts") von Ärzten in Krankenhäusern zugunsten der Patienten angewendet und über bereits definierte DRG-Fallpauschalen ggf. i.V.m. bundeseinheitlich festgelegten bepreisten Zusatzentgelten gegenüber den gesetzlichen Krankenkassen abgerechnet werden kann.

Als positive Definition von NUB-Methoden erscheint folgende vom BSG entwickelte Formel am treffendsten und praktikalbelsten: NUB-Methoden sind hiernach Methoden, denen ein eigenes theoretisch-wissenschaftliches Konzept zu Grunde liegt, das sie von anderen Therapieverfahren unterscheidet und das ihre systematische Anwendung in der Behandlung bestimmter Krankheiten rechtfertigen soll[1557].

Zudem gilt festzuhalten, dass eine NUB-Methode regelmäßig Teil des im allgemeinen Qualitätsgebot (§ 2 Abs. 1 Satz 3 SGB V) genannten „medizinischen Fortschritts" ist.

2. Der gesetzlichen Definition gem. § 107 SGB V zufolge fallen stationäre Einrichtungen, die ausschließlich „Außenseitermethoden" anwenden, mangels Arbeit mit „wissenschaftlich anerkannten Methoden" nicht unter den sozialversicherungsrechtlichen Krankenhausbegriff. Dies stärkt und rechtfertigt den „Vertrauensvorschuss", den i.S.d. § 107 SGB V zur Versorgung gesetzlich Versicherter zugelassene Krankenhäuser hinsichtlich der Anwendung von NUB-Methoden haben: Denn Krankenhäuser dürfen NUB-Methoden ab dem Zeitpunkt zulasten der gesetzlichen Krankenkassen anwenden, ab dem die NUB-Methode die krankenversicherungsrechtlichen Voraussetzungen i.S.d. § 137 c SGB V erfüllt, ohne dass, wie es bezogen

1557 Urteil vom 16.12.2008 – B 1 KR 11/08 R, („Liposuktion"), Rn. 14 m.w.N.; BSG Urteil vom 26.09.2006 – B 1 KR 3/06 („neuropsychologischen Therapie"), Rn. 16; BSG Urteil vom 28.03.2000 – B 1 KR 11/98 R; vgl. auch BSG Urteil vom 16.09.1997 – B 1 RK 28/95.

auf den ambulanten Sektor gem. § 135 SGB V der Fall ist, eine formale zentrale „Zulassungsentscheidung“ i.S. einer Genehmigung durch den G-BA abgewartet werden muss. Es ist aber sachgerecht und i.S. eines hohen Versorgungsniveaus und einer zu gewährleistenden hohen Patientensicherheit aus Qualitätsgesichtspunkten erforderlich, dass – aufgrund des nach einer Zulassung i.S.d. § 107 SGB V bestehenden Vertrauensvorschusses – anlässlich der Zulassungsentscheidung (insbes. Aufnahme in den Krankenhausplan oder Abschluss eines Versorgungsvertrages), wie sie dem Urteil des BSG vom 28.07.2008 zugrunde lag, eine umfassende inhaltliche Prüfung erfolgt, ob der Nutzen der geplanten NUB-Methoden (schon) hinreichend belegt ist und sie somit (schon) zum regulären Leistungsspektrum der gesetzlichen Krankenversicherung gehören, oder nicht. Im Zusammenhang mit der Entscheidung über die Zulassung eines Leistungserbringers in den Kreis der zur Versorgung gesetzlich Versicherter Berechtigten wäre es unsachgerecht und überschießend, den antragstellenden Leistungserbringern einen Beurteilungsspielraum hinsichtlich der Frage einzuräumen, ob die Leistungen, die sie erbringen wollen, schon i.S.d. § 137 c SGB V zum regulären Leistungsspektrum der gesetzlichen Krankenkasse gehören.

3. Durch das GKV-Versorgungsstrukturgesetz wurde § 137 e SGB V (Erprobungsregelung) zum 01.01.2012 neu ins Gesetz aufgenommen. Dies brachte auch Änderungen des Wortlauts des § 137 c SGB V mit sich. An der „grundsätzlichen Systematik“, dass eine NUB-Methode gem. § 137 c SGB V im Rahmen einer Krankenhausbehandlung erbracht werden darf, ohne dass es einer präventiven zentralen Erlaubnis des G-BA bedarf (Erlaubnis mit Verbotsmöglichkeit) hat der Gesetzgeber aber nichts geändert, während im ambulanten Sektor die Erbringung neuer Methoden zwingend davon abhängt, dass der G-BA zuvor eine Nutzenbewertung durchgeführt hat und den „Nutzen hinreichend belegt“ oder zumindest das Potenzial der Methode als „erforderliche Behandlungsalternative“ (§ 137 e SGB V) (präventives Verbot mit Erlaubnismöglichkeit) sieht. Vielmehr wurde durch das GKV-Versorgungsstrukturgesetz die Förderung der Anwendung von Innovationen nicht nur grundsätzlich beibehalten, sondern über § 116 b Abs. 1 SGB V (ambulant spezialfachärztliche Versorgung) in Richtung des ambulanten Sektors ausgeweitet. Der Gesetzgeber hat daher – in Kenntnis der Rechtsprechung des BSG- ausdrücklich daran festgehalten, innovative Methoden im stationären Sektor zu stärken. Diese gesetzliche Grundsatzentscheidung ist im Sinne der grundgesetzlich verankerten Gewaltenteilung von allen Rechtsanwendern zu beachten.

4. Doch auch im stationären Sektor sollen zur Gewährleistung einer hohen Patientensicherheit und im Sinne der als Solidarsystem ausgestalteten gesetzlichen Krankenversicherung zur Achtung des Wirtschaftlichkeitsgebotes (§ 12 Abs. 1 SGB V) neue Untersuchungs- und Behandlungsmethoden aus Gründen der Qualitätssicherung nicht ohne inhaltliche „Schranken“ erbracht werden dürfen. Die diesbezüglich vom Gesetzgeber normierten Kriterien sind zwingend zu beachten.

5. § 137 c SGB V ist, wie auch der Verweis in § 6 Abs. 2 KHEntgG zeigt, die Norm, aus der sich für die Krankenhäuser die spezifischen Kriterien ergeben, die eine NUB-Methode erfüllen muss, um im Rahmen des regulären Leistungsspektrums

(und nicht als Ausnahme i.S. eines Heilversuchs i.S. eines „Nikolausfalls" gem. § 2 Abs. 1 a SGB V oder einer der weiteren Ausnahmekonstellationen) im Rahmen einer Krankenhausbehandlung angewendet und gegenüber den gesetzlichen Krankenkassen abgerechnet werden zu dürfen. Zwar richtet sich der Wortlaut des § 137 c SGB V unmittelbar nur an den G-BA, weswegen diesbezüglich eine klarstellende Ergänzung seitens des Gesetzgebers empfehlenswert wäre.[1558] Doch gerade weil für NUB-Methoden im stationären Sektor eine Nutzenbewertung durch den G-BA nicht zwingend ist, da für die Anwendung einer NUB-Methode im stationären Sektor – anders als im ambulanten Sektor – keine zentrale präventive „Zulassung" durch den G-BA erforderlich ist, wird deutlich, dass die Kriterien des § 137 c SGB V auch vor einer (potentiellen) formalen Nutzenbewertung durch den G-BA unmittelbar für die Leistungserbringer, Krankenkassen und Gerichte die Qualitätskriterien, die eine NUB-Methode erfüllen muss, regeln. Denn das Leistungsspektrum wird durch eine (potentielle) Nutzenbewertung seitens des G-BA nicht erweitert oder eingeengt, sondern der G-BA prüft „lediglich", ob die jeweilige NUB-Methode „bisher zu Recht" zulasten der gesetzlichen Krankenkassen erbracht wurde, und daher auch weiterhin erbracht werden darf, da sie (schon) die Kriterien des § 137 c SGB V erfüllt, oder ob ihr Nutzen (noch) nicht hinreichend belegt ist, und sie daher i.S.d. § 137 c Abs. 1 Satz 2 SGB V verboten werden muss bzw. eine Erprobungsrichtlinie i.S.d. § 137 e SGB V erlassen werden soll. Wenn auch der Gesetzgeber die eben dargelegte Sicht der Dinge teilt, und ebenfalls davon ausgeht, dass auch im stationären Sektor vor einer potentiellen Methodenbewertung durch den G-BA nicht „alles erlaubt" ist, sondern durchgehend, unabhängig von der Tatsache, ob hinsichtlich einer konkreten NUB-Methode je überhaupt ein förmliches Methodenbewertungsverfahren gem. § 137 c SGB V durch den G-BA durchgeführt wird, die in § 137 c SGB V normierten Qualitätskriterien gelten, so wäre auch diesbezüglich, insbesondere aufgrund des diesbezüglich missverständlichen Wortlauts in § 137 e Abs. 2 Satz 3 SGB V, eine Klarstellung empfehlenswert und wünschenswert.

6. Hinsichtlich der zulässigen Anwendung von NUB-Methoden im Rahmen einer Krankenhausbehandlung hat die Prüfung in drei Schritten/Ebenen zu erfolgen, die getrennt voneinander zu betrachten sind: a) Methodenbezogen: Gehört die konkrete NUB-Methode i.S.d. § 137 c SGB V (schon) zum regulären Leistungsspektrum der gesetzlichen Krankenkassen? b) Leistungserbringerbezogen: Kann diese NUB-Methode in zulässiger Weise von dem jeweiligen Leistungserbringer zulasten der gesetzlichen Krankenkassen erbracht werden, da sie von seinem Versorgungsauftrag umfasst ist? c) Patientenbezogen: Ist die Anwendung dieser NUB-Methode

---

1558 Hinweis auf mögl. Änderung durch GKV-VSG (Gesetzentwurf der Bundesregierung des Gesetzes zur Stärkung der Versorgung in der gesetzlichen Krankenversicherung (GKV-VSG, BTDrs. 18/4095) i.d.F. der Beschlussempfehlung des Ausschusses für Gesundheit (BTDrs. 18/5123)): Eine entsprechende Klarstellung soll durch den neu eingefügten § 137 c Abs. 3 SGB V erfolgen. Vgl. perspektivische Erstbewertung der voraussichtlichen Änderungen der Gesetzeslage durch das GKV-VSG am Ende der Arbeit unter G.

im jeweils spezifischen Behandlungsfall bezogen auf den jeweiligen Patienten/Versicherten aus medizinischer und spezifisch krankenversicherungsrechtlicher Sicht indiziert und soll somit zulasten der gesetzlichen Krankenkassen „auf Kosten der Versichertengemeinschaft“ erbracht werden?

Für die Beantwortung dieser drei Einzelschritte/Ebenen sind folgende Aspekte zu beachten:

a) Methodenbezogen: Die Beantwortung der ersten Frage richtet sich insbesondere nach § 137 c SGB V und hier insbesondere danach, ob der Nutzen der konkreten NUB-Methode – nach den Grundsätzen der evidenzbasierten Medizin (ebM) – schon hinreichend belegt ist. Nur wenn der jeweilige Leistungserbringer, bzw. die behandelnden Ärzte, hiervon überzeugt sind, dürfen sie die NUB-Methode als reguläre Behandlungsmethode (und nicht als Ausnahme i.S. eines „Nikolausfalls“ gem. § 2 Abs. 1 a SGB V oder einer der weiteren Ausnahmekonstellationen) in ihre Behandlungsentscheidung mit einbeziehen. Neben der spezifischen Regelung des § 137 c SGB V sind bei der Entscheidung auch die „allgemeinen Grundsätze“ des Krankenversicherungsrechts zu beachten, wie insbesondere das „allgemeine Qualitätsgebot“ i.S.d. § 2 Abs. 1 Satz 3 SGB V sowie das Wirtschaftlichkeitsgebot i.S.d. § 12 Abs. 1 SGB V, die jedoch nur soweit unmittelbar zur Geltung kommen können, als sie nicht durch eine speziellere Regelung in § 137 c SGB V verdrängt werden. Das Wirtschaftlichkeitsgebot wird durch den Wortlaut des § 137 c SGB V nicht modifiziert; es gilt daher gleichermaßen, egal, ob man es ausschließlich über die Regelung des § 137 c SGB V oder in Verbindung der Regelungen des § 137 c SGB V i.V.m. § 12 Abs. 1 SGB V prüft. Anders verhält es sich bezüglich des „allgemeinen Qualitätsgebotes“, dessen Wortlaut in § 137 c SGB V modifiziert wiedergegeben wird. Sollte es sich um eine seitens des Gesetzgebers unabsichtliche Modifikation handeln, an die keine inhaltlichen Konsequenzen geknüpft werden sollen, so ist dringend zu empfehlen seitens des Gesetzgebers die verschiedenen Wortlaute des Qualitätsgebots, die auch an anderen Stellen des Gesetzes (z.B. § 2 Abs. 1 a SGB V) zu finden sind, zu überarbeiten und anzupassen. Nach hier vertretener Ansicht ist die Differenzierung des Wortlautes in § 2 Abs. 1 Satz 3 SGB V einerseits und § 137 c SGB V andererseits jedoch sinnvoll und sollte auf inhaltlicher Ebene folgendermaßen aufgegriffen werden: § 137 c SGB V ist für NUB-Methoden, insofern es eine textliche Kollision mit der Formulierung des § 2 Abs. 1 Satz 3 SGB V gibt, lex specialis. NUB-Methoden, die i.S.d. § 2 Abs. 1 Satz 3 SGB V Teil des „medizinischen Fortschritts“ sind, dürfen daher gem. § 137 c SGB V angewendet werden, wenn ihr Nutzen unter Berücksichtigung des allgemein anerkannten Standes der medizinischen Erkenntnisse, das heißt aufgrund wissenschaftlich valider Studien und Paper usw., „hinreichend belegt“ ist. Hinsichtlich NUB-Methoden ist jedoch sprachlich nicht darüber hinaus „zwanghaft“ zu fordern, dass sie i.S.d. § 2 Abs. 1 Satz 3 SGB V dem allgemein anerkannten Stand der medizinischen Erkenntnisse „entsprechen“. Denn eine NUB-Methode, die dem „allgemein anerkannten Stand der medizinischen Erkenntnisse entspricht“ ist „allgemein anerkannt“, aber regelmäßig keine „NUB-Methode“ mehr.

Ob der Nutzen der jeweiligen NUB-Methode i.S.d. § 137 c SGB V „hinreichend belegt" ist, ist, wie auch seitens des G-BA bei der Durchführung eines Methodenbewertungsverfahrens gem. § 137 c SGB V, anhand der Grundsätze der evidenzbasierten Medizin (eBM) zu ermitteln; wobei gerade bei der Bewertung von NUB-Methoden regelmäßig Material der niedrigeren Evidenzlevel für die Bewertung als ausreichend zu betrachten sein wird, wenn es noch kein Material höchster Evidenzlevel gibt.

Die abschließende Entscheidung über die Frage, ob eine konkrete NUB-Methode i.S.d. § 137 c SGB V (schon) zum regulären Leistungsspektrum der gesetzlichen Krankenkasse gehört, ist nach der gesetzlichen Konzeption dem G-BA vorbehalten: Der G-BA bedient sich zur Bewertung der NUB-Methode regelmäßig des IQWiG. Die Nutzenbewertung erfolgt auf den Grundsätzen der evidenzbasierten Medizin (ebM). Das Bewertungsverfahren ist oft sehr aufwendig und zeitintensiv, was sich jedoch durch die Komplexität der zu beantwortenden Frage erklären lässt. Der G-BA und das IQWiG sind für die Bearbeitung und Beantwortung dieser Fragen hoch spezialisiert und somit sachlich und fachlich geeignet. Aufgrund der einzelnen rechtlichen und organisatorischen Änderungen in den letzten Jahren, seit Gründung des G-BA im Jahr 2004, konnten mittlerweile auch die meisten Legitimitätsprobleme sowie bestehende verfahrensrechtliche Bedenken (z.B. Besetzung der Gremien, Beteiligungsrechte, Veröffentlichung der Entscheidungen mit entsprechenden Begründungen) gelöst bzw. diesbezügliche Bedenken ausgeräumt werden – während in Bezug auf das InEK als „Leiter" des NUB-Verfahrens diesbezüglich noch erheblicher rechtlicher „Nachholbedarf" besteht.

Dass die letztendliche abschließende Entscheidung über die Bewertung des Nutzens einer konkreten NUB-Methode daher vom G-BA getroffen wird, steht hier nicht in Frage. Fraglich ist nur, wie die Entscheidungskompetenzen dieser Frage vor einer Entscheidung des G-BA verteilt sind und sein sollen.

Im stationären Sektor muss, anders als im ambulanten Sektor, nach der gesetzlichen Systematik bewusst keine zentrale Zulassungsentscheidung des G-BA abgewartet werden, sondern die Entscheidung, ob eine NUB-Methode schon die Qualitätskriterien des § 137 c SGB V erfüllt, wird von Ärzten getroffen, die abgesehen von wenigen die Schlagzeilen der Zeitungen füllenden Ausnahmen unter Achtung des Hippokratischen Eides und des weiteren standesrechtlichen Berufsrechts im Sinne der Patienten und des Krankenversicherungssystems als Ganzem vernünftige und ethisch vertretbare medizinische Entscheidungen treffen. Andererseits besteht für die Krankenkassen bei Zweifeln die Möglichkeit, die Frage durch Einleitung eines Methodenbewertungsverfahrens i.S.d. § 137 c SGB V abschließend durch den G-BA unter Einbeziehung der ihm zur Verfügung stehenden wissenschaftlichen Institute, wie bspw. das IQWiG prüfen und bewerten zu lassen. Eine vergleichbare Möglichkeit ein solches umfassendes, abschließendes Prüfverfahren durchführen zu lassen, gibt es für andere Lebensbereiche selten bis gar nicht.

Es wird, auch bei den Leistungserbringern, immer einzelne „schwarze Schafe" geben, die versuchen werden den Beurteilungsspielraum zu ihren Gunsten missbräuchlich auszunutzen. Aber auch die Krankenkassen sind nicht davor gefeit, dass sie, trotz hinreichend belegten Nutzens einer NUB-Methode i.S.d. § 137 c SGB V und der Eingruppierung in NUB-Status 1 durch das InEK, z.B. die Vereinbarung eines NUB-Entgeltes ggf. wegen rein monetärer Erwägungen entgegen der gesetzlichen Systematik („sollen") verweigern und somit entgegen der gesetzlich intendierten Förderung der Verbreitung von NUB-Methoden, die eigentlich schon zum regulären Leistungsspektrum der gesetzlichen Krankenkasse gehören, deren Anwendung zugunsten der Patienten auf der Finanzierungsebene sachwidrig behindern.

Aufgrund der gesamten Ausgangslage erscheint es ausgehend vom Gesetzestext – jedoch in Abweichung von der jüngsten BSG-Rechtsprechung – zutreffend und sachgerecht den Krankenhäusern und den hier tätigen Ärzten (ggf. unter (obligatorischer) Einschaltung der örtlichen Ethikkommissionen / Ethikkreise) hinsichtlich dieser Frage einen Beurteilungsspielraum einzuräumen, der nur einer „Evidenzkontrolle"/„Plausibilitätskontrolle" unterliegt, um seitens der Krankenkassen Patienten vor offensichtlich schädlichen oder unwirksamen NUB-Methoden zu schützen und Missbrauchsfälle nicht sehenden Auges hinnehmen und auf Kosten der Allgemeinheit bis zu einem förmlichen Ausschluss einer NUB-Methode durch den G-BA finanzieren zu müssen.

Kein Beurteilungsspielraum besteht jedoch hinsichtlich der Beantwortung und Überprüfung der beiden weiteren Fragen (b, c), nämlich der leistungserbringerbezogenen Frage, ob die konkrete NUB-Methode vom Versorgungsauftrag des jeweiligen Krankenhauses umfasst ist (b) und ob bezogen auf den konkreten Behandlungsfall patientenbezogen die Anwendung der NUB-Methode aus medizinischer und spezifisch krankenversicherungsrechtlicher Sicht erforderlich und somit indiziert war (c, Prüfung über § 275 Abs. 1 Nr. 1, Abs. 1c SGB V). Insbesondere aus Gründen der Patientensicherheit und der wirtschaftlichen und finanziellen Stabilität des gesetzlichen Krankenversicherungssystems ist hier von einer vollständigen Überprüfung durch die Krankenkassen und anschließend ggf. durch die Gerichte auszugehen, insbesondere, da für diese krankenhaus- bzw. patientenbezogenen Fragen auch keine Überprüfung durch den G-BA zur Verfügung steht, wodurch sie sich grundsätzlich von der ersten, methodenbezogenen Frage unterscheiden.

7. Im Sinne der Patientensicherheit und des Schutzes des gesetzlichen Krankenversicherungssystems vor der Finanzierung von NUB-Methoden, deren Nutzen noch nicht hinreichend belegt ist, oder die gar unwirksam oder schädlich sind, sind die Krankenkassen angehalten, wenn nicht sogar aus den genannten Gründen als verpflichtet zu betrachten, bei ihrerseits bestehenden ernsthaften Zweifeln an dem hinreichend belegten Nutzen einer konkreten NUB-Methode ein Überprüfungsverfahren i.S.d. § 137 c SGB V der konkreten NUB-Methode vor dem G-BA zu veranlassen.

8. Die inhaltlichen Entscheidungen, unter welchen Voraussetzungen NUB-Methoden im Rahmen einer Krankenhausbehandlung erbracht werden dürfen, werden vom Gesetzgeber im „materiellen Krankenversicherungsrecht", wie beispielsweise den Regelungen des §§ 137 c, 2 Abs. 1 Satz 3, 12 SGB V, getroffen. Das Krankenhausfinanzierungsrecht, insbesondere geregelt im KHG und dem KHEntgG, hat lediglich „dienende Funktion", um den inhaltlichen Entscheidungen auf finanzieller Ebene zur Umsetzung zu verhelfen. Wenn das BSG bezogen auf

die Versicherten das in § 2 Abs. 1 Satz 3 SGB V genannte Kriterium der „Berücksichtigung des medizinischen Fortschritts“ dahingehend auslegt[1559], dass hierdurch klargestellt würde, dass die Versicherten am medizinischen Fortschritt teilhaben und grundsätzlich ohne Rücksicht auf die Kosten Anspruch auf diejenige Behandlung haben, die dem neuesten Stand der medizinischen Erkenntnisse entspricht, so erfordert das aufgrund des Sachleistungsprinzips vollständig bei den Leistungserbringern liegende Kostenrisiko, dass der Gesetzgeber auf der Ebene des Krankenhausfinanzierungsrechts die für eine kostendeckende Vergütung erforderlichen Regelungen schafft.

9. Die Regelung der Zulässigkeit der Vereinbarung krankenhausindividueller NUB-Entgelte gem. § 6 Abs. 2 Satz 1 KHEntgG ist an sich in diesem Sinne eine sinnvolle und sachdienliche krankenhausfinanzierungsrechtliche Regelung, um in Anbetracht der systemimmanenten Trägheit des DRG-Fallpauschalensystems NUB-Methoden, die die Voraussetzungen des § 137 c SGB V erfüllen und somit schon zum regulären Leistungsspektrum der gesetzlichen Krankenkasse gehören, zu einer zeitnahen Anwendung zu verhelfen.

10. Auch das NUB-Verfahren gem. § 6 Abs. 2 Satz 3 KHEntgG, dessen Durchführung Zulässigkeitsvoraussetzung für die Vereinbarung krankenhausindividueller NUB-Entgelte ist, ist grundsätzlich sinnvoll und sachdienlich, um zu überprüfen, ob es für die Abbildung einer konkreten NUB-Methode schon eine sachgerechte DRG-Fallpauschale ggf. i.V.m. einem bundeseinheitlichen bepreisten Zusatzentgelt gibt, und um so möglichst alle Behandlungsfälle, bei denen eine NUB-Methode zum Einsatz kommen soll, wenn möglich, systemimmanent direkt über DRG-Fallpauschalen ggf. i.V.m. bundeseinheitlich bepreisten Zusatzentgelten abzurechnen und somit die Anzahl der individuell auf Ortsebene vereinbarten NUB-Entgelte möglichst gering zu halten.

Aber in der derzeitigen gesetzlichen sowie tatsächlichen Ausführung leidet das NUB-Verfahren an erheblichen Rechtsfehlern, die für die Zukunft eine zeitnahe Änderung erfordern. Denn vergleichbar der Entscheidung hinsichtlich der Aufnahme von Hilfsmitteln ins Hilfsmittelverzeichnis, diesbezüglich bereits vom BSG entschieden, hat auch die vom InEK erteilte, das NUB-Verfahren abschließende „Information“ objektiv berufsregelnde Tendenz, da eine rechtswidrige NUB-Status 2 „Information“ faktisch einer Marktzugangssperre mit Fernwirkung auf den bundesweiten deutschen Gesundheitsmarkt gleichkommt, von der sowohl die jeweils antragstellenden Leistungserbringer, als auch die Medizinprodukthersteller, wenn eine NUB-Methode i.S.d. § 92 Abs. 7d SGB V maßgeblich auf dem Einsatz ihres Medizinproduktes beruht, in grundrechtsrelevanter Weise betroffen werden.

1559 Vgl. BSG Urteil vom 21.03.2013 – B 3 KR 2/12 R, Rn. 15; BSG Urteil vom 22.07.2004 – B 3 KR 21/03 R; BSG Urteil vom 19.11.1997 – B 3 KR 6/96, Rn. 18.

11. Nach der aktuellen gesetzlichen Ausgestaltung geht der Gesetzgeber davon aus, dass das NUB-Verfahren von den Vertragsparteien auf Bundesebene durchgeführt wird. Tatsächlich führt das InEK das NUB-Verfahren jedoch eigenständig durch. Rein sachlich und funktionell ist dies nicht zu beanstanden, da das InEK in seiner Funktion als „DRG-Institut" i.S.d. § 17 b Abs. 5 KHG das DRG-Fallpauschalensystem betreut und weiterentwickelt. Ihm fehlt jedoch aktuell die erforderliche demokratische Legitimation zur eigenständigen Durchführung des NUB-Verfahrens. Dies erfordert eine zeitnahe Änderung auf gesetzlicher Ebene.

12. Aufgrund der grundrechtsrelevanten Auswirkung der das NUB-Verfahren abschließenden „Information" ist das NUB-Verfahren an den Maßstäben zu messen, an denen ein rechtsstaatlichen Grundsätzen genügendes Verfahren zu messen ist. Dies erfordert insbesondere Beteiligungsrechte der von der Entscheidung Betroffenen und die Mitteilung einer Begründung, insbesondere bei ablehnenden und somit belastenden Entscheidungen, wie sie NUB-Status 2 „Informationen" darstellen. Darüber hinaus sollte dringend überdacht werden, ob es nicht, im Sinne einer möglichst bundeseinheitlichen Handhabung und Weiterentwicklung des DRG-Fallpauschalensystems, nahe liegend wäre, dass das InEK für NUB-Methoden, die es mit NUB-Status 1 bewertet hat, einen konkreten Kalkulationshinweis für die Vereinbarung der individuellen NUB-Entgelte auf Ortsebene gibt. Zudem scheint es, gerade auch im Hinblick auf eine wirtschaftliche Verwendung der öffentlichen Mittel in den Krankenhäusern sowie beim InEK, nahe liegend, die Geltungsdauer der NUB-Bewertung des InEK nicht jeweils jährlich zu befristen, sondern unter die Bedingung zu stellen, dass die jeweilige Methode entweder gem. § 137 c SGB V vom G-BA verboten wurde, oder das InEK bekannt gegeben hat, dass sich die jeweilige NUB-Methode nun durch Fallpauschalen ggf. i.V.m. Zusatzentgelten unmittelbar sachgerecht abbilden lässt. Eine entsprechende Veröffentlichung der NUB-Methoden, die in der Vergangenheit mit NUB-Status 1 bewertet wurden und hinsichtlich derer seitens des InEK mittlerweile eine unmittelbare Implementierung im DRG-Fallpauschalensystem erfolgte, die eine sachgerechte Abbildung der NUB-Methode ermöglichen soll, sei es durch eine neu berechnete DRG-Fallpauschale oder durch die Festlegung eines zusätzlichen bundeseinheitlichen bepreisten Zusatzentgeltes, erfolgt bereits jetzt.

13. Aufgrund der gesetzlichen Ausgestaltung des § 6 Abs. 2 Satz 1 KHEntgG haben Krankenhäuser, die das NUB-Verfahren hinsichtlich einer NUB-Methode durchgeführt haben, die vom InEK mit NUB-Status 1 bewertet wurde, regelmäßig („sollen") einen Anspruch auf Vereinbarung eines NUB-Entgeltes gegenüber den Krankenkassen, wenn die NUB-Methode die Voraussetzungen des § 137 c SGB V erfüllt, wobei den Krankenhäusern nach der hier vertretenen Auffassung diesbezüglich ein Beurteilungsspielraum einzuräumen ist, der seitens der Krankenkassen i.S.d. Missbrauchsvermeidung nur durch eine Plausibilitätsprüfung „begrenzt" wird. Um die Plausibilitätsprüfung zu ermöglichen, muss das Krankenhaus seine Überzeugung über den hinreichend belegten Nutzen der NUB-Methode darlegen, wobei i.S.d. Grundsätze der ebM situationsangemessen nicht Nachweise auf höchstem Evidenzlevel gefordert werden können, sondern Belege niedrigerer Evidenzlevel ausreichen

können, wenn es noch kein Material höherer Evidenzlevel gibt. Diese, der ebM „immanente" Vorgehensweise, scheint der Vorgehensweise systematisch vorzugswürdig, in diesem Stadium einen anderen Maßstab anzulegen und „lediglich" zu fordern, dass die grundlegende Geeignetheit und Unbedenklichkeit der NUB-Methode plausibel dargelegt werden muss.

G. Zusammenfassende perspektivische Erstbewertung der voraussichtlichen Gesetzeslage ab Inkrafttreten des GKV-VSG ausgehend von dem vom Bundestag am 11.06.2015 in dritter Lesung verabschiedeten Regierungsentwurf (BTDrs. 18/4095) i.d.F. der Beschlussempfehlung des Ausschusses für Gesundheit (BTDrs. 18/5123)

a) Allgemeine Tendenzen

Durch das GKV-VSG hält der Gesetzgeber für die Erbringung von NUB-Methoden im stationären Sektor ausdrücklich, unmissverständlich und uneingeschränkt am Grundsatz der Erlaubnis mit Verbotsmöglichkeit fest.[1560] Auch durch die Einführung des neuen § 137 h SGB V, der für NUB-Methoden unter Einsatz von „Hochrisikomedizinprodukten" (vgl. § 137 h Abs. 2 SGB V) eine „systematische, obligatorische und fristgebundene"[1561] „frühe Nutzenbewertung"[1562] durch den G-BA vorsieht, gilt nichts anderes, da die NUB-Methoden unter Anwendung von Hochrisikomedizinprodukten während der Durchführung der „frühen Nutzenbewertung" durch den G-BA weiterhin zulasten der gesetzlichen Krankenkassen erbracht werden dürfen, wenn sie den Anforderungen des gesetzlichen Krankenversicherungsrechts entsprechen.

Durch das GKV-VSG gewinnt der Begriff des „Potenzials einer erforderlichen Behandlungsalternative", der durch § 137 e SGB V Eingang ins SGB V gefunden hat, weiter an Bedeutung. Eine Legaldefinition erfolgt jedoch nicht. Nach den Gesetzgebungsmaterialien können Anhaltspunkte für ein entsprechendes "Potenzial" sein, dass „die Methode aufgrund ihres Wirkprinzips und der bisher vorliegenden Erkenntnisse mit der Erwartung verbunden ist, dass andere, aufwändigere, für die Patientin oder den Patienten invasivere oder bei bestimmten Patientinnen und

1560 Vgl. Gesetzentwurf der Bundesregierung des GKV-VSG vom 25.02.2015 (BTDrs. 18/4095), S. 59, 127.

1561 Vgl. Beschlussempfehlung und Bericht des Ausschusses für Gesundheit zum GKV-VSG vom 10.06.2015 (BTDrs. 18/5123), S. 106; Gesetzentwurf der Bundesregierung des GKV-VSG vom 25.02.2015 (BTDrs. 18/4095), S. 3, 59; Referentenentwurf des GKV-VSG vom 13.10.2014, S. 54.

1562 Vgl. Gesetzentwurf der Bundesregierung des GKV-VSG vom 25.02.2015 (BTDrs. 18/4095), S. 54, 59; Referentenentwurf des GKV-VSG vom 13.10.2014, S. 48.

Patienten nicht erfolgreiche Methoden ersetzt werden können oder die Methode in sonstiger Weise eine effektivere Behandlung ermöglichen kann“[1563].

Durch die Einführung von zahlreichen Fristenregelungen (vgl. § 137 c Abs. 1 SGB V, § 137 h Abs. 1, 4, 5 SGB V, § 91 Abs. 11 SGB V), die dem G-BA konkrete Vorgaben für seine Arbeitsabläufe vorgeben, versucht der Gesetzgeber strukturierend und beschleunigend auf die Rechtslage zur Anwendung von NUB-Methoden im stationären Sektor einzuwirken.[1564] Dies ist grundsätzlich begrüßenswert. Allerdings stellt sich die Frage, ob die eine oder andere Frist aufgrund der Erfahrungen der zurückliegenden Jahre nicht unrealistisch kurz gewählt wurde, was entweder bewirken kann, dass sie nicht eingehalten werden kann oder fraglich erscheinen lässt, ob innerhalb der kurzen gesetzlichen Fristen sachgerechte Entscheidungen seitens des G-BA getroffen werden können. So erscheint es beispielsweise vorsichtig ausgedrückt „ambitioniert“, wenn dem G-BA einerseits gem. § 137 h Abs. 1 Satz 4 SGB V eine Frist zur abschließenden Bewertung einer NUB-Methode im Rahmen der „frühen Nutzenbewertung“ von drei Monaten gesetzt wird, wobei das Ergebnis der frühen Nutzenbewertung gem. § 137 h Abs. 5 SGB V bereits dazu führen kann, dass für die konkrete NUB-Methode keine NUB-Entgelte mehr vereinbart werden dürfen, wodurch letztendlich ausgedrückt wird, dass die konkrete NUB-Methode bereits aufgrund des Ergebnisses der „frühen Nutzenbewertung“ nicht mehr zulasten der Krankenkassen erbracht werden darf. Zudem soll das Ergebnis der „frühen Nutzenbewertung“ in diesen Fällen „unverzüglich“ die Entscheidung über den Erlass einer Verbotsrichtlinie i.S.d. § 137 c Abs. 1 S. 2 SGB V nach sich ziehen. Andererseits wird es nahezu als „Beschleunigungsfrist“ betrachtet, dass der G-BA zukünftig gem. § 137 c Abs. 1 SGB V im Rahmen der Durchführung des „regulären“ Methodenbewertungsverfahrens innerhalb von drei Monaten nach Antragseingang über die Annahme eines Antrags auf Durchführung einer (regulären) Methodenbewertung entscheiden muss und diese anschließend regelmäßig innerhalb von drei Jahren abzuschließen hat.

Vor diesem zeitlichen Hintergrund erscheint es fraglich vertretbar und vorstellbar, dass die vom G-BA im Rahmen der „frühen Nutzenbewertung“ gem. § 137 h SGB V getroffene Entscheidung bereits so fundiert sein kann, dass sie solch einschneidende Konsequenzen wie die des § 137 h Abs. 5 SGB V tragen und rechtfertigen kann. Zumal diese Konsequenzen durch die prozessuale Regelung des § 137 h Abs. 7 SGB V, derzufolge „Klagen bei Streitigkeiten nach dieser Vorschrift keine aufschiebende Wirkung haben“ für die Betroffenen noch verschärft werden.

1563 Vgl. Gesetzentwurf der Bundesregierung des GKV-VSG vom 25.02.2015 (BTDrs. 18/4095), S. 128; Referentenentwurf des GKV-VSG vom 13.10.2014, S. 115.

1564 Vgl. Gesetzentwurf der Bundesregierung des GKV-VSG vom 25.02.2015 (BTDrs. 18/4095), S. 54, 127.

Zu beobachten ist darüber hinaus, dass der Gesetzgeber, wie schon im Rahmen der Neuregelungen aufgrund des GKV-VStG, weiterhin an einer engeren Einbindung der Hersteller von Medizinprodukten festhält, indem er ihnen z.B. im Rahmen der „frühen Nutzenbewertung“ konkrete, ausdrückliche Beteiligungsrechte einräumt (die Übermittlung der Unterlagen des Krankenhauses an den G-BA hat gem. § 137 h Abs. 1 S. 2 SGB V „im Benehmen“ mit dem jeweiligen Hersteller des Medizinproduktes zu erfolgen; die jeweils betroffenen Hersteller haben gem. § 137 h Abs. 1 S. 3 SGB V ein eigenes Recht, weitere Informationen über die konkrete NUB-Methode als Grundlage für die vom G-BA vorzunehmende „frühe Nutzenbewertung“ einzureichen bzw. gem. § 137 h Abs. 6 S. 3 SGB V eine eigene Stellungnahme abzugeben; Hersteller von Medizinprodukten haben gem. § 137 h Abs. 6 S. 1 SGB V einen Anspruch auf Beratung durch den G-BA).

b) Anzuwendende Regelung und anzulegender Maßstab für die Erbringung von NUB-Methoden zulasten der gesetzlichen Krankenkassen im Rahmen einer stationären Behandlung

Den Gesetzgebungsmaterialien zufolge sah sich der Gesetzgeber insbesondere, „weil die Gesetzesauslegung in der jüngsten höchstrichterlichen Rechtsprechung (vgl. etwa Urteil des BSG vom 21. März 2013, Az. B 3 KR 2/12 R) mit dem in § 137 c SGB V zum Ausdruck gebrachten Regelungsgehalt in einem Wertungswiderspruch steht“[1565], zu der Ergänzung des § 137 c SGB V um die Regelung in § 137 c Abs. 3 SGB V veranlasst.

Durch die Formulierung des neu hinzugefügten § 137 c Abs. 3 SGB V hat der Gesetzgeber klargestellt, dass der § 137 c SGB V nicht nur regelt, unter welchen Voraussetzungen der G-BA seine Methodenbewertung durchzuführen hat und anhand welcher Kriterien der G-BA eine NUB-Methode ggf. mittels Verbotsrichtlinie vom regulären Leistungsspektrum der gesetzlichen Krankenkasse ausschließt, sondern dass § 137 c SGB V auch die unmittelbar anzuwendende Regelung darstellt, die festlegt, unter welchen Voraussetzungen Krankenhäuser noch nicht durch Richtlinien des G-BA i.S.d. § 137 c Abs. 1 S. 2 SGB V aus dem Leistungsspektrum ausgeschlossene NUB-Methoden zulasten der gesetzlichen Krankenkassen anwenden dürfen bzw. spiegelbildlich welcher Maßstab anzulegen ist, dass eine Krankenkasse im Einzelfall einen Vergütungsanspruch eines Krankenhauses ablehnen kann.[1566] Dies ist sehr zu begrüßen.

Durch das GKV-VSG hat der Gesetzgeber ausdrücklich in den Gesetzestext aufgenommen (§ 137 c Abs. 3 SGB V) und damit auf legislativer Ebene entschieden, dass

---

1565 Vgl. Gesetzentwurf der Bundesregierung des GKV-VSG vom 25.02.2015 (BTDrs. 18/4095), S. 127; Referentenentwurf des GKV-VSG vom 13.10.2014, S. 114.

1566 Vgl. Auseinandersetzung mit dieser Thematik insbes. unter B.5.3.

Qualitätsmaßstab für die systematische Erbringung (und nicht als „Nikolausfall" i.S.v. § 2 Abs. 1 a SGB V) von NUB-Methoden im Rahmen einer Krankenhausbehandlung zulasten der gesetzlichen Krankenkasse nicht der „hinreichend belegte Nutzen" einer NUB-Methode, sondern „lediglich" das „Potenzial einer erforderlichen Behandlungsalternative" ist. Nach bisheriger Rechtslage war dies, insbesondere aufgrund der grundsätzlichen Frage, ob § 137 c SGB V hierzu überhaupt heranzuziehen ist, da er sich vom Wortlaut her nur an den G-BA bei der Durchführung von Methodenbewertungsverfahren richtete[1567] und zudem aufgrund der diesbezüglich nicht eindeutigen Wortlaute des § 137 c SGB V einerseits und des § 137 e SGB V andererseits, nicht eindeutig geklärt[1568]. Diese Klarstellung ist i.S. einer möglichst einheitlichen Rechtsanwendung begrüßenswert; wenngleich hierdurch sicherlich zukünftig nicht jegliche Meinungsverschiedenheiten „vermieden" werden können, da Leistungserbringer und Kostenträger mit großer Wahrscheinlichkeit auch aufgrund des nun geklärten anzulegenden Qualitätsmaßstabes anlässlich der Verhandlungen über die Vereinbarung von NUB-Entgelten gem. § 6 Abs. 2 Satz 1 KHEntgG bzw. anlässlich einer nachträglichen Ablehnung eines Leistungsfalles durch die Krankenkasse im Einzelfall, trefflich darüber streiten werden, ob die konkrete NUB-Methode i.S.d. nicht näher legaldefinierten unbestimmten Rechtsbegriffs des „Potenzials einer erforderlichen Behandlungsalternative" bereits die Voraussetzungen des § 137 c Abs. 3 SGB V erfüllt. Hier würde nur ein den Krankenhäusern eingeräumter Beurteilungsspielraum „weiterhelfen".[1569]

Zudem hat der Gesetzgeber den § 137 c SGB V um den aus Sicht der Verfasserin lediglich klarstellenden, aber inhaltlich zutreffenden Zusatz ergänzt, dass nämlich eine schon i.S.d. § 137 c SGB V bereits zum regulären Leistungsspektrum der gesetzlichen Krankenkasse gehörende NUB-Methode im konkreten Behandlungsfall nur zulasten der gesetzlichen Krankenkasse eingesetzt werden darf, wenn ihre Anwendung im Einzelfall nach den Regeln der ärztlichen Kunst erfolgt, sie also insbesondere patientenbezogen medizinisch indiziert und notwendig ist.[1570]

Auf der Ebene des Gesetzeswortlautes wurde nicht klargestellt, in welchem Verhältnis die Qualitätsanforderungen des § 137 c SGB V (die eine NUB-Methode erfüllen muss, die i.S.d. § 137 c SGB V und somit nicht als „Nikolausfall" i.S.d. § 2 Abs. 1 a SGB V oder innerhalb einer Erprobung gem. § 137 e SGB V im Rahmen einer stationären Behandlung angewendet werden soll) zu den allgemeinen Qualitätsanforderungen des „allgemeinen Qualitätsgebotes" des § 2 Abs. 1 Satz 3 SGB V stehen. Die Verfasserin vertritt die Meinung, dass der Wortlaut und die hier geregelten Qualitätskriterien des § 137 c SGB V, die nun durch das

---

1567 Vgl. Auseinandersetzung mit dieser Thematik insbes. unter B.5.3.

1568 Vgl. Auseinandersetzung mit dieser Thematik insbes. unter B.5.5.1.

1569 Vgl. Auseinandersetzung mit dieser Thematik unter B.6.3. sowie im folgenden Abschnitt unter c).

1570 Vgl. Auseinandersetzung mit dieser Thematik unter B.5.1. – Trennung der drei Prüfungsebenen (Methodenbezogen, Leistungserbringerbezogen, Patientenbezogen).

GKV-VSG weiter konkretisiert wurden, für NUB-Methoden – als „Gegenstand" des in § 2 Abs. 1 Satz 3 SGB V ausdrücklich benannten „medizinischen Fortschritts"[1571] – im Verhältnis zum „allgemeinen Qualitätsgebot" des § 2 Abs. 1 Satz 3 SGB V als lex specialis zu betrachten sind.[1572] Den Gesetzgebungsmaterialien ist zu entnehmen, dass der Gesetzgeber auch davon ausgeht, dass die Regelung des § 137 c SGB V eine für NUB-Methoden spezifische „Konkretisierung des allgemeinen Qualitätsgebotes"[1573] darstellt. Es ist daher sprachlich nicht „zu fordern", dass eine NUB-Methode gem. dem Wortlaut des § 2 Abs. 1 S. 3 SGB V „dem allgemein anerkannten Stand der medizinischen Erkenntnisse entsprechen und den medizinischen Fortschritt berücksichtigen muss".[1574] Sondern als Prüfungsmaßstab ist unmittelbar der Wortlaut des § 137 c SGB V heranzuziehen.[1575] Der Gesundheitsausschuss führt in seiner Beschlussempfehlung in diesem Zusammenhang aus: „Voraussetzung ist, dass die noch nicht allgemein anerkannte Methode das Potenzial einer erforderlichen Behandlungsalternative bietet."[1576] Die Regelung des § 137 c Abs. 3 SGB V gewährleiste „die Teilhabe der Versicherten am medizinischen Fortschritt"[1577]. „Sie diene dazu, dass den typischerweise schwerer erkrankten Versicherten in der stationären Versorgung mit besonderem Bedarf nach innovativen Behandlungsalternativen vielversprechende Heilungs- und Behandlungschancen weiterhin zeitnah auch außerhalb von Studien gewährleistet werden könnten, auch wenn deren Nutzen noch nicht auf hohem Evidenzlevel belegt sei."[1578]

Klarstellend ergänzt wird durch das GKV-VSG, dass die Erlaubnis der Erbringung von NUB-Methoden, die den Anforderungen des § 137 c Abs. 3 SGB V entsprechen, zulasten der gesetzlichen Krankenkasse ohne das Erfordernis einer präventiven Genehmigung des G-BA solange gilt, bis der G-BA ausdrücklich eine anders lautende Entscheidung (§ 137 h Abs. 1 S. 4 Nr. 3, Abs. 5 S. 1 (1. HS.) SGB V; § 137 c Abs. 1 S. 2 SGB V) getroffen hat. Auch während eines laufenden (frühen) Nutzenbewertungsverfahrens sind daher die Behandlungskosten für eine NUB-Methode, die das Potenzial einer erforderlichen Behandlungsalternative bietet, weiterhin von der gesetzlichen Krankenkasse zu erstatten.

1571 Vgl. Auseinandersetzung mit dieser Thematik unter A.4.6.2. f.

1572 Vgl. Auseinandersetzung mit dieser Thematik unter B.5.6.

1573 Vgl. Gesetzentwurf der Bundesregierung des GKV-VSG vom 25.02.2015 (BTDrs. 18/4095), S. 128; Referentenentwurf des GKV-VSG vom 13.10.2014, S. 115.

1574 Vgl. Beschlussempfehlung und Bericht des Ausschusses für Gesundheit zum GKV-VSG vom 10.06.2015 (BTDrs. 18/5123), S. 135.

1575 Vgl. Auseinandersetzung mit dieser Thematik einerseits unter A.4.6. sowie unter B.5.6.

1576 Beschlussempfehlung und Bericht des Ausschusses für Gesundheit zum GKV-VSG vom 10.06.2015 (BTDrs. 18/5123), S. 135.

1577 Vgl. Beschlussempfehlung und Bericht des Ausschusses für Gesundheit zum GKV-VSG vom 10.06.2015 (BTDrs. 18/5123), S. 135.

1578 Vgl. Beschlussempfehlung und Bericht des Ausschusses für Gesundheit zum GKV-VSG vom 10.06.2015 (BTDrs. 18/5123), S. 135.

c) Beurteilungsspielraum

Keine Aussage trifft der Gesetzeswortlaut aufgrund des GKV-VSG zu der Frage, wer, wann, mit welcher Intensität und welchen Konsequenzen in Frage stellen und überprüfen darf, ob eine von einem Krankenhaus im Rahmen einer stationären Behandlung angewendete NUB-Methode den Kriterien des § 137 c Abs. 3 SGB V entspricht. Konkret geht es darum, ob die Krankenkassen im Rahmen der Verhandlungen über die Vereinbarung von NUB-Entgelten oder im Rahmen der Streitigkeiten über die Erstattung von bereits durchgeführten und mittels DRG-Fallpauschalen/NUB-Entgelten abgerechneten NUB-Methoden überprüfen dürfen, ob die konkrete NUB-Methode (schon) das Potenzial einer erforderlichen Behandlungsalternative i.S.d. § 137 c Abs. 3 SGB V erfüllt, und ob sie als Konsequenz ihres Prüfungsergebnisses die Vereinbarung eines NUB-Entgeltes bzw. eine Kostenübernahme verweigern dürfen. Parallel geht es um die Frage, ob und inwieweit die Sozialgerichte diese Frage im Einzelfall überprüfen können, sollen und müssen.

Die Verfasserin spricht sich hier aufgrund einer eingehenden Auseinandersetzung mit der Thematik für einen Beurteilungsspielraum der Krankenhäuser aus.[1579] Auch die Gesetzesmaterialien des GKV-VSG stützen diese Ansicht, da auch sie wegen der grundsätzlichen Erlaubnis und der Möglichkeit der Durchführung von Nutzenbewertungsverfahren durch den G-BA eine Einzelfallüberprüfung durch die Krankenkassen als nicht sachgerecht betrachten.[1580]

1579 Vgl. Auseinandersetzung mit dieser Thematik unter B.6.

1580 Vgl. Gesetzentwurf der Bundesregierung des GKV-VSG vom 25.02.2015 (BTDrs. 18/4095), S. 128; Referentenentwurf des GKV-VSG vom 13.10.2014, S. 115; interessant diesbezüglich die Stellungnahme des Bundesrates vom 06.02.2015 zum Regierungsentwurf des GKV-VSG (BRDrs. 641/14, Nr. 67) mit eigenem Formulierungsvorschlag für den neuen § 137c Abs. 3 SGB V: „(3) Soweit und solange eine Richtlinie nach Absatz 1 Satz 2 oder 4 nicht vorliegt, können neue Untersuchungs- und Behandlungsmethoden im Rahmen einer Krankenhausbehandlung zu Lasten der gesetzlichen Krankenversicherung erbracht werden, es sei denn, sie bieten nach dem zum Zeitpunkt der Versorgung des Versicherten verfügbaren Stand der medizinischen Erkenntnisse nicht das Potenzial einer Behandlungsalternative, insbesondere weil sie schädlich oder unwirksam sind." Begründung: Mit der Änderung des § 137 Absatz 3 SGB V ist die Wiederherstellung des Grundsatzes der „Erlaubnis mit Verbotsvorbehalt" – wie es auch der Gesetzgeber beabsichtigt hat –, effektiver gewährleistet. Im Gesetzentwurf findet sich nämlich der Begriff des „Potenzials einer erforderlichen Behandlungsalternative", für dessen Voraussetzungen in der bisherigen Formulierung die Krankenhausseite beweispflichtig ist. Wenn man diesen Begriff in § 137c Absatz 3 SGB V ebenso auslegt wie den Begriff des Potenzials in § 137c Absatz 1 SGB V, dann müsste bei jeder Einzelfallprüfung einer Krankenkasse das Bewertungsverfahren des Gemeinsamen Bundesausschusses (G-BA) durch den Medizinischen Dienst der Krankenkassen (MDK) und später durch die Sozialgerichte vorweggenommen werden. Dies steht in einem Wertungswiderspruch zu der bisher in § 137c SGB V

d) Auswirkung des § 137 h SGB V auf die Anwendung von NUB-Methoden während laufender Erprobungen gem. § 137 e SGB V

Durch das GKV-VSG stellt der Gesetzgeber klar, dass während laufender Erprobungen i.S.v. § 137 e SGB V unter Anwendung von Medizinprodukten i.S.d. § 137 h Abs. 2 SGB V die von der Erprobung umfassten NUB-Methoden nur noch von Krankenhäusern zulasten der gesetzlichen Krankenkassen erbracht werden dürfen, die ihrerseits an der Erprobung teilnehmen.[1581] Nicht entschieden ist hierdurch, ob dies zukünftig für alle NUB-Methoden gelten soll, hinsichtlich derer förmliche Erprobungen i.S.d. § 137 e SGB V laufen.[1582]

e) „Frühe Nutzenbewertung" durch den G-BA gem. § 137 h SGB V für NUB-Methoden unter Anwendung von „Hochrisikomedizinprodukten", wenn die konkrete NUB-Methode ein „neues theoretisch-wissenschaftliches Konzept" aufweist

Gem. § 137 h Abs. 1 SGB V müssen zukünftig alle Krankenhäuser, wenn sie für eine NUB-Methode erstmals ein NUB-Verfahren gem. § 6 Abs. 2 S. 3 KHEntgG einleiten, deren technische Anwendung maßgeblich auf dem Einsatz eines Medizinprodukts mit hoher Risikoklasse bzw. auf einem aktiven implantierbaren Medizinprodukt beruht und deren Anwendung einen besonders invasiven Charakter aufweist, parallel zur Einleitung des NUB-Verfahrens dem G-BA Informationen über den Stand der wissenschaftlichen Erkenntnisse der Methode sowie zur Anwendung des Medizinprodukts übermitteln. Sowohl die Einleitung des NUB-Verfahrens, als auch die Informationsübermittlung an den G-BA hat gem. § 137 h Abs. 1 S. 2 SGB V „im Benehmen" mit dem jew. betroffenen Medizinproduktthersteller zu erfolgen.

---

normierten „Erlaubnis mit Verbotsvorbehalt". Zudem besteht die Gefahr, dass auf Ortsebene auf Seiten vom MDK beziehungsweise der Krankenkassen unterschiedlichste Vorstellungen über das Potenzial von einzelnen neuen Behandlungsmethoden entstehen. Zu befürchten ist auch, dass der Innovationsmotor Universitätsmedizin im deutschen Gesundheitswesen entgegen der eindeutigen Intention des Gesetzgebers gebremst wird, weil die Krankenhäuser nicht in jedem Einzelfall das Potenzial im Sinne des § 137c Absatz 1 SGB V (erneut) beweisen können und deshalb häufig den Patienten innovative Verfahren gar nicht mehr anbieten werden. Die Krankenhäuser wären schlicht überfordert, wenn sie quasi das G-BA-Verfahren vorwegnehmen beziehungsweise dessen Ausgang vorhersehen können müssten."

1581 Vgl. Gesetzentwurf der Bundesregierung des GKV-VSG vom 25.02.2015 (BTDrs. 18/4095), S. 131.

1582 Vgl. Auseinandersetzung mit dieser Thematik unter B.4.7.7.

Wenn die NUB-Methode nach der ersten Einschätzung des G-BA ein „neues theoretisch-wissenschaftliches Konzept" aufweist, gibt er innerhalb von zwei Wochen mittels öffentlicher Bekanntmachung im Internet allen an der Methode interessierten Krankenhäusern sowie den jeweils betroffenen Medizinproduktherstellern Gelegenheit, dem G-BA regelmäßig innerhalb einer Frist von einem Monat weitere Informationen als Bewertungsgrundlage für die „frühe Nutzenbewertung" zukommen zu lassen. Auf der Grundlage all dieser übermittelten Informationen soll der G-BA anschließend innerhalb von (nur) drei Monaten bewerten, ob der Nutzen der NUB-Methode bereits hinreichend belegt ist (§ 137 h Abs. 1 S. 4 Nr. 1 SGB V), sie das Potenzial einer erforderlichen Behandlungsalternative bietet (§ 137 h Abs. 1 S. 4 Nr. 2 SGB V), oder ob sie auch dieses Kriterium nicht erfüllt, insbesondere, weil sie als schädlich oder als unwirksam anzusehen ist (§ 137 h Abs. 1 S. 4 Nr. 3 SGB V). Diese Kategorien und die Abstufung entsprechen den bereits bisher aus § 137 c Abs. 1 SGB V bekannten Kriterien, anhand derer der G-BA eine NUB-Methode im Rahmen eines „regulären" Methodenbewertungsverfahrens bewertet und einordnet. Auch die sich gem. § 137 h Abs. 3–5 SGB V an die jew. Bewertung anschließenden Folgen orientieren sich stark an den jew. in § 137 c Abs. 1 SGB V vorgesehenen krankenversicherungsrechtlichen Rechtsfolgen[1583].

Bemerkenswert und aus rechtlichen Gesichtspunkten nicht unproblematisch erscheint, insbesondere in nicht offensichtlichen Fällen, folgende bereits unter a) angesprochene Rechtsfolge des § 137 h SGB V: Kommt der G-BA i.S.d. § 137 h Abs. 1 S. 4 Nr. 3 SGB V aufgrund der innerhalb von nur drei Monaten durchgeführten „frühen Nutzenbewertung" zu dem Ergebnis, dass die NUB-Methode aus seiner Sicht kein „Potenzial einer erforderlichen Behandlungsalternative" bietet, so ist gem. § 137 h Abs. 5 SGB V einerseits auf krankenhausfinanzierungsrechtlicher Ebene die Vereinbarung von NUB-Entgelten für diese Methode ausgeschlossen. Weder zukünftige, noch zurückliegende (i.S.d. neuen Regelung des § 137 h Abs. 4 S. 3 SGB V), bereits erbrachte Behandlungen aufgrund dieser NUB-Methode werden den Krankenhäusern daher seitens der Krankenkassen vergütet werden.

Andererseits soll der G-BA gem. § 137 h Abs. 5 (2.HS) SGB V in Fällen, in denen er aufgrund der „frühen Nutzenbewertung" des § 137 h Abs. 1 SGB V – und somit regelmäßig innerhalb einer Prüfungsdauer von lediglich drei Monaten – zu dem Ergebnis gekommen ist, dass die konkrete NUB-Methode (noch) nicht das Potenzial einer erforderlichen Behandlungsalternative bietet, „unverzüglich über eine Richtlinie nach § 137 c Abs. 1 Satz 2 SGB V", d.h. über den Erlass einer Verbotsrichtlinie, entscheiden. Hier stellt sich die Frage, ob „unverzüglich" bedeutet, dass „unverzüglich" ein reguläres Methodenbewertungsverfahren i.S.d. § 137 c SGB V eingeleitet wird, oder ob der Gesetzestext so zu verstehen ist, dass der G-BA letztendlich auf der gleichen Entscheidungsgrundlage wie der der „frühen Nutzenbewertung"

1583 Betrachtung der in § 137 h SGB V geregelten spezifisch krankenhausfinanzierungsrechtlichen Aspekte vgl. unter f).

„unverzüglich" eine Verbotsrichtlinie erlassen soll, ohne ein „reguläres", regelmäßig mehrere Jahre andauerndes Methodenbewertungsverfahren durchzuführen.

Den Gesetzesmaterialien ist zu entnehmen, dass der Gesetzgeber davon ausgeht, dass die „unverzügliche" inhaltliche Entscheidung über den Erlass einer Verbotsrichtlinie regelmäßig innerhalb weniger Wochen erfolgen wird[1584]. Nach der Vorstellung des Gesetzgebers wird daher als Grundlage für die abschließende Verbotsentscheidung kein reguläres Methodenbewertungsverfahren i.S.d. § 137 c SGB V mehr durchgeführt, dessen Dauer nach der Neuregelung zukünftig regelmäßig innerhalb von drei Jahren abgeschlossen sein soll. Dies mag in Fällen, in denen es sich um offensichtlich schädliche oder unwirksame NUB-Methoden handelt, realistisch, sachgerecht und rechtmäßig erscheinen.

Aus rechtsstaatlichen Gründen erscheint diese gravierende Auswirkung des § 137 h Abs. 5 SGB V jedoch aufgrund der innerhalb von nur drei Monaten durchzuführenden „frühen Nutzenbewertung" in nicht offensichtlichen Fällen, wie es sie wahrscheinlich ebenfalls nicht selten geben wird, nicht unproblematisch. Zumal die von der Entscheidung unmittelbar Betroffenen wegen der prozessualen Regelung des § 137 h Abs. 7 SGB V, der zufolge Klagen bei Streitigkeiten nach dieser Vorschrift [§ 137 h SGB V] keine aufschiebende Wirkung haben, noch weniger Möglichkeiten haben werden, sich effektiv gegen die im Rahmen der „frühen Nutzenbewertung" getroffene Entscheidung des G-BA zu wehren. Zudem ist die Entscheidung des G-BA zwar gem. § 137 h Abs. 1 S. 5 i.V.m. § 94 Abs. 2 S. 1 SGB V (entsprechend) zu veröffentlichen, aber nach Darstellung der Gesetzgebungsmaterialien muss sie trotz ihres normsetzenden Charakters mangels Richtlinieneigenschaft nicht gem. § 94 Abs. 1 SGB V dem Bundesministerium für Gesundheit vorgelegt werden.[1585]

Die „Schnellschussbewertungsentscheidung" des G-BA im Rahmen der „frühen Nutzenbewertung" kann daher in diesen Fällen gravierende Auswirkungen für die an der NUB-Methode interessierten Leistungserbringer und die betroffenen Medizinprodukthersteller haben. Insofern wäre es begrüßenswert gewesen, wenn der Gesetzgeber den sich nur aus den Gesetzgebungsmaterialien ergebenden „Hinweis"[1586], dass nämlich der G-BA, wenn er feststellt, dass „die Erkenntnislage [aufgrund der im Rahmen des § 137 h Abs. 1 SGB V übermittelten Informationen] für die Beurteilung nicht ausreicht, er [der G-BA] über die Durchführung einer Erprobung [i.S.d. § 137 e SGB V] entscheidet, um die fehlenden Erkenntnisse zu generieren" unmittelbar, z.B. in § 137 h Abs. 5 SGB V, in den Gesetzestext aufgenommen hätte.

Grundsätzlich ist die Idee, dass NUB-Methoden einer zentralen Nutzenbewertung durch den G-BA zugänglich gemacht werden können, ohne dass diese zwingend

---

1584 Vgl. Gesetzentwurf der Bundesregierung des GKV-VSG vom 25.02.2015 (BTDrs. 18/4095), S. 131; Referentenentwurf des GKV-VSG vom 13.10.2014, S. 118.

1585 Vgl. Gesetzentwurf der Bundesregierung des GKV-VSG vom 25.02.2015 (BTDrs. 18/4095), S. 129.

1586 Vgl. Gesetzentwurf der Bundesregierung des GKV-VSG vom 25.02.2015 (BTDrs. 18/4095), S. 59.

i.S.d. § 137 c Abs. 1 Satz 2 SGB V mit dem Ziel des Erlasses einer Verbotsrichtlinie eingeleitet werden muss, i.S. der Gewährleistung einer hohen Patientensicherheit und des Schutzes des Gesundheitssystems vor der Kostenübernahme von nicht den Qualitätsanforderungen des SGB V entsprechenden NUB-Methoden, zu begrüßen. Den Gesetzgebungsmaterialien ist zu entnehmen, dass der G-BA nach erster Einschätzung davon ausgeht, dass sich der durchschnittliche Erfüllungsaufwand der Geschäftsstelle für die Durchführung eines Bewertungsverfahrens über den gesamten Zeitraum gesehen (einschließlich etwaiger Erprobung und abschließender Entscheidung) auf etwa 100.000 EUR beläuft, wobei die Bundesregierung derzeit schätzungsweise davon ausgeht, dass jährlich etwa 20 neue Methoden der Frühbewertung des G-BA „unterfallen" könnten.[1587] Insbesondere der Bundesrat hat im Gesetzgebungsverfahren darauf hingewiesen, dass „verhindert werden muss, dass die vorgesehene Neuregelung Innovationen in der Medizintechnik behindere", auch müsste man der „Branchenbesonderheit der Medizintechnik" gerecht werden und müssten „negative Auswirkungen auf den Innovationsstandort Deutschland" durch die Regelung „vermieden werden".[1588] Zudem müsse sichergestellt werden, dass es auch weiterhin zu einem schnellen und flächendeckenden Zugang zu innovativen Untersuchungs- und Behandlungsmethoden im stationären Sektor komme.[1589]

Weniger aus inhaltlichen, als lediglich aus „pragmatischen Gesichtspunkten" ist die Koppelung der obligatorischen Einleitung eines „frühen Nutzenbewertungsverfahrens" i.S.d. § 137 h SGB V an die erstmalige Einleitung eines NUB-Verfahrens gem. § 6 Abs. 2 S. 3 KHEntgG nachvollziehbar. Denn diese Differenzierung bringt mit sich, dass NUB-Methoden unter Einsatz von „Hochrisikomedizinprodukten" i.S.d. § 137 h Abs. 2 SGB V, deren Anwendung sich „zufällig" auf der Abrechnungsebene schon durch bestehende Fallpauschalen und Zusatzentgelte abbilden lässt, keine „frühe Nutzenbewertung" i.S.d. § 137 h SGB V erfordern, gleichwohl eine solche in diesen Fällen insbesondere aus Gesichtspunkten der Patientensicherheit ebenso naheliegend wäre.

Die letztendliche, konkrete Ausgestaltung des „frühen Nutzenbewertungsverfahrens" i.S.d. § 137 h SGB V wird sich abschließend erst nachvollziehen, einordnen und bewerten lassen, wenn die vom Bundesministerium für Gesundheit im Benehmen mit dem Bundesministerium für Bildung und Forschung bis zum 31.12.2015 gem. § 137 h Abs. 2 SGB V zu erlassende Rechtsverordnung erlassen wurde und der G-BA gem. § 137 h Abs. 1 S. 6 SGB V innerhalb von drei Monaten nach Inkrafttreten der Rechtsverordnung die erforderlichen Umsetzungen in seiner VerfO vorgenommen

1587 Vgl. Gesetzentwurf der Bundesregierung des GKV-VSG vom 25.02.2015 (BTDrs. 18/4095), S. 70.

1588 Vgl. Stellungnahme des Bundesrates vom 06.02.2015 zum Regierungsentwurf des GKV-VSG (BRDrs. 641/14, Nr. 69).

1589 Vgl. Stellungnahme des Bundesrates vom 06.02.2015 zum Regierungsentwurf des GKV-VSG (BRDrs. 641/14, Nr. 69).

hat. Gem. § 137 h Abs. 1 S. 7 SGB V greift auch erst ab dem Zeitpunkt des Inkrafttretens der VerfO, und somit voraussichtlich nicht vor Frühjahr/Frühsommer 2016, die obligatorische Einleitungspflicht des „frühen Nutzenbewertungsverfahrens" gem. § 137 h Abs. 1 S. 1 SGB V für Krankenhäuser.

Abschließend soll jedoch an dieser Stelle noch ein Blick auf folgende krankenhausfinanzierungsrechtlichen Aspekte des § 137 h SGB V geworfen werden:

f) Auswirkungen des neuen § 137 h SGB V auf das NUB-Verfahren und die Vereinbarung eines NUB-Entgeltes

Gem. § 137 h Abs. 1 S. 2 SGB V muss in Konstellationen, in denen ein Krankenhaus i.S.d. § 137 h Abs. 1 S. 1 SGB V parallel zur Einleitung des NUB-Verfahrens gem. § 6 Abs. 2 S. 3 KHEntgG dem G-BA Informationsmaterial zur Einschätzung vorlegen muss, ob ein „frühes Nutzenbewertungsverfahren" i.S.d. § 137 h SGB V durchgeführt werden muss oder nicht, sowohl die Übermittlung der Informationen an den G-BA, als auch die Einleitung des NUB-Verfahrens jeweils durch das jeweilige Krankenhaus "im Benehmen mit dem Hersteller derjenigen Medizinprodukte mit hoher Risikoklasse, die in dem Krankenhaus bei der Methode zur Anwendung kommen sollen," erfolgen. Eine entsprechende förmliche Vorgabe, dass das NUB-Verfahren nicht durch ein Krankenhaus „alleine", sondern „im Benehmen mit dem jeweiligen Medizinprodukthersteller" eingeleitet werden muss, gab es bisher nicht. Ansonsten ergeben sich durch den neuen § 137 h SGB V keine weiteren unmittelbaren Änderungen auf den Verfahrensablauf des NUB-Verfahrens.

Neu ist jedoch, dass § 137 h SGB V einerseits für die Fälle, in denen der G-BA aufgrund der „frühen Nutzenbewertung" zu dem Ergebnis kommt, dass die NUB-Methode „kein Potenzial für eine erforderliche Behandlungsalternative bietet", unmittelbar die Vereinbarung von NUB-Entgelten „ausschließt" (§ 137 h Abs. 1 S. 4 Nr. 3, Abs. 5 SGB V).

Andererseits ist neu, dass § 137 h SGB V für die Fälle, in denen der G-BA aufgrund der „frühen Nutzenbewertung" zu dem Ergebnis kommt, dass die NUB-Methode weiterhin zulasten der gesetzlichen Krankenkassen erbracht werden darf, weil ihr Nutzen nach Einschätzung des G-BA bereits „hinreichend belegt" (§ 137 h Abs. 1 S. 4 Nr. 1, Abs. 3 SGB V) ist oder sie das „Potenzial einer erforderlichen Behandlungsalternative" (§ 137 h Abs. 1 S. 4 Nr. 2, Abs. 4 SGB V) bietet, ausdrücklich regelt, dass die entsprechenden Leistungserbringer einen Anspruch auf Vereinbarung bzw. Festsetzung eines NUB-Entgeltes durch die Schiedsstelle nach § 13 KHEntgG haben, wenn die NUB-Methode über die bereits definierten DRG-Fallpauschalen und Zusatzentgelte noch nicht sachgerecht vergütet werden kann. Dies ist sehr zu begrüßen. Es stärkt die Auffassung, dass, wie auch seitens der Verfasserin bisher vertreten[1590], Krankenhäuser in allen Fällen, in denen das InEK eine NUB-Methode als Abschluss des NUB-Verfahrens mit NUB-Status 1 bewertet, einen Anspruch auf Vereinbarung eines NUB-Entgeltes haben, wenn die konkrete NUB-Methode die Voraussetzungen des § 137 c Abs. 3 SGB V (neu) erfüllt. Dies gewährleistet, dass die Erbringung der jeweiligen NUB-Methode von den Krankenhäusern gegenüber den Krankenkassen auch tatsächlich angemessen abgerechnet werden kann.

Begrüßenswert ist auch, dass der Gesetzgeber für die eben genannten Fälle, in denen die Krankenhäuser einen Anspruch auf Vereinbarung bzw. Festsetzung eines NUB-Entgeltes haben, in § 137 h Abs. 3, 4 SGB V ausdrücklich geregelt hat, dass dieser Anspruch „rückwirkend" für alle Behandlungsfälle gilt, die ab Einleitung des NUB-Verfahrens ins Krankenhaus aufgenommen wurden. Dies ist insofern sachgerecht, als die Krankenhäuser für diese Behandlungsfälle aufgrund der bereits erbrachten Behandlungsleistungen schon in Vorleistung getreten sind, die Behandlungen aber, mangels NUB-Entgelten, den Kostenträgern nicht sachgerecht und somit nicht kostendeckend in Rechnung stellen konnten.

1590 Vgl. Auseinandersetzung mit dieser Thematik unter E.3.

Literaturverzeichnis

Die Auflistung erfolgt alphabethisch. Aufgenommen wurden bei Sammelwerken neben dem Sammelwerk die einzelnen zitierten Autoren.

Altmiks, Christoph in: Bergmann, Karl Otto/Pauge, Burkhard/Steinmeyer, Heinz-Dietrich (Hrsg.), Gesamtes Medizinrecht, Nomos Verlagsgesellschaft 2012.

Anhalt, Erhard/Dieners, Peter (Hrsg.), Handbuch des Medizinprodukterechts, Verlag C.H. Beck 2003.

Aschke, Manfred in: Bader, Johann/Ronellenfitsch, Michael (Hrsg.), Beck'scher Online-Kommentar VwVfG (BeckOK VwVfG), Verlag C.H. Beck, Stand: 01.10.2013, Edition: 21.

Augsberg, Steffen, Kooperative Wissensgenerierung im Gesundheitswesen, zum Umgang der Sozialgerichte mit evidenzbasierter Medizin, GesR 2012, 595.

Axer, Peter, Begründungspflichten des Gemeinsamen Bundesausschusses im Licht des SGB V, GesR 2013, 211.

Axer, Peter, Normsetzung der Exekutive in der Sozialversicherung, Ein Beitrag zu den Voraussetzungen und Grenzen untergesetzlicher Normsetzung im Staat des Grundgesetzes, Mohr Siebeck Verlag 2000.

Bader, Johann/Ronellenfitsch, Michael (Hrsg.), Beck'scher Online-Kommentar VwVfG (BeckOK VwVfG), Verlag C.H. Beck, Stand: 01.10.2013, Edition: 21.

Bartram, Dirk, Bewertungen und Erwartungen aus der Sicht der forschenden Arzneimittelhersteller, MedR 2006, 521.

Battis, Ulrich/Krautzberger, Michael/Löhr, Rolf-Peter, Baugesetzbuch – BauGB-Kommentar, Verlag C.H. Beck, 12. Auflage 2014.

Bäune, Stefan/Dahm, Franz-Josef/Flasbarth, Roland, Vertragsärztliche Versorgung unter dem GKV-Versorgungsstrukturgesetz – GKV-VStG, MedR 2012, 77.

Beck, Konstantin (Hrsg.), Risiko Krankenversicherung, Risikomanagement in einem regulierten Krankenversicherungsmarkt, Haupt Verlag, 2. Auflage 2011.

Becker, Ulrich in: Becker, Ulrich/Kingreen, Thorsten (Hrsg.), Kommentar zum SGB V (§§ 107, 137 c, 137 e), Verlag C.H. Beck, 4. Auflage 2014.

Becker, Ulrich/Kingreen, Thorsten (Hrsg.), Kommentar zum SGB V, Verlag C.H. Beck, 4. Auflage 2014.

Becker, Frank in: Prütting, Dorothea (Hrsg.), Fachanwaltskommentar Medizinrecht (KHEntgG), Luchterhand Verlag, 3. Auflage 2014.

Bender, Albrecht, Finanzierung neuer Untersuchungs- und Behandlungsmethoden (NUB) im Krankenhaus, NZS 2012, 761.

Bergmann, Karl Otto/Pauge, Burkhard/Steinmeyer, Heinz-Dietrich, Gesamtes Medizinrecht, Nomos Verlagsgesellschaft 2012.

Beuthien, Volker/Schmölz, Anton, Rechtstellung der Unternehmen bei der Aufnahme neuer Produkte in das Hilfsmittelverzeichnis, MedR 1996, 99.

Blum, Karl/Offermanns, Matthias, Innovationshürden für neue Untersuchungs- und Behandlungsmethoden abbauen!, Das Krankenhaus 2010, 119.

Bormann, René/Engelmann, Dirk/Franke, Edgar/Friedrich, Jörg/Gaß, Gerald/Gruhl, Matthias/Knieps, Franz/Lang, Armin/Prüfer-Storcks, Cornelia/Schmidt, Severin/van Treeck, Bernhardt/Weisbrod-Frey, Herbert, Zukunft der Krankenhäuser, Mehr Qualität, flächendeckende Versorgung und gerechte Finanzierung, Positionspapier der Arbeitsgruppe „Stationäre Versorgung“ der Friedrich-Ebert Stiftung, bub Bonner Universitäts-Buchdruckerei, August 2013.

Brase, Claudia, Zukunftsfähige Innovationsfinanzierung aus Sicht der Krankenhäuser in Felix, Dagmar/Schütte, Wolfgang (Hrsg.), Medizinische Innovationen im Krankenhaus, Steuerung und Finanzierung, LIT Verlag, 2011.

Brox, Hans/Walker, Wolf-Dietrich, Allgemeiner Teil des BGB, Verlag Franz Vahlen, 38. Auflage 2014.

Brucklacher, Ulrike, Möglichkeiten zur Erstattung von innovativen Medizinprodukten im System der gesetzlichen Krankenversicherung, MPJ 2009, 88.

Brucklacher, Ulrike/Brockmeyer, N.H./Riedel Carol, Off-label-Use und G-BA, Rechtliche Rahmenbedingungen für Off-label-Use, Der Hautarzt 2013, 736.

Buchner, Reimar/Krane, Christiane, BUB-Richtlinien des Bundesausschusses der Ärzte und Krankenkassen i.S. des § 135 SGB V und Rechte der Arzneimittel- und Medizinproduktehersteller, NZS 2002, 65.

Buholzer, Monika in: Beck, Konstantin (Hrsg.), Risiko Krankenversicherung, Risikomanagement in einem regulierten Krankenversicherungsmarkt, Haupt Verlag, 2. Auflage 2011.

Bundesministerium der Justiz, Handbuch der Rechtsförmlichkeit, 3. Auflage 2008.

Burgardt, Claus/Clausen, Carsten/Wigge, Peter in: Anhalt, Erhard/Dieners, Peter (Hrsg.), Handbuch des Medizinprodukterechts, Verlag C.H. Beck 2003.

Buschatz, Anne-Sulamith, Liberale Begründungen einer Neuordnung des deutschen Gesundheitssystems, Mensch und Buch Verlag 2011.

Clemens, Thomas, Grundlegende Fragen des Schiedsverfahrens nach dem KHG – Amtsermittlung/Beibringungsgrundsatz/NUB-Entgelte/Qualitätsprüfung durch Schiedsstelle/Behördliche Genehmigung der Schiedssprüche, MedR 2012, 769.

Dalichau, Gerhard in: Prütting, Dorothea (Hrsg.), Fachanwaltkommentar Medizinrecht (SGB V), Luchterhand Verlag, 3. Auflage 2014.

Decker, Andreas in: Posser, Herbert/Wolff, Heinrich Amadeus (Hrsg.), Beck'scher Online Kommentar VwGO (§ 114), Verlag C.H. Beck, (Stand 01.10.2013).

Degener-Hencke, Udo in: Huster, Stefan/Kaltenborn, Markus (Hrsg.), Krankenhausrecht, Verlag C.H. Beck 2010.

Detterbeck, Steffen/Rozek, Jochen/von Coelln, Christian (Hrsg.), Recht als Medium der Staatlichkeit, Festschrift für Herbert Bethge zum 70. Geburtstag, Verlag Duncker & Humblot 2009.

Dettling, Heinz-Uwe/Gerlach, Alice (Hrsg.), Krankenhausrecht, Kommentar, Verlag C.H. Beck 2014.

Dettmeyer, Reinhard, Medizin & Recht, Rechtliche Sicherheit für den Arzt, Springer Verlag Heidelberg, 2. Auflage 2006.

Deutsche Krankenhausgesellschaft, Informationspapier der DKG zum Angebot medizinischer Wahlleistungen durch Krankenhäuser, 2005.

Deutschen Krankenhausinstitut, Blum, Karl/Offermanns, Matthias (Projektbearbeiter), Anspruch und Realität von Budgetverhandlungen zur Umsetzung medizintechnischer Innovationen – Gutachten des Deutschen Krankenhausinstituts im Auftrag des Bundesverbandes Medizintechnologie (BVMed), November 2009.

Deutsches Institut für Medizinische Dokumentation und Information (DIMDI), Basiswissen Kodieren, Eine kurze Einführung in die Anwendung von ICD-10-GM und OPS, 2010.

Dierks, Christian/Nitz, Gerhard/Grau, Ulrich/Mehlitz, Antonia, IQWiG und Industrie – Rechtliche Fragen zum Institut für Qualität und Wirtschaftlichkeit im Gesundheitswesen, Springer Verlag, 2008.

Dietz, Otmar/Bofinger, Werner, Krankenhausfinanzierungsgesetz, Bundespflegesatzverordnung und Folgerecht, (KHG u.a.) Kommentar, Kommunal- und Schulverlag, (52. EL) (Stand März 2014).

Dietz, Otmar, Praxis der Kommunalverwaltung, KHEntgG, Kommunal- und Schulverlag, (Stand Dezember 2013).

Discher, Thomas in: Gemeinschaftskommentar zum Aufenthaltsgesetz, (Band I, III), Luchterhand Verlag, Stand Juli 2014, (76.EL).

Dolzer, Rudolf, Zum Begründungsgebot im geltenden Verwaltungsrecht, DÖV 1985, 9.

Drebes, Sven, Ein Vorschlag zur wettbewerblichen Gestaltung der Beziehungen zwischen Krankenkassen und Leistungserbringern, Verlag P.C.O., 2008.

Dreier, Horst (Hrsg.), Grundgesetzkommentar (Band I, Art. 1–19) Mohr Siebeck Verlag, 3. Auflage 2013.

Dreier, Horst (Hrsg.), Grundgesetzkommentar (Band II, Art. 20–82) Mohr Siebeck Verlag, 2. Auflage 2006.

Duden, Die deutsche Rechtschreibung, Dudenredaktion, Wermke, Matthias/Kunkel-Razum, Kathrin/Scholze-Stubenrecht, Werner, Band I, Dudenverlag, 26. Auflage 2013.

Edelhäuser, Rainer in: Prütting, Dorothea (Hrsg.), Fachanwaltskommentar Medizinrecht (MPG), Luchterhand Verlag, 3. Auflage 2014.

Ehlers, Dirk in: Erichsen, Hans-Uwe/Ehlers, Dirk (Hrsg.), Allgemeines Verwaltungsrecht, De Gruyter Verlag, 14. Auflage 2010.

Engelhard, Klaus, in: Schlegel, Rainer/Engelmann, Klaus/Voelzke, Thomas (Hrsg.), (jurisPK-SGB V, § 12 SGB V), juris-Praxiskommentar SGB V, Gesetzliche Krankenversicherung (Stand 01.04.2012), 2. Auflage 2012.

Engelmann, Klaus in: von Wulffen, Matthias (Hrsg.), SGB X, Sozialverwaltungsverfahren und Sozialdatenschutz, Kommentar, Verlag C.H. Beck, 7. Auflage 2010.

Epping, Volker/Hillgruber, Christian (Hrsg.), BeckOK Grundgesetz, Verlag C.H. Beck, (Stand 01.01.2013).

Erichsen, Hans-Uwe/Ehlers, Dirk (Hrsg.), Allgemeines Verwaltungsrecht, De Gruyter Verlag, 14. Auflage 2010.

Esser, Hildegard, Steuerung und Finanzierung medizinischer Innovationen im Krankenhaus – die Rolle der (Bundes-) Länder in: Felix, Dagmar/Schütte, Wolfgang (Hrsg.), Medizinische Innovation im Krankenhaus, Steuerung und Finanzierung, LIT Verlag 2011.

Estelmann, M./Eicher, W., Die Leistungspflicht der gesetzlichen Krankenkassen vor dem Hintergrund der Pluralität der ärztlichen Therapien – Die sogenannten Außenseitermethoden – SGb 1991, 247.

Evans, Imogen/Thornton, Hazel/Chalmers, Iain/Glasziou, Paul, Wo ist der Beweis? Plädoyer für eine evidenzbasierte Medizin, Verlag Hans Huber, 2013.

Fastabend, Katrin/Schneider, Egbert, Das Leistungsrecht der gesetzlichen Krankenversicherung, Erich Schmidt Verlag, 2004.

Felix, Dagmar, Schiedsstellen im Sozialrecht – geeignete Instrumente der Streitschlichtung?, Eine kritische Analyse am Beispiel der Schiedsstelle nach § 18a KHG, in Detterbeck, Steffen/Rozek, Jochen/von Coelln, Christian (Hrsg.), Recht als Medium der Staatlichkeit, Festschrift für Herbert Bethge zum 70. Geburtstag, Duncker & Humblot 2009.

Felix, Dagmar, Urteilsanmerkung zu BSG Urteil vom 28.07.2008 – B 1 KR 5/08 R, SGb 2009, 367.

Felix, Dagmar/Schütte, Wolfgang (Hrsg.), Medizinische Innovationen im Krankenhaus, Steuerung und Finanzierung, LIT Verlag, 2011.

Felix, Dagmar, Innovative Medizin im ambulanten und stationären Bereich „Bekannte Akteure – neue Fragen“, MedR 2011, 67.

Felix, Dagmar, Rechtliche Rahmenbedingungen der Finanzierung innovativer Medizin aus Sicht der Leistungserbringer und Patienten – taugen die gesetzlichen Vorgaben? in Felix, Dagmar/Schütte, Wolfgang (Hrsg.), Medizinische Innovation im Krankenhaus, Steuerung und Finanzierung, LIT Verlag 2011.

Felix, Dagmar, Die Krankenhausbehandlung im Spannungsfeld von Therapiefreiheit und Wirtschaftlichkeitsgebot – Wie weit reicht die Prüfungskompetenz des MDK im Rahmen von § 275 Abs. 1 Nr. 1 SGB V?, NZS 2012, 1.

Felix, Dagmar, Das Institut für das Entgeltsystem im Krankenhaus (InEK) – Ein bedeutsamer Akteur im Kontext der Finanzierung neuer Untersuchungs- und Behandlungsmethoden?, MedR 2012, 777.

Felix, Dagmar/Deister, Sören, Innovative Medizin im Krankenhaus – erfordert das Versorgungsstrukturgesetz eine grundlegende Neubewertung?, NZS 2013, 81.

Felix, Dagmar, Innovationen im Krankenhaus – Wer entscheidet? MedR 2014, 283.

Flint, Thomas in: Hauck, Karl/Noftz, Wolfgang (Hrsg.), SGB V K §§ 135, Erich Schmidt Verlag GmbH & Co. KG, (Stand 10/13).

Flint, Thomas in: Hauck, Karl/Noftz, Wolfgang (Hrsg.), SGB V K § 137 c, Erich Schmidt Verlag GmbH & Co. KG (Stand 11/12).

Flintrop, Jens, Ein System am Scheideweg, Deutsches Ärzteblatt 2014, B 415.

Francke, Robert, Richtlinien, Normsetzungsverträge und neue Behandlungsmethoden im Rechtskonkretisierungskonzept des Bundessozialgerichts, SGb 1999, 5.

Francke, Robert/Hart, Dieter, Bewertungskriterien und -methoden nach dem SGB V, MedR 2008, 2.

Degener-Hencke, Udo in: Laufs, Adolf/Kern, Bernd-Rüdiger (Hrsg.) Handbuch des Arztrechts, Verlag C.H. Beck, 4. Auflage 2010.

Genzel, Herbert, Der Krankenhaussektor und die 3. Stufe der Gesundheitsreform, MedR 1997, 479.

Goppel, Konrad in: Spannowsky, Willy/Runkel, Peter/Goppel, Konrad (Hrsg.), ROG – Raumordnungsgesetz, Kommentar, Verlag C.H. Beck 2010.

Göttschkes, Christoph, Kommentar zur Entscheidung des BSG vom 15.03.2012 – B 3 KR 6/11 R, MPJ, 2012, 184.

Grube, Christian, Beurteilungsspielraum im Krankenhausfinanzierungsrecht und Kontrolldichte der Verwaltungsgerichte in: Felix, Dagmar/Schütte, Wolfgang (Hrsg.), Medizinische Innovation im Krankenhaus, Steuerung und Finanzierung, LIT Verlag 2011.

Hänlein, Andreas /Kruse, Jürgen/Schuler, Rolf (Hrsg.), Sozialgesetzbuch, §§ 135, 137 e, Nomos Verlagsgesellschaft, 4. Auflage 2012.

Hannes, Miriam, Rechtsfolgen von Begründungsmängeln und sonstigen Fehlern im Verfahren der Normsetzung, GesR 2013, 219.

Harney, Anke/Huster, Stefan/Recktenwald, Britta, Das Recht der Qualitätssicherung im SGB V – rechtliche Grundlagen und Systematisierung (Teil 1), MedR 2014, 273.

Hart, Dieter, Evidenz-basierte Medizin und Gesundheitsrecht – Überlegungen zu rechtlichen Konsequenzen der Verwissenschaftlichung der Medizin, MedR 2000, 1.

Hase, Friedhelm, Verfassungsrechtliche Bewertung der Normsetzung durch den Gemeinsamen Bundesausschuss, MedR 2005, 391.

Hauck, Ernst, Medizinischer Fortschritt im Dreieck IQWiG, G-BA und Fachgesellschaften: Wann wir eine innovative Therapie zur notwendigen medizinischen Maßnahme? Rechtsgrundlagen und Rechtsprechung, NZS 2007, 461.

Hauck, Ernst, Rechtliche Schnittstellen im SGB V zwischen ambulanter und stationärer Arzneimittelversorgung, MedR 2010, 226.

Hauck, Ernst, Der gemeinsame Bundesausschuss (G-BA) – ein unbequemes Kind unserer Verfassungsordnung?, NZS 2010, 600.

Hauck, Ernst, Medizinische Innovationen im Krankenhaus, Aktuelle Rechtsfragen aus der Sicht der Rechtsprechung, GesR 2014, 257.

Hauck, Karl/Noftz, Wolfgang, Kommentar, Sozialgesetzbuch, SGB V (§ 139), Erich Schmidt Verlag GmbH & Co. KG, (Stand EL 06/14).

Heberlein, Ingo, Kein Einsichtsrecht für Krankenkassen! Zugleich Replik auf Knipsel, GesR 2011, 518 ff., GesR 2012, 9.

Heil, Maria, Abrechnung von innovativen Medizinprodukten als Wahlleistungen oder IGeL, MPR 2013, 109.

Herold-Tews, Heike, Der Sozialgerichtsprozess, Verlag C.H. Beck, 6. Auflage 2012.

Heße, Sabine in: Rolfs, Christian/Giesen, Richard/Kreikebohm, Ralf/Udsching, Peter (Hrsg.), Beck'scher Online-Kommentar Sozialrecht, SGB X, Verlag C.H. Beck, Ed. 34 (01.06.2014).

Hess, Rainer, Die Regelung der Gesundheitsversorgung durch den Gemeinsamen Bundesausschuss, in: Seewald, Otfried/Schoefer, Hartmut (Hrsg.), Zum Wert unserer Gesundheit, Der Arzt zwischen Rationierung und Rationalisierung, Nomos Verlagsgesellschaft 2008, 89.

Hess, Rainer, Darstellung der Aufgaben des Gemeinsamen Bundesausschusses, MedR 2005, 385.

Hess, Rainer, Die Dynamik des medizinischen Wissens und die Anforderungen an die Institutionen des Gesundheitsversorgungssystems, GesR 2012, 591.

Hess, Rainer, in: Leitherer, Stephan (Hrsg.), Kasseler Kommentar zum Sozialversicherungsrecht (§§ 91, 107, 139 a, b, SGB V), Verlag C.H. Beck, (77. EGL 2013).

Hess, Rainer in: Wenzel, Frank (Hrsg.): Handbuch des Fachanwalts Medizinrecht, Luchterhand Verlag, 3. Auflage 2013.

Hill, Rainer in: Anhalt, Erhard/Dieners, Peter (Hrsg.), Handbuch des Medizinprodukterechts, Verlag C.H. Beck 2003.

Hohnholz in: Hauck, Karl/Noftz, Wolfgang, Kommentar, Sozialgesetzbuch SGB V (§ 139), Erich Schmidt Verlag GmbH & Co. KG, (Stand EL 06/14).

Hoppe, Werner/Bönker, Christian/Grotefels, Susan, Öffentliches Baurecht, Raumordnungsrecht, Städtebaurecht, Bauordnungsrecht, Verlag C.H. Beck, 4. Auflage 2010.

Huster, Stefan, Krankenhausrecht und SGB V – Medizinische Innovationen im stationären Sektor, GesR 2010, 337.

Huster, Stefan/Kaltenborn, Markus (Hrsg.), Krankenhausrecht, Verlag C.H. Beck 2010.

Huster, Stefan/Gottwald, Sina, Gutachten zum Thema „Kostenübernahme genetischer Untersuchungen zur genetischen Diagnostik von Krankheiten und zur Therapieplanung (sog. Companion Diagnostics) durch die GKV“ im Auftrag des Deutschen Ethikrates, Dezember 2012.

Ihle, Judith, Medizinische Leitlinien und juristische Entscheidung?, GesR 2011, 394.

Ihle, Judith, Kommentar zum KHG, KHEntgG in: Bergmann, Karl Otto/Pauge, Burkhard/Steinmeyer, Heinz-Dietrich (Hrsg.), Gesamtes Medizinrecht, Nomos Verlagsgesellschaft, 2012.

Ihle, Judith, in: Schlegel, Rainer/Engelmann, Klaus/Voelzke, Thomas (Hrsg.), (jurisPK-SGB V, § 135 SGB V), juris-Praxiskommentar SGB V, Gesetzliche Krankenversicherung (Stand 01.04.2012), 2. Auflage 2012.

Ihle, Judith, in: Schlegel, Rainer/Engelmann, Klaus/Voelzke, Thomas (Hrsg.), juris-Praxiskommentar SGB V, Gesetzliche Krankenversicherung, (jurisPK-SGB V, § 137 c SGB V), (Stand 01.04.2012), 2. Auflage 2012.

Ipsen, Jörn, Staatsrecht I, Staatsorganisationsrecht, Luchterhand Verlag, 26. Auflage 2014.

Ipsen, Jörn, Allgemeines Verwaltungsrecht, Verlag Franz Vahlen, 8. Auflage 2012.

Isensee, Josef/Kirchhof, Paul (Hrsg.), Handbuch des Staatsrechts, Band V, C.F. Müller Verlag, 3. Auflage 2007.

Janda, Constanze, Medizinrecht, UVK Verlagsgesellschaft mbH, 2. Auflage 2013.

Jarass, Hans/Pieroth, Bodo, Grundgesetz für die Bundesrepublik Deutschland, Verlag C.H. Beck, 13. Auflage 2014.

Joussen, Jacob in: Rolfs, Christian/Giesen, Richard/Kreikebohm, Ralf/Udsching, Peter (Hrsg.) Beck'scher Online-Kommentar Sozialrecht §§ 135 , 137 c SGB V, Verlag C.H. Beck, (Stand 01.06.2011).

Katzenmeier, Christian, Aufklärung über neue medizinische Behandlungsmethoden – Robodoc, NJW 2006, 2738.

Keller, Wolfgang in: Meyer-Ladewig, Jens/Keller, Wolfgang/Leitherer, Stephan (Hrsg.), Sozialgerichtsgesetz, Kommentar SGG, Verlag C.H. Beck, 10. Auflage 2012.

Kemmler, Iris, Rechtliche Vorgaben für die Rationierung medizinischer Leistungen im System der gesetzlichen Krankenversicherung, NZS 2014, 521.

Kingreen, Thorsten, Verfassungsrechtliche Grenzen der Rechtssetzungsbefugnis des Gemeinsamen Bundesausschusses im Gesundheitsrecht, NJW 2006, 877.

Kingreen, Thorsten, Legitimation und Partizipation – Verfassungsrechtliche Kritik und Reform des Gemeinsamen Bundesausschusses-, NZS 2007, 113.

Kingreen, Thorsten, Gerichtliche Kontrolle von Kriterien und Verfahren im Gesundheitsrecht, MedR 2007, 457.

Kingreen, Thorsten/Rixen, Stephan, Sozialrecht, Ein verwaltungsrechtliches Utopia? DÖV 2008, 741.

Kingreen, Thorsten, Gesundheit ohne Gesetzgeber? Verfassungsrechtliche Vorgaben für Verteilungsentscheidungen im Gesundheitswesen, in: Kingreen, Thorsten/ Laux, Bernhard (Hrsg.), Gesundheit und Medizin im interdisziplinären Diskurs, Springer Verlag 2008, 147.

Kirsten, Peter, Unorthodoxe Krankenbehandlung, Sachleistungsprinzip und Beschaffungswege, SGb 1991, 257.

Kischel, Uwe, Die Begründung, Zur Erläuterung staatlicher Entscheidungen gegenüber dem Bürger, Mohr Siebeck Verlag 2003.

Kleinke, Sören, Urteilsanmerkung, BSG: Herstellerklage gegen Anerkennung einer Konkurrenzmethode durch G-BA erfolglos, AMK 2014, 14.

Kluth, Winfried in: Wolff, Hans/Bachof, Otto/Stober, Rolf, Verwaltungsrecht Band 3, C.H.Beck Verlag, 5. Auflage 2003.

Knispel, Ulrich in: Rolfs, Christian/Giesen, Richard/Kreikebohm, Ralf/Udsching, Peter (Hrsg.) Beck'scher Online-Kommentar Sozialrecht § 27 SGB V, Verlag C.H. Beck, (Stand 01.06.2011).

Knittel, Stefan in: Krauskopf, Dieter, Soziale Krankenversicherung, Pflegeversicherung, Kommentar zum SGB V, C.H.Beck Verlag, (81. EL 2013).

Kopp, Ferdinand/Schenke, Wolf-Rüdiger, Verwaltungsgerichtsordnung, VwGO Kommentar, C.H.Beck Verlag, 20. Auflage 2014.

Korthus, Alexander, Anmerkung zu einem Urteil des Verwaltungsgerichts Berlin vom 11.04.2013 (VG 2 K 145/11) – Zur Frage, ob eine medizinische Fachgesellschaft nach dem Informationsfreiheitsgesetz einen Anspruch auf Zugang zu den DRG-Kalkulationsdaten geltend machen kann, KH 2013, 724.

Krasney, Otto Ernst in: Kasseler Kommentar zum Sozialversicherungsrecht, SGB X, C.H.Beck Verlag, (75. EL 2012).

Krauskopf, Dieter, Soziale Krankenversicherung, Pflegeversicherung, Kommentar zum SGB V, C.H.Beck Verlag (81. EL 2013).

Krautzberger, Michael in: Battis, Ulrich/Krautzberger, Michael/Löhr, Rolf-Peter, Baugesetzbuch – BauGB- Kommentar, Verlag C.H. Beck, 12. Auflage 2014.

Kruse, Jürgen/Hänlein, Andreas (Hrsg.), Das neue Krankenversicherungsrecht, Nomos Verlagsgesellschaft 2004.

Kuhla, Wolfgang/Bedau, Maren in: Sodan, Helge (Hrsg.), Handbuch des Krankenversicherungsrechts, C.H.Beck Verlag 2010.

Kutlu, Aygün in: Spickhoff, Andreas (Hrsg.), Medizinrecht (§ 6 KHEntgG), Verlag C.H. Beck, 2. Auflage 2014.

Laufs, Adolf/Kern, Bernd-Rüdiger (Hrsg.), Handbuch des Arztrechts, Verlag C.H. Beck, 4. Auflage 2010.

Lenz, Sylvia in: Robbers, Jörg/Wagener, Andreas (Hrsg.), Die Krankenhausbehandlung, Praxiskommentar zur Vertragsgestaltung, Band 2, Leber, Wolfgang,

Lenz, Syvlia, Beume, Christiane, Die Kostenträger, Abrechnung und Vergütung stationärer Leistungen, Deutsche Krankenhaus Verlagsgesellschaft mbH, Kohlhammerverlag 2011.

Lerche, Peter in: Maunz, Theodor in: Maunz, Theodor/Dürig, Günter (Begr.), Grundgesetz-Kommentar (GG, Art. 87), Verlag C.H. Beck (67. EL 2013).

Lippert, Hans-Dieter in: Wenzel, Frank (Hrsg.): Handbuch des Fachanwalts Medizinrecht, Luchterhand Verlag, 3. Auflage 2013.

Manssen, Gerrit in: Weth, Stephan/Thomae, Heike/ Reichold, Hermann, Hermann (Hrsg.), Arbeitsrecht im Krankenhaus, Dr. Otto Schmidt Verlag, 2. Auflage 2011.

Maunz, Theodor in: Maunz, Theodor/Dürig, Günter (Begr.), Grundgesetz-Kommentar (GG, Art. 80), Verlag C.H. Beck (67. EL 2013).

Maunz, Theodor/Dürig, Günter (Begr.), Grundgesetz-Kommentar, Verlag C.H. Beck (67. EL 2013).

Maurer, Hartmut, Allgemeines Verwaltungsrecht, Verlag C.H. Beck, 18. Auflage 2011.

Meusch, Andreas, Moral Hazard in der gesetzlichen Krankenversicherung in politikwissenschaftlicher Perspektive, Nomos Verlagsgesellschaft 2011.

Meyer-Ladewig, Jens/Keller, Wolfgang/Leitherer, Stephan (Hrsg.), Sozialgerichtsgesetz, Kommentar SGG, Verlag C.H. Beck, 10. Auflage 2012.

Middeler, Guido, Quo vadis stoffliche Medizinprodukte?, MPJ 2013, 108.

Müller, Hildegard, Gedanken zur aktuellen Lage und Zukunft der gesetzlichen Krankenversicherung aus politischer Sicht, in: Sodan, Helge (Hrsg.), Krankenkassenreform und Wettbewerb, Vorträge im Rahmen der 2. Berliner Gespräche zum Gesundheitsrecht am 3. und 4. Juli 2003, Verlag Duncker & Humblot 2005, 61.

Murawski, Rita in: Kruse, Jürgen/Hänlein, Andreas (Hrsg.), Das neue Krankenversicherungsrecht, Nomos Verlagsgesellschaft 2004.

Murawski, Rita in: Hänlein, Andreas/Kruse, Jürgen/Schuler, Rolf (Hrsg.), Sozialgesetzbuch, §§ 135, 137 e, Nomos Verlagsgesellschaft, 4. Auflage 2012.

Nentwig, Thomas, Die Vergütung neuer Untersuchungs- und Behandlungsmethoden, Das Krankenhaus 2005, 478.

„Neue Therapien für die Regenerative Medizin" Broschüre des ZRM – Zentrum für Regenerationsbiologie und Regenerative Medizin Universität und Universitätsklinikum Tübingen in Zusammenarbeit mit der BioRegio STERN gefördert vom Bundesministerium für Bildung und Forschung (Stand April 2013).

Nimis, Jens, Der Anspruch des Patienten auf neue Untersuchungs- und Behandlungsmethoden in der gesetzlichen Krankenversicherung, Nomos Verlagsgesellschaft 2012.

Noftz, Wolfgang in: Hauck, Karl/Noftz, Wolfgang, SGB V §§ 2,12, Erich Schmidt Verlag GmbH & Co. KG, (Stand 06/14).

Oduncu, Fuat S., Verteilungsgerechtigkeit, Rationierung und Priorisierung – das Gesundheitswesen im Spannungsfeld zwischen Medizin, Ökonomie und Recht, MedR 2012, 359.

Orlowski, Ulrich/Wasem, Jürgen, Gesundheitsreform 2004 – GKV-Modernisierungsgesetz (GMG), Economica Verlag, 2003.

Ossege, Michael, Anmerkung zu BSG Urteil vom 21.03.2013 – B 3 KR 2/12 R, MedR 2013, 824.

Ossenbühl, Fritz in: Isensee, Josef/Kirchhof, Paul (Hrsg.), Handbuch des Staatsrechts, Band V, C.F. Müller Verlag, 3. Auflage 2007.

Plagemann, Hermann, Der Gemeinsame Bundesausschuss – Auswirkungen auf den Leistungsanspruch der Patienten, dargestellt an ausgewählten Einzelfällen, MedR 2005, 401.

Plagemann, Hermann in: Schlegel, Rainer/Engelmann, Klaus/Voelzke, Thomas (Hrsg.), (jurisPK-SGB V, § 2 SGB V), juris-Praxiskommentar SGB V, Gesetzliche Krankenversicherung (Stand 01.04.2012), 2. Auflage 2012.

Posser, Herbert/Wolff, Heinrich Amadeus (Hrsg.), Beck'scher Online Kommentar VwGO (§ 114), Verlag C.H. Beck, (Stand 01.10.2013).

Prütting, Dorothea, Neue Herausforderungen der Krankenhäuser in der gesundheitlichen Versorgung, GesR 2012, 332.

Prütting, Dorothea (Hrsg.), Fachanwaltkommentar Medizinrecht (KHEntgG, SGB V), Luchterhand Verlag, 3. Auflage 2014.

Pütter, Nina in: Dettling, Heinz-Uwe/Gerlach, Alice (Hrsg.), Krankenhausrecht, Kommentar, (SGB V) Verlag C.H. Beck, 2014.

Quaas, Michael/Zuck, Rüdiger/Clemens, Thomas, Medizinrecht, Verlag C.H. Beck, 3. Auflage 2014.

Raspe, Heiner, Von der Erfahrung zur Evidenz, Zum Wandel der Wissensgrundlagen in der Medizin, GesR 2012, 584.

Raspe, Heiner, Die „Evidenz"-Basis professioneller und rechtlicher Normierung medizinischen Handelns, GesR 2013, 206.

Ratzel, Rudolf (Hrsg), Handbuch Medizinrecht, Deutscher Anwaltverlag 2008.

Ratzel, Rudolf in: Ratzel, Rudolf/Luxenburger, Bernd (Hrsg.), Handbuch Medizinrecht, Deutscher Anwaltverlag, 2. Auflage 2011.

Rehborn, Martin in: Weth, Stephan/Thomae, Heike/Reichold, Hermann (Hrsg.), Arbeitsrecht im Krankenhaus, Dr. Otto Schmidt Verlag, 2. Auflage 2011.

Rehmann, Wolfgang/Heimhalt, Diana, Risiko- und Nutzenbewertung in der Diskussion – eine kritische Betrachtung und der Versuch eines Ausblicks, MPJ 2013, 95.

Remmert, Barbara in: Erichsen, Hans-Uwe/Ehlers, Dirk (Hrsg.), Allgemeines Verwaltungsrecht, De Gruyter Verlag, 14. Auflage 2010.

Richter, Ronald in: Richter, Ronald, Doering-Striening, Gudrun (Hrsg.), Grundlagen des Sozialrechts, Leistungsrecht, Leistungserbringungsrecht, Verwaltungsverfahren, Versicherungsrecht, Nomos Verlagsgesellschaft 2009.

Rixen, Stephan, Evidenzbasierte Medizin in der Sozialgerichtsbarkeit um jeden Preis? – Zum Urteil des BSG vom 15.03.2013 über antiallergene Matratzen-Encasings (B 3 KR 2/11 R), SGb 2013, 140.

Robbers, Jörg/Wagener, Andreas (Hrsg.), Die Krankenhausbehandlung, Praxiskommentar zur Vertragsgestaltung, Band 2, Leber, Wolfgang, Lenz, Syvlia, Beume, Christiane, Die Kostenträger, Abrechnung und Vergütung stationärer Leistungen, Deutsche Krankenhaus Verlagsgesellschaft mbH, Kohlhammer Verlag 2011.

Roeder, Norbert/Bunzmeier, Holger, Innovationsfinanzierung im G-DRG-System, Bestandsaufnahme und Handlungsnotwendigkeit, Das Krankenhaus 2010, 113.

Rolfs, Christian/Giesen, Richard/Kreikebohm, Ralf/Udsching, Peter (Hrsg.), Beck'scher Online-Kommentar Sozialrecht, SGB X, Verlag C.H. Beck, Ed. 34 (01.06.2014).

Rosery, Hubertus, Der Sprung von der Technologiebewertung zur Studiengestaltung, MPJ 2013, 184.

Roters, Dominik, Die Bewertung medizinischer Methoden nach der Verfahrensordnung des G-BA, NZS 2007, 176.

Roters, Dominik/Propp, Andreas, Die Erprobung von Methoden nach § 137 e SGB V, MPR 2013, 37.

Roters, Dominik in: Leitherer, Stephan (Hrsg.), Kasseler Kommentar zum Sozialversicherungsrecht, SGB V (§§ 135, 137c SGB V), Verlag C.H. Beck, (EL. 78).

Roters, Dominik, Die gebotene Kontrolldichte bei der gerichtlichen Überprüfung der Richtlinien des Bundesausschusses der Ärzte und Krankenkassen, Peter Lang Verlag 2003.

Rübsamen, Katrin, Verfassungsrechtliche Aspekte des Fallpauschalensystems im Krankenhauswesen (DRG-Vergütungssystem), Nomos Verlagsgesellschaft 2008.

Saalfrank, Valentin/Wesser, Sabine, Die Pflicht der Gesetzlichen Krankenversicherung zur Leistung neuer Behandlungsmethoden – Zugleich eine Anmerkung zum LITT-Urteil des Bundessozialgerichts vom 7. 11. 2006 – B 1 KR 24/05 R, NZS 2008, 17.

Schemmer, Franz in: Epping, Volker/Hillgruber, Christian (Hrsg.) BeckOK Grundgesetz, Verlag C.H. Beck, (Stand 01.01.2013).

Schimmelpfeng-Schütte, Ruth, Die Entscheidungsbefugnisse des Gemeinsamen Bundesausschusses, NZS 2006, 567.

Schlottmann, Nicole/Weddehage, Ina, Verfügbarkeit medizinischer Leistungen zwischen individuellem Bedarf und allgemeiner Richtlinie des Gemeinsamen Bundesausschusses, NZS 2008, 411.

Schmidt-De Caluwe, Reimund, Anmerkung zu dem Beschluss des BVerfG vom 06.12.2005 – 1 BvR 347/98, SGB 2006, 619.

Schmidt-De Caluwe, Reimund in: Becker, Ulrich/Kingreen, Thorsten (Hrsg.), SGB V, Gesetzliche Krankenversicherung, Kommentar, Verlag C.H. Beck, 4. Auflage 2014.

Schmidt-Rögnitz, Andreas, Die Gewährung von alternativen sowie neuen Untersuchungs- und Behandlungs- und Heilmethoden durch die gesetzliche Krankenversicherung, Verlag Duncker und Humblot 1996.

Scholz, Rupert in: Maunz/Dürig (Begr.) Grundgesetz-Kommentar (GG, Art. 5), Verlag C.H. Beck, (71. EL 2014).

Scholz, Karsten in: Becker, Ulrich/Kingreen, Thorsten (Hrsg.), SGB V, Gesetzliche Krankenversicherung, Kommentar, (§§ 2, 12), Verlag C.H. Beck, 4. Auflage 2014.

Schöning, Annette, Öffentlich-rechtliche Instrumente der Qualitätssicherung im stationären Sektor, Der Umgang des SGB V mit medizinischen Verfahren und Kategorien am Beispiel der externen vergleichenden Qualitätssicherung, Nomos Verlag 2008.

Schrinner, Bernd, Normsetzung durch den Gemeinsamen Bundesausschuss aus Sicht der Krankenkassen, MedR 2005, 397.

Schrinner, Bernd in: Dettling, Heinz-Uwe, Gerlach, Alice (Hrsg.), Krankenhausrecht, Kommentar, (SGB V) Verlag C.H. Beck 2014.

Schulze-Fielitz, Helmuth in: Dreier (Hrsg.), Grundgesetzkommentar (Band I, Art. 1–19), Mohr Siebeck Verlag, 3. Auflage 2013.

Schütze, Rainer, Innovationen und Hilfsmittelverzeichnis, Wann kann für neue Produkte eine Eintragung in das Hilfsmittelverzeichnis beansprucht werden?, MPR 2010, 5.

Schwarz, Kristina, IGeL im Krankenhaus, Grundlagen, Möglichkeiten und Risiken am Beispiel der operativen Adipositasbehandlung, Das Krankenhaus 2011, 482.

Schwarz, Kristina, Neue Untersuchungs- und Behandlungsmethoden im Krankenhaus, Das Krankenhaus 2013, 1323.

Schwerdtfeger, Gunther, Die Leistungsansprüche der Versicherten im Rechtskonkretisierungskonzept des SGB V, NZS 1998, 49.

Schwerdtfeger, Gunther, Keine Kassenzulassung für innovative Arzneimittel nach § 135 I 1 SGB V – Kritisches zum „Jomol-Urteil“ des BSG, SGb 2000, 154.

Scriba, Friederike, Die Arzneimittelbewertung des Instituts für Qualität und Wirtschaftlichkeit im Gesundheitswesen, Eine verfassungsrechtliche Analyse, Nomos Verlagsgesellschaft 2012.

Seeringer, Stefanie, Der Gemeinsame Bundesausschuss nach dem SGB V, Rechtliche Form, normative Befugnisse und Steuerung der Qualität der medizinischen Versorgung, Nomos Verlagsgesellschaft 2006.

Seewald, Otfried, Schoefer, Hartmut (Hrsg.), Zum Wert unserer Gesundheit, Der Arzt zwischen Rationierung und Rationalisierung, Nomos Verlagsgesellschaft 2008.

Seidel, Tabea/Hartmann, Peter, Die Aufnahme eines Hilfsmittels in das Hilfsmittelverzeichnis gem. § 139 Abs. 2 SGB V – Der Konflikt zwischen Europarecht und nationalem Krankenversicherungsrecht, NZS 2006, 511.

Sieper, Marc, Zur Fortgeltung von krankenhausindividuellen NUB-Vereinbarungen nach § 6 Abs. 2 KHEntgG, AMK 2013, 18.

Sodan, Helge (Hrsg.), Handbuch des Krankenversicherungsrechts, C.H.Beck Verlag 2010.

Sodan, Helge in: Wenzel, Frank (Hrsg.): Handbuch des Fachanwalts Medizinrecht, Luchterhand Verlag, 3. Auflage 2013.

Sodan, Helge, Krankenkassenreform und Wettbewerb – eine Einführung, in: Sodan, Helge (Hrsg.), Krankenkassenreform und Wettbewerb, Vorträge im Rahmen der 2. Berliner Gespräche zum Gesundheitsrecht am 3. und 4. Juli 2003, Verlag Duncker & Humblot 2005.

Sodan, Helge, Finanzielle Stabilität der gesetzlichen Krankenversicherung und Grundrechte der Leistungserbringer – eine Einführung in: Sodan, Helge (Hrsg.) Finanzielle Stabilität der gesetzlichen Krankenversicherung und Grundrechte der Leistungserbringer, Vorträge im Rahmen der 1. Berliner Gespräche zum Gesundheitsrecht am 16. und 17. Juni 2003, Verlag Duncker & Humblot 2004.

Sodan, Helge/Ziekow, Jan, Verwaltungsgerichtsordnung Kommentar (§ 114), Nomos Verlagsgesellschaft, 4. Auflage 2014.

Soskuty, Gabriela, Technologiebewertung aus Sicht der Medizintechnologie: richtig und wichtig!, MedR 2006, 524.

Spannowsky, Willy/Runkel, Peter/Goppel, Konrad (Hrsg.), ROG – Raumordnungsgesetz, Kommentar, Verlag C.H. Beck 2010.

Spellbrink, Wolfgang, Die Wirtschaftlichkeitsprüfung im Kassenarztrecht nach dem Gesundheitsstrukturgesetz, Luchterhand Verlag 1994.

Spickhoff, Andreas (Hrsg.), Medizinrecht, Verlag C.H. Beck, 2. Auflage 2014.

Stallberg, Christian, Das GKV-Versorgungsstrukturgesetz aus Sicht der Medizinprodukteindustrie – Erleichterung des Marktzugangs innovativer Produkte?, MPR 2011, 185.

Stallberg, Christian, Der Anspruch auf Aufnahme von Hilfsmitteln in das Hilfsmittelverzeichnis – Verhältnis und Abgrenzung zum NUB-Verfahren nach § 135 SGB V, MPR 2011, 75.

Steck, Joachim B., „Strittige“ Behandlungsmethoden in der gesetzlichen Krankenversicherung nach dem 2. GKV-Neuordnungsgesetz (2. GKV-NOG), MVK Medien Verlag Köhler, 1998.

Stelkens, Paul/Bonk, Joachim/Sachs, Michael (Hrsg.), Verwaltungsverfahrensgesetz, Kommentar, Verlag C.H. Beck, 8.Auflage 2014.

Steiner, Udo, Das Bundesverfassungsgericht und die Gesundheit der Deutschen in: Kingreen, Thorsten/Laux, Bernhard (Hrsg.), Gesundheit und Medizin, Springer Verlag 2008, 129.

Steiner, Udo, Verfassungsrechtliche Anforderungen an die Begründung von untergesetzlichen Rechtsnormen, GesR 2013, 193.

Steinmeyer, Heinz-Dietrich/Grötschel, Kai, Kommentar zum SGB V, in: Bergmann, Karl Otto/Pauge, Burkhard/Steinmeyer, Heinz-Dietrich (Hrsg.), Gesamtes Medizinrecht, Nomos Verlagsgesellschaft 2012.

Stüer, Bernhard (Hrsg.), Handbuch des Bau- und Fachplanungsrechts, Planung, Genehmigung, Rechtsschutz, Verlag C.H. Beck, 2. Auflage 1998.

Szabados, Tibor, Krankenhäuser als Leistungserbringer in der gesetzlichen Krankenversicherung, Springer Verlag 2009.

Tuschen, Karl Heinz/Trefz, Ulrich, Krankenhausentgeltgesetz – Kommentar mit einer umfassenden Einführung in die Vergütung stationärer Krankenhausleistungen, Kohlhammer Verlag, 2. Auflage 2010.

Ullrich, Nils, Finanzierungslücken bei medizinischen Innovationen? Rechtliche Rahmenbedingungen der Finanzierung neuer Untersuchungs- und Behandlungsmethoden sowie innovativer Arzneimittel, Nomos Verlagsgesellschaft 2013.

Vießmann, Thomas in: Spickhoff, Andreas (Hrsg.) Medizinrecht, (SGB V § 135), C.H.Beck Verlag, 2. Auflage 2014.

Vießmann, Thomas, Die demokratische Legitimation des Gemeinsamen Bundesausschusses zu Entscheidungen nach § 135 Abs. 1 Satz 1 SGB V, Nomos Verlagsgesellschaft 2009.

Vollmöller, Thomas in: Huster, Stefan/Kaltenborn, Markus (Hrsg.), Krankenhausrecht, Praxishandbuch zum Recht des Krankenhauswesens, Verlag C.H. Beck 2010.

Vollmöller, Thomas, Rechtsfragen neuer Untersuchungs- und Behandlungsmethoden – unter besonderer Berücksichtigung der Hochschulmedizin- NZS, 2012, 921.

Vollmöller, Thomas in: Dettling, Heinz-Uwe, Gerlach, Alice (Hrsg.), Krankenhausrecht, Kommentar, (KHG, KHEntgG) Verlag C.H. Beck 2014.

von Dewitz, Christian in: Rolfs, Christian/Giesen, Richard/Kreikebohm, Ralf/Udsching, Peter (Hrsg.) Beck'scher Online Kommentar Sozialrecht (Beck OK) SGB V § 139 a, c SGB V, Verlag C.H. Beck, (Stand 01.06.2013).

von Dewitz, Christian in: Rolfs, Christian/Giesen, Richard/Kreikebohm, Ralf/Udsching, Peter (Hrsg.) Beck'scher Online Kommentar Sozialrecht (Beck OK) SGB V § 35 a SGB V, Verlag C.H. Beck, (Stand 01.09.2013).

von Rotz, Stefan in: Beck, Konstantin (Hrsg.), Risiko Krankenversicherung, Risikomanagement in einem regulierten Krankenversicherungsmarkt, Haupt Verlag, 2. Auflage 2011.

von Wulffen, Matthias (Hrsg.), SGB X, Sozialverwaltungsverfahren und Sozialdatenschutz, Kommentar, Verlag C.H. Beck, 7. Auflage 2010.

Wabnitz, Theresa, Medizinprodukte als Hilfsmittel in der gesetzlichen Krankenversicherung, Springer Verlag 2009.

Waldhoff, Christian, Pflichten zur Begründung untergesetzlicher Normen im Lichte der verwaltungs- und sozialgerichtlichen Rechtsprechung, GesR 2013, 197.

Wahl in: Schlegel, Rainer/Engelmann, Klaus/Voelzke, Thomas (Hrsg.), (jurisPK-SGB V, § 107 SGB V), juris-Praxiskommentar SGB V, Gesetzliche Krankenversicherung (Stand 01.04.2012), 2. Auflage 2012.

Wallrabenstein, Astrid in: Becker, Ulrich/Kingreen, Thorsten (Hrsg.), SGB V, (§ 139 a,b) Verlag C.H. Beck, 4. Auflage 2014.

Welti, Felix/Raspe, Heiner, Evidenz und Akzeptanz von Medizin und Recht, NJW 2002, 874.

Welti, Felix, Allokation, Rationierung, Priorisierung: Rechtliche Grundlagen, MedR 2010, 379.

Wenner, Ulrich, Rationierung, Priorisierung, Budgetierung: verfassungsrechtliche Vorgaben für die Begrenzung und Steuerung von Leistungen der Gesundheitsversorgung, GesR 2009, 169.

Wenner, Ulrich in: Prütting, Dorothea (Hrsg.), Fachanwaltkommentar Medizinrecht (SGB V), Luchterhand Verlag, 3. Auflage 2014.

Wenzel, Frank (Hrsg.), Handbuch des Fachanwalts Medizinrecht, Luchterhand Verlag, 3. Auflage 2013.

Weth, Stephan/Thomae, Heike/Reichold, Hermann (Hrsg.), Arbeitsrecht im Krankenhaus, Dr. Otto Schmidt Verlag, 2. Auflage 2011.

Wetzel, Helmut/Liebold, Rolf, (Begründer), Zalewski, Thomas (Hrsg.), Der Kommentar zu EBM und GOÄ, Band I, Asgard-Verlag Dr. Werner Hippe GmbH, 8. Auflage 39. Lieferung (Stand 1. Juli 2014).

Wigge, Peter, Neue Aspekte der Methodenbewertung nach § 135 Abs. 1 SGB V – am Beispiel der hyperbaren Sauerstofftherapie (HBO), Anmerkung zu BSG, Urteil vom 21.03.2012 – B 6 KA 16/11 R, MPR 2012, 1.

Will, Hans-Georg in: Anhalt, Erhard/Dieners, Peter (Hrsg.), Handbuch des Medizinprodukterechts, Grundlagen und Praxis, Verlag C.H. Beck 2003.

Willhöft, Cord, Rechtsanspruch der Krankenhausträger auf Vereinbarung eines krankenhausindividuellen (Zusatz-)Entgeltes für Medizintechnologie mit „Status 1", Das Krankenhaus 2013, 934.

Wöhrmann, Stefan, Medizinische Innovationen im Krankenhaus – die Sicht der Krankenkassen in: Felix, Dagmar/Schütte, Wolfgang (Hrsg.) Medizinische Innovationen im Krankenhaus, Steuerung und Finanzierung, LIT Verlag 2011.

Wolff, Heinrich Amadeus in: Sodan, Helge/Ziekow, Jan, Verwaltungsgerichtsordnung (§ 114), Nomos Verlagsgesellschaft, 4. Auflage 2014.

Wolff, Hans/Bachof, Otto/Stober, Rolf, Verwaltungsrecht Band 3, C.H.Beck Verlag, 5. Auflage 2003.

Zimmermann, Christian, Der Gemeinsame Bundesausschuss – Normsetzung durch Richtlinien sowie Integration neuer Untersuchungs- und Behandlungsmethoden in den Leistungskatalog der GKV, Springer Verlag, Heidelberg 2012.

Zuck, Rüdiger, Der Standort der besonderen Therapierichtungen im deutschen Gesundheitswesen, NJW 1991, 2933.